333 教育综合真题真练

（华东分册1）

333 教育综合蓝皮书编写组　主编

北京理工大学出版社
BEIJING INSTITUTE OF TECHNOLOGY PRESS

版权专有　侵权必究

图书在版编目（CIP）数据

333 教育综合真题真练. 华东分册. 1 / 333 教育综合蓝皮书编写组主编. -- 北京：北京理工大学出版社，2022.7

ISBN 978-7-5763-1465-6

Ⅰ.①3… Ⅱ.①3… Ⅲ.①教育学—研究生—入学考试—习题集 Ⅳ.①G40-44

中国版本图书馆 CIP 数据核字 (2022) 第 117126 号

出版发行 / 北京理工大学出版社有限责任公司
社　　址 / 北京市海淀区中关村南大街 5 号
邮　　编 / 100081
电　　话 / (010)68914775（总编室）
　　　　　 (010)82562903（教材售后服务热线）
　　　　　 (010)68944723（其他图书服务热线）
网　　址 / http://www.bitpress.com.cn
经　　销 / 全国各地新华书店
印　　刷 / 三河市恒彩印务有限公司
开　　本 / 880 毫米 × 1230 毫米　1/16
印　　张 / 28
字　　数 / 790 千字
版　　次 / 2022 年 7 月第 1 版　2022 年 7 月第 1 次印刷
定　　价 / 329.80 元（共 5 册）

责任编辑 / 李慧智
文案编辑 / 李慧智
责任校对 / 周瑞红
责任印制 / 李志强

图书出现印装质量问题，请拨打售后服务热线，本社负责调换

历年真题是考研命题和重难点的风向标,是考生备考的"指南针",通过掌握历年真题可以帮助我们了解考研的命题方向、命题重难点和高频考点,更好地帮助我们还原考研的真实答题场景,让我们的备考更有针对性。因此,《333教育综合真题真练》(以下简称《真题真练》)应运而生。为此我们在以下几个方面进行了努力:

1.精选了33个院校(以"985工程"高校、"211工程"高校、"双一流"大学和重点师范院校为主)400多套5500多道333教育综合考研真题,涵盖了333教育综合考试大纲规定的题型和重要知识点,因此,无论《真题真练》是否收录了你报考院校的真题,本书都具有很大的参考性和实用性。

2.《真题真练》的每一个题目我们都配有答案要点,并且题目与答案是连接在一起的。在复习时考生可以快速且高效地翻阅到相关题目的答案。

3.对于超纲题、教育热点题和实际应用题都给出了相应的答题思路和参考角度,可结合给出的答案要点对相关知识点进行拓展和思维延伸。

4.为了提高考生使用的便利性,《真题真练》首次将333教育综合考试真题按地域的形式呈现。

《真题真练》使用建议:

1.利用真题,夯实基础。务必要在系统学习完一遍基础知识之后再做真题,没有知识基础的做题是盲目的,在系统复习的基础上再结合《真题真练》可以更好地巩固之前的复习并且对知识的重难点有更好的把握。

2.研究真题,把握规律。在强化阶段不仅要不断强化知识点的理解与记忆,同时也要对《真题真练》进行仔细的研读。真题不仅是用来做的,更是用来研究的,历年真题提供了考研命题的规律和方向。同学们需要对《真题真练》中所包含的所有院校真题进行研究,寻找共性,总结规律。

3.真题知识,两手把握。《真题真练》的使用可以贯穿考研的全过程,真题固然重要,但它始终不能代替系统知识的学习。系统知识是所有真题的根源,因此无论是复习的哪个阶段都不能放弃系统知识的学习，真题和系统知识两手都要抓。建议配套使用《333教育综合逻辑图》和《333教育综合大纲解析》。

自命题院校考研真题无标准答案，因此《真题真练》提供的答案仅供参考。希望同学们在实际的考试过程中，答题一定不要生搬硬套，建议融合自己的思考，并运用自己的语言将所学的知识点灵活且恰当地表达出来。

大家在使用时如果遇到一些疑惑和问题，可以在QQ群（325244018）进行交流，也可以在我们的教育学蓝皮书系列反馈问卷中进行反馈。另外，在线文档也会为大家及时更新反馈情况。

最后，祝各位考生顺利复习，成功上岸！

反馈问卷

在线文档

333教育综合蓝皮书编写组

2022年5月

华东师范大学

2022 年华东师范大学 333 教育综合·真题真练	1
2021 年华东师范大学 333 教育综合·真题真练	1
2020 年华东师范大学 333 教育综合·真题真练	2
2019 年华东师范大学 333 教育综合·真题真练	2
2018 年华东师范大学 333 教育综合·真题真练	3
2017 年华东师范大学 333 教育综合·真题真练	3
2016 年华东师范大学 333 教育综合·真题真练	4
2015 年华东师范大学 333 教育综合·真题真练	4
2014 年华东师范大学 333 教育综合·真题真练	5
2013 年华东师范大学 333 教育综合·真题真练	5
2012 年华东师范大学 333 教育综合·真题真练	6
2011 年华东师范大学 333 教育综合·真题真练	6
2010 年华东师范大学 333 教育综合·真题真练	7
2022 年华东师范大学 333 教育综合·真题解析	8
2021 年华东师范大学 333 教育综合·真题解析	12
2020 年华东师范大学 333 教育综合·真题解析	16
2019 年华东师范大学 333 教育综合·真题解析	21
2018 年华东师范大学 333 教育综合·真题解析	26
2017 年华东师范大学 333 教育综合·真题解析	31
2016 年华东师范大学 333 教育综合·真题解析	35
2015 年华东师范大学 333 教育综合·真题解析	40

2014 年华东师范大学 333 教育综合·真题解析 44
2013 年华东师范大学 333 教育综合·真题解析 49
2012 年华东师范大学 333 教育综合·真题解析 54
2011 年华东师范大学 333 教育综合·真题解析 59
2010 年华东师范大学 333 教育综合·真题解析 64

南京师范大学

2022 年南京师范大学 333 教育综合·真题真练 70
2021 年南京师范大学 333 教育综合·真题真练 71
2020 年南京师范大学 333 教育综合·真题真练 72
2019 年南京师范大学 333 教育综合·真题真练 73
2018 年南京师范大学 333 教育综合·真题真练 75
2017 年南京师范大学 333 教育综合·真题真练 76
2016 年南京师范大学 333 教育综合·真题真练 77
2015 年南京师范大学 333 教育综合·真题真练 79
2014 年南京师范大学 333 教育综合·真题真练 80
2013 年南京师范大学 333 教育综合·真题真练 81
2012 年南京师范大学 333 教育综合·真题真练 82
2011 年南京师范大学 333 教育综合·真题真练 82
2010 年南京师范大学 333 教育综合·真题真练 83
2022 年南京师范大学 333 教育综合·真题解析 84
2021 年南京师范大学 333 教育综合·真题解析 88
2020 年南京师范大学 333 教育综合·真题解析 92
2019 年南京师范大学 333 教育综合·真题解析 97
2018 年南京师范大学 333 教育综合·真题解析 101
2017 年南京师范大学 333 教育综合·真题解析 106
2016 年南京师范大学 333 教育综合·真题解析 110
2015 年南京师范大学 333 教育综合·真题解析 115
2014 年南京师范大学 333 教育综合·真题解析 119

2013 年南京师范大学 333 教育综合·真题解析	124
2012 年南京师范大学 333 教育综合·真题解析	128
2011 年南京师范大学 333 教育综合·真题解析	135
2010 年南京师范大学 333 教育综合·真题解析	140

苏州大学

2022 年苏州大学 333 教育综合·真题真练	147
2021 年苏州大学 333 教育综合·真题真练	148
2020 年苏州大学 333 教育综合·真题真练	148
2019 年苏州大学 333 教育综合·真题真练	149
2018 年苏州大学 333 教育综合·真题真练	150
2017 年苏州大学 333 教育综合·真题真练	150
2016 年苏州大学 333 教育综合·真题真练	151
2015 年苏州大学 333 教育综合·真题真练	151
2014 年苏州大学 333 教育综合·真题真练	152
2013 年苏州大学 333 教育综合·真题真练	152
2012 年苏州大学 333 教育综合·真题真练	153
2011 年苏州大学 333 教育综合·真题真练	153
2010 年苏州大学 333 教育综合·真题真练	154
2022 年苏州大学 333 教育综合·真题解析	155
2021 年苏州大学 333 教育综合·真题解析	159
2020 年苏州大学 333 教育综合·真题解析	163
2019 年苏州大学 333 教育综合·真题解析	169
2018 年苏州大学 333 教育综合·真题解析	173
2017 年苏州大学 333 教育综合·真题解析	178
2016 年苏州大学 333 教育综合·真题解析	187
2015 年苏州大学 333 教育综合·真题解析	192
2014 年苏州大学 333 教育综合·真题解析	198
2013 年苏州大学 333 教育综合·真题解析	202

2012年苏州大学333教育综合·真题解析......209

2011年苏州大学333教育综合·真题解析......212

2010年苏州大学333教育综合·真题解析......218

上海师范大学

2022年上海师范大学333教育综合·真题真练......224

2021年上海师范大学333教育综合·真题真练......224

2020年上海师范大学333教育综合·真题真练......225

2019年上海师范大学333教育综合·真题真练......225

2018年上海师范大学333教育综合·真题真练......226

2017年上海师范大学333教育综合·真题真练......226

2016年上海师范大学333教育综合·真题真练......227

2015年上海师范大学333教育综合·真题真练......227

2014年上海师范大学333教育综合·真题真练......228

2013年上海师范大学333教育综合·真题真练......228

2012年上海师范大学333教育综合·真题真练......229

2011年上海师范大学333教育综合·真题真练......229

2022年上海师范大学333教育综合·真题解析......230

2021年上海师范大学333教育综合·真题解析......234

2020年上海师范大学333教育综合·真题解析......238

2019年上海师范大学333教育综合·真题解析......242

2018年上海师范大学333教育综合·真题解析......247

2017年上海师范大学333教育综合·真题解析......252

2016年上海师范大学333教育综合·真题解析......257

2015年上海师范大学333教育综合·真题解析......262

2014年上海师范大学333教育综合·真题解析......267

2013年上海师范大学333教育综合·真题解析......272

2012年上海师范大学333教育综合·真题解析......277

2011年上海师范大学333教育综合·真题解析......282

江苏师范大学

2022 年江苏师范大学 333 教育综合·真题真练	288
2021 年江苏师范大学 333 教育综合·真题真练	288
2020 年江苏师范大学 333 教育综合·真题真练	289
2019 年江苏师范大学 333 教育综合·真题真练	289
2018 年江苏师范大学 333 教育综合·真题真练	290
2017 年江苏师范大学 333 教育综合（A）·真题真练	290
2017 年江苏师范大学 333 教育综合（B）·真题真练	291
2016 年江苏师范大学 333 教育综合·真题真练	291
2015 年江苏师范大学 333 教育综合·真题真练	292
2014 年江苏师范大学 333 教育综合·真题真练	292
2013 年江苏师范大学 333 教育综合·真题真练	293
2012 年江苏师范大学 333 教育综合·真题真练	293
2011 年江苏师范大学 333 教育综合·真题真练	294
2010 年江苏师范大学 333 教育综合·真题真练	294
2022 年江苏师范大学 333 教育综合·真题解析	296
2021 年江苏师范大学 333 教育综合·真题解析	300
2020 年江苏师范大学 333 教育综合·真题解析	304
2019 年江苏师范大学 333 教育综合·真题解析	309
2018 年江苏师范大学 333 教育综合·真题解析	313
2017 年江苏师范大学 333 教育综合（A）·真题解析	317
2017 年江苏师范大学 333 教育综合（B）·真题解析	321
2016 年江苏师范大学 333 教育综合·真题解析	326
2015 年江苏师范大学 333 教育综合·真题解析	331
2014 年江苏师范大学 333 教育综合·真题解析	337
2013 年江苏师范大学 333 教育综合·真题解析	341
2012 年江苏师范大学 333 教育综合·真题解析	346
2011 年江苏师范大学 333 教育综合·真题解析	352
2010 年江苏师范大学 333 教育综合·真题解析	357

扬州大学

2022 年扬州大学 333 教育综合·真题真练	363
2021 年扬州大学 333 教育综合·真题真练	363
2020 年扬州大学 333 教育综合·真题真练	364
2019 年扬州大学 333 教育综合·真题真练	364
2018 年扬州大学 333 教育综合·真题真练	365
2017 年扬州大学 333 教育综合·真题真练	365
2016 年扬州大学 333 教育综合·真题真练	366
2015 年扬州大学 333 教育综合·真题真练	366
2014 年扬州大学 333 教育综合·真题真练	367
2013 年扬州大学 333 教育综合·真题真练	367
2012 年扬州大学 333 教育综合·真题真练	368
2011 年扬州大学 333 教育综合·真题真练	368
2010 年扬州大学 333 教育综合·真题真练	369
2022 年扬州大学 333 教育综合·真题解析	370
2021 年扬州大学 333 教育综合·真题解析	375
2020 年扬州大学 333 教育综合·真题解析	379
2019 年扬州大学 333 教育综合·真题解析	384
2018 年扬州大学 333 教育综合·真题解析	388
2017 年扬州大学 333 教育综合·真题解析	393
2016 年扬州大学 333 教育综合·真题解析	399
2015 年扬州大学 333 教育综合·真题解析	406
2014 年扬州大学 333 教育综合·真题解析	410
2013 年扬州大学 333 教育综合·真题解析	416
2012 年扬州大学 333 教育综合·真题解析	422
2011 年扬州大学 333 教育综合·真题解析	427
2010 年扬州大学 333 教育综合·真题解析	433

2022年 华东师范大学 333 教育综合·真题真练

一、名词解释
课程　教育制度　设计教学法　骑士教育　最近发展区　贝尔兰卡斯特制

二、简答题
1. 简述教育的政治功能。
2. 简述教师师德素质。
3. 共产党革命根据地教育经验。
4. 简述皮亚杰认知阶段论。

三、分析论述题
1. 联系实际谈直观性教学原则。
2. 班主任的素养要求。
3. 如何培养问题解决能力。
4. 如何落实学校管理的民主化。

2021年 华东师范大学 333 教育综合·真题真练

一、名词解释
教育方法　亲社会行为　因材施教　白板说　教育内容　最近发展区

二、简答题
1. 简述人的发展规律性。
2. 简述教育的政治功能。
3. 简述教育的心理学化。
4. 简述杜威的无目的论。

三、分析论述题
1. 结合教学实际，谈谈如何处理好教师主导作用与学生主动性之间的关系。
2. 结合实际，谈谈学校管理发展的主要趋势。
3. 试述学习动机的需要层次理论，及该理论对激发学生学习动机的启示。
4. 结合现实，谈谈中小学生常见的心理健康问题及其教育措施。

2020年 华东师范大学 333 教育综合·真题真练

一、名词解释
课程标准　走班制　教育即生活　中体西用　平民教育运动　形式训练说

二、简答题
1. 简述教育的生态功能。
2. 简述夸美纽斯的班级授课制。
3. 简述陈鹤琴的"活教育"思想。
4. 简述教学工作的基本环节。

三、分析论述题
1. 结合实际，谈谈中小学德育过程的基本特点。
2. 结合现实，试述中小学生的创造性及其培养。
3. 试述教师素养的构成及对教师成长的启示。
4. 试述学校管理的趋势及实践启示。

2019年 华东师范大学 333 教育综合·真题真练

一、名词解释
欧洲新教育运动　教育目的　学科课程　观察学习　学习风格　学校即社会

二、简答题
1. 欧洲乡村寄宿学校的主要特征。
2. 教育的经济功能。
3. 孟子的教育思想。
4. 欧洲中世纪大学享有的特权。

三、分析论述题
1. 加德纳多元智力理论对教育工作的启示。
2. 陶行知生活教育的实践探索和理论创新。
3. 结合实际谈谈因材施教。
4. 结合班主任的工作论述如何培养班集体。

2018年 华东师范大学 333 教育综合·真题真练

一、名词解释
学校教育制度　课程标准　道尔顿制　苏格拉底法　学习策略　程序性知识

二、简答题
1. 中世纪西欧世俗教育的主要形式。
2. 颜元的学校改革主张。
3. 简述德育中的严格要求与尊重学生相结合的原则。
4. 简述裴斯泰洛齐的要素教育。

三、分析论述题
1. 结合实际，谈谈如何在教学中有效地应用讨论法。
2. 评析陈鹤琴的"活教育"探索。
3. 有人强调依法治校，有人主张以德治校，你怎么看？
4. 如何培养和激发学习动机？

2017年 华东师范大学 333 教育综合·真题真练

一、名词解释
致良知　以吏为师　实科中学　学科课程　发现学习　要素主义

二、简答题
1. 简述朱子读书法及其当代价值。
2. 简述形成性评价在教育中的作用。
3. 简述颜元的实学教育内容及"六斋"。
4. 简述安德森的心智技能形成的三阶段。

三、分析论述题
1. 论述《郎之万－瓦隆教育改革法》的内容及对教育民主化的影响。
2. 论述班主任工作对班集体发展和学生品德发展的影响。
3. 论述课程内容组织中"纵向组织"和"横向组织"的关系。
4. 论述奥苏伯尔的有意义学习的实质与条件。

2016年 华东师范大学333教育综合·真题真练

一、名词解释
苏湖教法 班级授课制 中体西用 "自由七艺" 绅士教育 双轨制

二、简答题
1. 朱子读书法及其现代价值。
2. 校长负责制的内涵及需要注意的问题。
3. 蔡元培的"五育"并举。
4. 社会建构主义理论对学习的作用。

三、分析论述题
1. 评述要素主义。
2. 评述课程内容设计对学生学习的影响。
3. 评述班集体培养。
4. 试从元认知视角分析提升学生学习效能的教学策略。

2015年 华东师范大学333教育综合·真题真练

一、名词解释
《师说》 三舍法 生计教育 设计教学法 有意义学习 自我效能感

二、简答题
1. 陈鹤琴的"活教育"。
2. 班主任的素质要求。
3. 《学记》中"善喻"的教育意义。
4. 简述德育过程中教师指导下的学生能动作用。

三、分析论述题
1. 评述布鲁纳的结构主义教育。
2. 比较博比特的"活动分析法"和泰勒的"目标模式"。
3. 根据创造性的心理结构分析，说明学生创造力的培养措施。

2014年 华东师范大学 333 教育综合·真题真练

一、名词解释
贝尔-兰开斯特制　城市学校　自我效能感　现代教育制度　德育过程　有意义学习

二、简答题
1. 简述白鹿洞书院的教育宗旨。
2. 简述文艺复兴时期弗吉里奥的教育贡献。
3. 简述美国的《国防教育法》。
4. 简述班集体的发展阶段及培养方法。

三、分析论述题
1. 试以张之洞的《劝学篇》为例，评述"中体西用"的教育思想。
2. 试论述元认知策略及其教学应用。
3. 试分析课程内容的组织对学生学习的影响。
4. 针对教师专业发展的不同阶段，应该怎样帮助教师成长？

2013年 华东师范大学 333 教育综合·真题真练

一、名词解释
分支型学制　教育目的　课程方案　教学评价　人文主义教育　道尔顿制

二、简答题
1. 简述教育的社会流动功能。
2. 举例说明教学策略的应用对课堂有效教学的作用。
3. 简述蔡元培的高等教育实践对我国现代大学发展的意义。
4. 简述建构主义学习观。

三、分析论述题
1. 评述结构主义教育。
2. 论述社会变迁对教师角色及教师专业发展的具体影响。
3. 试以白鹿洞书院为例，分析我国书院的宗旨、特点与意义。
4. 论述科尔伯格的道德发展阶段理论。

2012年 华东师范大学 333 教育综合·真题真练

一、名词解释
教育制度　综合课程　产婆术　绅士教育　"六艺"教育　1922年"新学制"

二、简答题
1. 教学模式的结构。
2. 举例说明道德教育的社会学习模式。
3. 教师的专业素养
4. 奥苏伯尔的先行组织者策略。

三、分析论述题
1. 评述课程编制的泰勒原理。
2. 评述卢梭自然主义教育思想及其影响。
3. 试论"五四"期间新文化思想对教育改革的影响。
4. 试论学习动机的培养和激发。

2011年 华东师范大学 333 教育综合·真题真练

一、名词解释
教育先行　教育目的的社会本位论　终身教育　教师专业性发展　最近发展区　先行组织者

二、简答题
1. 活动课程的特点。
2. 集体教育原则的基本要求。
3. 陶行知"生活教育"的基本内容。
4. 人文主义教育的基本特征。

三、分析论述题
1. 针对班级授课制的优缺点探讨教学组织形式的改革方向。
2. 评述韩愈《师说》中的教师观。
3. 评述赫尔巴特的课程理论。
4. 论述精细加工策略及其教学要求。

2010年 华东师范大学 333 教育综合·真题真练

一、名词解释

教育目的　双轨制　京师同文馆　活教育　骑士教育　《莫雷尔法案》

二、简答题

1. 举例说明螺旋式课程内容组织及其依据和适用性。
2. 何谓发展性教学原则？在教学中遵循发展性教学原则有哪些基本要求？
3. 举例说明学校实施德育的途径。
4. 简述埃里克森人格发展理论的教育意义。

三、分析论述题

1. 试分析学校转型变革背景下教师的基本素养。
2. 阅读以下材料，分析和评论其中的教育思想。

虽有嘉肴，弗食，不知其旨也；虽有至道，弗学，不知其善也。是故学然后知不足，教然后知困。知不足，然后能自反也；知困，然后能自强也。故曰：教学相长也。《兑命》曰："学学半。"其此之谓乎？

3. 试述永恒主义教育理论及其对当代世界教育实践的影响。
4. 结合学习实例，论述问题解决过程中各阶段的主要策略。

2022年 华东师范大学 333 教育综合·真题解析

一、名词解释

课程

课程是由一定的育人目标、特定的知识经验和预期的学习活动方式构成的一种蕴含着丰富、基本而又有创造性与潜质的一套计划与设定。从育人目标角度看，课程是一种培养人的蓝图；从课程内容角度看，课程是一种适合学生身心发展规律的、连接学生直接经验和间接经验、引导学生个性全面发展的知识体系及其获取的路径。广义的课程指所有学科的总和，狭义的课程指一门学科。

教育制度

教育制度是指一个国家各级各类实施教育的机构体系及其组织运行的规则。它包括相互联系的两个方面：一是各级各类教育机构与组织；二是教育机构与组织赖以存在和运行的规则，如各种相关的教育法律、规则、条例等。

设计教学法

设计教学法是美国进步主义教育家克伯屈提出的新的教育方法。他将设计教学法定义为在社会环境中进行有目的的活动，重视教学活动的社会的和道德的因素。强调有目的的活动是设计教学法的核心，儿童自动的、自发的、有目的的学习是设计教学法的本质。

骑士教育

骑士教育是中世纪世俗教育的一种主要形式，以培养当时封建制度中骑士阶层的成员为目的。它是一种特殊形式的家庭教育，并无专设的教育机构，也没有专职的教育人员。它在骑士生活和社交活动中进行。训练骑士的标准是剽悍勇猛、虔敬上帝、忠君爱国、宠媚贵妇。

最近发展区

维果茨基认为，在进行教学时，必须注意到儿童有两种发展水平：一种是儿童现有的发展水平，另一种是即将达到的发展水平，维果茨基把这两种水平之间的差异称为"最近发展区"，即独立解决问题的真实发展水平和在成人指导下或与其他儿童合作情况下解决问题的潜在发展水平之间的差距。

贝尔－兰开斯特制

贝尔－兰开斯特制又称导生制，其具体实施是：教师在学生中选择一些年龄较大、学习成绩较好的学生充任导生，教师先对导生进行教学，然后由他们去教其他学生。通过这种教学方式，学生的数额得以大大增加，也在一定程度上缓解了教师奇缺的压力，因而一度广受欢迎，但因其难以保证教育质量而最终被人们所抛弃。

二、简答题

1. 简述教育的政治功能。

【答案要点】

（1）教育通过传播一定的社会的政治意识，完成年轻一代的政治社会化。人的社会化是人的发展的重要方面，而政治社会化又是人的社会化的重要方面。教育作为传递知识、训练思维与培养情感的活动，能向年轻一代传播一定的社会政治意识，促进他们的政治社会化，从而为一定社会政治秩序的稳定创造重要条件。

（2）教育通过造就政治管理人才，促进政治体制的变革与完善。现代社会强调法治，使得教育更重视培养政治管理人才。由于科技向管理部门的全面渗透，社会越发展，国家对政治管理人才的素质要求越高，通过教育选拔、培养政治管理人才显得越重要。

（3）教育通过提高全民文化素质，推动国家的民主政治建设。一个国家的政治是否民主，取决于政体和国民素质。普及教育的程度越高，国民的文化素质越高，其国民就越能认识到民主的价值，在政治生活和社会生活中就越能履行民主的权利。

（4）教育是形成社会舆论、影响政治时局的重要力量。学校是知识分子和青少年集中的地方，他们有见解，勇于发表意见，通过教育者和受教育者的言论、演讲和社会活动等，来宣传思想，造就舆论，借以影响群众，为一定的政治、经济服务。

2. 简述教师师德素质。

【答案要点】

（1）热爱教育事业，富有献身精神和人文精神。热爱教育事业，是搞好教育工作的基本前提。许多优秀教师之所以能在教育工作中做出卓越的成绩，首先是因为他们热爱教育事业，愿意为下一代的成长贡献出自己的毕生精力，甚至自己宝贵的生命。另外，教师还应具备人文精神，要关怀学生的学习和发展，关怀民族、人类的现实境遇和未来发展。

（2）热爱学生，诲人不倦。热爱教育事业具体体现在热爱学生上。爱学生是教师的天职，是教育好学生的重要条件。教师只有热爱学生，才能教育好学生，才能使教育发挥最大限度的作用。教师对学生的爱是一种巨大的教育力量，也是一种重要的教育手段。它往往能激发起学生对教师爱戴、感激和信任之情，使学生愿意接近教师，接受教师的教育。教师的爱还应该表现在对学生的学习、思想和身体的全面关心上，一视同仁地热爱全体学生，公正平等地对待每个学生。

（3）热爱集体，团结协作。教师的劳动既具有个体性，又具有集体性。一个学生的成才，绝非仅仅是哪一位教师的功劳，而是教师群体的智慧和共同劳动的结晶，是许多教育工作者团结协作、一致努力的结果。因此，教师之间，教职员工之间应该相互尊重、团结协作，步调一致地教育学生，最大限度地发挥集体的教育力量。

（4）严于律己，为人师表。教师为人师表，必须以身作则，严于律己。凡是要求学生做到的，教师首先要做到；凡是要求学生不能做的，教师首先要自律。教师只有以身作则，才能树立威信，受到学生的尊敬。

3. 共产党革命根据地教育经验。

【答案要点】

（1）教育为政治服务。在当时特定的时代环境下，最大的政治是以武装斗争的手段去夺取民族民主革命的胜利，而动员广大人民群众投入革命战争、支援革命战争，并最大限度地提高人民军队干部战士的觉悟，是中国共产党面临的中心任务。

（2）教育与生产劳动相结合。根据地教育的基本任务是彻底改变建立在封建生产关系之上、以脱离农村生产生活实际为特征、以培养精神贵族为目的的文化教育。

（3）依靠群众办教育。依靠群众办教育加强了学校与群众的联系，争取了群众对学校的支持和监督，有利于学校在边区人民群众中生根，加强了学校的民主管理，大大提高了群众办教育的积极性，促进了根据地教育的发展。

4. 简述皮亚杰认知阶段论。

【答案要点】

（1）感知运动阶段（0~2岁）。这一时期为儿童思维的萌芽期。在这一阶段，儿童主要通过探索感知觉与运动之间的关系来获得动作经验，其中，手的抓取、嘴的吸吮是他们探索世界的主要手段。这个阶段的显著标志是儿童渐渐获得了客体永久性。

（2）前运算阶段（2~7岁）。这一时期是儿童表象思维阶段。在这一阶段，儿童能运用语言或较为抽象的符号来代表他们经历过的事物，凭借表象思维，他们可以进行各种象征性活动或游戏、延缓性模仿以及绘画活动等。这一时期儿童在认知方面具有具体形象性、泛灵论、自我中心主义、集体的独白、集中化等特点。

（3）具体运算阶段（7~11岁）。这一阶段相当于小学阶段。此阶段儿童的认知结构已经发生了重组和改善，思维具有一定的弹性，可以逆转，已经获得长度、体积、质量和面积等的守恒，能凭借具体事物或从具体事物中获得的表象进行逻辑思维和群集运算。这一时期儿童在认知方面具有去集中化、去自我中心等特点。

（4）形式运算阶段（11岁至成年）。此阶段儿童的思维已经超越了对具体的可感知的事物的依赖，能以命题的形式进行，并能发现命题之间的关系，能理解符号的意义，能进行一定的概括。思维已经接近成人的水平。这一阶段的儿童在认知方面具有抽象思维获得发展、青春期自我中心的特点。

三、分析论述题

1. 联系实际谈直观性教学原则。

【答案要点】

直观性原则是指在教学中要通过引导学生观察所学事物或图像、聆听教师用语言对所学对象的形象描绘，形成有关事物具体而清晰的表象，从而使他们理解所学知识。

贯彻直观性教学原则的要求有：

（1）正确选择直观教具和现代化教学手段。直观教具一般分为实物直观、模象直观和多媒体教学三类。不论选用哪种直观方式，都要注意其典型性、代表性、科学性和思想性，以适合儿童发展的特点，符合教学的要求，使学生能形成所学事物的清晰表象，掌握抽象的文字概念；或让他们看到事物内部的结构、各部分的联系及变化过程，深刻理解其特性、结构、规律与功能，以提高教学的质量。因此，直观教具或多媒体课件的制作和运用，要注意使它与教学的需要相契合；要放大所学部分，用色彩显示所要观察的部分；要动态地揭示，呈现所学事物的运动、变化和发展。

（2）直观要与讲解相结合。教学中的直观不是让学生自发地看，而是要在教师的指导下有目的地观察，或配合讲解边听边看。教师要通过提出问题，引导学生去把握事物的特征，发现事物之间的联系；应鼓励学生提问，解答学生在观察中的疑惑，以便学生更深刻地掌握理性知识。

（3）防止直观的不当与滥用。一节课是否运用直观，以什么方式、怎样进行直观，都应当根据教学的需要来决定。不能把直观当作目的，不能为直观而直观，不是直观得越多越好。总之，不能为了直观而直观，盲目地追求形象与形式。

（4）重视运用语言直观。教师用语言做生动的讲解、形象的描述、通俗的比喻，都能够起直观的作用。

直观性原则反映了学生的认识规律。它给学生以感性、形象而具体的知识，提高学生学习的兴趣和积极性，减少学习抽象概念的困难；它可以展示事物的内部结构、相互关系和变化状况以及动态发展的过程，有助于学生理解事物的本质、规律与功能。随着教学手段的现代化、多媒体的采用，直观原则的运用将更为广泛和重要。

2. 班主任的素养要求。

【答案要点】

班主任是班的教育者和组织者,是学校进行教导工作的得力助手。班主任对一个班的学生工作全面负责,组织学生的活动,协调各方面对学生的要求,对一个班集体的发展起主导作用。

班主任的素养要求如下:

(1)为人师表的风范。班主任是学生的教育者、引路人,是他们崇敬的老师,依靠的长者,学习的榜样。他应严于律己,他的为人处世、一言一行、性情作风等各方面均能为人师表,为学生示范。

(2)相信教育的力量。相信每个学生都有自己的特点、优势和潜能,只要经过教育,都有美好的发展与前途。即使有严重缺点和错误的学生,只要真情关怀,耐心教育,切实帮助,也能转变好。只有确信教育的力量的班主任,才能不畏困难曲折,把学生转变好。

(3)要有家长的情怀。班主任对待学生要像家长对待孩子一样,有深厚的情感,能无微不至地关怀,与学生彼此信赖。这样才能使学生更易亲近班主任,听班主任的话,才能使班主任工作顺利进行。

(4)较强的组织亲和力。班主任要善于与人打交道,善于亲近学生、与学生打成一片,这样才便于组织学生开展活动。他还要善于在工作中表现出魄力,能令行禁止,坚定地引导学生沿着正确的方向,不断前进。

(5)能歌善舞、多才多艺。每个学生都有自己的兴趣与爱好,因而需要展开各种各样、丰富多彩的活动。这就要求班主任也有广泛兴趣、多才多艺,易与学生打成一片,便于开展工作。

3. 如何培养问题解决能力。

【答案要点】

(1)鼓励质疑。教师要尽量从自己提出问题过渡到让学生质疑,从而培养学生主动质疑的内在动机,鼓励学生主动提问,形成一种自由探究的气氛。

(2)设置难度适当的问题。教师给学生的问题要可解,但也要有一定的难度。

(3)帮助学生正确表征问题。学生运用所学知识解释问题,或者画草图、列表、写方程式等,这对回忆相关信息都有很好的作用。

(4)帮助学生养成分析问题的习惯。教师要帮助学生发展系统考虑问题的方式和系统分析的习惯,既不能让学生盲目尝试错误练习,也不能过分热心,先把答案告诉学生。

(5)辅导学生从记忆中提取信息。教师需要帮助学生从记忆中迅速提取与解决问题有关的信息,并能很快找出可利用的信息,明确问题解决情境与想要达到的目的,迅速做出判断。

(6)训练学生陈述自己的假设及其步骤。教师要培养学生由跟从别人的言语指导转变为自行指导思考,然后再要求他们自己用言语把指导步骤表达出来。

(7)提供结构不良问题,培养实际解决问题的能力。通过对这些问题的解决,能让学生将解决问题的能力迁移到实际领域中去。

4. 如何落实学校管理的民主化。

【答案要点】

民主管理以对个体价值的肯定为基础,以个体才能的充分发挥和潜能挖掘为前提,积极吸引全员参与管理活动,集思广益,共同参与,以取得最优的管理效益。

学校管理民主化趋势表现在:

(1)从学校自己管理转向社会参与管理。

（2）从少数教育行政人员管理向全员管理方向发展。
（3）从学校管理学生转向在教师指导下的学生自我管理。
实施民主管理应做好以下工作：
（1）学校管理者应充分肯定个体价值，树立"以人为本"的管理理念。
（2）广大教职员工要不断提高自身素质，积极参与民主管理。
（3）管理体制上要充分保障教职员工的民主参与权利。

2021年 华东师范大学 333 教育综合·真题解析

一、名词解释

教育方法

教育方法包括教育者的教法和受教育者的学法。就教育者的教法而言，有语言的方法、直观的方法和实践的方法；就受教育者的学法而言，有接受式学习和发现式学习两大类。

亲社会行为

亲社会行为是指有益于他人和社会的行为，包括助人行为、安慰、分享、合作等。个体亲社会行为发展的过程就是他们道德认识水平提高、道德情感丰富的过程。

因材施教

孔子是我国历史上首倡因材施教的教育家。实行因材施教的前提条件是承认学生间的个体差异，并了解学生特点。孔子了解学生最常用的方法是谈话和个别观察，主张在了解学生的基础上，根据学生的具体情况，有针对性地进行教育。

白板说

白板说由洛克提出，洛克反对"天赋观念"论，认为人出生后心灵如同一块白板，一切知识是建立在由外部而来的感官经验之上的。

教育内容

教育内容是指教育者引导受教育者在教育活动中学习的前人积累的经验，包括书本知识和实际经验。教育内容在教育活动过程中具有重要意义，它是师生教学互动共同操作的对象，是引导青少年学习与发展成人的精神资源。

最近发展区

维果茨基认为，在进行教学时，必须注意到儿童有两种发展水平：一种是儿童现有的发展水平，另一种是即将达到的发展水平，维果茨基把这两种水平之间的差异称为"最近发展区"，即独立解决问题的真实发展水平和在成人指导下或与其他儿童合作情况下解决问题的潜在发展水平之间的差距。

二、简答题

1. 简述人的发展规律性。

【答案要点】

（1）顺序性。在正常情况下，人的发展具有一定的方向性和顺序性，既不能逾越，也不能逆向发展。如个体动作的发展就遵循自上而下、由躯体中心向外围、从粗动作向细动作的发展规律性。就心理而言，儿童的发展总是从无意注意到有意注意，从机械记忆到意义记忆，从具体形象思维到抽象逻辑思维，从喜怒哀乐等一般情绪发展到道德感、理智感、美感等高级情感。

（2）不平衡性。人的发展不总是匀速直线前进的，不同系统的发展速度、起始时间、达到的成熟水平是不同的；同一机能系统在发展的不同时期也有不同的发展速率。从总体发展来看，幼儿期出现第一个加速发展期，青春发育期出现第二个加速发展期。

（3）阶段性。人的发展变化既体现出量的积累，又表现出质的飞跃。当某些代表新质要素的量积累到一定程度时，就会导致质的飞跃，从而表现出发展的阶段性。个体的身心发展的阶段性表现为不同年龄阶段的个体具有不同的年龄特征及主要矛盾，面临着不同的发展任务。

（4）个别差异性。人的发展的个体差异表现在身心发展的速度、水平、表现方式等方面。如在发展速度上，有的儿童早慧，有的儿童大器晚成。

（5）整体性。人的生理、心理和社会性等方面的发展是密切联系在一起的，并在发展过程中相互作用，使人的发展表现出明显的整体性。

2. 简述教育的政治功能。

【答案要点】

（1）教育通过传播一定的社会的政治意识，完成年轻一代的政治社会化。人的社会化是人的发展的重要方面，而政治社会化又是人的社会化的重要方面。教育作为传递知识、训练思维与培养情感的活动，能向年轻一代传播一定的社会政治意识，促进他们的政治社会化，从而为一定社会政治秩序的稳定创造重要条件。

（2）教育通过造就政治管理人才，促进政治体制的变革与完善。现代社会强调法治，使得教育更重视培养政治管理人才。由于科技向管理部门的全面渗透，社会越发展，国家对政治管理人才的素质要求越高，通过教育选拔、培养政治管理人才显得越重要。

（3）教育通过提高全民文化素质，推动国家的民主政治建设。一个国家的政治是否民主，取决于政体和国民素质。普及教育的程度越高，国民的文化素质越高，其国民就越能认识民主的价值，在政治生活和社会生活中就越能履行民主的权利。

（4）教育是形成社会舆论、影响政治时局的重要力量。学校是知识分子和青少年集中的地方，他们有见解，勇于发表意见，通过教育者和受教育者的言论、演讲和社会活动等，来宣传思想，造就舆论，借以影响群众，为一定的政治、经济服务。

3. 简述教育的心理学化。

【答案要点】

在西方乃至世界教育史上，裴斯泰洛齐是第一个明确提出"教育心理学化"的教育家。教育心理学化就是要把教育提高到科学的水平，将教育科学建立在人的心理活动规律的基础上。其教育的心理学化的内涵为：

（1）教育目的心理学化。要求将教育的目的和理论指导置于儿童本性发展的自然法则的基础上。只有认真探索和遵循儿童的心理活动和心理发展的规律性，才能有效地达到应有的教育目的。

（2）教学内容心理学化。必须使教学内容的选择和编制适合儿童的学习心理规律。裴斯泰洛齐力图从客观现象和人的心理过程探索教育和教育内容中普遍存在的基本要素，并以此为核心来组织各科课程和教学内容，提出"要素教育"理论。

（3）教学原则和教学方法的心理学化。教学要遵循自然的规律，要使教学程序与学生的认识过程相协调。在此原则下，提出了直观性教学原则、循序渐进原则。

（4）要让儿童成为他自己的教育者。教育者不仅要让儿童接受教育，还要使儿童成为教育中的动因，要适应儿童的心理时机，尽力调动儿童的能动性和积极性，使他们懂得自我教育。

4. 简述杜威的无目的论。

【答案要点】

杜威的无目的论是杜威关于教育的目的的观点。从教育本质论出发，杜威反对外在的、固定的、终极的教育目的，认为教育无目的。杜威所希求的是过程内的目的，这个目的就是"生长"。

杜威认为在非民主的社会里，教育目的是外在于并强加于教育过程的，包含权威与专制色彩。而在民主的社会里，教育目的应该内在于教育的过程之中，杜威主张以生长为教育的目的，其主要意图在于反对外在因素对儿童发展的压制，在于要求教育尊重儿童的愿望和要求，使儿童从教育本身中、从生长过程中得到乐趣。

三、分析论述题

1. 结合教学实际，谈谈如何处理好教师主导作用与学生主动性之间的关系。

【答案要点】

要处理好教师主导作用与学生主动性之间的关系必须做好以下几点：

（1）发挥教师的主导作用是学生简捷有效地学习知识、发展身心的必要条件。在教学过程中，教师的教一般是矛盾的主导方面。教师主导作用是针对能否引导学生积极学习与上进而言的。因而学生的主动性、反思性、创造性发挥得怎样，学习的效果怎样，又是衡量教师主导作用发挥得好坏的根本标志。教学中一切不民主的强迫灌输和独断专横的做法，都有悖于教师的主导作用。

（2）尊重学生、调动学生的学习主动性是教师有效地教学的一个主要因素。学生是有能动性的人，他们不只是教学的对象，而且是学习主体与发展主体。学生的学习主动性、积极性发挥得怎么样，直接影响并最终决定着学生个人的学习质量、成效和身心发展的方向与水平。

（3）防止忽视学生积极性和忽视教师主导作用的偏向。过于突出教师或者过于强调学生在教学中的主体地位与作用都是片面的。

总之，教学中的师生关系，受诸多因素影响，极其复杂多变，不可能有一劳永逸的解决办法。所以，最可靠的措施是普遍提高教师的修养和水平，加强对学生的了解、沟通，提高教师的责任感与创造性，这样才能实现师生之间的民主平等、尊师爱生、教学相长的互动与合作，使师生两方面的主动性都能得到弘扬，在教学互动的过程中达到动态的平衡和相得益彰。

2. 结合实际，谈谈学校管理发展的主要趋势。

【答案要点】

（1）学校管理法治化。为推进依法治校工作，学校管理者应采取以下措施：第一，转变行政管理职能，切实依法行政；第二，加强制度建设，依法加强管理；第三，推进民主建设，完善民主监督；第四，加强法制教育，提高法律素质；第五，严格教师管理，维护教师权益；第六，完善学校保护机制，依法保护学生权益。

（2）学校管理人性化。人性化管理是指学校管理工作要以人为本，关注人的情感、满足人的需要、崇尚人的价值、尊重人的主体人格和地位。为推进学校管理人性化，学校管理者应采取以下措施：第一，考虑人的因素，一切要从人的实际出发；第二，考虑个体差异，懂得每个人都有自己的思想、情感、兴趣和爱好；第三，强调人的内在价值，把满足需要作为工作的起点，通过激励的方式来提高工作效率；第四，努力构建充满尊重、理解和信任的人际环境，增强教职工和学生的集体归属感；第五，加强校园文化环境建设，充分发挥校园文化的管理和育人功能；第六，转变管理观念和方式，贯彻管理即育人、管理即服务的思想。

（3）学校管理民主化。民主管理以对个体价值的肯定为基础，以个体才能的充分发挥和潜能挖掘为前提，积极吸引全员参与管理活动，集思广益，共同参与，以取得最优的管理效益。实施民主管理应做好以下工作：第一，学校管理者应充分肯定个体价值，树立"以人为本"的管理理念；第二，广大教职员工要不断提高自身素质，积极参与民主管理；第三，管理体制上要充分保障教职员工的民主参与权利。

（4）学校管理信息化。为推进学校管理信息化，学校管理者应采取以下措施：第一，实现信息化管理，要加强硬件投入与软件开发，打好学校管理信息化的物质基础；第二，提高学校教职员工的信息管理素养，以保障信息化管理的运行；第三，改进培训内容和方式，使其具有针对性，满足教师需求；第四，完善学校信息化管理规章制度，以提升学校信息化管理有效性。

（5）学校管理校本化。校本管理是指学校在教育方针与法规的指引下，可以根据自己的实际情况和需要自主确定发展的目标与任务，进行管理工作。简言之，校本管理即以学校为本位的自主管理。实施校本管理应注意做好以下工作：第一，教育行政部门要简政放权；第二，倡导集体参与、共同决策；第三，开展校本研究，提高学校管理者决策能力。

3. 试述学习动机的需要层次理论，及该理论对激发学生学习动机的启示。

【答案要点】

需要层次理论由人本主义心理学家马斯洛提出。马斯洛认为，个体的任何行为动机都是在需要发生的基础上被激发起来的。他认为人有7种基本需要，分别为：

（1）生理需要：维持生存和延续种族的需要。

（2）安全需要：受保护与免遭威胁、获得安全感的需要。

（3）归属与爱的需要：被人接纳、爱护、关注、鼓励、支持的需要。

（4）尊重的需要：希望被人认可、关爱、赞许等维护个人自尊心的需要。

（5）求知与理解的需要：个体对不理解的东西寻求理解的需要，学习动机来源于这种需要。

（6）审美的需要：欣赏、享受美好事物的需要。

（7）自我实现的需要：在精神上臻于真、善、美合一的至高人生境界的需要，即个人理想全部实现的需要。

马斯洛认为各种需要之间不但有高低之分，而且有先后顺序，低一层次需要获得满足或部分满足之后，高一层次需要才会产生。他将七种需要分为两类：缺失需要和成长需要。二者相互制约、相互影响。一方面，缺失需要是成长需要的基础，缺失需要若未能得到满足，成长需要就不会产生。另一方面，成长需要对缺失需要起引导作用，尤其是自我实现的需要对其他各层需要都有潜在影响力。

在现实的学校生活中，学生最主要的缺失性需要往往是爱和自尊，因此在激发学生学习动机时可以注重从内部动机、个人动机等方向出发，即激发学习者对学习本身的兴趣所引起的动机以及激发学习者与个体自身的需求、信念与价值观以及性格特征密切相关的动机。

4. 结合现实，谈谈中小学生常见的心理健康问题及其教育措施。

【答案要点】

（1）中小学生常见的心理健康问题包括以下几个方面：

①学习问题。包括厌恶学习、逃学、学习效率低、阅读障碍、计算技能障碍、考试焦虑、学校

恐惧症、注意缺陷及多动障碍等。

②人际关系问题。包括亲子关系、师生关系、友伴关系等方面的问题，如社交恐惧、人际冲突等。

③学校生活适应。包括生活自理困难、对学校集体生活不适应、对高学段学习生活不适应等。

④自我概念问题。包括缺乏自知、自信，自我膨胀，沉湎于自我分析，理想自我与现实自我差距过大，自贬的思维方式等。

⑤青春期性心理问题。包括青春期发育引起的各种情绪困扰，异性交往中的问题，性困惑、性恐慌、性梦幻、性身份识别障碍等。

（2）中小学生心理健康教育的方法有：

①认知法。通过调动学生的感知、记忆、想象、思维等心理过程来达到教学目标。它可以派生出阅读，听、讲故事，观看幻灯、图片、录像、电影，欣赏音乐、美术、舞蹈等艺术品，案例分析、判断和评价等形式。

②游戏法。竞赛性游戏能够调动学生参与活动的积极性，培养学生的竞争意识和团结合作精神；非竞赛性游戏可以缓解学生的紧张和焦虑程度，再现原有的生活体验，使学生获得新的体会与认识。

③测验法。通过智力、性格、态度、兴趣和适应性等各种问卷测验，帮助学生自我反省、自我分析，了解自己某方面心理素质的发展现状，形成正确的自我认识和自我评价。

④交流法。通过学生间的交流活动，各自介绍自己的心理优势或个体经验，促进其对训练策略的认同、领悟和掌握。

⑤讨论法。通过师生、生生间广泛、深入的思想交流，引导学生积极思考，步步深入，提高认识，转变思维方式和看问题的角度，掌握科学的行动步骤。讨论法可分为全班讨论、辩论、小组讨论、脑力激荡、配对交谈、行动方案研讨等多种形式。

⑥角色扮演法。教师提供一定的主体情境并讲明表演要求，让学生扮演某种人物角色，演绎某种行为方式、方法与态度，达到深化学生的认识、感受和评价"剧中人"的内心活动和情感的目的。

⑦行为改变法。通过奖惩等强化手段帮助学生建立某种良好的行为或矫正不良行为。此法有代币法、契约法、自我控制法等多种形式。

⑧实践操作法。让学生亲自动手，完成某种操作任务。常用于验证某种心理效应，达到加深学生的体验和增强认同感的目的。

2020年 华东师范大学 333 教育综合·真题解析

一、名词解释

课程标准

课程标准是指在一定课程理论指导下，依据培养目标和课程方案以纲要形式编制的关于课程的性质与价值、目标与内容、教学实施建议以及课程资源开发等方面的指导性文件，一般由说明、课程目标、课程内容标准和课程实施建议等部分组成。

走班制

走班制是指教室和教师固定而学生不固定的一种教学组织形式。学生根据自己的兴趣和能力选择适合自身发展的班级，在不同的教室中流动上课。

教育即生活

教育即生活由杜威提出。杜威认为教育是生活的过程，学校是社会生活的一种形式，那么学校生活也是生活的一种形式。学校生活应与儿童自己的生活相契合，满足儿童的需要和兴趣，使校园成为儿童的乐园，使儿童在现实的学校生活中得到乐趣。学校生活应与学校以外的社会生活相契合，适应现代社会变化的趋势并成为推动社会发展的重要力量，校园不应是世外桃源而应积极参与社会生活。

中体西用

中体西用即"中学为体，西学为用"。"中学为体，西学为用"是洋务派关于中西文化关系的核心命题，也是洋务教育的指导思想。洋务派认为在突出"中学"主导地位的前提下，应该肯定"西学"的辅助作用和器用价值。

平民教育运动

平民教育运动是新文化运动影响下兴起的教育思潮和运动之一。平民教育思潮的共同点，在于批判传统的"贵族主义"的等级教育，破除千百年来封建统治者独占教育的局面，使普通平民百姓享有教育权利，获得文化知识，改变生存状况。

形式训练说

形式训练说是关于知识迁移的理论，主张迁移要经过一个"形式训练"的过程才能产生，以官能心理学为基础，认为迁移是无条件自动发生的。通过一定的训练，心智的各种官能可以得到发展，从而转移到其他学习上去。

二、简答题

1. 简述教育的生态功能。

【答案要点】

（1）树立建设生态文明的理念。通过在学校里和社会上加强生态文明的教育与宣传，让学生从小养成爱护自然、节约资源、保护生态环境的思想情感，从而逐步在全社会牢固树立建设生态文明的观念。

（2）普及生态文明知识，提高民族素质。造成生态灾害与失衡的原因很多，大多都与人的素质不高相关。因此，我们应当有计划地向学生普及生态文明知识，并注意指导与督促他们将知识运用于生活实践。只要从小普及生态文明知识，养成保护生态环境的行为习惯，最终就能提高民族的生态文明素质。

（3）引导建设生态文明的社会活动。生态文明建设关涉社会的移风易俗，因此，学校的生态文明教育不应局限在校内，要组织学生参加到社区的生态文明建设中去。

2. 简述夸美纽斯的班级授课制。

【答案要点】

为实现普及教育、提高教学效率，改变教师只对学生进行个别教学和指导的状况，夸美纽斯总结新旧各教派学校中实行班级授课的经验，提出并全面系统地论述了班级授课制度。

其具体措施为：

（1）根据儿童年龄及知识水平分成不同班级，每个班级一间教室，由一个教师对一个班级的学生同时授课。

（2）为每个班级制订统一的教学计划，编写统一的教材，规定统一的作息时间，使每年、每月、每日、每时的教学计划都有计划地进行。

（3）把全班学生分成若干小组，每组十人，委托一个优秀学生做组长，协助教师管理学生，考查学业。

3. 简述陈鹤琴的"活教育"思想。

【答案要点】

（1）"活教育"的目的论：陈鹤琴提出"活教育"的目的是"做人，做中国人，做现代中国人。""做人"是"活教育"最为一般意义的目的；"做中国人"体现了"活教育"目的的民族特征，指要懂得爱护这块生养自己的土地，爱自己国家长期延续的光荣历史，爱与自己共命运的同胞。"做现代中国人"体现了时代精神，有五个具体方面的要求：要有健全的身体；要有建设的能力；要有创造的能力；要能够合作；要服务。

（2）"活教育"的课程论："大自然、大社会都是活教材"，是陈鹤琴对"活教育"课程论的概括表述。"活教材"是指取自大自然、大社会的"直接的书"，即让儿童在与自然、社会的直接接触中，在亲身观察中获取经验和知识。

（3）"活教育"的教学论："做中教，做中学，做中求进步"是活教育教学方法的基本原则。陈鹤琴认为，"做"是学生学习的基础，因此也是"活教育"教学论的出发点。它强调儿童在学习过程中的主体地位和在活动中直接经验的获取。

4. 简述教学工作的基本环节。

【答案要点】

（1）备课。备好课是上好课的先决条件。上课前，教师必须备好课，编制出学期教学进度计划，写好课题计划与课时计划。包括三方面的工作：其一，钻研教材；其二，了解学生；其三，设计教学。

（2）上课。上好课是提高教学质量的关键。应以现代教学理念为指导，遵循教学规律与原则，创造性地运用教学方法，并注重做到以下几点：第一，明确教学目的；第二，保证教学的科学性与思想性；第三，调动学生的学习积极性；第四，注重解惑纠错；第五，组织好教学活动；第六，布置好课外作业。

（3）布置与批改作业。作业是深化对知识的理解和巩固知识的有效手段，是课堂教学的延续，是教学活动的有机组成部分。主要包括口头作业、书面作业、活动型作业三类。其要求有：第一，注意布置作业的内容和分量；第二，对作业进行必要的指导，明确作业的目的、内容、形式、完成时间和步骤；第三，教师要认真、及时批改并讲评作业。

（4）课外辅导。课外辅导是课堂教学的一种必要补充，是适应个别差异、实施因材施教的重要举措。主要分为集体辅导和个别辅导。其要求有：①从实际出发，具体分析，做到因材施教；②明确目的，充分调动学生的积极性；③注意态度，师生平等相处，让学生有问题可以问；④加强思想教育和学习方法的指导，提高辅导效果。

（5）学业成绩评定。评定学生成绩的方式主要有考查和考试。

三、分析论述题

1. 结合实际，谈谈中小学德育过程的基本特点。

【答案要点】

德育过程是学生在教师的引导下，主动积极地进行道德认识和道德实践，逐步提高自我修养能力，形成个人品德的过程。

（1）德育过程是学生在教师教导下的个体品德的自主建构过程。学生的思想道德认识和行为习惯不是与生俱来的，是学生在与社会环境的相互作用过程中，尤其是在教师有目的有意识的教育引导下，逐步形成自己的思想认识，发展自己的道德素质的。包含以下三个方面：第一，学生对环境影响的主动吸收；第二，教师对学生的积极引导；第三，外部活动与内部活动相互促进。

（2）德育过程是培养学生知、情、意、行整体和谐的发展过程。学生的品德包含知、情、意、行四个要素。所以德育过程也是培养学生思想品德的知、情、意、行整体和谐的发展过程。包含以下三个方面的含义：第一，思想道德发展的整体性；第二，德育过程有多种开端；第三，德育实践的针对性。

（3）德育过程是提高学生自我教育能力的过程。在德育过程中，要引导学生积极参与社会学习、生活交往和道德践行，培养和提升他们的思想品德素质，均有赖于发挥学生个人的能动性和自我教育能力。自我教育能力主要由自我期望能力、自我评价能力、自我调控能力所构成。一方面，自我教育能力是德育的一个重要条件，只有注意培养与提高学生的这种能力，德育才能进行得更顺利、更有效；另一方面，学生的自我教育能力的形成又是学生思想道德发展过程的一个重要标志。

2. 结合现实，试述中小学生的创造性及其培养。

【答案要点】

创造性是个体利用一定内外条件，产生新颖、独特、有社会和个人价值产品的心理特性。创造性的培养措施有：

（1）营造鼓励创造的环境。这是促进学生创造性发展的必要条件。首先，应倡导民主式的教育和管理。其次，应改革考试制度，为学生创造宽松的学习环境。再次，应增加自主选择课程的机会和有针对性的课程设计。最后，应为学生提供创造性人物的榜样。

（2）培养创造性的教师队伍。首先，要转变教师的教育教学观念，使教师形成理解并鼓励学生的创造；其次，要教给教师必要的创造技法和思维策略；再次，为教师提供明晰的、具有实用价值的有关创造性的知识及相应的教学策略和技能；最后，教师应不断学习关于创造性的心理学知识，用心理学的理论指导自己的实践。

（3）培育创造意识，激发创造动机。只有当个人具有自觉的创造意识、强烈的创造动机，才易产生新思想、新方法、新观点。需要做到：树立学生创新的自信心；激发创造热情；磨砺创造意志；培养创造勇气。

（4）发展和培养创造性思维。创造性思维是创造性的核心。创造性思维的培养应注意以下几个方面：加大思维的"前进跨度"，培养思维的跳跃能力；加大思维的"联想跨度"，使学生养成敢于把习惯上认为毫不相干的、表面上看来微不足道的问题联系起来或进行移植；加大"转换跨度"，引导学生敢于否定原来的设想，善于打破固有的思路；给学生大胆探索与推测的体会。

（5）开设创造课程，教给创造技法。教学是培养学生创造性的重要途径。因此，开设创造性课程已成为国内外开发创造性的有效途径。在创造性课程的教学中，注重教给学生基本的创造技巧与方法是培养创造性的有效措施。促进创造性发展的主要创造技法有：头脑风暴法、系统探求法、联想类比法、组合创新法、对立思考法、转换思考法。

（6）塑造创造性人格。创造性人格是创造性的重要组成部分，培养学生的创造性人格是培养创造性的重要内容。主要方法有：保护好奇心；解除对错误的恐惧心理；鼓励独创性与多样性。此外，自信与乐观、忍耐与有恒心、合作、严谨等也是创造性人格培养的重要方面。

3. 试述教师素养的构成及对教师成长的启示。

【答案要点】

教师的素养有以下内容：

（1）高尚的师德。第一，热爱教育事业，富有献身精神和人文精神；第二，热爱学生，诲人不倦；

第三，热爱集体，团结协作；第四，严于律己，为人师表。

（2）先进、科学的教育理念。教育理念是教师在对教育工作本质理解的基础上形成的关于教育的观念和理性信念，它是以观念或信念的形式存在于教师头脑中的对教育现象和教育问题的看法。先进、科学的教育理念体现在教师的所有努力都要有利于学生精神世界的丰富、人格尊严的维护和美好人性的成长。

（3）宽厚的文化素养。教师的主要任务是通过向学生传授科学文化知识，培养其能力，促进其个性生动活泼地发展。一个好教师的基本条件之一，就是要有比较渊博的知识和多方面的才能。因此，教师对自己所教学科知识应科学、深入地把握，能对自己所教专业融会贯通、深入浅出、高瞻远瞩，达到运用自如的境界，在教学过程中不出知识性的错误。同时，教师还应有比较广博的文化修养。

（4）专门的教育素养。教师的专门教育素养水平及其合理结构是教育教学任务得以完成的重要保证，它主要包括教育理论素养、教育能力素养和教育研究素养三个方面的内容。

（5）健康的心理素质。教师的心理健康不仅会直接影响教育工作的优劣成败，而且会影响学生的心理健康水平。因此，教师应该注重提高自己的心理素质。健康的心理素质体现在心理活动的方方面面，概括起来主要指：教师要有轻松愉快的心境，昂扬振奋的精神，乐观幽默的情绪以及坚韧不拔的毅力等。

（6）强健的身体素质。教师的身体素质是指教师在教学活动中的自然力，是教师的身体健康状态和身体素质状态在教学中的表现。它主要通过健康的体魄、旺盛的精力、蓬勃的活力、有节律的生活方式和锻炼习惯等体现。

对教师成长的启示：

教师专业成长又称教师专业发展，是指教师在整个专业生涯中，依托专业组织、专门的培养制度和管理制度，通过持续的专业教育，习得教育教学专业技能，形成专业理想、专业道德和专业能力，从而实现专业自主的过程。它包括教师群体的专业发展和教师个体的专业发展。

（1）教师群体的专业发展包括：第一，教育知识技能的体系化，形成学科专业和教育专业，国家对教师任职既有规定的学历标准，也有必要的教育知识、教育能力和职业道德的要求；第二，国家有教师教育的专门机构、专门教育内容和措施，教师教育专业化；第三，国家有对教师资格和教师教育机构的认定制度和管理制度；第四，形成社会公认的教师专业团体。

（2）教师个体专业发展包括：师范教育、新教师的入职辅导、教师的在职培训、教师专业发展学校、同伴互助和教师的自我教育。

4. 试述学校管理的趋势及实践启示。

【答案要点】

学校管理的趋势：

（1）学校管理法治化。为推进依法治校工作，学校管理者应采取以下措施：第一，转变行政管理职能，切实依法行政；第二，加强制度建设，依法加强管理；第三，推进民主建设，完善民主监督；第四，加强法制教育，提高法律素质；第五，严格教师管理，维护教师权益；第六，完善学校保护机制，依法保护学生权益。

（2）学校管理人性化。人性化管理是指学校管理工作要以人为本，关注人的情感、满足人的需要、崇尚人的价值、尊重人的主体人格和地位。为推进学校管理人性化，学校管理者应采取以下措施：第一，考虑人的因素，一切要从人的实际出发；第二，考虑个体差异，懂得每个人都有自己的思想、情感、兴趣和爱好；第三，强调人的内在价值，把满足需要作为工作的起点，通过激励的方式来提高工作效率；第四，努力构建充满尊重、理解和信任的人际环境，增强教职工和学生的集体归属感；

第五，加强校园文化环境建设，充分发挥校园文化的管理和育人功能；第六，转变管理观念和方式，贯彻管理即育人、管理即服务的思想。

（3）学校管理民主化。民主管理以对个体价值的肯定为基础，以个体才能的充分发挥和潜能挖掘为前提，积极吸引全员参与管理活动，集思广益，共同参与，以取得最优的管理效益。实施民主管理应做好以下工作：第一，学校管理者应充分肯定个体价值，树立"以人为本"的管理理念；第二，广大教职员工要不断提高自身素质，积极参与民主管理；第三，管理体制上要充分保障教职员工的民主参与权利。

（4）学校管理信息化。为推进学校管理信息化，学校管理者应采取以下措施：第一，实现信息化管理，要加强硬件投入与软件开发，打好学校管理信息化的物质基础；第二，提高学校教职员工的信息管理素养，以保障信息化管理的运行；第三，改进培训内容和方式，使其具有针对性，满足教师需求；第四，完善学校信息化管理规章制度，以便学校信息化管理有效性。

（5）学校管理校本化。校本管理是指学校在教育方针与法规的指引下，可以根据自己的实际情况和需要自主确定发展的目标与任务，进行管理工作。简言之，校本管理即以学校为本位的自主管理。实施校本管理应注意做好以下工作：第一，教育行政部门要简政放权；第二，倡导集体参与、共同决策；第三，开展校本研究，提高学校管理者决策能力。

实践启示：

（1）学校管理的信息化要求学校在对信息技术的开发和使用方面，要做到把计算机、网络、多媒体等现代技术运用到管理上，以提高学校管理的实效；同时，学校管理方式也要信息化，实行"人–机"管理，即注重对有关信息资源的管理。

（2）学校管理工作要做到多关注人的情感、满足人的需要等，以切实达到学校管理的人性化目标。（关于实践启示可自行结合知识要点与实际情况作答）

2019年 华东师范大学 333 教育综合 · 真题解析

一、名词解释

欧洲新教育运动

新教育运动，也称新学校运动，是指19世纪末20世纪初在欧洲兴起的教育改革运动，初期以建立不同于传统学校的新学校作为新教育的"实验室"为其特征。第二次世界大战以后，新教育运动逐步走向衰落。新教育运动中著名的实验学校有乡村寄宿学校、儿童之家和生活学校。

教育目的

教育目的是对教育活动所要培养的人的个体素质的总的预期与设想，是对社会历史活动的主体的个体素质的规定。它体现一定社会对受教育者质量规格的界定和要求，也体现人自身发展所应该达到的水准和高度。

学科课程

学科课程也称分科课程，是指根据学校培养目标和科学发展，分门别类地从各门科学中选择适合学生年龄特征与发展水平的知识所组成的教学科目。

观察学习

观察学习是一种间接学习的形式，人类的大多数行为是通过观察而习得的，人们通过观察他人的行为及其后果，可获得榜样行为的符号表征和经验教训，并可引导观察者今后的行为。

学习风格

学习风格是指学习者在完成学习任务时所表现出来的一贯的、典型的、独具个人特色的学习策略和学习倾向。学习风格的心理因素包括认知、情感和意动三方面。学习风格的认知因素就是心理学家倾向于使用的认知风格。

学校即社会

学校即社会为杜威关于教育的本质的观点之一，杜威"学校即社会"意在使学校生活成为一种经过选择的、净化的、理想的社会生活，使学校成为一个合乎儿童发展的雏形的社会。而要将此落于实处，就必须改革学校课程，从分科课程转变为活动课程。

二、简答题

1. 欧洲乡村寄宿学校的主要特征。

【答案要点】

乡村寄宿学校属于新教育运动中的著名实验之一。著名的乡村寄宿学校有阿博茨霍尔姆乡村寄宿学校、乡村之家运动和罗歇斯学校。乡村寄宿学校的主要特征有：

（1）新学校都设在远离城市、自然环境优美的乡村，利于儿童了解自然、在自然中得到智慧和体力的发展。

（2）新学校在管理、教育和教学上具有民主和自由的色彩，学校一般采用家庭式教育管理方式，师生拥有自治权，师生之间、学生之间相互关心，亲密无间。

（3）学校把学生的各种活动与学习融为一体，把德育寓于民主生活之中，使儿童得到全面的发展。

（4）教学内容注重与社会实际生活紧密相连，教学强调以儿童的兴趣和需要为基础。

（5）办学目的是为资产阶级培养新一代领导人，招收对象仅限于中上层阶级的子女，规模小，学费昂贵，学校完全独立于国民教育系统之外。

2. 教育的经济功能。

【答案要点】

（1）教育是使可能的劳动力转变为现实的劳动力的基本途径。劳动力是生产力中能动的要素。个体的生命的成长只构成了可能的劳动力，一个人只有经过教育和训练，掌握一定生产部门的劳动知识和技能，并能生产某种使用价值，他才能成为现实的生产力。

（2）现代教育是使知识形态的生产力转化为直接的生产力的重要途径。科学技术是一种知识形态的生产力，要使其转化为现实的生产力，除了要通过科学研究、发明创造或革新实践外，其技术成果的推广、经验的总结与提升都需要教育与教学的紧密配合。

（3）现代教育是提高劳动生产率的重要因素。现代生产有其显著特点，它的生产率提高依靠科学技术在生产中的应用、推广和不断革新，依靠提高劳动者受教育的程度与质量，依靠劳动者的素质、扩大脑力劳动者的比重、发挥劳动者在生产和改革中的创造性。

3. 孟子的教育思想。

【答案要点】

（1）"性善论"与教育作用。"性善论"说明了人性是人类所独有的、区别于动物的本质属性。

人之需要社会伦理与政治，这是为人的内在本质所决定了的。所以人性是一个类范畴，人相对于其他的类绝不相同，而同类之中却相似。"性善论"揭示了人之"故"。人性之"故"就是"人性之善也"。人性表现为"四心"，即恻隐之心、羞恶之心、恭敬之心、是非之心，也叫"四端"，分别是仁、义、礼、智的基础。孟子肯定人性本善。教育对人的作用在于扩充"善性"；教育对社会的作用在于"得民心"。

（2）"明人伦"与教育目的。孟子第一次明确地概括出中国古代学校教育的目的就是"明人伦"。"人伦"就是"人道"，具体来说就是五对关系："父子有亲，君臣有义，夫妇有别，长幼有序，朋友有信。"在"五伦"中，孟子尤重父子—孝，长幼—悌这两种关系，并以此为中心建立了一个道德规范体系——五常，即仁、义、礼、智、信。

（3）人格理想与修养学说。孟子提出"大丈夫"的理想人格，丰富了中国人的精神世界。他对"大丈夫"的理想人格做了"富贵不能淫，贫贱不能移，威武不能屈"的描绘。"大丈夫"的修养方法包括持志养气、动心忍性、存心养性和反求诸己。

（4）教学思想。孟子提出因材施教、深造自得、盈科而进和专心致志等教学思想。

4. 欧洲中世纪大学享有的特权。

【答案要点】

中世纪大学是 12 世纪左右兴起的一种自治的教授和学习中心。一般由一名或数名在某一领域有声望的学者和他的追随者自行组织起来，形成类似于行会的师生团体进行教学和知识交易。

中世纪大学在与教会、城市当局以及市民等的斗争中获得了许多特权，主要包括以下几个方面：

（1）居住权。大学的师生们可以在大学所在地平安而不受干扰地居住。

（2）司法自治权。大学的成员不受城市普通司法体系的管辖。

（3）罢教权和迁徙权。如果大学师生与城市当局或教会发生矛盾，或者教学、学习活动受到干扰时，可以进行罢教；如果问题得不到满意的解决，大学可以迁校。

（4）颁发教学许可证的特权。

（5）免税、免役权。大学师生具有免税和免服兵役的权利等。

三、分析论述题

1. 加德纳多元智力理论对教育工作的启示。

【答案要点】

多元智力理论认为，不存在单纯的某种智力和达到目标的唯一方法，每个人都会用自己的方式来发掘各自的大脑资源，这种为达到目的所发挥的各种个人才智才是真正的智力，造就了人与人之间的不同。人的智力可以分为八种：

（1）逻辑数学智力：运算和推理等科学或数学的一般能力，以及处理较长推理、识别秩序、发现模型和建立因果模型的能力。

（2）语言智力：运用语言达到各种目的的能力以及对声音、韵律、语意、语序和灵活操纵语言的敏感能力，包括听、说、读和写的能力。

（3）音乐智力：感受、辨别、记忆、理解、评价、改变和表达音乐的能力。

（4）空间智力：准确感受视觉-空间世界的能力，包括感受、辨别、记忆、再造、转换以及修改物体的空间关系，并借此表达思想和情感的能力。

（5）身体运动智力：控制自己身体运动和技术性地处理目标的能力。

（6）人际关系智力：与人相处和交往的能力，表现为觉察他人情绪、情感、气质、意图和需求的能力并据此做出适当反应的能力。

(7)内省智力：认识、洞察和反省自身的能力，并在正确的自我意识和自我评价的基础上形成自尊、自律和自制的能力。

(8)自然智力：认识物质世界的相似和相异性及动物、植物和自然环境其他事物的能力。

对教育工作的启示：

(1)加德纳认为用学校的标准化考试来区分儿童智力高低和考察学校教育的效果，是片面的，这种做法过分强调语言智力和逻辑数学智力，否认了学生的其他潜能。

(2)他提出了"以个人为中心的教育"。强调每个学生都具备这八种智能，但所擅长的智能各不相同，教育要以学生的智能为基础，同时要培养学生的特长智能。

(3)多元智能理论还指导教师从多种智能途径增进学生对学科内容的理解。

2. 陶行知生活教育的实践探索和理论创新。

【答案要点】

陶行知是现代杰出的人民教育家、大众诗人和坚定的民主战士，毕生从事教育，勇于批判和改革旧教育，为中国探索民族教育的新路。

陶行知的生活教育实践：

(1)晓庄学校。1927年，在南京和平门外晓庄创办南京市试验乡村师范学校，后改名晓庄学校，计划培养一批有农夫的身手、科学的头脑、改造社会的精神、健康的体魄和艺术的兴趣的乡村教师。确立"生活即教育""社会即学校""教学做合一"的生活教育理论，并亲自实验，希望从乡村教育入手，寻找改造中国教育和社会的出路，从而成为中国现代教育史上提倡乡村教育、兴办乡村学校的先行者。

(2)山海工学团。陶行知于1932年在上海郊区大场创办山海工学团，提出"工以养生，学以明生，团以保生"，力图将工厂、学校、社会打成一片，以达到普及教育的目的。

(3)"小先生制"。小孩不仅能教小孩、甚至还能教大人，在陶行知看来，儿童是中国实现普及教育的重要力量。他提出的"即知即传"的"小先生制"，就体现了这一认识。"小先生制"是指人人都要将自己认识的字和学到的文化随时随地教给别人，而儿童是这一传授过程的主要承担者。尤其重要的是"小先生"的责任不止在教人识字学文化，而是在"教自己的学生做小先生"，由此将文化知识不断推广。

陶行知的生活教育理论：

(1)"生活即教育"。"生活即教育"是陶行知生活教育理论的核心。其内涵包括：生活含有教育的意义；实际生活是教育的中心；生活决定教育，教育改造生活。

"生活即教育"所强调的是教育以生活为中心，所反对的是传统教育脱离生活而以书本为中心。尽管它在生活与教育的区别和系统的知识传授方面有所忽视，但在破除传统教育脱离民众、脱离社会生活的弊端方面，有十分重要的意义。

(2)"社会即学校"。"社会即学校"是生活教育理论另一重要主张，是"生活即教育"思想在学校与社会关系问题上的具体化。"社会即学校"，是指"社会含有学校的意味"，或者说"以社会为学校"。由于到处是生活，到处都是教育，"整个的社会是生活的场所，亦即教育之场所"。

"社会即学校"，也指"学校含有社会的意味"。也就是说，学校通过与社会生活相结合，一方面运用社会的力量使学校进步，另一方面动员学校的力量帮助社会进步，使学校真正成为社会生活必不可少的组成部分。

"社会即学校"扩大了学校教育的内涵和作用，对于传统的学校观、教育观有所改变。传统学校与社会生活脱节，学生孤陋寡闻，而以社会为学校，使得教育的材料、教育的方法、教育的工具、教育的环境可以大大地增加，有利于拓展学生的知识，增强学生的能力。"社会即学校"，还可以使被传统学校拒之门外的劳苦大众能够受到起码的教育，贯穿了普及民众教育的苦心，同样也值得肯定。

（3）"教学做合一"。"教学做合一"是生活教育理论的又一重要主张，是"生活即教育"在教学方法问题上的具体化。其含义为：教的方法根据学的方法，学的方法根据做的方法。事怎样做便怎样学，怎样学便怎样教。教与学都以做为中心。

3. 结合实际谈谈因材施教。

【答案要点】

孔子是我国历史上首倡因材施教的教育家。实行因材施教的前提条件是承认学生间的个体差异，并了解学生特点。孔子了解学生最常用的方法是谈话和个别观察，主张在了解学生的基础上，根据学生的具体情况，有针对性地进行教育。

在教学中因材施教的教学原则是指教师要从学生的实际情况与个性特点出发，有的放矢地进行有区别的教学，使每个学生都能扬长避短、长善救失，获得最佳发展。

贯彻因材施教原则的基本要求有：

（1）针对学生的特点进行有区别的教学。了解学生的特点是搞好因材施教的基础。教师应当了解每个学生德、智、体、美和综合实践能力等各方面发展的特点，包括认知、情趣、擅长、价值取向与不足之处，以便有目的地因材施教。

（2）采取灵活多样的举措，使学生的才能得到充分的发展。比如，在有条件的学校试行能力分班或分组教学；开设选修课以照顾学生的兴趣与爱好；允许成绩优异的学生跳级，使每个人的才能都能得到充分的发展；学生可以依据兴趣爱好参加相关的课外与校外小组活动与各种竞赛；对有特殊才能的学生，请有关学科的教师或校外专家进行特殊的指导和培养等。

4. 结合班主任的工作论述如何培养班集体。

【答案要点】

班主任是班级的教育者和组织者，是学校进行教导工作的得力助手。班主任对一个班的学生工作全面负责，组织学生的活动，协调各方面对学生的要求，对一个班集体的发展起主导作用。班主任工作的状况与质量，在很大程度上决定着一个班的精神面貌和发展趋向，深刻地影响每个学生的全面发展。

班主任的工作内容包括了解和研究学生；教导学生学好功课；组织班会活动；组织课外活动、校外活动和指导课余生活；组织学生劳动；协调各方面对学生的要求；评定学生操行；做好班主任工作的计划与总结等。

培养集体的方法很多，应当根据情况发挥创造，一般要注意下述几个方面：

（1）确定集体的目标。目标是集体的发展方向和动机。建构集体首先要使集体明确奋斗的目标。集体的目标应当由班主任同全班同学一道讨论确定，以便统一认识，调动大家的积极性。集体的目标一般包括近期的、中期的和远期的。目标的提出应当由易到难，不断推动集体向前发展。

（2）健全组织、培养干部以形成集体核心。要注重健全班的组织与功能，关键是要做好班干部的选拔与培养，以形成集体核心，使班组织能正常开展工作。班主任应放手让班干部大胆工作，在实践中锻炼、培养、提高；要教育班干部谦虚谨慎，以身作则、严于律己，对他们不可偏爱和护短，以免导致干群对立和班级的不团结。

（3）有计划地开展集体活动。班集体是通过开展集体活动逐步形成起来的，只有在为实现集体的共同目标而进行的系列活动中，全班学生才能充分交往、沟通、协作，紧密团结，形成集体的核心，调动全班同学的积极性；才能激发出学生的工作责任感和集体主义精神，使他们学会正确处理人与人、个人与集体、班级与学校及社会之间的关系，形成正确的舆论和班风。班主任应重视全面开展各种活动，让每个学生都能在活动中得到锻炼与提高，以推动班集体的蓬勃发展。

（4）培养正确的舆论和良好的班风。班主任应经常注意组织学生学习政治理论、道德规范，以提高他们的认识；并注重表扬好人好事，批评不良思想行为，为形成正确舆论打下思想基础。特别是班主任要善于抓住重大偶发事件的处理，组织学生讨论，以分清是非，推动正确舆论的形成。

（5）做好个别教育工作。个别教育十分重要，只有教育好每个学生，使每个学生都积极参与班级的各种活动，都关心班级、热爱班级，在参与班组的活动中发挥作用、获得提高，确保没有一个人掉队，才能真正带好一个班，把班级建设成为真正的集体。个别教育工作包括：第一，促进每个学生个性的全面发展；第二，做好后进生的思想转变工作；第三，做好偶发事件中的个别教育。

2018年 华东师范大学 333 教育综合·真题解析

一、名词解释

学校教育制度

学校教育制度是现代教育制度的核心部分，指的是一个国家各级各类学校的系统及其管理规则，它规定着各级各类学校的性质、任务、入学年限、修业年限以及它们之间的关系。

课程标准

课程标准是指在一定课程理论指导下，依据培养目标和课程方案以纲要形式编制的关于课程的性质与价值、目标与内容、教学实施建议以及课程资源开发等方面的指导性文件，一般由说明或前言、课程目标、课程内容标准和课程实施建议等部分组成。

道尔顿制

道尔顿制是美国进步主义教育家帕克赫斯特针对班级授课制的弊端在道尔顿中学实施的一种个别教学制度，也称"道尔顿计划"，主要内容包括在学校废除课堂教学、课程表和年级制，代之以"公约"或"合同式"的学习；将教室改为作业室或实验室，用表格法来了解学生的学习进度等。

苏格拉底法

苏格拉底法也称"问答法""产婆术"，是由讥讽、助产术、归纳和定义四个步骤组成的独特的方法。这是苏格拉底探讨伦理哲学的研究方法，也是他的教学方法。

学习策略

学习策略是指学习者为了提高学习的效果和效率，有目的、有意识地制定的有关学习过程的复杂的方案，具有主动性、有效性、过程性和程序性四个特征。

程序性知识

从信息加工的角度，可将知识分为陈述性知识和程序性知识。程序性知识是关于"怎么做"的知识，如怎样进行推理、决策或者解决某类问题等。

二、简答题

1. 中世纪西欧世俗教育的主要形式。

【答案要点】

（1）宫廷学校是一种设在国王所在地的宫廷中，主要培养王公贵族后代的教育机构。其学习科目与当时教会学校一样，主要是七艺，教学方法也采用教会学校盛行的问答法，以此来让学生掌握有关宗教、自然和社会的各种知识。

（2）骑士教育是中世纪世俗教育的一种主要形式，以培养当时封建制度中骑士阶层的成员为目的。它是一种特殊形式的家庭教育，并无专设的教育机构，也没有专职的教育人员。

（3）城市学校是为新兴市民阶层子弟开办的学校的总称，包含不同种类、不同规模的学校。如由手工业行会开办的学校被称为行会学校，由商人联合会设立的学校被称为基尔特学校。

（4）中世纪大学是12世纪左右兴起的一种自治的教授和学习中心。一般由一名或数名在某领域有声望的学者和他的追随者自行组织起来，形成类似于行会的师生团体进行教学和知识交易。

2. 颜元的学校改革主张。

【答案要点】

颜元是清初杰出的唯物主义思想家和教育家，曾受聘主持漳南书院。他在漳南书院设置六斋，规定了各斋教育内容，开展实学教育，并制定"宁粗而实，勿忘而虚"的办学宗旨。其学校改革的主张如下：

（1）"实才实德"的培养目标。颜元重视人才，主张学校应该培养"实才实德之士"，即是品德高尚、有真才实学的经世致用人才。颜元称这种人才为"圣人"或"圣贤"。具体来说，颜元所谓的"实才实德之士"有两种：一种是"上下精粗皆尽力求全"的通才，另一种是"终身止精一艺"的专门人才。在颜元看来，能成为通才当然最好，那是"圣学之极致"，但专门人才只要能经世致用，同样"便是圣贤一流"。

（2）"六斋"与"实学"教育内容。漳南书院的六斋及各斋教育内容为：

第一，文事斋：课礼、乐、书、数、天文、地理等科；

第二，武备斋：课黄帝、太公以及孙、吴五子兵法，并攻守、营阵、陆水诸战法，射御、技击等科；

第三，经史斋：课《十三经》、历代史、诰制、章奏、诗文等科；

第四，艺能斋：课水学、火学、工学、象数等科；

第五，理学斋：课静坐、编著、程、朱、陆、王之学；

第六，帖括斋：课八股举业。

（3）"习行"的教学方法。"习行"教学法强调在教学过程中要联系实际，要坚持练习和躬行实践，认为只有如此，学得的知识才是真正有用的。颜元重视"习行"教学法，一方面，同他朴素的唯物主义认识论有密切的关系。他主张"见理于世，因行得知"，认为"理"存在于客观事物之中，只有接触事物，躬行实践，才能获得真正有用的知识。另一方面，是为了反对理学家静坐读书、空谈心性的教学方法。

3. 简述德育中的严格要求与尊重学生相结合的原则。

【答案要点】

严格要求与尊重学生相结合原则是指进行德育要把对学生的思想品行的严格要求与对他们个人的尊重信赖结合起来，使教育者的严格要求易于转化为学生主动的道德自律。

贯彻严格要求与尊重学生相结合原则的基本要求如下：

（1）尊重和信赖学生。青少年学生是祖国的花朵、人类的未来。每个青少年学生都有一颗自尊自爱、向善求善、希望得到社会理解和肯定的心。尊重、呵护与信赖学生是一个优秀教师必须具备的基本品德。爱护、尊重与信赖孩子又是教好孩子、获得良好德育效果的一个重要条件。

（2）严格要求学生。教师向学生提出的教育要求应当是正确的、简明的、有计划的、积极的和严格的。在一定意义上说，德育就是对学生品德发展的引导和规范，主要表现为对学生的严格要求。

4. 简述裴斯泰洛齐的要素教育。

【答案要点】

要素教育论的基本思想是：初等学校的各种教育都应该从最简单的要素开始，然后逐渐转到日益复杂的要素，循序渐进地促进人的和谐发展。要素教育既要求初等学校为每个人在德、智、体几方面都能受到基本的教育而得到和谐的发展，又要求在德育、智育、体育的每一个方面都通过"要素方法"获得均衡的发展。

（1）德育。道德教育最基本的要素是儿童对母亲的爱。随着孩子的成长，便由爱母亲发展到爱双亲，爱兄弟姐妹，爱周围的人。进入学校后，又把爱逐步扩大到爱所有人，爱全人类。

（2）智育。智育的基本要素是数目、形状和语言。教育就是在这些要素的基础上来进行教学和设计课程，从而促进儿童的心理发展。所对应的科目分别是算数、几何和语文。

（3）体育。体育的基本要素是关节活动。儿童的体育训练就是要从各种关节活动的训练开始，并随着年龄的增长逐渐进行较复杂的动作训练，以发展他们身体的力量和各种技能。

三、分析论述题

1. 结合实际，谈谈如何在教学中有效地应用讨论法。

【答案要点】

讨论法是指学生在教师指导下为解决某个问题而进行探讨、评析，以辨明是非、获取真知、锻炼思维和独立思考能力的方法。讨论的种类有课堂讨论、短暂讨论、全班讨论及小组讨论等。

讨论法的基本要求有：

（1）讨论的问题要有吸引力。讨论的问题要能激起学生们的兴趣，有讨论、辨析的价值。

（2）要善于对学生启发、引导。要鼓励他们独立思考，勇于发表个人见解，把大家的注意力集中到争论的焦点上，向纵深发展，使问题逐步得到深化、解决，切忌暗示问题的结论。

（3）做好讨论小结。讨论结束前，教师要简要概括讨论情况，使学生获得正确的观点和系统的知识，并肯定学生的独立思考，允许保留个人的质疑。

2. 评析陈鹤琴的"活教育"探索。

【答案要点】

陈鹤琴是中国近代学前儿童教育理论和实践的开创者，通过对长子陈一鸣的追踪研究，力行观察、实验方法，探索中国儿童心理发展及教育规律；同时创办了中国第一所实验幼稚园——鼓楼幼稚园，进行中国化、科学化的幼儿园实验，总结并形成了系统的、有民族特色的学前教育思想。

"活教育"思想体系包括以下内容：

（1）"活教育"的目的论。陈鹤琴提出"活教育"的目的是"做人，做中国人，做现代中国人"。

① "做人"是"活教育"最为一般意义的目的。"活教育"提倡学习如何做人，如何求社会进步、人类发展。学会"做人"，是个体参与社会生活，增进人类全体幸福，同时也是个体幸福的基础。

② "做中国人"体现了"活教育"目的的民族特征，指要懂得爱护这块生养自己的土地，爱自己国家长期延续的光荣历史，爱与自己共命运的同胞。并且，应该与其他中国人团结起来共同谋国家发展。

③ "做现代中国人"体现了时代精神，有五个具体方面的要求：要有健全的身体；要有建设的

能力；要有创造的能力；要能够合作；要服务。

"活教育"目的论从普遍而抽象的人类情感和认识理性出发，逐层赋予教育以民族意识、国家观念、时代精神和现实需求等含义，使教育目标逐渐具体，表达了陈鹤琴对人的发展、教育与社会变革的追求。

（2）"活教育"的课程论。"大自然、大社会都是活教材"，是陈鹤琴对"活教育"课程论的概括表述。"活教材"是指取自大自然、大社会的"直接的书"，即让儿童在与自然、社会的直接接触中，在亲身观察中获取经验和知识。既然"活教育"的课程内容应该来源于自然、社会和儿童的生活，其组织形式也必须符合儿童的活动和生活的方式，符合儿童与自然、社会环境的交往方式。

"活教育"的课程打破惯常按学科组织的体系，采取活动中心和活动单元的形式，即能体现儿童生活整体性和连贯性的"五指活动"形式。"五指活动"包括儿童健康活动、儿童社会活动、儿童科学活动、儿童艺术活动、儿童文学活动。

（3）"活教育"的教学论。"做中教，做中学，做中求进步"是活教育教学方法的基本原则。陈鹤琴认为，"做"是学生学习的基础，因此也是"活教育"教学论的出发点。它强调儿童在学习过程中的主体地位和在活动中直接经验的获取。陈鹤琴提出了"活教育"的17条教学原则，这些教学原则体现出的特点有：

①强调以"做"为基础，确立学生在教学活动中的主体性。陈鹤琴认为，"做"是学生学习的基础，因此，凡儿童自己能够做的，就应当让他自己做。在教学中鼓励儿童自己去做、去思想、去发现，是激发学生主体性的最有效的手段。

②鼓励学生在"做"的同时，教师要进行有效的指导。但指导不是替代，更不是直接告知结果，而是运用各种心理学、教育学规律予以启发、诱导。

陈鹤琴还归纳出"活教育"教学的四个步骤：实验观察、阅读思考、创作发表和批评研讨。这四个步骤体现了以"做"为基础的学生主动学习。

"活教育"思想明显地受到杜威实用主义教育思想的影响，陈鹤琴对此也毫不讳言。但"活教育"如同陶行知的"生活教育"理论一样，吸取了杜威实用主义教育的合理内核，即批判传统教育忽视儿童生活和主体性，力图去除以学校和课堂为中心而脱离社会生活、以书本知识为中心而脱离实际和实践、以教师为中心而漠视学生的存在等弊端，同时也充分考虑到中国的时代背景和国情。这是一种有吸收、有创造、有创新的教育思想。"活教育"是对中国现代教育产生过重要影响的教育思想，其精神至今都未过时，不少观点对当今的教育改革仍然富有启发。

3. 有人强调依法治校，有人主张以德治校，你怎么看？

【答案要点】

依法治校的观点如下：

（1）随着科教兴国战略的实施和依法治国方略的确立，依法治教已成为党和政府管理教育的基本方针，而依法治校是依法治教的重要组成部分，将成为21世纪学校管理的必然选择。依法治校可分为两个方面：第一，政府及教育行政部门依法管理学校；第二，学校管理者依法管理学校。

（2）为推进依法治校工作，学校管理者应采取以下措施：转变行政管理职能，切实依法行政；加强制度建设，依法加强管理；推进民主建设，完善民主监督；加强法制教育，提高法律素质；严格教师管理，维护教师权益；完善学校保护机制，依法保护学生权益。

以德治校，即学校民主管理的观点如下：

（1）民主管理以对个体价值的肯定为基础，以个体才能的充分发挥和潜能挖掘为前提，积极吸引全员参与管理活动，集思广益，共同参与，以取得最优的管理效益。

（2）实施民主管理应做好以下工作：学校管理者应充分肯定个体价值，树立"以人为本"的管理理念；广大教职员工要不断提高自身素质，积极参与民主管理；管理体制上要充分保障教职员工的民主参与权利。

无论是依法治校还是以德治校都是学校管理的发展趋势，在实际的学校管理中，我们应该结合两者同时进行使用，切不可过于偏颇。

4. 如何培养和激发学习动机？

【答案要点】

学习动机是动机在学习活动中的表现，是引起和维持个体进行学习活动，并使活动朝向一定的学习目标，以满足某种学习需要的一种内部心理状态。它的主要内容包括知识价值观、学习兴趣、学习效能感和成败归因。培养和激发学习动机的措施如下：

（1）创设问题情境，实施启发式教学。想要实施启发式教学，关键在于创设问题情境。所谓问题情境，指的是一种适度的疑难情境。在学习过程中，仅仅让学生简单地重复已经学过或者过难的东西，学生都不会感兴趣。只有在学习那些"似懂非懂""似会非会"的东西时，学生才感兴趣而且迫切希望掌握它。

（2）根据作业难度，恰当控制动机水平。教师在教学时，要根据学习任务的不同难度，恰当控制学生学习的动机水平。在学习较简单的课题时，应尽量使学生集中注意力；在学习较复杂的课题时，则应尽量创造轻松自由的课堂气氛。在学生遇到困难或出现问题，要尽量心平气和地耐心引导，以免学生过度紧张和焦虑。

（3）充分利用反馈信息，给予恰当的评定。心理学研究表明，来自学习结果的种种反馈信息，对学习效果有明显影响。一方面学习者可以根据反馈信息调整学习活动，改进学习策略；另一方面学习者为了取得更好的成绩或避免再犯错误而增加了学习动机，从而保持了学习的主动性和积极性。

（4）妥善进行奖惩，维护内部学习动机。在对学生进行评价时，奖励和惩罚对于学习动机的激发具有不同的作用。一般而言，表扬与奖励比批评与指责能更有效地激发学生的学习动机，因为前者能使学生获得成就感，增强自信心。但过多使用表扬和奖励，或者使用不当，也会产生消极作用。

（5）合理设置课堂环境，妥善处理竞争和合作。学生的学习主要是在课堂上进行的，课堂的合作与竞争环境无疑是影响学习动机的一个重要的外部因素。在教学活动中，合作与竞争都是必要的，应该强调竞争与合作的相互补充和合理运用。极端的竞争会对学生的学习行为和集体团结产生消极影响。适量与适度的竞争与合作的恰当结合，会有效激励学生的学习动机。

（6）适当进行归因训练，促使学生继续努力。在学生完成某一学习任务后，教师应指导学生进行成败归因。一方面，要引导学生找出成功或失败的真正原因，即进行正确归因；另一方面，教师也应根据每个学生过去一贯的成绩的优劣差异，从有利于今后学习的角度进行积极归因。

（7）培养自我效能感，增强学生成功的自信心。自我效能感影响学生的自我评价和自信心，进而影响学习成绩。尤其是学业不良的学生，由于对自己的学习能力持怀疑态度，表现出很低的自我效能感。因此，教师在教学中要通过一定的方法提高他们的自我效能感。提高自我效能感具体措施如下：选择难易适中的任务，让学生不断地获得成功体验，进而提高自我效能感；通过获得替代性经验和强化来提高他们的自我效能感。当一个人看到与自己水平接近的学生学习成功时，就会增强他的自我效能感，激发其学习动机；引导学生坦然面对失败，从失败中找出可以改进的因素，进而提高自己的学习技能，增强获得成功的自信。

（8）维护学生自我价值，警惕自我妨碍策略。自我价值理论指出，学生有保护和表现自我价值的需要，这是个人追求成功的内在动力。教师要理解和尊重学生的这种需要，引导他们把自我价值的实现方式与正向、积极的学习行为相联系，避免学生不断从环境中体验到对自我价值的威胁感，从而采取各种自我妨碍的逃避策略。

（9）维护内在需要，促进外部动机内化。兴趣、好奇心、探索欲，是人类学习的最早动力。源于内部需要的学习动机具有更多的坚持性和抗干扰性。然而，不是每个孩子都对教育中涉及的所有内容充满好奇和兴趣。因此，教师要帮助学生将外部调控的学习动机不断内化，形成相对自主调控的学习动机。

2017年 华东师范大学 333 教育综合·真题解析

一、名词解释

致良知

"致良知"是王守仁的重要观点，"良知"不仅是宇宙的造化者，而且也是伦理道德观念。王守仁认为良知具有三个特点：它与生俱来，不学自能，不教自会；它为人人所具有，不分圣愚；良知不会泯灭。但是"良知"也有致命的弱点，即在与外物接触中，由于受物欲的引诱，会受昏蔽。

以吏为师

"以吏为师"是韩非子提出的教育主张，即为了实行法治，选择那些知法的官吏来担任法令的解释者和宣传者。"以吏为师"还包含一层意思：理想的国家和社会是不需要许多人来从事文化、知识和教育工作的，这样的人一多，就会破坏社会秩序。妥善的做法，就是"以吏为师"。

实科中学

实科中学是一种既具有普通教育性质，又具有职业教育性质的新型学校。受经济和科学技术发展的影响，德国实科教育在18世纪兴起并得到发展。它排除课程内容的纯古典主义的倾向，注重自然科学和实科知识的学习，适应了德国资本主义经济逐渐发展起来的需要。

学科课程

学科课程也称分科课程，是指根据学校培养目标和科学发展，分门别类地从各门科学中选择适合学生年龄特征与发展水平的知识所组成的教学科目。

发现学习

发现学习是指学生在学习情境中，经过自己探索寻找，从而获得问题答案的一种学习方式，布鲁纳所说的发现不只限于寻求人类尚未知晓的事物的行为，也包括用自己的头脑亲自获取知识的一切形式。

6.要素主义

要素主义教育是20世纪30年代末作为实用主义教育和进步教育的对立面出现的。要素主义教育是现代欧美国家一种强调学校教育的任务主要是传授人类文化遗产共同要素的教育思潮。

二、简答题

1.简述朱子读书法及其当代价值。

【答案要点】

朱熹一生酷爱读书，对于如何读书有深切的体会，并提出了许多精辟的见解。他的弟子将其概括为"朱子读书法"六条。

（1）循序渐进。朱熹主张读书要"循序渐进"，意思是读书要按一定的次序，不要颠倒；应根据自己的实际情况和能力，安排读书计划，并切实遵守它；读书要扎扎实实打好基础，不可囫囵吞枣，急于求成。

（2）熟读精思。朱熹认为，读书既要熟读成诵，又要精于思考。熟读有利于理解，熟读的目的是为了精思。精思就是发现问题和解决问题的过程。

（3）虚心涵泳。所谓"虚心"是指读书时要虚怀若谷，静心思虑，仔细体会书中的意思，不要先入为主，牵强附会；所谓"涵泳"是指读书时要反复咀嚼，细心玩味。

（4）切己体察。强调读书不能仅仅停留在书本上和口头上，而必须要见之于自己的实际行动，要身体力行。

（5）着紧用力。包含两方面意思，其一，必须抓紧时间，发愤忘食，反对悠悠然；其二，必须抖擞精神，勇猛奋发，反对松松垮垮。

（6）居敬持志。既是朱熹道德修养的重要方法，也是他最重要的读书法。"居敬"是读书时精神专一，注意力集中；"持志"是要树立远大的志向和高尚的目标，并要以顽强的毅力坚持下去。

朱熹的读书法是他自己和前人长期的读书经验的概括和总结，比较集中地反映了我国古代对于读书方法研究的成果，朱子读书法反映了读书学习的基本规律和要求，在今天仍具有一定的参考价值和借鉴作用。

2. 简述形成性评价在教育中的作用。

【答案要点】

形成性评价是指在教学进程中，对学生的知识掌握和能力发展所做的比较经常而及时的测评，包括对学生的提问、书面测验、作业批改等。其目的不注重于成绩的评定，而是使师与生都能及时获得反馈信息，更好地改进教与学，以促进教师和学生的发展、提高。

对教师而言，形成性评价有助于他们把握、改进教学要点，从而对班级全体学生进行补充指导或进行教学矫正。对学生而言，形成性评价有助于学生及时了解学习结果，并据此来及时调节自己的学习活动。

3. 简述颜元的实学教育内容及"六斋"。

【答案要点】

（1）实学教育内容。为了培养"实才实德之士"，在教育内容上，颜元针对理学教育的虚浮空疏，提出了"真学""实学"的主张。他认为，尧舜周孔时代的学术便是"真学""实学"。他大力提倡当时的"六府""三事""三物"，其核心是强调"六艺"教育。颜元强调"六艺之学"并非是真的要回复到尧舜周孔时代，而是托古改制，在古代圣贤"六艺"教育的旗帜下宣扬自己的主张。

（2）"六斋"。颜元晚年曾规划漳南书院并设置六斋，并规定了各斋的具体教育内容。这是他对"真学""实学"内涵最明确也最有力的说明。漳南书院的六斋及各斋教育内容为：

第一，文事斋：课礼、乐、书、数、天文、地理等科；

第二，武备斋：课黄帝、太公以及孙、吴五子兵法，并攻守、营阵、陆水诸战法，射御、技击等科；

第三，经史斋：课《十三经》、历代史、诰制、章奏、诗文等科；

第四，艺能斋：课水学、火学、工学、象数等科；

第五，理学斋：课静坐、编著、程、朱、陆、王之学；

第六，帖括斋：课八股举业。

4. 简述安德森的心智技能形成的三阶段。

【答案要点】

安德森将心智技能的形成分为以下三个阶段：

（1）认知阶段。在该阶段，要了解问题的结构，即问题的起始状态、目标状态以及从起始状态到达目标状态中间的步骤，从而形成最初的问题表征。

（2）联结阶段。在该阶段，学习者将某一领域的描述性知识编辑为程序性知识，应用具体的方法来解决问题。

（3）自动化阶段。在该阶段，个体操作某一技能所需的有意识的认知投入较小，且不易受到干扰。但高度自动化的程序可能使人的反应变得刻板，因此安德森主张对某些程序保持一定程度的有意识的控制是十分重要的。

三、分析论述题

1. 论述《郎之万－瓦隆教育改革法》的内容及对教育民主化的影响。

【答案要点】

1947年，以法国著名物理学家郎之万和著名儿童心理学家瓦隆为主席的教育改革委员会提交了《教育改革方案》，又称《郎之万－瓦隆教育改革方案》。《方案》批评了法国教育的弊端，就各级各类学校的组织、制度、教育内容和方法提出了具体改革意见。

该法案的主要内容为：

（1）提出了"二战"后法国教育改革的六条原则：第一，社会公正；第二，社会上一切工作价值平等，任何学科价值平等；第三，人人都有接受完备教育的权利；第四，在加强专门教育的同时，适当注意普通教育；第五，各级教育实行免费；第六，加强师资培养，提高教师地位。

（2）实施6~18岁学生的免费义务教育。这种教育可划分为如下三个阶段：第一阶段为基础教育；第二阶段是方向指导阶段；第三阶段为决定阶段。之后分别进入学术型、技术型、艺徒制学校学习。学生在18岁时结束免费义务教育。

（3）该方案还对高等教育进行了设计。在义务教育第三阶段之后，在学术型学校结业的学生可进入一年制大学预科接受教育，然后进入高等学校学习。

受第二次世界大战后初期历史条件的影响，郎之万－瓦隆的教育改革方案并未付诸实施。但在它的影响下，法国开始大力扩充初等教育，同时把较好的初等学校升格为中学，极大地促进了中等教育的普及，基本实现了初等和中等教育的衔接。

《郎之万－瓦隆方案》对教育民主化的影响在于其突出了"民主""正义""平等"与"多样化"等原则，具有教育改革的积极意义，是对传统等级性与宗教性教育的一次重大改革。

2. 论述班主任工作对班集体发展和学生品德发展的影响。

【答案要点】

班主任是班的教育者和组织者，是学校进行教导工作的得力助手。班主任对一个班的学生工作全面负责，组织学生的活动，协调各方面对学生的要求，对一个班集体的发展起主导作用。班主任工作的状况与质量，在很大程度上决定着一个班的精神面貌和发展趋向，深刻地影响每个学生的全面发展。

班主任工作的基本任务为：依据我国教育目的和学校的教育任务，协调来自各方面对学生的要求与影响，有计划地组织全班学生的教导活动，做好学生的思想教育工作，并对他们的学习、劳动、工作、课外活动、课余生活以及社会活动等全面负责，把班培养成为积极向上的集体，使每个学生在德、智、体、美等方面都得到充分的发展。

班主任工作的内容和方法如下：

（1）了解和研究学生。了解学生，包括个人和集体两方面。了解学生个人情况，包括个人德、智、体的发展，他的情趣、特长、习性、诉求、家庭状况和交往情况。了解学生集体情况，是在了解学生个人情况的基础上汇集而成，包括全班学生的年龄、性别、家庭等一般情况；学生德、智、体发展的一般水平和有特殊才能的学生情况，班风与传统等。了解和研究学生的主要方法有观察、谈话、分析书面材料和调查研究等。

（2）教导学生学好功课。学好功课是学生的主要任务也是班主任的一项经常性的重要任务。有成效地完成这一任务，主要靠各科教师，但班主任的作用不可忽视。班主任应做到：第一，注意学习目的与态度的教育；第二，加强学习纪律的教育；第三，指导学生改进学习的方法和习惯。

（3）组织班会活动。班会是向学生进行思想教育的一个重要阵地。有计划地组织班会活动是班主任的一项重要任务。组织班会活动应注意：第一，班会的内容与形式应当多样化；第二，组织班会活动要有计划。

（4）组织课外活动、校外活动和指导课余生活。课外活动与校外活动对培养学生的志趣、才能，丰富和活跃他们的生活，促进他们德、智、体全面发展有重要意义。在开展课外与校外活动方面，班主任主要负责动员和组织工作。对课余活动，班主任的责任是经常关心、了解、给予必要的指导。要尊重学生个性与兴趣爱好，不要干预太多，同时严格要求他们遵守学校规章制度和纪律，自觉抵制不良思想风气的侵蚀。

（5）组织学生劳动。学生的劳动内容很广，主要有生产劳动、建校劳动和各种公益劳动。每学期开学之初，学校应当根据情况对各班学生的劳动做出统一的计划和安排。班主任则应按学校的安排与要求，有目的有计划地组织好本班学生的劳动。

（6）协调各方面对学生的要求。调节和统一校内外各方面对学生的要求，这是有成效地教育学生的重要条件，也是班主任工作的一项重要内容。这项工作包括统一校内教育者对学生的要求以及统一学校与家庭对学生的要求。

（7）评定学生操行。操行是指学生的思想品德表现。操行评定是对学生一学期或一学年以来的思想品德发展变化情况的评价。操行评定，一般采用评语，有的还要评定等级。

（8）做好班主任工作的计划与总结。为了能够较自觉地做好班主任工作，一要加强计划性，使工作有条不紊地进行；二要注意总结工作经验，以便不断改进和提高。二者是互为基础、相互促进的。

3. 论述课程内容组织中"纵向组织"和"横向组织"的关系。

【答案要点】

纵向组织是指教材内容要按照学科知识的逻辑序列，从已知到未知、从简到繁、从具体到抽象等先后顺序来组织编写；横向组织是指打破学科的知识界限和传统的知识体系，按照学生发展的阶段，以学生心理发展阶段需要探索的、社会和个人最关心的问题为依据，组织课程内容，构成一个个相对独立的专题。

比较地看，纵向组织注重课程内容的学科理论体系和知识的深度，而横向组织强调课程内容的综合性和知识的广度。在实际编写过程中，两者组织方式都是不可偏废的。

4. 论述奥苏伯尔的有意义学习的实质与条件。

【答案要点】

奥苏伯尔是和布鲁纳同时代的美国著名教育心理学家，他在教育心理学中最重要的一个贡献是他对意义学习的描述。

（1）有意义学习的实质。有意义学习就是符号所代表的新知识与学习者认知结构中已有的适当观念建立非任意的和实质性的联系。有意义学习的类型包括表征学习、概念学习和命题学习。

①非任意的联系是指新知识与认知结构中有关观念存在某种合理的或逻辑上的联系。

②实质性的联系是指新的符号或观念与学习者认知结构中已有的表象，已经有意义的符号、概念或命题的联系，是一种非字面的联系。

（2）有意义学习的条件。第一，有意义学习的材料必须具有逻辑意义，这种逻辑意义指的是材料本身在人的学习能力范围内而且与有关观念能够建立非任意的和实质性的联系；第二，学习者必须具有有意义学习的心向，也就是积极主动地把新知识与认知结构中原有的适当知识加以联系的倾向；第三，学习者认知结构中必须具有适当的知识，以便与新知识进行联系；第四，学习者必须积极主动地使这种具有潜在意义的新知识与他认知结构中有关的原有知识发生相互作用，导致原有知识得到改造，新知识获得实际意义，即心理意义。

2016年 华东师范大学 333 教育综合·真题解析

一、名词解释

苏湖教法

"苏湖教法"又称"分斋教学法"，是胡瑗在主持湖州州学时创立的新的教学制度，在"庆历兴学"时被用于太学的教学。其主要内容是在学校内设立经义斋和治事斋，经义斋学习儒家经义，以培养比较高级的统治人才为目标；治事斋分设治兵、治民、水利、算数等学科，学生可主修一科，副修另一科，以造就在某一方面有专长的技术的管理人才为目标。

班级授课制

班级授课制是一种集体教学形式。它把一定数量的学生按年龄与知识程度编成固定的班级，根据周课表和作息时间表，安排教师有计划地给全班学生上课，分别学习所设置的各门课程。

中体西用

中体西用即"中学为体，西学为用"。"中学为体，西学为用"是洋务派关于中西文化关系的核心命题，也是洋务教育的指导思想。洋务派认为在突出"中学"主导地位的前提下，应该肯定"西学"的辅助作用和器用价值。

"自由七艺"

"七艺"是西方教育史上对七种教学科目的总称，包含文法、修辞、辩证法、音乐、算术、几何、天文。西方教育史上沿用长达千年之久的"七艺"中的前"三艺"是由智者学派首先确定下来的。后来柏拉图将"四艺"作为教学科目详加论述，并认为"三艺"是高级课程，"四艺"是初级课程。"三艺"和"四艺"合称为"七艺"。

绅士教育

绅士教育由洛克提出。洛克认为教育的最高目的在于培养绅士。所谓绅士教育，就是培养既具有封建贵族遗风，又具有新兴资产阶级特点的新式人才的教育。他主张把社会中上层家庭的子弟培养成为身体强健、举止优雅、有德行、智慧和实际才干的事业家。

双轨制

双轨制是现代学校教育制度的一种，以18—19世纪的西欧为代表，其结构为一轨自上而下，是为资产阶级的子女设立的，包含大学、中学；另一轨从下而上，是为劳动人民的子女设立的，包含小学及其后的职业学校。

二、简答题

1. 朱子读书法及其现代价值。

【答案要点】

朱熹一生酷爱读书，对于如何读书有深切的体会，并提出了许多精辟的见解。他的弟子将其概括为"朱子读书法"六条。

（1）循序渐进。朱熹主张读书要"循序渐进"，意思是读书要按一定的次序，不要颠倒；应根据自己的实际情况和能力，安排读书计划，并切实遵守它；读书要扎扎实实打好基础，不可囫囵吞枣，急于求成。

（2）熟读精思。朱熹认为，读书既要熟读成诵，又要精于思考。熟读有利于理解，熟读的目的是为了精思。精思就是发现问题和解决问题的过程。

（3）虚心涵泳。所谓"虚心"是指读书时要虚怀若谷，静心思虑，仔细体会书中的意思，不要先入为主，牵强附会；所谓"涵泳"是指读书时要反复咀嚼，细心玩味。

（4）切己体察。强调读书不能仅仅停留在书本上和口头上，而必须要见之于自己的实际行动，要身体力行。

（5）着紧用力。包含两方面意思：其一，必须抓紧时间，发愤忘食，反对悠悠然；其二，必须抖擞精神，勇猛奋发，反对松松垮垮。

（6）居敬持志。既是朱熹道德修养的重要方法，也是他最重要的读书法。"居敬"是读书时精神专一，注意力集中；"持志"是要树立远大的志向和高尚的目标，并要以顽强的毅力坚持下去。

朱熹的读书法是他自己和前人长期的读书经验的概括和总结，比较集中地反映了我国古代对于读书方法研究的成果，朱子读书法反映了读书学习的基本规律和要求，在今天仍具有一定的参考价值和借鉴作用。

2. 校长负责制的内涵及需要注意的问题。

【答案要点】

我国现行的中小学管理体制是校长负责制。校长负责制指校长受上级政府主管部门的委托，在党支部和教代会的监督下，对学校进行全面领导和负责的制度。在这一体制中，校长是学校行政系统的最高决策者和指挥者，是学校的法人代表，他对外代表学校，对内全面领导和管理学校的教育、教学、科研和行政工作。

实施校长负责制要注意处理好下述几个问题：

（1）明确校长的权力与责任。既然校长全面负责各项工作，就应名实相符，拥有一定的权力。一般说来，校长拥有学校行政的决策权、各项工作的指挥权、副校长的提名和教职工的聘用与考核的人事权、学校办学经费的使用权、校内机构的设置权和校舍校产的管理权。

（2）发挥党组织的保证监督作用。实行校长负责制并不意味着削弱党对学校的领导，相反，应使党组织的领导职责更加明确和突出。

（3）建立以教师为主体的教职工代表大会制度，加强民主管理和监督。为了避免校长独断专行，以防出现"家长制"和"一言堂"的管理陋习，学校应建立教职工代表大会制度，吸收教职员工参与学校的民主监督和管理。

3. 蔡元培的"五育"并举。

【答案要点】

（1）军国民教育。指将军事教育引入到学校和社会教育之中，让学生和民众受到一定的军事教育和训练。在学校教育中强调学生生活的军事化，特别是体育的军事化。

（2）实利主义教育。即密切教育与国民经济生活的联系，加强职业技能的培训，使教育能发挥提高国家经济能力和改善人民生活水平的作用。

（3）公民道德教育。蔡元培认为公民道德的基本内容不外乎法国资产阶级革命所标榜的自由、平等、博爱，虽然与封建道德的专制等级性不相容，但他明确指出中国传统伦理特别是儒家伦理中的一些基本范畴，其内涵是与自由、平等、博爱的精神相通的。

（4）世界观教育。是蔡元培独创并被作为教育的最高境界。世界观教育就是要培养人们立足于现象世界但又超脱现象世界而贴近实体世界的观念和精神境界。

（5）美感教育。美感教育与世界观教育紧密联系，美感介于现象世界和实体世界之间，是两者之间的桥梁。利用美感这种超越利害关系、人我之分界的特性去破除现象世界的意识，陶冶、净化人的心灵。美感教育是世界观教育的主要途径。

4. 社会建构主义理论对学习的作用。

【答案要点】

社会建构主义关注学习和知识建构背后的社会文化机制，其基本观点是：学习是一个文化参与过程，学习者通过借助一定的文化支持参与某个学习共同体的实践活动来内化有关知识，掌握有关的工具。知识的建构不仅仅需要个体与物理环境的相互作用，还需要通过学习共同体的合作互动来完成。社会建构主义学习理论的应用有：

（1）情境性教学。让学习者在一定情境的活动中完成学习的一种教学模式。具有四个基本特征：真实的任务、情境化的过程、真实的互动合作和情境化的评价方式。

（2）分布式认知。是指分布在个体内、个体间，以及媒介、环境、文化、社会和时间等之中而进行的认知。强调认知现象在认知主体和环境间分布的本质。以分布式认知为基础，人们提出了分布式学习的概念，分布式学习是一种教学模式，它允许指导者、学习者和学习内容分布于不同的非中心的位置，使教与学可以独立于时空而发生。强调学习是在学习共同体的个体之间分布完成的。

（3）认知学徒制。是指知识经验较少的学习者在专家的指导下参与某种真实的活动，从而获得与该活动有关的知识技能的教学模式。

（4）抛锚式教学。是指将学习活动与某种有意义的大情境挂钩，让学生在真实的问题情境中进行学习的情境性教学模式。

（5）支架式教学。指教师或其他助学者和学习者共同完成某种活动，为学习者参与该活动提供外部支持，帮助他们完成独自无法完成的任务，随着活动的进行，逐渐减少外部支持，使共同活动让位于学生的独立活动。

（6）合作学习。是指学习共同体在学习中进行沟通交流，共同完成一定的学习任务。重视教学中教师与学生以及学生与学生之间的社会性相互作用。

（7）交互式学习。是一种将传统的"以教师为中心"的教学模式转变为"以学生为主体、教师为主导"的师生之间良性互动的教学模式。"交互"是指学生之间、师生之间相互对话、相互交流，学生、教师、媒体和教材等诸多教学要素之间互动交流和传递。通过这种交互式交流来充分调动学生的学习主动性、积极性，在情境和对话中构建知识体系，不断激发学生探究式学习方法，进而提升学生综合能力和素质，实现教学双赢的目标。

三、分析论述题

1. 评述要素主义。

【答案要点】

要素主义教育是20世纪30年代末作为实用主义教育和进步教育的对立面出现的。要素主义教育是现代欧美国家一种强调学校教育的任务主要是传授人类文化遗产共同要素的教育思潮。1938年在美国成立的"要素主义者促进美国教育委员会",是要素主义教育形成的标志。代表人物有巴格莱、科南特等人。其主要观点包括以下几个方面:

(1)教育核心:传授给学生人类基本知识的要素或民族共同文化传统的要素。

(2)教育目的:强调人的心智或智力的发展,主张心智训练。

(3)教育内容:教授基础科目,开设以学科为中心的系统的学习科目。

(4)师生关系:教师中心,强调教师的权威地位。

(5)教育与社会的关系:教育要为社会服务。

(6)教育重心:基本技能和基础知识的学习。

要素主义教育对美国20世纪50—60年代的教育改革产生了重要的影响,所提出的教育主张和观点受到了政府的重视,有些主张和观点被采纳为国家的教育政策。但其也存在一些不足,如较少考虑到学生的个别差异和能力水平、忽视学生的动机和情感、所编的教材脱离学校教育实际等,因而受到一些社会和教育界人士的抨击。

2. 评述课程内容设计对学生学习的影响。

【答案要点】

课程内容是课程的核心要素,是根据课程目标从人类的经验体系中选择出来,并按照一定的学科逻辑序列和儿童心理发展需求组织编排而成的知识体系和经验体系。它以学科文化知识为核心,主要包括间接经验,但也包括设计一定的实践-交往活动要求学生获取的直接经验,以及预期的学习活动方式。

(1)课程内容的选择。课程内容是依据课程目标从各门科学或学科中的系统的知识理论及方法选编而成的,其理论知识十分丰富。总体来看,分为直接经验和间接经验。第一,直接经验的选择。直接经验是指与学生现实生活及其需要直接相关的个人知识、技能和体验的总和。如社会生活经验、学生处理与自然事物关系的知识和经验与技能技巧等。直接经验选择的依据是学生的现实社会生活需要和学生社会性发展的要求。第二,间接经验的选择。间接经验即理论化、系统化的书本知识,它是人类认识的基本成果,间接经验具体包含在各种形式的科学中。间接经验选择的依据是科学理论知识内在的逻辑结构。

(2)课程内容的组织。20世纪40年代,泰勒明确提出了课程内容组织的三条规则:连续性,指直线式地陈述主要的课程内容;顺序性,要求每一后继内容应以前面的内容为基础,同时又对前面的内容加以深化、拓展;整合性,强调保持各种课程内容之间的横向联系,以便有助于学生获得一种统一观念。

(3)课程内容的组织应处理好的几种逻辑组织形式的关系:

①直线式与螺旋式。直线式是指把学科课程内容的组织呈直线前进,前面安排过的内容在后面不再呈现;螺旋式是指在不同单元或阶段,乃至同课程门类中,使课程内容重复出现、螺旋上升、逐渐扩大知识面、加深知识难度,即前面的内容是后面内容的基础,后面内容是对前面内容的不断扩展和加深,且层层递进。

②纵向组织与横向组织。纵向组织是指教材内容要按照学科知识的逻辑序列,从已知到未知、

从简到繁、从具体到抽象等先后顺序来组织编写；横向组织是指打破学科的知识界限和传统的知识体系，按照学生发展的阶段，以学生心理发展阶段需要探索的、社会和个人最关心的问题为依据，组织课程内容，构成一个个相对独立的专题。

③逻辑顺序与心理顺序。逻辑顺序是指依据学科本身的体系和知识的内在联系来组织课程内容；心理顺序是指按照学生心理发展的特点来组织课程内容。

3.评述班集体培养。

【答案要点】

班集体是一个有一定人数规模的学生集体，是学校行政根据一定的任务、按照一定的规章制度组织起来的有目标、有计划地执行管理、教育职能的正式小群体。班集体不仅是学生在校生活的基本组织单位，而且也是促进学生成长的正式组织之一。

培养班集体的方法有：

（1）确定集体的目标。目标是集体的发展方向和动机。建构集体首先要使集体明确奋斗的目标。集体的目标应当由班主任同全班同学一道讨论确定，以便统一认识，调动大家的积极性。集体的目标一般包括近期的、中期的和远期的。目标的提出应当由易到难，不断推动集体向前发展。

（2）健全组织、培养干部以形成集体核心。要注重健全班级的组织与功能，关键是要做好班干部的选拔与培养，以形成集体核心，使班组织能正常开展工作。班主任应放手让班干部大胆工作，在实践中锻炼、培养、提高；要教育班干部谦虚谨慎，以身作则、严于律己，对他们不可偏爱和护短，以免导致干群对立和班的不团结。

（3）有计划地开展集体活动。班集体是通过开展集体活动逐步形成起来的，只有在为实现集体的共同目标而进行的系列活动中，全班学生才能充分交往、沟通、协作，紧密团结，形成集体的核心，调动全班同学的积极性；才能激发出学生的工作责任感和集体主义精神，使他们学会正确处理人与人、个人与集体、班级与学校及社会之间的关系，形成正确的舆论和班风。班主任应重视全面开展各种活动，让每个学生都能在活动中得到锻炼与提高，以推动班集体的蓬勃发展。

（4）培养正确的舆论和良好的班风。班主任应经常注意组织学生学习政治理论、道德规范，以提高他们的认识；并注重表扬好人好事，批评不良思想行为，为形成正确舆论打下思想基础。特别是班主任要善于抓住重大偶发事件的处理，组织学生讨论，以分清是非，推动正确舆论的形成。

（5）做好个别教育工作。个别教育十分重要，只有教育好每个学生，使每个学生都积极参与班级的各种活动，都关心班级、热爱班级，在参与班组的活动中发挥作用、获得提高，确保没有一个人掉队，才能真正带好一个班，把班级建设成为真正的集体。个别教育工作包括：第一，促进每个学生个性的全面发展；第二，做好后进生的思想转变工作；第三，做好偶发事件中的个别教育。

4.试从元认知视角分析提升学生学习效能的教学策略。

【答案要点】

元认知就是对认知的认知，具体地说，是关于个人自己认知过程的知识和调节这些过程的能力，是对思维和学习活动的认知和控制。元认知具有两个独立但又相互联系的成分：第一，元认知知识，即对认知过程的知识和观念——知道做什么；第二，元认知控制，即对认知行为的调节和控制——知道何时、如何做什么。

元认知策略是对信息加工流程进行控制的策略，可分为计划策略、监察策略和调节策略。

（1）计划策略。根据认知活动的特定目标，在一项认知活动之前计划各种活动，预计结果、选择策略，想出各种问题解决的方法，并预估其有效性。计划过程涉及设置学习目标、浏览阅读材料、产生待回答的问题以及分析如何完成学习任务。

（2）监察策略。在认知活动的实际过程中，根据认知目标及时评价、反馈自己认知活动的结果与不足，正确估计自己达到认知目标的程度、水平，根据有效性标准评价各种认知行动、策略的效果。监察过程涉及阅读时对注意加以跟踪、对材料进行自我提问和考试时监察自己的速度和时间，使学习者警觉并找出自己在注意和理解方面可能出现的问题并加以修改。包括以下两种策略：

①领会监控。领会监控是一种具体的监察策略，一般在阅读中使用。熟练的读者在头脑中有一个领会的目标，为了该目标而浏览课文。随着这一策略的执行，达到目标后他会体验到一种满意感，如果没有达到目标，会产生挫折感，并开始采取补救措施。

②集中注意力。当教师要求学生将他们有限的注意力全部集中在他所说的每一件事上时，学生只得放弃对其他刺激的积极注意，变换优先度，将其他刺激全部清出去。

（3）调节策略。核查认知活动结果，并采取相应的补救措施；核查认知策略的效果，并及时修正、调整认知策略。

2015年 华东师范大学333教育综合·真题解析

一、名词解释

《师说》

《师说》是韩愈论师道的重要教育论著，是中国古代第一篇集中论述教师问题的文章，提倡尊师重道，集中体现了他的教育思想。韩愈在《师说》中提出有关教师的地位、教师的任务、教师的标准等观点。

三舍法

"三舍法"是王安石在"熙宁兴学"期间改革太学最重要的措施。"三舍法"是严格的升舍考试制度，它将学生平时行艺和考试成绩相结合，学行优劣与任职使用相结合，这有利于调动学生学习的积极性，提高太学教育质量。同时又把上舍考试和科举考试结合起来，融养士与取士于太学，提高了太学地位。

生计教育

生计教育是美国教育总署署长马兰于1971年倡导的一种教育。他提出，生计教育的实质在于以职业教育和劳动教育为核心，引导帮助人们学会许多新的知识和技能，以在适应瞬息万变的社会的过程中，实现个人生存与社会发展的双重目的。这种教育要求以职业教育为中心重新建立教育制度。

设计教学法

设计教学法是美国进步主义教育家克伯屈提出的新的教育方法。他将设计教学法定义为在社会环境中进行有目的的活动，重视教学活动的社会的和道德的因素。强调有目的的活动是设计教学法的核心，儿童自动的、自发的、有目的的学习是设计教学法的本质。

有意义学习

有意义学习由奥苏伯尔提出，有意义学习就是符号所代表的新知识与学习者认知结构中已有的适当观念建立非任意的和实质性的联系。有意义学习的类型包括表征学习、概念学习和命题学习。

自我效能感

自我效能感由班杜拉提出，是指个体对自己能否成功进行某一成就行为的主观判断。它影响着个体对行为的选择、付出多大努力以及坚持多久。

二、简答题

1. 陈鹤琴的"活教育"。

【答案要点】

（1）"活教育"的目的论：陈鹤琴提出"活教育"的目的是"做人，做中国人，做现代中国人"。"做人"是"活教育"最为一般意义的目的；"做中国人"体现了"活教育"目的的民族特征，指要懂得爱护这块生养自己的土地，爱自己国家长期延续的光荣历史，爱与自己共命运的同胞。"做现代中国人"体现了时代精神，有五个具体方面的要求：要有健全的身体；要有建设的能力；要有创造的能力；要能够合作；要服务。

（2）"活教育"的课程论："大自然、大社会都是活教材"，是陈鹤琴对"活教育"课程论的概括表述。"活教材"是指取自大自然、大社会的"直接的书"，即让儿童在与自然、社会的直接接触中，在亲身观察中获取经验和知识。

（3）"活教育"的教学论："做中教，做中学，做中求进步"是活教育教学方法的基本原则。陈鹤琴认为，"做"是学生学习的基础，因此也是"活教育"教学论的出发点。它强调儿童在学习过程中的主体地位和在活动中直接经验的获取。

2. 班主任的素质要求。

【答案要点】

（1）为人师表的风范。班主任是学生的教育者、引路人，是他们崇敬的老师、依靠的长者、学习的榜样。他应严于律己，他的为人处世、一言一行、性情作风等各方面均能为人师表，为学生示范。

（2）相信教育的力量。相信每个学生都有自己的特点、优势和潜能，只要经过教育，都有美好的发展与前途。即使有严重缺点和错误的学生，只要真情关怀，耐心教育，切实帮助，也能转变好。只有确信教育的力量的班主任，才能不畏困难曲折，把学生转变好。

（3）要有家长的情怀。班主任对待学生要像家长对待孩子一样，有深厚的情感，能无微不至地关怀，与学生彼此信赖。这样才能使学生更易亲近班主任，听班主任的话，才能使班主任工作顺利进行。

（4）较强的组织亲和力。班主任要善于与人打交道，善于亲近学生、与学生打成一片，这样才便于组织学生开展活动。他还要善于在工作中表现出魄力，能令行禁止，坚定地引导学生沿着正确的方向，不断前进。

（5）能歌善舞、多才多艺。每个学生都有自己的兴趣与爱好，因而需要展开各种各样、丰富多彩的活动。这就要求班主任也有广泛兴趣、多才多艺，易与学生打成一片，便于开展工作。

3.《学记》中"善喻"的教育意义。

【答案要点】

《学记》中的"善喻"即启发诱导原则。

"君子之教，喻也"，教学要注重启发。一味让学生死记硬背，或者频繁发问，只顾赶进度而不顾学生的兴趣、接受能力和学习效果，学生就会以学习为苦差事，甚至怨恨老师，并很快把所学的东西丢弃得一干二净。

因此，教学要重启发诱导，注意"道而弗牵"，引导，但又不牵着学生走；"强而弗抑"，督促勉励，又不勉强、压抑；"开而弗达"，打开思路，但不提供现成答案。《学记》以为，懂得启发的教师，才算是懂得教学的教师。

4. 简述德育过程中教师指导下的学生能动作用。

【答案要点】

德育过程是学生在教师教导下的个体品德的自主建构过程。学生的思想道德认识和行为习惯不是与生俱来的，是学生在与社会环境的相互作用过程中，尤其是在教师有目的有意识的教育引导下，逐步形成自己的思想认识，发展自己的道德素质的。包含以下三个方面：

（1）学生对环境影响的主动吸收。学生在吸取社会和教育影响的活动中，不完全是被动的教育客体，也是能动地选择、吸收环境与教育影响的主体。外界的影响只有通过学生自己的理解、选择、吸取与践行，才能内化成为他们自己的观点、立场，成长为他们的品德习性。

（2）教师对学生的积极教导。教师的教导是学生品德健全发展的一个必不可少的指针与动力。教师应该在正确的政治、教育、心理等学科理念的指导下，通过课程、活动、师生互动等途径积极开展对学生的教育引导。

（3）外部活动与内部活动相互促进。在德育过程中我们既要组织好学生的各种外显的实际活动，以启迪、激发和引导他们积极开展内部的心理活动，促进他们思想认识的提高、价值观念的明确、情感上的认同以及品德的发展；又要激发学生内部的思想、情感与意志活动，把他们的能动性引导到道德实践活动中去，进一步推动学生思想品德的发展与提升。

三、分析论述题

1. 评述布鲁纳的结构主义教育。

【答案要点】

结构主义教育产生于20世纪50年代末，是现代欧美国家一种强调认知结构的研究和认知能力的发展的教育思潮。它以结构主义心理学为理论基础，侧重研究课程教学改革问题，代表人物有皮亚杰、布鲁纳等。其主要观点包括以下几个方面：

（1）教育和教学应重视学生的认知能力发展。教育是教育者引导学习者实现知识的转化，并使学习活动内化的构造过程。其主要任务就是促使学生的认知能力得到发展。

（2）注重掌握各门学科的基本结构。学科的基本结构是指一门学科的基本概念、定义、原理、原则和方法。掌握学科的基本结构有助于理解和把握整个学科的内容。

（3）主张学科基础的早期学习。任何一门学科的基础知识都能以一定的形式教给任何阶段的任何儿童，因此，尽早让儿童掌握学科的基本结构是有效和便捷地进行教学的主要途径。

（4）倡导发现法和发现学习。发现学习就是引导儿童从事物表面现象去探索具有规律性的潜在结构的一种学习途径。

（5）认为教师是结构教学中的主要辅导者。教师应从儿童的心理能力出发，考虑一门学科的基本结构在学习中的作用以及如何使学生理解和掌握该门学科的基本结构。

结构主义教育思想为心理学研究和教育研究的相互协作提供了一个范例，对现代西方课程论影响很大，并成为20世纪60年代美国课程改革的指导思想。但是结构主义教育有些观点过于天真和理想化，导致课程教材改革的难度偏大，引起了人们不同的评论和争议。

2. 比较博比特的"活动分析法"和泰勒的"目标模式"。

【答案要点】

（1）博比特的活动分析法。

博比特于1918年出版的《课程》被看作教育史上第一本课程论专著。他认为应当运用科学的方法来确定教育目标。为此，他对成人社会生活的活动做了大规模的调查，将社会生活活动分为十大类并将其作为教育的主要目标，据此来确定教育应当使儿童获得的知识、技能、能力、态度与品行等方面的要求，作为课程的基础。这种方法就是"活动分析法"，为后来课程目标的确定提供了方法论基础。

博比特的方法论注重适应社会生活发展的需要，有其积极的一面，但过于烦琐、具体，既忽视与排斥了社会教育总的价值取向与教育目的，也未突出儿童身心发展的特点及需求。

（2）泰勒的目标模式。

泰勒于1949年出版的《课程与教学的基本原理》，被视为现代课程理论的奠基石。

其理论内容为：第一，课程设计与开发的四个基本问题：学校应达到哪些教育目标？提供哪些教育经验才能实现这些目标？怎样才能有效地组织这些教育经验？怎样才能确定这些目标正在得到实现？第二，课程编制的四个步骤：确定目标、选择经验、组织实施、评价结果。

人们把泰勒的这些理论称为"泰勒原理"，其课程开发模式称为"目标模式"，对课程理论的发展有很大影响，至今仍在西方课程领域中占有主要的地位。

（3）两者的比较：

①相同点。两者都提出了课程编制的理论，且都为后来的课程理论发展奠定了基础。

②不同点。从目标的来源来看，博比特认为目标来源于社会生活的活动，他对成人的社会生活活动做了大规模调查，并且将社会生活活动分为十大类；泰勒认为目标来源于其所提出的四个问题的内容，且据此明确了课程编制过程的四个步骤。从课程理论的组织性来看，博比特的方法论过于烦琐、具体，不易于实施；泰勒的课程原理系统、完整而重点突出。

3. 根据创造性的心理结构分析，说明学生创造力的培养措施。

【答案要点】

创造性是由多种心理因素构成的复合体，其心理结构具有多维性。张大均等认为创造性是由多种心理品质有机结合构成的心理结构系统，主要包括创造性认知品质、创造性人格品质和创造性适应品质三个子系统。

（1）创造性认知品质。创造性认知品质是指创造性心理结构中与认知加工有关的部分，它是创造性心理活动的核心。创造性认知品质主要包括创造性想象、创造性思维、创造性认知策略三个方面。

（2）创造性人格品质。创造性人格品质是有创造性的人所具有的个性特点。创造性人格品质包括创造性动力特征、创造性情意特征、创造性人格特质等。

（3）创造性适应品质。创造性适应品质是指个体在其创造性认知品质和创造性人格品质的基础上，在自己特定年龄阶段所规定的社会生活背景中，通过与社会生活环境的相互作用，所表现出来的对外在社会环境进行创造性的操作应对，对内在创造过程进行调适所表现出来的创造性行为倾向，具体表现为创造行为习惯、创造策略和创造技法的掌握运用等。

创造性的培养措施有：

（1）营造鼓励创造的环境。这是促进学生创造性发展的必要条件。首先，应倡导民主式的教育和管理。其次，应改革考试制度，为学生创造宽松的学习环境。再次，应增加自主选择课程的机会和有针对性的课程设计。最后，应为学生提供创造性人物的榜样。

（2）培养创造性的教师队伍。首先，要转变教师的教育教学观念，使教师形成理解并鼓励学生的创造；其次，要教给教师必要的创造技法和思维策略；再次，为教师提供明晰的、具有实用价值的有关创造性的知识及相应的教学策略和技能；最后，教师应不断学习关于创造性的心理学知识，用心理学的理论指导自己的实践。

（3）培育创造意识，激发创造动机。只有当个人具有自觉的创造意识、强烈的创造动机，才易产生新思想、新方法、新观点。需要做到：树立学生创新的自信心；激发创造热情；磨砺创造意志；培养创造勇气。

（4）发展和培养创造性思维。创造性思维是创造性的核心。创造性思维的培养应注意以下几个方面：加大思维的"前进跨度"，培养思维的跳跃能力；加大思维的"联想跨度"，使学生养成敢于把习惯上认为毫不相干的、表面上看来微不足道的问题联系起来或进行移植；加大"转换跨度"，引导学生敢于否定原来的设想，善于打破固有的思路；给学生大胆探索与推测的体会。

（5）开设创造课程，教给创造技法。教学是培养学生创造性的重要途径。因此，开设创造性课程已成为国内外开发创造性的有效途径。在创造性课程的教学中，注重教给学生基本的创造技巧与方法是培养创造性的有效措施。促进创造性发展的主要创造技法有：头脑风暴法、系统探求法、联想类比法、组合创新法、对立思考法、转换思考法。

（6）塑造创造性人格。创造性人格是创造性的重要组成部分，培养学生的创造性人格是培养创造性的重要内容。主要方法有：保护好奇心；解除对错误的恐惧心理；鼓励独创性与多样性。此外，自信与乐观、忍耐与有恒心、合作、严谨等也是创造性人格培养的重要方面。

2014年 华东师范大学333教育综合·真题解析

一、名词解释

贝尔–兰开斯特制

贝尔–兰开斯特制又称导生制，其具体实施是：教师在学生中选择一些年龄较大、学习成绩较好的学生充任导生，教师先对导生进行教学，然后由他们去教其他学生。通过这种教学方式，学生的数额得以大大增加，也在一定程度上缓解了教师奇缺的压力，因而一度广受欢迎，但因其难以保证教育质量而最终被人们所抛弃。

城市学校

城市学校属于西欧中世纪的世俗教育。城市学校是为新兴市民阶层子弟开办的学校的总称，包含不同种类、不同规模的学校。例如，由手工业行会开办的学校被称为行会学校，由商人联合会设立的学校被称为基尔特学校。

自我效能感

自我效能感由班杜拉提出，是指个体对自己能否成功进行某一成就行为的主观判断。它影响着个体对行为的选择、付出多大努力以及坚持多久。

现代教育制度

教育制度是指一个国家各级各类实施教育的机构体系及其组织运行的规则。它包括相互联系的两个方面：一是各级各类教育机构与组织；二是教育机构与组织赖以存在和运行的规则，如各种相关的教育法律、规则、条例等。

德育过程

德育过程是学生在教师的引导下，主动积极地进行道德认识和道德实践，逐步提高自我修养能力，形成个人品德的过程。

有意义学习

有意义学习由奥苏伯尔提出，有意义学习就是符号所代表的新知识与学习者认知结构中已有的适当观念建立非任意的和实质性的联系。有意义学习的类型包括表征学习、概念学习和命题学习。

二、简答题

1. 简述白鹿洞书院的教育宗旨。

【答案要点】

白鹿洞书院在江西庐山五老峰下，唐朝后期李渤和其兄李涉隐居庐山读书，"谓其所居曰白鹿洞"。南宋时期朱熹修复，征集图书，筹措经费并任洞主，亲自掌教，聘教师，亲自制定《白鹿洞书院揭示》。其主要内容为：

（1）五教之目：父子有亲，君臣有义，夫妇有别，长幼有序，朋友有信。

（2）为学之序：博学之，审问之，慎思之，明辨之，笃行之。

（3）修身之要：言忠信，行笃敬，惩忿窒欲，迁善改过。

（4）处事之要：正其义，不谋其利；明其道，不计其功。

（5）接物之要：己所不欲，勿施于人；行有不得，反求诸己。

《白鹿洞书院揭示》是中国书院发展史上的一个纲领性学规，在这个学规中，朱熹明确了教育的目的，阐明了教育教学的过程，提出了修身、处事、接物的基本要求。朱熹把这些儒家核心思想汇集起来，用学规的形式固定下来，形成较为完整的书院教育理论体系，成为后世学规的范本和办学准则，使书院教育逐步走上制度化的发展轨道，也对后世官私学校的兴办产生了实际的影响。

2. 简述文艺复兴时期弗吉里奥的教育贡献。

【答案要点】

弗吉里奥是率先阐述人文主义教育思想的学者，其思想大大受益于昆体良。曾为昆体良的《雄辩术原理》做注释，使之风行于意大利内外。他发表了《论绅士风度与自由学科》一文，全面概括了人文主义的教育目的和方法。他的主要观点有：

（1）人文主义的教育目的在于对青少年施以通才教育，以培养身心全面发展的人。

（2）在教育方法上，必须使所教内容适合学生的个人爱好和年龄特征。

（3）在教育内容上，他最推崇的三门科目是历史、伦理学和雄辩术，认为这三门课程最能体现人文主义精神。

（4）在道德教育上，特别重视道德品质的培养，把学识和品行结合起来作为教育的共同目标，并认为德行重于学问。

3. 简述美国的《国防教育法》。

【答案要点】

1957年，苏联卫星上天后，美国朝野震惊，开始反思自身的教育问题，并将教育提高到保卫国家国防的高度，要求对教育进行改革。在此背景下，1958年美国总统批准颁布了《国防教育法》。

该法案的主要内容有：

（1）加强普通学校的自然科学、数学和现代外语的教学。

（2）加强职业技术教育。要求各地区设立职业技术教育领导机构，有计划地开展职业技术训练。

（3）强调"天才教育"。鼓励有才能的学生完成中等教育，攻读考入高等教育机构所必需的课程并升入该类机构，以便培养拔尖人才。

（4）增拨大量教育经费，作为对各级学校的财政援助。

《国防教育法》是作为改革美国教育、加快人才培养的紧急措施推出的，其颁布与实施，为第二次世界大战后美国教育改革提供了坚实的法律保障，促进了美国教育事业的发展，有利于美国教育质量的提高和科技人才的培养。

4. 简述班集体的发展阶段及培养方法。

【答案要点】

一个班从刚组建的群体发展为坚强的集体，要经历一个发展过程，大致分为三个阶段：

（1）组建阶段。这时，班组织从形式上建立起来了，但同学间互不了解，缺乏凝聚力和活动能力，对班主任有很大的依赖性，需要班主任亲自指导和监督才能开展活动。

（2）核心初步形成阶段。师生之间、同学之间有了一定的了解、友谊与信赖，学生积极分子不断涌现，班的核心初步形成，班组织的功能已较健全。这时，班主任可以从直接领导、指挥班的活动，逐步过渡到向他们提出建议，由班干部来组织、开展集体的工作与活动。

（3）集体自主活动阶段。积极分子队伍壮大，学生普遍关心、热爱班集体，积极争先承担集体的工作，维护集体的荣誉，形成了正确的舆论与班风。班组织能根据学校和班主任的要求，与同学民主协商，自觉地向集体或其成员提出任务与要求，自主地开展集体活动。

培养班集体的方法有：

（1）确定集体的目标。目标是集体的发展方向和动机。建构集体首先要使集体明确奋斗的目标。集体的目标应当由班主任同全班同学一道讨论确定，以便统一认识，调动大家的积极性。集体的目标一般包括近期的、中期的和远期的。目标的提出应当由易到难，不断推动集体向前发展。

（2）健全组织、培养干部以形成集体核心。要注重健全班级的组织与功能，关键是要做好班干部的选拔与培养，以形成集体核心，使班组织能正常开展工作。班主任应放手让班干部大胆工作，在实践中锻炼、培养、提高；要教育班干部谦虚谨慎，以身作则、严于律己，对他们不可偏爱和护短，以免导致干群对立和班的不团结。

（3）有计划地开展集体活动。班集体是通过开展集体活动逐步形成起来的，只有在为实现集体的共同目标而进行的系列活动中，全班学生才能充分交往、沟通、协作，紧密团结，形成集体的核心，调动全班同学的积极性；才能激发出学生的工作责任感和集体主义精神，使他们学会正确处理人与人、个人与集体、班级与学校及社会之间的关系，形成正确的舆论和班风。班主任应重视全面开展各种活动，让每个学生都能在活动中得到锻炼与提高，以推动班集体的蓬勃发展。

（4）培养正确的舆论和良好的班风。班主任应经常注意组织学生学习政治理论、道德规范，以提高他们的认识；并注重表扬好人好事，批评不良思想行为，为形成正确舆论打下思想基础。特别是班主任要善于抓住重大偶发事件的处理，组织学生讨论，以分清是非，推动正确舆论的形成。

（5）做好个别教育工作。个别教育十分重要，只有教育好每个学生，使每个学生都积极参与班级的各种活动，都关心班级、热爱班级，在参与班组的活动中发挥作用、获得提高，确保没有一个人掉队，才能真正带好一个班，把班级建设成为真正的集体。个别教育工作包括：第一，促进每个学生个性的全面发展；第二，做好后进生的思想转变工作；第三，做好偶发事件中的个别教育。

三、分析论述题

1. 试以张之洞的《劝学篇》为例，评述"中体西用"的教育思想。

【答案要点】

（1）"中学为体，西学为用"是洋务派关于中西文化关系的核心命题，也是洋务教育的指导思想。洋务运动的过程实质上是一场对近代西方文明成果的移植过程，其核心问题是引入的西学与中国固有文化之间的关系。对此，洋务派提出的典型方案就是"中体西用"，认为在突出"中学"主导地位的前提下，应该肯定"西学"的辅助作用和器用价值。从19世纪60年代初开始，关于"中学"和"西学"主从关系的讨论就一直不停，直到1898年初，张之洞发表《劝学篇》，围绕"旧学为体，新学为用"的主旨集中阐述，形成了一个比较完整的思想体系。

（2）张之洞的《劝学篇》是对洋务运动的理论总结，并试图为以后的中国改革提供理论模式。《劝学篇》分为内篇和外篇，内、外篇主旨分别为："内篇务本，以正人心；外篇务通，以开风气。"通篇主旨归为"中学为体，西学为用"。

（3）"中学"包括四书五经、中国史事、政书、地图等。张之洞认为对"中学"的各方面都要通其大概，尤其是纲常名教。"西学"包括西政、西艺、西史，其中，张之洞着重强调西政和西艺。西政是指西方有关文教制度、工商财政、军事建制和法律行政等管理层面的文化；西艺即近代西方科技。在办理教育和个人学习时，应该根据具体情况分出西政与西艺的轻重缓急，张之洞认为西艺难学，适合年少者，着眼于长远；西政相对易学，适合年长者，着眼于当前急需。对于中、西学的关系，可以概括为"旧学为体、新学为用，不使偏废"。

（4）"中体西用"的历史作用在于：第一，洋务派提出"中体西用"，在不危及"中体"的前提下侧重强调采纳西学，既体现了洋务派的文化教育观，也是洋务派应对守旧派的策略。第二，在"中体西用"形式下，"西学"教育的规模不断扩大。两次鸦片战争中，"中体西用"的内涵被不断调整，"西用"的范围不断延伸，逐渐纳入新的成分。第三，洋务运动时期，"中体西用"理论为"西学"教育的合理性进行了有效论证，促进了资本主义文化在中国的传播。在此原则下实施的留学教育和举办的新式学堂给僵化的封建教育体制打开了缺口，改变了单一的传统教育结构。

（5）"中体西用"的局限性在于：第一，"中体西用"思想本质上还是为了维护封建专制统治，阻碍了后来维新思想的广泛传播，不利于近代刚刚开始的思想启蒙运动。第二，"中体西用"作为一种文化整合方案和教育宗旨来说是粗糙的。它是在没有克服中西文化固有矛盾情况下的直接嫁接，必然会引起两者之间的排异反应。

2. 试论述元认知策略及其教学应用。

【答案要点】

元认知策略是对信息加工流程进行控制的策略，可分为计划策略、监察策略和调节策略。

（1）计划策略。根据认知活动的特定目标，在一项认知活动之前计划各种活动、预计结果、选择策略，想出各种问题解决的方法，并预估其有效性。计划过程涉及设置学习目标、浏览阅读材料、产生待回答的问题以及分析如何完成学习任务。

（2）监察策略。在认知活动的实际过程中，根据认知目标及时评价、反馈自己认知活动的结果与不足，正确估计自己达到认知目标的程度、水平，根据有效性标准评价各种认知行动、策略的效果。监察过程涉及阅读时对注意加以跟踪、对材料进行自我提问和考试时监察自己的速度和时间，使学习者警觉并找出自己在注意和理解方面可能出现的问题并加以修改。包括以下两种策略：

①领会监控。领会监控是一种具体的监察策略，一般在阅读中使用。熟练的读者在头脑中有一个领会的目标，为了该目标而浏览课文。随着这一策略的执行，达到目标后他会体验到一种满意感，

如果没有达到目标，会产生挫折感，并开始采取补救措施。

②集中注意力。当教师要求学生将他们有限的注意力全部集中在他所说的每一件事上时，学生只得放弃对其他刺激的积极注意，变换优先度，将其他刺激全部清出去。

（3）调节策略。核查认知活动结果，并采取相应的补救措施；核查认知策略的效果，并及时修正、调整认知策略。

元认知策略的教学有：第一，教给学生元认知知识；第二，丰富学生的元认知体验；第三，经常给学生提供反馈的机会；第四，指导学生调节和监控自己的学习过程。

3. 试分析课程内容的组织对学生学习的影响。

【答案要点】

课程内容是课程的核心要素，是根据课程目标从人类的经验体系中选择出来，并按照一定的学科逻辑序列和儿童心理发展需求组织编排而成的知识体系和经验体系。它以学科文化知识为核心，主要包括间接经验，但也包括设计一定的实践－交往活动要求学生获取的直接经验，以及预期的学习活动方式。

20世纪40年代，泰勒明确提出了课程内容组织的三条规则：连续性，指直线式地陈述主要的课程内容；顺序性，要求每一后继内容应以前面的内容为基础，同时又对前面的内容加以深化、拓展；整合性，强调保持各种课程内容之间的横向联系，以便有助于学生获得一种统一观念。

应处理好的几种逻辑组织形式的关系：

（1）直线式与螺旋式。直线式是指把学科课程内容的组织呈直线前进，前面安排过的内容在后面不再呈现；螺旋式是指在不同单元或阶段，乃至同课程门类中，使课程内容重复出现，螺旋上升、逐渐扩大知识面，加深知识难度，即前面的内容是后面内容的基础，后面内容是对前面内容的不断扩展和加深，且层层递进。

直线式与螺旋式是教科书编写的两种基本的组织方式，它们各有利弊，分别适用于不同性质的学科、不同年级的学生。螺旋式的组编适合对理论性较强、学生不易理解和掌握的内容，尤其是低年级的儿童；直线式组编更适合于对一些理论性、难度或操作性相对较低的学科知识。在组织编写中究竟应当采用何种形式，应根据不同学科内容的特点和学生心理发展的需求而定。

（2）纵向组织与横向组织。纵向组织是指教材内容要按照学科知识的逻辑序列，从已知到未知、从简到繁、从具体到抽象等先后顺序来组织编写；横向组织是指打破学科的知识界限和传统的知识体系，按照学生发展的阶段，以学生心理发展阶段需要探索的、社会和个人最关心的问题为依据，组织课程内容，构成一个个相对独立的专题。

比较地看，纵向组织注重课程内容的学科理论体系和知识的深度，而横向组织强调课程内容的综合性和知识的广度。在实际编写过程中，两者组织方式都是不可偏废的。

（3）逻辑顺序与心理顺序。逻辑顺序是指依据学科本身的体系和知识的内在联系来组织课程内容，心理顺序是指按照学生心理发展的特点来组织课程内容。

课程内容的组织要把两者结合起来，两者的统一实质上是在课程观上把学生与课程统一起来，在学生观方面，体现为把学生的"未来生活世界"与"现实生活世界"统一起来。

4. 针对教师专业发展的不同阶段，应该怎样帮助教师成长？

【答案要点】

教师专业发展，又称教师专业成长，是指教师在整个专业生涯中，依托专业组织、专门的培养制度和管理制度，通过持续的专业教育，习得教育教学专业技能，形成专业理想、专业道德和专业能力，从而实现专业自主的过程。它包括教师群体的专业发展和教师个体的专业发展。

（1）教师群体的专业发展是指教师职业不断成熟，逐渐达到专业标准，并获得相应的专业地位的过程。它既是教师个体专业化的条件与保障，同时也最终代表着教师职业的专业化。教师群体的专业发展主要包括以下内容：

①教育知识技能的体系化，形成学科专业和教育专业，国家对教师任职既有规定的学历标准，也有必要的教育知识、教育能力和职业道德的要求。

②国家有教师教育的专门机构、专门教育内容和措施，教师教育专业化。

③国家有对教师资格和教师教育机构的认定制度和管理制度。

④形成社会公认的教师专业团体。

（2）教师个体的专业发展是指教师作为专业人员，从专业理想到专业知识、专业能力、专业心理品质等方面由不成熟到比较成熟的发展过程，即由一个专业新手发展成为专家型教师或教育家型教师的过程。教师个体专业发展途径包括师范教育、新教师的入职辅导、教师的在职培训、教师专业发展学校、同伴互助和教师的自我教育。

①师范教育。师范教育是教师个体专业发展的起点和基础，它是建立在教师的专业特性之上，为培养教师专业人才服务的。

②新教师的入职辅导。新教师的入职辅导有一个安排有序的计划，主要是由有经验的导师进行现场指导。

③教师的在职培训。新教师的在职培训主要是为了适应教育改革与发展的需要，为在职教师提供适应于教师专业发展不同阶段需要的继续教育，主要采取"理论学习、尝试实践、反省探究"相结合的方式。

④教师专业发展学校。这种教育模式力图在大学的教育学院与中小学之间建立协作关系，以此实现教师职前培养与在职教师专业发展的一体化。

⑤同伴互助。同伴互助是指在两个或两个以上教师之间发生的、以专业发展为指向、通过多种手段开展的，旨在实现教师持续主动地自我提升、相互合作并共同进步的教学研究活动，以达到改善教学之目的。

⑥教师的自我教育。教师的自我教育就是专业化的自我建构，它是教师个体专业化发展的最直接、最普遍的途径。教师自我教育的方式主要有经常性的系统的自我反思、主动收集教改信息、研究教育教学中的各种关键事件、自学现代教育教学理论、积极感受教学的成功与失败等。

2013年 华东师范大学 333 教育综合·真题解析

一、名词解释

分支型学制

分支型学制是现代学校教育制度的一种，以苏联为代表，也称为苏联型学制。其结构为一开始不分轨，升入中学阶段开始分叉，是介于双轨制和单轨制之间的分支型学制。其特点为苏联型学制的中学，上通下达，左右通畅。这显示了分支型学制没有阶级、没有等级差别的优越性。

教育目的

教育目的是对教育活动所要培养的人的个体素质的总的预期与设想，是对社会历史活动的主体的个体素质的规定。它体现一定社会对受教育者质量规格的界定和要求，也体现人自身发展所应该达到的水准和高度。

课程方案

课程方案是指教育机构或学校为了实现教育目的而制定的有关课程设置的文件。我国普通中小学的课程方案是指在国家的教育目的与方针的指导下，为实现各级基础教育的目标，由国家教育主管部门制定的有关课程设置、顺序、学时分配以及课程管理等方面的政策性文件。

教学评价

教学评价是对教学工作质量所做的测量、分析和评定。它以参与教学活动的教师、学生、教学目标、内容、方法、教学设备、场地和时间等因素的优化组合的过程和效果为评价对象，是对教学活动的整体功能所做的评价。

人文主义教育

人文主义是文艺复兴时期重要的文化标志，表现在教育方面即人文主义教育。人文主义教育的特征有人本主义、古典主义、世俗性、宗教性和贵族性。

道尔顿制

道尔顿制是美国进步主义教育家帕克赫斯特针对班级授课制的弊端在道尔顿中学实施的一种个别教学制度，也称"道尔顿计划"，主要内容包括在学校废除课堂教学、课程表和年级制，代之以"公约"或"合同式"的学习；将教室改为作业室或实验室，用表格法来了解学生的学习进度等。

二、简答题

1. 简述教育的社会流动功能。

【答案要点】

教育的社会流动功能是指社会成员通过教育的培养、筛选和提高，能够在不同的社会区域、社会层次、职业岗位、科层组织之间转换、调整和变动，以充分发挥其个人的智慧才能，实现其人生价值。它包括横向流动功能和纵向流动功能。前者指改变其环境而不提升其社会层级地位；后者指改变其社会层级地位及作用。

教育的社会流动功能在当代的重要意义有：

（1）教育是个人社会流动的基础。如今，不管从事什么行业，要在社会上生存与流动，就要有一定的文化知识和能力，必须接受一定的教育。它使享受这一教育的人能够选择自己将要从事的职业，参与建设集体的未来和继续学习。

（2）教育是现代社会流动的主要通道。今天，我国农村的年轻一代要成功地进行社会流动，尤其是向上流动，必须经过教育，甚至只有经过优质的高等教育才能实现。

（3）教育深刻影响社会公平。教育的社会流动，实质上涉及教育机会均等与社会公平问题。到近代，人们才逐步提出普及教育与入学机会人人均等的要求。如今，各国纷纷实行普及义务教育制度，注重教育公平，这是教育发展的趋势。

2. 举例说明教学策略的应用对课堂有效教学的作用。

【答案要点】

教学策略是为了达到教学目的，完成教学任务，而在对教学活动清晰认识的基础上对教学活动进行调节和控制的一系列执行过程。教学策略具有指向性、操作性、整体综合性、调控性、灵活性和层次性。

教学策略的应用使得教师在课堂中采用新技术、新手段等进行教学，直面自己在课堂教学中的问题所在，从而提高学生的学习效率，化难为易；一般教师使用的教学策略都是前人在总结教学实践经验的基础上得出的较科学的策略，容易激发学生的学习乐趣，提高学习的积极性。

3. 简述蔡元培的高等教育实践对我国现代大学发展的意义。

【答案要点】

民国成立后，京师大学堂改称北京大学。当时北大校政腐败、制度混乱、学生求官心切、学术空气淡薄、封建文化泛滥。为了改变这种风气，蔡元培赴任北大校长，对北大进行全面改革。

（1）抱定宗旨，改变校风。蔡元培明确大学的宗旨，认为大学应该成为"研究高尚学问之地"。他改革北大的第一步就是要为师生创造研究高深学问的条件和氛围。具体措施有：改变学生的观念；整顿教师队伍，延聘积学热心的教员；发展研究所，广积图书，引导师生研究兴趣；砥砺德行，培养正当兴趣。

（2）贯彻"思想自由，兼容并包"的办学原则。蔡元培明确声明，在学术上"循'思想自由'原则，取兼容并包主义"，这是他办理北京大学的基本指导思想。该思想不仅体现在学术上，也体现在教师的聘任上。蔡元培以"学诣为主"，罗致各类学术人才，使北大教师队伍一时呈现出流派纷呈的局面。

（3）教授治校，民主管理。1912年由蔡元培主持制定的《大学令》中，确立了教授治校、民主管理的大学校务管理原则，规定大学设立评议会，各科设立教授会。蔡元培到任北大后，当年即组织了评议会。1919年，评议会通过学校内部组织章程，决定：第一，设立行政会议，作为全校最高的行政机构和执行机构，负责组织实施评议会议决的事项，下设各种委员会分管各类事务；第二，设立教务会议及教务处，由各系主任组成，并互相推选教务长一人，统一领导全校的教务工作；第三，设立总务处，主管全校的人事和事务工作。

管理体制的改革，体现了蔡元培教授治校、民主管理的思想，目的是把推动学校发展的责任交给教授，让真正懂得学术的人来管理学校。新的管理体制的建立，改变了京师大学堂遗留下来的封建衙门作风，提高了工作效率，促进了学校的蓬勃发展。

（4）学科与教学体制改革。在学科与教学体制改革方面，蔡元培主要有三个措施：第一，扩充文理，改变"轻学而重术"的思想；第二，沟通文理，废科设系；第三，改年级制为选科制，发展学生个性。

4. 简述建构主义学习观。

【答案要点】

建构主义认为，学习是学习者主动地赋予信息以意义，建构自己的知识经验的过程，具有三个重要特征。

（1）主动建构性。面对新信息、新概念、新现象或新问题，学习者需要主动激活头脑中的先前知识经验，通过高层次思维活动，对各种信息和观念进行加工转换，对新旧知识进行综合和概括，解释有关现象，形成新的假设和推论。

（2）社会互动性。学习是通过对某种社会文化的参与，内化相关知识和技能，掌握有关工具的过程，这一过程常常需要通过一个学习共同体的合作互动来完成。

（3）情境性。建构主义者提出，知识存在于具体的、情境性的、可感知的活动中，它不是一套独立于情境的知识符号，不可能脱离活动情境而抽象地存在，它只有通过实际情境中的应用活动才能真正被人理解。

三、分析论述题

1. 评述结构主义教育。

【答案要点】

结构主义教育产生于20世纪50年代末，是现代欧美国家一种强调认知结构的研究和认知能力的发展的教育思潮。它以结构主义心理学为理论基础，侧重研究课程教学改革问题，代表人物有皮亚杰、布鲁纳等。其主要观点包括以下几个方面：

（1）教育和教学应重视学生的认知能力发展。教育是教育者引导学习者实现知识的转化，并使学习活动内化的构造过程。其主要任务就是促使学生的认知能力得到发展。

（2）注重掌握各门学科的基本结构。学科的基本结构是指一门学科的基本概念、定义、原理、原则和方法。掌握学科的基本结构有助于理解和把握整个学科的内容。

（3）主张学科基础的早期学习。任何一门学科的基础知识都能以一定的形式教给任何阶段的任何儿童，因此，尽早让儿童掌握学科的基本结构是有效和便捷地进行教学的主要途径。

（4）倡导发现法和发现学习。发现学习就是引导儿童从事物表面现象去探索具有规律性的潜在结构的一种学习途径。

（5）认为教师是结构教学中的主要辅导者。教师应从儿童的心理能力出发，考虑一门学科的基本结构在学习中的作用以及如何使学生理解和掌握该门学科的基本结构。

结构主义教育思想为心理学研究和教育研究的相互协作提供了一个范例，对现代西方课程论影响很大，并成为20世纪60年代美国课程改革的指导思想。但是结构主义教育有些观点过于天真和理想化，导致课程教材改革的难度偏大，引起了人们不同的评论和争议。

2. 论述社会变迁对教师角色及教师专业发展的具体影响。

【答案要点】

教师角色丛是指与教师特定的社会职业和地位相关的所有角色的集合。仅就教师与学生的关系而言，教师就要扮演多重角色。如"家长代理人"和"朋友、知己者"的角色、"传道、授业、解惑者"的角色、"管理者"的角色、"心理调节者"的角色、"研究者"的角色。教师角色的这些转换，不仅意味着学校教育功能的某些变化，而且对教师素养的要求以及相应的师资培训问题也提出了更高的要求。

社会变迁使教师角色出现新的趋势：

（1）在教学过程中更多地履行多样化的职能，更多地承担组织教学的责任。

（2）从强调知识的传授转向着重组织学生的学习。

（3）注重学习的个性化，改进师生关系。

（4）实现教师之间更为广泛的合作，改进教师与教师的关系。

（5）更广泛地利用现代教育技术，掌握必需的知识与技能。

（6）更密切地与家长和其他社区成员合作，更经常地参与社会生活。

（7）更广泛地参加校内服务和课外活动。

（8）削弱加之于孩子们身上——特别是大龄孩子及其家长身上的传统权威。

教师专业发展，又称教师专业成长，是指教师在整个专业生涯中，依托专业组织、专门的培养制度和管理制度，通过持续的专业教育，习得教育教学专业技能，形成专业理想、专业道德和专业能力，从而实现专业自主的过程。它包括教师群体的专业发展和教师个体的专业发展。

（1）教师群体的专业发展是指教师职业不断成熟，逐渐达到专业标准，并获得相应的专业地位的过程。它既是教师个体专业化的条件与保障，同时也最终代表着教师职业的专业化。

（2）教师个体的专业发展是指教师作为专业人员，从专业理想到专业知识、专业能力、专业心理品质等方面由不成熟到比较成熟的发展过程，即由一个专业新手发展成为专家型教师或教育家型教师的过程。

3. 试以白鹿洞书院为例，分析我国书院的宗旨、特点与意义。

【答案要点】

白鹿洞书院在江西庐山五老峰下，唐朝后期李渤和其兄李涉隐居庐山读书，"谓其所居曰白鹿洞"。南宋时期朱熹修复，征集图书，筹措经费并任洞主，亲自掌教，聘教师，亲自制定《白鹿洞书院揭示》。其主要内容有：

（1）五教之目：父子有亲，君臣有义，夫妇有别，长幼有序，朋友有信。

（2）为学之序：博学之，审问之，慎思之，明辨之，笃行之。

（3）修身之要：言忠信，行笃敬，惩忿窒欲，迁善改过。

（4）处事之要：正其义，不谋其利；明其道，不计其功。

（5）接物之要：己所不欲，勿施于人；行有不得，反求诸己。

书院最初属于私学性质，尽管在发展的过程中有官学化倾向，但在培养目标、管理形式、课程设置、教学方法以及师生关系等方面都表现出与官学不同的特点。

（1）书院精神。书院以自由讲学为主，注重讨论，学术风气浓厚，开辟了新的学风，推动了教育和学术的发展。

（2）书院功能。育才、研究和藏书。

（3）培养目标。注重人格修养，强调道德与学问并进，培养学生的学术志趣。

（4）管理形式。较为简单，管理人员少，强调学生遵照院规自我约束、自我管理为主。

（5）课程设置。灵活具有弹性，教学以学生自学、独立研究为主，师生、学生之间注重质疑问难与讨论。

（6）教学组织。教学与研究相结合，教学形式多样，注重讲明义理，躬亲实践。

（7）规章制度。书院作为一种教育制度得以确立，在教育目标、教学方法、教学顺序等方面用学规的形式加以阐明，最著名的是《白鹿洞书院揭示》，它说明南宋后书院已经制度化。

（8）师生关系。较之官学更为平等、学术切磋多于教训，学生来去自由，关系融洽、感情深厚。

（9）学术氛围。教学与学术研究并重，学术氛围自由宽松，人格教育与知识教育并重。

总之，书院既是集藏书、教育和学术活动于一体的机构，又是学者以文会友的场所，具有较广泛的社会文化教育功能。

4. 论述科尔伯格的道德发展阶段理论。

【答案要点】

美国心理学家科尔伯格认为儿童道德的发展是分阶段的，他在研究中发现道德发展不是只有两个水平，而应该有多个水平，提出了著名的"三水平六阶段"的道德发展阶段论。

（1）理论内容。

①前习俗水平。大约出现在幼儿园及小学低中年级阶段。该时期的特征是儿童遵守规范，但尚未形成自己的主见，着眼于人物行为的具体结果，关心自身的利害。包括惩罚和服从的定向阶段和工具性的相对主义定向阶段。

②习俗水平。在小学中年级以上出现，一直到青年、成年。该时期的特征是个人逐渐认识到团体的行为规范，进而接受并付诸实践。包括人际协调的定向阶段和维护权威或秩序的定向阶段。

③后习俗水平。该阶段已经发展到超越现实道德规范的约束，达到完全自律的境界，这个水平是理想的境界，成人也只有少数人才能达到。包括社会契约的定向阶段和普遍道德原则的定向阶段。

（2）教育启示。

①形成了一个研究个体品德发展阶段的重要模式，有助于将品德发展的理论运用到学校道德教育中去，实施道德教育。

②道德教育的首要任务是提高儿童的道德判断能力，培养他们明辨是非的能力。教育者的主要任务就是帮助被教育者注意到真正的道德冲突，思考用于解决这种冲突的理由是否恰当，发现解决这种冲突的新的思想方法。

③儿童的道德发展是有阶段性的、渐进的，因此，在对儿童进行道德教育时，应随时了解儿童所达到的发展阶段，根据儿童道德发展阶段的特点，循循善诱地促进他们的发展。

④社会环境对人们道德发展有着巨大作用，因此在学校中要树立良好公正的群体气氛，这是道德教育必要的条件。科尔伯格是现代道德认知发展理论的创立者。这一革命性的发现，从根本上改变了道德仅仅是社会道德灌输教育结果的传统观点。

2012年 华东师范大学333教育综合·真题解析

一、名词解释

教育制度

教育制度是指一个国家各级各类实施教育的机构体系及其组织运行的规则。它包括相互联系的两个方面：一是各级各类教育机构与组织；二是教育机构与组织赖以存在和运行的规则，如各种相关的教育法律、规则、条例等。

综合课程

综合课程，又称"广域课程""统合课程"或"合成课程"。它采取合并相关学科的办法，减少教学科目，把几门学科的教学内容组织在一门综合学科之中，根本目的是克服学科课程分科过细的缺点。

产婆术

产婆术也称"问答法"、苏格拉底法，是由讥讽、助产术、归纳和定义四个步骤组成的独特的方法。这是苏格拉底探讨伦理哲学的研究方法，也是他的教学方法。

绅士教育

绅士教育由洛克提出。洛克认为教育的最高目的在于培养绅士。所谓绅士教育，就是培养既具有封建贵族遗风，又具有新兴资产阶级特点的新式人才的教育。他主张把社会中上层家庭的子弟培养成为身体强健、举止优雅、有德行、智慧和实际才干的事业家。

"六艺"教育

西周的教育内容总称为"六艺"教育，它是西周教育的特征和标志。"六艺"即礼、乐、射、御、书、数。礼包括政治、伦理、道德、礼仪各个领域；乐包括诗歌、音乐和舞蹈；射指射箭的技术训练；御指驾驭马拉战车的技术训练；书指文字书写；数指算法。其中，"礼、乐、射、御"为"大艺"，是大学的课程；"书、数"为"小艺"，是小学的课程。

1922年"新学制"

1922年，教育部在北京专门召开了学制会议，同年11月公布了《学校系统改革案》。该学制又被称为"新学制"或"壬戌学制"，由于采用的是美国式的六三三分段法，又称"六三三学制"。壬戌学制最显著的特点是根据儿童身心发展规律划分教育阶段。

二、简答题

1. 教学模式的结构。

【答案要点】

教学模式是指在一定教学理论指导下，为设计和组织教学而在实践中建立起来的各种类型教学活动的基本结构或者是一整套开展教学活动的方法论体系。教学模式的结构如下：

（1）理论依据：指某一教学模式得以成立的教学思想或理论。

（2）教学目标：指具体、明确的导向，对其他因素有制约作用。

（3）教学程序：指某一教学模式所特有的操作程序或逻辑步骤。

（4）实施条件：指能使教学模式发挥效力的各种条件因素。

（5）教学评价：包括评价标准及方法等。

2. 举例说明道德教育的社会学习模式。

【答案要点】

社会学习模式是在社会学习理论的基础上提出的，代表人物是班杜拉。他认为，人的一切社会行为都是在社会环境的影响下，通过对他人示范行为及其结果的观察学习而得以形成的。主要观点如下：

（1）通过榜样培养个体的道德行为。个体道德行为的学习是通过观察学习和模仿学习实现的。

（2）注重培养学生的道德判断力。在复杂的道德情境中，个体经常处于两难选择的道德困境，只有具备良好道德判断力的个体才能及时做出判断，作出适当的道德行为。

（3）强调自我调节对道德行为的作用。道德教育应把环境的示范和个体的发展与认知调节机制结合起来，使个体的行为符合道德规范，并在此过程中逐渐发展自我评价能力。

（4）倡导教育者的言行一致。对学生进行道德行为的训练，可以通过口头说教的形式，也可以通过教育者自身的行为进行教育活动，教育者必须言行一致。

3. 教师的专业素养。

【答案要点】

（1）高尚的师德。包括热爱教育事业，富有献身精神和人文精神；热爱学生，诲人不倦；热爱集体，团结协作；严于律己，为人师表。

（2）先进、科学的教育理念。教育理念是教师在对教育工作本质理解的基础上形成的关于教育的观念和理性信念，它是以观念或信念的形式存在于教师头脑中的对教育现象和教育问题的看法。先进、科学的教育理念体现在教师的所有努力都要有利于学生精神世界的丰富、人格尊严的维护和美好人性的成长。如学生主体观、教学交往观、发展性教学评价观等。

（3）宽厚的文化素养。教师的主要任务是通过向学生传授科学文化知识，培养其能力，促进其个性生动活泼地发展。一个好教师的基本条件之一，就是要有比较渊博的知识和多方面的才能。因此，教师对自己所教学科知识应科学、深入地把握，能对自己所教专业融会贯通、深入浅出、高瞻远瞩，达到运用自如的境界，在教学过程中不出知识性的错误。同时，教师还应有比较广博的文化修养。

（4）专门的教育素养。教师的专门教育素养水平及其合理结构是教育教学任务得以完成的重要保证，它主要包括教育理论素养、教育能力素养和教育研究素养。

（5）健康的心理素质。教师的心理健康不仅会直接影响教育工作的优劣成败，而且会影响学生的心理健康水平。因此，教师应该注重提高自己的心理素质。健康的心理素质体现在心理活动的方方面面，概括起来主要指：教师要有轻松愉快的心境、昂扬振奋的精神、乐观幽默的情绪以及坚韧不拔的毅力等。

（6）强健的身体素质。教师的身体素质是指教师在教学活动中的自然力，是教师的身体健康状态和身体素质状态在教学中的表现。它主要通过健康的体魄、旺盛的精力、蓬勃的活力、有节律的生活方式和锻炼习惯等体现。教师的身体素质在教育教学中具有重要的教育意义。

4. 奥苏伯尔的先行组织者策略。

【答案要点】

为了促进有意义学习的产生，奥苏伯尔提出了先行组织者策略。先行组织者是指先于学习任务本身呈现的一种引导性材料，它要比学习任务本身具有更高的抽象、概括和综合水平，并且能清晰地与认知结构中原有的观念和新的学习任务关联。

先行组织者策略的目的在于为新的学习任务提供观念上的固着点，增加新旧知识之间的可辨别性，以促进类属性的学习。通过呈现组织者，为学习者已知的知识与新知识之间架设一道桥梁，以便更好地学习新材料。

先行组织者的分类有陈述性组织者和比较性组织者。陈述性组织者，旨在为新知识提供最适当的类属者，与新知识产生一种上位关系。如教师在教授"钢铁"之前，先提出"合金"的概念。比较性组织者，用于比较熟悉的学习材料，旨在比较新材料与已有认知结构中相类似的材料，从而增强新旧知识之间的可辨别性。如学生学习了"动作技能"有关材料后再学习"智力技能"的新材料。

三、分析论述题

1. 评述课程编制的泰勒原理。

【答案要点】

人们把泰勒的课程理论称为"泰勒原理"，泰勒于1949年出版的《课程与教学的基本原理》，被视为现代课程理论的奠基石。

其理论内容为：第一，课程设计与开发的四个基本问题：学校应达到哪些教育目标？提供哪些教育经验才能实现这些目标？怎样才能有效地组织这些教育经验？怎样才能确定这些目标正在得到实现？第二，课程编制的四个步骤：确定目标、选择经验、组织实施、评价结果。

其课程开发模式称为"目标模式"，对课程理论的发展有很大影响，至今仍在西方课程领域中占有主要的地位。

2. 评述卢梭自然主义教育思想及其影响。

【答案要点】

卢梭是18世纪法国著名启蒙思想家和教育家，其教育思想的基本特征是高度尊重儿童的天性，倡导自然教育和儿童本位的教育观。主要著作有《爱弥儿》《社会契约论》等。

（1）自然教育的基本含义。

卢梭自然主义教育的核心是"回归自然"。一方面，善良的人性存在于纯洁的自然状态之中。只有"回归自然"、远离喧嚣社会的教育，才有利于保持人的善良天性。因此15岁之前的教育必须在远离城市的农村进行。另一方面，每个人都是由自然的教育、事物的教育、人为的教育三者培养起来，只有三种教育圆满地结合才能达到预期的目的。三者之中，应以自然的教育为基准，才能使教育回归自然达到应有的成效。

（2）自然教育的培养目标。

自然教育最终目的是培养"自然人"，即身心调和发达、体脑两健、能力强盛的新人，也就是摆脱封建羁绊的资产阶级新人。具有以下特征：第一，自然人是能独立自主的人，他能独自体现出自己的价值；第二，在自然的秩序中，所有的人都是平等的；第三，自然人又是自由的人，他是无所不宜、无所不能的；第四，自然人还是自食其力的人，可无须仰赖他人为生，这是独立自主的可靠保证。

（3）自然教育的方法原则。

卢梭猛烈抨击了当时向儿童强迫灌输旧的道德和知识、摧残儿童天性的做法，他提出以下几点原则和方法：

①树立正确的儿童观。自然教育的必要前提是要改变对儿童的看法。在人生的秩序中，儿童有他的地位，应当把成人看作成人，把孩子看作孩子。

②消极教育。教育要遵循自然天性，也就是要求儿童在自身的教育和成长中取得主动地位，无须成人的灌输、压制、强迫，教师只需创造学习的环境，防范不良的影响。它的作用是消极的，是对儿童的发展不横加干涉的教育。

③自然后果律。当儿童犯了错误和过失后，不必直接去制止或处罚他们，而让他们在同自然的接触中，体会到自己所犯的错误和过失带来的自然后果，使儿童服从于自然法则，结合具体事例让他们从自己的直接经验中受到教育。

④根据儿童天性的个体差异，因材施教。卢梭要求教育者在进行教学之前必须先了解自己的学生。

（4）自然主义教育的实施。

卢梭根据自然教育的原则，根据人的自然发展的进程和不同年龄时期身心的特点，把自然教育分为婴儿期、儿童期、少年期和青春期。

①婴儿期（0~2岁）：主要进行体育，其任务在于通过身体的养护和锻炼，促进儿童身体的健康发展，增强儿童的体质。婴儿期的体育应该顺应自然，通过合理的饮食、衣着、睡眠和游戏，实施正确的教育。

②儿童期（2~12岁）：又称儿童的"理性睡眠期"，主要进行感官训练和身体发育，使他们通过感觉器官的运用获得丰富的感性经验，并要掌握一些道德观念。这个时期的儿童不宜进行理性教育，不应强迫儿童读书。

③少年期（12~15岁）：主要进行智育和劳动教育。智育的任务在于发展他们的智力，培养他们的学习兴趣和掌握学习研究的方法。卢梭重视劳动教育，认为儿童必须学会劳动，学会从事一种职业。劳动不仅可以谋生，还能促进理性的成长，并直接影响人的道德品质和人格发展。

④青春期（15~20岁）：主要接受道德教育，包括宗教教育、爱情教育和性教育，激发青年自然涌现的善良情感，发展他们的理性，使其在行为中接受道德的磨炼。

卢梭提出的自然主义教育思想是教育思想史上由教育适应自然向教育心理学化过渡的一个重要环节。在封建社会压制人性的情况下，提倡性善论、尊重儿童天性具有历史进步意义。他呼吁培养身心调和发展的自然人和自由人也反映了对人的发展的合理要求。

3. 试论"五四"期间新文化思想对教育改革的影响。

【答案要点】

新文化运动抨击传统教育，促进了教育观念的变革。在抨击封建传统教育的基础上，新文化运动促进了中国教育的变化,推进着中国教育观念朝着教育个性化、教育平民化、教育实用化、教育科学化的方向进行变革。

(1) 教育的个性化。主要表现在四个方面:第一,在教育上"使个人享有自由平等之机会而不为政府、社会、家庭所抑制"。第二,教育要尊重个人,又从尊重儿童起,甚至"以儿童为中心"。第三,不能让社会淹没个性,要使人各尽其性,能够发挥个人潜能。第四,学校教育尤忌"随便教育"。教师要以合适的方法帮助学生,学生要充分发挥主观能动性,学会主动学习。

(2) 教育的平民化。通过"庶民"教育可以保障普通民众受教育的权利,使他们的能力得到发展和发挥,这些能力不仅可以改善民众的个人生活,汇聚在一起更是改造社会的巨大潜力。

(3) 教育的实用化。在新文化运动时期,提倡务实的教育成为共识。一方面,人们认识到教育对于个性生活能力的培养、对社会生产发展的适应的重要意义;另一方面,人们认识到学校内部必须进行全面改革,强调从社会生活和学生生活的实际出发,沟通教育与生活、学校与社会的关系,强调对学生的主动学习、创造性学习和实际能力的培养,要求课程内容和教学组织形式均须适应生产和生活发展的需要。

(4) 教育的科学化。对科学方法和观念的倡导是"五四"新文化运动思想启蒙的重要内涵与特点,表现出强烈的理性色彩,这是一种更深层次的启蒙和洗礼。民主斗士们认为学校在进行科学教育,社会讲究科学,重要的是让科学内容和方法渗入社会各项事业,改变人的态度和观念。

新文化运动所促发的中国现代教育观念的转变是划时代的,表明中国人对教育传统、教育现状的反思和学习西方先进的教育进入思想文化层面和自觉主动的阶段。教育观念的转变直接促成"五四"新文化运动时期教育的改革,尤其是带来20世纪二三十年代中国教育的繁荣,并使中国教育更为广泛和深入地融入世界性的现代教育发展潮流之中。

4. 试论学习动机的培养和激发。

【答案要点】

学习动机的培养和激发的措施有:

(1) 创设问题情境,实施启发式教学。想要实施启发式教学,关键在于创设问题情境。所谓问题情境,指的是一种适度的疑难情境。在学习过程中,仅仅让学生简单地重复已经学过或者过难的东西,学生都不会感兴趣。只有在学习那些"似懂非懂""似会非会"的东西时,学生才感兴趣而且迫切希望掌握它。

(2) 根据作业难度,恰当控制动机水平。教师在教学时,要根据学习任务的不同难度,恰当控制学生学习的动机水平。在学习较简单的课题时,应尽量使学生集中注意力;在学习较复杂的课题时,则应尽量创造轻松自由的课堂气氛。在学生遇到困难或出现问题,要尽量心平气和地耐心引导,以免学生过度紧张和焦虑。

(3) 充分利用反馈信息,给予恰当的评定。心理学研究表明,来自学习结果的种种反馈信息,对学习效果有明显影响。一方面学习者可以根据反馈信息调整学习活动,改进学习策略;另一方面学习者为了取得更好的成绩或避免再犯错误而增加了学习动机,从而保持了学习的主动性和积极性。

(4) 妥善进行奖惩,维护内部学习动机。在对学生进行评价时,奖励和惩罚对于学习动机的激发具有不同的作用。一般而言,表扬与奖励比批评与指责能更有效地激发学生的学习动机,因为前者能使学生获得成就感,增强自信心。但过多使用表扬和奖励,或者使用不当,也会产生消极作用。

(5) 合理设置课堂环境,妥善处理竞争和合作。学生的学习主要是在课堂上进行的,课堂的合作与竞争环境无疑是影响学习动机的一个重要的外部因素。在教学活动中,合作与竞争都是必要的,应该强调竞争与合作的相互补充和合理运用。极端的竞争会对学生的学习行为和集体团结产生消极影响。适量与适度的竞争与合作的恰当结合，会有效激励学生的学习动机。

（6）适当进行归因训练，促使学生继续努力。在学生完成某一学习任务后，教师应指导学生进行成败归因。一方面，要引导学生找出成功或失败的真正原因，即进行正确归因；另一方面，教师也应根据每个学生过去一贯的成绩的优劣差异，从有利于今后学习的角度进行积极归因。

（7）培养自我效能感，增强学生成功的自信心。自我效能感影响学生的自我评价和自信心，进而影响学习成绩。尤其是学业不良的学生，由于对自己的学习能力持怀疑态度，表现出很低的自我效能感。因此，教师在教学中要通过一定的方法提高他们的自我效能感。

（8）维护学生自我价值，警惕自我妨碍策略。自我价值理论指出，学生有保护和表现自我价值的需要，这是个人追求成功的内在动力。教师要理解和尊重学生的这种需要，引导他们把自我价值的实现方式与正向、积极的学习行为相联系，避免学生不断从环境中体验到对自我价值的威胁感，从而采取各种自我妨碍的逃避策略。

（9）维护内在需要，促进外部动机内化。兴趣、好奇心、探索欲，是人类学习的最早动力。源于内部需要的学习动机具有更多的坚持性和抗干扰性。然而，不是每个孩子都对教育中涉及的所有内容充满好奇和兴趣。因此，教师要帮助学生将外部调控的学习动机不断内化，形成相对自主调控的学习动机。

2011年 华东师范大学 333 教育综合·真题解析

一、名词解释

教育先行

教育先行是一种发展战略，就是要求教育要面向未来，使教育在适应现存生产力和政治经济发展水平的基础上，适当超前于社会生产力和政治经济的发展。具体表现在：一是教育投资增长速度应当超过经济增长速度；二是在人才培养上要兼顾社会主义现代化建设近期与远期的需要，目标、内容等方面适当超前。

教育目的的社会本位论

社会本位论认为个人的一切发展都有赖于社会，都受社会的制约，人的一切发展也是为了满足社会的需要；教育除了满足社会需要以外并无其他目的；教育结果的好坏是以其社会功能发挥的程度来衡量的，离开了社会，就无法对教育的结果做出衡量。代表人物有那托尔普、涂尔干和凯兴斯泰纳等。

终身教育

终身教育是人一生各阶段当中所受各种教育的总和，也是人所受的不同类型教育的综合。前者从纵向上讲，说明终身教育不仅仅是青少年的教育，而且涵盖了人的一生；后者从横向上讲，说明终身教育既包括正规教育，也包括非正规教育和非正式教育。

教师专业性发展

教师专业发展，又称教师专业成长，是指教师在整个专业生涯中，依托专业组织、专门的培养制度和管理制度，通过持续的专业教育，习得教育教学专业技能，形成专业理想、专业道德和专业能力，从而实现专业自主的过程。它包括教师群体的专业发展和教师个体的专业发展。

最近发展区

维果茨基认为，在进行教学时，必须注意到儿童有两种发展水平：一种是儿童现有的发展水平，另一种是即将达到的发展水平，维果茨基把这两种水平之间的差异称为"最近发展区"，即独立解决问题的真实发展水平和在成人指导下或与其他儿童合作情况下解决问题的潜在发展水平之间的差距。

先行组织者

先行组织者是指先于学习任务本身呈现的一种引导性材料，它要比学习任务本身具有更高的抽象、概括和综合水平，并且能清晰地与认知结构中原有的观念和新的学习任务关联。

二、简答题

1. 活动课程的特点。

【答案要点】

活动课程又称经验课程、儿童中心课程，与学科课程相对立，它打破学科逻辑的界线，是以学生的兴趣、需要、经验和能力为基础，通过引导学生自己组织的有目的的活动系列而编制的课程。

其特点在于：

（1）重视儿童的兴趣、需要、能力和阅历，以及儿童在学习中的自我指导作用与内在动力。

（2）注重引导儿童从做中学，通过探究、交往、合作等活动使学生的经验得到改组与改造。

（3）强调解决问题的动态活动的过程。

（4）把课程资源作为解决问题的工具，反对预先确定目标的观念。

2. 集体教育原则的基本要求。

【答案要点】

集体教育指进行德育有赖于学生的社会交往、共同活动，注意依靠学生集体，通过集体活动进行教育，充分发挥学生集体在教育中的巨大作用。

贯彻在集体中教育原则的基本要求如下：

（1）引导学生关心、热爱集体，为建设良好的集体而努力。要发挥学生集体的教育作用，首先要把学生群体培养成为良好的学生集体。特别是要看到，培养学生集体的过程，也是一个教育和提高学生、促进他们的品德发展的过程。所以，许多优秀教师和班主任在培养学生的品德时，往往从组织和发展学生班集体开始。

（2）通过集体教育学生个人，通过学生个人转变影响集体。要发挥集体的教育作用，首先，教师要把集体当作教育的主体，先向集体提出要求，然后让集体再去要求、教育和帮助它的成员。由于教育是通过集体来教育学生个人，所以，集体教育个人，也就是教育者在教育个人，这二者是并行不悖的。

（3）把教师的主导作用与集体的教育力量结合起来。充分发挥集体的教育力量，并不否定教师对集体活动的引领作用。

3. 陶行知"生活教育"的基本内容。

【答案要点】

（1）"生活即教育"。"生活即教育"是陶行知生活教育理论的核心。其内涵包括：生活含有教育的意义；实际生活是教育的中心；生活决定教育，教育改造生活。

"生活即教育"所强调的是教育以生活为中心,所反对的是传统教育脱离生活而以书本为中心。尽管它在生活与教育的区别和系统的知识传授方面有所忽视,但在破除传统教育脱离民众、脱离社会生活的弊端方面,有十分重要的意义。

(2)"社会即学校"。"社会即学校"是生活教育理论另一重要主张,是"生活即教育"思想在学校与社会关系问题上的具体化。"社会即学校",是指"社会含有学校的意味",或者说"以社会为学校"。由于到处是生活,到处都是教育,"整个的社会是生活的场所,亦即教育之场所"。

"社会即学校",也指"学校含有社会的意味"。也就是说,学校通过与社会生活相结合,一方面运用社会的力量使学校进步,另一方面动员学校的力量帮助社会进步,使学校真正成为社会生活必不可少的组成部分。

"社会即学校"扩大了学校教育的内涵和作用,对于传统的学校观、教育观有所改变。传统学校与社会生活脱节,学生孤陋寡闻,而以社会为学校,使得教育的材料、教育的方法、教育的工具、教育的环境可以大大地增加,有利于拓展学生的知识,增强学生的能力。"社会即学校",还可以使被传统学校拒之门外的劳苦大众能够受到起码的教育,贯穿了普及民众教育的苦心,同样也值得肯定。

(3)"教学做合一"。"教学做合一"是生活教育理论的又一重要主张,是"生活即教育"在教学方法问题上的具体化。其含义为:教的方法根据学的方法,学的方法根据做的方法。事怎样做便怎样学,怎样学便怎样教。教与学都以做为中心。

4. 人文主义教育的基本特征。

【答案要点】

(1)人本主义。人文主义教育在培养目标上注重个性发展,在教育教学方法上反对禁欲主义,尊重儿童天性,坚信通过教育这种后天的力量可以重塑个人、改造社会和自然,这些都表现出人本主义内涵,人的力量、人的价值被充分肯定。

(2)古典主义。人文主义教育思想吸收了许多古人的见解,人文主义教育实践尤其是课程设置亦具有古典性质,但这种古典主义绝非纯粹的"复古",实则含有古为今用、托古改制的内涵,这在当时是进步的。

(3)世俗性。不论从教育目的还是从课程设置等方面看,人文主义教育洋溢着浓厚的世俗精神,教育更关注今生而非来世,这是人文主义教育与中世纪教育的根本区别。

(4)宗教性。人文主义教育仍具有宗教性,几乎所有的人文主义教育家都信仰上帝,他们虽然抨击天主教会的弊端,但不反对宗教更不打算消灭宗教,他们希冀以世俗和人文精神改造中世纪陈腐专横的宗教性,以造就一种更富世俗色彩和人性色彩的宗教性。

(5)贵族性。这是由文艺复兴运动的性质所决定的。人文主义教育的对象主要是上层子弟,教育的形式多为宫廷教育和家庭教育而非大众教育,教育的目的主要是培养上层人物如君主、侍臣、绅士等。

综上可见,人文主义教育具有两重性,进步性与落后性并存,尽管它有不足之处,但它涤荡了中世纪教育的阴霾,展露出新时代教育的灿烂曙光,开了欧洲近代教育之先河。

三、分析论述题

1. 针对班级授课制的优缺点探讨教学组织形式的改革方向。

【答案要点】

班级授课制是一种集体教学形式。它把一定数量的学生按年龄与知识程度编成固定的班级,根据周课表和作息时间表,安排教师有计划地给全班学生上课,分别学习所设置的各门课程。

（1）其优点在于：第一，形成了严格的教学制度；第二，以课为单位科学地组织教学；第三，能充分发挥教师的主导作用；第四，能促进学生的社会化与个性化；第五，便于传授系统的科学知识。

（2）其缺点在于：第一，不利于照顾学生的个别差异；第二，不利于培养学生的兴趣、特长和发展个性；第三，不利于理论联系实际；第四，不利于实现教学的灵活性。

（3）其改革方向趋势为：第一，根据学生年龄、学科性质等不同情况，对每节课的时间长度，做有弹性的不同规定；第二，加强班级教学中的小组与个别指导活动；第三，提高学生在教学活动中的主体地位与作用；第四，注重到特定的实验室、作业室里上课，或在现场教学；第五，将班级上课、分组学习、个别辅导恰当地结合起来；第六，防止班级的人数超限，逐步实现小班教学；第七，允许成绩优异或有特长的学生跳级、选班或选课等。

2. 评述韩愈《师说》中的教师观。

【答案要点】

韩愈是唐代著名的文学家、思想家、教育家。他站在维护皇权的立场上，极力维护儒家的道统及其独尊地位，是"重振儒学的卫道者"。《师说》是韩愈论师道的重要教育论著，是中国古代第一篇集中论述教师问题的文章，提倡尊师重道，集中体现了他的教育思想。

（1）教师的地位。韩愈由"人非生而知之者"出发，肯定"学者必有师"。强调后天学习的重要性，认为学习一定要有教师的指导，教师是社会所必需。

（2）教师的任务。"传道、授业、解惑"是教师的基本任务。"传道"传的是儒家的仁义之道，"授业"授的是儒学的"六艺经传"与古文，"解惑"是解决学"道"与"业"过程中的疑问。三项最主要的是"传道"，"授业"和"解惑"都要贯穿"传道"，为"传道"服务。

（3）教师的标准。以"道"为求师的标准，主张"学无常师"。韩愈认为教师教学的主要任务在于"传道"，学生求学的任务主要在于学道，能否当教师也就以"道"为标准来衡量。社会上有道的人不少，皆可为师，求学的范围不应受到限制，应当学无常师。韩愈提出以道为师、学无常师的主张，在当时对打破士大夫们妄自尊大的心理，促进思想和文学上的交流，具有一定的积极意义。

（4）师生关系。提倡"相师"，确立民主性的师生关系。韩愈认为，士大夫应当矫正"耻学于师"的坏风气，形成相互学习的新风气，不限于同辈朋友之间，也要实行于教师学生之间。教师与学生年龄有差别，而闻道则不以年龄大小定先后，学术业务也可能各有专长。"弟子不必不如师，师不必贤于弟子"，教师与弟子相互学习，教学相长，是理所当然的事情。韩愈把师生的关系看为是可以相互转化的，这种具有辩证法因素的民主性的教育思想，在教育发展史上有重要意义。

韩愈既肯定了教师在传道、授业、解惑方面的主导作用，又强调了教师必须树立师生平等和教学民主的观念。这是对封建社会"师道尊严"传统的一大突破。在今天，韩愈关于师生关系的观点更具有现实意义。

3. 评述赫尔巴特的课程理论。

【答案要点】

赫尔巴特是19世纪德国著名的哲学家、心理学家、教育家。他明确提出把教育学建立成为一门独立学科的设想，被视为"科学教育学之父"、"教育性教学"的倡导者以及教学形式阶段的发明者。主要著作有《普通教育学》《教育学讲授纲要》等。

赫尔巴特以其心理学说为依据，提出了较为完整的课程理论。主要观点如下：

（1）课程必须与儿童的经验和兴趣相适应。

①经验与课程。一方面，儿童在日常生活中可以获得经验和同情，这是教学活动进行的基础。另一方面，儿童的经验并非完美无缺，需要教学加以补充和整理。因此，课程的内容必须与儿童的

日常经验保持联系，通过使用直观教材使得儿童的经验变得更加丰富、真实和确切。

②兴趣与课程。只有与儿童经验相联系的内容，才能引起儿童的兴趣；只有能够引起兴趣的教学内容，才能使儿童保持意识的警觉状态，从而更好地接受教材。为了让课程与兴趣保持联系，赫尔巴特把兴趣分为经验的兴趣和同情的兴趣两大类，各类下又细分了三小类，并根据该分类对课程也进行了相应的划分。

（2）课程要与统觉过程相适应。根据统觉原理，新的知识总是在原有的理智背景中形成的，以原有知识为基础。因此，课程安排应当使儿童能够不断地从熟悉的材料逐渐过渡到密切相关但还不熟悉的材料。为此，赫尔巴特提出"相关"和"集中"两项原则，目的是保持课堂教学的逻辑结构和知识的系统性。

（3）课程必须要与儿童发展阶段相适应。赫尔巴特认为，儿童在一定发展阶段上最理想的学习内容应当是种族发展在相应阶段上所取得的文化发展。以此为基础，他将儿童发展分为婴儿期、幼儿期、童年期和青春期。每个时期对应不同的心理特征，应开设不同的课程。

①婴儿期（0~3岁）：进行身体的养护，加强感官训练，发展儿童的感受性。

②幼儿期（4~8岁）：教学内容以《荷马史诗》等为主，发展儿童的想象力。

③童年和青春期：分别教授数学、历史等，发展其理性。

在欧美近代教育史上，赫尔巴特所提出的课程理论是最为完整和系统的。他在前人的基础上，力图赋予教育以严格和广泛的心理学基础，从而使课程的设置与编制有了明确的依据，避免课程设置中的盲目性和随意性。客观地说，无论在理论上还是在实践中，赫尔巴特虽未真正解决欧美近代学校的课程问题，但他为解决问题进行了有益的探索，并提出了一些卓有见地的主张。

4. 论述精细加工策略及其教学要求。

【答案要点】

精细加工策略是通过把所学的新信息和已有的知识联系起来以增加新信息意义的策略，即通过对学习材料的精细加工，将新旧知识联系起来，帮助学习者增进对新知识的理解，并把信息储存到长时记忆中的学习策略。精细加工策略主要包括以下几种：

（1）记忆术。

①位置记忆法：通过联系自己熟悉的某些地点顺序来记忆一些名称或者客体顺序的方法。

②首字联词法：利用每个词的第一个字形成一个缩写。

③谐音联想法：利用视觉表象和语义联想记住一系列材料。

④琴栓－单词法：适用于无序的单词记忆，要求使用者对乐器或音律有一定的了解。类似于位置记忆法，把无序的单词与琴栓对应起来形成逻辑联系，以琴栓为线索提取记忆。

⑤关键词法：将新词或概念与相似的声音线索词，通过视觉表现联系起来。

⑥视觉想象：通过形成心理想象来帮助人们联想记忆。

（2）灵活处理信息。

①意义识记：善于找出学习事物之间的关系，这样即使某部分信息被遗忘了，学习者也可以顺着关系将其推导出来。

②主动应用：学习者不仅要记住某个信息，还要知道在何时何地可以使用这些信息。

③利用背景知识：在新学信息和已学信息之前建立联系。

精细加工策略的教学要求有：第一，给学生适当的时间，让学生思考；第二，充分运用学生原有的知识；第三，向学生介绍一些精细加工的实例，让学生掌握精细加工的方法；第四，及时反馈评价。

2010年 华东师范大学333教育综合·真题解析

一、名词解释

教育目的

教育目的是对教育活动所要培养的人的个体素质的总的预期与设想，是对社会历史活动的主体的个体素质的规定。它体现一定社会对受教育者质量规格的界定和要求，也体现人自身发展所应该达到的水准和高度。

双轨制

双轨制是现代学校教育制度的一种，以18—19世纪的西欧为代表，其结构为一轨自上而下，是为资产阶级的子女设立的，包含大学、中学；另一轨从下而上，是为劳动人民的子女设立的，包含小学及其后的职业学校。

京师同文馆

京师同文馆最初是作为外语学校设立的，是近代中国被动开放的产物，1902年，京师同文馆并入京师大学堂。在教学内容的设置上，重视外语学习以及科学技术的学习。就其历史地位而言，它是洋务学堂的开端，也是中国近代新教育的开端。

活教育

活教育由陈鹤琴所倡导。陈鹤琴提出"活教育"的目的是"做人，做中国人，做现代中国人"；"大自然、大社会都是活教材"是陈鹤琴对"活教育"课程论的概括表述；"做中教，做中学，做中求进步"是"活教育"教学方法的基本原则。

骑士教育

骑士教育是中世纪世俗教育的一种主要形式，以培养当时封建制度中骑士阶层的成员为目的。它是一种特殊形式的家庭教育，并无专设的教育机构，也没有专职的教育人员。它在骑士生活和社交活动中进行。训练骑士的标准是剽悍勇猛、虔敬上帝、忠君爱国、宠媚贵妇。

《莫雷尔法案》

《莫雷尔法案》又称《莫里尔法》。该法规定：联邦政府按各州在国会的议员人数，按照每位议员三万英亩的标准向各州拨赠土地，各州应将赠地收入用于开办或资助农业和机械工艺学院。利用这笔拨赠，大多数州专门创办了农业或机械工艺学院，有的州则在已有大学内附设农业或机械工艺学院。

二、简答题

1. 举例说明螺旋式课程内容组织及其依据和适用性。

【答案要点】

螺旋式是课程内容组织的一种形式。螺旋式是指在不同单元或阶段，乃至同课程门类中，使课程内容重复出现，螺旋上升、逐渐扩大知识面，加深知识难度，即前面的内容是后面内容的基础，后面内容是对前面内容的不断扩展和加深，且层层递进。

螺旋式的依据是，人的心理发展过程的规律，即人的认识由易到难、由低到高、螺旋上升，因而课程内容的组织和编写也要适应儿童学习的心理需求，逐步加深、适当反复、螺旋上升，并稳步前进。

螺旋式的组编适合对理论性较强、学生不易理解和掌握的内容，尤其是对低年级的儿童来说，采用螺旋式来组编较合适。

2. 何谓发展性教学原则？在教学中遵循发展性教学原则有哪些基本要求？

【答案要点】

发展性教学原则指教学的内容、方法和进度，既要适合学生已有的发展水平，又要有一定的难度，激励他们经过努力才能掌握，以便有效地促进学生的身心发展。

贯彻发展性教学原则的基本要求有：

（1）了解学生的发展水平，从实际出发进行教学。教师在教学过程中，随时都要了解学生的发展水平、已有的知识与能力状况。这是教学的基点与起点，也是学生知识的生长点。

（2）考虑学生认识发展的时代特点。由于人民生活改善、科技迅猛发展、报刊图书激增、广播电视普及，儿童知识来源的增多，从小获得的信息量大大扩充。他们与改革开放前的同龄人比较，知识面较广，思维较敏捷，接受能力有明显提高。

3. 举例说明学校实施德育的途径。

【答案要点】

（1）思想政治课与其他学科教学。思想政治课与其他学科的教学都是学校德育的重要途径。需要注意的是，知识转化为品德还需要将知识与学生生活相联系，与学生思想"对话"，以激发学生的道德需要，并用这些道德认识来探寻做人的道理，调节对人、对事应持有的态度，并付诸行动。

（2）劳动和其他社会实践。这是学校德育尤其是劳动教育的重要途径。有意义的劳动和社会实践，能够提高学生的责任意识、服务意识，形成学生勤俭、朴实、艰苦、顽强等许多好的品德，在德育上有着不可或缺、不可替代的意义。

（3）课外活动和校外活动。课外活动不受教学计划的限制，学生可以根据兴趣、爱好自愿选择活动，自主地制订一定的计划与规则，以组织协调人际关系、开展丰富多彩的活动，是生动活泼地向学生进行德育的一个重要途径。通过课外活动进行德育，能调动学生的积极性，培养他们的自律能力，形成互助友爱、团结合作、尊重规则等品德。

（4）学校共青团、少先队活动。共青团、少先队是青少年儿童自己的组织。青少年儿童热爱自己的组织，积极参加团队活动，渴望加入团队组织。因而开展团队活动，能激发学生强烈的上进心、荣誉感，使他们能够严于律己，自觉提高思想品德，是德育的重要途径。

（5）心理咨询。心理咨询是培养学生健康心理品质的有效途径。通过个别谈心、咨询、讲座等多种方式对学生进行心理健康教育，可以帮助学生处理好学习、交往、择业等方面问题，使他们成为积极向上、心理健康的人。

（6）班主任工作。通过班主任工作，学校不仅能有效地管理学生基层组织和个人，而且能对教育学生的其他途径的活动起协调作用，是学校德育的一个特别重要的途径。

（7）校园生活。校园生活包括上述活动在内的全部学校生活。要建立良好的校园生活，一是要研究如何使德育在各个途径中真正到位，使之互相补充，构成整体效应；二是要根据学校实际，研究如何增加跨越班级的活动与交往，逐步形成学校特色；三是要研究如何使校园生活能够体现时代精神，蕴含深厚文化，让学生在生活中养成现代文明习气和人文情怀。

4. 简述埃里克森人格发展理论的教育意义。

【答案要点】

埃里克森把人的心理发展分为8个阶段：

（1）婴儿期（出生到18个月）。这一阶段的主要矛盾是信任对怀疑。如果婴儿得到较好的抚养并与母亲建立了良好的亲子关系，儿童将对周围世界产生信任感，否则将产生怀疑和不安。家长在这一时期应该积极地、始终如一地满足婴儿的需求。

（2）儿童期（18个月到3岁）。这一阶段的主要矛盾是自主对羞怯。儿童在这一时期开始表现出自我控制的需要与倾向，渴望自主并试图自己做一些事情，如吃饭、穿衣。如果父母给儿童过多的限制或者过度的保护，儿童就开始对自己的能力产生怀疑，产生羞愧感。

（3）学龄初期（3到6岁）。这一阶段的主要矛盾是主动对内疚。这个阶段的儿童开始想象自己扮演成年人的角色，并希望在活动中获得成年人的欢迎和赞赏。父母或教师需要对儿童提出的问题进行正面的鼓励，提出合理的建议，这样儿童的主动性会得到加强，反之则会降低儿童从事活动的热情，也影响他们的积极性。

（4）学龄期（6到12岁）。这一阶段的主要矛盾是勤奋对自卑。儿童在这一阶段进入学校，学习知识和技能。儿童开始发展勤奋感，形成一种成功感和对成就的认识。如果面临的任务太过困难，造成了失败，那么儿童可能会产生自卑感。教师或父母如果对儿童在活动中表现出的勤奋视而不见，也会发展出自卑的人格。

（5）青春期（12到18岁）。这一阶段的主要矛盾是角色同一性对角色混乱。这一时期的个体开始考虑"我是谁"这一问题。个体尝试把自己的各个方面形成自我形象的整体评价。但是由于经验等的限制，个体难以对自己的各个方面形成明确的认识，也难以在实际生活中始终保持自我的一致性。

（6）成年初期（18到30岁）。这一阶段的主要矛盾是友爱亲密对孤独。婚姻问题和家庭生活是这一时期面临的重大问题。如果个体乐于与他人交往，不过分计较得失，能在交往中获得乐趣，可以形成一种亲密感。但如果一个人缺乏与朋友、配偶之间的亲密友爱关系，则会产生孤独感。

（7）成年中期（30到60岁）。这一阶段的主要矛盾是繁殖对停滞。这个阶段的个体已经成家立业，面临着抚育和关怀下一代的任务。如果个体事业有成、家庭美满，则表现出较大的创造力。但如果个体过于自我专注，满足私利，则容易产生颓废感，生活消极懈怠。

（8）成年晚期（60岁以后）。这一阶段的主要矛盾是完美无憾对悲观绝望。这个阶段的个体已经进入老年期。如果前几个阶段发展顺利，个体在这个时期会巩固自我感觉并完全接受自我，对自己的过去不再遗憾，获得自我完满感。反之，如果个体对过去有过多悔恨，但又感觉力不从心，则在绝望中度过余生。

人格发展理论的教育意义有：

（1）帮助学生适应勤奋和自卑危机。教师一定要意识到学生总是在努力保持着积极的自我概念，认为自己是有能力、有价值的个体。学校和教师可以向儿童提供他们参与社会所需的工具，设置有挑战性的任务，同时给予一定的帮助，让学生不断体验到成功，从而帮助学生度过这一危机。

（2）帮助学生适应同一性和角色混乱危机。中学生绝不应该被当作"孩子"看待；教师不应在其他同伴或其他有关的人面前轻视青少年，而应给予明确的指示，让学生独立完成任务；此外，还要注意同伴之间的影响。

三、分析论述题

1.试分析学校转型变革背景下教师的基本素养。

【答案要点】

教师的素养有以下内容：

（1）高尚的师德。第一，热爱教育事业，富有献身精神和人文精神；第二，热爱学生，诲人不倦；第三，热爱集体，团结协作；第四，严于律己，为人师表。

（2）先进、科学的教育理念。教育理念是教师在对教育工作本质理解的基础上形成的关于教育的观念和理性信念，它是以观念或信念的形式存在于教师头脑中的对教育现象和教育问题的看法。先进、科学的教育理念体现在教师的所有努力都要有利于学生精神世界的丰富、人格尊严的维护和美好人性的成长。

（3）宽厚的文化素养。教师的主要任务是通过向学生传授科学文化知识，培养其能力，促进其个性生动活泼地发展。一个好教师的基本条件之一，就是要有比较渊博的知识和多方面的才能。因此，教师对自己所教学科知识应科学、深入地把握，能对自己所教专业融会贯通、深入浅出、高瞻远瞩，达到运用自如的境界，在教学过程中不出知识性的错误。同时，教师还应有比较广博的文化修养。

（4）专门的教育素养。教师的专门教育素养水平及其合理结构是教育教学任务得以完成的重要保证，它主要包括教育理论素养、教育能力素养和教育研究素养三个方面的内容。

（5）健康的心理素质。教师的心理健康不仅会直接影响教育工作的优劣成败，而且会影响学生的心理健康水平。因此，教师应该注重提高自己的心理素质。健康的心理素质体现在心理活动的方方面面，概括起来主要指：教师要有轻松愉快的心境、昂扬振奋的精神、乐观幽默的情绪以及坚韧不拔的毅力等。

（6）强健的身体素质。教师的身体素质是指教师在教学活动中的自然力，是教师的身体健康状态和身体素质状态在教学中的表现。它主要通过健康的体魄、旺盛的精力、蓬勃的活力、有节律的生活方式和锻炼习惯等体现。

2. 阅读以下材料，分析和评论其中的教育思想。

【答案要点】

该材料内容来自于战国时期的教育论著《学记》。《学记》也是《礼记》的一篇，是中国古代最早的一篇专门论述教育、教学问题的论著，因此有人认为它是"教育学的雏形"。《学记》是先秦时期儒家教育和教学活动的理论总结，它主要论述教育的具体实施，偏重于说明教学过程的各种关系。

该材料中主要论述了《学记》中"教学相长"这一观点。

《学记》十分尊师。首先，社会上每个人，从君到民，都是教师教出来的，尤其是以教育为治术就离不开好老师。社会要尊师，君主应当带头。其次，把为师、为长、为君视为一个逻辑过程，使为师实际上成为为君的一种素质、一项使命。再次，没有教师的教育引导，五服之内的人们也不会懂得相亲相爱。

对教师的要求为：

①"记问之识，不足以为人师"。强调学识只是为师的条件，而非充分条件。

②"君子既知教之所由兴，又知教之所由废，然后可以为人师也"。指出懂得教育成败的原理可以为师。

③"君子知至学之难易，而知其美恶，然后能博喻，能博喻然后能为师"。指出善于在分析达成学习目标的难易程度和学生素质高下的基础上，采取各种有针对性的教学方法，可以为师。

④教师自我提高的规律：教学相长。"教学相长"的本意并非指教与学双方的相互促进，而是仅指教这一方的以教为学。它说明了教师本身的学习是一种学习，而教导他人的过程更是一种学习，正是这两种不同形式的学习相互推动，使教师不断进步。后人在注释"教学相长"时作了引申，将其视为教学过程中教师、学生双方的互相促进、共同提高的过程。

《学记》为中国教育理论的发展树立了典范，其历史意义和理论价值十分显著。它的出现，意味着中国古代教育思维专门化的形成，是中国教育理论发展的良好开端。

3. 试述永恒主义教育理论及其对当代世界教育实践的影响。

【答案要点】

永恒主义教育亦称"新古典主义教育",产生于20世纪30年代,是现代欧美国家一种强调理性训练以及人的理性和教育基本原则的永恒性的教育思潮,代表人物有美国的赫钦斯、艾德勒,英国的利文斯通和法国的阿兰等。其主要观点包括以下几个方面:

(1)发展人的理性是教育永恒不变的原则。永恒主义教育家认为,同宇宙中实在具有永恒不变性一样,理性乃是人性中共同的最主要的永恒不变的特性,因此,他们认为,建立在这种永恒不变的人性基础上并为表现和发展这种人性的教育,在本质上也是不变的。每个时代的教育,每个地方的教育,对每个人的教育,在本质上是一样的。教育的性质是永恒不变的,人类社会两千多年来的教育基本特点也仍适合于我们的时代。

(2)教育的主要目的是培养永恒的理性。人类天性中存在共同要素,即以理性为特征的人性,教育的首要目的就应该是引出这种共同要素,对人施以"人性的教育",关注那些"属于人之作为人的东西"及"人与人之间相通的东西",使人的理性和精神力量得到充分的发展,达到人性的"自我实现"、人的进步与完善。

(3)永恒的古典学科应该在学校课程中占有中心地位。永恒主义教育家认为,教育应该传承永恒的真理。通过一些抽绎出我们人性的共同因素的永恒课程来传授永恒真理。这些永恒课程是由世界名著构成的。这样的课程应该成为普通教育的核心。这是培养永恒的理性的最好途径。

(4)学生通过教师的教学进行学习。为了培养永恒的理性,应当通过教师的教学来激发学生的思维活动和理智训练。学生的学习既然是为了开发他们内在的潜能,发展他们的理性,就应该通过教师的教学,激发学生的思维活动和理智训练。

永恒主义教育对进步教育的批判比要素主义更加激烈,但从整体上来看,它并未提出新的价值判断标准。永恒主义教育在教育理论上有一定影响,但在教育实践中的影响范围不大,主要限于大学和上层知识界中的少数人。

4. 结合学习实例,论述问题解决过程中各阶段的主要策略。

【答案要点】

一般问题的解决过程及其主要策略如下:

(1)理解和表征问题阶段。

①识别有效信息:确定问题到底是什么,找出相关信息并忽略无关的细节。

②理解信息含义:除了能够识别问题的相关信息外,学生还必须准确地表征问题,这要求学生有某一领域特定的知识。成功地表征问题有两个任务,其中的第一个是语言理解,需要理解问题中每一个句子的含义。

③整体表征:成功地表征问题的第二个任务是将问题的所有句子综合在一起,达成对整个问题的准确理解。

④问题归类:将要解决的问题归入某一类中,一个特定的图式就会被激活,这个图式将引导对有关信息的注意,并预期正确答案应该会是什么样的。

(2)寻求解答阶段。

①算法式。将达到目标的各种可能的方法都列出来,具体化,逐一加以尝试。

②启发式。根据目标的指引,试图不断地将问题状态转换成与目标状态相近的状态,只试探那些对成功趋向目标状态有价值的操作,也就是使用一般的策略试图解决问题。具体有手段-目的分析法、逆向反推法、爬山法、类比思维法。

(3)执行计划或尝试某种解答阶段。当表征某个问题并选好某种解决方案后,下一步就是执行计划、尝试解答。

（4）评价阶段。当选定并执行某个解决方案之后，学习者还需要对结果进行评价。评价结果的方法之一，就是寻找能够证实或证伪这种解答的证据，对解答进行核查。

2022年 南京师范大学333教育综合·真题真练

一、选择题

1. 我国历史上最早专门论述教育问题的著作是（　　）。
   A.《学记》　　　　　B.《礼记》　　　　　C.《史记》　　　　　D.《左传》

2. 美国心理学家华生认为，给他一打健康的婴儿，都能培养成任何一种类型的专家。这句话反映了（　　）的观点。
   A. 遗传决定论　　　B. 环境决定论　　　C. 教师决定论　　　D. 儿童决定论

3. 我国古代教育内容中的"六艺"，欧洲古代教育内容中的"七艺"属于（　　）课程。
   A. 学科　　　　　　B. 活动　　　　　　C. 综合　　　　　　D. 融合

4. 布鲁纳认为，学习的目的是以（　　）的方式，把学科的基本结构转化为认知结构。
   A. 接受学习　　　　B. 意义学习　　　　C. 发现学习　　　　D. 观察学习

5. 先前学习对后继学习的影响是（　　）。
   A. 正迁移　　　　　B. 负迁移　　　　　C. 顺向迁移　　　　D. 逆向迁移

6. 人们对自己是否能够成功地从事某一成就行为的主观判断被叫作（　　）。
   A. 自我效能感　　　B. 自信　　　　　　C. 自我同一感　　　D. 自我概念

7. 西周时期，设在王都的小学、大学，总称为（　　）。
   A. 辟雍　　　　　　B. 泮宫　　　　　　C. 国学　　　　　　D. 乡学

8. 唐代地方府州一级的官学类型主要有经学、医学和（　　）。
   A. 律学　　　　　　B. 崇玄学　　　　　C. 书学　　　　　　D. 算学

9. 梁启超提出中国应从编写儿童教学用书入手，对儿童教育进行改革，其中，教儿童连词成句，成篇方法的书是（　　）。
   A. 识字书　　　　　B. 门径书　　　　　C. 歌诀书　　　　　D. 文法书

10. 苏格拉底除教授政治和人生所需要的各种实际知识外，第一次被列为必须学习的科目是（　　）。
    A. 几何　　　　　　B. 伦理　　　　　　C. 雄辩术　　　　　D. 唱歌

二、名词解释

学制　虚心涵泳　掌握学习策略　葛雷制

三、简答题

1. 如何理解教育的相对独立性？
2. 简述《巴特勒教育法》的主要内容。
3. 简述近代洋务学堂的特点。
4. 简述课程的内涵。

四、辨析题

1. 文化本身就是一种教育力量。
2. 教师应指导学生将学业的成功和失败归因于个人能力。
3. 贺拉斯·曼将师范教育视为提高公立学校教育质量的重要手段。

五、分析论述题

1. 论述新课程理念指导下有效教学设计如何体现新思维。
2. 如何提高学生的问题解决能力。

2021年 南京师范大学 333 教育综合·真题真练

一、选择题

1. 按照各门学科知识的自身逻辑，组成不同学科的课程是（　　）。
   A. 活动课程　　　　B. 校本课程　　　　C. 综合课程　　　　D. 学科课程
2. 赫尔巴特主张教育学作为一门科学，其基础应该是（　　）。
   A. 教育学和心理学　　　　　　B. 哲学和文化学
   C. 实践哲学和心理学　　　　　D. 心理学和文学
3. 以下哪个学制是我国第一个正式实施的学制（　　）。
   A. 壬戌学制　　　　B. 癸卯学制　　　　C. 壬子学制　　　　D. 壬寅学制
4. 根据韦纳归因理论，稳定的、内在的、不可控的因素是（　　）。
   A. 任务难度　　　　B. 努力程度　　　　C. 运气好坏　　　　D. 能力高低
5. 在学完"分数"后学习"百分数"，这种学习的类型是（　　）。
   A. 上位学习　　　　B. 下位学习　　　　C. 并列学习　　　　D. 发现学习
6. 罗森塔尔效应反映了（　　）的重要作用。
   A. 教学评价　　　　B. 学习期待　　　　C. 个人努力　　　　D. 教师期望
7. 孟子认为中国古代学校教育的目的是（　　）。
   A. 扩充"善性"　　　　　　　　B. 明人伦
   C. 有"大丈夫"的理想人格　　　D. 深造自得
8. 李斯以秦国字形为基础，吸收六国字形，总结出一种新的字体（　　）。
   A. 小篆　　　　B. 大篆　　　　C. 隶书　　　　D. 楷书
9. 中国近代从德智体三要素出发，构建教育目标模式的先导性人物是（　　）。
   A. 康有为　　　　B. 蔡元培　　　　C. 严复　　　　D. 王国维
10. 教育的生物起源说的主要代表人物是（　　）。
    A. 孟禄　　　　B. 利托尔诺　　　　C. 米丁斯基　　　　D. 恩格斯

二、名词解释

教师专业发展　教育制度　鸿都门学　导生制

三、辨析题

1. 人的全面发展与个性发展是相对立关系。
2. 定势会阻碍问题的解决。
3. 卢梭把人的认识过程分为判断和接纳两个阶段。

四、简答题

1. 简述生产力发展对教育的影响。
2. 简述当前世界范围内学校教育制度改革的趋势。
3. 简述杜威教学法的主要内容。
4. 简述黄炎培的职业教育办学方针。

五、分析论述题

1. "教师即研究者"最早是由英国课程专家斯腾豪斯明确提出的，这个理念受"专业人员及研究者"的启示，其基本假设是教师有能力对自己的教育实践进行反思、探究与改进，由教师来研究和改进自己的教育实践是教育改革最直接有效的方式。结合这一理念，详细论述我国中小学教师成为研究者、开展教育研究的意义。
2. 结合教学实际，分析专家教师与新手教师在课堂教学过程上的差异。

2020年 南京师范大学333教育综合·真题真练

一、选择题

1. （　　）是科学化教学理论的标志，是将心理学的研究成果应用于教学过程最初尝试的典范。
   A.《大教学论》　　　　　　　　B.《普通教育学》
   C.《民主主义与教育》　　　　　D.《实验教育学》

2. 关于教育目的的认识，主张以人为本位的价值取向的思想家是（　　）。
   A. 斯宾塞　　　B. 涂尔干　　　C. 马斯洛　　　D. 斯兴斯坦纳

3. 认为教育无需予以科学指导，它是扎根于本能的不可避免的行为，这种观点属于（　　）。
   A. 心理起源论　　　　　　　　B. 生物起源论
   C. 劳动起源论　　　　　　　　D. 交往起源论

4. 规定了学科的教学目的、任务、知识的范围、深度和结构，教学进度以及有关教学法的基本要求的课程文件是（　　）。
   A. 教学计划　　B. 教学设计　　C. 教学大纲　　D. 课程计划

5. 按照某些准则将学习内容从具体到抽象，从已知到未知的顺序呈现给学生，这样的课程内容组织方式属于（　　）。
   A. 纵向组织　　B. 螺旋式组织　　C. 发展式组织　　D. 横向组织

6. 在《教育过程》中，强调教授学科基本结构的教育家是（　　）。
   A. 赞科夫　　　B. 布鲁纳　　　C. 瓦根舍因　　　D. 布鲁姆

7. 古埃及教授识字、阅读、书写和基本计算方面知识的学校是（　　）。
   A. 古儒学校　　B. 文士学校　　C. 文法学校　　D. 实科学校

8. 按照赫尔巴特的阶段教学理论，教学阶段划分为四个步骤，它们是（　　）。
   A. 预备、提示、总结、应用　　　B. 预备、联想、总结、应用
   C. 明了、提示、系统、方法　　　D. 明了、联想、系统、方法

9. 先于所要学习的新材料呈现的一种引导性材料，它是对新学习材料的简化与概括，在新学习材料与学习者原有观念之间起认知桥梁作用，这种学习内容的组织技术叫（　　）。
   A. 比较性组织者　　B. 认知结构　　C. 先行组织者　　D. 固定点
10. 教育心理学创始人桑代克在实验的基础上提出的学习理论是（　　）。
    A. 尝试错误说　　　　　　　　B. 社会学习理论
    C. 发现学习理论　　　　　　　D. 掌握学习理论

二、名词解释

终身教育　生活即教育　《儿童的世纪》　人本主义学习理论

三、辨析题

1. 学生在教学过程中既是认识的客体，又是认识的主体。
2. 骑士教育是一种特殊形式的家庭教育。
3. 公学是英国的一种公立学校。

四、简答题

1. 简述培养良好师生关系的基本策略。
2. 简述影响课程改革的主要因素。
3. 简述1922年"新学制"中对中等教育的改革举措。
4. 简述文艺复兴时期人文主义教育实践的基本特征。

五、分析论述题

1. 论述在教学过程中应当处理好的几对关系。
2. 试述建构主义理论的基本观点并做出评价。

2019年 南京师范大学333教育综合·真题真练

一、选择题

1. "建国君民，教学为先"出自（　　）。
   A. 《论语》　　B. 《学记》　　C. 《孟子》　　D. 《大教学论》
2. 教育史上两大对立学派，传统教育学派和现代教育学派的代表人物是（　　）。
   A. 凯洛夫和布鲁纳　　　　　　B. 洛克和卢梭
   C. 赫尔巴特和杜威　　　　　　D. 柏拉图和夸美纽斯
3. 对教育起决定作用的是（　　）。
   A. 政治制度　　B. 经济制度　　C. 生产力　　D. 领导权
4. 西周教育的特征和标志（　　）。
   A. 奴隶主贵族教育　　B. 官师合一　　C. 军事教育　　D. 六艺
5. 在中国教育史上首次提出性相近习相远，指出人的天赋素质相近的是（　　）。
   A. 孔子　　B. 孟子　　C. 荀子　　D. 墨子

6. 朱熹一生撰写很多书籍，成为文人士人和学校必读的教科书，影响中国封建社会后期文化教育长达百年之久的是（　　）。
   A.《近思录》 B.《白鹿洞书院指示》
   C.《四书章句集注》 D.《朱子记录》

7. 提出谨慎选择教材的问题，率先提出教育内容要有教育性，开创了西方后世教育性教学思想先河的是（　　）。
   A. 柏拉图 B. 亚里士多德
   C. 昆体良 D. 苏格拉底

8. 在教育的文化教育适应性原则中，第一次明确提出了教育必然性受到各种客观的社会条件制约的是（　　）。
   A. 洪堡 B. 费希特
   C. 第斯多惠 D. 康德

9. 耶克斯多德森定律表明，动机强度和学习效率之间的关系（　　）。
   A. 动机强度越大，学习效率越高
   B. 动机强度越小，学习效率越高
   C. 根据任务难度不同，动机强度不同
   D. 根据任务难度不同，动机强度相同

10. 方雨认为社会法制应符合社会大众权益，当它不符合时就应该修改，根据科尔伯格的理论，属于道德发展的哪个阶段（　　）。
    A. 服从与惩罚 B. 社会契约
    C. 维护权威与秩序 D. 普通理论

二、名词解释

班级授课制　稷下学宫　福建船政学堂　遗忘原因的同化说

三、辨析题

1. "教师专业化"就是通过专业化提高教师的社会地位。
2. 恩物是福禄培尔创制的一套供儿童使用的教学用品。
3. 昆体良认为教学是一种双边活动。

四、简答题

1. 在中小学教学过程中，选择和运用教学方法的依据有哪些？
2. 简述当代世界学校教育制度改革与发展的主要趋势。
3. 简述北宋"三次兴学"的主要内容。
4. 简述杜威关于教育本质的基本主张。

五、分析论述题

1. 根据十九大报告，结合实际谈谈你对"公平而有质量的教育"的看法。
2. 结合当前实际，谈谈如何激发学生的学习动机。

2018年 南京师范大学333教育综合·真题真练

一、选择题

1. 从20世纪70年代以后提出的批判教育思潮代表人物，下列不包括（　　）。
   A. 阿普尔　　　　　B. 吉鲁　　　　　C. 弗莱雷　　　　　D. 斯普朗格
2. 由学校自主研发和实施的课程是（　　）。
   A. 国家课程　　　　B. 校本课程　　　C. 地方课程　　　　D. 自由课程
3. 从教育的本质属性来看，教育的本位功能是（　　）。
   A. 促进个人的发展　　　　　　　　　　B. 促进社会的发展
   C. 促进政治的发展　　　　　　　　　　D. 促进经济的发展
4. 我国第一个比较完整，颁布并实施的学制是（　　）。
   A. 壬寅学制　　　　　　　　　　　　　B. 壬子癸丑学制
   C. 癸卯学制　　　　　　　　　　　　　D. 壬戌学制
5. 民国时期在定县实验区开展乡村平民教育的教育家是（　　）。
   A. 黄炎培　　　　　B. 晏阳初　　　　C. 梁漱溟　　　　　D. 陶行知
6. 西方古代最杰出的教学法学者是（　　）。
   A. 苏格拉底　　　　B. 亚里士多德　　C. 昆体良　　　　　D. 西塞罗
7. 西方教育史上，（　　）第一个提出德育、智育、体育的概念。
   A. 培根　　　　　　B. 康德　　　　　C. 赫尔巴特　　　　D. 斯宾塞
8. 精细加工策略有助于提高学习效果，不属于该策略的是（　　）。
   A. 运用表象记忆　　　　　　　　　　　B. 进行过度学习
   C. 采用位置记忆法　　　　　　　　　　D. 采用首字联词法
9. 班杜拉提出，通过一定的榜样来强化相应的行为或行为倾向，是属于（　　）。
   A. 直接强化　　　　B. 替代强化　　　C. 自我强化　　　　D. 他人强化
10. 在布鲁姆的教育目标分类学中，认知领域的最高级目标是（　　）。
    A. 运用　　　　　　B. 综合　　　　　C. 分析　　　　　　D. 评价

二、名词解释

教师专业发展　　京师同文馆　　要素主义　　认知结构

三、辨析题

1. 教育可以传承文化，但教育缺乏创造文化的功能，很难产生新文化。
2. 17—18世纪，德国中等教育的主要类型是实科中学。
3. 德国教育家康德提出教育性教学原则，他认为教育目的就是要让学生尽可能地获得知识和技能。

四、简答题

1. 教育与教学的关系。
2. 中华民国临时政府教育部的教育改革内容。

3. 什么是程序性知识？如何进行程序性知识的教学？
4. 西欧中世纪大学的特征与意义。

五、分析论述题

1. 论述教育在促进社会经济、政治发展中的作用。
2. 论述师生关系的模式和理想的师生关系。

2017年 南京师范大学 333 教育综合·真题真练

一、选择题

1. 在稷下学宫为祭酒，被称为"最为老师"的是（　　）。
   A. 孔子　　　　　　B. 孟子　　　　　　C. 荀子　　　　　　D. 墨子

2. 为蔡元培独创并被认为是教育的最高境界的是（　　）。
   A. 军国民教育　　　B. 公民教育　　　　C. 世界观教育　　　D. 美感教育

3. 被毛泽东誉为"伟大的人民教育家"的是（　　）。
   A. 陶行知　　　　　B. 晏阳初　　　　　C. 陈鹤琴　　　　　D. 梁漱溟

4. 西方教育史上第一个教授法学者，最早提出分班教学设想的是（　　）。
   A. 夸美纽斯　　　　B. 昆体良　　　　　C. 赫尔巴特　　　　D. 亚里士多德

5. 在教育史上第一次明确提出教育心理化口号，开启19世纪教育心理化运动的是（　　）。
   A. 皮亚杰　　　　　B. 桑代克　　　　　C. 弗洛伊德　　　　D. 裴斯泰洛齐

6. 杜威著作中，其实用主义思想最系统和最集中的阐述的是（　　）。
   A.《我的教育信条》　　　　　　　　　B.《民主主义与教育》
   C.《学校与社会》　　　　　　　　　　D.《经验与教育》

7. 班杜拉将对产生一定的结果所需要的组织和执行行为过程之能力的信念，称之为（　　）。
   A. 自我效能感　　　　　　　　　　　B. 自我效能意识
   C. 自我效能观念　　　　　　　　　　D. 自我效能满足

8. 在学校教育中有规定化、有组织化的实施为"正式课程"或"官方课程"可称为（　　）。
   A. 直线式课程　　　B. 螺旋式课程　　　C. 显性课程　　　　D. 隐形课程

9. 在课程内容上恰当处理学科知识与学生需要、能力的关系意味着实现（　　）。
   A. 科学性和思想性的统一　　　　　　B. 学科逻辑和儿童心理逻辑的统一
   C. 事实与价值的统一　　　　　　　　D. 主体和客观的统一

10. 在课程计划、教学活动开始之前，对需要准备状态的评价是（　　）。
    A. 形成性评价　　　B. 终结性评价　　　C. 诊断性评价　　　D. 发展性评价

二、名词解释

班级文化　课程编制的泰勒原理　洛克"白板说"　测验效度

三、辨析题

1. 班级是由学生和教师构成的组织，其中，教师是班级的主体，起引导、协助、监督、咨询等作用。
2. 非指导性教学的核心是让学生开展自主学习和小组合作学习，充分发挥学生的主体性。
3. 不良行为是强化物不断刺激的作用，暂时隔离强化物或离开不良行为的环境，不良行为会减退，那么这个暂时隔离是越久越好。

四、简答题

1. 学校德育应坚持的基本理念。
2. 简述交往对话的新型师生关系的特征。
3. 简述校本课程开发的优势。
4. 动机在学习活动中的作用。

五、分析论述题

1. 试论学校教育在人的发展中的作用。
2. 讲授式教学方法在近现代的教育改革与实验中不断遭到批判，但是为什么直到现在依然是基础教育学校的主要教学方法？请论述你的观点。

2016年 南京师范大学333教育综合·真题真练

一、选择题

1. 中国古代学校教育内容中的"六艺"指的是（　　）。
   A. 文法、修辞、逻辑、算术、几何、天文和音乐
   B. 诗歌、书法、音乐、舞蹈、射箭、交往礼仪
   C.《诗经》《书经》《礼记》《易经》和《春秋》
   D. 礼、乐、射、御、书、数

2. 在西方教育史上，被认为是传统教育代表人物的教育家是（　　）。
   A. 夸美纽斯　　　　　　　　　　B. 赫尔巴特
   C. 杜威　　　　　　　　　　　　D. 亚里士多德

3. 教育活动与其他社会活动的根本区别在于（　　）。
   A. 它是促进人的生理发展、心理发展和社会发展的活动
   B. 它对人的发展起主导作用
   C. 它有教育者、受教育者和教育中介系统等基本要素
   D. 它是有目的地培养人的社会活动

4. 把造就"完全人格"即发展个性和群性作为其民主教育思想的核心的教育家是（　　）。
   A. 洛克　　　　B. 陶行知　　　　C. 蔡元培　　　　D. 杨贤江

5. "什么知识最有价值？"这是第一个进入人的视野的真正的课程问题。它的提出者是（　　）。
   A. 福禄培尔　　　B. 裴斯泰洛齐　　　C. 涂尔干　　　　D. 斯宾塞

6. 有一种活动，它能够有效促进学生社会化与个性化、成人与成才，是进行全面发展教育的基本途径。这种活动是（　　）。
   A. 个别指导　　　　　　　　　　　　B. 教学
   C. 小组讨论　　　　　　　　　　　　D. 团组织活动

7. 主张把"全面发展""和谐发展""个性发展"三者融合成一个统一的整体而培养全面和谐发展的人的教育家是（　　）。
   A. 苏霍姆林斯基　　　　　　　　　　B. 赞科夫
   C. 布鲁纳　　　　　　　　　　　　　D. 康德

8. 《学记》中的"藏息相辅"教学原则指的是（　　）。
   A. 教与学相互促进　　　　　　　　　B. 学习他人长处与克服自己缺点相结合
   C. 课内学习与课外学习相结合　　　　D. 学校教育与社会教育、家庭教育相结合

9. 提出"大丈夫"的理想人格，并把这种理想人格描绘为"富贵不能淫，贫贱不能移，威武不能屈"的中国古代思想家（　　）。
   A. 孟子　　　　B. 荀子　　　　C. 庄子　　　　D. 韩非子

10. 社会学习理论强调观察式学习，强调符号强化和自我强化对人的行为的影响。这一理论的任务代表是（　　）。
    A. 罗杰斯　　　B. 班杜拉　　　C. 皮亚杰　　　D. 科尔伯格

二、名词解释

终身教育　道德情感　"中体西用"　最近发展区

三、辨析题

1. 人既是社会历史的"剧中人"，又是社会历史的"剧作者"。
2. 在我国新课程改革中，小学的"品德与生活（社会）""艺术""科学"，初中的"社会""科学"等课程都属于综合课程。
3. 在政府倡导"全民阅读"的背景下，读书指导法具有重要的时代意义。读书指导法是指学生在教师的指导下通过独立的探索，创造性地解决问题，获取知识和发展能力的方法。

四、简答题

1. 请简述人的发展的特点和规律性。
2. 请简述布鲁纳的教育思想。
3. 请简述循序渐进教学原则的含义和要求。
4. 请简述有意义接受学习的内涵和条件。

五、分析论述题

1. 试述学生在不同教学模式下掌握知识的基本阶段。
2. 试述德育过程及其规律。

2015年 南京师范大学333教育综合·真题真练

一、选择题

1. 中国古代的四书指的是（　　）。
   A.《大学》《中庸》《易》《春秋》
   B.《论语》《孟子》《诗》《春秋》
   C.《大学》《中庸》《论语》《孟子》
   D.《大学》《孟子》《礼》《春秋》

2. 在西方教育史上，被认为是现代教育代表人物的是（　　）。
   A. 卢梭　　　　B. 洛克　　　　C. 杜威　　　　D. 裴斯泰洛齐

3. 教育为政治服务的基本途径是（　　）。
   A. 培养社会需要的合格公民
   B. 组织学生参与政治活动
   C. 开设思想政治教育课程
   D. 营造社会舆论

4. 新课改中提出的课程的三维目标是（　　）。
   A. 认知领域、情感领域、技能领域
   B. 知识、能力、品德
   C. 德、智、体
   D. 知识与技能、过程与方法、情感态度价值观

5. 试图以作品的方式反映学生学习进步的过程、努力程度和发展水平的评价是（　　）。
   A. 目标性评价　　B. 形成性评价　　C. 档案袋评价　　D. 表现性评价

6. 教师不直接把观点或答案提供给学生，而是向学生提出问题，启发诱导学生自己思考，自己寻求答案，形成自己观点，这种教学方法是（　　）。
   A. 讲授法　　　B. 谈话法　　　C. 讨论法　　　D. 读书指导法

7. 我国学制沿革史上，借鉴美国教育体制，初次确立了"六三三"的学习阶段和年限的学制是（　　）。
   A. 壬寅学制　　B. 癸卯学制　　C. 壬子癸丑学制　　D. 壬戌学制

8. 下列教育思潮中，不属于五四时期资产阶级教育思潮的是（　　）。
   A. 复古主义教育思潮
   B. 平民主义教育思潮
   C. 工读主义教育思潮
   D. 实用主义教育思潮

9. 在古代欧洲，曾经出现过一种旨在培养多方面发展的人的和谐教育，这种教育是（　　）。
   A. 斯巴达教育　　B. 雅典教育　　C. 教会教育　　D. 骑士教育

10. 注重观察学习和榜样模仿的学习理论派别是（　　）。
    A. 社会学习理论
    B. 操作条件反射理论
    C. 认知学习理论
    D. 人本主义理论

二、名词解释

学校教育制度　课程标准　书院　美国进步教育运动

三、辨析题

1. 教育为社会所制约，具有社会制约性。因而教育是社会的附属品，没有独立性。
2. 教学就是教师传授知识的活动。
3. 品德教育就是要晓之以理、动之以情、持之以恒、导之以行。

四、简答题

1. 当代学制改革的趋势。
2. 试比较学科课程与活动课程的优缺点。
3. 简述陶行知"生活教育"理论的主要观点。
4. 简述建构主义的知识观、学习观、学生观和教学观方面的基本主张。

五、分析论述题

1. 试述教学过程的性质。
2. 材料：一位中学老师，发现班里一位女生经常化妆，于是便把她叫到办公室，很真诚地对她说："今天我们来讨论一下化妆的学问吧。"学生很诧异，"老师，化妆还有学问？"老师说："当然了，你认为中学生怎么化妆才最漂亮呢？"学生说："还真不知道呢，老师说说吧。"老师说，"我认为，中学生应该朴素自然、整洁大方、健康又充满活力，化妆切忌浓妆艳抹，那样会在同学之间和师生之间造成隔阂。青少年本身就充满活力，具有自然美，过分化妆恰恰会掩盖你脸上的青春活力和红润的肤色，让人觉得你是矫揉造作、不伦不类。"学生听后，羞愧地低下头，说："老师，你讲得很有道理，我以后再不化妆了。"

（1）该班主任运用了什么样的德育方法？
（2）试述运用该道德方法的基本要求。

2014年 南京师范大学 333 教育综合·真题真练

一、名词解释

《普通教育学》　社会本位论　最近发展区　有效教学　行动研究

二、填空题

1. 马克思认为，教育起源于_____。
2. 决定教育权和受教育权的主要因素有_____。
3. 我国教育目的的理论基础是_____。
4. 以解决社会生活问题为核心而组织的课程是_____课程。
5. 反映国家对不同阶级的学生在知识与技能、过程与方法、情感态度与价值观等方面的基本要求的课程文件是_____。
6. 通过收集学生学习过程中的一些信息，反映学生成长变化的评价方法是_____评价。
7. 学生品德构成的基本因素有道德认知、_____、道德意志、道德行为。
8. 学制发展的方向是双轨制向单轨制和_____发展。
9. 我国学校教学的基本组织形式是_____。
10. 就教学的哲学而言，罗杰斯的非指导性教学属于_____理论。

三、辨析题

1. 义务教育的特点是强制性、免费性和普及性。

2. 教育影响都是积极正向的。
3. 师生关系就是知识的传授关系。
4. 教学是用教材教，而不是教教材。
5. 班级是一个"准自治组织"。

四、简答题

1. 试述人的身心发展特点及其对教育的要求。
2. 我国教育目的的基本精神是什么？
3. 试述课程编制（开发）的基本程序或步骤。
4. 试述杜威的教育思想及其现实意义。

五、材料分析题

一位教师在给学生讲人教版第七册钓鳟鱼的课文，老师提问："仔细读课文，看看父亲是一位怎样的人。"生1："为什么还没有到时间父亲就允许我钓鱼，而掉到鱼又让我放走？"老师脸带怒色地说："你没有听清楚老师的问题，坐下。"生1很害羞地坐了下去，这一堂课就再也没有举手了。生2："我觉得这位父亲对自己的孩子很严格。"老师："仅仅是严格吗？"生2也坐了下去，再也没有发言。老师："在没有人的情况下，父亲严格要求自己遵守规则，是一个品德高尚的人。"下课后老师向同事抱怨："我给了他们机会，可是他们不珍惜，只好我自己报了答案，我也没有办法。"

（1）这位老师的行为是否合适，为什么？
（2）如果换做是你，你会怎么做？

2013年 南京师范大学333教育综合·真题真练

一、名词解释

活动课程　教学　化性起伪　道尔顿制　最近发展区　信度与效度

二、辨析题

1. "教育先行"是20世纪现代社会的新现象，它意味着教育发展必须先于社会的物质发展。
2. 在学习方式上，课程改革反对接受学习，主张以自主、合作、探究的方式取代接受学习。
3. 卢梭认为事物的教育和自然的教育都要服从于人为的教育。

三、简答题

1. 简述个人本位论。
2. 简述价值澄清模式。
3. 简述建构主义学习理论的基本观点。
4. 简述我国新课程改革的基本理念。
5. 简述要素主义教育思想的基本观点。

四、分析论述题

1. 品德及其构成要素是什么？如何根据品德的要素进行道德教育？

2. 材料：有人说，过去要求教育嫁给政治是错误的，现在要求教育嫁给经济也是片面的。教育首先要嫁给人，人是教育的原点，教育是人的教育，不是社会的教育。有人则认为，人不是抽象的，教育是一种社会现象，这种提法否定了教育的社会性，教育也不可能发展抽象的人，有人说，教育要以育人为中心，但也有人认为，我国社会主义现代化建设的中心只有一个，那就是经济建设，不允许搞多中心。你对此有何评述？

请自拟题目，写一篇800字左右的短评，阐述自己的观点，并对上述观点进行评论。

2012年 南京师范大学333教育综合·真题真练

一、名词解释

教学目标　学校教育　"六艺"教育　道德情感　学习动机　苏格拉底方法

二、简答题

1. 简述德育的途径。
2. 蔡元培的"五育"并举。
3. 人文主义教育的特征。
4. 布鲁纳发现学习的步骤。

三、分析论述题

1. 论述教育的社会功能。
2. 试论述陈鹤琴的"活教育"。
3. 试论述杜威教育的本质与目的思想。
4. 结合实际，论述激发学生学习动机的方法。

2011年 南京师范大学333教育综合·真题真练

一、名词解释

中体西用　教育　班级授课制　道尔顿制　问题解决　学习动机

二、简答题

1. 谈谈如何认识教师开展行动研究的意义及行动研究的步骤。
2. 论述当代学制改革的趋势。

3. 简述"六艺"教育及其对当代教育改革的意义。
4. 试述卢梭的自然主义教育及其意义。

三、分析论述题

1. 评述19世纪末20世纪初欧美新教育和进步主义教育思潮的共同特征、意义及其局限。
2. 评述陶行知的生活教育理论。
3. 论述师生关系的历史转变,并结合自己的经验谈谈你对这一问题的认识。
4. 结合中学生的时代特点谈谈你对当前基础教育问题的理解。

2010年 南京师范大学 333 教育综合·真题真练

一、名词解释

课程　最近发展区　自我提高驱动力　终身教育
自我效能　苏格拉底法　赫尔巴特的四段教学法

二、简答题

1. 简述《学记》在教学思想上的贡献。
2. 道德教育如何与生活相联系?
3. 简述班级授课制及其改革。
4. 简述校本课程开发的特征、优势、不足及思考。

三、分析论述题

1. 结合你自己的教育教学实践,谈谈教育与人身心发展的关系。
2. 皮亚杰的认知发展阶段理论及其对学校教育的启示。
3. 试论述唐代科举制度的作用及其影响。
4. 评述杜威的实用主义教育理论。

2022年 南京师范大学 333 教育综合·真题解析

一、选择题

1~5 ABACC 6~10 ACBDA

二、名词解释

学制

学制即学校教育制度，它是现代教育制度的核心部分，指的是一个国家各级各类学校的系统及其管理规则，它规定着各级各类学校的性质、任务、入学年限、修业年限以及它们之间的关系。

虚心涵泳

虚心涵泳是朱子读书法的方法之一。所谓"虚心"是指读书时要虚怀若谷，静心思虑，仔细体会书中的意思，不要先入为主，牵强附会；所谓"涵泳"是指读书时要反复咀嚼，细心玩味。

掌握学习策略

掌握学习是由布卢姆提出的一种确保所有学生都能达到一定学习水平的教学模式。其指导思想是在适当的学习条件下，几乎所有人都能学会学校所教的知识。

葛雷制

葛雷制也称"双校制""二部制"或"分团学制"，是美国教育家沃特推行的一种进步主义性质的教育制度。其以杜威的基本思想为依据，以具有社会性质的作业为学校的课程。把学校分成体育运动场、教室、工厂和商店、礼堂四个部分；把课程也分成学术工作和科学、工艺和家政、团体活动，以及体育和游戏四个方面。因此葛雷学校也称"工读游戏学校"。

三、简答题

1. 如何理解教育的相对独立性？

【答案要点】

教育的相对独立性是指作为社会一个子系统的教育，它对社会的能动作用具有自身的特点和规律性，它的历史发展也有其独特连续性和继承性。主要表现为以下几方面：

（1）教育是培养人的活动，通过所培养的人作用于社会。教育尤其是学校教育，是有意识地影响人、培育人、塑造人的社会活动。它主要通过引导和促进年轻一代社会化、个性化，成为社会活动的参与者和继承者，以保证并促进社会的生存、延续与发展。

（2）教育具有自身的活动特点、规律及原理。教育是培养人的活动，而人具有特殊的身心发展和成熟的规律。教育教学及其相关活动必须认识、遵循和创造性地运用这些基本特点与规律，才能有效地培育人才。此外，还应重视和遵循前人的宝贵经验，并在此基础上继续发展、前进。

（3）教育具有自身发展的传统与连续性。由于教育有自身的规律和特有的社会功能，它一经产生、发展便将形成和强化其相对独立性，具有发展的连续性、继承性和惯性。因此，无论是办学校发展教育事业，或进行教育改革，都要重视与借鉴教育的历史经验，都应在原有的基础上积极改进、稳步前行。

2. 简述《巴特勒教育法》的主要内容。

【答案要点】

1944年，英国政府通过了以巴特勒为主席的教育委员会提出的教育改革方案，即《1944年教育法》，又称《巴特勒教育法》。该法案的主要内容为：

（1）加强国家对教育的控制和领导。法案废除教育委员会，设立教育部，统一领导全国的教育。同时，设立中央教育咨询委员会，负责向教育部长提供咨询和建议。

（2）加强地方行政管理权限，设立由初等教育、中等教育和继续教育组成的公共教育系统。地方当局负责为本地区提供初等、中等和继续教育。其中，初等教育包括幼儿园、幼儿学校和初等学校。小学生毕业后根据11岁考试结果，按成绩、能力和性向分别进入文法中学、技术中学和现代中学。初等学校和中等学校实行董事会制。

（3）实施5~15岁的义务教育。父母有保证子女接受义务教育和在册学生正常上学的职责。地方教育当局应向义务教育超龄者提供全日制教育和业余教育。

（4）要求改革宗教教育、师范教育和高等教育等。

《1944年教育法》在英国现代教育发展中占据极其重要的地位。它结束了第二次世界大战前英国教育制度发展不平衡的状况，形成了初等教育、中等教育和继续教育相互衔接的公共教育制度，对以后英国教育的发展产生了重要影响。

3. 简述近代洋务学堂的特点。

【答案要点】

洋务学堂的目的在于培养洋务活动所需要的翻译、外交、工程技术、水陆军事等多方面的专门人才，教学内容以"西文"和"西艺"为主。主要分为外国语学堂、军事学堂和技术实业学堂三大类。洋务学堂的特点有：

（1）"新式"特点。

①培养目标。洋务学堂的培养目标是造就各项洋务事业需要的专门人才，广泛分布于外交、律例、水陆军事等诸多领域。

②教学内容。洋务学堂以学习"西文""西艺"为主，注意学以致用。

③教学方法。洋务学堂能按照知识的接受规律由浅入深、循序渐进地安排教学内容，重视理解，注意教学中的理论与实践结合，很多学校安排有实践课程，有的还建立了实习制度。

④教学组织形式。洋务学堂均制订有分年课程计划，确定了学制年限，采用班级授课制。

（2）"新旧杂糅"的特点。

①洋务学堂是洋务大臣们各自为政办起来的，缺乏全国性的整体规划和学制系统。

②在"中体西用"的总原则下，在传授"西文""西艺"的同时并未放弃对四书五经的学习。

③洋务学堂由封建官僚所举办，在管理上带有封建官僚习气。

总的来说，洋务学堂以西方近代科技文化作为主要课程，在形式上引入了资本主义因素，初步具备了近代教育的特征。在它产生之初，并未有意与以科举为核心的旧教育体制对抗，甚至还乞求后者的容纳，但它产生之后，逐渐动摇和瓦解了旧的教育体制，实际启动了近代中国教育改革的进程。

4. 简述课程的内涵。

【答案要点】

课程是由一定的育人目标、特定的知识经验和预期的学习活动方式构成的一种蕴含着丰富、基本而又有创造性与潜质的一套计划与设定。从育人目标角度看，课程是一种培养人的蓝图；从课程内容角度看，课程是一种适合学生身心发展规律的、连接学生直接经验和间接经验的、引导学生个性全面发展的知识体系及其获取的路径。

更具体地说，课程是依据育人目标设置的规范师生教学活动的课程方案、各门课程的标准以及使其具体化为可以组织师生教学以促进学生发展的教科书。可见，课程是一种教育内容与活动方式的预期、设定和规范，它是教学的依据和基础。

课程有广义和狭义之分，广义的课程指所有学科的总和，狭义的课程指一门学科。

四、辨析题

1. 文化本身就是一种教育力量。

【答案要点】

该观点正确。

文化知识制约教育的内容与水平。文化是教育的基础，教育的本质是通过传承和创新文化来培养人才。学校教育的一个重要任务就是传授系统的文化知识。因此，文化是教育的主要资源，文化知识的发展特性与水平制约着教育的发展特性与水平。

2. 教师应指导学生将学业的成功和失败归因于个人能力。

【答案要点】

该观点不正确。

由成败归因理论可知，当个体将成功归因于能力和努力等内部因素时，会产生骄傲、自豪感，增强自信心和动机水平。将成功归因于任务容易、运气好、别人帮助等外部原因时，则满意感较少。当个体将失败归因于能力弱、不努力等内部原因时，会产生愧疚感；将失败归因于任务太难、运气不好或教师评分不公正等外部原因时，则较少产生愧疚感。归因于努力相比于归因于能力，无论成败都会引发更强烈的情绪体验。努力而成功体验到愉快，不努力而失败体验到羞愧，努力而失败也应受到鼓励。

3. 贺拉斯·曼将师范教育视为提高公立学校教育质量的重要手段。

【答案要点】

该观点正确。

贺拉斯·曼是美国著名的教育实践家，在推动美国公立学校发展上做出了重要贡献，被称为"美国公立学校之父"。贺拉斯·曼将师范教育视为提高公立学校的重要手段；倡议创设师范学校来培养教师；要求在师范学校开设公立学校所开设的全部科目。此外，未来的教师还要学习各科教学法、心理学、哲学、人体生理学、卫生学等科目。

五、分析论述题

1. 论述新课程理念指导下有效教学设计如何体现新思维。

【答案要点】

（1）从新一轮基础教育课程改革的具体目标入手，共有六个方面：

①转变课程功能。改变课程过于注重知识传授的倾向，强调让学生形成积极主动的学习态度，使学生获得基础知识与基本技能的过程同时成为学会学习和形成正确价值观的过程。

②优化课程结构。改变课程结构过于强调学科本位、科目过多和缺乏整合的现状，整体设置九年一贯的课程门类和课时比例，体现课程结构的均衡性、综合性和选择性。

③更新课程内容。改变课程内容"繁、难、偏、旧"和过于注重书本知识的现状，加强课程内容与学生生活以及现代社会和科技发展的联系，关注学生的学习兴趣和经验，精选终身学习必备的

基础知识和技能。

④转变学习方式。改变课程实施过于强调接受学习、死记硬背、机械训练的现状，倡导学生主动参与、乐于探究、勤于动手，培养学生搜集处理信息的能力、获取新知识的能力、分析和解决问题的能力以及交流与合作的能力。

⑤改革课程评价。改变课程评价过分强调甄别与选拔的功能，发挥评价促进学生发展、教师提高和改进教学实践的功能。

⑥深化课程管理体系改革。改变课程管理过于集中的状况，实行国家、地方、学校三级课程管理，增强课程对地方、学校及学生的适应性。

（2）从教学组织形式的改革来看，可促进班级授课制的改革以及采用协作教学和虚拟教学等教学组织形式。

班级授课制的改革可从以下几个方面着手：第一，根据学生年龄、学科性质等不同情况，对每节课的时间长度，做有弹性的不同规定；第二，加强班级教学中的小组与个别指导活动；第三，提高学生在教学活动中的主体地位与作用；第四，注重到特定的实验室、作业室里上课，或在现场教学；第五，将班级上课、分组学习、个别辅导恰当地结合起来；第六，防止班的人数超限，逐步实现小班教学；第七，允许成绩优异或有特长的学生跳级、选班或选课等。

协作教学也称"协同教学"或小队教学。其基本做法是：由若干名教师组成的教学小队，共同负责一个班或几个平行班的教学工作，共同制订教学计划，并根据各人所长，分工合作，完成教学任务并评价教学效果。

虚拟教学指利用虚拟现实技术，构建一个虚拟学习环境，再现知识赖以产生的客观事实，讲授知识要点，进行理论概括，引导学习者充分利用自己的视觉、听觉等感官接受信息，激发学习者的学习兴趣和创新意识，引导学习者发挥自己的想象力，开展创新思维活动的一种教学方法，是一种双向交互的教学形式。

（3）从教育评价的改革入手，教育评价的改革有以下几个方面：

①树立科学成才观念。坚持以德为先、能力为重、全面发展，坚持面向人人、因材施教、知行合一。在实施路径上，提出创新德智体美劳过程性评价办法，完善综合素质评价体系，切实引导学生坚定理想信念、厚植爱国主义情怀、加强品德修养、增长知识见识、培养奋斗精神、增强综合素质。

②完善德育评价。在目标引领上，提出根据学生不同阶段身心特点，科学设计各级各类教育德育目标要求，引导学生养成良好思想道德、心理素质和行为习惯，传承红色基因，增强"四个自信"，立志听党话、跟党走，立志扎根人民、奉献国家。在评价方式上，提出通过信息化等手段，探索学生、家长、教师以及社区等参与评价的有效方式，客观记录学生品行日常表现和突出表现，特别是践行社会主义核心价值观情况，将其作为学生综合素质评价的重要内容。

③强化体育评价。在总体要求上，提出建立日常参与、体质监测和专项运动技能测试相结合的考查机制，将达到国家学生体质健康标准要求作为教育教学考核的重要内容。同时，分学段提出具体要求，中小学要客观记录学生日常体育参与情况和体质健康监测结果并定期向家长反馈；改进中考体育测试内容、方式和计分办法；探索在高等教育所有阶段开设体育课程。

④改进美育评价。对中小学，提出把中小学生学习音乐、美术、书法等艺术类课程以及参与学校组织的艺术实践活动情况纳入学业要求；探索将艺术类科目纳入中考改革试点。对高校，提出推动高校将公共艺术课程与艺术实践纳入人才培养方案，实行学分制管理。

⑤加强劳动教育评价。一是实施大中小学劳动教育指导纲要，明确不同学段、不同年级劳动教育的目标要求，引导学生崇尚劳动、尊重劳动。二是探索建立劳动清单制度，明确学生参加劳动的具体内容和要求，让学生在实践中养成劳动习惯，学会劳动、学会勤俭。三是加强过程性评价，将

参与劳动教育课程学习和实践情况纳入学生综合素质档案。

2. 如何提高学生的问题解决能力。

【答案要点】

培养学生的问题解决能力措施有：

（1）鼓励质疑。教师要尽量从自己提出问题过渡到让学生质疑，从而培养学生主动质疑的内在动机，鼓励学生主动提问，形成一种自由探究的气氛。

（2）设置难度适当的问题。教师给学生的问题要可解，但也要有一定的难度。

（3）帮助学生正确表征问题。学生运用所学知识解释问题，或者画草图、列表、写方程式等，这对回忆相关信息都有很好的作用。

（4）帮助学生养成分析问题的习惯。教师要帮助学生发展系统考虑问题的方式和系统分析的习惯，既不能让学生盲目尝试错误练习，也不能过分热心，先把答案告诉学生。

（5）辅导学生从记忆中提取信息。教师需要帮助学生从记忆中迅速提取与解决问题有关的信息，并能很快找出可利用的信息，明确问题解决情境与想要达到的目的，迅速做出判断。

（6）训练学生陈述自己的假设及其步骤。教师要培养学生由跟从别人的言语指导转变到自行指导思考，然后再要求他们自己用言语把指导步骤表达出来。

（7）提供结构不良问题，培养实际解决问题的能力。通过对这些问题的解决，能让学生将解决问题的能力迁移到实际领域中去。

2021年 南京师范大学 333 教育综合·真题解析

一、选择题

1~5 DCBDB　6~10 DBACB

二、名词解释

教师专业发展

教师专业发展，又称教师专业成长，是指教师在整个专业生涯中，依托专业组织、专门的培养制度和管理制度，通过持续的专业教育，习得教育教学专业技能，形成专业理想、专业道德和专业能力，从而实现专业自主的过程。它包括教师群体的专业发展和教师个体的专业发展。

教育制度

教育制度是指一个国家各级各类实施教育的机构体系及其组织运行的规则。它包括相互联系的两个方面：一是各级各类教育机构与组织；二是教育机构与组织赖以存在和运行的规则，如各种相关的教育法律、规则、条例等。

鸿都门学

鸿都门学创办于东汉灵帝时期，因校址位于洛阳的鸿都门而得名。鸿都门学在性质上属于一种研究文学艺术的专门学校，规模曾发展到千人以上。鸿都门学的创办是统治集团内部各派政治力量的较量在教育上的反映，同时也与汉灵帝的个人爱好有密切关系。

导生制

导生制又称贝尔－兰开斯特制，其具体实施是：教师在学生中选择一些年龄较大、学习成绩较好的学生充任导生，教师先对导生进行教学，然后由他们去教其他学生。通过这种教学方式，学生的数额得以大大增加，也在一定程度上缓解了教师奇缺的压力，因而一度广受欢迎，但因其难以保证教育质量而最终被人们所抛弃。

三、辨析题

1. 人的全面发展与个性发展是相对立关系。

【答案要点】

该观点不正确。

人的全面发展与个性发展是辩证统一的关系，而非对立的关系。

人的全面发展是指在人的劳动能力全面发展的基础上包括人的社会关系、体力、智力、道德精神面貌、意志、情感、个性及审美意识和实践能力等各方面的和谐统一发展。人的全面发展过程是人不断走向自由和解放的过程，是人类历史追求的真正目的。

个性发展是指德、智、美等素质在受教育者个体上的特殊组合，不可一律化，也就是全面发展的个性。因此二者的关系是辩证统一的，全面发展在于形成人的自由个性，个性发展是全面发展的内容之一。

2. 定势会阻碍问题的解决。

【答案要点】

该观点不正确。

定势是指人在解决一些相似的问题之后会出现一种易以惯用的方式解决问题的倾向。当问题情境不变时，思维定势对问题的解决有积极作用，有利于问题的解决；当问题情境发生了变化，思维定势对问题解决有消极影响，阻碍主体用新方法解决问题，不利于问题的解决。

3. 卢梭把人的认识过程分为判断和接纳两个阶段。

【答案要点】

该观点正确。

卢梭把人的认识过程分为感觉和判断两个阶段，认为人的智力无非就是比较和判断的能力。人的感觉能力无可争辩地先于智力的发展，人们先有感觉而后有观念。有感性的理解做基础，理智的理解才得以形成。人本身具有学习能力，学生可以认识事物，接纳事物的特点，与其他人和物相互联系，最终能够获得知识与道德。

四、简答题

1. 简述生产力发展对教育的影响。

【答案要点】

（1）生产力的发展制约教育事业发展的规模和速度。物质资料的生产是社会存在与发展的基础。教育事业发展的规模和速度，归根结底是由生产力发展的水平和状况决定的，一定的教育必须与一定的生产力发展相适应，这是学校教育发展必须遵循的规律。

（2）生产力的发展水平制约人才的培养规格和教育结构。不同的生产力发展水平，对教育所培养的人提出了不同层次的要求。生产力的发展与分工，也必然引起教育结构的变化。因此学校教育结构必须反映经济的技术结构和产业结构的发展变革。这样教育为生产培养的人才在总量、类型和质量上才能满足生产力发展的需求。

（3）生产力的发展制约教学内容、教学方法和教学组织形式的发展和改革。生产力的发展推动了科学技术的发展，也必然促进教学内容的发展与更新。教学方法和教学组织形式的变革也是一样，如班级教学组织形式的产生与改进、多媒体教学等现代方法的运用，都是与生产力的发展和科学技术的运用紧密相关的。

2. 简述当前世界范围内学校教育制度改革的趋势。

【答案要点】

（1）进一步完善终身教育体系。终身教育是当今各国教育改革的共同指导思想，建立终身教育体系则是各国学制改革的共同目标。

（2）义务教育的范围逐渐扩展，年限不断延长。随着知识社会的到来，大多数国家的义务教育范围有进一步扩展的趋势，主要表现在义务教育的一端在逐渐向幼儿教育方向扩展，而另一端则向初中后教育阶段延伸。

（3）普通教育和职业教育向着综合统一的方向发展。促进普通教育和职业技术教育的结合，是当前各国学制改革的一个重要方面。所采取的措施有在普通学校中加强职业技术教育或在职业技术教育中加强普通教育。

（4）高等教育大众化、普及化。目前，日本、美国等发达国家的高等教育已经达到大众化，正在向着普及化发展，大多发展中国家正在为高等教育的大众化而努力。主要表现在两个方面：第一，高等教育机构的日益多样化；第二，高等教育机构中学生的成分发生了变化，成人大学生所占比重增加。

3. 简述杜威教学法的主要内容。

【答案要点】

杜威反对以教师、教科书、教室为中心的传统教学方法而提出"从做中学"，这是一种通过主动作业、在经验的情境中思维的方法，从而达到经验与思维的统一、思维与教学的统一、课程与作业的统一、教材与教法的统一。

（1）反省思维。杜威所力倡的反省思维是指对某个经验情境中的问题进行反复的、严肃的、持续不断的思考，其功能在于求得一个新情境，把困难解决、疑虑排除、问题解答。

（2）五步教学法。杜威根据科学的实验主义探究方法和反省思维方式，提出了五步教学法，五个阶段的顺序并不固定，实际思维中，有时两个阶段可以合二为一。

①创设疑难的情境。学生要有一个真实的经验的情境，要有一个对活动本身感兴趣的连续的活动。

②确定疑难所在。在这个情境内部产生一个真实的问题，作为思维的刺激物。

③提出问题的种种假设。他要占有知识资料，从事必要的观察，对付这个问题。

④推断哪种假设能解决这个困难。他必须有条不紊地展开他所想出的解决问题的方法。

⑤验证这种假设。他要有机会和需要通过应用检验他的观念，使这个观念意义明确，并且让他自己发现它们是否有效。

杜威这种教学方法重视科学探究思维，重视解决实际问题的行动能力，与主智主义的传统教育理论有本质区别。但该方法过于注重活动，忽视了系统知识的传授，窄化了认知的途径，泛化了问题意识，在实践中也存在诸多影响教育质量的问题。

4. 简述黄炎培的职业教育办学方针。

【答案要点】

黄炎培在数十年的实践中，形成了社会化、科学化的职业教育办学方针。

（1）社会化。黄炎培将社会化视为"职业教育机关唯一的生命"。他认为，办理职业教育，必须注意时代发展趋势与应行的途径，社会需要哪种人才，就办哪种学校。强调职业教育必须适应社会需要。

（2）科学化。科学化是黄炎培办职业教育所坚持的另一条方针。科学化是指用科学来解决职业教育问题。开展职业教育需要的工作包括物质方面和人事方面，这两方面的工作都需要遵循科学原则。

五、分析论述题

1. "教师即研究者"最早是由英国课程专家斯腾豪斯明确提出，这个理念受"专业人员及研究者"的启示，其基本假设是教师有能力对自己的教育实践进行反思、探究与改进，由教师来研究和改进自己的教育实践是教育改革最直接有效的方式。结合这一理念，详细论述我国中小学教师成为研究者、开展教育研究的意义。

【答案要点】

教育研究是以发现或发展科学知识体系为导向，通过对教育现象的解释、预测和控制，以促进一般化原理、原则的发展。其宗旨是解决一定的教育科学问题。教师即研究者是指教师对学校和课堂工作进行的一种系统的、有目的的探究，是教师与研究者、教学与研究的统一。

教师成为研究者的意义在于：

（1）教师的教育研究有利于解决教育教学实际问题。教育研究不仅能增进教师对有效教学的认识，扩展教师对新思想、新方法的运用，引发他们对教育教学信念的追求，而且更能增进教师对学生学习需求的关注和了解，更有效地促进和指导学生的学习与成长。

（2）教师的教育研究可以使课程、教学与教师真正融为一体。没有教师自主的专业研究，就没有过程模式的课程，也就没有自上而下的课程改革。教师必须将新课程所蕴涵的教育理念与知识本质付诸实际行动，才能使课程变为实际。

（3）教师的教育研究也是教育科学发展的需要。教师的教育研究是教育科学发展不可或缺的重要力量。教师不仅是教育实践的主体，而且也应当成为教育研究的主体。教师基于实践情境、实践问题和实践智慧而开展的教育教学研究，是对理论性研究的重要补充，是推动教育科学繁荣和发展的重要资源与力量。

（4）教师的教育研究可以促进教师持续的专业成长与发展。教师的教育研究可以使教师真正成为有思想、有能力、有智性、有悟性的教育实践主体。通过教育教学研究，教师才能不断地找到专业发展的新基点。

2. 结合教学实际，分析专家教师与新手教师在课堂教学过程上的差异。

【答案要点】

专家型教师和新教师在课时计划、课堂教学过程和课后教学评价三个方面都存在差异。

（1）课时计划的差异。

对教师课时计划的分析表明，与新教师相比，专家教师的课时计划简洁、灵活、以学生为中心并具有预见性。

（2）课堂教学过程的差异。

①课堂规则的制定与执行。专家教师制定的课堂规则明确，并能坚持执行，而新教师的课堂规则较为含糊，不能坚持执行下去。

②吸引学生注意力。专家教师有一套完善的维持学生注意的方法，新教师则相对缺乏这些方法。

③教材的呈现。专家教师在教学时注重回顾先前知识，并能根据教学内容选择适当的教学方法，新教师则不能。

④课堂练习。专家教师将练习看作检查学生学习的手段，新教师仅仅把它当作必经的步骤。

⑤家庭作业的检查。专家教师具有一套检查学生家庭作业的规范化、自动化的常规程序。

⑥教学策略的运用。专家教师具有丰富的教学策略，并能灵活应用。新教师或者缺乏或者不会运用教学策略。

（3）课后教学评价的差异。

在课后评价时，专家教师和新教师关注的焦点不同。研究发现，新教师的课后评价要比专家教师更多地关注课堂中发生的细节。而专家教师则多谈论学生对新材料的理解情况和他认为课堂中值得注意的活动，很少谈论课堂管理问题和自己的教学是否成功。

2020年 南京师范大学333教育综合·真题解析

一、选择题

1~5 BCBCA 6~10 BBDCA

二、名词解释

终身教育

终身教育是人一生各阶段当中所受各种教育的总和，也是人所受的不同类型教育的综合。前者从纵向上讲，说明终身教育不仅仅是青少年的教育，而且涵盖了人的一生；后者从横向上讲，说明终身教育既包括正规教育，也包括非正规教育和非正式教育。

生活即教育

"生活即教育"是陶行知生活教育理论的核心。其内涵包括：生活含有教育的意义；实际生活是教育的中心；生活决定教育，教育改造生活。"生活即教育"所强调的是教育以生活为中心，所反对的是传统教育脱离生活而以书本为中心。

《儿童的世纪》

瑞典作家爱伦·凯的著作《儿童的世纪》被视为新教育的经典作品。她在《儿童的世纪》中预言"20世纪将成为儿童的世纪"，强调教育者应了解儿童，保护儿童纯真天真的个性。这本书被译成多种文字出版，在推动20世纪欧美的教育改革中发挥了重要作用。

人本主义学习理论

人本主义强调把人作为一个整体来研究，而不是将人的心理分解为不能整合的几个部分；人本主义心理学的学习理论从全人教育的视角阐释了学习者整个人的成长历程，重视如何为学习者创造一个良好的环境，让其从自己的角度感知世界，发展出对世界的理解，达到自我实现的最高境界。

三、辨析题

1. 学生在教学过程中既是认识的客体，又是认识的主体。

【答案要点】

该观点正确。

教学过程是教师根据教学目的、任务和学生身心发展的特点，通过指导学生有目的、有计划地掌握系统的文化科学知识和基本技能，发展学生智力和体力，使学生形成科学的世界观及培养道德品质、发展个性的过程。

在教学活动中，教师引导学生学习知识、开展交往、认识与作用世界，进行多方面的演练与实践，以促进学生的身心发展，以追寻与实现使他们成人、成才的价值增值目标。从这方面看，学生是认识的客体。学生是有能动性的人，是学习主体与发展主体。学生的学习主动性、积极性发挥得怎样，直接影响并最终决定着学生个人的学习质量、成效和身心发展的方向与水平。从这方面看，学生又是认识的主体。

因此，学生在教学过程中既是认识的客体，又是认识的主体。

2. 骑士教育是一种特殊形式的家庭教育。

【答案要点】

该观点正确。

骑士教育是西欧中世纪封建社会一种特殊的世俗教育形式，是封建等级制度的产物。骑士教育是一种特殊形式的家庭教育，以培养当时封建制度中骑士阶层的成员为目的。骑士教育三阶段的内容如下：

（1）家庭教育阶段（0~7、8岁）。儿童在家庭中接受母亲的教育，主要内容是宗教知识、道德教育和身体的养护与锻炼。

（2）礼文教育阶段（7、8~14岁）。贵族之家按其等级将儿子送入高一级贵族的家中充当侍童，侍奉主人和贵妇，并通过日常相处学习上流社会的礼节和行为规范。

（3）侍从教育阶段（14~21岁）。该阶段重点是学习"骑士七技"，同时要侍奉领主和贵妇。年满21岁时要通过受职典礼，正式获得骑士称号。

3. 公学是英国的一种公立学校。

【答案要点】

该观点不正确。

公学是一种私立教学机构。相对于私人延聘家庭教师的教学而言，这种学校由公众团体集资兴办，其教学目的是培养一般公职人员，其学生是在公开场所接受教育。它较之一般的文法学校师资及设施条件好、收费更高，是典型的贵族学校。

因此，公学是英国的贵族学校而非公立学校。

四、简答题

1. 简述培养良好师生关系的基本策略。

【答案要点】

良好师生关系的构建就是师生关系建立、调整和优化的过程。教师在师生关系建立与发展中占有重要地位，起着主导作用。要建立民主、和谐亲密、充满活力的师生关系，对教师来说，有以下几种策略：

（1）了解和研究学生。包括了解学生个体的思想意识、道德品质、兴趣、需要、知识水平、学习态度和方法、个性特点、身体状况和班集体的特点及其形成原因。

（2）树立正确的学生观。学生观就是教师对学生的基本看法，它影响着教师对学生的认识及其态度与行为，进而影响学生的发展。正确的学生观来自教师对学生的观察和了解，来自教师向学生的学习和对自我的反思。

（3）热爱、尊重学生，公平对待学生。热爱学生包括热爱所有学生，对学生充满爱心，经常走到学生之中，忌讳挖苦、讽刺、粗暴对待学生。尊重学生特别要尊重学生的人格，保护学生的自尊心，维护学生的合法权益，避免师生对立。教师处理问题必须公正无私，使学生心悦诚服。

（4）主动与学生沟通，善于与学生交往。要求教师掌握沟通与交往的主动性，经常与学生保持接触、交心；同时教师还要掌握与学生交往的策略和技巧，如寻找共同的兴趣或话题、一起参加活动等。

（5）努力提高自我修养，健全人格。教师要使师生关系和谐，就必须通过自己崇高的理想，科学的世界观、人生观，渊博的知识，严谨的治学态度，活泼开朗的性格，多方面的爱好与兴趣等来吸引学生。

2. 简述影响课程改革的主要因素。

【答案要点】

影响课程改革的主要因素有以下几点：

（1）政治因素。政治因素对课程变革的影响是多层面的、深刻的，而且课程变革也不可能脱离社会政治因素的影响。

（2）经济因素。经济因素对学校课程变革有着直接的推动作用。

（3）文化因素。文化通过教育的传递、传播和创造，而得以保存和发展。课程是社会文化的缩影，需要通过教育机制的筛选才能进入学校课程。

（4）科技革新。当代新技术革命，对学校的课程变革起着直接的推动作用。

（5）学生发展。学校课程变革要充分考虑到学生的发展状态和心理特征，根据学生智力、能力的水平、倾向及其潜力来选择和组织相应的课程内容。

3. 简述1922年"新学制"中对中等教育的改革举措。

【答案要点】

1922年"新学制"中的中等教育改革内容为：

中学教育为六年，分初、高中两级，各三年。初级中学为普通教育，可以单独设立。高级中学实行分科制，设普通科、农、工、商、师范、家事等科，普通科又可以分为文科和理科，主要目标是升学。新学制倡导综合中学模式，以方便学生根据个性和家庭情况选择升学或职业预备。

中等教育阶段是改制的核心，是新学制中的精粹。第一，延长了中学年限，改善了中学与大学的衔接关系；第二，中学分成初、高中两级，给了地方办学伸缩的余地，也增加了学生选择的余地；第三，中学开始实行选科制和分科制，使学生有较大发展余地，适应了不同学生的发展需要。

4. 简述文艺复兴时期人文主义教育实践的基本特征。

【答案要点】

（1）人本主义。人文主义教育在培养目标上注重个性发展，在教育教学方法上反对禁欲主义，尊重儿童天性，坚信通过教育这种后天的力量可以重塑个人、改造社会和自然，这些都表现出人本主义内涵，人的力量、人的价值被充分肯定。

（2）古典主义。人文主义教育思想吸收了许多古人的见解，人文主义教育实践尤其是课程设置亦具有古典性质，但这种古典主义绝非纯粹的"复古"，实则含有古为今用、托古改制的内涵，这在当时是进步的。

（3）世俗性。不论从教育目的还是从课程设置等方面看，人文主义教育洋溢着浓厚的世俗精神，教育更关注今生而非来世，这是人文主义教育与中世纪教育的根本区别。

（4）宗教性。人文主义教育仍具有宗教性，几乎所有的人文主义教育家都信仰上帝，他们虽然抨击天主教会的弊端，但不反对宗教更不打算消灭宗教，他们希冀以世俗和人文精神改造中世纪陈腐专横的宗教性，以造就一种更富世俗色彩和人性色彩的宗教性。

（5）贵族性。这是由文艺复兴运动的性质所决定的。人文主义教育的对象主要是上层子弟，教育的形式多为宫廷教育和家庭教育而非大众教育，教育的目的主要是培养上层人物如君主、侍臣、绅士等。

综上可见，人文主义教育具有两重性，进步性与落后性并存，尽管它有不足之处，但它涤荡了中世纪教育的阴霾，展露出新时代教育的灿烂曙光，开了欧洲近代教育之先河。

五、分析论述题

1. 论述在教学过程中应当处理好的几对关系。

【答案要点】

（1）间接经验与直接经验的关系。

①学生认识的主要任务是学习间接经验。儿童认识始于直接经验，并通过直接经验，不断扩大对世界的认识。但个人的活动范围是狭小的，无论个人如何努力，仅仅依靠直接经验来认识世界越来越不可能。学生要适应高度发展的文明社会，便必须以学习间接经验为主，便捷地掌握人类积累起来的基本科学文化知识。

②学习间接经验必须以学生个人的直接经验为基础。学生要把书本知识转化为自己能理解的知识，就必须依靠个人已有的或现时获得的感性经验为基础。教学中要注重联系生活与实际，利用学生已有经验，并补充学生学习新知识所必须有的感性认识，以便学生能顺利地理解书本知识并运用所学知识于实际，获得比较完全的知识。

③防止只重书本知识传授或直接经验积累的偏向。只重书本知识的传授或只重直接经验的积累都违反了教学的规律，割裂了间接经验与直接经验的内在联系，影响了教学质量的提高。

（2）掌握知识与发展智力的关系。

①智力的发展与知识的掌握二者相互依存，相互促进。在教学过程中，学生智力的发展依赖于他们知识的掌握，对学生来说，掌握、运用知识及其反思、改进的过程，也就是他们运用和发展智力的过程；同时，学生对知识的掌握又依赖于他们的智力发展，只有那些智力发展好的学生，他们的接受能力才强、学习效率才高，而智力发展较差的学生在学习中则有较多的困难。

②生动活泼地理解和创造性地运用知识才能有效地发展智力。通过传授知识发展学生智力是教学的一个重要任务，然而知识不等于智力，一个学生知识的多少并不一定能标志他的智力发展的高低。因此，在教学中不仅要教给学生知识，而且要引导学生通过生动活泼的教学活动，透彻地理解知识原理，了解获取知识的过程与方法，学会独立思考、推理与论证，创造性地解决实际问题，这样才能使学生的智力获得高水平的发展。

③防止单纯抓知识教学或只重能力发展的片面性。在教学实践中，有的认为"双基"教学抓好了，学生的智力就自然地发展了，却忽视引导学生通过探究、反思有意识地锻炼自己的智力；有的则只注重学生自主探究、反思，却忽视通过系统知识和原理的学习与运用来发展智力。这两者都不利于提高教学质量。

（3）掌握知识与进行教育的关系。

①进行教育性教学是现代教学的重要特性。教育性教学主要通过引导学生掌握知识及其蕴含的丰富而深刻的社会意义来实现，包括：透彻地理解教学内容并感悟与认同其社会意义；受到教材中伟人、哲学家、科学家的坚定信仰、高尚情操等的熏陶；通过获取真知的艰难困苦过程的磨炼、反思、体悟与提高等，来培养学生的良好的思想品德修养与学风；通过各种规范、传统和教师的榜样与严格要求对学生进行教育；还要通过严格组织、有序运转的班级教学活动，对学生进行现代生活方式的训练及文明行为习惯的养成。

②只有使所学知识引发了学生情感、态度的积极变化,才能让他们的思想真正得到提高。要使教学中传授的知识能给学生以深刻的影响,不仅要使学生深刻领悟知识,而且要让他们感受到它的巨大意义或深远影响,引起他们思想情感深处的共鸣、惊讶、敬慕或愧疚、悔恨,形成强烈的爱憎感、荣辱感,在态度和价值追求上发生积极的变化,这样才能推动学生由开始是自我强迫的,然后逐渐转变为自觉的、坚持不懈的自我要求、自我教育与提高。

③防止单纯传授知识或脱离知识教学的思想教育的偏向。在教学中要防止两种偏向。一种是单纯传授知识、忽视思想教育的偏向。另一种是脱离知识教学,另搞一套思想教育的偏向。这种做法必然画蛇添足,牵强附会,不仅不利于学生思想的提高,而且有害于系统的文化科学知识教学。

(4)智力活动与非智力活动的关系。

①教学活动既要注重引导学生进行智力活动,也要重视调节学生的非智力活动。学生的智力活动,主要指为认知事物、掌握知识而进行的感知、观察、思维等心理因素的活动,它是进行学习、认识世界的工具。学生的非智力活动,主要指在认知事物、掌握知识过程中诱发的好奇、欲求、情趣等心理因素的活动,它是学生进行学习、研究与实践的内在动力。在教学过程中,学生的智力活动与非智力活动同在,各有特点与功能,二者相互依存,相互作用。只有正确地发挥其整体功能,才能提高学生的学习效能和教学的质量。

②按教学需要调节学生的非智力活动,才能有成效地进行智力活动。在教学中,调节非智力活动需要注重两个方面。一方面,要改进教学本身,使教学的内容和过程都富有知识性、趣味性、启发性、吸引力,以便激发、保持学生的求知欲和学习兴趣,使他们能够生气勃勃地主动学习。另一方面,要提高学生的自我教育能力,让他们能够逐步按教学要求自觉加强学习的注意力、毅力、责任感等,以提高学习效率。

(5)教师主导作用与学生主动性的关系。

①发挥教师的主导作用是学生简捷有效地学习知识、发展身心的必要条件。在教学过程中,教师的教一般是矛盾的主导方面。教师主导作用是针对能否引导学生积极学习与上进而言的。因而学生的主动性、反思性、创造性发挥得怎样,学习的效果怎样,又是衡量教师主导作用发挥得好坏的根本标志。教学中一切不民主的强迫灌输和独断专横的做法,都有悖于教师的主导作用。

②尊重学生、调动学生的学习主动性是教师有效地教学的一个主要因素。学生是有能动性的人,他们不只是教学的对象,而且是学习主体与发展主体。学生的学习主动性、积极性发挥得怎样,直接影响并最终决定着学生个人的学习质量、成效和身心发展的方向与水平。

③防止忽视学生积极性和忽视教师主导作用的偏向。过于突出教师或者过于强调学生在教学中的主体地位与作用都是片面的。最可靠的措施是普遍提高教师的修养和水平,加强对学生的了解、沟通,提高教师的责任感与创造性,这样才能实现师生之间民主平等、尊师爱生、教学相长的互动与合作,使师、生两方面主动性都能得到弘扬,在教学互动的过程中达到动态的平衡和相得益彰。

2. 试述建构主义理论的基本观点并做出评价。

【答案要点】

(1)建构主义的知识观。建构主义者质疑知识的客观性和确定性,强调知识的动态性。具体体现在以下几方面:

①知识的动态性。知识不是对现实的准确表征,只是一种解释、一种假设,不是问题的最终答案。它会随着人类的进步而不断地被"革命",并随之出现新的假设。

②知识的情境性。知识并不能精确地概括世界的法则,不能拿来便用,而是需要针对具体情境进行再创造。

③知识学习的主动建构性。知识不可能以实体的形式存在于具体个体之外,学习者对于命题的

理解只能由个体基于自己的经验背景而建构起来，取决于特定情境下的学习历程。

（2）建构主义的学生观。建构主义认为，学生并不是被动接受教师传授的知识，而总是以自己的经验背景或自己的经验来建构对事物的理解。具体表现在以下几方面：

①建构主义者完全否定心灵白板说，强调学生经验世界的丰富性和差异性。

②学生并不是空着脑袋走进教室的，当问题呈现时，他们基于相关的经验，依靠推理和判断能力，形成对问题的某种解释。

③教学不能无视学生的先前经验，要把儿童现有的知识经验作为新知识的生长点，引导儿童从原有的知识经验中"生长"出新的知识经验。

④教学要增进学生之间的合作，使他看到那些与他不同的观点，促进学习的进行。

（3）建构主义的学习观。建构主义认为，学习是学习者主动地赋予信息以意义，建构自己的知识经验的过程，具有三个重要特征：

①主动建构性。面对新信息、新概念、新现象或新问题，学习者需要主动激活头脑中的先前知识经验，通过高层次思维活动，对各种信息和观念进行加工转换，对新旧知识进行综合和概括，解释有关现象，形成新的假设和推论。

②社会互动性。学习是通过对某种社会文化的参与，内化相关知识和技能，掌握有关工具的过程，这一过程常常需要通过一个学习共同体的合作互动来完成。

③情境性。建构主义者提出，知识存在于具体的、情境性的、可感知的活动中，它不是一套独立于情境的知识符号，不可能脱离活动情境而抽象地存在，它只有通过实际情境中的应用活动才能真正被人理解。

（4）建构主义的教学观。教学不再是传递客观而确定的现成知识，而是激活学生原有的相关知识经验，促进知识经验的"生长"；促进学生的知识建构活动，以实现知识经验的重新组织、转换和改造，以此来培养学生的求知欲和探究能力。教学要为学生创设理想的学习情境，激发学生的推理、分析、鉴别等高级的思维活动，同时给学生提供丰富的信息资源、处理信息的工具以及适当的帮助和支持，促进他们自身建构意义以及解决问题的活动。

建构主义学习理论，拓展了学习研究的领域；深化了关于知识、学习的本质性认识；推动了认知科学、教育信息技术的发展；提供了多种具有启示意义的教学模式与学习方式，促进了教学改革与学习革命；建构主义学习理论正在改变学习的五大主题。

2019年 南京师范大学 333 教育综合·真题解析

一、选择题

1~5 BCCDA　6~10 CACCB

二、名词解释

班级授课制

班级授课制是一种集体教学形式。它把一定数量的学生按年龄与知识程度编成固定的班级，根据周课表和作息时间表，安排教师有计划地给全班学生上课，分别学习所设置的各门课程。

稷下学宫

稷下学宫是战国时代齐国一所著名的高等学府，因其建立于齐国都城临淄的稷门附近而得名。它既是百家争鸣的中心与缩影，也是当时教育上的重要创造。稷下学宫对中国古代学术、文化和教育的发展产生过重大的历史影响。

福建船政学堂

福建船政学堂又称"求是堂艺局"或"福州船政学堂"，是福建船政局的组成部分。福建船政局由左宗棠于1866年创办，是近代中国第一个、也是洋务运动时期最大的专门制造近代轮船的工厂。

遗忘原因的同化说

遗忘同化学说也称知识同化说，奥苏伯尔认为遗忘是知识的组织和认知结构简化的过程。在有意义学习中，新旧知识之间通过相互作用建立起非人为的、实质性的联系，新知识同化到原有的认知结构中，人们长时记忆中储存的是经过转换了的较为一般性的观念结构，遗忘的是一些被较为高级的观念所替代的低一级的观念，从而减轻了记忆的负担。

三、辨析题

1. "教师专业化"就是通过专业化提高教师的社会地位。

【答案要点】

该观点不正确。

教师专业发展，又称教师专业成长，是指教师在整个专业生涯中，依托专业组织、专门的培养制度和管理制度，通过持续的专业教育，习得教育教学专业技能，形成专业理想、专业道德和专业能力，从而实现专业自主的过程。它包括教师群体的专业发展和教师个体的专业发展。

2. 恩物是福禄培尔创制的一套供儿童使用的教学用品。

【答案要点】

该观点正确。

恩物是福禄培尔创制的一套供儿童使用的教学用品，其教育价值就在于它是帮助儿童认识自然及其内在规律的重要工具。恩物作为自然的象征，能帮助儿童由易到难、由简及繁、循序渐进地认识自然，发展儿童的想象力和创造力。

3. 昆体良认为教学是一种双边活动。

【答案要点】

该观点正确。

昆体良认为，教学是一种双边活动。"教师的职责是教，学生的职责是证明他们是可教的。否则，这种职责如果缺少一个方面，另一方面就是无用的。如果没有传递者和接受者之间协调一致的合作，雄辩术是不能达到完满成熟的境界的。"

四、简答题

1. 在中小学教学过程中，选择和运用教学方法的依据有哪些？

【答案要点】

教学方法是将知识的教育价值转化为学生精神财富的手段。教学方法的选择与设计取决于面临的教学任务、学科知识的特点与学生的经验基础。

现代教学提倡以系统的观点为指导来选用教学方法，优化教学。主要的依据如下：

（1）学科的任务、内容和教学法特点，课题或单元与课时的教学目的和任务。

（2）教学过程、教学原则和班级上课的特点。
（3）学生的情趣、水平、智能的发展与个别差异、独立思考能力、学习态度、学风与习惯。
（4）教师的思想与业务水平、实际经验与能力、教学的习惯与特长。
（5）学生参与教学过程中的答问、讨论、作业、评析的积极性与水平。
（6）师与生双边活动的配合、互动的状况与质量。
（7）班、组活动与个人活动结合的状况，课堂教学、课外作业与课外活动结合的状况与质量。
（8）学校与地方可能提供的物质与仪器设备、社会条件、自然环境等。
（9）学科、单元、课题乃至每节课所规定的课时，其他可利用的时间，如早、晚自习等。
（10）对可能取得的成效的缜密预计与意外状况出现时的应变措施。

2. 简述当代世界学校教育制度改革与发展的主要趋势。

【答案要点】

（1）进一步完善终身教育体系。终身教育是当今各国教育改革的共同指导思想，建立终身教育体系则是各国学制改革的共同目标。

（2）义务教育的范围逐渐扩展，年限不断延长。随着知识社会的到来，大多数国家的义务教育范围有进一步扩展的趋势，主要表现在义务教育的一端在逐渐向幼儿教育方向扩展，而另一端则向初中后教育阶段延伸。

（3）普通教育和职业教育向着综合统一的方向发展。促进普通教育和职业技术教育的结合，是当前各国学制改革的一个重要方面。所采取的措施有在普通学校中加强职业技术教育或在职业技术教育中加强普通教育。

（4）高等教育大众化、普及化。目前，日本、美国等发达国家的高等教育已经达到大众化，正在向着普及化发展，大多发展中国家正在为高等教育的大众化而努力。主要表现在两个方面：第一，高等教育机构的日益多样化；第二，高等教育机构中学生的成分发生了变化，成人大学生所占比重增加。

3. 简述北宋"三次兴学"的主要内容。

【答案要点】

（1）"庆历兴学"。第一次兴学运动在宋仁宗庆历四年（1044年），由范仲淹主持，史称"庆历兴学"。其主要内容为：第一，普遍设立地方学校。要求诸路府州军皆立学，并规定必须接受一定时间的学校教育，才可以应科举。第二，改革科举考试。规定科举考试先策，次论，次诗赋，罢帖经、墨义。第三，创建太学。在太学中推行著名教育家胡瑗创立的"分斋教学"制度。

（2）"熙宁兴学"。第二次兴学运动是在熙宁年间（1068—1077年），由王安石主持，史称"熙宁兴学"。其主要内容为：第一，改革太学，创立"三舍法"；第二，恢复和发展州县地方学校；第三，恢复和创设武学、律学和医学；第四，编撰《三经新义》作为统一教材。

（3）"崇宁兴学"。第三次兴学运动是蔡京在崇宁年间（1102—1106年）主持的，史称"崇宁兴学"。其主要内容为：第一，全国普遍设立地方学校；第二，建立县学、州学、太学三级相联系的学制系统；第三，新建辟雍，发展太学；第四，恢复设立医学，创立算学、书学、画学等专科学校；第五，罢科举，改由学校取士。

4. 简述杜威关于教育本质的基本主张。

【答案要点】

杜威对于"什么是教育"的问题，给出的回答是：教育即生活、学校即社会、教育即生长、教育即经验的持续不断的改造。其关于教育的本质的观点如下：

（1）教育即生活。杜威认为教育是生活的过程，学校是社会生活的一种形式，那么学校生活也是生活的一种形式。

①学校生活应与儿童自己的生活相契合，满足儿童的需要和兴趣，使校园成为儿童的乐园，使儿童在现实的学校生活中得到乐趣。

②学校生活应与学校以外的社会生活相契合，适应现代社会变化的趋势并成为推动社会发展的重要力量，校园不应是世外桃源而应积极参与社会生活。

（2）学校即社会。杜威"学校即社会"意在使学校生活成为一种经过选择的、净化的、理想的社会生活，使学校成为一个合乎儿童发展的雏形的社会。而要将此落于实处，就必须改革学校课程，从分科课程转变为活动课程。

（3）教育即生长。杜威针对当时教育无视儿童天性，消极对待儿童，不考虑儿童的需要和兴趣的现象，提出了"教育即生长"的观念。

（4）教育即经验的持续不断的改造。教育即经验的持续不断的改造是指构成人的身心的各种因素在外部环境和人的主动经验过程中统一的全面改造、发展、生长的连续过程。

五、分析论述题

1. 根据十九大报告，结合实际谈谈你对"公平而有质量的教育"的看法。

【答案要点】

公平的教育是指国家对教育资源进行配置时所依据的合理性的规范或原则。它有三层含义：第一，人人都有平等的受教育的权利和义务；第二，相对平等的受教育机会和条件；第三，教育成功机会和教育效果相对均等。

有质量的教育是指依据学生的兴趣和规律，在完成国家的教育目的的基础之上，能够促进学生身心全面和谐发展和个性发展的教育。衡量教育的质量高低主要通过教育实施，将结果与是否完成国家相应的标准对照。

目前国家面对许许多多的教育公平与质量的问题，如城乡公平缺失、地区公平缺失、阶层公平缺失、决策机制的问题等。

公平而有质量的教育的实现途径：

（1）加大教育经费的投入，确保落实4%的目标。

（2）加强教育基础设施建设。树立新型教育基础设施建设理念，借助教育信息化的力量，缩小教育差距，促进教育公平。

（3）调整教育结构，大力发展职业教育和继续教育。

（4）优化教育投入结构，向义务教育、学前教育倾斜。

（5）大力推动和促进当前的新课程改革，提高教育质量。

2. 结合当前实际，谈谈如何激发学生的学习动机。

【答案要点】

培养学生学习动机的措施有：

（1）创设问题情境，实施启发式教学。想要实施启发式教学，关键在于创设问题情境。所谓问题情境，指的是一种适度的疑难情境。在学习过程中，仅仅让学生简单地重复已经学过或者过难的东西，学生都不会感兴趣。只有在学习那些"似懂非懂""似会非会"的东西时，学生才感兴趣而且迫切希望掌握它。

（2）根据作业难度，恰当控制动机水平。教师在教学时，要根据学习任务的不同难度，恰当控制学生学习的动机水平。在学习较简单的课题时，应尽量使学生集中注意力；在学习较复杂的课题时，则应尽量创造轻松自由的课堂气氛；在学生遇到困难或出现问题，要尽量心平气和地耐心引导，以免学生过度紧张和焦虑。

（3）充分利用反馈信息，给予恰当的评定。心理学研究表明，来自学习结果的种种反馈信息，对学习效果有明显影响。一方面学习者可以根据反馈信息调整学习活动，改进学习策略；另一方面学习者为了取得更好的成绩或避免再犯错误而增加了学习动机，从而保持了学习的主动性和积极性。

（4）妥善进行奖惩，维护内部学习动机。在对学生进行评价时，奖励和惩罚对于学习动机的激发具有不同的作用。一般而言，表扬与奖励比批评与指责能更有效地激发学生的学习动机，因为前者能使学生获得成就感，增强自信心。但过多使用表扬和奖励，或者使用不当，也会产生消极作用。

（5）合理设置课堂环境，妥善处理竞争和合作。学生的学习主要是在课堂上进行的，课堂的合作与竞争环境无疑是影响学习动机的一个重要的外部因素。在教学活动中，合作与竞争都是必要的，应该强调竞争与合作的相互补充和合理运用。极端的竞争会对学生的学习行为和集体团结产生消极影响。适量与适度的竞争与合作的恰当结合，会有效激励学生的学习动机。

（6）适当进行归因训练，促使学生继续努力。在学生完成某一学习任务后，教师应指导学生进行成败归因。一方面，要引导学生找出成功或失败的真正原因，即进行正确归因；另一方面，教师也应根据每个学生过去一贯的成绩的优劣差异，从有利于今后学习的角度进行积极归因。

（7）培养自我效能感，增强学生成功的自信心。自我效能感影响学生的自我评价和自信心，进而影响学习成绩。尤其是学业不良的学生，由于对自己的学习能力持怀疑态度，表现出很低的自我效能感。因此，教师在教学中要通过一定的方法提高他们的自我效能感。

（8）维护学生自我价值，警惕自我妨碍策略。自我价值理论指出，学生有保护和表现自我价值的需要，这是个人追求成功的内在动力。教师要理解和尊重学生的这种需要，引导他们把自我价值的实现方式与正向、积极的学习行为相联系，避免学生不断从环境中体验到对自我价值的威胁感，从而采取各种自我妨碍的逃避策略。

（9）维护内在需要，促进外部动机内化。兴趣、好奇心、探索欲，是人类学习的最早动力。源于内部需要的学习动机具有更多的坚持性和抗干扰性。然而，不是每个孩子都对教育中涉及的所有内容充满好奇和兴趣。因此，教师要帮助学生将外部调控的学习动机不断内化，形成相对自主调控的学习动机。

2018年 南京师范大学 333 教育综合·真题解析

一、选择题

1~5 DBACB　6~10 CDBBD

二、名词解释

教师专业发展

教师专业发展，又称教师专业成长，是指教师在整个专业生涯中，依托专业组织、专门的培养制度和管理制度，通过持续的专业教育，习得教育教学专业技能，形成专业理想、专业道德和专业能力，从而实现专业自主的过程。它包括教师群体的专业发展和教师个体的专业发展。

京师同文馆

京师同文馆最初是作为外语学校设立的,是近代中国被动开放的产物,1902年,京师同文馆并入京师大学堂。在教学内容的设置上,重视外语学习以及科学技术的学习。就其历史地位而言,它是洋务学堂的开端,也是中国近代新教育的开端。

要素主义

要素主义教育是20世纪30年代末作为实用主义教育和进步教育的对立面出现的。要素主义教育是现代欧美国家一种强调学校教育的任务主要是传授人类文化遗产共同要素的教育思潮。

认知结构

认知结构就是编码系统,是"一组相互关联的、非具体性的类别",它是人用以感知外界的分类模式,是新信息借以加工的依据,也是人的推理活动的参照框架。

三、辨析题

1. 教育可以传承文化,但教育缺乏创造文化的功能,很难产生新文化。

【答案要点】

该观点不正确。

教育的文化功能包括:

(1)传递文化。文化教化的前提是人类对文化的创造与传递。教育起着传递文化的作用。尤其是学校教育因其具有明确的目的性、计划性等特点,一直承担着传承文化的重任。

(2)选择文化。为了有效地传承文化,必须发挥教育对文化的选择功能。教育的选择功能十分重要,体现了教育对文化发展的积极引导和自觉规范。

(3)发展文化。文化的生命不仅在于它的保存和积累,更在于它的更新与创造。随着社会的日益开放化,学校在加强国际文化交流中的作用也日益明显。教育通过广泛的文化交流,不断地吸收其他民族的文化精华,补充、更新和发展本民族的文化,也是文化发展的一种重要方式。

2. 17—18世纪,德国中等教育的主要类型是实科中学。

【答案要点】

该观点不正确。

受经济和科学技术发展的影响,德国实科教育在18世纪兴起并得到发展。这是一种既具有普通教育性质,又具有职业教育性质的新型学校。它排除课程内容的纯古典主义的倾向,注重自然科学和实科知识的学习,适应了德国资本主义经济逐渐发展起来的需要。

1832年,普鲁士率先颁布《实科中学毕业考试章程》,标志着实科中学得到政府认可。但实科中学的社会地位比文科中学低得多,学生不能升入大学,大都只能进入职业领域。所以德国中等教育的主要类型并不是实科中学。

3. 德国教育家康德提出教育性教学原则,他认为教育目的就是要让学生尽可能地获得知识和技能。

【答案要点】

该观点不正确。

教育性教学原则由赫尔巴特提出。教育性教学原则是指以教学来进行教育的原则。赫尔巴特指出,不存在"无教学的教育",也不存在"无教育的教学"。即教育是通过教学,而且只有通过教学才能真正产生实际作用,教学是道德教育的基本途径。

其措施在于首先要求教学的目的与整个教育的目的保持一致。因此教学工作的最高目的在于养成德行。为了实现这个最终目的，教学还必须为自己设立一个近期的、较为直接的目的，即"多方面的兴趣"。

四、简答题

1. 教育与教学的关系。

【答案要点】

教育是人的发展与社会发展的中介活动，其主旨在于以人为本、育人成人，培养人成为他所生存的那个时代的社会实践主体，引导人和社会的持续发展。

广义教育指凡是有目的地增进人的知识技能、影响人的思想品德、增强人的体质的活动都是教育，包括人们在家庭中、学校里、亲友间、社会上所受到的各种有目的的影响。狭义教育主要指学校教育，指一种专门组织的不断趋向规范化、制度化、体系化的教育。它是根据一定的社会现实和未来需要，遵循受教育者身心发展的规律，有目的、有计划、有组织地对受教育者身心施加影响，把他们培养成为一定社会或阶级所需要的人的活动。

教学是在一定教育目的规范下，在教师有计划的引导下，学生能动地学习、掌握系统的课程预设的科学文化基础知识，发展自身的智能与体力，养成良好的品行与美感，逐步形成全面发展的个体素质的活动。简言之，教学是在教师引导下学生能动地学习知识以获得素质发展的活动。

教育与教学，既相互联系，又相互区别，两者是整体与部分的关系。教育包括教学，教学是学校进行全面教育的一个基本途径。除教学外，学校还通过课外活动、生产劳动、社会实践等途径向学生进行教育。教学工作是学校教育工作的一个组成部分，是学校教育的中心工作。除教学工作外，学校教育工作还有德育工作、体育工作、后勤工作等其他一些工作。

2. 中华民国临时政府教育部的教育改革内容。

【答案要点】

（1）制定教育方针。民国临时政府教育部重要的任务是为新生的资产阶级共和国的教育发展规划蓝图，其中具有战略意义的是确立民国教育方针。其内容为："注重道德教育，以实利教育、军国民教育辅之，更以美感教育完成其道德。"民国教育方针包含有德、智、体、美四育因素，体现了受教育者身心和谐发展的思想。以道德教育为核心，将培养受教育者和具有共和国国民的健全人格作为首要任务。以军国民教育和实利教育引导体育和智育，寄希望于教育能在捍卫国家主权、抑制武人政治、振兴民族经济方面发挥基础作用。

（2）颁布"壬子癸丑学制"。1912年，民国教育部参照日本学制，制定和正式公布了民国学制系统的结构框架——壬子学制。随后至1913年，教育部又陆续公布了一系列教育法令法规，使得壬子学制得到充实和具体化，综合起来形成了壬子癸丑学制，又称1912—1913学制，这是中国近代第一个资产阶级性质的学制。

（3）颁布中小学校课程标准。在颁布教育法令法规的同时，教育部还颁布了各级各类学校的课程标准和课程表，更具体地对有关学校课程的设置、教学目标、授课时数都做出规定。

3. 什么是程序性知识？如何进行程序性知识的教学？

【答案要点】

程序性知识是关于"怎么做"的知识，如怎样进行推理、决策或者解决某类问题等。

程序性知识的教学策略有：

（1）课题选择与设计策略。在教学过程中，教师根据程序性知识的不同特点，为学生选择和设计学习课题来促进程序性知识的理解和获得，是教师指导作用的一个重要方面。

（2）示范与讲解策略。示范的有效性首先取决于示范者的身份，其次示范的准确性是影响操作技能学习的直接决定因素。此外，在教学过程中通过讲解，可以突出动作要领，提高学生对动作的认识水平。

（3）变式练习与比较策略。变式练习是学习以产生式表征的程序性知识的必要条件，它是指在其他教学条件不变的情况下，变化概念和规则的例证。在教学中，教师精心设计的变式练习，对于避免大量的重复练习，消除题海战术，减轻学生的学业负担，提高学生对实际问题的解决能力有重要的意义。比较是指在呈现例证或感性材料时，与正例相匹配呈现一些学生容易混淆的典型反例，以促进分化的顺利实现，并提高其准确性。

（4）练习与反馈策略。采用何种练习方式直接影响着程序性知识的学习。从练习时间安排来看，练习的方式有集中练习和分散练习；从是否把动作步骤加以分解进行练习来看，有整体练习和部分练习。此外，给学习者提供适当的反馈信息也是提高练习效果的有效方法，通过反馈学生能辨别动作的正误，知晓自己的动作是否达到要求。

（5）条件化策略。要使所学知识在需要时能迅速、顺利、准确地提取和执行，就必须使所学的知识在头脑中建立一个"触发条件"，使之随时处于良好的备用状态。教师应注意经常提醒和帮助学生进行这种将知识"条件化"的工作，即明确程序性知识的条件项。

（6）分解性策略。在程序性知识的教学中，教师还应注意将完成某类程序操作的完整过程分解为几个阶段，总结每个阶段上的最佳运算方式和可能的运算方式，同时对学生进行训练，使之掌握这些运算方式，再将它们连贯起来。

4. 西欧中世纪大学的特征与意义。

【答案要点】

中世纪大学是12世纪左右兴起的一种自治的教授和学习中心。一般由一名或数名在某一领域有声望的学者和他的追随者自行组织起来，形成类似于行会的师生团体进行教学和知识交易。最早的中世纪大学包括萨莱诺大学、波隆那大学、巴黎大学等。

中世纪大学的特点在于：

（1）教育目的。中世纪大学的基本目的是进行职业训练，培养社会所需要的专业人才。因此大学教育往往分文、法、神、医等专业学院来进行。

（2）领导体制。中世纪大学按领导体制分为两种，一种为"学生"大学，一种为"先生"大学。前者由学生主管校务，教授的选聘、学费的数额、学期的时限和授课时数等，均由学生决定；后者由教师掌管校务，学校诸事均由教师决定。

（3）课程设置。大学的课程开始并不固定，各大学甚至各教师自己规定开设的课程。13世纪以后，课程趋向统一。文学院属大学预科，一般课程6年。学生结束学习后分别进入法学院、神学院、医学院，学习有关专业课程。

（4）教学方法。中世纪大学最常用的教学方法是演讲，由阅读、评注和介绍作业等部分构成，同时穿插不同程度的讨论。此外，还采用辩论的方法。

（5）学位制度。中世纪大学已经有了学位制度。学生学习3~7年，修完规定的课程，考试及格便可以获得"硕士""博士"学位。最初这两种学位并无程度上的差别，以后分化成表示不同学术水平的独立学位。

中世纪大学的产生在当时是进步现象，有积极意义。它打破了教会对教育的垄断，促进了教育普及。它一开始是世俗性教育团体，不受教会统治，使较多的人可以不受封建等级限制而得到教育，符合当时新兴的市民阶级对世俗教育的要求，对于后世高等教育的发展具有重要意义。

现代意义的大学基本上直接起源于欧洲中世纪大学，现代大学的一系列组织结构和制度原则都与欧洲中世纪大学有着直接的历史联系。中世纪大学还培养了一大批人才，促进了古希腊罗马文化、阿拉伯文化等多种科学文化的保存、交流和发展。但因为当时教会势力强，所以大学的宗教色彩比较浓厚。

五、分析论述题

1. 论述教育在促进社会经济、政治发展中的作用。

【答案要点】

教育在促进社会经济发展中的作用在于：

（1）教育是使可能的劳动力转变为现实的劳动力的基本途径。劳动力是生产力中能动的要素。个体的生命的成长只构成了可能的劳动力，一个人只有经过教育和训练，掌握一定生产部门的劳动知识和技能，并能生产某种使用价值，他才能成为现实的生产力。

（2）现代教育是使知识形态的生产力转化为直接的生产力的重要途径。科学技术是一种知识形态的生产力，要使其转化为现实的生产力，除了要通过科学研究、发明创造或革新实践外，其技术成果的推广、经验的总结与提升都需要教育与教学的紧密配合。

（3）现代教育是提高劳动生产率的重要因素。现代生产有其显著特点，它的生产率提高依靠科学技术在生产中的应用、推广和不断革新，依靠提高劳动者受教育的程度与质量，依靠劳动者的素质、扩大脑力劳动者的比重、发挥劳动者在生产和改革中的创造性。

教育在促进政治发展中的作用在于：

（1）教育通过传播一定的社会的政治意识，完成年轻一代的政治社会化。人的社会化是人的发展的重要方面，而政治社会化又是人的社会化的重要方面。教育作为传递知识、训练思维与培养情感的活动，能向年轻一代传播一定的社会政治意识，促进他们的政治社会化，从而为一定社会政治秩序的稳定创造重要条件。

（2）教育通过造就政治管理人才，促进政治体制的变革与完善。现代社会强调法治，使得教育更重视培养政治管理人才。由于科技向管理部门的全面渗透，社会越发展，国家对政治管理人才的素质要求越高，通过教育选拔、培养政治管理人才显得越重要。

（3）教育通过提高全民文化素质，推动国家的民主政治建设。一个国家的政治是否民主，取决于政体和国民素质。普及教育的程度越高，国民的文化素质越高，其国民就越能认识民主的价值，在政治生活和社会生活中就越能履行民主的权利。

（4）教育是形成社会舆论、影响政治时局的重要力量。学校是知识分子和青少年集中的地方，他们有见解，勇于发表意见，通过教育者和受教育者的言论、演讲和社会活动等，来宣传思想、造就舆论，借以影响群众，为一定的政治、经济服务。

2. 论述师生关系的模式和理想的师生关系。

【答案要点】

师生关系是指教师和学生在教育教学过程中结成的相互关系，包括彼此所处的地位、作用和相互对待的态度等。良好的师生关系不仅是顺利完成教学任务的必要手段，而且是师生在教育教学活动中的价值、生命意义的具体体现。

在现实的教学实践中，基本的师生关系体现为放任型、专制型、民主型三种模式，不同的师生关系往往会产生不同的教育结果。

（1）放任型。在放任型师生关系中，教师只管教书，完成教学任务，对学生不管不顾，学生处于放任自流状态。教师没有尽到自己的育人职责，不利于学生的发展，容易培养自我中心主义的、我行我素的人。

（2）专制型。在专制型师生关系中，教师作为专制者，管理学生的一切事务，学生完全处于被动接受的地位。专制型师生关系不仅压抑了学生的主动性、积极性，而且容易培养懦弱、两面三刀的人。

（3）民主型。在民主型师生关系中，教师既尊重学生，又严格要求学生，在发挥学生主体性的同时又给予其合理的引导；教师与学生的关系是平等的、相互促进的，是一种比较理想的师生关系模式。民主型师生关系培养自主、自立、自强、自律的人。

理想的师生关系是师生主体间关系的优化，从其发生、发展的过程及其结果来看，具有三个基本特征：①尊师爱生，相互配合；②民主平等，和谐亲密；③共享共创，教学相长。

良好师生关系的构建就是师生关系建立、调整和优化的过程。教师在师生关系建立与发展中占有重要地位，起着主导作用。要建立民主、和谐亲密、充满活力的师生关系，对教师来说，有以下几种策略：

（1）了解和研究学生。包括了解学生个体的思想意识、道德品质、兴趣、需要、知识水平、学习态度和方法、个性特点、身体状况和班集体的特点及其形成原因。

（2）树立正确的学生观。学生观就是教师对学生的基本看法，它影响着教师对学生的认识及其态度与行为，进而影响学生的发展。正确的学生观来自教师对学生的观察和了解，来自教师向学生的学习和对自我的反思。

（3）热爱、尊重学生，公平对待学生。热爱学生包括热爱所有学生，对学生充满爱心，经常走到学生之中，忌讳挖苦、讽刺、粗暴对待学生。尊重学生特别要尊重学生的人格，保护学生的自尊心，维护学生的合法权益，避免师生对立。教师处理问题必须公正无私，使学生心悦诚服。

（4）主动与学生沟通，善于与学生交往。要求教师掌握沟通与交往的主动性，经常与学生保持接触、交心；同时教师还要掌握与学生交往的策略和技巧，如寻找共同的兴趣或话题、一起参加活动等。

（5）努力提高自我修养，健全人格。教师要使师生关系和谐，就必须通过自己崇高的理想，科学的世界观、人生观，渊博的知识，严谨的治学态度，活泼开朗的性格，多方面的爱好与兴趣等来吸引学生。

2017年 南京师范大学 333 教育综合·真题解析

一、选择题

1~5 CCABD　6~10 BACBC

二、名词解释

班级文化

班级文化是"班级群体文化"的简称。作为社会群体的班级所有或部分成员共有的信念、价值观、态度的复合体。班级成员的言行倾向、班级人际环境、班级风气等为其主体标识，班级的墙报、黑板报、活动角及教室内外环境布置等则为其物化反应。

课程编制的泰勒原理

泰勒提出课程设计与开发的四个基本问题：学校应达到哪些教育目标？提供哪些教育经验才能

实现这些目标？怎样才能有效地组织这些教育经验？怎样才能确定这些目标正在得到实现？课程编制的四个步骤为确定目标、选择经验、组织实施、评价结果。

洛克"白板说"

洛克提出白板说，洛克反对"天赋观念"论，认为人出生后心灵如同一块白板，一切知识是建立在由外部而来的感官经验之上的。

测验效度

测验效度是衡量一个测验的内容与它要测验的对象特征的相符程度的指标。如果一个测验可以准确地测量到它所要测量到的东西，这个测验就是有效的。

三、辨析题

1. 班级是由学生和教师构成的组织，其中，教师是班级的主体，起引导、协助、监督、咨询等作用。

【答案要点】

该观点不正确。

班级是由学生和教师，主要是班主任，构成的一个组织，它是学校为了完成教育任务而组建的一个正式组织。其中，学生是班级的主体，班主任起着引导、协助、监督、咨询等作用。

2. 非指导性教学的核心是让学生开展自主学习和小组合作学习，充分发挥学生的主体性。

【答案要点】

该观点正确。

非指导性教学策略又称"以学生为中心"教学模式，强调将学生视为教育的中心，学校为学生而设，教师为学生而教。罗杰斯认为，学生各有求知向上的潜在能力，只需设一个良好的学习环境，他们就会学到所需要的一切。其基本特征包括：第一，教学过程无固定结构；第二，教学无固定的内容；第三，教师不做任何指导。

3. 不良行为是强化物不断刺激的作用，暂时隔离强化物或离开不良行为的环境，不良行为会减退，那么这个暂时隔离是越久越好。

【答案要点】

该观点不正确。

强化暂停是指在一段特定时间内对行为者暂时不予强化，或把行为者与特定的强化环境相隔离，从而抑制不良行为的发生或降低其发生频率。使用强化暂停时必须注意时间恰当，一般达到约定时间或行为者不良行为已得到明显抑制或有所好转时即停止使用。

四、简答题

1. 学校德育应坚持的基本理念。

【答案要点】

（1）确立"育人为本"的教育理念。"育人为本"是当代教育的基本价值取向。德育的目标、内容、方法都要以促进学生的思想品德发展为出发点和落脚点。

（2）从学生实际出发。德育要从学生的生活和思想实际出发，反映他们在成长中的需要，解决他们在现实生活中的问题，做到贴近学生、贴近生活、贴近实际。

（3）坚持知行统一。德育要培养知行统一的人格，养成学生践履躬行的道德学习态度，发展他们自觉实践、主动参与的积极性。

（4）整合各方面的教育影响。德育工作必须贯穿于全部学校生活之中，营造一个道德的学校生活环境，重视校园文化建设，引导健康高雅文化的发展。

2. 简述交往对话的新型师生关系的特征。

【答案要点】

对话型师生关系是教师和学生在共同的教育教学活动中，以对话者的姿态相互交往而形成的师生之间相互理解、尊重、信任的比较稳定的教学关系和人际关系，它包括彼此所处的地位、作用和相互对待的态度等。对话型师生关系具有以下三个特征：

（1）平等性特征。

在对话型师生关系中，师生双方是具有独立人格的自由主体，双方基于民主、平等、相互尊重、信赖的立场，通过理解、对话与交流实现精神的相遇与沟通，师生间的平等体现为地位上的平等、人格上的平等、机会上的平等三个方面。

（2）理解性特征。

对话型师生关系中，教师主动同学生真诚地沟通，在交往中双向理解，通过与学生的互知而同学生达到共识。理解性特征体现在理解的整体性和理解的双向性两个方面。

（3）开放性特征。

对话型师生关系中，师生共同向对方开放，向生活世界开放，向未来开放。开放性特征体现在形式上的开放、内容上的开放和程度上的开放三个方面。

（4）生成性特征。

所谓生成就是在过程中根据具体的情况不断产生新的意义，生成性使得交往具有灵活性、动态性和创造性，彰显教育的魅力。生成性特征体现在交往过程中的生成和师生角色上的生成两个方面。

3. 简述校本课程开发的优势。

【答案要点】

校本课程是以学校为课程编制主体，自主开发与实施的一种课程，是相对于国家课程和地方课程的一种课程。

其优点在于：

（1）有助于最大限度地促进每个学生的发展，有助于提高教师的专业水平，有助于提高学校的办学水平。

（2）校本课程的开发使教师成为课程开发的主体，确立了教师的专业自主地位，给教师的个性化教学提供了机会。

4. 动机在学习活动中的作用。

【答案要点】

动机是引起和维持个体活动，并使活动趋向一定的目标，以满足某种需要的一种内部心理动力状态。学习动机是动机在学习活动中的表现，是引起和维持个体进行学习活动，并使活动朝向一定的学习目标，以满足某种学习需要的一种内部心理状态。它的主要内容包括知识价值观、学习兴趣、学习效能感和成败归因。其在学习活动中的作用为：

（1）引发作用。当学生对某些知识或技能产生迫切的学习需要时，就会引发学习内驱力，唤起内部的激动状态，产生焦急、渴求等心理体验，并最终激起一定的学习行为。

（2）定向作用。学习动机以学习需要和学习期待为出发点，使学生的学习行为在初始状态时就指向一定的学习目标，并推动学生为达到这一目标而努力学习。

（3）维持作用。学习动机的维持作用表现为学生在某项学习上的坚持时间、出现频次以及投入状态。

（4）调节作用。学习动机调节学习行为的强度、时间和方向。如果行为活动未达到既定目标，动机还将驱使学生转换行为活动方向以达到既定目标。

五、分析论述题

1. 试论学校教育在人的发展中的作用。

【答案要点】

（1）教育在人的发展中起引领作用。教育在年轻一代的发展中起着引领作用主要体现在：有意识地为年轻一代的成长选择、建构、调控良好的环境，对他们的生活、交往、学习与实践等活动进行正确的教导、示范和辅助，并注重尊重他们的主体地位和激发、引导他们内在的学习动力与自我发展的能动性和自主性，从各方面引领、关怀、维护他们的发展。

（2）学校教育主要通过传承文化科学知识来培养人。学校教育是教育者有意识地为儿童的身心发展精心设置的一种环境，它把经过选择的、重新组编的、人类长期积累起来的文化知识作为精神客体与儿童互动，以促进儿童的发展，使他们成人成才。文化知识蕴含着有利于人的发展的多方面价值：

①促进人的认识的发展。知识是人类长期认识与实践的成果，是前人遗留下来的精神财富。学生掌握和运用前人的知识，就等于继承和掌握了前人认识的资源和工具，以此来认识世界。如今，借助于网络与数字化信息，能更快捷有效地获取知识，使人类的认识实现了又一次新的飞跃。

②促进人的精神的发展。知识蕴含着科学精神和人文精神。科学精神引导人实事求是、独立思考、追求真理；人文精神则引导人追求人生的意义与尊严，坚持自由、平等与公正，争取人的合理存在，向往人的解放。二者不单是一个知识问题、认识问题，而是引导学生从知识、认识层面上升到人格层面，让学生在这个过程中接受科学精神和人文精神的陶冶。

③促进人的能力的发展。知识及其运用能力是前人在认识事物、解决具体问题的过程中提炼形成的结晶。因此，要有效地发展学生的认识问题和处理问题的能力，不仅要引导他们学习、理解知识，还要引导他们运用知识去解决各种实际存在的问题。

④促进人的实践的发展。主要指促进人运用知识去指导、推进社会实践的发展。当学生通过学习获取了知识，认识了某种事物特性，就能获得改造某种事物的可能性，推动这一领域的社会实践的发展。

（3）学校教育对提高人的现代性有显著的作用。教育在人的现代化过程中起着重要作用，因为学生在学校里不仅学会了读、写、算等各个方面的基础知识与技巧，而且学到了与他们个人的发展和国家的未来有关的态度、价值和行为方式。人的现代化是社会现代化的重要基础和前提条件，我们应该自觉地优先发展教育，高度重视并充分发挥教育对人的现代化的促进作用。

2. 讲授式教学方法在近现代的教育改革与实验中不断遭到批判，但是为什么直到现在依然是基础教育学校的主要教学方法，请论述你的观点。

【答案要点】

（1）讲授式教学方法是指教师通过语言系统地向学生传授科学文化知识、思想理念，并促进他们的智能与品德发展的方法。可分为讲读、讲述、讲解和讲演四种。

（2）优点：讲授式教学方法注重书本知识的授受，能充分发挥教师的主导作用，按学科的逻辑系统，循序渐进地教学，也能较好地调动学生个人的学习积极性，使他们掌握系统的科学知识与技能，获得自身智慧、品德、审美的发展。因此直到现在依然是基础教育学校的主要教学方法。

（3）局限：由于以书本知识学习为主，易脱离社会生活实际，使学生感到抽象、死板、难以理解；常常是教师讲得多，学生活动得少，容易出现注入式教学；注重面向集体，忽视个别指导，不易使每个学生都能得到理解,都能得到较好的发展;特易忽视教学民主、忽视学生主动性、创造性和独立思考能力的培育与发展。

(4)改进:教师在教学过程中要根据具体情况有创意地设计教学过程阶段;完成预计的教学阶段任务不可机械死板,要根据情况变化,灵活机智地进行。在讲授过程中要精炼讲授内容;注重讲授的策略与方式;讲究语言艺术。

教学方法是将知识的教育价值转化为学生精神财富的手段。教学方法的选择与设计取决于面临的教学任务、学科知识的特点与学生的经验基础。现代教学提倡以系统的观点为指导来选用教学方法,优化教学。主要的依据如下:

(1)学科的任务、内容和教学法特点,课题与课时的教学目的和任务。
(2)教学过程、教学原则和班级上课的特点。
(3)学生的情趣、水平、智能的发展与个别差异、独立思考能力、学习态度、学风与习惯。
(4)教师的思想与业务水平、实际经验与能力、教学的习惯与特长。
(5)学生参与教学过程中的答问、讨论、作业、评析的积极性与水平。
(6)师与生双边活动的配合、互动的状况与质量。
(7)班、组活动与个人活动结合的状况,课堂教学、课外作业与课外活动结合的状况与质量。
(8)学校与地方可能提供的物质与仪器设备、社会条件、自然环境等。
(9)学科、单元、课题乃至每节课所规定的课时,其他可利用的时间,如早、晚自习等。
(10)对可能取得的成效的缜密预计与意外状况出现时的应变措施。

2016年 南京师范大学333教育综合·真题解析

一、选择题

1~5 DBDCD 6~10 BACAB

二、名词解释

终身教育

终身教育是人一生各阶段当中所受各种教育的总和,也是人所受的不同类型教育的综合。前者从纵向上讲,说明终身教育不仅仅是青少年的教育,而且涵盖了人的一生;后者从横向上讲,说明终身教育既包括正规教育,也包括非正规教育和非正式教育。

道德情感

道德情感是人们根据社会的道德准则去处理相互关系和评价自己或他人的言谈举止时所体验到的情感。它是品德心理结构的动力机制,也是一种自我监督和自我检查的力量。从内容上看,它包括公正感、责任感、义务感、自尊感、羞耻感、友谊感、荣誉感、集体主义情感和爱国主义情感等;从形式上看,它包括直觉的道德感、形象性的道德感和伦理性的道德感。

"中体西用"

中体西用即"中学为体,西学为用"。"中学为体,西学为用"是洋务派关于中西文化关系的核心命题,也是洋务教育的指导思想。洋务派认为在突出"中学"主导地位的前提下,应该肯定"西学"

的辅助作用和器用价值。

最近发展区

维果茨基认为，在进行教学时，必须注意到儿童有两种发展水平：一种是儿童现有的发展水平，另一种是即将达到的发展水平，维果茨基把这两种水平之间的差异称为"最近发展区"，即独立解决问题的真实发展水平和在成人指导下或与其他儿童合作情况下解决问题的潜在发展水平之间的差距。

三、辨析题

1. 人既是社会历史的"剧中人"，又是社会历史的"剧作者"。

【答案要点】

该观点正确。

教育作为人类的一种社会实践活动，它既是一种社会现象，又是一种致力于个体发展的活动。同时，社会的发展和个体的发展也是统一的，社会既是个体发展的基础，又是人的创造物；人既是社会的"剧中人"，又是社会的"剧作者"。教育既是社会的需要、人的发展的需要，又受到既定社会的发展水平和个体的身心发展特征的制约。教育、社会、人之间相互作用，互为条件，在相互影响中，推动社会、人和教育的共同发展。

2. 在我国新课程改革中，小学的"品德与生活（社会）""艺术""科学"，初中的"社会""科学"等课程都属于综合课程。

【答案要点】

该观点正确。

综合课程又称"广域课程""统合课程"或"合成课程"。它采取合并相关学科的办法，减少教学科目，把几门学科的教学内容组织在一门综合学科之中，根本目的是克服学科课程分科过细的缺点。我国新课程改革中，小学的"品德与生活（社会）""艺术""科学"，初中的"社会""科学"等课程都属于综合课程。

3. 在政府倡导"全民阅读"的背景下，读书指导法具有重要的时代意义。读书指导法是指学生在教师的指导下通过独立的探索，创造性地解决问题，获取知识和发展能力的方法。

【答案要点】

该观点不正确。

读书指导法是指教师指导学生通过阅读教科书、参考书以及获取或巩固知识的方法。包括指导学生预习、复习、阅读参考书、自学教材等。贯彻读书指导法的基本要求有：第一，提出明确的目的、要求和思考题；第二，教给学生读书的方法；第三，善于在读书中发现问题和解决问题；第四，适当组织学生交流读书心得。

学生在教师的指导下通过独立的探索，创造性地解决问题，获取知识和发展科研能力的方法是研究法。

四、简答题

1. 请简述人的发展的特点和规律性。

【答案要点】

人的发展的特点包括：

（1）未完成性。人是未完成的动物，人的未完成性与人的非特定化密切相关。对儿童来说，他们不仅处于未完成状态，而且处于未成熟状态。儿童发展的未成熟性、未完成性，蕴含着人的发展的不确定性、可选择性、开放性和可塑性，潜藏着巨大的生命活力和发展的可能性，都充分说明了人的可教育性和需教育性。

（2）能动性。人的发展的能动性主要表现在两个方面：第一，人的发展是一个具有社会性的能动发展过程，这是人的发展区别于动物发展的一个质的特性。第二，人在其发展的过程中是自决的，人在发展过程中表现出的主动、自主、自觉、自决和自我塑造等能动性，是人的生长发展与动物生长发展最重要的不同，它为教育活动提供了科学依据，指明了努力方向。

人的发展的规律性包括：

（1）顺序性。在正常情况下，人的发展具有一定的方向性和顺序性，既不能逾越，也不能逆向发展。如个体动作的发展就遵循自上而下、由躯体中心向外围、从粗动作向细动作的发展规律性。就心理而言，儿童的发展总是从无意注意到有意注意，从机械记忆到意义记忆，从具体形象思维到抽象逻辑思维，从喜怒哀乐等一般情绪发展到道德感、理智感、美感等高级情感。

（2）不平衡性。人的发展不总是匀速直线前进的，不同系统的发展速度、起始时间、达到的成熟水平是不同的；同一机能系统在发展的不同时期也有不同的发展速率。从总体发展来看，幼儿期出现第一个加速发展期；青春发育期出现第二个加速发展期。

（3）阶段性。人的发展变化既体现出量的积累，又表现出质的飞跃。当某些代表新质要素的量积累到一定程度时，就会导致质的飞跃，从而表现出发展的阶段性。个体的身心发展的阶段性表现为不同年龄阶段的个体具有不同的年龄特征及主要矛盾，面临着不同的发展任务。

（4）个别差异性。人的发展的个体差异表现在身心发展的速度、水平、表现方式等方面。如在发展速度上，有的儿童早慧，有的儿童大器晚成。

（5）整体性。人的生理、心理和社会性等方面的发展是密切联系在一起的，并在发展过程中相互作用，使人的发展表现出明显的整体性。

2. 请简述布鲁纳的教育思想。

【答案要点】

（1）认知学习观。

①认知表征系统。布鲁纳把智慧生长看作形成表征系统的过程，他认为人类的智慧生长经历了动作表征、映象表征和符号表征三种表征系统阶段。

②学习的实质。学习的实质是主动形成认知结构。所谓认知结构就是编码系统，是"一组相互关联的、非具体性的类别"，它是人用以感知外界的分类模式，是新信息借以加工的依据，也是人的推理活动的参照框架。学习包括获得、转化和评价三个过程。

③学习的过程。学习活动首先是新知识的获得；获得新知识以后还要对它进行转化，运用各种方法将它们变成另外的形式，以适合新任务，并获得更多的知识；评价是对知识转化的一种检查，通过评价可以核对我们处理知识的方法是否适合新的任务，或者运用得是否正确。

（2）结构教学观。

①教学的目的在于理解学科的基本结构。学科知识结构就是某一学术领域的基本观念，不仅包括一般原理，还包括学习的态度和方法，掌握有关某一知识结构就是理解它与许多其他事物之间有意义的联系。学习学科的基本结构的必要性有促进理解、利于记忆、增强迁移、引导知识体系形成。

②发现学习的准备性。布鲁纳认为任何一门学科最基本的观念是既简单又强有力的，他提出任何学科的基础都可以用某种适当的形式教给任何年龄的任何人，主张向儿童提供具有挑战性但又合适的机会使其发展步步向前，引导儿童智慧发展。

③培养直觉思维。布鲁纳认为直觉思维、预感的训练是正式的学术学科和日常生活中创造性思维的重要特征，他指出鼓励猜想在培养直觉思维中的重要性。

④激发内在动机。布鲁纳强调学习是一个主动的过程,主张教师要使学生主动地参加到学习中去,并且体验到有能力掌控他的外部世界,以此来激发学生的内在学习动机。

⑤学科基本结构的教学原则有动机原则、结构原则、程序原则和强化原则。

(3)发现学习。

发现学习是指学生在学习情境中,经过自己探索寻找,从而获得问题答案的一种学习方式,布鲁纳所说的发现不只限于寻求人类尚未知晓的事物的行为,也包括用自己的头脑亲自获取知识的一切形式。其教学阶段包括提出问题、做出假设、验证假设和形成结论。

3. 请简述循序渐进教学原则的含义和要求。

【答案要点】

循序渐进教学原则又称系统性原则,是指教学要按照学科的逻辑系统和学生认识的顺序逐步进行,使学生系统地掌握基础知识、基本技能,形成严密的逻辑思维能力。

贯彻循序渐进原则的基本要求如下:

(1)按教材的系统性进行教学。按课程标准和教科书的逻辑体系进行教学,要求教师深入领会教材的系统性,结合学生认识特点和本班学生的情况,编写一个讲授提纲或设计一个教学双边活动过程计划,以组织、指导教学的过程。

(2)抓主要矛盾,解决好重点与难点。教学循序渐进并不意味着教学要面面俱到、平均使用力量,而是要求区别主次、分清难易、有详有略地教学。这样才能提高质量。

(3)由浅入深、由易到难、由简到繁。这是循序渐进应遵循的一般要求,是行之有效的宝贵经验。一味搞突击、求速成,欲速则不达。如果循序渐进教学,学生的基础打好了,能力提高了,学习的效率速度自然会提高。

(4)将系统连贯性与灵活多样性结合起来。教学是一种复杂的艺术。为了使学生掌握系统而精确的学科知识,教师必须认真备课,吃透教材的重点与难点,确定教学的具体目的与任务,做好教学设计,以便系统而有效地进行教学。

4. 请简述有意义接受学习的内涵和条件。

【答案要点】

(1)有意义学习的实质。有意义学习就是符号所代表的新知识与学习者认知结构中已有的适当观念建立非任意的和实质性的联系。有意义学习的类型包括表征学习、概念学习和命题学习。

①非任意的联系是指新知识与认知结构中有关观念存在某种合理的或逻辑上的联系。

②实质性的联系是指新的符号或观念与学习者认知结构中已有的表象,已经有意义的符号、概念或命题的联系,是一种非字面的联系。

(2)有意义学习的条件。

①有意义学习的材料必须具有逻辑意义,这种逻辑意义指的是材料本身在人的学习能力范围内而且与有关观念能够建立非任意的和实质性的联系。

②学习者必须具有有意义学习的心向,也就是积极主动地把新知识与认知结构中原有的适当知识加以联系的倾向。

③学习者认知结构中必须具有适当的知识,以便与新知识进行联系。

④学习者必须积极主动地使这种具有潜在意义的新知识与他认知结构中有关的原有知识发生相互作用,导致原有知识得到改造,新知识获得实际意义,即心理意义。

五、分析论述题

1.试述学生在不同教学模式下掌握知识的基本阶段。

【答案要点】

(1) 传授-接受教学的学生掌握知识的基本阶段。

传授-接受教学又称接受学习,是指教师主要通过语言传授、演示与示范使学生掌握基础知识、基本技能,并对他们进行思想情趣熏陶的教学。

①基本阶段:引起学习动机;感知教材;理解教材;巩固知识;运用知识;检查知识、技能和技巧。

②具体要求:要根据具体情况有创意地设计教学过程阶段;完成预计的教学阶段任务也不可机械死板,要根据情况变化,灵活机智地进行。

③优点:注重书本知识的授受,能充分发挥教师的主导作用,按学科的逻辑系统,循序渐进地教学,也能较好地调动学生个人的学习积极性,使他们掌握系统的科学知识与技能,获得自身智慧、品德、审美的发展。

④缺点:由于以书本知识学习为主,易脱离社会生活实际,使学生感到抽象、死板、难以理解;常常是教师讲得多,学生活动得少,容易出现注入式教学;注重面向集体,忽视个别指导,不易使每个学生都能理解,都能得到较好的发展;特易忽视教学民主、忽视学生主动性、创造性和独立思考能力的培育与发展。

(2) 问题-探究教学的学生获取知识的基本阶段。

问题-探究教学是指在教师引导下,学生主要通过积极参与对问题的分析、探索,主动地发现或建构新知,获得学习与探究的方法、能力与科学人文精神的教学。

①基本阶段:明确问题;深入探究;做出结论。

②具体要求:要根据具体情况创造性地运用;要善于将学生的好奇心引导到获取真知的探究目的上来。

③优点:注重引导学生对问题的探究,强调学生的学习主体性,注重激发学生的求知欲,调动学生的主动性、创造性;它注重让学生经历探究的艰难困苦,体验获取新知的乐趣和严格要求,尝到克服困难达到成功的兴奋和喜悦,不仅使他们获得的知识与能力更切实,而且使他们逐步掌握了思维与研究的方法,养成了大胆怀疑、小心验证、实事求是的科学精神。

④缺点:探究教学的工作量大,费时过多,而学生获得的知识量相对较少;若探究教学过多,可能影响教学任务的完成;若无高水平的教师引导,学生的主动性就难以发挥,容易出现自发与盲目,迷失探究的方向,影响教学的质量。

2.试述德育过程及其规律。

【答案要点】

德育过程是学生在教师的引导下,主动积极地进行道德认识和道德实践,逐步提高自我修养能力,形成个人品德的过程。

(1) 德育过程是学生在教师教导下的个体品德的自主建构过程。学生的思想道德认识和行为习惯不是与生俱来的,是学生在与社会环境的相互作用过程中,尤其是在教师有目的有意识的教育引导下,逐步形成自己的思想认识,发展自己的道德素质的。包含以下三个方面:第一,学生对环境影响的主动吸收;第二,教师对学生的积极引导;第三,外部活动与内部活动相互促进。

(2) 德育过程是培养学生知、情、意、行整体和谐的发展过程。学生的品德包含知、情、意、行四个要素。所以德育过程也是培养学生思想品德的知、情、意、行整体和谐的发展过程。包含以下三个方面的含义：第一，思想道德发展的整体性；第二，德育过程有多种开端；第三，德育实践的针对性。

（3）德育过程是提高学生自我教育能力的过程。在德育过程中，要引导学生积极参与社会学习、生活交往和道德践行，培养和提升他们的思想品德素质，均有赖于发挥学生个人的能动性和自我教育能力。自我教育能力主要由自我期望能力、自我评价能力、自我调控能力所构成。一方面，自我教育能力是德育的一个重要条件，只有注意培养与提高学生的这种能力，德育才能进行得更顺利、更有效；另一方面，学生的自我教育能力的形成又是学生思想道德发展过程的一个重要标志。

2015年 南京师范大学333教育综合·真题解析

一、选择题

1~5 CCADC　6~10 BDABA

二、名词解释

学校教育制度

学校教育制度是现代教育制度的核心部分，指的是一个国家各级各类学校的系统及其管理规则，它规定着各级各类学校的性质、任务、入学年限、修业年限以及它们之间的关系。

课程标准

课程标准是指在一定课程理论指导下，依据培养目标和课程方案以纲要形式编制的关于课程的性质与价值、目标与内容、教学实施建议以及课程资源开发等方面的指导性文件，一般由说明、课程目标、课程内容标准和课程实施建议等部分组成。

书院

书院产生于唐，发展于五代，而繁荣和完善于宋代。唐朝书院主要由民间私家设立，既有藏书，又有教学活动，学习内容适应科举考试的需要，不同于以前以单科学习为主的私学，形成知识面较广的新型教育机构。

美国进步教育运动

进步主义教育运动是指19世纪80年代至20世纪50年代在美国出现的以杜威教育哲学为主要理论基础、以进步主义教育协会为组织中心、以改革美国学校教育为宗旨的教育革新思潮和实践活动。

三、辨析题

1. 教育为社会所制约，具有社会制约性。因而教育是社会的附属品，没有独立性。

【答案要点】

该观点不正确。

教育为社会所制约，具有社会制约性。但同时教育也具有相对独立性。教育的相对独立性是指作为社会一个子系统的教育，它对社会的能动作用具有自身的特点和规律性，它的历史发展也有其独特连续性和继承性。主要表现为以下几方面：

（1）教育是培养人的活动，通过所培养的人作用于社会。教育尤其是学校教育，是有意识地影响人、培育人、塑造人的社会活动。它主要通过引导和促进年轻一代社会化、个性化，成为社会活动的参与者和继承者，以保证并促进社会的生存、延续与发展。

（2）教育具有自身的活动特点、规律及原理。教育是培养人的活动，而人具有特殊的身心发展和成熟的规律。教育教学及其相关活动必须认识、遵循和创造性地运用这些基本特点与规律，才能有效地培育人才。此外，还应重视和遵循前人的宝贵经验，并在此基础上继续发展、前进。

（3）教育具有自身发展的传统与连续性。由于教育有自身的规律和特有的社会功能，它一经产生、发展便将形成和强化其相对独立性，具有发展的连续性、继承性和惯性。因此，无论是办学校发展教育事业，或进行教育改革，都要重视与借鉴教育的历史经验，都应在原有的基础上积极改进、稳步前行。

2. 教学就是教师传授知识的活动。

【答案要点】

该观点不正确。

教学是在一定教育目的规范下，在教师有计划的引导下，学生能动地学习、掌握系统的课程预设的科学文化基础知识，发展自身的智能与体力，养成良好的品行与美感，逐步形成全面发展的个体素质的活动。简言之，教学是在教师引导下学生能动地学习知识以获得素质发展的活动。传授知识只是教学的一部分。

3. 品德教育就是要晓之以理、动之以情、持之以恒、导之以行。

【答案要点】

该观点正确。

学生的品德包含知、情、意、行四个要素。所以德育过程也是培养学生思想品德的知、情、意、行整体和谐的发展过程。个体思想品德的发展是品德各要素协调统一的发展。依据这一品德形成规律，开展德育活动时，就应该注意全面性，兼顾知情意行各要素。个体品德结构中的知情意行等要素，是相互制约、相互促进的，共同推动着个体思想品德的发展；应该晓之以理、动之以情、导之以行、持之以恒，全面关心学生品德中知、情、意、行的培养，使它们全面而和谐地发展。

四、简答题

1. 当代学制改革的趋势。

【答案要点】

（1）进一步完善终身教育体系。终身教育是当今各国教育改革的共同指导思想，建立终身教育体系则是各国学制改革的共同目标。

（2）义务教育的范围逐渐扩展，年限不断延长。随着知识社会的到来，大多数国家的义务教育范围有进一步扩展的趋势，主要表现在义务教育的一端在逐渐向幼儿教育方向扩展，而另一端则向初中后教育阶段延伸。

（3）普通教育和职业教育向着综合统一的方向发展。促进普通教育和职业技术教育的结合，是当前各国学制改革的一个重要方面。所采取的措施有在普通学校中加强职业技术教育或在职业技术教育中加强普通教育。

（4）高等教育大众化、普及化。目前，日本、美国等发达国家的高等教育已经达到大众化，正在向着普及化发展，大多发展中国家正在为高等教育的大众化而努力。主要表现在两个方面：①高等教育机构的日益多样化；②高等教育机构中学生的成分发生了变化，成人大学生所占比重增加。

2. 试比较学科课程与活动课程的优缺点。

【答案要点】

（1）学科课程也称分科课程，是指根据学校培养目标和科学发展，分门别类地从各门科学中选择适合学生年龄特征与发展水平的知识所组成的教学科目。其优点在于符合学生认识特点，便于在短时间内掌握人类长期积累起来的科学文化知识与基本技能；其缺点在于往往忽视儿童现实的兴趣与欲求，易与学生的生活和经验脱节，使学生被动、消极，造成死记硬背等弊端。

（2）活动课程又称经验课程、儿童中心课程，与学科课程相对立，它打破学科逻辑的界线，是以学生的兴趣、需要、经验和能力为基础，通过引导学生自己组织的有目的的系列活动而编制的课程。其优点在于能调动学生的积极性、自主性，发挥他们个人的潜力、个性和创造性，提高学生处理各种实际问题和适应社会生活的能力与品德修养；其缺点在于不重视系统的科学文化知识的教学；缺乏规范性，其教学过程不易理性地引导，存在较大难度；对教师要求过高，不易实施与落实，学生也往往学不到预期的系统的科学基础知识。

3. 简述陶行知"生活教育"理论的主要观点。

【答案要点】

"生活即教育"是陶行知教育思想的核心，集中反映了他在教育目的、内容和方法等方面的主张，反映了陶行知探索适合中国国情和时代需要的教育理论的努力。

（1）生活即教育。"生活即教育"是陶行知生活教育理论的核心，其内涵十分丰富。第一，生活含有教育的意义；第二，实际生活是教育的中心；第三，生活决定教育，教育改造生活。

（2）社会即学校。"社会即学校"是生活教育理论另一重要主张，是"生活即教育"思想在学校与社会关系问题上的具体化。社会即学校是指社会含有学校的意味，或者说以社会为学校；社会即学校也指学校含有社会的意味，也就是说，学校通过与社会生活相结合，一方面运用社会的力量使学校进步，另一方面动员学校的力量帮助社会进步，使学校真正成为社会生活必不可少的组成部分。

（3）教学做合一。"教学做合一"是生活教育理论的又一重要主张，是"生活即教育"在教学方法问题上的具体化。"教学做合一"要求在"劳力上劳心"，认为"行是知之始"，要求"有教先学"和"有学有教"，是对注入式教学法的否定。

4. 简述建构主义的知识观、学习观、学生观和教学观方面的基本主张。

【答案要点】

（1）知识观。建构主义者质疑知识的客观性和确定性，强调知识的动态性。具体体现在以下几方面：知识的动态性、知识的情境性、知识学习的主动建构性。

（2）学生观。建构主义认为，学生并不是被动接受教师传授的知识，而总是以自己的经验背景或自己的经验来建构对事物的理解。具体表现在以下几方面：

①完全否定心灵白板说，强调学生经验世界的丰富性和差异性。

②当问题呈现时，学生基于相关的经验，依靠推理和判断能力，形成对问题的某种解释。

③教学要把儿童现有的知识经验作为新知识的生长点，引导儿童从原有的知识经验中"生长"出新的知识经验。

④教学要增进学生之间的合作，使他看到那些与他不同的观点，促进学习的进行。

（3）学习观。建构主义认为，学习是学习者主动地赋予信息以意义，建构自己的知识经验的过程，具有三个重要特征：主动建构性、社会互动性、情境性。

（4）教学观。

①教学是激活学生原有的相关知识经验，促进知识经验的"生长"，促进学生的知识建构活动，以实现知识经验的重新组织、转换和改造，以此来培养学生的求知欲和探究能力。

②教学要为学生创设理想的学习情境，激发学生的推理、分析、鉴别等高级的思维活动，同时给学生提供丰富的信息资源、处理信息的工具以及适当的帮助和支持，促进他们自身建构意义以及解决问题的活动。

五、分析论述题

1. 试述教学过程的性质。

【答案要点】

（1）教学过程是一种特殊的认识过程。

教学过程作为特殊的认识过程，其特殊性在于它是学生个体的认识过程，具有不同于人类总体认识的显著特点：第一，间接性，主要以掌握人类长期积累起来科学文化知识为中介，间接地认识现实世界；第二，引导性，需要在富有知识的教师引导下进行认识，而不能独立完成；第三，简捷性，走的是一条认识的捷径，是一种科学文化知识的再生产。

（2）教学过程是以认识过程为基础的学生全面发展的过程。

教学过程不只是要学生完成认识世界的任务，更重要的是在这个过程中促进学生的全面发展。学生的发展是教学过程的核心，教学过程的本质与社会发展需要相联系，要从生理和心理两个方面来看待学生的发展。

（3）教学过程是以交往为背景和手段的活动过程。

教学活动不是孤立的个体认识活动，它离不开师与生、生与生之间的交往、互动，离不开人们的共同生活。个体最初的学习与认识就是在共同生活与交往中发生与发展的。在教学过程中，教师不仅运用交往引导学生进行认知，而且通过交往对学生达致情感的沟通、同情与共鸣。

（4）教学过程也是一种促进学生身心发展、追寻与实现价值目标的过程。

在教学活动中，教师引导学生学习知识、开展交往、认识与作用世界，进行多方面的演练与实践，其实都是为了促进学生的身心发展，以追寻与实现使他们成人、成才的价值增值目标。从这方面看，教学过程又是一个促进学生身心发展及实现教育目标的过程。

2. 问1：该班主任运用了什么样的德育方法？

问2：试述运用该道德方法的基本要求。

【答案要点】

问1：该班主任运用的是德育方法中的明理教育法，又称说服法。其含义是指引导学生摆事实、讲道理，经过思想情感上的沟通与互动，让他们悟明道德真谛，自觉践行的方法。明理法是德育的一个基本的方法，因为运用其他德育方法都要以明理为基础或结合明理进行才能有效，才能让学生在思想品德的发展上做到自主、自律。明理教育法包括讲理、沟通、报告、讨论、参观等。

问2：运用明理教育法要注意以下几点要求：

（1）要有针对性。要针对要解决的问题，有的放矢，触动和启发学生的心灵。切忌一般化、空洞冗长、唠叨，使学生感到单调、厌烦，产生抵触情绪。

（2）要有知识性和趣味性。青少年渴求知识，期望更多地了解社会、人生。故说理要注意给学生以新知，使他们喜闻乐见，深受启示，并乐于去实践。

（3）要善抓时机。说理的成效，往往不取决于花多少时间，讲了多少道理，而取决于是否善于捕捉教育的时机，拨动学生的心弦，引起他们的情感共鸣。

（4）要注重互尊互动。对学生说理，教师的态度要诚恳、深情、语重心长、与人为善，同时要尊重学生，耐心倾听学生的意见，不能一个人喋喋不休。

2014年 南京师范大学 333 教育综合·真题解析

一、名词解释

《普通教育学》

《普通教育学》是一本自成体系的教育学著作，它标志着教育学已经成为一门独立学科。在此书中，赫尔巴特全面、系统地阐述了其教育理论：由儿童的管理、教学和道德教育构成的教育过程，兴趣的多方面性，教学形式阶段，教育性教学原则，由单纯提示的教学、分析教学和综合教学构成的教学进程，等等。

社会本位论

社会本位论认为个人的一切发展都有赖于社会，都受社会的制约，人的一切发展也是为了满足社会的需要；教育除了满足社会需要以外并无其他目的；教育结果的好坏是以其社会功能发挥的程度来衡量的，离开了社会，就无法对教育的结果做出衡量。代表人物有那托尔普、涂尔干和凯兴斯泰纳等。

最近发展区

维果茨基认为，在进行教学时必须注意到儿童的两种水平，一种是儿童现有的发展水平，另一种是即将达到的发展水平，维果茨基把这两种水平之间的差距称为最近发展区，即独立解决问题的真实发展水平和在成人指导下或与其他儿童合作情况下解决问题的潜在发展水平之间的差距。

有效教学

有效教学是一个相当宽泛的概念，一般指能有效促进学生掌握知识、形成能力的教学；如果以新课程理念作为指导，那就是：凡是能有效促进学生在知识与技能、过程与方法、情感态度价值观等方面获得发展的教学就是有效教学。

行动研究

行动研究是一种由实际工作者在现实情境中自主进行的反思性探索，并以解决工作情境中特定的实际问题为主要目的，强调研究与活动的一体化，使实际工作者从工作过程中学习、思考、尝试和解决问题。

二、填空题

1. 劳动 2. 社会政治经济制度 3. 马克思主义关于人的全面发展学说 4. 核心
5. 《基础教育课程改革纲要（试行）》 6. 档案袋 7. 道德情感 8. 分支型学制
9. 班级授课制 10. 人本主义

三、辨析题

1. 义务教育的特点是强制性、免费性和普及性。

【答案要点】

该观点正确。

义务教育是国家统一实施的所有适龄儿童、少年必须接受的教育，是国家必须予以保障的公益性事业，对于人的发展、教育发展和社会发展都具有重大意义。义务教育的特点是强制、免费和普及。

2. 教育影响都是积极正向的。

【答案要点】

该观点不正确。

从教育作用的方向看，分为正向功能与负向功能。正向功能是指教育有助于社会进步和个体发展的积极影响和作用。负向功能是指教育阻碍社会进步和个体发展的消极影响和作用。因此，教育影响既有积极正向的，也有消极负向的。

3. 师生关系就是知识的传授关系。

【答案要点】

该观点不正确。

师生关系是指教师和学生在教育教学过程中结成的相互关系，包括彼此所处的地位、作用和相互对待的态度等。

（1）在人格上，是平等的关系。双方具有独立的人格，享有法律法规规定的各项权利。

（2）在道德上，是相互影响、相互促进的关系。

（3）在内容上，是传授与接受的关系。教师传授知识，学生能动地接受知识。

（4）在教学上，是主导与主体的关系。教师发挥主导作用，学生居于主体地位。

4. 教学是用教材教，而不是教教材。

【答案要点】

该观点正确。

教材是部分课程教学专家与部分一线教师在一定时间内对课程标准的诠释，它是教师课堂教学的蓝本，也是学生学习的主要参考书。教材尽管很重要，但也只是给教师进行教学提供一定的素材和教学思路。教师在备课时要认真解读教材提供的内容，并根据学生以及当地的具体情况灵活运用。因此，在备课时要始终坚持"用教材教"，而不是"教教材"的观念。

5. 班级是一个"准自治组织"。

【答案要点】

该观点正确。

班级的主要成员是学生，学生是处于发展中的未成年人。学生在参与班级管理时，由于他们的人生阅历有限，世界观、人生观尚未成熟，因此，自我教育和自我管理能力都难以胜任独立管理的要求，必须在一定程度上借助于班主任的指导和帮助。所以班级作为一个组织，不完全是学生的自治组织。班主任也是班级的一员，他具有指导、帮助的作用，使学生学会自我教育、自我管理，最终走向完全的自治。

四、简答题

1. 试述人的身心发展特点及其对教育的要求。

【答案要点】

（1）顺序性。在正常情况下，人的发展具有一定的方向性和顺序性，既不能逾越，也不能逆向发展。如个体动作的发展就遵循自上而下、由躯体中心向外围、从粗动作向细动作的发展规律性。就心理而言，儿童的发展总是从无意注意到有意注意，从机械记忆到意义记忆，从具体形象思维到抽象逻辑思维，从喜怒哀乐等一般情绪发展到道德感、理智感、美感等高级情感。

教学启示：个体身心发展的顺序性，决定了教育教学工作的顺序性，在不同的发展阶段展开不同的教育活动，同时更应该按照发展的序列来施教，做到循序渐进。

（2）不平衡性。人的发展不总是匀速直线前进的，不同系统的发展速度、起始时间、达到的成熟水平是不同的；同一机能系统在发展的不同时期也有不同的发展速率。从总体发展来看，幼儿期出现第一个加速发展期，青春发育期出现第二个加速发展期。

教学启示：人的发展的不平衡性要求教育要掌握和利用人的发展的成熟机制，抓住发展的关键期，促进学生健康地发展。

（3）阶段性。人的发展变化既体现出量的积累，又表现出质的飞跃。当某些代表新质要素的量积累到一定程度时，就会导致质的飞跃，从而表现出发展的阶段性。个体的身心发展的阶段性表现为不同年龄阶段的个体具有不同的年龄特征及主要矛盾，面临着不同的发展任务。

教学启示：人的发展的阶段性要求教育要从学生的实际出发，尊重不同年龄阶段学生的特点，并根据这些特点提出不同的发展任务，采用不同的教育内容和方法，进行有针对性的教育，以便有效地促进他们的个性发展。

（4）个别差异性。人的发展的个体差异表现在身心发展的速度、水平、表现方式等方面。如在发展速度上，有的儿童早慧，有的儿童大器晚成。

教学启示：人的发展的个别差异性要求教育要深入了解学生，针对学生不同的发展水平及不同的兴趣等因材施教，引导学生扬长避短、发展个性，促进学生自由发展。

（5）整体性。人的生理、心理和社会性等方面的发展是密切联系在一起的，并在发展过程中相互作用，使人的发展表现出明显的整体性。

教学启示：人的发展的整体性要求教育要把学生看作复杂的整体，促进学生在体、智、德、美、行等方面全面和谐地发展，把学生培养成完整和完善的人。

2. 我国教育目的的基本精神是什么？

【答案要点】

2015年新修订的《中华人民共和国教育法》规定："教育必须为社会主义现代化建设服务，必须与生产劳动和社会实践相结合，培养德、智、体、美等方面全面发展的社会主义事业的建设者和接班人。"这是目前教育目的最规范的表述。

我国教育目的表述虽几经变化，但其基本精神却是一致的，就是培养学生成为未来国家、社会发展的实践主体与主人。其基本点包括以下几个方面：

（1）培养"劳动者"或"社会主义建设人才"。我国当代教育目的在表述上不断发生变化，但培养"劳动者"或"社会主义建设人才"这一基本规定却始终没有变。教育目的的这个规定，明确了我国教育的社会主义方向，指明了培养出来的人的社会地位和价值，是社会主义的劳动者、建设人才，是国家的主人。

（2）坚持全面发展。受教育者的全面发展，教育界通行的说法是德、智、体、美、劳的发展。从人要处理的现实生活的关系分析，人的全面发展主要包括处理人与自然关系的能力、人与社会关系的能力和人与自我关系的能力的发展。如果一个人的发展在这三个方面都形成了健全的能力，那么这个人的发展就是全面发展。

（3）培养独立个性。培养受教育者的独立个性，是马克思人的全面发展学说的基本内涵和根本目的。追求人的个性发展，就是要使受教育者的自由个性得到保护、尊重和发展，要增强受教育者的主体意识、开拓精神、创造才能，要提高受教育者的个人价值。

综上所述，我国教育目的的价值取向的出发点与归宿在于：培养德、智、体、美、劳全面发展，具有创新精神、实践能力和独立个性的社会主义现代化需要的各级各类人才。

3. 试述课程编制（开发）的基本程序或步骤。

【答案要点】

课程编制，又称为课程开发、课程设计等，是以一定的课程观为指导，制定课程标准、选择和组织课程内容、预设学习活动方式的活动，是对课程目标、教育经验和预设学习活动方式的具体化过程。课程编制的基本程序概括如下：

（1）确定课程编制的指导思想。

（2）了解有关需求。

（3）研制课程目标。

（4）选择和组织课程内容。

（5）实施课程评价。

4. 试述杜威的教育思想及其现实意义。

【答案要点】

杜威是20世纪美国著名的哲学家和教育家，他以实用主义哲学、民主主义政治理想和机能心理学为基础，通过批判地继承前人的思想，构建起庞大的教育哲学体系，成为现代教育的代表人物。主要著作有《民主主义与教育》《我的教育信条》等。

（1）论教育的本质。杜威对于"什么是教育"的问题，给出的回答是：教育即生活、学校即社会、教育即生长、教育即经验的持续不断的改造。

（2）论教育的目的。

教育无目的论。从教育本质论出发，杜威反对外在的、固定的、终极的教育目的，认为教育无目的。杜威所希求的是过程内的目的，这个目的就是"生长"。

教育的社会目的。杜威强调过程内的目的不等于否定社会性的目的。杜威要求教育为社会进步服务，为民主制度的完善服务。他认为教育是社会进步及社会改革的基本方法，学校是社会进步和改革的最基本和最有效的工具。在民主社会中，个人发展与社会进步是统一的。

（3）论课程与教材。

从做中学。杜威以其经验论为基础，要求从做中学、从经验中学，要求以活动性、经验性的主动作业来取代传统书本式教材的统治地位。在杜威看来，这种活动性、经验性课程既能满足儿童的心理需要，又能满足社会性的需要，还能使儿童对事物的认识具有统一性和完整性。

教材心理学化。杜威主张以"教材心理学化"来解决怎样使儿童最终获得较系统的知识而同时又能在学习过程中顾及儿童的心理水平。"教材心理学化"是指把各门学科的教材或知识各部分恢复到它所被抽象出来之前的原来的经验。这种心理化就是把间接经验转化为直接经验，即直接经验化。之后再将已经经验到的那些东西累进地发展为更充实、更丰富也更有组织的形式，即逐渐地接近提供给有技能的、成熟的人的那种教材形式。

（4）论思维与教学方法。

反省思维。杜威所力倡的反省思维是指对某个经验情境中的问题进行反复的、严肃的、持续不断的思考，其功能在于求得一个新情境，把困难解决、疑虑排除、问题解答。

五步教学法。杜威根据科学的实验主义探究方法和反省思维方式，提出了五步教学法，即创设疑难的情境、确定疑难所在、提出问题的种种假设、推断哪种假设能解决这个困难、验证这种假设。

（5）论道德教育。

杜威认为道德教育的主要任务是协调个人与社会的关系。他认为个人的充分发展是社会进步的必要条件，社会的进步又可以为个人的发展提供更好的基础。他反对过分强调个人自由和竞争的旧个人主义，而提倡强调人与人之间的合作，强调社会责任和理智作用的新个人主义。

教育的道德性和教育的社会性是相通的，道德教育应在社会性的情境中进行而不能只停留于口头说教；要求学校生活、教材、教法皆应渗透社会精神，视学校生活、教材、教法为"学校道德三位一体"，这三者都是道德教育的重要途径。

（6）杜威教育思想的影响。

①杜威是西方现代教育派的理论代表。他对传统教育的整个理论体系发起挑战，奠定了现代教育的理论大厦的基石。

②杜威是新教育的思想旗手，他的教育理论突破以往建立在主客体两分之上的传统教育的弊端，将知行合一，使教学中死的知识变为活的知识，突破了内发论和外铄论，将教育看作人与环境的交互过程中经验的观点具有很高的创造性。

③杜威奠定了儿童中心论，解决教育与儿童相脱离的问题，并通过学校与社会的统一、思维与经验的统一，解决教育与实践、学校与社会脱离的问题。

④杜威提出了做中学这一建立在新哲学和心理学基础上的新方法，拓宽了教学形式和方法，提高了教学专业化水平。

⑤杜威的教育理论对世界教育进程发挥了巨大作用，对日本、中国、苏联等国具有直接的影响。

⑥杜威的理论偏重儿童、活动、经验三中心而使得教育实践忽视了系统知识的传授，以致引发了自由与纪律、教师与学生关系等诸多矛盾。另外，根据经验和教材心理化原则编写新型教材的设想过于理想化，难以实现。

五、材料分析题

问1：这位老师的行为是否合适，为什么？

问2：如果换做是你，你会怎么做？

【答案要点】

问1：这位老师的行为不合适。

这位老师在教学过程中采取的是灌输注入式教学，忽视了教学民主、忽视了学生主动性、创造性和独立思考能力的培育与发展。

问2：如果我是老师，会灵活选择教学方法，引导学生学习。

（1）教学方法的选择与设计取决于面临的教学任务、学科知识的特点与学生的经验基础。现代教学提倡以系统的观点为指导来选用教学方法，优化教学。主要依据如下：

①学科的任务、内容和教学法特点，课题与课时的教学目的和任务。

②教学过程、教学原则和班级上课的特点。

③学生的情趣、水平、智能的发展与个别差异、思考能力、学习态度、学风与习惯。

④教师的思想与业务水平、实际经验与能力、教学的习惯与特长。

⑤学生参与教学过程中的答问、讨论、作业、评析的积极性与水平。

⑥师与生双边活动的配合、互动的状况与质量。

⑦班、组与个人活动结合的，课堂教学、课外作业与课外活动结合的状况与质量。

⑧学校与地方可能提供的物质与仪器设备、社会条件、自然环境等。

⑨教学的时限，包括所规定的课时以及其他可利用的时间，如早、晚自习等。

⑩对可能取得的成效的缜密预计与意外状况出现时的应变措施。

（2）同时，我会根据启发性教学原则进行教学。

启发性教学原则是指在教学中教师要激发学生的学习主体性，引导他们经过积极思考与探究自觉地掌握科学知识，学会分析问题和解决问题，树立求真意识和人文情怀。也称探究性原则或启发与探究相结合原则。

贯彻启发性教学原则的要求有：

①调动学生学习的主动性。在激发学生的学习主动性上，教师要发挥个人的创造性，善于运用发人深思的提问、令人心动的讲述，充分显示教学内容的吸引力，展现它的情趣、奥妙、意境、价值，以便激起学生的求知欲和积极性，全神贯注地投入学习。

②善于提问激疑，引导教学步步深入。在启发过程中，教师要有耐心，给学生以思考时间；要有重点，问题也不能多，也不能蜻蜓点水、启而不发；要善于与学生探讨，引导学生一步一步去获取新知和领悟人生的价值。

③注重通过解决实际问题启发学生获取知识。通过组织和引导学生观察、操作、动手解决实际问题，是启发教学的一个重要的途径。接触实际问题，对学生更具诱惑力、挑战性，会使他们更积极主动地进行学习和完成任务。在学生的操作过程中，教师只要根据学生的情况，加以有针对性的指点、启发，组织一点交流或讨论，学生就不仅能够深刻领悟所学概念与原理，掌握解决问题的方法与步骤，而且能够增进学习的兴趣、能力和养成认真、负责与相互协作的品行。

④引导学生反思学习过程。教学要引导学生反思学习过程，了解学习过程的程序和方法，分析学习过程中的顺利与障碍、长处与缺点，寻找形成障碍与缺点的原因，克服学习过程中的弯路与失误，使学习程序和方法简捷、有效，注重积淀适合于自己的良好的学习方式，从学习中学会学习。

⑤发扬教学民主。要创造宽松、和谐、民主、平等、坦率、活跃的课堂教学氛围，这是启发教学的重要条件。只有这样，学生的心情才会感到宽松，他们的聪明才智才能充分发挥出来。教师切不可唯我独尊、搞一言堂，要鼓励学生发表自己的见解，包括与教师不同的见解。

2013年 南京师范大学 333 教育综合·真题解析

一、名词解释

活动课程

活动课程又称经验课程、儿童中心课程，与学科课程相对立，它打破学科逻辑的界线，是以学生的兴趣、需要、经验和能力为基础，通过引导学生自己组织的有目的的系列活动而编制的课程。

教学

教学是在一定教育目的规范下，在教师有计划的引导下，学生能动地学习、掌握系统的课程预设的科学文化基础知识，发展自身的智能与体力，养成良好的品行与美感，逐步形成全面发展的个体素质的活动。

化性起伪

"性"指人的先天素质，人的自然状态，它完全排除任何后天人为的因素。"伪"指人为，是泛指一切通过人为的努力而使人发生的变化。荀子认为教育的作用在于化性起伪。通过教育的作用改变人的恶性，化恶为善，成为高尚的人。同时必须注意环境、教育和个体努力三方面的因素。

4. 道尔顿制

道尔顿制是美国进步主义教育家帕克赫斯特针对班级授课制的弊端在道尔顿中学实施的一种个别教学制度,也称"道尔顿计划",主要内容包括在学校废除课堂教学、课程表和年级制,代之以"公约"或"合同式"的学习;将教室改为作业室或实验室,用表格法来了解学生的学习进度等。

5. 最近发展区

维果茨基认为,在进行教学时必须注意到儿童的两种水平,一种是儿童现有的发展水平,另一种是即将达到的发展水平,维果茨基把这两种水平之间的差距称为最近发展区,即独立解决问题的真实发展水平和在成人指导下或与其他儿童合作情况下解决问题的潜在发展水平之间的差距。

6. 信度与效度

信度指测验结果的可靠程度。如果一个测验在反复使用或以不同方式使用都能得出大致相同的可靠结果,那么这个测验的信度就较高。否则,信度较低。效度指测验能够达到测验目的的程度,即是否能测出它所要测出的目标。不能离开特定的目标,笼统地判断这个测验是否有效。

二、辨析题

1. "教育先行"是20世纪现代社会的新现象,它意味着教育发展必须先于社会的物质发展。

【答案要点】

该观点不正确。

教育先行是一种发展战略,就是要求教育要面向未来,使教育在适应现存生产力和政治经济发展水平的基础上,适当超前于社会生产力和政治经济的发展。具体表现在:一是教育投资增长速度应当超过经济增长速度;二是在人才培养上要兼顾社会主义现代化建设近期与远期的需要,目标、内容等方面适当超前。但社会生产力对教育也有制约作用。教育固然要面向生产力发展的要求,要超前发展,但不能盲目地超前,只能适度地超前发展。

2. 在学习方式上,课程改革反对接受学习,主张以自主、合作、探究的方式取代接受学习。

【答案要点】

该观点不正确。

接受学习是学习的主要形式。我国基础教育课程改革中转变学习方式是改变课程实施过于强调接受学习、死记硬背、机械训练的现状,倡导学生主动参与、乐于探究、勤于动手,培养学生搜集处理信息的能力、获取新知识的能力、分析和解决问题的能力以及交流与合作的能力。并未反对接受学习,或以其他形式取代接受学习。

3. 卢梭认为事物的教育和自然的教育都要服从于人为的教育。

【答案要点】

该观点不正确。

卢梭自然主义教育的核心是"回归自然"。一方面,善良的人性存在于纯洁的自然状态之中。只有"回归自然"、远离喧嚣社会的教育,才有利于保持人的善良天性。另一方面,每个人都是由自然的教育、事物的教育、人为的教育三者培养起来,只有三种教育圆满地结合才能达到预期的目的。三者之中,应以自然的教育为基准,才能使教育回归自然达到应有的成效。

三、简答题

1. 简述个人本位论。

【答案要点】

个人本位论的代表人物有卢梭、裴斯泰洛齐、福禄培尔等，其观点的主要内容如下：

（1）教育目的是根据个人发展的需要制定的，而不是根据社会的需要制定的。

（2）个人价值高于社会价值。社会价值只有在有助于个人发展时才有价值，应由个人来决定社会，个人价值恒久高于社会价值。

（3）人生来就有健全的潜在本能，教育的基本职能就在于使这种潜能得到发展。

个人本位论把个人的自身的需要作为制定教育目的的依据，在一定的历史条件下具有一定的进步意义；但如果只强调个人的需求与个性的发展，而一味贬低和反对满足社会发展的需要，则是片面的、错误的。

2. 简述价值澄清模式。

【答案要点】

价值澄清模式是针对美国儿童在多元社会中面对多种价值观的选择而提出的理论，代表人物有拉思斯、西蒙、鲍姆等。其中，拉思斯是该理论的创始人，价值澄清即学生可通过学习一个价值观的形成过程来获得自己的价值观。

该模式的核心理论是"学会选择"。主要观点如下：

（1）学生某些偏差行为或不良品行由他们自认为合理的价值观念支撑，改变品行的关键在于进行价值观教育。

（2）价值观教育的核心是让儿童学会评价过程而非传递具体的价值观；价值观的形成是通过澄清的方法在评价过程中实现的。

（3）价值澄清过程中强调四个关键性的要素：关注生活、接受现实、激发思考、提高潜能。

3. 简述建构主义学习理论的基本观点。

【答案要点】

（1）知识观。建构主义者质疑知识的客观性和确定性，强调知识的动态性。具体体现在以下几方面：知识的动态性；知识的情境性；知识学习的主动建构性。

（2）学生观。建构主义认为，学生并不是被动接受教师传授的知识，而总是以自己的经验背景或自己的经验来建构对事物的理解。具体表现在以下几方面：

①完全否定心灵白板说，强调学生经验世界的丰富性和差异性。

②当问题呈现时，学生基于相关的经验，依靠推理和判断能力，形成对问题的某种解释。

③教学要把儿童现有的知识经验作为新知识的生长点，引导儿童从原有的知识经验中"生长"出新的知识经验。

④教学要增进学生之间的合作，使他看到那些与他不同的观点，促进学习的进行。

（3）学习观。建构主义认为，学习是学习者主动地赋予信息以意义，建构自己的知识经验的过程，具有三个重要特征：主动建构性、社会互动性、情境性。

（4）教学观。

①教学是激活学生原有的相关知识经验，促进知识经验的"生长"，促进学生的知识建构活动，以实现知识经验的重新组织、转换和改造，以此来培养学生的求知欲和探究能力。

②教学要为学生创设理想的学习情境，激发学生的推理、分析、鉴别等高级的思维活动，同时给学生提供丰富的信息资源、处理信息的工具以及适当的帮助和支持，促进他们自身建构意义以及解决问题的活动。

4. 简述我国新课程改革的基本理念。

【答案要点】

（1）倡导个性化的知识生成方式。

新课程旨在扭转以"知识传授"为特征的教学局面，把转变学生的学习方式作为重要的着眼点，以尊重学生学习方式的独特性和个性化作为基本信条，从而使教、学、师生关系等概念获得了新的含义。

（2）增强课程内容的生活化、综合化。

首先，加强课程与学生生活和现实社会的联系；其次，设置许多综合型学科，推进课程的综合化，对已有的课程结构进行改造；再次，各分科课程都在尝试综合化的改革，强调科学知识同生活世界的交汇，理性认识同感性经验的融合。

5. 简述要素主义教育思想的基本观点。

【答案要点】

要素主义教育是20世纪30年代末作为实用主义教育和进步教育的对立面出现的。要素主义教育是现代欧美国家一种强调学校教育的任务主要是传授人类文化遗产共同要素的教育思潮。1938年在美国成立的"要素主义者促进美国教育委员会"，是要素主义教育形成的标志。代表人物有巴格莱、科南特等人。其主要观点包括以下几个方面：

（1）教育核心：传授给学生人类基本知识的要素或民族共同文化传统的要素。

（2）教育目的：强调人的心智或智力的发展，主张心智训练。

（3）教育内容：教授基础科目，开设以学科为中心的系统的学习科目。

（4）师生关系：教师中心，强调教师的权威地位。

（5）教育与社会的关系：教育要为社会服务。

（6）教育重心：基本技能和基础知识的学习。

要素主义教育对美国20世纪50—60年代的教育改革产生了重要的影响，所提出的教育主张和观点受到了政府的重视，有些主张和观点被采纳为国家的教育政策。但其也存在一些不足，如较少考虑到学生的个别差异和能力水平，忽视学生的动机和情感，所编的教材脱离学校教育实际等，因而受到一些社会和教育界人士的抨击。

四、分析论述题

1. 品德及其构成要素是什么？如何根据品德的要素进行道德教育？

【答案要点】

品德发展是指个体在整个生命历程中品德的发生、发展和变化，即伴随个体成长过程中品德心理结构、品德各个成分及其功能的发展变化。其构成要素包括道德认知、道德情感和道德行为。

（1）道德认知是对道德行为准则及其执行意义的认识，是社会的道德要求转化为个人内在品质的首要环节，是道德品质形成的基础和前提。其培养方法一般有言语说服、小组道德讨论、道德概念分析。

（2）道德情感是指人们根据社会的道德准则去处理相互关系和评价自己或他人的言行举止时所体验到的情感。培养方法有移情能力的培养和羞愧感。

（3）道德行为是道德认知和道德情感的集中体现，是个体面对一定的道德情境时，充分调动自己的道德认知并产生强烈的道德情感，经过内心冲突及外部情况的影响而做出来的。它是衡量道德品质的客观标志，培养方法有群体约定和道德自律。

2. 请自拟题目,写一篇800字左右的短评,阐述自己的观点,并对上述观点进行评论

此题属于开放性问题,考生只需要围绕该材料进行正确的阐述即可,可从不同的视角进行分析论述,结合材料表达清楚观点,展现文笔风采。若考生缺乏思路,可参考教育与人的发展和教育与社会的发展作出解答,也可以结合教育目的的价值取向中的个人本位论和社会本位论的观点作答,没有标准答案,言之有理即可。

2012年 南京师范大学333教育综合·真题解析

一、名词解释

教学目标

教学目标指的是教育者在教学过程中,在完成某一阶段,如一节课、一个单元或一个学期或工作时,希望受教育者达到的要求或产生的变化结果。

学校教育

学校教育是指一种专门组织的不断趋向规范化、制度化、体系化的教育。它是根据一定的社会现实和未来需要,遵循受教育者身心发展的规律,有目的、有计划、有组织地对受教育者身心施加影响,把他们培养成为一定社会或阶级所需要的人的活动。

"六艺"教育

西周的教育内容总称为"六艺"教育,它是西周教育的特征和标志。"六艺"即礼、乐、射、御、书、数。礼包括政治、伦理、道德、礼仪各个领域;乐包括诗歌、音乐和舞蹈;射指射箭的技术训练;御指驾驭马拉战车的技术训练;书指文字书写;数指历算。其中,"礼、乐、射、御"为"大艺",是大学的课程;"书、数"为"小艺",是小学的课程。

道德情感

道德情感是人们根据社会的道德准则去处理相互关系和评价自己或他人的言谈举止时所体验到的情感。它是品德心理结构的动力机制,也是一种自我监督和自我检查的力量。从内容上看,它包括公正感、责任感、义务感、自尊感、羞耻感、友谊感、荣誉感、集体主义情感和爱国主义情感等;从形式上看,它包括直觉的道德感、形象性的道德感和伦理性的道德感。

学习动机

学习动机是动机在学习活动中的表现,是引起和维持个体进行学习活动,并使活动朝向一定的学习目标,以满足某种学习需要的一种内部心理状态。它的主要内容包括知识价值观、学习兴趣、学习效能感和成败归因。

苏格拉底方法

苏格拉底法也称"问答法""产婆术",是由讥讽、助产术、归纳和定义四个步骤组成的独特的方法。这是苏格拉底探讨伦理哲学的研究方法,也是他的教学方法。

二、简答题

1. 简述德育的途径。

【答案要点】

（1）思想政治课与其他学科教学。思想政治课与其他学科的教学都是学校德育的重要途径。需要注意的是，知识转化为品德还需要将知识与学生生活相联系，与学生思想"对话"，以激发学生的道德需要，并用这些道德认识来探寻做人的道理，调节对人、对事应持有的态度，并付诸行动。

（2）劳动和其他社会实践。这是学校德育尤其是劳动教育的重要途径。有意义的劳动和社会实践，能够提高学生的责任意识、服务意识，形成学生勤俭、朴实、艰苦、顽强等许多好的品德，在德育上有着不可或缺、不可替代的意义。

（3）课外活动和校外活动。课外活动不受教学计划的限制，学生可以根据兴趣、爱好自愿选择活动，自主地制订一定的计划与规则，以组织协调人际关系、开展丰富多彩的活动，是生动活泼地向学生进行德育的一个重要途径。通过课外活动进行德育，能调动学生的积极性，培养他们的自律能力，形成互助友爱、团结合作、尊重规则等品德。

（4）学校共青团、少先队活动。共青团、少先队是青少年儿童自己的组织。青少年儿童热爱自己的组织，积极参加团队活动，渴望加入团队组织。因而开展团队活动，能激发学生强烈的上进心、荣誉感，使他们能够严于律己，自觉提高思想品德，是德育的重要途径。

（5）心理咨询。心理咨询是培养学生健康心理品质的有效途径。通过个别谈心、咨询、讲座等多种方式对学生进行心理健康教育，可以帮助学生处理好学习、交往、择业等方面问题，使他们成为积极向上、心理健康的人。

（6）班主任工作。通过班主任工作，学校不仅能有效地管理学生基层组织和个人，而且能对教育学生的其他途径的活动起协调作用，是学校德育的一个特别重要的途径。

（7）校园生活。校园生活包括上述活动在内的全部学校生活。要建立良好的校园生活，一是要研究如何使德育在各个途径中真正到位，使之互相补充，构成整体效应；二是要根据学校实际，研究如何增加跨越班级的活动与交往，逐步形成学校特色；三是要研究如何使校园生活能够体现时代精神，蕴含深厚文化，让学生在生活中养成现代文明习气和人文情怀。

2. 蔡元培的"五育"并举。

【答案要点】

（1）军国民教育。指将军事教育引入到学校和社会教育之中，让学生和民众受到一定的军事教育和训练。在学校教育中强调学生生活的军事化，特别是体育的军事化。

（2）实利主义教育。即密切教育与国民经济生活的联系，加强职业技能的培训，使教育能发挥提高国家经济能力和改善人民生活水平的作用。

（3）公民道德教育。蔡元培认为公民道德的基本内容不外乎法国资产阶级革命所标榜的自由、平等、博爱，虽然与封建道德的专制等级性不相容，但他明确指出中国传统伦理特别是儒家伦理中的一些基本范畴，其内涵是与自由、平等、博爱的精神相通的。

（4）世界观教育。是蔡元培独创并被作为教育的最高境界。世界观教育就是要培养人们立足于现象世界但又超脱现象世界而贴近实体世界的观念和精神境界。

（5）美感教育。美感教育与世界观教育紧密联系，美感介于现象世界和实体世界之间，是两者之间的桥梁。利用美感这种超越利害关系、人我之分界的特性去破除现象世界的意识，陶冶、净化人的心灵。美感教育是世界观教育的主要途径。

3.人文主义教育的特征。

【答案要点】

（1）人本主义。人文主义教育在培养目标上注重个性发展，在教育教学方法上反对禁欲主义，尊重儿童天性，坚信通过教育这种后天的力量可以重塑个人、改造社会和自然，这些都表现出人本主义内涵，人的力量、人的价值被充分肯定。

（2）古典主义。人文主义教育思想吸收了许多古人的见解，人文主义教育实践尤其是课程设置亦具有古典性质，但这种古典主义绝非纯粹的"复古"，实则含有古为今用、托古改制的内涵，这在当时是进步的。

（3）世俗性。不论从教育目的还是从课程设置等方面看，人文主义教育洋溢着浓厚的世俗精神，教育更关注今生而非来世，这是人文主义教育与中世纪教育的根本区别。

（4）宗教性。人文主义教育仍具有宗教性，几乎所有的人文主义教育家都信仰上帝，他们虽然抨击天主教会的弊端，但不反对宗教更不打算消灭宗教，他们希冀以世俗和人文精神改造中世纪陈腐专横的宗教性，以造就一种更富世俗色彩和人性色彩的宗教性。

（5）贵族性。这是由文艺复兴运动的性质所决定的。人文主义教育的对象主要是上层子弟，教育的形式多为宫廷教育和家庭教育而非大众教育，教育的目的主要是培养上层人物如君主、侍臣、绅士等。

综上可见，人文主义教育具有两重性，进步性与落后性并存，尽管它有不足之处，但它涤荡了中世纪教育的阴霾，展露出新时代教育的灿烂曙光，开了欧洲近代教育之先河。

4.布鲁纳发现学习的步骤。

【答案要点】

发现学习是指学生在学习情境中，经过自己探索寻找，从而获得问题答案的一种学习方式，布鲁纳所说的发现不只限于寻求人类尚未知晓的事物的行为，也包括用自己的头脑亲自获取知识的一切形式。其教学阶段包括：

（1）提出问题。教师创设问题情境，使学生在这种情境中发现其中的矛盾，提出问题。

（2）做出假设。教师促使学生利用提供的某些材料，针对所提出的问题提出解答的假设。

（3）验证假设。学生用理论或者通过实验数据检查自己的假设。

（4）形成结论。学生根据实验获得的一些材料或结果，在仔细评价的基础上引出结论。

发现学习的优点在于有利于提高智力的潜力、有利于使外部奖赏向内部动机转移、学会将来进行发现的最优方法和策略、帮助信息的保持和检索。但发现学习完全放弃了知识的系统讲授，而以发现法教学来替代，夸大了学生的学习能力，忽视了知识学习活动的特殊性，且发现法运用范围有限，更无法像布鲁纳所说的那样"任何科目都可以按某种适当的方式教给任何年龄的任何人"。

三、分析论述题

1.论述教育的社会功能。

【答案要点】

教育的社会功能主要有：教育的社会变迁功能、教育的社会流动功能。

教育的社会变迁功能是指教育通过开发人的潜能，提高人的素质，引导人的社会化，影响人的社会实践，推动社会的发展和变革。教育的社会变迁功能表现在社会生活的各个领域。

（1）教育的经济功能。

①教育是使可能的劳动力转变为现实的劳动力的基本途径。劳动力是生产力中能动的要素。个体的生命的成长只构成了可能的劳动力，一个人只有经过教育和训练，掌握一定生产部门的劳动知

识和技能，并能生产某种使用价值，才能成为现实的生产力。

②现代教育是使知识形态的生产力转化为直接的生产力的重要途径。科学技术是一种知识形态的生产力，要使其转化为现实的生产力，除了要通过科学研究、发明创造或革新实践外，其技术成果的推广、经验的总结与提升都需要教育与教学的紧密配合。

③现代教育是提高劳动生产率的重要因素。现代生产有其显著特点，它的生产率提高依靠科学技术在生产中的应用、推广和不断革新，依靠提高劳动者受教育的程度与质量，依靠劳动者的素质、扩大脑力劳动者的比重、发挥劳动者在生产和改革中的创造性。

（2）教育的政治功能。

①教育通过传播一定的社会的政治意识，完成年轻一代的政治社会化。人的社会化是人的发展的重要方面，而政治社会化又是人的社会化的重要方面。教育作为传递知识、训练思维与培养情感的活动，能向年轻一代传播一定的社会政治意识，促进他们的政治社会化，从而为一定社会政治秩序的稳定创造重要条件。

②教育通过造就政治管理人才，促进政治体制的变革与完善。现代社会强调法治，使得教育更重视培养政治管理人才。由于科技向管理部门的全面渗透，社会越发展，国家对政治管理人才的素质要求越高，通过教育选拔、培养政治管理人才显得越重要。

③教育通过提高全民文化素质，推动国家的民主政治建设。一个国家的政治是否民主，取决于政体和国民素质。普及教育的程度越高，国民的文化素质越高，其国民就越能认识到民主的价值，在政治生活和社会生活中就越能履行民主的权利。

④教育是形成社会舆论、影响政治时局的重要力量。学校是知识分子和青少年集中的地方，他们有见解，勇于发表意见，通过教育者和受教育者的言论、演讲和社会活动等，来宣传思想，造就舆论，借以影响群众，为一定的政治、经济服务。

（3）教育的文化功能。

①传递文化。文化教化的前提是人类对文化的创造与传递。教育起着传递文化的作用。尤其是学校教育因其具有明确的目的性、计划性等特点，一直承担着传承文化的重任。

②选择文化。为了有效地传承文化，必须发挥教育对文化的选择功能。教育的选择功能十分重要，体现了教育对文化发展的积极引导和自觉规范。

③发展文化。文化的生命不仅在于它的保存和积累，更在于它的更新与创造。随着社会的日益开放化，学校在加强国际文化交流中的作用也日益明显。教育通过广泛的文化交流，不断地吸收其他民族的文化精华，补充、更新和发展本民族的文化，也是文化发展的一种重要方式。

（4）教育的生态功能。

①树立建设生态文明的理念。通过在学校里和社会上加强生态文明的教育与宣传，让学生从小养成爱护自然、节约资源、保护生态环境的思想情感，从而逐步在全社会牢固树立建设生态文明的观念。

②普及生态文明知识，提高民族素质。造成生态灾害与失衡的原因很多，大多都与人的素质不高相关。因此，我们应当有计划地向学生普及生态文明知识，并注意指导与督促他们将知识运用于生活实践。只要从小普及生态文明知识，养成保护生态环境的行为习惯，最终就能提高民族的生态文明素质。

③引导建设生态文明的社会活动。生态文明建设关涉社会的移风易俗，因此，学校的生态文明教育不应局限在校内，要组织学生参加到社区的生态文明建设中去。

教育的社会流动功能是指社会成员通过教育的培养、筛选和提高，能够在不同的社会区域、社会层次、职业岗位、科层组织之间转换、调整和变动，以充分发挥其个人的智慧才能，实现其人生价值。它包括横向流动功能和纵向流动功能。前者指改变其环境而不提升其社会层级地位；后者指改变其社会层级地位及作用。

2. 试论述陈鹤琴的"活教育"

【答案要点】

陈鹤琴是中国近代学前儿童教育理论和实践的开创者。其通过对长子陈一鸣的追踪研究，力行观察、实验方法，探索中国儿童心理发展及教育规律；同时创办了中国第一所实验幼稚园——鼓楼幼稚园，进行中国化、科学化的幼儿园实验，总结并形成了系统的、有民族特色的学前教育思想。

"活教育"思想体系包括以下内容：

（1）"活教育"的目的论。陈鹤琴提出"活教育"的目的是"做人，做中国人，做现代中国人"。

①"做人"是"活教育"最为一般意义的目的。"活教育"提倡学习如何做人，如何求社会进步、人类发展。学会"做人"，是个体参与社会生活，增进人类全体，同时也是个体幸福的基础。

②"做中国人"体现了"活教育"目的的民族特征，指要懂得爱护这块生养自己的土地，爱自己国家长期延续的光荣历史，爱与自己共命运的同胞。并且，应该与其他中国人团结起来共同谋国家发展。

③"做现代中国人"体现了时代精神，有五个具体方面的要求：要有健全的身体；要有建设的能力；要有创造的能力；要能够合作；要服务。

"活教育"目的论从普遍而抽象的人类情感和认识理性出发，逐层赋予教育以民族意识、国家观念、时代精神和现实需求等含义，使教育目标逐渐具体，表达了陈鹤琴对人的发展、教育与社会变革的追求。

（2）"活教育"的课程论。"大自然、大社会都是活教材"，是陈鹤琴对"活教育"课程论的概括表述。"活教材"是指取自大自然、大社会的"直接的书"，即让儿童在与自然、社会的直接接触中，在亲身观察中获取经验和知识。既然"活教育"的课程内容应该来源于自然、社会和儿童的生活，其组织形式也必须符合儿童的活动和生活的方式，符合儿童与自然、社会环境的交往方式。

"活教育"的课程打破惯常按学科组织的体系，采取活动中心和活动单元的形式，即能体现儿童生活整体性和连贯性的"五指活动"形式。"五指活动"包括儿童健康活动，如卫生、体育、营养等；儿童社会活动，如史地、公民、时事等；儿童科学活动，如生、数、理、化等；儿童艺术活动，如音、美、工等；儿童文学活动，如读、写、说等。

（3）"活教育"的教学论。"做中教，做中学，做中求进步"是活教育教学方法的基本原则。陈鹤琴认为，"做"是学生学习的基础，因此也是"活教育"教学论的出发点。它强调儿童在学习过程中的主体地位和在活动中直接经验的获取。陈鹤琴提出了"活教育"的17条教学原则，这些教学原则体现出的特点有：

①强调以"做"为基础，确立学生在教学活动中的主体性。陈鹤琴认为，"做"是学生学习的基础，因此，凡儿童自己能够做的，就应当让他自己做。在教学中鼓励儿童自己去做、去思想、去发现，是激发学生主体性的最有效的手段。

②鼓励学生在"做"的同时，教师要进行有效的指导。但指导不是替代，更不是直接告知结果，而是运用各种心理学、教育学规律予以启发、诱导。

陈鹤琴还归纳出"活教育"教学的四个步骤：实验观察、阅读思考、创作发表和批评研讨。这四个步骤体现了以"做"为基础的学生主动学习。

"活教育"思想明显地受到杜威实用主义教育思想的影响，陈鹤琴对此也毫不讳言。但"活教育"如同陶行知的"生活教育"理论一样，吸取了杜威实用主义教育的合理内核，即批判传统教育忽视儿童生活和主体性，力图去除以学校和课堂为中心而脱离社会生活、以书本知识为中心而脱离实际和实践、以教师为中心而漠视学生的存在等弊端，同时也充分考虑到中国的时代背景和国情。这是一种有吸收、有创造、有创新的教育思想。"活教育"是对中国现代教育产生过重要影响的教育思想，其精神至今都未过时，不少观点对当今的教育改革仍然富有启发。

3. 试论述杜威教育的本质与目的思想。

【答案要点】

杜威是20世纪美国著名的哲学家和教育家，他以实用主义哲学、民主主义政治理想和机能心理学为基础，通过批判地继承前人的思想，构建起庞大的教育哲学体系，成为现代教育的代表人物。主要著作有《民主主义与教育》《我的教育信条》等。

杜威对于"什么是教育"的问题，给出的回答是：教育即生活、学校即社会、教育即生长、教育即经验的持续不断的改造。其关于教育的本质的观点如下：

（1）教育即生活。杜威认为教育是生活的过程，学校是社会生活的一种形式，那么学校生活也是生活的一种形式。

①学校生活应与儿童自己的生活相契合，满足儿童的需要和兴趣，使校园成为儿童的乐园，使儿童在现实的学校生活中得到乐趣。

②学校生活应与学校以外的社会生活相契合，适应现代社会变化的趋势并成为推动社会发展的重要力量，校园不应是世外桃源而应积极参与社会生活。

杜威要做的就是改造不合时宜的学校教育和学校生活，使之更富活力，更有乐趣，更具实效，更有益于儿童发展和社会改造。

（2）学校即社会。杜威"学校即社会"意在使学校生活成为一种经过选择的、净化的、理想的社会生活，使学校成为一个合乎儿童发展的雏形的社会。而要将此落于实处，就必须改革学校课程，从分科课程转变为活动课程。

"学校即社会"是对"教育即生活"这一命题的进一步引申，代表社会生活的活动性课程的引入是使学校与社会生活相联系的基本保证。杜威坚信教育是社会进步及社会改革的基本方法，通过教育改造社会生活，使之更完善、更美好。

（3）教育即生长。杜威针对当时教育无视儿童天性，消极对待儿童，不考虑儿童的需要和兴趣的现象，提出了"教育即生长"的观念。

杜威要求摒除压抑、阻碍儿童自由发展之物，使教育和教学适应儿童的心理发展水平和兴趣、需要的要求。他所理解的生长是机体与外部环境、内在条件与外部条件交互作用的结果，是一个持续不断的社会化的过程。杜威要求尊重儿童但不同意放纵儿童，这也是杜威与进步主义教育实践的一个重要区别。

（4）教育即经验的持续不断的改造。教育即经验的持续不断的改造是指构成人的身心的各种因素在外部环境和人的主动经验过程中统一的全面改造、发展、生长的连续过程，包含四个方面：

①经验是一种行为，涵盖认识的、情感的、意志的等理性、非理性因素，成为儿童各方面发展和生长的载体。在经验过程中，儿童不仅获得知识，而且形成能力、养成品德。

②经验是有机体与环境相互作用的过程，机体不仅受环境的塑造，同时也对环境加以改变。经验的过程就是一个实验探究的过程、运用智慧的过程、理性的过程。

③经验的过程是一个主动的过程，有机体既接受着环境塑造，也主动改造着环境。

④经验是一个连续发展的过程，不存在终极目的的发展过程，因此教育就是个人经验的不断生长。

关于教育的目的观点如下：

（1）教育无目的论。从教育本质论出发，杜威反对外在的、固定的、终极的教育目的，认为教育无目的。杜威所希求的是过程内的目的，这个目的就是"生长"。

杜威认为在非民主的社会里，教育目的是外在于并强加于教育过程的，包含权威与专制色彩。而在民主的社会里，教育目的应该内在于教育的过程之中，杜威主张以生长为教育的目的，其主要意图在于反对外在因素对儿童发展的压制，在于要求教育尊重儿童愿望和要求，使儿童从教育本身中、从生长过程中得到乐趣。

（2）教育的社会目的。杜威强调过程内的目的不等于否定社会性的目的。杜威要求教育为社会进步服务，为民主制度的完善服务。他认为，教育是社会进步及社会改革的基本方法，学校是社会进步和改革的最基本和最有效的工具。在民主社会中，个人发展与社会进步是统一的。

教育要培养具有良好公民素质、民主思想和生活能力的人，要培养具有科学思想和精神，能解决实践问题的人，要培养具有道德品质和社会意识的人，要培养具有一定职业素养的人。

4. 结合实际，论述激发学生学习动机的方法。

【答案要点】

激发学习动机的方法有：

（1）创设问题情境，实施启发式教学。想要实施启发式教学，关键在于创设问题情境。所谓问题情境，指的是一种适度的疑难情境。在学习过程中，仅仅让学生简单地重复已经学过或者过难的东西，学生都不会感兴趣。只有在学习那些"似懂非懂""似会非会"的东西时，学生才感兴趣而且迫切希望掌握它。

（2）根据作业难度，恰当控制动机水平。教师在教学时，要根据学习任务的不同难度，恰当控制学生学习的动机水平。在学习较简单的课题时，应尽量使学生集中注意力；在学习较复杂的课题时，则应尽量创造轻松自由的课堂气氛；在学生遇到困难或出现问题，要尽量心平气和地耐心引导，以免学生过度紧张和焦虑。

（3）充分利用反馈信息，给予恰当的评定。心理学研究表明，来自学习结果的种种反馈信息，对学习效果有明显影响。一方面学习者可以根据反馈信息调整学习活动，改进学习策略；另一方面学习者为了取得更好的成绩或避免再犯错误而增加了学习动机，从而保持了学习的主动性和积极性。

（4）妥善进行奖惩，维护内部学习动机。在对学生进行评价时，奖励和惩罚对于学习动机的激发具有不同的作用。一般而言，表扬与奖励比批评与指责能更有效地激发学生的学习动机，因为前者能使学生获得成就感，增强自信心。但过多使用表扬和奖励，或者使用不当，也会产生消极作用。

（5）合理设置课堂环境，妥善处理竞争和合作。学生的学习主要是在课堂上进行的，课堂的合作与竞争环境无疑是影响学习动机的一个重要的外部因素。在教学活动中，合作与竞争都是必要的，应该强调竞争与合作的相互补充和合理运用。极端的竞争会对学生的学习行为和集体团结产生消极影响。适量与适度的竞争与合作的恰当结合，会有效激励学生的学习动机。

（6）适当进行归因训练，促使学生继续努力。在学生完成某一学习任务后，教师应指导学生进行成败归因。一方面，要引导学生找出成功或失败的真正原因，即进行正确归因；另一方面，教师也应根据每个学生过去一贯的成绩的优劣差异，从有利于今后学习的角度进行积极归因。

（7）培养自我效能感，增强学生成功的自信心。自我效能感影响学生的自我评价和自信心，进而影响学习成绩。尤其是学业不良的学生，由于对自己的学习能力持怀疑态度，表现出很低的自我效能感。因此，教师在教学中要通过一定的方法提高他们的自我效能感。

（8）维护学生自我价值，警惕自我妨碍策略。自我价值理论指出，学生有保护和表现自我价值的需要，这是个人追求成功的内在动力。教师要理解和尊重学生的这种需要，引导他们把自我价值的实现方式与正向、积极的学习行为相联系，避免学生不断从环境中体验到对自我价值的威胁感，从而采取各种自我妨碍的逃避策略。

（9）维护内在需要，促进外部动机内化。兴趣、好奇心、探索欲，是人类学习的最早动力。源于内部需要的学习动机具有更多的坚持性和抗干扰性。然而，不是每个孩子都对教育中涉及的所有内容充满好奇和兴趣。因此，教师要帮助学生将外部调控的学习动机不断内化，形成相对自主调控的学习动机。

2011年 南京师范大学333教育综合·真题解析

一、名词解释

中体西用

中体西用即"中学为体，西学为用"。"中学为体，西学为用"是洋务派关于中西文化关系的核心命题，也是洋务教育的指导思想。洋务派认为在突出"中学"主导地位的前提下，应该肯定"西学"的辅助作用和器用价值。

教育

教育是人的发展与社会发展的中介活动，其主旨在于以人为本、育人成人，培养人成为他所生存的那个时代的社会实践主体，引导人和社会的持续发展。

班级授课制

班级授课制是一种集体教学形式。它把一定数量的学生按年龄与知识程度编成固定的班级，根据周课表和作息时间表，安排教师有计划地给全班学生上课，分别学习所设置的各门课程。

道尔顿制

道尔顿制是美国进步主义教育家帕克赫斯特针对班级授课制的弊端在道尔顿中学实施的一种个别教学制度，也称"道尔顿计划"，主要内容包括在学校废除课堂教学、课程表和年级制，代之以"公约"或"合同式"的学习；将教室改为作业室或实验室，用表格法来了解学生的学习进度等。

问题解决

问题解决是指个体在面临问题情境而没有现成方法可以利用时，将已知情境转化为目标情境的认知过程。当常规或自动化的反应不适用于当前的情境时，问题解决者需要超越对过去所学规则的简单应用，对所学规则进行一定的组合，产生一个解答，达到问题解决的目的。

学习动机

学习动机是动机在学习活动中的表现，是引起和维持个体进行学习活动，并使活动朝向一定的学习目标，以满足某种学习需要的一种内部心理状态。它的主要内容包括知识价值观、学习兴趣、学习效能感和成败归因。

二、简答题

1. 谈谈如何认识教师开展行动研究的意义及行动研究的步骤。

【答案要点】

行动研究是一种由实际工作者在现实情境中自主进行的反思性探索，并以解决工作情境中特定的实际问题为主要目的，强调研究与活动的一体化，使实际工作者从工作过程中学习、思考、尝试和解决问题。

教师作为教育实践的主体，必须通过研究才能改善教育教学活动；教师的教育研究以直接推动教育教学实际工作的改进为目的，它最大的现实意义就在于可以让教师"理解"在他的实践中有着内在联系的多种要素的含义，从而使他的实践更具理性特征。

行动研究的步骤如下：第一，选择和确定研究课题；第二，分析所要研究的问题；第三，拟定解决问题的可能方案与策略；第四，实践尝试行动策略；第五，反馈与评价行动结果；第六，归纳总结。

2. 论述当代学制改革的趋势。

【答案要点】

（1）进一步完善终身教育体系。终身教育是当今各国教育改革的共同指导思想，建立终身教育体系则是各国学制改革的共同目标。

（2）义务教育的范围逐渐扩展，年限不断延长。随着知识社会的到来，大多数国家的义务教育范围有进一步扩展的趋势，主要表现在义务教育的一端在逐渐向幼儿教育方向扩展，而另一端则向初中后教育阶段延伸。

（3）普通教育和职业教育向着综合统一的方向发展。促进普通教育和职业技术教育的结合，是当前各国学制改革的一个重要方面。所采取的措施有在普通学校中加强职业技术教育或在职业技术教育中加强普通教育。

（4）高等教育大众化、普及化。目前，日本、美国等发达国家的高等教育已经达到大众化，正在向着普及化发展，大多发展中国家正在为高等教育的大众化而努力。主要表现在两个方面：第一，高等教育机构的日益多样化；第二，高等教育机构中学生的成分发生了变化，成人大学生所占比重增加。

3. 简述"六艺"教育及其对当代教育改革的意义。

【答案要点】

西周的教育内容总称为"六艺"教育，它是西周教育的特征和标志。"六艺"即礼、乐、射、御、书、数。其中，"礼、乐、射、御"为"大艺"，是大学的课程；"书、数"为"小艺"，是小学的课程。

（1）礼乐。礼乐教育是"六艺"的中心。礼的内容极广，包括政治、伦理、道德、礼仪各个领域。乐教是当时的艺术教育，包括诗歌、音乐和舞蹈。"礼"和"乐"紧密相连，互为表里，其教育作用也各有侧重。"礼"的作用在于约束人们的外部行为，具有一定的强制性；而"乐"则重在陶冶人们内心的情感，是潜移默化的教育。

（2）射御。"射"指射箭的技术训练，"御"指驾驭马拉战车的技术训练。"射"和"御"除了行军战时必用之外，一些典礼活动也要表演射御。以射选士，水平高低将决定射者在贵族中的地位，学御要经过严格训练方能达到标准要求，既学习了武事，也锻炼了身体。

（3）书数。"书"指文字书写，"数"指算法。书、数是文化基础技能，安排在小学学习。西周已有中国教育史上记载最早的儿童识字课本《史籀篇》；西周的数学教学内容较为丰富，《周礼》提出了"九数"，后发展成为《九章算术》。

"六艺"教育包含多方面的教育因素，它既重视思想道德，也重视文化知识；既注意传统文化，也注意实用技能；既重视文事，也重视武备；既要符合礼仪规范，也要求内心情感修养。"六艺"教育有符合教育规律的历史经验，对其后的教育家的思想产生了重要影响，对整个封建社会的教育也影响至深。

4.试述卢梭的自然主义教育及其意义。

【答案要点】

卢梭自然主义教育的核心是"回归自然"。一方面，善良的人性存在于纯洁的自然状态之中。只有"回归自然"、远离喧嚣社会的教育，才有利于保持人的善良天性。因此 15 岁之前的教育必须在远离城市的农村进行。另一方面，每个人都是由自然的教育、事物的教育、人为的教育三者培养起来，只有三种教育圆满地结合才能达到预期的目的。三者之中，应以自然的教育为基准，才能使教育回归自然达到应有的成效。

自然教育最终目的是培养"自然人"，即身心调和发达、体脑两健、能力强盛的新人，也就是摆脱封建羁绊的资产阶级新人。具有以下特征：第一，自然人是能独立自主的人，他能独自体现出自己的价值；第二，在自然的秩序中，所有的人都是平等的；第三，自然人又是自由的人，他是无所不宜、无所不能的；第四，自然人还是自食其力的人，可无须仰赖他人为生，这是独立自主的可靠保证。

卢梭根据自然教育的原则，根据人的自然发展的进程和不同年龄时期身心的特点，把自然教育分为婴儿期、儿童期、少年期和青春期。

卢梭提出的自然主义教育思想是教育思想史上由教育适应自然向教育心理学化过渡的一个重要环节。在封建社会压制人性的情况下，提倡性善论、尊重儿童天性具有历史进步意义。他呼吁培养身心调和发展的自然人和自由人也反映了对人的发展的合理要求。

三、分析论述题

1.评述 19 世纪末 20 世纪初欧美新教育和进步主义教育思潮的共同特征、意义及其局限。

【答案要点】

新教育运动，亦称新学校运动，是指 19 世纪末 20 世纪初在欧洲兴起的教育改革运动，初期以建立不同于传统学校的新学校作为新教育的"实验室"为其特征。

进步主义教育运动是指产生于 19 世纪末并持续到 20 世纪 50 年代的美国的一种教育革新思潮，旨在反对工业社会的政治经济弊病。进步教育理论主要在美国的公立学校中进行。

（1）共同特质：第一，都反映了第一次世界大战前后资本主义国家的政治、经济发展的需要；第二，都反对传统教育，提倡儿童的自由发展；第三，重视儿童培养儿童的"合作"精神；第四，使用新的教学方法；第五，都受实用主义教学理论的影响。

（2）意义：第一，儿童在学校里可以不断获得个性的自由发展；第二，教师能更多地接近与了解儿童，使教学更适合儿童的需要和兴趣；第三，整个学校生活也能成为社会生活的组成部分，使学校与社会生活需要密切结合；第四，进步主义教育运动与新教育运动一起，共同构成了西方现代教育的开端。

（3）局限性：这一时期的欧美教育思潮也存在一些片面性、局限性或不成熟性，留下了许多尚未解决的矛盾。在儿童研究中，有着严重的生物化倾向；具有极端的个人主义性质，过高地估计了儿童自由、个性和创造性的意义；片面强调实用、适应，只顾眼前利益而忽视长远利益，忽视基本知识的传授和一般智力的发展，降低了教育质量，因而引起了传统派思想的回潮。

2.评述陶行知的生活教育理论。

【答案要点】

（1）"生活即教育"。"生活即教育"是陶行知生活教育理论的核心。其内涵包括：生活含有教育的意义；实际生活是教育的中心；生活决定教育，教育改造生活。

"生活即教育"所强调的是教育以生活为中心，所反对的是传统教育脱离生活而以书本为中心。

尽管它在生活与教育的区别和系统的知识传授方面有所忽视，但在破除传统教育脱离民众、脱离社会生活的弊端方面，有十分重要的意义。

（2）"社会即学校"。"社会即学校"是生活教育理论另一重要主张，是"生活即教育"思想在学校与社会关系问题上的具体化。"社会即学校"，是指"社会含有学校的意味"，或者说"以社会为学校"。由于到处是生活，到处都是教育，"整个的社会是生活的场所，亦即教育之场所"。

"社会即学校"，也指"学校含有社会的意味"。也就是说，学校通过与社会生活相结合，一方面运用社会的力量使学校进步，另一方面动员学校的力量帮助社会进步，使学校真正成为社会生活必不可少的组成部分。

"社会即学校"扩大了学校教育的内涵和作用，对于传统的学校观、教育观有所改变。传统学校与社会生活脱节，学生孤陋寡闻，而以社会为学校，使得教育的材料、教育的方法、教育的工具、教育的环境可以大大地增加，有利于拓展学生的知识，增强学生的能力。"社会即学校"，还可以使被传统学校拒之门外的劳苦大众能够受到起码的教育，贯穿了普及民众教育的苦心，同样也值得肯定。

（3）"教学做合一"。"教学做合一"是生活教育理论的又一重要主张，是"生活即教育"在教学方法问题上的具体化。其含义为：教的方法根据学的方法，学的方法根据做的方法。事怎样做便怎样学，怎样学便怎样教。教与学都以做为中心。

陶行知的生活教育理论是一种大众的、为人民大众服务的教育理论，且还是一种不断进取创造，旨在探索具有中国民族特色的教育道路的理论。生活教育理论还在教育观念的改变方面颇有建树，无论是强调学校教育与社会生活、生产劳动相结合，还是要求手脑并用、在劳力上劳心，都是对学校与社会割裂、书本与生活脱节、劳心与劳力分离的传统教育的反动，显示出强烈的时代气息，至今都富于启示。陶行知的生活教育理论是我国民族教育理论宝库中十分可贵的遗产，值得我们珍惜并认真研究借鉴。

3. 论述师生关系的历史转变，并结合自己的经验谈谈你对这一问题的认识。

【答案要点】

师生关系的历史转变如下：

（1）教师中心的师生关系。这是传统社会中典型的师生关系。在以教师为中心的传统师生关系中，教师与学生之间是支配与从属、控制与服从、统治与被统治的关系。学生的主体性被漠视，与此同时教师的主体性也丧失了，因为他们也同样被知识所奴役，丧失了自己的精神自由。

（2）学生中心的师生关系。19世纪末20世纪初，随着社会平等、民主等观点的形成，传统的以教师为中心的师生关系逐渐受到批判，在世界各国的教育改革中出现了以儿童、学生为中心的师生关系，即学生成为整个教育教学活动的中心，他们的兴趣和需要得到了极大的尊重，主体性得到了充分的发挥。学生中心尽管是对教师中心的一种反叛，但它使师生关系从一种不平等又滑向了另一种不平等。没有教师主体地位的确立，学生的主体地位也将成为虚妄。

（3）教师主导、学生主体的师生关系。20世纪80年代，在我国教育理论界又提出了建立教师主导、学生主体的师生关系。主张作为社会的代表以及闻道在先的教师在教学活动中应起主导作用，而作为具有主观能动性的学生，则是其自身学习活动的主体，在教育活动中二者都不可偏废。

4. 结合中学生的时代特点谈谈你对当前基础教育问题的理解。

【答案要点】

20世纪90年代以来，少年儿童的发展明显表现出以下特点：

（1）身体素质得到改善，生理成熟提前。但依然存在不容忽视的问题，如肥胖儿增多、学生近视严重记忆中学生睡眠不足等。

（2）注重个人发展，追求自我完善。主要表现为对自我发展充满信心、敢于维护自己的权利等。但是伴随青少年儿童独立意识增强的同时，也出现了自私、缺乏合作和责任等人格特质。

（3）平等意识增强，富有宽容精神。他们不仅要求自己的人格能够得到他人的尊重，同时能够尊重不同意见，甚至能够原谅欺负或伤害过自己的人。

（4）关心国家大事，具有较强的社会责任感。他们能够积极参加学校组织的各种政治活动和社会公益活动，为社会贡献自己的力量。

（5）喜欢具有探索性和操作性的学习方式。不再满足于教师讲学生听的被动教学模式，更喜欢那些操作性、探索性强的课程。

（6）心理问题增多。目前学生的心理问题主要表现在学习压力、人际关系、情绪情感等方面。

（7）传播媒介对儿童的不良影响增多。

综上，当今的学生不仅在体格方面有了较大的提高，而且在思想价值观念等方面出现了许多好的、符合时代精神的人格特质，这些都是今天的基础教育应该认识和顺应的。但同时我们还必须正视所出现的一些问题，重视保护学生的身心健康，提高学生的体能；关注学生的道德人格，为学生的茁壮成长奠定良好的社会环境。

我国基础教育课程目前存在的问题有：

（1）课程目标的理想与现实产生严重的偏离。课程应该促进学生的全面和谐发展，但实际上，表现在学生身上发展较好的是"基础知识和技能"，很多重要的目标，例如自主与创造、动手能力、对他人的关怀情感等发展得都比较差。

（2）课程内容偏多偏难，要求偏高而且与课程目标有一定的偏离；甚至教学的内容与德智体全面发展的课程目标要求有一定的错位与偏差。

（3）学生的学习生活质量不容乐观。学生普遍反映课时量较大，自由支配时间很少，很难有机会发展自己的个性特长。

（4）考核方式单一，结果处理不当。考试多是书面测验，偏重知识，对于实践能力等，缺少相应的实践性考核。而且很多学校还存在考后排名次、处罚考得差的学生等现象，严重危害了学生的身心健康。

（5）应试教育也是我国基础教育中存在的一大弊端。应试教育的出发点不仅忽视了社会发展对人才的要求，而且也忽视了个体身心发展的要求，将教育活动变为一种纯粹应对考试的技能技巧训练。应试教育虽然也可能使学生获得一些知识，提高某些方面的素质，但是这种知识、素质却是狭隘的、片面的。

针对基础教育课程目前存在的问题，我国新一轮基础教育课程改革的具体目标有以下六个方面：

（1）转变课程功能。改变课程过于注重知识传授的倾向，强调让学生形成积极主动的学习态度，使学生获得基础知识与基本技能的过程同时成为学会学习和形成正确价值观的过程。

（2）优化课程结构。改变课程结构过于强调学科本位、科目过多和缺乏整合的现状，整体设置九年一贯的课程门类和课时比例，体现课程结构的均衡性、综合性和选择性。

（3）更新课程内容。改变课程内容"繁、难、偏、旧"和过于注重书本知识的现状，加强课程内容与学生生活以及现代社会和科技发展的联系，关注学生的学习兴趣和经验，精选终身学习必备的基础知识和技能。

（4）转变学习方式。改变课程实施过于强调接受学习、死记硬背、机械训练的现状，倡导学生主动参与、乐于探究、勤于动手，培养学生搜集处理信息的能力、获取新知识的能力、分析和解决问题的能力以及交流与合作的能力。

（5）改革课程评价。改变课程评价过分强调甄别与选拔的功能，发挥评价促进学生发展、教师提高和改进教学实践的功能。

（6）深化课程管理体系改革。改变课程管理过于集中的状况，实行国家、地方、学校三级课程管理，增强课程对地方、学校及学生的适应性。

2010年 南京师范大学333教育综合·真题解析

一、名词解释

课程

课程是由一定的育人目标、特定的知识经验和预期的学习活动方式构成的一种蕴含着丰富、基本而又有创造性与潜质的一套计划与设定。广义的课程指所有学科的总和，狭义的课程指一门学科。

最近发展区

维果茨基认为，在进行教学时必须注意到儿童的两种水平，一种是儿童现有的发展水平，另一种是即将达到的发展水平，维果茨基把这两种水平之间的差距称为最近发展区，即独立解决问题的真实发展水平和在成人指导下或与其他儿童合作情况下解决问题的潜在发展水平之间的差距。

自我提高驱动力

自我提高驱动力即自我提高内驱力，是个体因自己的胜任能力或工作能力而赢得相应地位的需要。它不直接指向学习任务本身，而是将成就看作赢得地位与自尊心的根源，是一种外部动机。

终身教育

终身教育是人一生各阶段当中所受各种教育的总和，也是人所受的不同类型教育的综合。前者从纵向上讲，说明终身教育不仅仅是青少年的教育，而且涵盖了人的一生；后者从横向上讲，说明终身教育既包括正规教育，也包括非正规教育和非正式教育。

自我效能

自我效能感由班杜拉提出，是指个体对自己能否成功进行某一成就行为的主观判断。它影响着个体对行为的选择、付出多大努力以及坚持多久。

苏格拉底法

苏格拉底法也称"问答法""产婆术"，是由讥讽、助产术、归纳和定义四个步骤组成的独特的方法。这是苏格拉底探讨伦理哲学的研究方法，也是他的教学方法。

赫尔巴特的四段教学法

赫尔巴特提出了教学形式阶段理论，即"四段教学法"，包括明了、联合、系统和方法四个阶段，四段教学法在一定程度上揭示了教学过程方面的某些规律，反映了人类对教学过程和教学活动本质认识的发展，具有广泛的实践意义是值得充分肯定的；但是，该理论认为任何一堂课都必须遵循这样一个阶段，既限制了学生学习的积极主动性和创造精神，也束缚了教师教学的主动性和灵活性。

二、简答题

1. 简述《学记》在教学思想上的贡献。

【答案要点】

《学记》也是《礼记》的一篇，是中国古代最早的一篇专门论述教育、教学问题的论著，因此有人认为它是"教育学的雏形"。《学记》是先秦时期儒家教育和教学活动的理论总结，它主要论述教育的具体实施，偏重于说明教学过程的各种关系。

（1）教育的作用与教育目的。

①对个人的作用与目的。教育通过对人有目的、有计划地培养，使每个人都形成良好的道德和智慧，懂得去维护国家利益和社会安定。

②对社会的作用与目的。《学记》认为实现良好政治的最佳途径是"化民成俗"，即兴办学校，推行教育，作育人才，以教化人民群众遵守社会秩序，养成良风美俗。

③评价。《学记》将教育与政治高度结合起来，使教育成为政治的手段。尽管它也说明了教育在人的发展中的作用，但人的发展问题是服从于政治与社会的发展的。因此，教育与人的关系只是一个中介。《学记》对教育的这种看法，成为以后历代学者看待教育的基本出发点。

（2）教育制度与学校管理。

①学制与学年。关于学制系统，《学记》以托古的方式，提出了从中央到地方按行政建制建学的设想。关于学年，《学记》把大学教育年限定为两段、五级、九年。第一、三、五、七学年毕，共四级，为一段，七年完成，谓之"小成"；第九年毕为第二段，共一级，考试合格，谓之"大成"。这也是古代年级制的萌芽。

②视学与考试。《学记》十分重视大学开学和入学教育，把它作为教育管理的重要环节。开学这天，天子率百官亲临学宫，参加开学典礼，祭祀"先圣先师"。还定期视察学宫，体现国家对教育的重视。学习过程中，规定每隔一年考查一次，以表示这一阶段学业的完成。

（3）教育、教学的原则。

①豫时孙摩。预防性原则：要求事先估计学生可能会产生的种种不良倾向，预先采取预防措施；及时施教原则：要求掌握学习的最佳时机，适时而学，适时而教；循序渐进原则：教学必须遵循一定的顺序，包括内容的顺序和年龄的顺序；学习观摩原则：学习要相互观摩，取长补短。同时，借助集体的力量进行学习。

②长善救失。长善救失原则要求教师懂得并掌握教育的辩证法，坚持正面教育，善于因势利导，利用积极因素，克服消极因素，将缺点转化为优点。

③启发诱导。君子的教育在于诱导学生，靠的是引导而不是强迫服从，是启发而不是全部讲解。只有这样，才能调动学生学习和思考的积极性、主动性，使学生的思维能力得到锻炼和发展。

④藏息相辅。既有有计划的正课学习，又有课外活动和自习，有张有弛，让学生感受到学习的乐趣，感受到老师、同学的可亲可爱，使学习成为学生的一种内在需要。

（4）教学方法。

①讲解法。"约而达"，即语言简约而意思通达；"微而臧"，即义理微妙而说得精善；"罕譬而喻"，即举少量典型的例证而使道理明白易晓。

②问答法。教师的提问应先易简后难坚，要循着问题的内在逻辑，而答问则应随其所问，有针对性地作答，恰如其分，适可而止，无过与不及。

③练习法。根据学习的内容来安排必要的练习，练习需要有规范，并且应逐步地进行。

（5）尊师重教与"教学相长"。

《学记》十分尊师。首先，社会上每个人，从君到民，都是教师教出来的，尤其是以教育为治术就离不开好老师。社会要尊师，君主应当带头。其次，把为师、为长、为君视为一个逻辑过程，使为师实际上成为为君的一种素质、一项使命。再次，没有教师的教育引导，五服之内的人们也不会懂得相亲相爱。

对教师的要求为：

① "记问之识，不足以为人师"。强调学识只是为师的条件，而非充分条件。

② "君子既知教之所由兴，又知教之所由废，然后可以为人师也"。指出懂得教育成败的原理可以为师。

③ "君子知至学之难易，而知其美恶，然后能博喻，能博喻然后能为师"。指出善于在分析达成学习目标的难易程度和学生素质高下的基础上，采取各种有针对性的教学方法，可以为师。

④ 教师自我提高的规律：教学相长。"教学相长"的本意并非指教与学双方的相互促进，而是仅指教这一方的以教为学。它说明了教师本身的学习是一种学习，而教导他人的过程更是一种学习，正是这两种不同形式的学习相互推动，使教师不断进步。后人在注释"教学相长"时做了引申，将其视为教学过程中教师、学生双方的互相促进、共同提高的过程。

《学记》为中国教育理论的发展树立了典范，其历史意义和理论价值十分显著。它的出现，意味着中国古代教育思维专门化的形成，是中国教育理论发展的良好开端。

2. 道德教育如何与生活相联系？

【答案要点】

理论和生活相结合的原则是指进行德育要注重引导学生把思想政治观念和社会道德规范的学习同参与生活实践结合起来，把提高道德认识与养成良好道德行为结合起来，做到心口如一，言行一致。

德育目的归根到底是引导学生审视生活、评价生活，感悟生活意义与生活追求，形成选择生活、更新生活的意向与能力，因此不能不面向学生的现实生活。对青少年来说，注重理论与生活实践的结合十分必要。道德知识与原理在一定意义上可以通过言教与学习获得，而道德情感、道德行为与习惯的形成则复杂得多，需要经过长期的生活体验与实际锻炼，克服各种内外的障碍才能达到。

贯彻理论和生活相结合原则的要求有：

（1）理论学习要结合学生生活实际，切实提高学生的思想。在德育中，以一定的道德观念和思想政治理论教育学生是必要的。道德源于生活，品德养成于生活，但这并不意味着可以拒斥理论的学习，而是表明了理论的教育与学习必须以学生的实际生活为基点，同学生的实际生活相结合。

（2）注重实践，培养道德行为习惯。德育要以生活为基础，要寓于经常的活动与交往。德育的理论学习要见诸行动，要注重引导学生的实践活动与交往，组织他们适当地参加集体生活、公益劳动、社会服务、政治活动，让他们在实践中锻炼成长，深化思想认识和情感体验，养成好的行为习惯，这是学校德育不可或缺的方面。

此外，道德信念具有抽象性、普遍性，而生活则是具体的、特殊的，学生即使具有一定道德信念，但遇到复杂的生活问题时，也往往会不知所措、束手无策。这也是学生常常说得多、做得少或办事的动机好、效果却不好的原因之一。在这个意义上，也要让学生在实践中学习行为方式，锻炼应变能力。

3. 简述班级授课制及其改革。

【答案要点】

班级授课制是一种集体教学形式。它把一定数量的学生按年龄与知识程度编成固定的班级，根据周课表和作息时间表，安排教师有计划地给全班学生上课，分别学习所设置的各门课程。

（1）其优点在于：第一，形成了严格的教学制度；第二，以课为单位科学地组织教学；第三，能充分发挥教师的主导作用；第四，能促进学生的社会化与个性化；第五，便于传授系统的科学知识。

（2）其缺点在于：第一，不利于照顾学生的个别差异；第二，不利于培养学生的兴趣、特长和发展个性；第三，不利于理论联系实际；第四，不利于实现教学的灵活性。

（3）其改革方向趋势为：第一，根据学生年龄、学科性质等不同情况，对每节课的时间长度，做有弹性的不同规定；第二，加强班级教学中的小组与个别指导活动；第三，提高学生在教学活动中的主体地位与作用；第四，注重到特定的实验室、作业室里上课，或在现场教学；第五，将班级上课、分组学习、个别辅导恰当地结合起来；第六，防止班的人数超限，逐步实现小班教学；第七，允许成绩优异或有特长的学生跳级、选班或选课等。

4. 简述校本课程开发的特征、优势、不足及思考。

【答案要点】

（1）校本课程是以学校为课程编制主体，自主开发与实施的一种课程，是相对于国家课程和地方课程的一种课程。

（2）其优点在于：第一，有助于最大限度地促进每个学生的发展，有助于提高教师的专业水平，有助于提高学校的办学水平；第二，校本课程的开发使教师成为课程开发的主体，确立了教师的专业自主地位，给教师的个性化教学提供了机会。

（3）其缺点在于：第一，很多学校开发的校本课程缺乏长远的规划，都是教师有什么特长就开什么课；第二，教师队伍团队缺乏多样化；第三，学校之间的交流不够，不利于资源共享，实现校本课程的系统性。

校本课程开发的意义在于：

（1）弥补国家课程不足。校本课程是在保证国家对教育的统一基本要求的前提下，以学校自身特色为主要特征，为学生提供多样化可选择的课程，它在一定范围内补充了国家课程、地方课程开发的不足。

（2）形成学校办学特色。各学校开发出适合自身特点及发展需要的课程体系，能在保证国家教育整体质量的基本前提下，使不同学校之间因校本课程建设的差异，形成不同的办学特色。

（3）促进学生个性形成。校本课程在内容上丰富多彩、在形式上灵活多样、在操作时间上因地制宜，拓宽了学生学习领域、开阔了学生视野、丰富了学生的生活，有助于学生个性的形成。

（4）提升教师专业水平。校本课程开发赋予了教师一定的自主权，充分调动了教师积极参与课程开发的热情，为教师提供了发挥创造性的空间和大显身手的机会。

三、分析论述题

1. 结合你自己的教育教学实践，谈谈教育与人身心发展的关系。

【答案要点】

（1）教育在人的发展中起引领作用。教育在年轻一代的发展中起着引领作用主要体现在：有意识地为年轻一代的成长选择、建构、调控良好的环境，对他们的生活、交往、学习与实践等活动进行正确的教导、示范和辅助，并注重尊重他们的主体地位和激发、引导他们内在的学习动力与自我发展的能动性和自主性，从各方面引领、关怀、维护他们的发展。

（2）学校教育主要通过传承文化科学知识来培养人。学校教育是教育者有意识地为儿童的身心发展精心设置的一种环境，它把经过选择的、重新组编的、人类长期积累起来的文化知识作为精神客体与儿童互动，以促进儿童的发展，使他们成人成才。文化知识蕴含着有利于人的发展的多方面价值：

①促进人的认识的发展。知识是人类长期认识与实践的成果，是前人遗留下来的精神财富。学生掌握和运用前人的知识，就等于继承和掌握了前人认识的资源和工具，以此来认识世界。如今，借助于网络与数字化信息，能更快捷有效地获取知识，使人类的认识实现了又一次新的飞跃。

②促进人的精神的发展。知识蕴含着科学精神和人文精神。科学精神引导人实事求是、独立思考、追求真理；人文精神则引导人追求人生的意义与尊严，坚持自由、平等与公正，争取人的合理存在，向往人的解放。二者不单是一个知识问题、认识问题，而是引导学生从知识、认识层面上升到人格层面，让学生在这个过程中接受科学精神和人文精神的陶冶。

③促进人的能力的发展。知识及其运用能力是前人在认识事物、解决具体问题的过程中提炼形成的结晶。因此，要有效地发展学生的认识问题和处理问题的能力，不仅要引导他们学习、理解知识，还要引导他们运用知识去解决各种实际存在的问题。

④促进人的实践的发展。主要指促进人运用知识去指导、推进社会实践的发展。当学生通过学习获取了知识，认识了某种事物特性，就能获得改造某种事物的可能性，推动这一领域的社会实践的发展。

总的来说，鉴于知识的多方面的价值，要有效地促进学生的发展，教育必须引导学生尊重、热爱知识，追求真知，创造性地理解、运用知识，并在这个过程中使儿童的智能、品德、审美等方面获得自由而全面的发展，成为社会实践的主体。但切记不可搞"唯知识教育论"。

（3）学校教育对提高人的现代性有显著的作用。教育在人的现代化过程中起着重要作用，因为学生在学校里不仅学会了读、写、算等各个方面的基础知识与技巧，而且学到了与他们个人的发展和国家的未来有关的态度、价值和行为方式。人的现代化是社会现代化的重要基础和前提条件，我们应该自觉地优先发展教育，高度重视并充分发挥教育对人的现代化的促进作用。

2. 皮亚杰的认知发展阶段理论及其对学校教育的启示。

【答案要点】

皮亚杰是瑞士著名的发展心理学家，终身致力于个体认知发展的研究，提出了认知发展的阶段理论。

（1）感知运动阶段（0~2岁）。这一时期为儿童思维的萌芽期。在这一阶段，儿童主要通过探索感知觉与运动之间的关系来获得动作经验，其中，手的抓取、嘴的吸吮是他们探索世界的主要手段。这个阶段的显著标志是儿童渐渐获得了客体永久性。

（2）前运算阶段（2~7岁）。这一时期是儿童表象思维阶段。在这一阶段，儿童能运用语言或较为抽象的符号来代表他们经历过的事物，凭借表象思维，他们可以进行各种象征性活动或游戏、延缓性模仿以及绘画活动等。这一时期儿童在认知方面具有具体形象性、泛灵论、自我中心主义、集体的独白、集中化等特点。

（3）具体运算阶段（7~11岁）。这一阶段相当于小学阶段。此阶段儿童的认知结构已经发生了重组和改善，思维具有一定的弹性，可以逆转，已经获得长度、体积、质量和面积等的守恒，能凭借具体事物或从具体事物中获得的表象进行逻辑思维和群集运算。这一时期儿童在认知方面具有去集中化、去自我中心等特点。

（4）形式运算阶段（11岁至成年）。此阶段儿童的思维已经超越了对具体的可感知的事物的依赖，能以命题的形式进行，并能发现命题之间的关系，能理解符号的意义，能进行一定的概括。思维已经接近成人的水平。这一阶段的儿童在认知方面具有抽象思维获得发展、青春期自我中心的特点。

根据皮亚杰的认知发展理论，教育教学应注意以下几点：

（1）提供活动。教师既应为学生创设大量的物理活动，也应为他们提供相应的心理活动机会。

在形式运算阶段前，教师应为学生提供从现实物体和事件中学习的机会。

（2）创设最佳的难度。皮亚杰认为认知发展是通过不平衡来促进的。因而，教师要通过提问来引起学生认知的不平衡，并提供有关的学习材料或活动材料，促使学生的认知发展。

（3）关注儿童的思维过程。在教学中，教师必须认识到儿童思考问题的方式与成人不同，并根据儿童当前的认知水平提供适宜的学习活动，这样才能真正促进儿童的认知发展。

（4）认识儿童认知发展水平的有限性。教师需要认识各年龄阶段儿童认知发展所达到的水平，遵循儿童认知发展顺序来设计课程，这样在教学中就会更加主动。

（5）让儿童多参与社会活动。儿童在参与社会活动的过程中，能够逐渐认识到他人的观点与自己的不同，引发认知发展。

3. 试论述唐代科举制度的作用及其影响。

【答案要点】

科举制度即个人自愿报考，县州逐级考试筛选，全国举子定时集中到京都，按科命题，同场竞试，以文艺才能为标准，评定成绩，限量选优录取，是一种选官制度，以这种方式选拔国家官员。

科举制度的积极影响有：

（1）扩大了统治基础，有利于加强中央集权。通过科举考试，平民及中小地主阶层获得了参政的机会，打破了门阀士族地主垄断统治权力的局面，扩大了封建统治的统治基础。同时，通过科举考试，朝廷将选士大权收归于中央政府，强化了中央集权的统治。

（2）使选士与育士紧密结合。促进人们的思想统一于儒学，成为实施儒家"学而优则仕"原则的途径。刺激学校教育的发展，有利于教育的普及。

（3）使选拔人才较为客观公正。隋唐科举考试在发展的过程中逐步建立了较为完备的考试制度，同时逐步建立了一系列的考试防范措施，加强考试管理。

科举制度的消极影响有：

（1）国家只重科举取士，而忽略了学校教育。学校成为科举考试的预备机构，一切教学活动都围绕着科举考试来进行，学校失去了相对独立的地位和作用。

（2）束缚思想，败坏学风。学校教学安排围绕科举进行，导致学校教育中重文辞少实学，重记诵而不求义理，形成了教条主义、形式主义的学习风气。在科举制的影响下，读书的目的不是求知求真，而是为了功名利禄，具有强烈的功利色彩。

（3）科举考试内容的狭隘也阻碍了中国文化的和谐发展，特别是科技文化的发展。

4. 评述杜威的实用主义教育理论。

【答案要点】

杜威是20世纪美国著名的哲学家和教育家，他以实用主义哲学、民主主义政治理想和机能心理学为基础，通过批判地继承前人的思想，构建起庞大的教育哲学体系，成为现代教育的代表人物。主要著作有《民主主义与教育》《我的教育信条》等。

（1）论教育的本质。杜威对于"什么是教育"的问题，给出的回答是：教育即生活、学校即社会、教育即生长、教育即经验的持续不断的改造。

（2）论教育的目的。

教育无目的论。从教育本质论出发，杜威反对外在的、固定的、终极的教育目的，认为教育无目的。杜威所希求的是过程内的目的，这个目的就是"生长"。

教育的社会目的。杜威强调过程内的目的不等于否定社会性的目的。杜威要求教育为社会进步服务，为民主制度的完善服务。他认为教育是社会进步及社会改革的基本方法，学校是社会进步和改革的最基本和最有效的工具。在民主社会中，个人发展与社会进步是统一的。

（3）论课程与教材。

从做中学。杜威以其经验论为基础，要求从做中学、从经验中学，要求以活动性、经验性的主动作业来取代传统书本式教材的统治地位。在杜威看来，这种活动性、经验性课程既能满足儿童的心理需要，又能满足社会性的需要，还能使儿童对事物的认识具有统一性和完整性。

教材心理学化。杜威主张以"教材心理学化"来解决怎样使儿童最终获得较系统的知识而同时又能在学习过程中顾及儿童的心理水平。"教材心理学化"是指把各门学科的教材或知识各部分恢复到它所被抽象出来之前的原来的经验。这种心理化就是把间接经验转化为直接经验，即直接经验化。之后再将已经经验到的那些东西累进地发展为更充实、更丰富也更有组织的形式，即逐渐地接近提供给有技能的、成熟的人的那种教材形式。

（4）论思维与教学方法。

反省思维。杜威所力倡的反省思维是指对某个经验情境中的问题进行反复的、严肃的、持续不断的思考，其功能在于求得一个新情境，把困难解决、疑虑排除、问题解答。

五步教学法。杜威根据科学的实验主义探究方法和反省思维方式，提出了五步教学法，即创设疑难的情境、确定疑难所在、提出问题的种种假设、推断哪种假设能解决这个困难、验证这种假设。

（5）论道德教育。

杜威认为道德教育的主要任务是协调个人与社会的关系。他认为个人的充分发展是社会进步的必要条件，社会的进步又可以为个人的发展提供更好的基础。他反对过分强调个人自由和竞争的旧个人主义，而提倡强调人与人之间的合作，强调社会责任和理智作用的新个人主义。

教育的道德性和教育的社会性是相通的，道德教育应在社会性的情境中进行而不能只停留于口头说教；要求学校生活、教材、教法皆应渗透社会精神，视学校生活、教材、教法为"学校道德三位一体"，这三者都是道德教育的重要途径。

（6）杜威教育思想的影响。

①杜威是西方现代教育派的理论代表。他对传统教育的整个理论体系发起挑战，奠定了现代教育的理论大厦的基石。

②杜威是新教育的思想旗手，他的教育理论突破以往建立在主客体两分之上的传统教育的弊端，将知行合一，使教学中死的知识变为活的知识，突破了内发论和外铄论，将教育看作人与环境的交互过程中经验的观点具有很高的创造性。

③杜威奠定了儿童中心论，解决教育与儿童相脱离的问题，并通过学校与社会的统一、思维与经验的统一，解决教育与实践、学校与社会脱离的问题。

④杜威提出了做中学这一建立在新哲学和心理学基础上的新方法，拓宽了教学形式和方法，提高了教学专业化水平。

⑤杜威的教育理论对世界教育进程发挥了巨大作用，对日本、中国、苏联等国具有直接的影响。

⑥杜威的理论偏重儿童、活动、经验三中心而使得教育实践忽视了系统知识的传授以致引发了自由与纪律、教师与学生关系等诸多矛盾。另外根据经验和教材心理化原则编写新型教材的设想过于理想化，难以实现。

2022年 苏州大学 333 教育综合·真题真练

一、填空题

1. 夸美纽斯采用_____方法进行理论论证。
2. 西方早期以教师为职业的群体是v。
3. 阮元创办了两个学堂：_____和学海堂。
4. 斯滕伯格三元智力理论包括_____智力和创造性智力、应用性智力。
5. 《人是教育的对象》是_____的著作。
6. 巴西多创立了_____，采取自然法教学。
7. _____是有意识、需要努力，也需要心理努力，按照规则进行的学习。
8. 中国古代封建社会对儿童进行教育的场所是_____。
9. 菲茨和波斯纳提出的动作技能领域，包括认知阶段、联系阶断和_____。
10. 提出"公其是非于学校"理论的是_____。

二、名词解释

形成性评价　接受学习　隐性课程　内发论　学习动机　晶体智力

三、简答题

1. 简述董仲舒三大文教政策。
2. 简述罗杰斯的师生关系。
3. 简述建构主义学生观。
4. 简述马卡连柯集体教育模式。
5. 简述1944年教育法（英国）。

四、分析论述题

1. 反省杜威思维五步法在教学当中的应用。
2. 比较两种不同取向的课程实施的异同。

五、材料题

请阅读一下材料，回答后面的问题。

我国著名教育家张伯苓，1919年之后相继创办南开大学、南开女中、南开小学。他十分注意对学生进行文明礼貌教育，并且身体力行，为人师表。

一次，他发现有个学生手指被烟熏黄了，便严肃地劝告那个学生说："烟对身体有害，要戒掉它。"没想到那个学生有点不服气，俏皮地说："那您吸烟就对身体没有害处吗？"张伯苓对于学生的责难，歉意地笑了笑，立即唤工友将自己所有的吕宋烟全都取来，当众销毁。还折断了自己用了多年的心爱的烟袋杆。他诚恳地说："从此以后，我与诸同学共同戒烟。"果然，打那以后，他再也不吸烟了。

结合案例，说明材料中的德育方法，并说明使用时的具体要求。

2021年 苏州大学 333 教育综合·真题真练

一、名词解释
图式　发现学习　流体智力　分科课程　生计教育　诊断性评价

二、简答题
1. 简述崇宁兴学的改革政策。
2. 简述文艺复兴中的人文主义。
3. 简述教育目的和培养目标的区别。
4. 简述加涅对学习结果的分类。
5. 简述赞科夫的教学原则。

三、分析论述题
1. 论述晏阳初的"四大教育"和"三大方式"。
2. 论述建立学制依据的原则。

四、材料分析题
材料：某小学三年级学生刘勇因上课迟到被老师罚去打扫卫生，遭到同学讥笑，他非常委屈，也很困惑。从小到大老师和父母都说劳动是件光荣的事情，于是他写了日记，第二天交给老师。方老师在课堂上批评他，说："你们还小，很多事不懂。"并且气愤地撕了他的日记。刘勇哭了，看着老师把他的日记撕到粉碎……

材料中教师的做法是否正确？请用常见的德育原则给出建议。

2020年 苏州大学 333 教育综合·真题真练

一、名词解释
教师的期望效用　中体西用　活动课程　教育功能　元认知　同化

二、简答题
1. 简述现阶段教育体制的发展趋势。
2. 简述1958年美国《国防教育法》的主要内容。
3. 列举《学记》中的教学原则。
4. 列举几个有代表性的德育模式（至少四个）。
5. 简述"泰勒原理"的四个基本内容。

三、分析论述题

1. 试论述陶行知的生活教育理论。
2. 试论述卢梭的自然教育阶段及任务。

四、材料分析题

1. 小明中考失利，高中不想辜负父母努力学习，成绩一直保持中上。后来期末考试没考好，寒假发奋学习，仍然不理想，小明因此觉得自己很笨。父母多次批评，教师多次谈话，但没有效果。

利用教育学和心理学知识给予建议。

2. 案例1：宋朝有个神童，名叫方仲永。据说五岁的时候，就能"指物为诗"。同乡的人对此感到惊奇，渐渐请他父亲去做客，有的人还花钱求仲永题诗。父亲把这种情况看作有利可图，每天拉着仲永四处拜访同乡的人，不让他读书。他到十二三岁时，让他写诗，他写出来的诗已经不能与从前的名声相称。又过了七年，已经和普通人没有什么两样了。王安石感到惋惜，为此写了一篇文章，叫《伤仲永》。

案例2：达尔文从小喜欢调皮捣蛋，除了打猎、玩狗、抓老鼠，别的什么都不管，父亲和老师都很头疼。后来达尔文遇到了一位教授，教授带着他探索自然……达尔文最终写出了《物种起源》。

结合事例，说明影响人的身心发展的因素。

2019年 苏州大学333教育综合·真题真练

一、名词解释

道尔顿制　三舍法　先行组织者　"五育"并举

二、简答题

1. 夸美纽斯的教学原则。
2. 孔子的教师观。
3. 科尔伯格的道德发展阶段论。
4. 人的身心发展的特点。

三、分析论述题

1. 赫尔巴特的教学形式四阶段理论。
2. 教育的个体功能和社会功能的关系。

四、材料分析题

材料：在教师的教学结果评价中，十几个学习成绩不好的学生给一位平时对学生严格要求的年轻教师打了低分，而给那些对学生管束松散，上完课就走的老师，却打了高分。这位年轻老师负气，带着情绪上课，就这样闹了两个星期，全班学生的成绩都受到了影响。

用教育理论评述材料，并对良好师生关系的建立提出建议。

2018年 苏州大学 333 教育综合·真题真练

一、名词解释
学习动机　教学模式　朱子读书法　发现学习　义务教育　进步主义教育

二、简答题
1. 简述教育起源的主要观点。
2. 简述经验主义课程论的代表人物和主要观点。
3. 简述社会本位论的主要观点。
4. 简述影响人的身心发展的主要因素。
5. 简述布鲁纳认知结构教学论的基本原则。

三、分析论述题
1. 教学中应该遵循哪些原则？选择一个你喜欢的进行举例论证。
2. 结合人的全面发展思想，论述中国学生核心素质的构成要素。

四、材料分析题
1. 教师不管后进生，轻视后进生，而后某后进生十分努力，最后排名班级第一。英语老师怀疑他，在全班同学面前去质疑他。（材料具体内容缺失）
自选角度结合教育原理进行分析。

2. 材料1：雪融化了变成什么呢？孩子说春天，教师说正确答案是水。
材料2：树梢有5只鸟，开一枪还有几只？儿童说3只，儿童的理由是鸟爸爸死了，鸟妈妈难受地飞走了，就剩3个鸟宝宝了。
根据材料谈谈你对教学回归儿童生活世界的理解。

2017年 苏州大学 333 教育综合·真题真练

一、名词解释
稷下学宫　学习动机　学制　绅士教育　进步主义教育　《国防教育法》

二、简答题
1. 19世纪末20世纪初期的教育思潮和教育实验。
2. 简述埃里克森的心理社会发展理论。
3. 简述《大学》的"三纲领八条目"。
4. 简述科尔伯格的道德发展阶段理论。

三、分析论述题

1. 请结合实际论述教育对社会的功能。
2. 为什么教育对人的发展起主导作用？试分析教育起主导作用的条件。
3. 试述《学记》的教育思想。
4. 试述并评价主要的学习理论。

2016年 苏州大学 333 教育综合·真题真练

一、名词解释

义务教育　庚款兴学　最近发展区　终结性评价　发现学习　要素主义教育

二、简答题

1. 简述教师劳动的特点。
2. 简述欧洲人文主义教育的特征和贡献。
3. 简述黄炎培的职业教育思想。
4. 简述精细加工策略的主要内容。

三、分析论述题

1. 论述柏拉图的教育思想。
2. 论述董仲舒的教育思想。
3. 论述学科结构课程的主要观点。
4. 论述学校管理的发展趋势。

2015年 苏州大学 333 教育综合·真题真练

一、名词解释

班级授课制　学制　课程　中世纪大学　教学模式　癸卯学制

二、简答题

1. 简述教育对人的发展的作用。
2. 罗杰斯的人本主义教学观。
3. 简述英国《1944年教育法》。
4. 简述教学过程的性质。

三、分析论述题

1. 论述洋务学堂的特点、兴起的背景及在近代教育中的作用。
2. 论述卢梭自然主义教育思想的内容及影响。
3. 结合教育的社会流动功能，试分析现阶段我国教育公平问题。
4. 结合自身实际，谈谈如何培养和发展学生创造性思维能力。

2014年 苏州大学333教育综合·真题真练

一、名词解释

《颜氏家训》 "七艺" 《莫雷尔法案》 教育目的 学习策略 校长负责制

二、简答题

1. 简述朱熹的道德教育方法。
2. 简述永恒主义教育思想。
3. 简述建构主义学习观的基本特点。
4. 简述德育过程的性质。

三、分析论述题

1. 试述蔡元培在北京大学的改革措施及其影响。
2. 试述马克思关于人的全面发展的教育思想。
3. 评述我国新课程改革的基本理念。
4. 结合实际谈谈如何维护教师的心理健康。

2013年 苏州大学333教育综合·真题真练

一、名词解释

教育家 双轨制 稷下学宫 《爱弥儿》 恩物 倒摄抑制 心智技能 皮格马利翁效应

二、简答题

1. 简述欧洲文艺复兴时期人文主义教育的基本特征。
2. 简述德育过程的基本特征。
3. 简述夸美纽斯教育思想的基本主张。
4. 简述建构主义学习理论的基本观点。
5. 简述创造性的心理结构及其培养措施。

三、分析论述题

1. 论述教学过程的性质，并结合实际，论述进行教学应处理的一些关系。
2. 根据教育对社会的发展作用，论述孔子"庶、富、教"的思想。

2012年 苏州大学333教育综合·真题真练

一、名词解释

教育　教学　学制　太学　恩物　学习策略

二、简答题

1. 教育目的和教育方针的主要区别。
2. 学校管理校本化的基本含义和意义。
3. 《学记》中"道而弗牵，强而弗抑，开而弗达"的基本含义。

三、分析论述题

1. 评述孔子"有教无类"的思想。
2. 试述永恒主义教育思想的基本内容及其对现代教育的启示。
3. 试述教师专业发展的内涵、意义及主要途径。
4. 举例说明你是如何激发学习动机的。

2011年 苏州大学333教育综合·真题真练

一、名词解释

狭义的课程　终身教育　鸿都门学　元认知　白板说　教育的社会流动功能

二、简答题

1. 教师个体专业性发展的内涵包括哪些方面？
2. 简述梁启超"新民"的教育目的观。
3. 简述杜威的道德教育思想。
4. 简述建构主义的学习观。

三、分析论述题

1. 结合现实分析全面发展教育各个组成部分的相互关系。
2. 论述陶行知"生活教育"的思想内涵，并联系实际分析其现实意义。

3. 在外国近代教育史上，你喜欢哪一位教育家？并就此阐释喜欢的原因。
4. 联系当前实际，阐述学生品德不良的成因及其教育策略。

2010年 苏州大学 333 教育综合·真题真练

一、名词解释
人的发展　教育的社会流动功能　终身教育　元认知　骑士教育　有教无类

二、简答题
1. 教师角色的冲突有哪些？如何解决？
2. 比较孟子与荀子的人性观及他们对教育作用的认识。
3. 学生认知的差异有哪些表现？为此，教学应该注意哪些方面？
4. 简述卢梭的自然教育思想。

三、分析论述题
1. 教育的相对独立性表现在哪些方面？并就此谈谈你对教育与社会发展的关系的认识。
2. 试论述隋唐科举制度与学校教育的关系，并分析其在历史上的影响。
3. 试述皮亚杰的道德认知发展理论，并联系实际加以评价。
4. 论述文艺复兴时期人文主义教育的主要特征、影响及其贡献。

苏州大学 333 教育综合·真题解析

一、填空题

1. 自然类比   2. 智者学派   3. 诂经精舍   4. 分析性   5. 乌申斯基
6. 泛爱学校   7. 外显学习   8. 私塾   9. 自动化   10. 黄宗羲

二、名词解释

形成性评价

形成性评价是指在教学进程中，对学生的知识掌握和能力发展所做的比较经常而及时的测评，包括对学生的提问、书面测验、作业批改等。其目的在于使师生都能及时获得反馈信息，从而更好地改进教与学，以促进师生的发展和提高。

接受学习

接受学习，又叫讲授教学，是指在教师的指导下，学习者接受事物意义的学习。在接受学习中，所要学习的内容大多是现成的、已有定论的、科学的基础知识，通过教科书或教师的讲述，用定义的方式直接向学习者呈现，使学习者接受这些已有的知识，掌握它们的意义。

隐性课程

隐性课程，也称潜在课程、隐蔽课程，是以内隐的、间接的方式呈现的课程，是学生在显性课程以外所获得的所有学校教育的经验，不作为获得特定教育学历或资格证书的必备条件。

内发论

内发论认为，人的身心发展的动力来自个体自身的内在需要，身心发展是自然而然地成熟和完善的过程。其代表人物有孟子和马斯洛等。

学习动机

学习动机是动机在学习活动中的表现，是引起和维持个体进行学习活动，并使活动朝向一定的学习目标，以满足某种学习需要的一种内部心理状态。它的主要内容包括知识价值观、学习兴趣、学习效能感和成败归因。

晶体智力

美国心理测量学家卡特尔以及后来的霍恩根据对智力测验结果的分析，将人的智力分为晶体智力和流体智力。其中，晶体智力是指应用从社会文化中习得的解决问题的方法的能力，是在实践中形成的能力。晶体智力在人的整个一生中都在增长。

三、简答题

1. 简述董仲舒三大文教政策。

【答案要点】

（1）三大文教政策的内容。

① "推明孔氏，抑黜百家"。这是文教政策的总纲领，董仲舒论证了儒学在封建政治中应居独一无二的统治地位。

②兴太学以养士。为了保证封建国家在统治思想上的高度统一，也为了改变统治人才短缺的局面，董仲舒提出了"兴太学以养士"的建议，即由国家设立学校，培养贤士。实际上，兴办太学，政府直接掌握教育大权，决定人才的培养目标，也是整齐学术、促进儒学独尊的重要手段之一。

③重视选举，任贤使能。针对汉初人才选拔和使用中的弊端，董仲舒提出了加强选举、合理任用人才的主张。董仲舒提出了一套严格的选士方案，同时强调"量材而授官，录德而定位"的用人思想。这里的"材""德"是以儒家的经术和道德观念为标准的。这些主张，对促进儒学取得独尊地位有重要的作用。

（2）采取的措施为：第一，专立五经博士；第二，开设太学；第三，确立察举制。

2. 简述罗杰斯的师生关系。

【答案要点】

罗杰斯主张以学生为中心的教学观。他对传统教育的师生关系进行了猛烈的批判，认为在传统教育中教师是知识的拥有者，而学生只是被动的接受者，主张废除教师这一角色，代之以"学习的促进者"。教师的任务不是教学生学习知识，也不是教学生如何学习，而是为学生提供各种学习资源和促进学习的气氛，让学生自己决定如何学习。

促进学习的心理气氛因素有：

（1）真诚一致。学习的促进者是一个表里如一、真诚、完整而真实的人。

（2）无条件积极关注。学习的促进者关心学习者的方方面面，尊重其情感和意见。

（3）同理心。学习的促进者能了解学习者的内在反应，了解其学习过程，为其设身处地，使其感同身受。

"以学生为中心"教学模式的基本特征包括：第一，教学过程无固定结构；第二，教学无固定的内容；第三，教师不做任何指导。这种模式又称为"非指导性教学"。

3. 简述建构主义学生观。

【答案要点】

建构主义认为，学生并不是被动接受教师传授的知识，而总是以自己的经验背景或自己的经验来建构对事物的理解。具体表现在以下几方面：

（1）建构主义者完全否定心灵白板说，强调学生经验世界的丰富性和差异性。

（2）学生并不是空着脑袋走进教室的，当问题呈现时，他们基于相关的经验，依靠推理和判断能力，形成对问题的某种解释。

（3）教学不能无视学生的先前经验，要把儿童现有的知识经验作为新知识的生长点，引导儿童从原有的知识经验中"生长"出新的知识经验。

（4）教学要增进学生之间的合作，使他看到那些与他不同的观点，促进学习的进行。

4. 简述马卡连柯集体教育模式。

【答案要点】

集体主义教育是马卡连柯教育思想的核心。他认为，在社会主义社会里，每一个人都不能离开集体而单独存在，同时每一个人的创造性和力量也只有在集体中才能得到充分发挥。因此，苏维埃教育的任务只能是培养集体主义者，而要培养集体主义者就必须在集体中通过集体并为了集体来进行教育。马卡连柯在多年的教育实践中，创立了一整套集体教育的原则和方法，具体如下：

（1）平行教育影响原则。它是教育和影响个人的一种形式，是以集体为教育对象，通过集体来教育个人。教育者对集体和集体中每一个成员的教育影响是同时的、平行的。在给个人一种影响的时候，这影响必定同时应当是给集体的一种影响。相反的，每当我们涉及集体的时候，同时也应当成为对于组成集体的每一个人的教育。

（2）前景教育。要求教师在教育过程中经常给学生指出美好的前景，即给学生提出一个或好几个需要经过一定努力才能完成的新任务，吸引学生集体和集体中的每一成员，为完成新的任务，实现新的前景，由近及远、由易到难地开展活动。

（3）优良的作风与传统。培养优良的作风和传统，既是苏维埃教育的主要任务，又是进行集体主义教育的重要方法，对于美化集体和巩固集体具有非常重要的意义。

（4）纪律教育。马卡连柯认为，纪律是达到集体目的的最好方式，它可以使集体更完善，更迅速地达到自己的目的；同时也是良好的教育集体的外部表现形式；还是每一个人充分发展的保障。

（5）尊重与要求相结合的原则。这是马卡连柯基于社会主义人道主义思想而确立的一条基本原则。从这个原则出发，他要求教育工作者最大限度地尊重儿童的人格，相信儿童，对儿童的要求应建立在对他们关怀和信任的基础上。

5. 简述1944年教育法（英国）。

【答案要点】

1944年，英国政府通过了以巴特勒为主席的教育委员会提出的教育改革方案，即《1944年教育法》，又称《巴特勒教育法》。该法案的主要内容为：

（1）加强国家对教育的控制和领导。法案废除教育委员会，设立教育部，统一领导全国的教育。同时，设立中央教育咨询委员会，负责向教育部长提供咨询和建议。

（2）加强地方行政管理权限，设立由初等教育、中等教育和继续教育组成的公共教育系统。地方当局负责为本地区提供初等、中等和继续教育。其中，初等教育包括幼儿园、幼儿学校和初等学校。小学生毕业后根据11岁考试结果，按成绩、能力和性向分别进入文法中学、技术中学和现代中学。初等学校和中等学校实行董事会制。

（3）实施5~15岁的义务教育。父母有保证子女接受义务教育和在册学生正常上学的职责。地方教育当局应向义务教育超龄者提供全日制教育和业余教育。

（4）要求改革宗教教育、师范教育和高等教育等。

《1944年教育法》在英国现代教育发展中占据极其重要的地位。它结束了第二次世界大战前英国教育制度发展不平衡的状况，形成了初等教育、中等教育和继续教育相互衔接的公共教育制度，对以后英国教育的发展产生了重要影响。

四、分析论述题

1. 反省杜威思维五步法在教学当中的应用。

【答案要点】

（1）杜威是20世纪美国著名的哲学家和教育家，他以实用主义哲学、民主主义政治理想和机能心理学为基础，通过批判地继承前人的思想，构建起庞大的教育哲学体系，成为现代教育的代表人物。主要著作有《民主主义与教育》《我的教育信条》等。

（2）杜威反对以教师、教科书、教室为中心的传统教学方法而提出"从做中学"，这是一种通过主动作业、在经验的情境中思维的方法，从而达到经验与思维的统一、思维与教学的统一、课程与作业的统一、教材与教法的统一。杜威所力倡的反省思维是指对某个经验情境中的问题进行反复的、严肃的、持续不断的思考，其功能在于求得一个新情境，把困难解决、疑虑排除、问题解答。

（3）杜威根据科学的实验主义探究方法和反省思维方式，提出了五步教学法，五个阶段的顺序并不固定，实际思维中，有时两个阶段可以合二为一。

①创设疑难的情境。学生要有一个真实的经验的情境，要有一个对活动本身感兴趣的连续的

活动。

②确定疑难所在。在这个情境内部产生一个真实的问题,作为思维的刺激物。

③提出问题的种种假设。他要占有知识资料,从事必要的观察,对付这个问题。

④推断哪种假设能解决这个困难。他必须有条不紊地展开他所想出的解决问题的方法。

⑤验证这种假设。他要有机会和需要通过应用检验他的观念,使这个观念意义明确,并且让他自己发现它们是否有效。

（4）评价：杜威这种教学方法重视科学探究思维,重视解决实际问题的行动能力,与主智主义的传统教育理论有本质区别。但该方法过于注重活动,忽视了系统知识的传授,窄化了认知的途径,泛化了问题意识,在实践中也存在诸多影响教育质量的问题。

2. 比较两种不同取向的课程实施的异同。

（1）课程实施取向由对课程实施过程本质的认识和支配这些认识的相应的课程观组成,它集中表现在对课程变革计划与课程实施之间关系的不同认识方面。课程实施的取向主要有忠实取向和创生取向两种。

①忠实取向即课程实施者严格按照课程方案或课程计划的要求进行,在课程实施的实际过程中"忠实"地落实课程设计者的意图,以使自己的实践最大限度地接近课程方案的要求。

②创生取向认为课程实施本质上是在具体教育情境中师生双方共同创造新的教育经验的过程,而既有的课程计划只是供经验创生过程选择的工具而已。

（2）两者的比较：

相同点：两者都是关于课程实施的取向,都对课程计划付诸实施的过程和落实课程目标的途径等做了深入的研究和探讨。

不同点：

①从课程实施关注重点来看,忠实取向的课程实施所关注的焦点是课程方案在实践中的落实情况；创生取向所关注的是教师和学生在课程实施过程中的持续成长。

②从对课程实施主体的师生来看,忠实取向课程实施认为课程实施中教师只是在实践中忠实地执行课程计划的过程,创生取向课程实施认为课程实施是师生在具体教育情境中共同创造新的教育经验的过程。

③从课程实施成功与否的衡量标准来看,忠实取向课程实施认为衡量课程实施成功与否的基本标准是课程实施过程中预定课程计划实现的程度；创生取向课程实施强调教师与学生个性的成长和完善,强调教师与学生在课程变革中的主体性和创造性,强调个性自由与解放。

五、材料题

结合案例,说明材料中的德育方法,并说明使用时的具体要求。

【答案要点】

张伯苓主要使用了德育方法中的说服法和榜样示范法。

德育方法是师生为完成德育任务而采取的活动方式的总和。它有两层含义：首先它是师生共同活动的方法；其次它是为实现德育的目标、要求服务的。

一开始发现学生抽烟的时候,张老师试图用明理教育来让学生明白抽烟是危害健康的。

（1）明理教育法,又称说服法。

明理教育法的含义：指引导学生摆事实、讲道理,经过思想情感上的沟通与互动,让他们悟明道德真谛,自觉践行的方法。包括讲理、沟通、报告、讨论、参观等。

基本要求：第一要有针对性；第二要有知识性和趣味性；第三要善抓时机；第四要注重互尊互动。

很显然，明理教育法并不能说服学生，是因为张老师自己也抽烟，没有起到很好的示范作用。于是张老师使用了第二种德育方式，即：

（2）榜样示范法。

榜样示范法的含义：指以他人的高尚品德、模范行为和卓越成就来影响学生品德的方法。教师应向学生提供好榜样，主要有四类：历史伟人，现实的英雄模范，优秀教师、家长的风范，优秀学生。

基本要求：第一榜样必须是真实可信的；第二激起学生对榜样的积极情感；第三给不同年龄段的学生树立不同的榜样；第四要注重教师自身的示范作用。

2021年 苏州大学 333 教育综合·真题解析

一、名词解释

图式

图式由皮亚杰提出，是指儿童用来适应环境的认知结构。从发展的角度来看，儿童最初的图式是遗传所带来的一些本能反射行为，如吸吮反射等。

发现学习

发现学习是指学生在学习情境中，经过自己探索寻找，从而获得问题答案的一种学习方式，布鲁纳所说的发现不只限于寻求人类尚未知晓的事物的行为，也包括用自己的头脑亲自获取知识的一切形式。

流体智力

流体智力是指基本与文化无关的、非言语的心智能力，如空间关系认知、反应速度、记忆及计算能力等。流体智力在青少年期之前一直增长，30岁左右达到顶峰，然后随着年龄增长逐渐衰退。

分科课程

分科课程也称学科课程，是指根据学校培养目标和科学发展，分门别类地从各门科学中选择适合学生年龄特征与发展水平的知识所组成的教学科目。

生计教育

生计教育是美国教育总署署长马兰于1971年倡导的一种教育。他提出，生计教育的实质在于以职业教育和劳动教育为核心，引导帮助人们学会许多新的知识和技能，以在适应瞬息万变的社会的过程中，实现个人生存与社会发展的双重目的。这种教育要求以职业教育为中心重新建立教育制度。

诊断性评价

诊断性评价是指在学期教学或单元教学开始时，对学生现有的知识水平和能力发展的评价，如各种摸底考试。其目的是为了弄清学生现有知识和能力发展情况，优点与不足之处，以便更好地改进教学，因材施教，因势利导。

二、简答题

1. 简述崇宁兴学的改革政策。

【答案要点】

崇宁兴学是宋代三次兴学运动的第三次兴学，由蔡京主持，主要内容包括以下几个方面：

（1）全国普遍设立地方学校。

（2）建立县学、州学、太学三级相联系的学制系统。

（3）新建辟雍，发展太学。

（4）恢复设立医学，创立算学、书学、画学等专科学校。

（5）罢科举，改由学校取士。

2. 简述文艺复兴中的人文主义。

【答案要点】

（1）人本主义。人文主义教育在培养目标上注重个性发展，在教育教学方法上反对禁欲主义，尊重儿童天性，坚信通过教育这种后天的力量可以重塑个人、改造社会和自然，这些都表现出人本主义内涵，人的力量、人的价值被充分肯定。

（2）古典主义。人文主义教育思想吸收了许多古人的见解，人文主义教育实践尤其是课程设置亦具有古典性质，但这种古典主义绝非纯粹的"复古"，实则含有古为今用、托古改制的内涵，这在当时是进步的。

（3）世俗性。不论从教育目的还是从课程设置等方面看，人文主义教育洋溢着浓厚的世俗精神，教育更关注今生而非来世，这是人文主义教育与中世纪教育的根本区别。

（4）宗教性。人文主义教育仍具有宗教性，几乎所有的人文主义教育家都信仰上帝，他们虽然抨击天主教会的弊端，但不反对宗教更不打算消灭宗教，他们希冀以世俗和人文精神改造中世纪陈腐专横的宗教性，以造就一种更富世俗色彩和人性色彩的宗教性。

（5）贵族性。这是由文艺复兴运动的性质所决定的。人文主义教育的对象主要是上层子弟，教育的形式多为宫廷教育和家庭教育而非大众教育，教育的目的主要是培养上层人物如君主、侍臣、绅士等。

综上可见，人文主义教育具有两重性，进步性与落后性并存，尽管它有不足之处，但它涤荡了中世纪教育的阴霾，展露出新时代教育的灿烂曙光，开了欧洲近代教育之先河。

3. 简述教育目的和培养目标的区别。

【答案要点】

教育目的是对教育活动所要培养的人的个体素质的总的预期与设想，是对社会历史活动的主体的个体素质的规定。它体现一定社会对受教育者质量规格的界定和要求，也体现人自身发展所应该达到的水准和高度。教育目的的概念有广义和狭义之分。

（1）广义的教育目的：是指主体对受教育者的期望或理想规定的设计，即人们希望受教育者通过教育在身心诸方面发生什么样的变化，或者产生什么样的结果。

（2）狭义的教育目的：是指国家对教育培养出什么样人才的基本要求，它规定了教育所要培养的人的基本规格和质量要求，是各级各类学校都必须遵守的总要求。

培养目标是各级各类学校依据国家教育目的和不同类型教育的性质与任务，对受教育者身心发展所提出的具体标准和要求。教育目的和培养目标是一般与特殊的关系：教育目的是制定培养目标的依据，培养目标是教育目的的具体化，即培养目标不能脱离教育目的，教育目的要体现、落实在培养目标之中。

4. 简述加涅对学习结果的分类。

【答案要点】

加涅认为学习结果就是各种习得的能力或性情倾向，可以分为五种类型：

（1）言语信息的学习是指有关事物的名称、时间、地点、定义以及特征等方面的事实性信息，帮助学生解决"是什么"的问题。

（2）智力技能的学习也叫智慧技能或心智技能，指个体习得运用符号或概念与环境交互作用的能力，主要解决"怎么做"的问题。智慧技能定向于学习者的外部环境。

（3）认知策略的学习是指个体调控自己注意、学习、记忆和思维等内部心理过程的技能。认知策略支配着在对付环境时自身的行为，即内在的东西。

（4）态度的学习。态度是影响个体行为选择的内部状态。态度的学习就是通过学习获得一种相对稳定的影响个人行为选择的内部状态的过程。

（5）动作技能的学习是指个体通过身体动作的质量不断改善而形成的整体动作模式，又称为运动技能。

5. 简述赞科夫的教学原则。

【答案要点】

赞科夫提出五项教学论体系的新原则：

（1）以高难度进行教学的原则。这一原则在实验教学论体系中起决定性作用。难度的含义是要求学生通过努力克服障碍。但高难度并不意味着越难越好，困难的程度要控制在学生的"最近发展区"的范围内。

（2）以高速度进行教学的原则。这一原则要求教学不断地向前运动，以各方面内容丰富的知识来充实学生的头脑，为学生深入地理解所学知识创造有利的条件。要克服多余的重复烦琐的讲解以及机械的练习，以节约时间、加快进度。要善于利用一切手段提高学习质量。

（3）理论知识起主导作用的原则。这一原则不贬低学龄初期儿童掌握技巧的重大意义，而是要求学生在一般发展的基础上，尽可能深入领会有关概念和规律性的知识。

（4）使学生理解学习过程的原则。实验教学不仅要求学生会背，而且要求学生学会分析、比较、综合、归纳，了解所学知识之间的联系，等等。这样做有利于发展学生的思维能力，提高他们学习的主动性与创造性，教会他们学习。

（5）使班上所有的学生都得到一般发展的原则。这条原则的本质在于让优、中、差三类学生都以自己现有的智力水平为起点，按照自己最大的可能性得到理想的一般发展。

三、分析论述题

1. 论述晏阳初的"四大教育"和"三大方式"。

【答案要点】

晏阳初是中国现代史上著名的教育家、世界平民教育运动与乡村改造运动的倡导者。20世纪20年代后期，晏阳初、陶行知、黄炎培、梁漱溟等一大批有见识的教育家，将平民教育实验运动从大城市转向中国广大的农村地区，随后形成了声势浩大的乡村建设实验运动。

晏阳初把中国农村的问题归结为"愚""穷""弱""私"四个方面，他认为，要解决这四点，就必须通过"四大教育"来进行。

（1）以文艺教育攻愚，培养知识力。具体做法是从文字及艺术教育着手，使人民认识基本文字，得到求知识的工具，以为接受一切建设事务的准备。其首要工作就是除净青年文盲，将农村优秀青年组成同学会，使他们成为农村建设的中坚分子。

（2）以生计教育攻穷，培养生产力。它从农业生产、农村经济、农村工业各方面着手，以达到农村建设的目标。

（3）以卫生教育攻弱，培养强健力。注重大众卫生和健康及科学医药的设施，使农民在他们现有经济状况下，能得到科学治疗的机会，以保证他们最低限度的健康。

（4）以公民教育攻私，培养团结力。通过激起人民的道德观念，施加良好的公民训练，使他们有公共心，团结力，有最低限度的公民常识、政治道德，以立地方自治的基础。晏阳初认为，四大教育中，公民教育是最根本的。

在定县乡村平民教育实验中，针对过去教育与社会相脱节、与生活实际相背离的弊端，在强调发挥教育的整体功能作用时，晏阳初提出了在农村推行"四大教育"的"三大方式"。

（1）学校式教育。学校式教育以青少年为主要教育对象。包括初级平民学校、高级平民学校、生计巡回学校。

（2）家庭式教育。家庭式教育的目的在于：第一，解决家校矛盾，帮助年长的家庭妇女减少对青年妇女和儿童教育的阻挠或反对，增强学校教育的效益；第二，把学校课程的某一部分交由家庭承担，使家庭关心社区的利益，乐于承担社会责任。

（3）社会式教育。社会式教育是由平民学校毕业生从各个方面发挥示范作用，积极引导和帮助全村农民按照计划接受四大教育。

2. 论述建立学制依据的原则。

【答案要点】

教育制度是指一个国家各级各类实施教育的机构体系及其组织运行的规则。它包括相互联系的两个方面：一是各级各类教育机构与组织；二是教育机构与组织赖以存在和运行的规则，如各种相关的教育法律、规则、条例等。

学校教育制度的设立依据有：

（1）社会生产力和科技发展水平。教育制度的产生和建立取决于生产力发展水平和科学技术发展状况，教育制度的发展和完善在很大程度上也取决于生产力和科技发展水平。

（2）社会经济制度。教育制度作为社会的基本制度之一，受社会的政治经济制度的制约。不同的政治经济制度决定了不同阶级享有不同的教育，也决定了各级各类学校的教育目的、入学条件、修业年限、教育内容以及它们之间的关系等教育制度方面的问题。

（3）人的身心发展规律。学制中关于入学年龄、修业年限、教育目标、学习内容的确立必须根据人的身心发展规律制定。此外，学制中关于各级各类学校的分段与衔接、升级升学制度、特殊教育制度也是依据人的身心发展规律制定的。

（4）本民族语言、文字、习俗、习惯等文化传统。在学制的改革与发展中，要发扬本民族的优秀文化传统，吸收其他民族的长处。

（5）历史经验的继承与发展。学制总是在不断地发展变化、完善，以适应发展变化的情况。但是，任何国家学制的发展和革新必须立足于本国的历史，不是对过去的全盘否定，而是对过去继承基础上的发展。

四、材料分析题

1. 材料中教师的做法是否正确？请用常见的德育原则给出建议。

材料中教师的做法是错误的。材料中的三年级学生刘勇因迟到被老师罚去打扫卫生，结果遭到了同学们的讥笑，但是老师也没有对其给予的惩罚进行解释，也没有事后对刘勇进行教导，这违背了德育的疏导原则。第二天刘勇将自己写的日记交给老师看，老师在课堂上批评刘勇，并且气愤地撕了他的日记，这违背了德育原则中的严格要求与尊重学生相结合的原则。

（1）德育的疏导原则是指进行德育要循循善诱、以理服人，从提高学生认识入手，调动学生的主动性，使他们积极向上。也称循循善诱原则。贯彻疏导原则的基本要求有：

①讲明道理、疏通思想。对青少年进行教育，要注重摆事实、讲道理，做深入细致的思想工作，启发他们自觉认识问题，自觉履行道德规范。即使学生有了缺点、毛病，行为上出现了过失、错误，也要注重疏通思想，提高认识，启发自觉。

②因势利导、循循善诱。青少年学生活泼爱动、精力旺盛。他们在课余生活中，唱唱跳跳、奔跑喊叫，积极参加自己喜爱的活动。这是学生身体和心理健康的表现，是很自然的事。不可一味要求他们安安静静、循规蹈矩，像小大人一样。重要的问题在于，善于把学生的积极性和志趣引导到正确方向上来。

③以表扬、激励为主，坚持正面教育。青少年学生积极向上，有自尊心、荣誉感；但往往有孩子气，不能正确认识社会和人生问题。教师要给以启示、指点，使他们放眼社会、懂事明理，从幼稚中醒悟，关心他人、祖国和世界，树立自己的理想。在他们的成长过程中，要坚持正面教育，对他们表现的积极性和微小的进步，都要注意肯定，多加赞许、表扬和激励，引导他们步步向前，以培养他们的优良品德。批评与处分只能作为辅助的方法。

（2）严格要求与尊重学生相结合原则是指进行德育要把对学生的思想品行的严格要求与对他们个人的尊重信赖结合起来，使教育者的严格要求易于转化为学生主动的道德自律。贯彻严格要求与尊重学生相结合原则的基本要求如下：

①尊重和信赖学生。青少年学生是祖国的花朵、人类的未来。每个青少年学生都有一颗自尊自爱、向善求善、希望得到社会理解和肯定的心。尊重、呵护与信赖学生是一个优秀教师必须具备的基本品德。爱护、尊重与信赖孩子又是教好孩子、获得良好德育效果的一个重要条件。

②严格要求学生。教师向学生提出的教育要求应当是正确的、简明的、有计划的、积极的和严格的。在一定意义上说，德育就是对学生品德发展的引导和规范，主要表现为对学生的严格要求。

2020年 苏州大学333教育综合·真题解析

一、名词解释

教师的期望效用

教师的期望效用也被称为罗森塔尔效应或皮格马利翁效应。教师的期望是一种自我实现的预言，因为学生的成绩最终反映了这种期望。这种预期效应在年幼儿童身上比较明显，因为儿童与教师有直接的接触，年龄大的学生在换了一个新教师后可能表现得更好。

中体西用

中体西用即"中学为体，西学为用"。"中学为体，西学为用"是洋务派关于中西文化关系的核心命题，也是洋务教育的指导思想。洋务派认为在突出"中学"主导地位的前提下，应该肯定"西学"的辅助作用和器用价值。

活动课程

活动课程又称经验课程、儿童中心课程，与学科课程相对立，它打破学科逻辑的界线，是以学生的兴趣、需要、经验和能力为基础，通过引导学生自己组织的有目的的系列活动而编制的课程。

教育功能

教育功能就是教育对人的发展和社会发展所能够起到的影响和作用，尤指积极的促进作用，具有客观性、社会性、多样性、整体性和条件性。从对象上将教育功能分为个体功能与社会功能。

元认知

元认知就是对认知的认知，具体地说，是关于个人自己认知过程的知识和调节这些过程的能力，是对思维和学习活动的认知和控制。

同化

同化概念由皮亚杰提出，是指儿童把新的刺激物纳入已有图式中的认知过程。同化是图式发生量变的过程，它不能引起图式的质变，但影响图式的生长。

二、简答题

1. 简述现阶段教育体制的发展趋势。

【答案要点】

（1）进一步完善终身教育体系。终身教育是当今各国教育改革的共同指导思想，建立终身教育体系则是各国学制改革的共同目标。

（2）义务教育的范围逐渐扩展，年限不断延长。随着知识社会的到来，大多数国家的义务教育范围有进一步扩展的趋势，主要表现在义务教育的一端在逐渐向幼儿教育方向扩展，而另一端则向初中后教育阶段延伸。

（3）普通教育和职业教育向着综合统一的方向发展。促进普通教育和职业技术教育的结合，是当前各国学制改革的一个重要方面。所采取的措施有在普通学校中加强职业技术教育或在职业技术教育中加强普通教育。

（4）高等教育大众化、普及化。目前，日本、美国等发达国家的高等教育已经达到大众化，正在向着普及化发展，大多发展中国家正在为高等教育的大众化而努力。主要表现在两个方面：第一，高等教育机构的日益多样化；第二，高等教育机构中学生的成分发生了变化，成人大学生所占比重增加。

2. 简述 1958 年美国《国防教育法》的主要内容。

【答案要点】

1957 年，苏联卫星上天后，美国朝野震惊，开始反思自身的教育问题，并将教育提高到保卫国家国防的高度，要求对教育进行改革。在此背景下，1958 年美国总统批准颁布了《国防教育法》。

该法案的主要内容有：

（1）加强普通学校的自然科学、数学和现代外语的教学。

（2）加强职业技术教育。要求各地区设立职业技术教育领导机构，有计划地开展职业技术训练。

（3）强调"天才教育"。鼓励有才能的学生完成中等教育，攻读考入高等教育机构所必需的课程并升入该类机构，以便培养拔尖人才。

（4）增拨大量教育经费，作为对各级学校的财政援助。

《国防教育法》是作为改革美国教育、加快人才培养的紧急措施推出的，其颁布与实施，为第二次世界大战后美国教育改革提供了坚实的法律保障，促进了美国教育事业的发展，有利于美国教育质量的提高和科技人才的培养。

3. 列举《学记》中的教学原则。

【答案要点】

（1）豫时孙摩。

①预防性原则：要求事先估计学生可能会产生的种种不良倾向，预先采取预防措施。

②及时施教原则：要求掌握学习的最佳时机，适时而学，适时而教。

③循序渐进原则：教学必须遵循一定的顺序，包括内容的顺序和年龄的顺序。

④学习观摩原则：学习要相互观摩，取长补短。同时，借助集体的力量进行学习。

（2）长善救失。

长善救失原则要求教师懂得并掌握教育的辩证法，坚持正面教育，善于因势利导，利用积极因素，克服消极因素，将缺点转化为优点。

（3）启发诱导。

君子的教育在于诱导学生，靠的是引导而不是强迫服从，是启发而不是全部讲解。只有这样，才能调动学生学习和思考的积极性、主动性，使学生的思维能力得到锻炼和发展。

（4）藏息相辅。

既有有计划的正课学习，又有课外活动和自习，有张有弛，让学生感受到学习的乐趣，感受到老师、同学的可亲可爱，使学习成为学生的一种内在需要。

4. 列举几个有代表性的德育模式（至少四个）。

【答案要点】

（1）体谅模式。体谅模式由英国学校德育专家麦克费尔首创，它把道德情感的培养置于中心地位。该模式有一套具有特色的系列教科书《生命线》，并有教师指导用书《学会关心》。因此，体谅模式又称学会关心的道德教育模式。

（2）价值澄清模式。价值澄清模式是针对美国儿童在多元社会中面对多种价值观的选择而提出的理论，代表人物有拉思斯、西蒙、鲍姆等。其中，拉思斯是该理论的创始人，价值澄清即学生可通过学习一个价值观的形成过程来获得自己的价值观。该模式的核心理论是"学会选择"。

（3）社会学习模式。社会学习模式是在社会学习理论的基础上提出的，代表人物是班杜拉。他认为，人的一切社会行为都是在社会环境的影响下，通过对他人示范行为及其结果的观察学习而得以形成的。

（4）社会行动模式。社会行动模式是由美国著名学者纽曼提出。他认为，当代德育模式偏重增加道德知识和改变认知结构，而缺乏实施行动的训练和技能，从而提出道德教育的目的是培养道德推动者。

5. 简述"泰勒原理"的四个基本内容。

【答案要点】

人们把泰勒的课程理论称为"泰勒原理"，泰勒于1949年出版的《课程与教学的基本原理》，被视为现代课程理论的奠基石。其理论内容为：

（1）课程设计与开发的四个基本问题：学校应达到哪些教育目标？提供哪些教育经验才能实现这些目标？怎样才能有效地组织这些教育经验？怎样才能确定这些目标正在得到实现？

（2）课程编制的四个步骤：确定目标、选择经验、组织实施、评价结果。

其课程开发模式称为"目标模式"，对课程理论的发展有很大影响，至今仍在西方课程领域中占有主要的地位。

三、分析论述题

1. 试论述陶行知的生活教育理论。

【答案要点】

陶行知的生活教育理论：

（1）"生活即教育"。

"生活即教育"是陶行知生活教育理论的核心。其内涵包括：生活含有教育的意义；实际生活是教育的中心；生活决定教育，教育改造生活。

"生活即教育"所强调的是教育以生活为中心，所反对的是传统教育脱离生活而以书本为中心。尽管它在生活与教育的区别和系统的知识传授方面有所忽视，但在破除传统教育脱离民众、脱离社会生活的弊端方面，有十分重要的意义。

（2）"社会即学校"。

"社会即学校"是生活教育理论另一重要主张，是"生活即教育"思想在学校与社会关系问题上的具体化。"社会即学校"，是指"社会含有学校的意味"，或者说"以社会为学校"。由于到处是生活，到处都是教育，"整个的社会是生活的场所，亦即教育之场所"。

"社会即学校"，也指"学校含有社会的意味"。也就是说，学校通过与社会生活相结合，一方面运用社会的力量使学校进步，另一方面动员学校的力量帮助社会进步，使学校真正成为社会生活必不可少的组成部分。

"社会即学校"扩大了学校教育的内涵和作用，对于传统的学校观、教育观有所改变。传统学校与社会生活脱节，学生孤陋寡闻，而以社会为学校，使得教育的材料、教育的方法、教育的工具、教育的环境可以大大地增加，有利于拓展学生的知识，增强学生的能力。"社会即学校"，还可以使被传统学校拒之门外的劳苦大众能够受到起码的教育，贯穿了普及民众教育的苦心，同样也值得肯定。

（3）"教学做合一"。

"教学做合一"是生活教育理论的又一重要主张，是"生活即教育"在教学方法问题上的具体化。其含义为：教的方法根据学的方法，学的方法根据做的方法。事怎样做便怎样学，怎样学便怎样教。教与学都以做为中心。

（4）启示。

陶行知的生活教育理论是一种大众的、为人民大众服务的教育理论，且还是一种不断进取创造，旨在探索具有中国民族特色的教育道路的理论。生活教育理论还在教育观念的改变方面颇有建树，无论是强调学校教育与社会生活、生产劳动相结合，还是要求手脑并用、在劳力上劳心，都是对学校与社会割裂、书本与生活脱节、劳心与劳力分离的传统教育的反动，显示出强烈的时代气息，至今都富于启示。陶行知的生活教育理论是我国民族教育理论宝库中十分可贵的遗产，值得我们珍惜并认真研究借鉴。

2. 试论述卢梭的自然教育阶段及任务。

【答案要点】

卢梭是18世纪法国著名启蒙思想家和教育家，其教育思想的基本特征是高度尊重儿童的天性，倡导自然教育和儿童本位的教育观。主要著作有《爱弥儿》《社会契约论》等。

（1）自然教育的基本含义。

卢梭自然主义教育的核心是"回归自然"。一方面，善良的人性存在于纯洁的自然状态之中。只有"回归自然"、远离喧嚣社会的教育，才有利于保持人的善良天性。因此15岁之前的教育必须在远离城市的农村进行。另一方面，每个人都是由自然的教育、事物的教育、人为的教育三者培养起来，只有三种教育圆满地结合才能达到预期的目的。三者之中，应以自然的教育为基准，才能使教育回归自然达到应有的成效。

（2）自然教育的培养目标。

自然教育最终目的是培养"自然人"，即身心调和发达、体脑两健、能力强盛的新人，也就是摆脱封建羁绊的资产阶级新人。具有以下特征：第一，自然人是能独立自主的人，他能独自体现出自己的价值；第二，在自然的秩序中，所有的人都是平等的；第三，自然人又是自由的人，他是无所不宜、无所不能的；第四，自然人还是自食其力的人，可无须仰赖他人为生，这是独立自主的可靠保证。

（3）自然主义教育的实施。

卢梭根据自然教育的原则，根据人的自然发展的进程和不同年龄时期身心的特点，把自然教育分为婴儿期、儿童期、少年期和青春期。

①婴儿期（0~2岁）：主要进行体育，其任务在于通过身体的养护和锻炼，促进儿童身体的健康发展，增强儿童的体质。婴儿期的体育应该顺应自然，通过合理的饮食、衣着、睡眠和游戏，实施正确的教育。

②儿童期（2~12岁）：又称儿童的"理性睡眠期"，主要进行感官训练和身体发育，使他们通过感觉器官的运用获得丰富的感性经验，并要掌握一些道德观念。这个时期的儿童不宜进行理性教育，不应强迫儿童读书。

③少年期（12~15岁）：主要进行智育和劳动教育。智育的任务在于发展他们的智力，培养他们的学习兴趣和掌握学习研究的方法。卢梭重视劳动教育，认为儿童必须学会劳动，学会从事一种职业。劳动不仅可以谋生，还能促进理性的成长，并直接影响人的道德品质和人格发展。

④青春期（15~20岁）：主要接受道德教育，包括宗教教育、爱情教育和性教育，激发青年自然涌现的善良情感，发展他们的理性，使其在行为中接受道德的磨炼。

卢梭提出的自然主义教育思想是教育思想史上由教育适应自然向教育心理学化过渡的一个重要环节。在封建社会压制人性的情况下，提倡性善论、尊重儿童天性具有历史进步意义。他呼吁培养身心调和发展的自然人和自由人也反映了对人的发展的合理要求。

四、材料分析题

1. 利用教育学和心理学知识给予建议。

【答案要点】

根据成败归因理论，人们倾向于将活动成败的原因归结为六个因素：即能力高低、努力程度、任务难易、运气好坏、身心状态、外界环境等。这六个因素可归为三个维度，即内部归因和外部归因、稳定性归因和非稳定性归因、可控归因和不可控归因。

由材料可知，小明将高中期末考试成绩不理想归因于自己很笨，说明其将失败的原因归结于内部的稳定的因素，所以影响了其学习的积极性。对于小明这种情况给予的建议如下：

（1）教师在教学中应遵循启发性的教学原则。启发性教学原则是指在教学中教师要激发学生的学习主体性，引导他们经过积极思考与探究自觉地掌握科学知识，学会分析问题和解决问题，树立求真意识和人文情怀。也称探究性原则或启发与探究相结合原则。

贯彻启发性教学原则的要求有：第一，调动学生学习的主动性；第二，善于提问激疑，引导教学步步深入；第三，注重通过解决实际问题启发学生获取知识；第四，引导学生反思学习过程；第五，发扬教学民主。

（2）教师和家长都应该引导小明对于自己的失败进行正确的归因。根据成败归因理论，当个体将成功归因于能力和努力等内部因素时，会产生骄傲、自豪感，增强自信心和动机水平。将成功归因于任务容易、运气好、别人帮助等外部原因时，则满意感较少。当个体将失败归因于能力弱、不努力等内部原因时，会产生愧疚感；将失败归因于任务太难、运气不好或教师评分不公正等外部原因时，则较少产生愧疚感。归因于努力相比于归因于能力，无论成败都会引发更强烈的情绪体验。努力而成功体验到愉快；不努力而失败体验到羞愧；努力而失败也应受到鼓励。

（3）小明应该努力提高自我效能感。自我效能感是指个体对自己能否成功进行某一成就行为的主观判断。它影响着个体对行为的选择、付出多大努力以及坚持多久。影响自我效能感的因素有直接经验、替代性经验、言语说服、情绪唤起和身心状况等。如小明可以通过观察榜样的行为而获得的间接经验，从而对自我效能感的形成也有重要的影响，当小明看到与自己水平差不多的人取得了成功时就会增强其自我效能感。

2. 结合事例，说明影响人的身心发展的因素。

【答案要点】

影响人的身心发展的因素有：

（1）遗传在人发展中的作用。

①遗传素质是人的发展的生理前提。遗传是指人从上代继承下来的生命机体及其解剖上的特点，这些遗传的生理特点，也叫遗传素质，是人的发展的自然的或生理的前提条件，为人的发展提供了可能。

②遗传素质的成熟程度制约着人的发展过程及年龄特征。遗传素质的成熟过程，表现为人身体的各种器官的形态、结构和机能的发展变化与完善，为一定年龄阶段的身心特点的出现提供了可能，制约着人的发展的年龄阶段。

③遗传素质的差异性对人的发展有一定的影响。遗传素质的差异不仅表现在体态和感觉器官的功能上，也表现在神经活动的类型上。人们对外界事物反应的快慢、情感表现的强弱和是否容易转移等方面，也存在着差异。

④遗传素质具有可塑性。随着环境、教育和实践活动的作用，人的遗传素质会逐渐地发生变化，这就说明了遗传素质具有可塑性。但是人成长为什么样的人，并不决定于人的遗传素质。

（2）环境在人的发展中的作用。

①环境是人的发展的外部条件。环境是人的发展的外部实现根基与资源，泛指个体生存于其中并影响个体发展的外部世界。人的生存与发展环境十分复杂，根据其性质可以分为自然环境和社会环境。社会环境是儿童得以发展的现实条件和现实源泉，对人的发展起着不可替代的作用。

②环境的给定性与主体的选择性。环境的给定性指的是由自然与社会、历史遗产与他人为儿童个体所创设的环境，它对于儿童来说是客观的、先在的、给定的。儿童无法抗拒或摆脱环境的影响与限制，只有适应环境，以获得自身的生存与发展。主体的选择性指的是人是具有能动性的主体，他对环境变化的刺激做出的回应是可以由主体内在的意愿来选择和决定的。环境对人的发展的制约作用离不开人对环境的能动活动，环境的给定性不会限制人的选择性，反而能激发人的能动性、创造性。

（3）个体活动在人的发展中的作用。

①个体活动是人的发展的决定因素。个体的活动、个体的社会实践是个体与环境互动的中介，是个体发展的基础，是个体发展的决定性因素。学生的主体活动既是学生存在和发展的方式，又是教育的重要基础。教育必须通过引领和组织学生的主体活动来促进学生的身心与个性的发展。

②个体活动制约着环境影响的内化与主体的自我建构。人在同环境的相互作用的过程中，既改

造着环境，也在改造环境的活动中发展和提升了个人的素质，从人的发展的视域看，实质上是一个自我建构的过程。学生的能动性主要表现为：在教育者的影响下，在积极参与社会生活和交往活动的基础上能动地进行自我认识、自我发展和自我建构。

③个体通过能动的活动选择、构建着自我的发展。个人通过能动的活动不仅能把握自己与外部世界的关系，而且能把自身的发展当作自己认识的对象和自觉实践的对象，选择与建构自己的发展。人的发展的过程就是通过能动的活动不断自我超越的过程。

（4）教育在人的发展中的作用。

①教育在人的发展中起引领作用。教育在年轻一代的发展中起着引领作用主要体现在：有意识地为年轻一代的成长选择、建构、调控良好的环境，对他们的生活、交往、学习与实践等活动进行正确的教导、示范和辅助，并注重尊重他们的主体地位和激发、引导他们内在的学习动力与自我发展的能动性和自主性，从各方面引领、关怀、维护他们的发展。

②学校教育主要通过传承文化科学知识来培养人。学校教育是教育者有意识地为儿童的身心发展精心设置的一种环境，它把经过选择的、重新组编的、人类长期积累起来的文化知识作为精神客体与儿童互动，以促进儿童的发展，使他们成人成才。文化知识具有认识价值、陶冶价值、能力价值和实践价值。

③学校教育对提高人的现代性有显著的作用。教育在人的现代化过程中起着重要作用，因为学生在学校里不仅学会了读、写、算等各个方面的基础知识与技巧，而且学到了与他们个人的发展和国家的未来有关的态度、价值和行为方式。人的现代化是社会现代化的重要基础和前提条件，我们应该自觉地优先发展教育，高度重视并充分发挥教育对人的现代化的促进作用。

苏州大学 333 教育综合·真题解析

一、名词解释

道尔顿制

道尔顿制是美国进步主义教育家帕克赫斯特针对班级授课制的弊端在道尔顿中学实施的一种个别教学制度，也称"道尔顿计划"，主要内容包括在学校废除课堂教学、课程表和年级制，代之以"公约"或"合同式"的学习；将教室改为作业室或实验室，用表格法来了解学生的学习进度等。

三舍法

"三舍法"是王安石在"熙宁兴学"期间改革太学最重要的措施。"三舍法"是严格的升舍考试制度，它将学生平时行艺和考试成绩相结合，学行优劣与任职使用相结合，这有利于调动学生学习的积极性，提高太学教育质量。同时又把上舍考试和科举考试结合起来，融养士与取士于太学，提高了太学地位。

先行组织者

先行组织者是指先于学习任务本身呈现的一种引导性材料，它要比学习任务本身具有更高的抽象、概括和综合水平，并且能清晰地使认知结构中原有的观念和新的学习任务关联。

"五育"并举

1912年初，蔡元培发表《对于教育方针之意见》一文，提出了军国民教育、实利主义教育、公民道德教育、世界观教育和美感教育"五育"并举的教育思想，成为制定民国教育方针的理论基础。

二、简答题

1. 夸美纽斯的教学原则。

【答案要点】

（1）直观性原则。夸美纽斯认为应该把通过感官所获得的对外部世界的感觉经验作为教学的基础，教学应从观察实际事物开始；在不能进行直接观察时，可以使用图片或模型；在呈现直观教具时要将它们直接放到学生的眼前，放在合理的范围内；要让学生先看到实物或模型的整体，然后再分辨各个部分等。

（2）激发学生求知欲望原则。夸美纽斯提出应该用一切可能的方法去激发孩子的求知欲和主动学习的意愿，比如父母应当在子女面前赞扬学问与具有学问的人们；教师应该用温和的亲切的语言和循循善诱的态度去吸引学生，时常表扬用功的学生等。

（3）巩固性原则。夸美纽斯强调学生掌握并牢牢记住所学知识，认为只有巩固的知识储备才能帮助学生随时随地加以运用。此外，经常地练习和复习，把自己所掌握的知识教给别人等，都是巩固知识的有效方法。

（4）量力性原则。夸美纽斯从教育适应自然的理论出发，在教育史上首次提出量力性原则。夸美纽斯要求教学要适合儿童的年龄特征和学习能力，不应加给儿童过重的学习负担。

（5）系统性和循序渐进性原则。系统性的教学原则要求教材的组织具有系统性和逻辑性；教学的系统性原则必然要求教学过程的循序渐进，教学应遵循从已知到未知、从易到难等规则。

（6）因材施教原则。夸美纽斯认为教师在教学过程中应注意到学生的个别特征和个体差异，然后再有针对性地施教。

2. 孔子的教师观。

【答案要点】

孔子提出教师应具有的品格包括以下内容：

（1）学而不厌。教师要尽自己的社会职责，应重视自身的学习修养，掌握广博的知识，具有高尚的品德，这是教人的前提条件。

（2）温故知新。"故"是古，指的是过去的政治历史知识；"新"是今，指的是现在的社会实际问题。教师既要了解掌握过去政治历史知识，又要借鉴有益的历史经验认识当代的社会问题，知道解决问题的办法。教师负有传递和发展文化知识的使命，既要注意继承，又要探索创新。

（3）诲人不倦。教师以教为业，也以教为乐，要树立"诲人不倦"的精神。诲人不倦不仅表现在毕生从事教育，还表现在以耐心说服的态度教育学生。

（4）以身作则。教师对学生进行教育的方式不仅有言教，还有身教。言教在说理，以提高道德认识；身教在示范，实际指导行为方法。教师身教的示范对学生有重大的感化作用，因此身教比言教更为重要。

（5）爱护学生。孔子爱护关怀学生表现在要学生们努力进德修业，成为具有从政才能的君子，为实现天下有道的政治目标而共同奋斗；对学生充满信心，对他们的发展抱有比较乐观的态度。

（6）教学相长。孔子认为，教学过程中，教师对学生不是单方面的知识传授，而是可以教学相长的。学生学习有疑难而请教，教师就答疑做说明，学生得到启发，思考问题更加有深度；教师于此反受启发，向学生学习而获益。

3. 科尔伯格的道德发展阶段论。

【答案要点】

（1）0~9岁为前习俗水平。大约出现在幼儿园及小学低中年级阶段。该时期的特征是儿童遵守规范，但尚未形成自己的主见，着眼于人物行为的具体结果，关心自身的利害。

①阶段1：惩罚和服从的定向阶段。儿童缺乏是非善恶观念，只是因为恐惧惩罚而要避免它，而服从规范。认为免受处罚的行为都是好的，遭到批评指责的事都是坏的。

②阶段2：工具性的相对主义定向阶段。行为的好坏按行为的后果带来的赏罚来定，没有主观的是非标准，或是对自己有利就好，对自己不利就是不好。

（2）9~15岁为习俗水平。在小学中年级以上出现，一直到青年、成年。该时期的特征是个人逐渐认识到团体的行为规范，进而接受并付诸实践。

①阶段1：人际协调的定向阶段。个体按照"好孩子"的要求去做，以得到别人的赞许。如"偷"是不对的，"互助"是对的。

②阶段2：维护权威或秩序的定向阶段。服从团体规范，尊重权威，有了法制观念。

（3）15岁以后为后习俗水平。该阶段已经发展到超越现实道德规范的约束，达到完全自律的境界。这个水平是理想的境界，成人也只有少数人才能达到。

①阶段1：社会契约的定向阶段。有强烈的责任心与义务感，尊重法制，而且相信它是人制定的，不适应社会时理应修正。

②阶段2：普遍道德原则的定向阶段。此时个体有个人的人生哲学，对是非善恶有其独立的价值标准，对事有所为有所不为，不受现实规范的限制。

4. 人的身心发展的特点。

【答案要点】

人的发展有两种含义，一种是将它看成是人类的发展或进化的过程；另一种则将它看成是人类个体的成长变化过程，即个体发展。人的身心发展的特点有以下两点：

（1）未完成性。人是未完成的动物，人的未完成性与人的非特定化密切相关。对儿童来说，他们不仅处于未完成状态，而且处于未成熟状态。

儿童发展的未成熟性、未完成性，蕴含着人的发展的不确定性、可选择性、开放性和可塑性，潜藏着巨大的生命活力和发展的可能性，都充分说明了人的可教育性和需教育性。

（2）能动性。人的发展的能动性主要表现在两个方面：第一，人的发展是一个具有社会性的能动发展过程，这是人的发展区别于动物发展的一个质的特性。第二，人在其发展的过程中是自决的，人在发展过程中表现出的主动、自主、自觉、自决和自我塑造等能动性，是人的生长发展与动物生长发展最重要的不同，它为教育活动提供了科学依据，指明了努力方向。

三、分析论述题

1. 赫尔巴特的教学形式四阶段理论。

【答案要点】

赫尔巴特是19世纪德国著名的哲学家、心理学家、教育家。他明确提出把教育学建立成为一门独立学科的设想，被视为"科学教育学之父"、"教育性教学"的倡导者以及教学形式阶段的发明者。主要著作有《普通教育学》《教育学讲授纲要》等。

赫尔巴特的教学形式阶段，实际上就是课堂教学的完整过程，是一个包括教学方法、教学形式等内在的规范化的教学程序。

他认为，兴趣活动可以划分为四个阶段：注意、期待、要求和行动。儿童在学习活动中的思维方式有两种：专心与审思。在此基础上，他提出了教学形式阶段理论，即"赫尔巴特四段教学法"。

（1）明了或清晰：当一个表象由自身的力量突出在感官前，兴趣活动对它产生注意；这时，学生处于静止的专心活动；教师通过运用直观教具和讲解的方法，进行明确的提示，使学生获得清晰的表象，以做好观念联合，即学习新知识的准备。

（2）联合或联想：由于新表象的产生并进入意识，激起原有观念的活动，因而产生新旧观念的联合，但又尚未出现最后的结果；这时，兴趣活动处于获得新观念前的期待阶段；教师的主要任务是与学生进行无拘无束的谈话，运用分析的教学方法。

（3）系统：新旧观念最初形成的联系并不是十分有序的，因而需要对前一阶段由专心活动得到的结果进行审思；兴趣活动处于要求阶段；这时，需要采用综合的教学方法，使新旧观念间的联合系统化，从而获得新的概念。

（4）方法：新旧观念间的联合形成后需要进一步巩固和强化，这就要求学生自己进行活动，通过练习巩固新习得的知识。

赫尔巴特的阶段教学论，在一定程度上揭示了教学过程方面的某些规律，反映了人类对教学过程和教学活动本质认识的发展，具有广泛的实践意义，是值得充分肯定的；但是，该理论认为任何一堂课都必须遵循这样一个阶段，既限制了学生学习的积极主动性和创造精神，也束缚了教师教学的主动性和灵活性。

2. 教育的个体功能和社会功能的关系。

【答案要点】

教育功能就是教育对人的发展和社会发展所能够起到的影响和作用，尤指积极的促进作用，具有客观性、社会性、多样性、整体性和条件性。从对象上将教育功能分为个体功能与社会功能。

（1）教育的个体功能。

教育的个体功能是教育对个体的生存和发展所产生的作用和影响，由于促进个体发展的功能是教育固有的功能，因此也被称为教育的本体功能。教育的个体功能表现为个体社会化功能和个体个性化功能。

①个性化是个体在社会生活中追求独特性、主体性、创造性的过程。教育促进人的主体意识的形成和主体能力的发展；教育促进个性差异的充分发展，形成人的独特性；教育开发人的创造性，促进个体价值的实现。

②社会化是个体由一个"自然人"变成"社会人"的过程。教育促进个体思想意识的社会化；教育促进个体行为的社会化；教育促进角色和职业的社会化。

（2）教育的社会功能。

社会功能是教育对社会的稳定、运行和发展所产生的影响，它的发挥必须通过培养人来实现，因此也被称为教育的派生功能。

（3）教育的个体功能和社会功能的关系。

教育的个体功能和社会功能是教育功能相互联系的两个方面，它们共同构成了完整的教育功能，教育的个人本位论和社会本位论，把教育的个体功能与社会功能对立起来，形成"本体论"和"工具论"的功能观，都是对教育功能完整性的割裂。教育功能是个完整的系统，必须确保教育个体功能和社会功能的统一。

四、材料分析题

1. 用教育理论评述材料，并对良好师生关系的建立提出建议。

【答案要点】

师生关系是指教师和学生在教育教学过程中结成的相互关系，包括彼此所处的地位、作用和相互对待的态度等。良好的师生关系不仅是顺利完成教学任务的必要手段，而且是师生在教育教学活动中的价值、生命意义的具体体现。

良好师生关系的构建就是师生关系建立、调整和优化的过程。教师在师生关系建立与发展中占有重要地位，起着主导作用。要建立民主、和谐亲密、充满活力的师生关系，对教师来说，有以下几种策略：

（1）了解和研究学生。包括了解学生个体的思想意识、道德品质、兴趣、需要、知识水平、学习态度和方法、个性特点、身体状况和班集体的特点及其形成原因。

（2）树立正确的学生观。学生观就是教师对学生的基本看法，它影响着教师对学生的认识及其态度与行为，进而影响学生的发展。正确的学生观来自教师对学生的观察和了解，来自教师向学生的学习和对自我的反思。

（3）热爱、尊重学生，公平对待学生。热爱学生包括热爱所有学生，对学生充满爱心，经常走到学生之中，忌讳挖苦、讽刺、粗暴对待学生。尊重学生特别要尊重学生的人格，保护学生的自尊心，维护学生的合法权益，避免师生对立。教师处理问题必须公正无私，使学生心悦诚服。

（4）主动与学生沟通，善于与学生交往。要求教师掌握沟通与交往的主动性，经常与学生保持接触、交心；同时教师还要掌握与学生交往的策略和技巧，如寻找共同的兴趣或话题、一起参加活动等。

（5）努力提高自我修养，健全人格。教师要使师生关系和谐，就必须通过自己崇高的理想，科学的世界观、人生观，渊博的知识，严谨的治学态度，活泼开朗的性格，多方面的爱好与兴趣等来吸引学生。

2018年 苏州大学333 教育综合·真题解析

一、名词解释

学习动机

学习动机是动机在学习活动中的表现，是引起和维持个体进行学习活动，并使活动朝向一定的学习目标，以满足某种学习需要的一种内部心理状态。它的主要内容包括知识价值观、学习兴趣、学习效能感和成败归因。

教学模式

教学模式是指在一定教学理论指导下，为设计和组织教学而在实践中建立起来的各种类型教学活动的基本结构或者是一整套开展教学活动的方法论体系。

朱子读书法

朱子一生酷爱读书，对于如何读书有深切的体会，并提出了许多精辟的见解。他的弟子将其概括为"朱子读书法"六条，包括循序渐进、熟读精思、虚心涵泳、切己体察、着紧用力、居敬持志。

发现学习

发现学习是指学生在学习情境中，经过自己探索寻找，从而获得问题答案的一种学习方式，布鲁纳所说的发现不只限于寻求人类尚未知晓的事物的行为，也包括用自己的头脑亲自获取知识的一切形式。

义务教育

义务教育是国家统一实施的所有适龄儿童、少年必须接受的教育，是国家必须予以保障的公益性事业，对于人的发展、教育发展和社会发展都具有重大意义，促进义务教育均衡发展成为我国现阶段教育改革和发展的重大任务。

进步主义教育

进步主义教育运动是指19世纪80年代至20世纪50年代在美国出现的以杜威教育哲学为主要理论基础、以进步主义教育协会为组织中心、以改革美国学校教育为宗旨的教育革新思潮和实践活动。

二、简答题

1. 简述教育起源的主要观点。

【答案要点】

（1）神话起源说。其主要观点为：教育与其他事物一样，都是由上帝或天所创造的，教育的目的就是体现神或天的意志，使人皈依于神或顺从于天。

（2）生物起源说。其主要观点为：教育活动不仅存在于人类社会中，也存在于人类社会之外，甚至存在于动物界。教育的产生完全来自动物的本能，是种族发展的需要。

（3）心理起源说。其主要观点为：原始教育的形式和方法主要是日常生活中儿童对成人的无意识模仿。

（4）劳动起源说或社会起源说。其主要观点为：第一，生产劳动是人类最基本的实践活动；第二，教育起源于生产劳动过程中经验的传递；第三，生产劳动过程中的口耳相传和简单模仿是最原始和最基本的教育形式；第四，生产劳动的变革是推动人类教育变革最深厚的动力。

2. 简述经验主义课程论的代表人物和主要观点。

【答案要点】

经验主义课程论的代表人物为杜威。杜威于1902年发表《儿童与课程》，这是影响深远的、现代课程理论的开创性的著作。他主张抛弃把教材当做作某些固定的、现成的东西；不再把儿童的经验当作一成不变的东西。从儿童现在的经验进展到已有组织体系的真理，即我们称之为各门科目为代表的东西，是继续改造的过程。

杜威用动态的知识观来阐述儿童现有经验与课程之间的联系使儿童经验改组的过程的观点值得肯定，但他并未明确解决课程设置的目的和要求，也未阐明课程与教学的联系与区别，致使课程及教材具有极大的不确定性，给教材的选编带来了困难，严重削弱了教材在教学中的作用。

3. 简述社会本位论的主要观点。

【答案要点】

社会本位论的代表人物有德国哲学家那托尔普、法国思想家涂尔干、德国教育家凯兴斯泰纳等。

其主要观点有：

（1）个人的一切发展都有赖于社会，都受社会的制约，人的一切发展也是为了满足社会的需要。

（2）教育除了满足社会需要以外并无其他目的。

（3）教育结果的好坏是以其社会功能发挥的程度来衡量的，离开了社会，就无法对教育的结果做出衡量。

社会本位论者从社会需要出发来选择教育目的的价值取向，无疑是看到了教育的社会作用，在今天这样生产高度社会化的时代，也具有一定的借鉴价值；但只是站在社会的立场看教育而抹杀了个人在选择教育目的过程中的作用，并以此来排斥教育满足个人发展的需要，则是片面的、不正确的。

4. 简述影响人的身心发展的主要因素。

【答案要点】

（1）遗传在人发展中的作用。第一，遗传素质是人的发展的生理前提，为人的发展提供了可能；第二，遗传素质的成熟程度制约着人的发展过程及年龄特征；第三，遗传素质的差异性对人的发展有一定的影响；第四，遗传素质具有可塑性。

（2）环境在人的发展中的作用。第一，环境是人的发展的外部条件；第二，环境的给定性与主体的选择性。

（3）个体活动在人的发展中的作用。第一，个体活动是人的发展的决定因素；第二，个体活动制约着环境影响的内化与主体的自我建构；第三，个体通过能动的活动选择、构建着自我的发展。

（4）教育在人的发展的作用。第一，教育在人的发展中起引领作用；第二，学校教育主要通过传承文化科学知识来培养人；第三，学校教育对提高人的现代性有显著的作用。

5. 简述布鲁纳认知结构教学论的基本原则。

【答案要点】

布鲁纳提出的认知结构教学论的基本原则有：

（1）动机原则。布鲁纳认为，内部动机是维持学习的基本动力。学生具有三种最基本的内在动机，即好奇内驱力、胜任内驱力和互惠内驱力。

（2）结构原则。为了使学习者容易理解教材的一般结构，教师必须采取最佳的知识结构进行传授。布鲁纳认为任何知识结构都可以用动作、图像和符号三种表征方式来呈现。

（3）程序原则。布鲁纳认为，教学就是引导学习者有条不紊地陈述一个问题或大量知识的结构，以提高他们对所学知识的掌握、转化和迁移的能力。

（4）强化原则。为了提高学习效率，学习者还必须获得反馈，知道结果如何。教学规定适当的强化时间和步调是学习成功重要的一环。

三、分析论述题

1. 教学中应该遵循哪些原则？选择一个你喜欢的进行举例论证。

【答案要点】

教学原则是有效进行教学必须遵循的基本要求。它既指导教师的教，也指导学生的学，应贯彻于教学过程的各个方面和始终。我国的教学原则主要有：

（1）启发性原则，指在教学中教师要激发学生的学习主体性，引导他们经过积极思考与探究自觉地掌握科学知识，学会分析问题和解决问题，树立求真意识和人文情怀。也称探究性原则或启发与探究相结合原则。

基本要求：第一，调动学生学习的主动性；第二，善于提问激疑，引导教学步步深入；第三，注重通过解决实际问题启发学生获取知识;第四,引导学生反思学习过程;第五,发扬教学民主。

(2)理论与实践相结合原则,指教学要以学习基础知识为主导,将理论运用于解释和解决实际问题,学以致用,发展动脑、动手能力,并理解知识的含义,领悟知识的价值。

基本要求:第一,注重联系实际学好理论;第二,重视引导学生运用知识;第三,逐步培养与形成学生综合运用知识的能力;第四,面向生活现实,培养学生的对策思维。

(3)科学性和思想性统一原则,指教学要以马克思主义为指导,授予学生以科学知识,并结合知识教学对学生进行社会主义品德和核心价值观教育。

基本要求:第一,保证教学的科学性;第二,发掘教材的思想性,注意在教学中对学生进行思想品德教育;第三,重视补充有价值的资料、事例或录像;第四,教师要不断提高自己的专业水平和思想修养。

(4)直观性原则,指在教学中通过引导学生观察所学事物或图像,聆听教师用语言对所学对象的形象描绘,形成有关事物具体而清晰的表象,以便理解所学知识。

基本要求:第一,正确选择直观教具和现代化教学手段;第二,直观要与讲解相结合;第三,防止直观的不当与滥用;第四,重视运用语言直观。

(5)循序渐进原则,指教学要按照学科的逻辑系统和学生认识的顺序逐步进行,使学生系统地掌握基础知识、基本技能,形成严密的逻辑思维能力。也称系统性原则。

基本要求:第一,按教材的系统性进行教学;第二,抓主要矛盾,解决好重点与难点;第三,由浅入深、由易到难、由简到繁;第四,将系统连贯性与灵活多样性结合起来。

(6)巩固性原则,指教学要引导学生在理解的基础上牢固地掌握知识和技能,长久地保持在记忆中,能够根据需要迅速再现,有效地运用。

基本要求:第一,在理解的基础上巩固;第二,把握巩固的度;第三,重视组织各种复习;第四,在扩充、改组和运用知识中积极巩固。

(7)发展性原则,指教学的内容、方法和进度,既要适合学生已有的发展水平,又要有一定的难度,激励他们经过努力才能掌握,以便有效地促进学生的身心发展。

基本要求:第一,了解学生的发展水平,从实际出发进行教学;第二,考虑学生认识发展的时代特点。

(8)因材施教原则,指教师要从学生的实际情况与个性特点出发,有的放矢地进行有区别的教学,使每个学生都能扬长避短、长善救失,获得最佳发展。

基本要求:第一,针对学生的特点进行有区别的教学;第二,采取灵活多样的举措,使学生的才能得到充分的发展。

2. 结合人的全面发展思想,论述中国学生核心素质的构成要素。

【答案要点】

马克思、恩格斯所讲的人的发展,是指在人的劳动能力全面发展的基础上包括人的社会关系、体力、智力、道德精神面貌、意志、情感、个性及审美意识和实践能力等各方面的和谐统一发展。人的全面发展过程是人不断走向自由和解放的过程,是人类历史追求的真正目的。

马克思关于人的自由而全面发展学说是在继承和发展历史上有关理论基础上的新的探索和科学概括,是我们选择社会主义教育目的价值取向的理论基础。

(1)社会主义制度的建立为人的全面发展拓宽了道路。我国建设中国特色社会主义各项事业,既要着眼于人民现实的物质文化生活的需要,同时也要促进人的自由而全面的发展。这是马克思主义关于建设社会主义新社会的本质要求。

(2)要依据我国的特点尽可能地促进人的全面发展。结合我国处于社会主义初级阶段的现实情况，采取各种切实举措，提高人的素质，促进人的全面发展，并以此作为现阶段我国教育目的的基本价值取向。

（3）人的全面发展是构建社会主义和谐社会的基本内涵。教育作为专门培养人的社会实践活动，就是要通过培养全面发展的人来实现我们的社会发展理想和人的发展的理想。

（4）追求人的全面发展与实现人的自由发展必须和谐统一。我国当前教育改革与发展应该高度重视马克思对人的自由发展的憧憬，在引导学生全面发展的同时，关注学生个性的自由发展，着重培养学生的创新精神、批判意识与独立个性。

"核心素养"指学生应具备的适应终身发展和社会发展所需要的必备品格和关键能力，突出强调个人修养、社会关爱、家国情怀，更加注重自主发展、合作参与、创新实践。核心素养的构成包括三大方面、六大要素、十八个基本点，具体如下：

（1）文化基础。

人文底蕴：人文积淀、人文情怀、审美情趣；

科学精神：理性思维、批判质疑、勇于探索。

（2）自主发展。

学会学习：乐学善学、勤于反思、信息意识；

健康生活：珍爱生命、健全人格、自我管理。

（3）社会参与。

责任担当：社会责任、国家认同、国际理解；

实践创新：劳动意识、问题解决、技术运用。

四、材料分析题

1. 自选角度结合教育原理进行分析。

从材料可知，材料中的教师没有树立正确的学生观。

现代学生观的基本特点为主体性学生观、发展性学生观、完整性学生观和个性化学生观。材料中教师不管后进生，轻视后进生，甚至在后进生努力学习得到班级第一时表示怀疑，在全班同学面前进行质疑。这违背了发展性学生观和主体性学生观。正确的学生观观点如下：

（1）主体性学生观。学生是主体性的人。学生是参与教育过程的主体，在这个过程中表现为自主性、能动性和创造性的特征，这三者是确立学生主体的依据和衡量标志。

（2）发展性学生观。学生是发展性的人。现代教育认为每个学生作为一个指向未来的无限变化体，都具有无限的发展潜能，尤其是中小学阶段的学生更具发展的可能性，可塑性也更强。教育应该是以促进学生全面发展为着眼点，创造各种有利条件，把学生存在的多种潜能变成现实。教师绝不能依据学生的一时表现来断言学生没有发展的可能性，而应该坚信每一个学生都具有巨大的可供挖掘和开发的资源和潜能，应该看到学生的未完成性，并给学生创造发展的良好环境和机会。

（3）完整性学生观。学生是完整性的人。教育的意义在于"成人"，而人是整体的人，是具有"多向度"的人。教育必须回归生活世界寻求走向完人理想的道路，最大限度地追求灵与肉、感性与理性的高度发展与和谐统一，从而使学生获得作为人的全部规定性。

（4）个性化学生观。学生是个性化的人。个性是指个体在生理素质和心理特征的基础上，在社会实践活动中通过社会环境和教育等因素的影响，在身心、才智、德行和技能等方面所形成的比较稳固而持久的特征的总和。教师应尊重每一个学生丰富的差异性，并拒绝运用同一标准来评价学生，力图使每个学生都能成为充满个性魅力的生命体。在教学实践活动中，要注重个性化教育和个性化教学，照顾学生的个性差异，为每个学生的发展提供有利条件，让学生充分发挥其独特的个性优势，以形成独立的个性。

2. 根据材料谈谈你对教学回归儿童生活世界的理解。

从孩子的回答可以看出，教学是需要回归到儿童的生活世界。在诸多教育学教的思想里，杜威与陶行知的教育思维是最接近的。

当儿童被问到开一枪树上还有几只鸟的时候，儿童联想到的是自己生活里的爸爸妈妈。所以代入到情境中认为树上的5只鸟分别是鸟爸爸、鸟妈妈和三个鸟宝宝。

这些在杜威提出"教育即生活"里都有体现。

①杜威认为教育是生活的过程，学校是社会生活的一种形式，那么学校生活也是生活的一种形式。

②学校生活应与儿童自己的生活相契合，满足儿童的需要和兴趣，使校园成为儿童的乐园，使儿童在现实的学校生活中得到乐趣。

③学校生活应与学校以外的社会生活相契合，适应现代社会变化的趋势并成为推动社会发展的重要力量，校园不应是世外桃源而应积极参与社会生活。

杜威要做的就是改造不合时宜的学校教育和学校生活，使之更富活力，更有乐趣，更具实效，更有益于儿童发展和社会改造。

陶行知也提出"生活即教育"，其内涵十分丰富：

①生活含有教育的意义。陶行知说："教育的根本意义是生活之变化。生活无时不变即生活无时不含有教育的意义。因此，我们可以说：'生活即教育'。"生活的矛盾无时无处不在，生活也就随时随地在发生教育的作用。从生活的横向展开来看，过什么生活就是在受什么教育；从生活的纵向发展来看，生活伴随人们始终，教育也就伴随人们一生。陶行知主张人们积极投入生活中去，在生活的矛盾和斗争中去选择和接受"向前向上"的"好生活"。

②实际生活是教育的中心。陶行知始终把教育和社会生活联系起来进行考察，认为"生活教育是生活所原有，生活所自营，生活所必须的教育"。生活与教育是同一个过程，教育不能脱离生活。教育要通过生活来进行，无论教育的内容还是教育的方法，都要根据生活的需要。

③生活决定教育，教育改造生活。一方面，生活决定教育，表现为教育的目的、原则、内容、方法都为生活所决定，是为了"生活所必需"。另一方面，教育又能改造生活，推动生活进步。

无论是教育即生活，还是生活即教育，都强调了教学应回归儿童的生活世界，教学不能脱离于学生的实际生活进行。

2017年

苏州大学 333 教育综合·真题解析

一、名词解释

稷下学宫

稷下学宫是战国时代齐国一所著名的高等学府，因其建立于齐国都城临淄的稷门附近而得名。它既是百家争鸣的中心与缩影，也是当时教育上的重要创造，稷下学宫对中国古代学术、文化和教育的发展产生过重大的历史影响。

学习动机

学习动机是动机在学习活动中的表现，是引起和维持个体进行学习活动，并使活动朝向一定的学习目标，以满足某种学习需要的一种内部心理状态。它的主要内容包括知识价值观、学习兴趣、学习效能感和成败归因。

学制

学制即学校教育制度，它是现代教育制度的核心部分，指的是一个国家各级各类学校的系统及其管理规则，它规定着各级各类学校的性质、任务、入学年限、修业年限以及它们之间的关系。

绅士教育

绅士教育由洛克提出。洛克认为教育的最高目的在于培养绅士。所谓绅士教育，就是培养既具有封建贵族遗风，又具有新兴资产阶级特点的新式人才的教育。他主张把社会中上层家庭的子弟培养成为身体强健、举止优雅、有德行、智慧和实际才干的事业家。

进步主义教育

进步主义教育运动是指 19 世纪 80 年代至 20 世纪 50 年代在美国出现的以杜威教育哲学为主要理论基础、以进步主义教育协会为组织中心、以改革美国学校教育为宗旨的教育革新思潮和实践活动。

《国防教育法》

1958 年美国总统批准颁布了《国防教育法》，内容包括加强普通学校的自然科学、数学和现代外语的教学；加强职业技术教育；强调天才教育和增拨大量教育经费。

二、简答题

1. 19 世纪末 20 世纪初期的教育思潮和教育实验。

【答案要点】

新教育运动，也称新学校运动，是指 19 世纪末 20 世纪初在欧洲兴起的教育改革运动，初期以建立不同于传统学校的新学校作为新教育的"实验室"为其特征。第二次世界大战以后，新教育运动逐步走向衰落。新教育运动中著名的实验学校有：

（1）阿博茨霍尔姆乡村寄宿学校。英国教育家雷迪于 1889 年创办，标志着新教育运动的开端，被视为欧洲"新学校"的典范。

（2）乡村之家运动。德国的利茨在参观了雷迪的学校之后，于 1898 年创办了德国第一所乡村教育之家，招收 12~16 岁的学生。在利茨的影响下，德国先后出现了许多以他的学校为模式的新学校，形成"乡村之家运动"。

（3）罗歇斯学校。法国的社会学家和教育家德莫林于 1899 年创办了法国第一所新学校——罗歇斯学校。该校重视"小家庭"式的师生之间的亲密关系；在开设各种正规课程的同时，还从事体力劳动和小组游戏，尤其重视体育运动，因此这所学校又有"运动学校"之称。

（4）儿童之家。蒙台梭利于 1907 年创办儿童之家。她认为，新教育的基本目的就是发现和解放儿童，教育方法的根本就是为儿童身心的发展提供适宜的环境和条件。儿童之家正是体现这种思想的实验环境。通过儿童之家的实验，蒙台梭利形成了蒙台梭利教育方法。

（5）生活学校。德可乐利创办的生活学校也称隐修学校，教育对象为 4~18 岁的儿童，学校从幼儿园到中学形成一体化。学校不仅仅是教育教学机构，还是一个实验室、活动室甚至是工厂车间，目的是使儿童通过实践活动把学习和日常生活相结合。学校以儿童的本能需要和兴趣为中心设置课程，打破分科。组成教学单元，从而形成了德可乐利教学法。

进步主义教育运动是指19世纪80年代至20世纪50年代在美国出现的以杜威教育哲学为主要理论基础、以进步主义教育协会为组织中心、以改革美国学校教育为宗旨的教育革新思潮和实践活动。进步教育理论的"实验室"主要是美国的公立学校。进步主义教育运动中的著名实验有：

（1）昆西教学法是指帕克在昆西学校和芝加哥库克师范学校进行的教育改革实验所采取的新的教育方法和措施。昆西教学法的主要特征有：第一，强调儿童应处于学校教育的中心；第二，重视学校的社会功能；第三，主张学校课程应尽可能与实践活动相联系；第四，强调培养儿童自我探索和创造的精神。

（2）有机教育学校。由约翰逊在亚拉巴马州创办的费尔霍普学校以"有机教育学校"而闻名。其培养理念在于：第一，重视社会意识的培养，认为发展合适的社会关系应是学校最重要的任务之一，主张培养学生无私、坦率、合作等品质，以及提出建设性建议的能力；第二，反对放纵儿童。认为纪律是必要的。她主张应以一种平衡而有纪律的方式发展整个人的机体。

（3）葛雷制也称"双校制""二部制"或"分团学制"，是美国教育家沃特推行的一种进步主义性质的教育制度。主要内容包括以下几点：第一，以杜威的基本思想为依据，以具有社会性质的作业为学校的课程；第二，把学校分成四个部分：体育运动场、教室、工厂和商店、礼堂；把课程也分成四个方面：学术工作和科学、工艺和家政、团体活动，以及体育和游戏。因此葛雷学校也称"工读游戏学校"；第三，为减少学校经费开支，充分利用现有的设施以提高办学效率，沃特在教学中采用二重编法，即将全校学生一分为二，一部分在教室上课，另一部分则在体育场、图书馆、工厂、商店以及其他场所活动，上下午对调，解决了葛雷地区学校少、供不应求的矛盾。

（4）道尔顿制。道尔顿制是美国进步主义教育家帕克赫斯特针对班级授课制的弊端在道尔顿中学实施的一种个别教学制度，也称"道尔顿计划"。主要内容包括：第一，在学校里废除课堂教学，废除课程表和年级制，代之以"公约"或合同式的学习；第二，将各教室改为各科作业室或实验室，按学科性质陈列参考用书和实验仪器，供学生使用。各作业室配有该科教师一人，负责指导学生；第三，用表格法来了解学生的学习进度，以增强学生学习的动力，使学生管理简单化；第四，道尔顿制的两个重要原则是自由与合作。要使儿童自由学习，养成独立工作的能力，也强调师生之间的合作，以培养社会意识。

（5）文纳特卡制是美国进步主义教育家华虚朋在芝加哥的文纳特卡镇所实施的个别教学实验，也称"文纳特卡计划"。主要内容包括：第一，重视使学校的功课适应儿童的个别差异。将个别学习和小组学习结合起来，个性发展与社会意识的培养相联系。第二，将课程分为两个部分：共同知识或技能和创造性的、社会性的作业。

（6）设计教学法。设计教学法是美国进步主义教育家克伯屈提出的新的教育方法。他将设计教学法定义为在社会环境中进行有目的的活动，重视教学活动的社会的和道德的因素。强调有目的的活动是设计教学法的核心，儿童自动的、自发的、有目的的学习是设计教学法的本质。

2. 简述埃里克森的心理社会发展理论。

【答案要点】

埃里克森把人的心理发展分为8个阶段：

（1）婴儿期（出生到18个月）。这一阶段的主要矛盾是信任对怀疑。如果婴儿得到较好的抚养并与母亲建立了良好的亲子关系，儿童将对周围世界产生信任感，否则将产生怀疑和不安。家长在这一时期应该积极地、始终如一地满足婴儿的需求。

（2）儿童期（18个月到3岁）。这一阶段的主要矛盾是自主对羞怯。儿童在这一时期开始表现出自我控制的需要与倾向，渴望自主并试图自己做一些事情，如吃饭、穿衣。如果父母给儿童过多的限制或者过度的保护，儿童就开始对自己的能力产生怀疑，产生羞愧感。

（3）学龄初期（3到6岁）。这一阶段的主要矛盾是主动对内疚。这个阶段的儿童开始想象自己扮演成年人的角色，并希望在活动中获得成年人的欢迎和赞赏。父母或教师需要对儿童提出的问题进行正面的鼓励，提出合理的建议，这样儿童的主动性会得到加强，反之则会降低儿童从事活动的热情，也影响他们的积极性。

（4）学龄期（6到12岁）。这一阶段的主要矛盾是勤奋对自卑。儿童在这一阶段进入学校，学习知识和技能。儿童开始发展勤奋感，形成一种成功感和对成就的认识。如果面临的任务太过困难，造成了失败，那么儿童可能会产生自卑感。教师或父母如果对儿童在活动中表现出的勤奋视而不见，也会发展出自卑的人格。

（5）青春期（12到18岁）。这一阶段的主要矛盾是角色同一性对角色混乱。这一时期的个体开始考虑"我是谁"这一问题。个体尝试把自己的各个方面形成自我形象的整体评价。但是由于经验等的限制，个体难以对自己的各个方面形成明确的认识，也难以在实际生活中始终保持自我的一致性。

（6）成年初期（18到30岁）。这一阶段的主要矛盾是友爱亲密对孤独。婚姻问题和家庭生活是这一时期面临的重大问题。如果个体乐于与他人交往，不过分计较得失，能在交往中获得乐趣，可以形成一种亲密感。但如果一个人缺乏与朋友、配偶之间的亲密友爱关系，则会产生孤独感。

（7）成年中期（30到60岁）。这一阶段的主要矛盾是繁殖对停滞。这个阶段的个体已经成家立业，面临着抚育和关怀下一代的任务。如果个体事业有成、家庭美满，则表现出较大的创造力。但如果个体过于自我专注，满足私利，则容易产生颓废感，生活消极懈怠。

（8）成年晚期（60岁以后）。这一阶段的主要矛盾是完美无憾对悲观绝望。这个阶段的个体已经进入老年期。如果前几个阶段发展顺利，个体在这个时期会巩固自我感觉并完全接受自我，对自己的过去不再遗憾，获得自我完满感。反之，如果个体对过去有过多悔恨，但又感觉力不从心，则在绝望中度过余生。

3. 简述《大学》的"三纲领八条目"。

【答案要点】

《大学》是《礼记》中的一篇，是儒家学者论述大学教育的一篇论文，它着重阐明"大学之道"，即大学教育的纲领，被认为是与论述大学教育之法的《学记》互为表里之作，对大学教育的目的、程序和要求做了完整、扼要和明确的概括。

《大学》开篇就说"大学之道，在明明德，在亲民，在止于至善。"这是儒家对大学教育目的和为学做人目标的纲领性表达。"明明德""亲民"和"止于至善"被称之为"三纲领"。

（1）明明德：就是指把人天生的善性——"明德"发扬光大，这是每个人为学做人的第一步。

（2）亲民：个人的完善从来就不是儒家的目标，他们要求凡事都须由己及人，把个人自身的善转化为他人、尤其是民众的善，于是高一步的目标是"亲民"。

（3）止于至善：是大学教育的终极目标，每个人都应在其不同身份时做到尽善尽美。

为了实现"三纲领"，《大学》进一步提出一系列具体的步骤，即"八条目"：格物、致知、诚意、正心、修身、齐家、治国、平天下。

（1）格物、致知：格物就是学习儒家"六行""六德""六艺"之类，致知则是在格物基础上的提高，即从寻求事物的理开始，旨在借着综合而得最后的启迪。所以格物、致知是对先秦儒家学习起点思想和知识来源思想的概括。

（2）诚意、正心：诚意主要指人的意念、动机的纯正；正心就是不受各种情绪的左右，始终保持认识的中正，要求摆脱情绪对人认识和道德活动的影响。

（3）修身：不再局限于个人内心的自省与自律，开始走出自我，在与他人的相互关系中再认识、要求和提高自我，是人的一种综合修养过程，是人品质的全面养成。

（4）齐家、治国、平天下：这是个人完善的最高境界。齐家是一个施教过程，即成为家庭与家族的楷模，为人效法；治国是齐家的扩大和深化，而平天下是治国的扩大。其基本精神一以贯之，即为政以德，以孝悌、仁恤、忠恕之道治国。

4. 简述科尔伯格的道德发展阶段理论。

【答案要点】

（1）0~9岁为前习俗水平。大约出现在幼儿园及小学低中年级阶段。该时期的特征是儿童遵守规范，但尚未形成自己的主见，着眼于人物行为的具体结果，关心自身的利害。

①阶段1：惩罚和服从的定向阶段。儿童缺乏是非善恶观念，只是因为恐惧惩罚而要避免它，而服从规范。认为免受处罚的行为都是好的，遭到批评指责的事都是坏的。

②阶段2：工具性的相对主义定向阶段。行为的好坏按行为的后果带来的赏罚来定，没有主观的是非标准，或是对自己有利就好，对自己不利就是不好。

（2）9~15岁为习俗水平。在小学中年级以上出现，一直到青年、成年。该时期的特征是个人逐渐认识到团体的行为规范，进而接受并付诸实践。

①阶段1：人际协调的定向阶段。个体按照"好孩子"的要求去做，以得到别人的赞许。如"偷"是不对的，"互助"是对的。

②阶段2：维护权威或秩序的定向阶段。服从团体规范，尊重权威，有了法制观念。

（3）15岁以后为后习俗水平。该阶段已经发展到超越现实道德规范的约束，达到完全自律的境界。这个水平是理想的境界，成人也只有少数人才能达到。

①阶段1：社会契约的定向阶段。有强烈的责任心与义务感，尊重法制，而且相信它是人制定的，不适应社会时理应修正。

②阶段2：普遍道德原则的定向阶段。此时个体有个人的人生哲学，对是非善恶有其独立的价值标准，对事有所为有所不为，不受现实规范的限制。

三、分析论述题

1. 请结合实际论述教育对社会的功能。

【答案要点】

教育的社会功能主要有：教育的社会变迁功能、教育的社会流动功能。

教育的社会变迁功能是指教育通过开发人的潜能，提高人的素质，引导人的社会化，影响人的社会实践，推动社会的发展和变革。教育的社会变迁功能表现在社会生活的各个领域。

（1）教育的经济功能。

①教育是使可能的劳动力转变为现实的劳动力的基本途径。劳动力是生产力中能动的要素。个体的生命的成长只构成了可能的劳动力，一个人只有经过教育和训练，掌握一定生产部门的劳动知识和技能，并能生产某种使用价值，才能成为现实的生产力。

②现代教育是使知识形态的生产力转化为直接的生产力的重要途径。科学技术是一种知识形态的生产力，要使其转化为现实的生产力，除了要通过科学研究、发明创造或革新实践外，其技术成果的推广、经验的总结与提升都需要教育与教学的紧密配合。

③现代教育是提高劳动生产率的重要因素。现代生产有其显著特点，它的生产率提高依靠科学技术在生产中的应用、推广和不断革新，依靠提高劳动者受教育的程度与质量，依靠劳动者的素质、扩大脑力劳动者的比重、发挥劳动者在生产和改革中的创造性。

（2）教育的政治功能。

①教育通过传播一定的社会的政治意识，完成年轻一代的政治社会化。人的社会化是人的发展的重要方面，而政治社会化又是人的社会化的重要方面。教育作为传递知识、训练思维与培养情感的活动，能向年轻一代传播一定的社会政治意识，促进他们的政治社会化，从而为一定社会政治秩序的稳定创造重要条件。

②教育通过造就政治管理人才，促进政治体制的变革与完善。现代社会强调法治，使得教育更重视培养政治管理人才。由于科技向管理部门的全面渗透，社会越发展，国家对政治管理人才的素质要求越高，通过教育选拔、培养政治管理人才显得越重要。

③教育通过提高全民文化素质，推动国家的民主政治建设。一个国家的政治是否民主，取决于政体和国民素质。普及教育的程度越高，国民的文化素质越高，其国民就越能认识到民主的价值，在政治生活和社会生活中就越能履行民主的权利。

④教育是形成社会舆论、影响政治时局的重要力量。学校是知识分子和青少年集中的地方，他们有见解，勇于发表意见，通过教育者和受教育者的言论、演讲和社会活动等，来宣传思想，造就舆论，借以影响群众，为一定的政治、经济服务。

（3）教育的文化功能。

①传递文化。文化教化的前提是人类对文化的创造与传递。教育起着传递文化的作用。尤其是学校教育因其具有明确的目的性、计划性等特点，一直承担着传承文化的重任。

②选择文化。为了有效地传承文化，必须发挥教育对文化的选择功能。教育的选择功能十分重要，体现了教育对文化发展的积极引导和自觉规范。

③发展文化。文化的生命不仅在于它的保存和积累，更在于它的更新与创造。随着社会的日益开放化，学校在加强国际文化交流中的作用也日益明显。教育通过广泛的文化交流，不断地吸收其他民族的文化精华，补充、更新和发展本民族的文化，也是文化发展的一种重要方式。

（4）教育的生态功能。

①树立建设生态文明的理念。通过在学校里和社会上加强生态文明的教育与宣传，让学生从小养成爱护自然、节约资源、保护生态环境的思想情感，从而逐步在全社会牢固树立建设生态文明的观念。

②普及生态文明知识，提高民族素质。造成生态灾害与失衡的原因很多，大多都与人的素质不高相关。因此，我们应当有计划地向学生普及生态文明知识，并注意指导与督促他们将知识运用于生活实践。只要从小普及生态文明知识，养成保护生态环境的行为习惯，最终就能提高民族的生态文明素质。

③引导建设生态文明的社会活动。生态文明建设关涉社会的移风易俗，因此，学校的生态文明教育不应局限在校内，要组织学生参加到社区的生态文明建设中去。

教育的社会流动功能是指社会成员通过教育的培养、筛选和提高，能够在不同的社会区域、社会层次、职业岗位、科层组织之间转换、调整和变动，以充分发挥其个人的智慧才能，实现其人生价值。它包括横向流动功能和纵向流动功能。前者指改变其环境而不提升其社会层级地位；后者指改变其社会层级地位及作用。

2. 为什么教育对人的发展起主导作用？试分析教育起主导作用的条件。

【答案要点】

教育是一种有目的地培养人的社会活动，是人类社会生活不可或缺的重要组成部分。教育有其相对稳定的质的特点，也是教育对人的发展其主导作用的原因，表现在以下三个方面：

（1）有目的地培养人的活动。教育是有目的地选择目标、组织内容及活动方式来培养人，促进人的发展。其首要任务是促进年轻一代体、智、德、美、行的全面发展，使他们从生物人逐步成长为社会人，进而成为适应与促进社会生活各个方面发展需要的人。

（2）教育者引导受教育者传承人类经验的互动活动。年轻一代按自己的意愿和经验来获得自我的身心发展，其效果是极其低下的，难以符合社会的期望与要求，因而需要由有经验的父母、年长一代，或学有专长的教师有目的地引导年轻一代以及其他的受教育者来学习、传承、践行人类经验，并在生活、交往与实践中领悟经验的社会意义，才能有效地发展他们的智能和品行，把他们培养成为既能适应又能促进社会发展需要的人和各种专门人才。

（3）激励与教导受教育者自觉学习和自我教育的活动。教育者与受教育者的教学互动是以激励学生学习为基础和动力的，旨在使青少年学生积极主动地成为自觉学习、自我教育的人。可以说，一切教育本质上都是自我教育。

教育发挥主导作用的条件：

（1）科学的学校教育。教育目的影响着教育的效果；教育物质条件影响着教育的速度和规模；教育活动影响着教育影响的深度；教师素质影响着教育的水平；教育管理水平影响着教育的功能。

（2）优化的家庭教育。学校教育在人的身心发展中的主导作用的发挥，还受学生家庭的经济状况、家长的文化水平、家庭的人际关系等家庭条件的影响。

（3）良好的社会状况。教育活动是在一定社会的条件和背景下进行的，并受到社会条件的制约。这些社会条件包括社会生产力发展水平、社会政治经济制度、文化传统等。

（4）受教育者自身的主观能动性。人的主观能动性是人的一种内在需要和动力。当受教育者具备了积极的求教动机时，环境和教育的外因才能发挥相应的作用。学习者的积极性越高，教育的作用就越大。

总之，教育的主导作用不是无条件产生的，它受到多方面因素的制约。教育如果能得到社会各方面条件的积极配合，就能充分发挥出教育的主导作用。

3. 试述《学记》的教育思想。

【答案要点】

《学记》也是《礼记》的一篇，是中国古代最早的一篇专门论述教育、教学问题的论著，因此有人认为它是"教育学的雏形"。《学记》是先秦时期儒家教育和教学活动的理论总结，它主要论述教育的具体实施，偏重于说明教学过程的各种关系。

（1）教育的作用与教育目的。

①对个人的作用与目的。教育通过对人有目的、有计划地培养，使每个人都形成良好的道德和智慧，懂得去维护国家利益和社会安定。

②对社会的作用与目的。《学记》认为实现良好政治的最佳途径是"化民成俗"，即兴办学校，推行教育，作育人才，以教化人民群众遵守社会秩序，养成良风美俗。

③评价。《学记》将教育与政治高度结合起来，使教育成为政治的手段。尽管它也说明了教育在人的发展中的作用，但人的发展问题是服从于政治与社会的发展的。因此，教育与人的关系只是一个中介。《学记》对教育的这种看法，成为以后历代学者看待教育的基本出发点。

（2）教育制度与学校管理。

①学制与学年。关于学制系统，《学记》以托古的方式，提出了从中央到地方按行政建制建学的设想。关于学年，《学记》把大学教育年限定为两段、五级、九年。第一、三、五、七学年毕，共四级，为一段，七年完成，谓之"小成"；第九年毕为第二段，共一级，考试合格，谓之"大成"。这也是古代年级制的萌芽。

②视学与考试。《学记》十分重视大学开学和入学教育，把它作为教育管理的重要环节。开学这天，天子率百官亲临学宫，参加开学典礼，祭祀"先圣先师"。还定期视察学宫，体现国家对教

育的重视。学习过程中，规定每隔一年考查一次，以表示这一阶段学业的完成。

（3）教育、教学的原则。

①豫时孙摩。预防性原则：要求事先估计学生可能会产生的种种不良倾向，预先采取预防措施；及时施教原则：要求掌握学习的最佳时机，适时而学，适时而教；循序渐进原则：教学必须遵循一定的顺序，包括内容的顺序和年龄的顺序；学习观摩原则：学习要相互观摩，取长补短。同时，借助集体的力量进行学习。

②长善救失。长善救失原则要求教师懂得并掌握教育的辩证法，坚持正面教育，善于因势利导，利用积极因素，克服消极因素，将缺点转化为优点。

③启发诱导。君子的教育在于诱导学生，靠的是引导而不是强迫服从，是启发而不是全部讲解。只有这样，才能调动学生学习和思考的积极性、主动性，使学生的思维能力得到锻炼和发展。

④藏息相辅。既有有计划的正课学习，又有课外活动和自习，有张有弛，让学生感到学习的乐趣，感受到老师、同学的可亲可爱，使学习成为学生的一种内在需要。

（4）教学方法。

①讲解法。"约而达"即语言简约而意思通达；"微而臧"，即义理微妙而说得精善；"罕譬而喻"，即举少量典型的例证而使道理明白易晓。

②问答法。教师的提问应先易简后难坚，要循着问题的内在逻辑，而答问则应随其所问，有针对性地作答，恰如其分，适可而止，无过与不及。

③练习法。根据学习的内容来安排必要的练习，练习需要有规范，并且应逐步地进行。

（5）尊师重教与"教学相长"。

《学记》十分尊师。首先，社会上每个人，从君到民，都是教师教出来的，尤其是以教育为治术就离不开好老师。社会要尊师，君主应当带头。其次，把为师、为长、为君视为一个逻辑过程，使为师实际上成为为君的一种素质、一项使命。再次，没有教师的教育引导，五服之内的人们也不会懂得相亲相爱。

对教师的要求为：

①"记问之识，不足以为人师"。强调学识只是为师的条件，而非充分条件。

②"君子既知教之所由兴，又知教之所由废，然后可以为人师也"。指出懂得教育成败的原理可以为师。

③"君子知至学之难易，而知其美恶，然后能博喻，能博喻然后能为师"。指出善于在分析达成学习目标的难易程度和学生素质高下的基础上，采取各种有针对性的教学方法，可以为师。

④教师自我提高的规律：教学相长。"教学相长"的本意并非指教与学双方的相互促进，而是仅指教这一方的以教为学。它说明了教师本身的学习是一种学习，而教导他人的过程更是一种学习，正是这两种不同形式的学习相互推动，使教师不断进步。后人在注释"教学相长"时做了引申，将其视为教学过程中教师、学生双方的互相促进、共同提高的过程。

《学记》为中国教育理论的发展树立了典范，其历史意义和理论价值十分显著。它的出现，意味着中国古代教育思维专门化的形成，是中国教育理论发展的良好开端。

4. 试述并评价主要的学习理论。

学习理论主要包括行为主义的学习理论，如桑代克的联结说；认知派的学习理论，如布鲁纳的认知－发现说；人本主义学习理论，如罗杰斯的自由学习观；建构主义学习理论等。

（1）桑代克的联结说。桑代克是美国第一个系统地论述教育心理学的心理学家，被誉为现代教育心理学的奠基人。他创立了学习的联结－试误说。学习的实质在于形成一定的联结。桑代克认为学习即联结,联结是指某情境仅能唤起某些反应,而不能唤起其他反应的倾向。他认为,学习-刺激与反应的联结的形成是通过渐进的尝试与错误,按一定的规律形成的。桑代克提出准备律、练习律和效果律三大学习律。

(2)布鲁纳的认知-发现说。布鲁纳是美国著名的认知教育心理学家,提倡发现学习,主张学习的目的在于采用发现学习的方式,使学科的基本结构转变为学生头脑中的认知结构。因此他的理论被称为发现学习论。

布鲁纳的认知学习观包括以下几点:

①认知表征系统。布鲁纳把智慧生长看作形成表征系统的过程,他认为人类的智慧生长经历了动作表征、映象表征和符号表征三种表征系统阶段。

②学习的实质。学习的实质是主动形成认知结构。所谓认知结构就是编码系统,是"一组相互关联的、非具体性的类别",它是人用以感知外界的分类模式,是新信息借以加工的依据,也是人的推理活动的参照框架。学习包括获得、转化和评价三个过程。

③学习的过程。学习活动首先是新知识的获得;获得新知识以后还要对它进行转化,运用各种方法将它们变成另外的形式,以适合新任务,并获得更多的知识;评价是对知识转化的一种检查,通过评价可以核对我们处理知识的方法是否适合新的任务,或者运用得是否正确。

布鲁纳的结构教学观观点如下:

①教学的目的在于理解学科的基本结构。学科知识结构就是某一学术领域的基本观念,不仅包括一般原理,还包括学习的态度和方法,掌握有关某一知识结构就是理解它与许多其他事物之间有意义的联系。学习学科的基本结构的必要性包括促进理解、利于记忆、增强迁移、引导知识体系形成。

②发现学习的准备性。布鲁纳认为任何一门学科最基本的观念是既简单又强有力的,他提出任何学科的基础都可以用某种适当的形式教给任何年龄的任何人,主张向儿童提供具有挑战性但又合适的机会使其发展步步向前,引导儿童智慧发展。

③培养直觉思维。布鲁纳认为直觉思维、预感的训练是正式的学术学科和日常生活中创造性思维的重要特征,他指出鼓励猜想在培养直觉思维中的重要性。

④激发内在动机。布鲁纳强调学习是一个主动的过程,主张教师要使学生主动地参加到学习中去,并且体验到有能力掌控他的外部世界,以此来激发学生的内在学习动机。

⑤学科基本结构的教学原则有动机原则、结构原则、程序原则和强化原则。

发现学习是指学生在学习情境中,经过自己探索寻找,从而获得问题答案的一种学习方式,布鲁纳所说的发现不只限于寻求人类尚未知晓的事物的行为,也包括用自己的头脑亲自获取知识的一切形式。其教学阶段包括提出问题、做出假设、验证假设和形成结论。

(3)罗杰斯的自由学习观。罗杰斯是人本主义心理学的创始人,他将"来访者中心疗法"移植到教育领域,创立了"以学生为中心"的教学理论,是20世纪最伟大的教育理论之一。

罗杰斯认为,情感和认知是人类精神世界中两个不可分割的有机组成部分,两者融为一体。因此,教育应该要培养"躯体、心智、情感、精神、心力融汇一体"的人,即既用情感的方式也用认知的方式行事的情知合一的人,他称这种情知融为一体的人为"全人"或"功能完善者"。

有意义学习是一种与个人各部分经验都融合在一起,使个人的行为、态度、个性以及在未来选择行动方针时发生重大变化的学习。它不仅仅是增长知识,更是要引起整个人的变化,对个人的生存和发展有价值。有意义学习的四个要素为个人参与、自动自发、全面发展和自我评价。

罗杰斯所倡导的学习原则的核心就是让学生自由学习。自由学习就是教师要信任学生、信任学生的学习潜能,为学生提供各种学习的资源和一种促进学习的气氛,让学生自己决定如何学习,使其在交往中形成适应自己风格的、促进学习的最佳方法。

（4）建构主义学习理论。

①知识观。建构主义者质疑知识的客观性和确定性，强调知识的动态性。具体体现在以下几方面：知识的动态性、知识的情境性、知识学习的主动建构性。

②学生观。建构主义认为，学生并不是被动接受教师传授的知识，而总是以自己的经验背景或自己的经验来建构对事物的理解。具体表现在：完全否定心灵白板说，强调学生经验世界的丰富性和差异性。当问题呈现时，学生基于相关的经验，依靠推理和判断能力，形成对问题的某种解释。

教学要把儿童现有的知识经验作为新知识的生长点，引导儿童从原有的知识经验中"生长"出新的知识经验。教学要增进学生之间的合作，使他看到那些与他不同的观点，促进学习的进行。

③学习观。建构主义认为，学习是学习者主动地赋予信息以意义，建构自己的知识经验的过程，具有三个重要特征：主动建构性、社会互动性、情境性。

④教学观。教学是激活学生原有的相关知识经验，促进知识经验的"生长"，促进学生的知识建构活动，以实现知识经验的重新组织、转换和改造，以此来培养学生的求知欲和探究能力。教学要为学生创设理想的学习情境，激发学生的推理、分析、鉴别等高级的思维活动，同时给学生提供丰富的信息资源、处理信息的工具以及适当的帮助和支持，促进他们自身建构意义以及解决问题的活动。

2016年 苏州大学 333 教育综合·真题解析

一、名词解释

义务教育

义务教育是国家统一实施的所有适龄儿童、少年必须接受的教育，是国家必须予以保障的公益性事业，对于人的发展、教育发展和社会发展都具有重大意义，促进义务教育均衡发展成为我国现阶段教育改革和发展的重大任务。

庚款兴学

为了美国的长远利益，1908年，美国国会通过议案，决定从1909年起，将美国所得庚子赔款的一部分以"先赔后退"的形式退还给中国，用以发展中国的留美教育。美国的举动被后来其他国家效仿，形成所谓的"庚款兴学"。

最近发展区

维果茨基认为，在进行教学时，必须注意到儿童有两种发展水平：一种是儿童现有的发展水平，另一种是即将达到的发展水平，维果茨基把这两种水平之间的差异称为"最近发展区"，即独立解决问题的真实发展水平和在成人指导下或与其他儿童合作情况下解决问题的潜在发展水平之间的差距。

终结性评价

终结性评价也称总结性评价，指在一个大的学习阶段，对学生学习的成果进行制度化的正规考查、考试及其成绩评定。其目的是为学生评定一定阶段的学习成绩。

发现学习

发现学习是指学生在学习情境中，经过自己探索寻找，从而获得问题答案的一种学习方式，布鲁纳所说的发现不只限于寻求人类尚未知晓的事物的行为，也包括用自己的头脑亲自获取知识的一切形式。

要素主义教育

要素主义教育是20世纪30年代末作为实用主义教育和进步教育的对立面出现的。要素主义教育是现代欧美国家一种强调学校教育的任务主要是传授人类文化遗产共同要素的教育思潮。

二、简答题

1. 简述教师劳动的特点。

【答案要点】

（1）教师劳动的复杂性。教师劳动的复杂性主要受以下三方面的影响：第一，学生状况的复杂性决定着教师劳动的复杂性；第二，教师任务的多样性制约着教师劳动的复杂性；第三，影响学生发展因素的广泛性制约着教师劳动的复杂性。

（2）教师劳动的示范性。教育是教师引导、培养学生的活动，它要求教师以身作则，具有示范性。教师的劳动对象是处在发展过程中的青少年学生，他们具有尊敬教师、乐于接受教师的教导、以教师为表率的所谓"向师性"的特点。因此，教师必须严格要求自己，以身作则，通过示范的方式去影响学生，以便取得最佳教育效果。

（3）教师劳动的创造性。教师劳动创造性的最重要特征之一是他的工作对象，即儿童经常在发生变化，永远是新的，今天同昨天就不一样。此外，教师劳动的创造性还表现在因材施教上；表现在对教育、教学的原则、方法、内容的运用、选择和处理上；表现在教育教学过程中，教师对各种突发情况做出及时反应、妥善处理的应变能力上。

（4）教师劳动的专业性。教师劳动的专业性突出表现在教师对育人的崇高敬业精神和道德修养上，对教育教学专门化知识和技能的掌握与教育活动的自主权上。

2. 简述欧洲人文主义教育的特征和贡献。

【答案要点】

人文主义教育的特征有人本主义、古典主义、世俗性、宗教性和贵族性。

人文主义教育的影响和贡献在于：

（1）教育内容发生变化。

（2）教育职能发生变化。

（3）教育价值观发生变化。

（4）复兴了古典的教育理想。

（5）复兴了自由教育的传统。

（6）自然主义教育思想兴起。

（7）出现了新道德教育观。

（8）教育与劳动相结合及共产主义的教育思想。

（9）建立了新型的人文主义教育机构。

（10）促进了大学的改造和发展。

（11）教育理论不断丰富。

（12）推动了教育世俗化的历史进程。

3. 简述黄炎培的职业教育思想。

【答案要点】

（1）职业教育的作用与地位。

①作用。职业教育的功能就其理论价值而言，在于"谋个性之发展"，"为个人谋生之准备"，"为个人服务社会之准备"，"为国家及世界增进生产力之准备"。就其教育和社会影响而言，在于通过提高国民的职业素养，确立社会国家的基础。就其对当时中国社会的作用而言，在于有助于解决中国最大、最重要、最急需解决的人民生计的问题，消灭贫困，并进而使国家每一个公民享受到基本的自由权利。

②地位。职业教育在学校教育制度上的地位是一贯的、整个的和正统的。

（2）职业教育的目的。黄炎培对职业教育目的的认识和表述因不同历史时期和社会场合而有所不同，但他将职业教育的最终目的概括为"使无业者有业，使有业者乐业"。

（3）职业教育的方针。黄炎培在数十年的实践中，形成了社会化、科学化的职业教育办学方针。

（4）职业教育的教学原则。黄炎培根据职业教育的特点总结出以往教育的经验，提出"手脑并用""做学合一""理论与实际并行""知识与技能并重"等主张，作为开展职业教育教学工作必须坚持的原则。

（5）黄炎培把职业道德教育的基本要求概括为"敬业乐群"。"敬业"是指热爱自己的职业，做到尽职，有为所从事职业和全社会做出贡献的追求。"乐群"是指有高尚情操和群体合作精神，有服务和奉献精神。"敬业乐群"的职业道德教育思想，贯穿于黄炎培职业教育的实践。这不仅在中华职业学校以之为校训，而且在教育和教学的每一个环节都努力体现。

4. 简述精细加工策略的主要内容。

【答案要点】

精细加工策略是通过把所学的新信息和已有的知识联系起来以增加新信息意义的策略，即通过对学习材料的精细加工，将新旧知识联系起来，帮助学习者增进对新知识的理解，并把信息储存到长时记忆中的学习策略。精细加工策略主要包括以下几种：

（1）记忆术。

①位置记忆法：通过联系自己熟悉的某些地点顺序来记忆一些名称或者客体顺序的方法。

②首字联词法：利用每个词的第一个字形成一个缩写。

③谐音联想：利用视觉表象和语义联想记住一系列材料。

④琴栓–单词法：适用于无序的单词记忆，要求使用者对乐器或音律有一定的了解。类似于位置记忆法，把无序的单词与琴栓对应起来形成逻辑联系，以琴栓为线索提取记忆。

⑤关键词法：将新词或概念与相似的声音线索词，通过视觉表现联系起来。

⑥视觉想象：通过形成心理想象来帮助人们联想记忆。

（2）灵活处理信息。

①意义识记：善于找出学习事物之间的关系，这样即使某部分信息被遗忘了，学习者也可以顺着关系将其推导出来。

②主动应用：学习者不仅要记住某个信息，还要知道在何时何地可以使用这些信息。

③利用背景知识：在新学信息和已学信息之前建立联系。

三、分析论述题

1. 论述柏拉图的教育思想。

【答案要点】

柏拉图是古代西方哲学史上客观唯心主义的最大代表，也是整个西方文化中最伟大的哲学家和思想家之一。在西方教育思想史上，柏拉图的《理想国》、卢梭的《爱弥儿》和杜威的《民主主义与教育》堪称三个里程碑。

（1）学园。

柏拉图创办的学园被视为雅典第一个永久性的高等教育机构，在外国高等教育史上，学园的出现具有划时代的意义。

作为一所高等学府，学园既开展了广泛的教学活动，培养各类人才，同时也进行了哲学和自然科学领域的学术研究，这些教学和研究活动极大地促进了古希腊科学和文化的发展。学园开设的课程门类众多，其中，数学占有重要地位。学园的教学形式和方法灵活多样，苏格拉底式的谈话法被普遍采用。

在长期的办学实践中，学园培养和造就了一大批在各领域做出重要贡献的知名学者。特别是柏拉图在此工作期间，学园一度成为当时希腊重要的学术活动中心。

（2）学习即回忆。

柏拉图认为从感性的个别的事物中不能得到真知识，只有通过感性事物引起思维，认识共相，才能达到对真理的把握。他把思维、共相看成与外界无关的、存在于人的灵魂的内部。

他说人在出生以前已经获得了一切事物的知识，当灵魂依附于肉体后，这些已有的知识被遗忘了，通过接触感性事物，才重新"回忆"起已被遗忘的知识。认识就是回忆，学习并不是从外部得到什么东西，它只是回忆灵魂中已有的知识。

（3）《理想国》。

《理想国》是一部讨论政治和教育的著作，被认为是西方教育史上最为重要和伟大的教育著作之一。在《理想国》中，柏拉图精心设计了一个他心目中理想的国家，在这个国家中，执政者、军人、工农商服从各自的天性，各安其位，互不干扰，智慧、勇敢、节制、正义成为理想国的四大美德。他还为这个理想国家的实现，提出了完整的教育计划。

①教育目的：《理想国》中教育的最高目标是培养哲学家兼政治家——哲学王；教育的最终目的是促使"灵魂转向"。

②教育对象：女子和男子应受同样的教育，从事同样的职业，受同样的体操训练和军事教育。在承担国家和社会事务方面，女子与男子是平等的。

③教育阶段：国家公民子女为国家所有，由国家负责教育和养育，分五个阶段：学前教育阶段（0~6岁）；初等教育阶段（7~16岁、17岁）；军人教育阶段（17~20岁）；哲学家预备教育阶段（30~35岁）；哲学家教育阶段（30~35岁）。学生受完这一阶段教育后成为哲学家，就可以执政，执政后还要继续学习，到了50岁，确实能治国，就成为哲学王。

④评价。

积极因素：主张国家重视教育，教育与政治结合；高度评价教育在人的塑造中的作用；将算术、几何、天文、音乐理论四门课程列入教学科目；第一次提出以考试作为选拔人才的手段之一；强调身心协调发展，提倡男女教育平等；注意早期教育，主张课程学习与实际锻炼结合；净化教育内容，反对强迫学习，以理性指导欲望作为道德教育的中心任务。

消极因素：《理想国》的教育过于强调一致性，忽视个性发展。此外，它拒绝变革，"不让体育和音乐翻新"，这些思想是有局限性的。

2. 论述董仲舒的教育思想。

【答案要点】

董仲舒是西汉著名的思想家和教育家，学识渊博，遍通"五经"，被誉为"汉代孔子"。其著作以《春秋繁露》和《对贤良策》影响最大。

(1)《对贤良策》与三大文教政策。

董仲舒在《对贤良策》中,向汉武帝提出了三大文教政策:一是"罢黜百家,独尊儒术";二是"兴太学以养士";三是"重视选举,任贤使能"。这三大文教政策,是董仲舒社会政治思想在文化教育领域的体现。

(2)论人性与教育作用。

"性三品"说。董仲舒明确将人性划分为三种不同的等级:即"圣人之性、中民之性、斗筲之性":

①"圣人之性""为上品,是天生的"过善"之性,是其他人先天不可能、后天又不可及的,指的是统治阶级最上层的比较少数的一些人。

②"中民之性"为万民之性,有善质而未能善,其性待渐于教训而后能为善,即待君王教化后方能成"善",但却不可能成为圣人,他们是主要的教育对象,绝大多数人属于这一等级。

③"斗筲之性"为下品,他认为下品无善质,近于禽兽,教化是无用的,只能采用刑罚对付他们。

董仲舒认为教育的作用有:

①具备"圣人之性"者能够自觉控制自己的感情欲望,注定要向善的方向发展,不需要教育就可通过自我的修养为善。

②具有"中民之性"的中民,教育对他们的发展起决定性作用,因此他们是教育的主要对象。

③具备"斗筲之性"者很难进行自我节制,只有用刑罚制止他们作恶,虽经教育也很难转化为善,要用刑罚加以强制性的制约。

(3)论道德教育。

①德教是立政之本。董仲舒强调以道德教化为本为主,刑罚为末为辅。以道德教化作为实现仁政德治手段是儒家学说的传统,董仲舒更从"道之大原出于天"的神学目的论出发对其进行论证。

②德育内容:"三纲五常"是董仲舒伦理思想体系的核心,也是其道德教育的中心内容。董仲舒从先秦儒家概括出的五种基本关系即"五伦"——君臣、父子、夫妇、兄弟、朋友中突出强调君臣、父子、夫妇三种主要关系,他提出"王道三纲"即"君为臣纲,父为子纲,夫为妻纲",与"三纲"相配合的是"五常",即仁、义、礼、智、信。"三纲"是道德的基本准则,"五常"则是与个体的道德认知、情感、意志、实践等心理、行为能力相关的道德观念。"三纲"与"五常"结合的纲常体系成为中国封建社会道德教育的中心内容。

③道德修养的原则与方法:确立重义轻利的人生理想;"以仁安人,以义正我";"必仁且智"。

3.论述学科结构课程的主要观点。

【答案要点】

结构主义教育产生于20世纪50年代末,是现代欧美国家一种强调认知结构的研究和认知能力的发展的教育思潮。它以结构主义心理学为理论基础,侧重研究课程教学改革问题,代表人物有皮亚杰、布鲁纳等。其主要观点包括以下几个方面:

(1)教育和教学应重视学生的认知能力发展。教育是教育者引导学习者实现知识的转化,并使学习活动内化的构造过程。其主要任务就是促使学生的认知能力得到发展。

(2)注重掌握各门学科的基本结构。学科的基本结构是指一门学科的基本概念、定义、原理、原则和方法。掌握学科的基本结构有助于理解和把握整个学科的内容。

(3)主张学科基础的早期学习。任何一门学科的基础知识都能以一定的形式教给任何阶段的任何儿童,因此,尽早让儿童掌握学科的基本结构是有效和便捷地进行教学的主要途径。

(4)倡导发现法和发现学习。发现学习就是引导儿童从事物表面现象去探索具有规律性的潜在结构的一种学习途径。

(5)认为教师是结构教学中的主要辅导者。教师应从儿童的心理能力出发,考虑一门学科的基本结构在学习中的作用以及如何使学生理解和掌握该门学科的基本结构。

结构主义教育思想为心理学研究和教育研究的相互协作提供了一个范例，对现代西方课程论影响很大，并成为20世纪60年代美国课程改革的指导思想。但是结构主义教育有些观点过于天真和理想化，导致课程教材改革的难度偏大，引起了人们不同的评论和争议。

4.论述学校管理的发展趋势。

【答案要点】

（1）学校管理法治化。为推进依法治校工作，学校管理者应采取以下措施：第一，转变行政管理职能，切实依法行政；第二，加强制度建设，依法加强管理；第三，推进民主建设，完善民主监督；第四，加强法制教育，提高法律素质；第五，严格教师管理，维护教师权益；第六，完善学校保护机制，依法保护学生权益。

（2）学校管理人性化。人性化管理是指学校管理工作要以人为本，关注人的情感、满足人的需要、崇尚人的价值、尊重人的主体人格和地位。为推进学校管理人性化，学校管理者应采取以下措施：第一，考虑人的因素，一切要从人的实际出发；第二，考虑个体差异，懂得每个人都有自己的思想、情感、兴趣和爱好；第三，强调人的内在价值，把满足需要作为工作的起点，通过激励的方式来提高工作效率；第四，努力构建充满尊重、理解和信任的人际环境，增强教职工和学生的集体归属感；第五，加强校园文化环境建设，充分发挥校园文化的管理和育人功能；第六，转变管理观念和方式，贯彻管理即育人、管理即服务的思想。

（3）学校管理民主化。民主管理以对个体价值的肯定为基础，以个体才能的充分发挥和潜能挖掘为前提，积极吸引全员参与管理活动，集思广益，共同参与，以取得最优的管理效益。实施民主管理应做好以下工作：第一，学校管理者应充分肯定个体价值，树立"以人为本"的管理理念；第二，广大教职员工要不断提高自身素质，积极参与民主管理；第三，管理体制上要充分保障教职员工的民主参与权利。

（4）学校管理信息化。为推进学校管理信息化，学校管理者应采取以下措施：第一，实现信息化管理，要加强硬件投入与软件开发，打好学校管理信息化的物质基础；第二，提高学校教职员工的信息管理素养，以保障信息化管理的运行；第三，改进培训内容和方式，使其具有针对性，满足教师需求；第四，完善学校信息化管理规章制度，以便学校信息化管理有效性。

（5）学校管理校本化。校本管理是指学校在教育方针与法规的指引下，可以根据自己的实际情况和需要自主确定发展的目标与任务，进行管理工作。简言之，校本管理即以学校为本位的自主管理。实施校本管理应注意做好以下工作：第一，教育行政部门要简政放权；第二，倡导集体参与、共同决策；第三，开展校本研究，提高学校管理者决策能力。

2015年 苏州大学333教育综合·真题解析

一、名词解释

班级授课制

班级授课制是一种集体教学形式。它把一定数量的学生按年龄与知识程度编成固定的班级，根据周课表和作息时间表，安排教师有计划地给全班学生上课，分别学习所设置的各门课程。

学制

学制即学校教育制度，它是现代教育制度的核心部分，指的是一个国家各级各类学校的系统及其管理规则，它规定着各级各类学校的性质、任务、入学年限、修业年限以及它们之间的关系。

课程

课程是由一定的育人目标、特定的知识经验和预期的学习活动方式构成的一种蕴含着丰富、基本而又有创造性与潜质的一套计划与设定。广义的课程指所有学科的总和；狭义的课程指一门学科。

中世纪大学

中世纪大学是12世纪左右兴起的一种自治的教授和学习中心。一般由一名或数名在某一领域有声望的学者和他的追随者自行组织起来，形成类似于行会的师生团体进行教学和知识交易。最早的中世纪大学包括萨莱诺大学、波隆那大学、巴黎大学等。

教学模式

教学模式是指在一定教学理论指导下，为设计和组织教学而在实践中建立起来的各种类型教学活动的基本结构或者是一整套开展教学活动的方法论体系。

癸卯学制

"癸卯学制"是中国近代由中央政府颁布并首次得到施行的全国性法定学制系统，较"壬寅学制"更为系统完备。学制主系列分为三段七级。

二、简答题

1. 简述教育对人的发展的作用。

【答案要点】

（1）教育在人的发展中起引领作用。教育在年轻一代的发展中起着引领作用主要体现在：有意识地为年轻一代的成长选择、建构、调控良好的环境，对他们的生活、交往、学习与实践等活动进行正确的教导、示范和辅助，并注重尊重他们的主体地位和激发、引导他们内在的学习动力与自我发展的能动性和自主性，从各方面引领、关怀、维护他们的发展。

（2）学校教育主要通过传承文化科学知识来培养人。学校教育是教育者有意识地为儿童的身心发展精心设置的一种环境，它把经过选择的、重新组编的、人类长期积累起来的文化知识作为精神客体与儿童互动，以促进儿童的发展，使他们成人成才。

（3）学校教育对提高人的现代性有显著的作用。教育在人的现代化过程中起着重要作用，因为学生在学校里不仅学会了读、写、算等各个方面的基础知识与技巧，而且学到了与他们个人的发展和国家的未来有关的态度、价值和行为方式。人的现代化是社会现代化的重要基础和前提条件，我们应该自觉地优先发展教育，高度重视并充分发挥教育对人的现代化的促进作用。

2. 罗杰斯的人本主义教学观。

罗杰斯是人本主义心理学的创始人，他将"来访者中心疗法"移植到教育领域，创立了"以学生为中心"的教学理论，是20世纪最伟大的教育理论之一。

（1）知情统一的教学目标。罗杰斯认为，情感和认知是人类精神世界中两个不可分割的有机组成部分，两者融为一体。因此，教育应该要培养"躯体、心智、情感、精神、心力融汇一体"的人，即既用情感的方式也用认知的方式行事的情知合一的人，他称这种情知融为一体的人为"全人"或"功能完善者"。

（2）有意义学习与自由学习。有意义学习是一种与个人各部分经验都融合在一起，使个人的行为、态度、个性以及在未来选择行动方针时发生重大变化的学习。它不仅仅是增长知识，更是要引起整个人的变化，对个人的生存和发展有价值。有意义学习的四个要素为个人参与、自动自发、全面发展和自我评价。

罗杰斯所倡导的学习原则的核心就是让学生自由学习。自由学习就是教师要信任学生、信任学生的学习潜能，为学生提供各种学习的资源和一种促进学习的气氛，让学生自己决定如何学习，使其在交往中形成适应自己风格的、促进学习的最佳方法。

（3）学生中心的教学观。罗杰斯对传统教育的师生关系进行了猛烈的批判，认为在传统教育中教师是知识的拥有者，而学生只是被动的接受者，主张废除教师这一角色，代之以"学习的促进者"。教师的任务不是教学生学习知识，也不是教学生如何学习，而是为学生提供各种学习资源和促进学习的气氛，让学生自己决定如何学习。促进学习的心理气氛因素包括真诚一致、无条件积极关注和同理心。

3. 简述英国《1944年教育法》。

【答案要点】

1944年，英国政府通过了以巴特勒为主席的教育委员会提出的教育改革方案，即《1944年教育法》，又称《巴特勒教育法》。该法案的主要内容为：

（1）加强国家对教育的控制和领导。法案废除教育委员会，设立教育部，统一领导全国的教育。同时，设立中央教育咨询委员会，负责向教育部长提供咨询和建议。

（2）加强地方行政管理权限，设立由初等教育、中等教育和继续教育组成的公共教育系统。地方当局负责为本地区提供初等、中等和继续教育。其中，初等教育包括幼儿园、幼儿学校和初等学校。小学生毕业后根据11岁考试结果，按成绩、能力和性向分别进入文法中学、技术中学和现代中学。初等学校和中等学校实行董事会制。

（3）实施5~15岁的义务教育。父母有保证子女接受义务教育和在册学生正常上学的职责。地方教育当局应向义务教育超龄者提供全日制教育和业余教育。

（4）要求改革宗教教育、师范教育和高等教育等。

《1944年教育法》在英国现代教育发展中占据极其重要的地位。它结束了第二次世界大战前英国教育制度发展不平衡的状况，形成了初等教育、中等教育和继续教育相互衔接的公共教育制度，对以后英国教育的发展产生了重要影响。

4. 简述教学过程的性质。

【答案要点】

（1）教学过程是一种特殊的认识过程。教学过程作为特殊的认识过程，其特殊性在于它是学生个体的认识过程，具有不同于人类总体认识的显著特点：第一，间接性，主要以掌握人类长期积累起来科学文化知识为中介，间接地认识现实世界；第二，引导性，需要在富有知识的教师引导下进行认识，而不能独立完成；第三，简捷性，走的是一条认识的捷径，是一种科学文化知识的再生产。

（2）教学过程是以认识过程为基础的学生全面发展的过程。教学过程不只是要学生完成认识世界的任务，更重要的是在这个过程中促进学生的全面发展。学生的发展是教学过程的核心，教学过程的本质与社会发展需要相联系，要从生理和心理两个方面来看待学生的发展。

（3）教学过程是以交往为背景和手段的活动过程。教学活动不是孤立的个体认识活动，它离不开师与生、生与生之间的交往、互动，离不开人们的共同生活。个体最初的学习与认识就是在共同生活与交往中发生与发展的。在教学过程中，教师不仅运用交往引导学生进行认知，而且通过交往对学生达致情感的沟通、同情与共鸣。

（4）教学过程也是一种促进学生身心发展、追寻与实现价值目标的过程。在教学活动中，教师引导学生学习知识、开展交往、认识与作用世界，进行多方面的演练与实践，其实都是为了促进学生的身心发展，以追寻与实现使他们成人、成才的价值增值目标。从这方面看，教学过程又是一个促进学生身心发展及实现教育目标的过程。

三、分析论述题

1. 论述洋务学堂的特点、兴起的背景及在近代教育中的作用。

【答案要点】

（1）背景：洋务学堂的目的在于培养洋务活动所需要的翻译、外交、工程技术、水陆军事等多方面的专门人才，教学内容以"西文"和"西艺"为主。主要分为外国语学堂、军事学堂和技术实业学堂三大类。从1861年清政府设立"总理各国事务衙门"到1895年签订《马关条约》的三十多年间，洋务派创办洋务学堂30余所，它们是随着洋务运动的展开而逐渐开办的。

（2）洋务学堂的特点。

一方面，洋务学堂与中国传统学校有显著的差异，因此又被称为新式学堂，表现出"新式"的特点。另一方面，洋务学堂本质上还是套种在传统封建教育体制边上的幼苗，根植于半殖民地半封建社会的土壤，难脱其桎梏和影响，又表现出新旧杂糅的特点。

"新式"特点主要表现在以下几个方面：

①培养目标。洋务学堂的培养目标是造就各项洋务事业需要的专门人才，广泛分布于外交、律例、水陆军事等诸多领域。

②教学内容。洋务学堂以学习"西文""西艺"为主，注意学以致用。

③教学方法。洋务学堂能按照知识的接受规律由浅入深、循序渐进地安排教学内容，重视理解，注意教学中的理论与实践结合，很多学校安排有实践课程，有的还建立了实习制度。

④教学组织形式。洋务学堂均制订有分年课程计划，确定了学制年限，采用班级授课制。

"新旧杂糅"的特点主要表现在以下几个方面：

①洋务学堂是洋务大臣们各自为政办起来的，缺乏全国性的整体规划和学制系统。

②在"中体西用"的总原则下，在传授西文西艺的同时并未放弃对四书五经的学习。

③洋务学堂由封建官僚所举办，在管理上带有封建官僚习气。

（3）在近代教育中的作用。

总的来说，洋务学堂以西方近代科技文化作为主要课程，在形式上引入了资本主义因素，初步具备了近代教育的特征。在它产生之初，并未有意与以科举为核心的旧教育体制对抗，甚至还乞求后者的容纳，但它产生之后，逐渐动摇和瓦解了旧的教育体制，实际启动了近代中国教育改革的进程。

2. 论述卢梭自然主义教育思想的内容及影响。

【答案要点】

卢梭是18世纪法国著名启蒙思想家和教育家，其教育思想的基本特征是高度尊重儿童的天性，倡导自然教育和儿童本位的教育观。主要著作有《爱弥儿》《社会契约论》等。

（1）自然教育的基本含义。

卢梭自然主义教育的核心是"回归自然"。一方面，善良的人性存在于纯洁的自然状态之中。只有"回归自然"、远离喧嚣社会的教育，才有利于保持人的善良天性。因此15岁之前的教育必须在远离城市的农村进行。另一方面，每个人都是由自然的教育、事物的教育、人为的教育三者培养起来，只有三种教育圆满地结合才能达到预期的目的。三者之中，应以自然的教育为基准，才能使教育回归自然达到应有的成效。

（2）自然教育的培养目标。

自然教育最终目的是培养"自然人"，即身心调和发达、体脑两健、能力强盛的新人，也就是摆脱封建羁绊的资产阶级新人。具有以下特征：第一，自然人是能独立自主的人，他能独自体现出自己的价值；第二，在自然的秩序中，所有的人都是平等的；第三，自然人又是自由的人，他是无所不宜、无所不能的；第四，自然人还是自食其力的人，可无须仰赖他人为生，这是独立自主的可靠保证。

（3）自然教育的方法原则。

卢梭猛烈抨击了当时向儿童强迫灌输旧的道德和知识、摧残儿童天性的做法，他提出以下几点原则和方法：

①树立正确的儿童观。自然教育的必要前提是要改变对儿童的看法。在人生的秩序中，儿童有他的地位，应当把成人看作成人，把孩子看作孩子。

②消极教育。教育要遵循自然天性，也就是要求儿童在自身的教育和成长中取得主动地位，无须成人的灌输、压制、强迫，教师只需创造学习的环境，防范不良的影响。它的作用是消极的，是对儿童的发展不横加干涉的教育。

③自然后果律。当儿童犯了错误和过失后，不必直接去制止或处罚他们，而让他们在同自然的接触中，体会到自己所犯的错误和过失带来的自然后果，使儿童服从于自然法则，结合具体事例让他们从自己的直接经验中受到教育。

④根据儿童天性的个体差异，因材施教。卢梭要求教育者在进行教学之前必须先了解自己的学生。

（4）自然主义教育的实施。

卢梭根据自然教育的原则，根据人的自然发展的进程和不同年龄时期身心的特点，把自然教育分为婴儿期、儿童期、少年期和青春期。

①婴儿期（0~2岁）：主要进行体育，其任务在于通过身体的养护和锻炼，促进儿童身体的健康发展，增强儿童的体质。婴儿期的体育应该顺应自然，通过合理的饮食、衣着、睡眠和游戏，实施正确的教育。

②儿童期（2~12岁）：又称儿童的"理性睡眠期"，主要进行感官训练和身体发育，使他们通过感觉器官的运用获得丰富的感性经验，并要掌握一些道德观念。这个时期的儿童不宜进行理性教育，不应强迫儿童读书。

③少年期（12~15岁）：主要进行智育和劳动教育。智育的任务在于发展他们的智力，培养他们的学习兴趣和掌握学习研究的方法。卢梭重视劳动教育，认为儿童必须学会劳动，学会从事一种职业。劳动不仅可以谋生，还能促进理性的成长，并直接影响人的道德品质和人格发展。

④青春期（15~20岁）：主要接受道德教育，包括宗教教育、爱情教育和性教育，激发青年自然涌现的善良情感，发展他们的理性，使其在行为中接受道德的磨炼。

卢梭提出的自然主义教育思想是教育思想史上由教育适应自然向教育心理学化过渡的一个重要环节。在封建社会压制人性的情况下，提倡性善论、尊重儿童天性具有历史进步意义。他呼吁培养身心调和发展的自然人和自由人也反映了对人的发展的合理要求。

3. 结合教育的社会流动功能，试分析现阶段我国教育公平问题。

【答案要点】

教育的社会流动功能是指社会成员通过教育的培养、筛选和提高，能够在不同的社会区域、社会层次、职业岗位、科层组织之间转换、调整和变动，以充分发挥其个人的智慧才能，实现其人生价值。它包括横向流动功能和纵向流动功能。前者指改变其环境而不提升其社会层级地位；后者指改变其社会层级地位及作用。

教育的社会流动功能在当代的重要意义有：

（1）教育是个人社会流动的基础。如今，不管从事什么行业，要在社会上生存与流动，就要有一定的文化知识和能力，必须接受一定的教育。它使享受这一教育的人能够选择自己将要从事的职业，参与建设集体的未来和继续学习。

（2）教育是现代社会流动的主要通道。今天，我国农村的年轻一代要成功地进行社会流动，尤其是向上流动，必须经过教育，甚至只有经过优质的高等教育才能实现。

（3）教育深刻影响社会公平。教育的社会流动，实质上涉及教育机会均等与社会公平问题。到近代，人们才逐步提出普及教育与入学机会人人均等的要求。如今，各国纷纷实行普及义务教育制度，注重教育公平，这是教育发展的趋势。

现阶段我国教育公平问题：

（1）城乡之间、地区之间存在明显的差距问题。首先，教育经费与设备配置的差异导致教育条件的不公平；其次，师资力量与教学水平的差异导致教育过程的不公平；再次，城乡学校的教育条件与教学水平的差距导致教育结构的不公平；最后，教育投入的差距深刻影响教育的公平。因此，关注与促进缩小城乡与地区差距是实现教育公平的基础。

（2）农民工子女接受教育需要妥善解决的问题。它包括"留守儿童教育"和"农民工子女上学难"两个问题。若不能妥善解决，不仅影响社会主义现代化建设和社会的转型，而且影响社会的稳定与和谐。

（3）优质教育资源短缺引发的教育机会不公平问题。大量研究证明，优质教育资源的分配与学生家庭的经济背景以及父母的社会阶层存在显著的关联。于是，优质教育资源短缺与人民群众对优质教育越来越高的需求的矛盾便成为人们普遍关注、最为突出的教育问题和社会问题。

4. 结合自身实际，谈谈如何培养和发展学生创造性思维能力。

【答案要点】

创造性的培养措施有：

（1）营造鼓励创造的环境。这是促进学生创造性发展的必要条件。首先，应倡导民主式的教育和管理。其次，应改革考试制度，为学生创造宽松的学习环境。再次，应增加自主选择课程的机会和有针对性的课程设计。最后，应为学生提供创造性人物的榜样。

（2）培养创造性的教师队伍。首先，要转变教师的教育教学观念，使教师形成理解并鼓励学生的创造；其次，要教给教师必要的创造技法和思维策略；再次，为教师提供明晰的、具有实用价值的有关创造性的知识及相应的教学策略和技能；最后，教师应不断学习关于创造性的心理学知识，用心理学的理论指导自己的实践。

（3）培育创造意识，激发创造动机。只有当个人具有自觉的创造意识、强烈的创造动机，才易产生新思想、新方法、新观点。需要做到：树立学生创新的自信心；激发创造热情；磨砺创造意志；培养创造勇气。

（4）发展和培养创造性思维。创造性思维是创造性的核心。创造性思维的培养应注意以下几个方面：加大思维的"前进跨度"，培养思维的跳跃能力；加大思维的"联想跨度"，使学生养成敢于把习惯上认为毫不相干的、表面上看来微不足道的问题联系起来或进行移植；加大"转换跨度"，引导学生敢于否定原来的设想，善于打破固有的思路；给学生大胆探索与推测的体会。

（5）开设创造课程，教给创造技法。教学是培养学生创造性的重要途径。因此，开设创造性课程已成为国内外开发创造性的有效途径。在创造性课程的教学中，注重教给学生基本的创造技巧与方法是培养创造性的有效措施。促进创造性发展的主要创造技法有：头脑风暴法、系统探求法、联想类比法、组合创新法、对立思考法、转换思考法。

（6）塑造创造性人格。创造性人格是创造性的重要组成部分，培养学生的创造性人格是培养创造性的重要内容。主要方法有：保护好奇心；解除对错误的恐惧心理；鼓励独创性与多样性。此外，自信与乐观、忍耐与有恒心、合作、严谨等也是创造性人格培养的重要方面。

2014年 苏州大学 333 教育综合·真题解析

一、名词解释

《颜氏家训》

颜之推写出了我国封建社会第一部系统完整的家庭教科书——《颜氏家训》，用以训诫其子孙。主要包括以下主张：家教奠基，父母有责；教儿婴孩，勿失良机；偏宠有害，严教是爱；注意环境的影响；重视家庭的语言教育；重视儿童心理观察。

"七艺"

"七艺"是西方教育史上对七种教学科目的总称，包含文法、修辞、辩证法、音乐、算术、几何、天文。西方教育史上沿用长达千年之久的"七艺"中的前"三艺"是由智者首学派先确定下来的。后来柏拉图将"四艺"作为教学科目详加论述，并认为"三艺"是高级课程，"四艺"是初级课程。"三艺"和"四艺"合称为"七艺"。

《莫雷尔法案》

《莫雷尔法案》又称《莫里尔法》。该法规定：联邦政府按各州在国会的议员人数，按照每位议员三万英亩的标准向各州拨赠土地，各州应将赠地收入用于开办或资助农业和机械工艺学院。利用这笔拨赠，大多数州专门创办了农业或机械工艺学院，有的州则在已有大学内附设农业或机械工艺学院。

教育目的

教育目的是对教育活动所要培养的人的个体素质的总的预期与设想，是对社会历史活动的主体的个体素质的规定。它体现一定社会对受教育者质量规格的界定和要求，也体现人自身发展所应该达到的水准和高度。

学习策略

学习策略是指学习者为了提高学习的效果和效率，有目的、有意识地制定的有关学习过程的复杂的方案，具有主动性、有效性、过程性和程序性四个特征。

校长负责制

校长负责制指校长受上级政府主管部门的委托，在党支部和教代会的监督下，对学校进行全面领导和负责的制度。在这一体制中，校长是学校行政系统的最高决策者和指挥者，是学校的法人代表，他对外代表学校，对内全面领导和管理学校的教育、教学、科研和行政工作。

二、简答题

1. 简述朱熹的道德教育方法。

【答案要点】

道德教育是理学教育的核心，也是朱熹教育思想的重要内容。朱熹十分重视道德教育，主张将道德教育放在教育工作的首位。

其根本任务："明天理、灭人欲"。天理即以三纲五常为核心的封建伦理道德，人欲即"心"的毛病，是为"嗜欲所迷"的心。道德教育的基本内容为进行以三纲五常为核心的封建伦理道德教育。

进行道德教育的方法有：

（1）立志。学者应该树立远大的志向。

（2）居敬。居敬即专心致志，谨慎认真。

（3）存养。即存心养性，通过存养来发扬善性，发明本心。

（4）省察。经常进行自我反省和检查。

（5）力行。将学到的伦理道德知识付之于自己的实际行动，转化为道德行为。

2. 简述永恒主义教育思想。

【答案要点】

永恒主义教育亦称"新古典主义教育"，产生于20世纪30年代，是现代欧美国家一种强调理性训练以及人的理性和教育基本原则的永恒性的教育思潮，代表人物有美国的赫钦斯、艾德勒，英国的利文斯通和法国的阿兰等。其主要观点包括以下几个方面：

（1）发展人的理性是教育永恒不变的原则。

（2）教育的主要目的是培养永恒的理性。

（3）永恒的古典学科应该在学校课程中占有中心地位。

（4）学生通过教师的教学进行学习。

永恒主义教育对进步教育的批判比要素主义更加激烈，但从整体上来看，它并未提出新的价值判断标准。永恒主义教育在教育理论上有一定影响，但在教育实践中的影响范围不大，主要限于大学和上层知识界中的少数人。

3. 简述建构主义学习观的基本特点。

【答案要点】

建构主义认为，学习是学习者主动地赋予信息以意义，建构自己的知识经验的过程，具有三个重要特征。

（1）主动建构性。面对新信息、新概念、新现象或新问题，学习者需要主动激活头脑中的先前知识经验，通过高层次思维活动，对各种信息和观念进行加工转换，对新旧知识进行综合和概括，解释有关现象，形成新的假设和推论。

（2）社会互动性。学习是通过对某种社会文化的参与，内化相关知识和技能，掌握有关工具的过程，这一过程常常需要通过一个学习共同体的合作互动来完成。

（3）情境性。建构主义者提出，知识存在于具体的、情境性的、可感知的活动中，它不是一套独立于情境的知识符号，不可能脱离活动情境而抽象地存在，它只有通过实际情境中的应用活动才能真正被人理解。

4. 简述德育过程的性质。

【答案要点】

德育过程是学生在教师的引导下，主动积极地进行道德认识和道德实践，逐步提高自我修养能力，形成个人品德的过程。

（1）德育过程是学生在教师教导下的个体品德的自主建构过程。学生的思想道德认识和行为习惯不是与生俱来的，是学生在与社会环境的相互作用过程中，尤其是在教师有目的有意识的教育引导下，逐步形成自己的思想认识，发展自己的道德素质的。包含以下三个方面：第一，学生对环境影响的主动吸收；第二，教师对学生的积极引导；第三，外部活动与内部活动相互促进。

（2）德育过程是培养学生知、情、意、行整体和谐的发展过程。学生的品德包含知、情、意、行四个要素。所以德育过程也是培养学生思想品德的知、情、意、行整体和谐的发展过程。包含以下三个方面的含义：第一，思想道德发展的整体性；第二，德育过程有多种开端；第三，德育实践的针对性。

（3）德育过程是提高学生自我教育能力的过程。在德育过程中，要引导学生积极参与社会学习、生活交往和道德践行，培养和提升他们的思想品德素质，均有赖于发挥学生个人的能动性和自我教育能力。自我教育能力主要由自我期望能力、自我评价能力、自我调控能力所构成。一方面，自我教育能力是德育的一个重要条件，只有注意培养与提高学生的这种能力，德育才能进行得更顺利、更有效；另一方面，学生的自我教育能力的形成又是学生思想道德发展过程的一个重要标志。

三、分析论述题

1. 试述蔡元培在北京大学的改革措施及其影响。

【答案要点】

民国成立后，京师大学堂改称北京大学。当时北大校政腐败、制度混乱、学生求官心切、学术空气淡薄，封建文化泛滥。为了改变这种风气，蔡元培赴任北大校长，对北大进行全面改革。

（1）抱定宗旨，改变校风。蔡元培明确大学的宗旨，认为大学应该成为"研究高尚学问之地"。他改革北大的第一步就是要为师生创造研究高深学问的条件和氛围。具体措施有：改变学生的观念；整顿教师队伍，延聘积学热心的教员；发展研究所，广积图书，引导师生研究兴趣；砥砺德行，培养正当兴趣。

（2）贯彻"思想自由，兼容并包"的办学原则。蔡元培明确声明，在学术上"循'思想自由'原则，取兼容并包主义"，这是他办理北京大学的基本指导思想。该思想不仅体现在学术上，也体现在教师的聘任上。蔡元培以"学诣为主"，罗致各类学术人才，使北大教师队伍一时呈现出流派纷呈的局面。

（3）教授治校，民主管理。1912年由蔡元培主持制定的《大学令》中，确立了教授治校、民主管理的大学校务管理原则，规定大学设立评议会，各科设立教授会。蔡元培到任北大后，当年即组织了评议会。1919年，评议会通过学校内部组织章程，决定：第一，设立行政会议，作为全校最高的行政机构和执行机构，负责组织实施评议会议决的事项，下设各种委员会分管各类事务；第二，设立教务会议及教务处，由各系主任组成，并互相推选教务长一人，统一领导全校的教务工作；第三，设立总务处，主管全校的人事和事务工作。

管理体制的改革，体现了蔡元培教授治校、民主管理的思想，目的是把推动学校发展的责任交给教授，让真正懂得学术的人来管理学校。新的管理体制的建立，改变了京师大学堂遗留下来的封建衙门作风，提高了工作效率，促进了学校的蓬勃发展。

（4）学科与教学体制改革。在学科与教学体制改革方面，蔡元培主要有三个措施：第一，扩充文理，改变"轻学而重术"的思想；第二，沟通文理，废科设系；第三，改年级制为选科制，发展学生个性。

北京大学的改革不仅仅使自身改变了面貌，也是我国高等教育近代化发展中的一个里程碑。这次改革的灵魂是"思想自由，兼容并包"，其中"兼容并包"不仅包容不同的学术和学说流派、不同的人物和主张，也在男生之外包容女生，在正式生之外包容旁听生。北大因此成为新文化运动和马克思主义的传播中心、五四运动的策源地，其影响远远超出了教育领域。

2. 试述马克思关于人的全面发展的教育思想。

【答案要点】

马克思、恩格斯所讲的人的发展，是指在人的劳动能力全面发展的基础上包括人的社会关系、体力、智力、道德精神面貌、意志、情感、个性及审美意识和实践能力等各方面的和谐统一发展。人的全面发展过程是人不断走向自由和解放的过程，是人类历史追求的真正目的。

马克思关于人的自由而全面发展的学说是在继承和发展历史上有关理论基础上的新的探索和科学概括，是我们选择社会主义教育目的价值取向的理论基础。

（1）社会主义制度的建立为人的全面发展拓宽了道路。我国建设中国特色社会主义各项事业，既要着眼于人民现实的物质文化生活的需要，同时也要促进人的自由而全面的发展。这是马克思主义关于建设社会主义新社会的本质要求。

（2）要依据我国的特点尽可能地促进人的全面发展。结合我国处于社会主义初级阶段的现实情况，采取各种切实举措，提高人的素质，促进人的全面发展，并以此作为现阶段我国教育目的的基本价值取向。

（3）人的全面发展是构建社会主义和谐社会的基本内涵。教育作为专门培养人的社会实践活动，就是要通过培养全面发展的人来实现我们的社会发展理想和人的发展的理想。

（4）追求人的全面发展与实现人的自由发展必须和谐统一。我国当前教育改革与发展应该高度重视马克思对人的自由发展的憧憬，在引导学生全面发展的同时，关注学生个性的自由发展，着重培养学生的创新精神、批判意识与独立个性。

3. 评述我国新课程改革的基本理念。

【答案要点】

（1）倡导个性化的知识生成方式。新课程旨在扭转以"知识传授"为特征的教学局面，把转变学生的学习方式作为重要的着眼点，以尊重学生学习方式的独特性和个性化作为基本信条，从而使教、学、师生关系等概念获得了新的含义。

（2）增强课程内容的生活化、综合化。首先，加强课程与学生生活和现实社会的联系；其次，设置许多综合型学科，推进课程的综合化，对已有的课程结构进行改造；再次，各分科课程都在尝试综合化的改革，强调科学知识同生活世界的交汇、理性认识同感性经验的融合。

4. 结合实际谈谈如何维护教师的心理健康。

【答案要点】

教师的心理健康是指教师的思维方式、处世态度要与社会的要求相协调，为社会所容纳，并具有创造性的思想，即教师必须有广泛的生活兴趣、融洽的人际关系、健康的情绪体验、积极的进取精神、稳定的工作热情。

教师常见的心理冲突包括负担过重，过分疲劳；现实与理想之间反差巨大；主观需要与客观现实之间的矛盾；自我认知出现了偏差。影响教师心理健康的因素有教师的职业压力和职业倦怠两类。

教师心理健康的维护措施有以下几点：

（1）积极的自我调适。自我调适的目的是通过改变个体自身的某些特点来增强适应工作环境的能力。教师可以通过放松训练、认知压力管理、时间管理、社交训练、态度改变、归因训练、强化训练等进行。

（2）组织有效的干预。组织干预的思路主要是通过削减过度的工作时间、降低工作负荷、明确工作任务、积极沟通与反馈、建立有效的社会支持系统来缓解教师的心理压力。

（3）构建社会支持网络。维护教师心理健康是整个社会的责任。社会各界要关注教师群体的心理健康，对他们的角色进行合理定位；国家应采取措施逐步提高教师的社会地位和经济地位，维护教师合法权益；各级教育部门应强化对教师培训的研究，将职前教育和在职培训相结合，重视教师承受压力和自我缓解压力的训练，构建有效的教师教育培训体系，为教师心理健康保驾护航。

2013年 苏州大学333教育综合·真题解析

一、名词解释

教育家

教育家是具备系统的、尊重教育规律的教育思想，具备专业知识和技能以及修养，具备实践经验，且取得卓越教育成就、对教育有较大影响的人。

双轨制

双轨制是现代学校教育制度的一种，以18—19世纪的西欧为代表，其结构为一轨自上而下，是为资产阶级的子女设立的，包含大学、中学；另一轨从下而上，是为劳动人民的子女设立的，包含小学及其后的职业学校。

稷下学宫

稷下学宫是战国时代齐国一所著名的高等学府，因其建立于齐国都城临淄的稷门附近而得名。它既是百家争鸣的中心与缩影，也是当时教育上的重要创造，稷下学宫对中国古代学术、文化和教育的发展产生过重大的历史影响。

《爱弥儿》

《爱弥儿》是卢梭的教育哲理小说，通过论述主人公爱弥儿及其未婚妻苏菲的教育过程，批判了经院主义教育，提倡自然主义教育；认为人生来具有自由、理性和良心的秉赋，顺乎天性发展可以成为善良的人并达致善良社会，故教育应受天性指引，以培养"自然人"为目的；论述了儿童身心发展的四个时期的特点、教育内容和方法；论述了女子教育。

恩物

恩物是福禄培尔创制的一套供儿童使用的教学用品，其教育价值就在于它是帮助儿童认识自然及其内在规律的重要工具。恩物作为自然的象征，能帮助儿童由易到难、由简及繁、循序渐进地认识自然，发展儿童的想象力和创造力。

倒摄抑制

前后所学的信息之间的消极影响称为抑制，倒摄抑制属于抑制的一种，其含义是指后面所学的信息干扰了先前所学的信息在记忆中的保存。

心智技能

技能按照其本身的性质和特点分为动作技能和心智技能。心智技能是指一种借助于内部语言在人脑中进行的认知活动方式，如默读、心算、写作和分析等技能。其特点有动作对象的观念性、动作执行的内潜性、动作结构的简缩性。

皮格马利翁效应

皮格马利翁效应也被称为罗森塔尔效应或教师的期望效用。教师的期望是一种自我实现的预言，因为学生的成绩最终反映了这种期望。这种预期效应在年幼儿童身上比较明显，因为儿童与教师有直接的接触，年龄大的学生在换了一个新教师后可能表现得更好。

二、简答题

1. 简述欧洲文艺复兴时期人文主义教育的基本特征。

【答案要点】

（1）人本主义。人文主义教育在培养目标上注重个性发展，在教育教学方法上反对禁欲主义，尊重儿童天性，坚信通过教育这种后天的力量可以重塑个人、改造社会和自然，这些都表现出人本主义内涵，人的力量、人的价值被充分肯定。

（2）古典主义。人文主义教育思想吸收了许多古人的见解，人文主义教育实践尤其是课程设置亦具有古典性质，但这种古典主义绝非纯粹的"复古"，实则含有古为今用、托古改制的内涵，这在当时是进步的。

（3）世俗性。不论从教育目的还是从课程设置等方面看，人文主义教育洋溢着浓厚的世俗精神，教育更关注今生而非来世，这是人文主义教育与中世纪教育的根本区别。

（4）宗教性。人文主义教育仍具有宗教性，几乎所有的人文主义教育家都信仰上帝，他们虽然抨击天主教会的弊端，但不反对宗教更不打算消灭宗教，他们希冀以世俗和人文精神改造中世纪陈腐专横的宗教性，以造就一种更富世俗色彩和人性色彩的宗教性。

（5）贵族性。这是由文艺复兴运动的性质所决定的。人文主义教育的对象主要是上层子弟，教育的形式多为宫廷教育和家庭教育而非大众教育，教育的目的主要是培养上层人物如君主、侍臣、绅士等。

综上可见，人文主义教育具有两重性，进步性与落后性并存，尽管它有不足之处，但它涤荡了中世纪教育的阴霾，展露出新时代教育的灿烂曙光，开了欧洲近代教育之先河。

2. 简述德育过程的基本特征。

【答案要点】

德育过程是学生在教师的引导下，主动积极地进行道德认识和道德实践，逐步提高自我修养能力，形成个人品德的过程。

（1）德育过程是学生在教师教导下的个体品德的自主建构过程。学生的思想道德认识和行为习惯不是与生俱来的，是学生在与社会环境的相互作用过程中，尤其是在教师有目的有意识的教育引导下，逐步形成自己的思想认识，发展自己的道德素质的。包含以下三个方面：第一，学生对环境影响的主动吸收；第二，教师对学生的积极引导；第三，外部活动与内部活动相互促进。

（2）德育过程是培养学生知、情、意、行整体和谐的发展过程。学生的品德包含知、情、意、行四个要素。所以德育过程也是培养学生思想品德的知、情、意、行整体和谐的发展过程。包含以下三个方面的含义：第一，思想道德发展的整体性；第二，德育过程有多种开端；第三，德育实践的针对性。

（3）德育过程是提高学生自我教育能力的过程。在德育过程中，要引导学生积极参与社会学习、生活交往和道德践行，培养和提升他们的思想品德素质，均有赖于发挥学生个人的能动性和自我教育能力。自我教育能力主要由自我期望能力、自我评价能力、自我调控能力所构成。一方面，自我教育能力是德育的一个重要条件，只有注意培养与提高学生的这种能力，德育才能进行得更顺利、更有效；另一方面，学生的自我教育能力的形成又是学生思想道德发展过程的一个重要标志。

3. 简述夸美纽斯教育思想的基本主张。

【答案要点】

夸美纽斯是17世纪捷克伟大的爱国者、教育改革家和教育理论家，他继承了文艺复兴以来人文主义教育思想的成果，总结了自己丰富的教育实践经验，系统地论述了教育的理论和实际问题，代表作有《大教学论》《世界图解》《母育学校》等。其教育思想有以下内容：

（1）教育的目的。包括两方面：第一，宗教性目的：认为人生的最终目的是为达到"永生"，教育的目的是使人为来世生活做好准备。第二，现实性目的：通过教育使人认识和研究世界上一切事物，培养和发展他们的各种能力、德行和信仰，以便享受现世的幸福，并为永生做好准备。

（2）教育的作用。夸美纽斯认为教育是改造社会、建设国家的手段。人都是有一定天赋的，而这些天赋发展得如何，关键在于教育。只要接受合理的教育，任何人的智力都能够得到发展。

（3）泛智主义教育观基于教育的崇高目的，夸美纽斯提出了"将一切事物教给一切人"的泛智主义教育观，并由此大力主张普及教育于全体儿童和民众。内容主要包括教育内容泛智化和教育对象普及化。

（4）普及教育。夸美纽斯认为普及教育就是"人人都可接受教育"，其核心是泛智论。夸美纽斯大力主张普及教育于全体儿童和民众。实现普及教育的可能性一方面在于人自身具有接受教育的先天条件，另一方面在于教育可以改进社会和塑造人，社会和人的进步离不开教育。

（5）统一学制。为了使国家便于管理全国的学校，使所有儿童都有上学的机会，夸美纽斯提出建立全国统一学制的主张。他把人的学习期划分为四个阶段，并按这种年龄分期设立相应的学校。各级学校均按照适应自然的原则，采取班级授课制和学年制开展工作，分别开设不同的课程来教育和培养儿童。

（6）管理实施。夸美纽斯强调国家对教育的管理职责，认为国家应该设立督学对全国的教育进行监督，以保证全国教育的统一发展。

（7）学年制。为改变当时学校教学活动缺乏统一安排的无序状况，夸美纽斯制定了学校教学活动的学年、学日制度。

（8）班级授课制。为实现普及教育、提高教学效率，改变教师只对学生进行个别教学和指导的状况，夸美纽斯总结新旧各教派学校中实行班级授课的经验，提出并全面系统地论述了班级授课制度。

（9）论教育和教学的基本原则。

①论教育适应自然的原则。教育适应自然的原则是贯穿夸美纽斯整个教育理论体系的一条根本的指导性原则，他的"自然"包括自然界及其普遍法则和人的与生俱来的天性。

②主要教学原则，包括直观性原则、激发学生求知欲望原则、巩固性原则、量力性原则、系统性和循序渐进性原则、因材施教原则。

4. 简述建构主义学习理论的基本观点。

【答案要点】

（1）知识观。建构主义者质疑知识的客观性和确定性，强调知识的动态性。具体体现在以下几方面：知识的动态性；知识的情境性；知识学习的主动建构性。

（2）学生观。建构主义认为，学生并不是被动接受教师传授的知识，而总是以自己的经验背景或自己的经验来建构对事物的理解。具体表现在以下几方面：

①完全否定心灵白板说，强调学生经验世界的丰富性和差异性。

②当问题呈现时，学生基于相关的经验，依靠推理和判断能力，形成对问题的某种解释。

③教学要把儿童现有的知识经验作为新知识的生长点，引导儿童从原有的知识经验中"生长"出新的知识经验。

④教学要增进学生之间的合作，使他看到那些与他不同的观点，促进学习的进行。

（3）学习观。建构主义认为，学习是学习者主动地赋予信息以意义，建构自己的知识经验的过程，具有三个重要特征：主动建构性、社会互动性、情境性。

（4）教学观。

①教学是激活学生原有的相关知识经验，促进知识经验的"生长"，促进学生的知识建构活动，以实现知识经验的重新组织、转换和改造，以此来培养学生的求知欲和探究能力。

②教学要为学生创设理想的学习情境，激发学生的推理、分析、鉴别等高级的思维活动，同时给学生提供丰富的信息资源、处理信息的工具以及适当的帮助和支持，促进他们自身建构意义以及解决问题的活动。

5.简述创造性的心理结构及其培养措施。

【答案要点】

创造性是由多种心理因素构成的复合体，其心理结构具有多维性。张大均等认为创造性是由多种心理品质有机结合构成的心理结构系统，主要包括创造性认知品质、创造性人格品质和创造性适应品质三个子系统。

（1）创造性认知品质。创造性认知品质是指创造性心理结构中与认知加工有关的部分，它是创造性心理活动的核心。创造性认知品质主要包括创造性想象、创造性思维、创造性认知策略三个方面。

（2）创造性人格品质。创造性人格品质是有创造性的人所具有的个性特点。创造性人格品质包括创造性动力特征、创造性情意特征、创造性人格特质等。

（3）创造性适应品质。创造性适应品质是指个体在其创造性认知品质和创造性人格品质的基础上，在自己特定年龄阶段所规定的社会生活背景中，通过与社会生活环境的相互作用，所表现出来的对外在社会环境进行创造性的操作应对，对内在创造过程进行调适所表现出来的创造性行为倾向，具体表现为创造行为习惯、创造策略和创造技法的掌握运用等。

创造性的培养措施有：

（1）营造鼓励创造的环境。这是促进学生创造性发展的必要条件。首先，应倡导民主式的教育和管理。其次，应改革考试制度，为学生创造宽松的学习环境。再次，应增加自主选择课程的机会和有针对性的课程设计。最后，应为学生提供创造性人物的榜样。

（2）培养创造性的教师队伍。首先，要转变教师的教育教学观念，使教师形成理解并鼓励学生的创造；其次，要教给教师必要的创造技法和思维策略；再次，为教师提供明晰的、具有实用价值的有关创造性的知识及相应的教学策略和技能；最后，教师应不断学习关于创造性的心理学知识，用心理学的理论指导自己的实践。

（3）培育创造意识，激发创造动机。只有当个人具有自觉的创造意识、强烈的创造动机，才易产生新思想、新方法、新观点。需要做到：树立学生创新的自信心；激发创造热情；磨砺创造意志；

培养创造勇气。

（4）发展和培养创造性思维。创造性思维是创造性的核心。创造性思维的培养应注意以下几个方面：加大思维的"前进跨度"，培养思维的跳跃能力；加大思维的"联想跨度"，使学生养成敢于把习惯上认为毫不相干的、表面上看来微不足道的问题联系起来或进行移植；加大"转换跨度"，引导学生敢于否定原来的设想，善于打破固有的思路；给学生大胆探索与推测的体会。

（5）开设创造课程，教给创造技法。教学是培养学生创造性的重要途径。因此，开设创造性课程已成为国内外开发创造性的有效途径。在创造性课程的教学中，注重教给学生基本的创造技巧与方法是培养创造性的有效措施。促进创造性发展的主要创造技法有：头脑风暴法、系统探求法、联想类比法、组合创新法、对立思考法、转换思考法。

（6）塑造创造性人格。创造性人格是创造性的重要组成部分，培养学生的创造性人格是培养创造性的重要内容。主要方法有：保护好奇心；解除对错误的恐惧心理；鼓励独创性与多样性。此外，自信与乐观、忍耐与有恒心、合作、严谨等也是创造性人格培养的重要方面。

三、分析论述题

1. 论述教学过程的性质，并结合实际，论述进行教学应处理的一些关系。

【答案要点】

教学过程的性质包括：

（1）教学过程是一种特殊的认识过程。教学过程作为特殊的认识过程，其特殊性在于它是学生个体的认识过程，具有不同于人类总体认识的显著特点：第一，间接性，主要以掌握人类长期积累起来科学文化知识为中介，间接地认识现实世界；第二，引导性，需要在富有知识的教师引导下进行认识，而不能独立完成；第三，简捷性，走的是一条认识的捷径，是一种科学文化知识的再生产。

（2）教学过程是以认识过程为基础的学生全面发展的过程。教学过程不只是要学生完成认识世界的任务，更重要的是在这个过程中促进学生的全面发展。学生的发展是教学过程的核心，教学过程的本质与社会发展需要相联系，要从生理和心理两个方面来看待学生的发展。

（3）教学过程是以交往为背景和手段的活动过程。教学活动不是孤立的个体认识活动，它离不开师与生、生与生之间的交往、互动，离不开人们的共同生活。个体最初的学习与认识就是在共同生活与交往中发生与发展的。在教学过程中，教师不仅运用交往引导学生进行认知，而且通过交往对学生达致情感的沟通、同情与共鸣。

（4）教学过程也是一种促进学生身心发展、追寻与实现价值目标的过程。在教学活动中，教师引导学生学习知识、开展交往、认识与作用世界，进行多方面的演练与实践，其实都是为了促进学生的身心发展，以追寻与实现使他们成人、成才的价值增值目标。从这方面看，教学过程又是一个促进学生身心发展及实现教育目标的过程。

教学过程中应该处理的一些关系包括：

（1）间接经验与直接经验的关系。

①学生认识的主要任务是学习间接经验。儿童认识始于直接经验，并通过直接经验，不断扩大对世界的认识。但个人的活动范围是狭小的，无论个人如何努力，仅仅依靠直接经验来认识世界越来越不可能。学生要适应高度发展的文明社会，便必须以学习间接经验为主，便捷地掌握人类积累起来的基本科学文化知识。

②学习间接经验必须以学生个人的直接经验为基础。学生要把书本知识转化为自己能理解的知识，就必须依靠个人已有的或现时获得的感性经验为基础。教学中要注重联系生活与实际，利用学

生已有经验，并补充学生学习新知识所必须有的感性认识，以便学生能顺利地理解书本知识并运用所学知识于实际，获得比较完全的知识。

③防止只重书本知识传授或直接经验积累的偏向。只重书本知识的传授或只重直接经验的积累都违反了教学的规律，割裂了间接经验与直接经验的内在联系，影响了教学质量的提高。

（2）掌握知识与发展智力的关系。

①智力的发展与知识的掌握二者相互依存，相互促进。在教学过程中，学生智力的发展依赖于他们知识的掌握，对学生来说，掌握、运用知识及其反思、改进的过程，也就是他们运用和发展智力的过程；同时，学生对知识的掌握又依赖于他们的智力发展，只有那些智力发展好的学生，他们的接受能力才强、学习效率才高，而智力发展较差的学生在学习中则有较多的困难。

②生动活泼地理解和创造性地运用知识才能有效地发展智力。通过传授知识发展学生智力是教学的一个重要任务，然而知识不等于智力，一个学生知识的多少并不一定能标志他的智力发展的高低。因此，在教学中不仅要教给学生知识，而且要引导学生通过生动活泼的教学活动，透彻地理解知识原理，了解获取知识的过程与方法，学会独立思考、推理与论证，创造性地解决实际问题，这样才能使学生的智力获得高水平的发展。

③防止单纯抓知识教学或只重能力发展的片面性。在教学实践中，有的认为"双基"教学抓好了，学生的智力就自然地发展了，却忽视引导学生通过探究、反思有意识地锻炼学生的智力；有的则只注重学生自主探究、反思，却忽视通过系统知识和原理的学习与运用来发展智力。这两者都不利于提高教学质量。

（3）掌握知识与进行教育的关系。

①进行教育性教学是现代教学的重要特性。教育性教学主要通过引导学生掌握知识及其蕴含的丰富而深刻的社会意义来实现，包括：透彻地理解教学内容并感悟与认同其社会意义；受到教材中伟人、哲学家、科学家的坚定信仰、高尚情操等的熏陶；通过获取真知的艰难困苦过程的磨炼、反思、体悟与提高等，来培养学生的良好的思想品德修养与学风；通过各种规范、传统和教师的榜样与严格要求对学生进行教育；还要通过严格组织、有序运转的班级教学活动，对学生进行现代生活方式的训练及文明行为习惯的养成。

②只有使所学知识引发了学生情感、态度的积极变化，才能让他们的思想真正得到提高。要使教学中传授的知识能给学生以深刻的影响，不仅要使学生深刻领悟知识，而且要让他们感受到它的巨大意义或深远影响，引起他们思想情感深处的共鸣、惊讶、敬慕或愧疚、悔恨，形成强烈的爱憎感、荣辱感，在态度和价值追求上发生积极的变化，这样才能推动学生由开始的自我强迫，然后逐渐转变为自觉的、坚持不懈的自我要求、自我教育与提高。

③防止单纯传授知识或脱离知识教学的思想教育的偏向。在教学中要防止两种偏向：一种是单纯传授知识、忽视思想教育的偏向；另一种是脱离知识教学，另搞一套思想教育的偏向。这种做法必然画蛇添足，牵强附会，不仅不利于学生思想的提高，而且有害于系统的文化科学知识教学。

（4）智力活动与非智力活动的关系。

①教学活动既要注重引导学生进行智力活动，也要重视调节学生的非智力活动。学生的智力活动，主要指为认知事物、掌握知识而进行的感知、观察、思维等心理因素的活动，它是进行学习、认识世界的工具。学生的非智力活动，主要指在认知事物、掌握知识过程中诱发的好奇、欲求、情趣等心理因素的活动，它是学生进行学习、研究与实践的内在动力。在教学过程中，学生的智力活动与非智力活动同在，各有特点与功能，二者相互依存，相互作用。只有正确地发挥其整体功能，才能提高学生的学习效能和教学的质量。

②按教学需要调节学生的非智力活动，才能有成效地进行智力活动。在教学中，调节非智力活动需要注重两个方面：一方面，要改进教学本身，使教学的内容和过程都富有知识性、趣味性、启发性、吸引力，以便激发、保持学生的求知欲和学习兴趣，使他们能够生气勃勃地主动学习；另一方面，要提高学生的自我教育能力，让他们能够逐步按教学要求自觉加强学习的注意力、毅力、责任感等，以提高学习效率。

（5）教师主导作用与学生主动性的关系。

①发挥教师的主导作用是学生简捷有效地学习知识、发展身心的必要条件。在教学过程中，教师的教一般是矛盾的主导方面。教师主导作用是针对能否引导学生积极学习与上进而言的。因而学生的主动性、反思性、创造性发挥得怎样，学习的效果怎样，又是衡量教师主导作用发挥得好坏的根本标志。教学中一切不民主的强迫灌输和独断专横的做法，都有悖于教师的主导作用。

②尊重学生、调动学生的学习主动性是教师有效地教学的一个主要因素。学生是有能动性的人，他们不只是教学的对象，而且是学习主体与发展主体。学生的学习主动性、积极性发挥得怎样，直接影响并最终决定着学生个人的学习质量、成效和身心发展的方向与水平。

③防止忽视学生积极性和忽视教师主导作用的偏向。过于突出教师或者过于强调学生在教学中的主体地位与作用都是片面的。最可靠的措施是普遍提高教师的修养和水平，加强对学生的了解、沟通，提高教师的责任感与创造性，这样才能实现师生之间的民主平等、尊师爱生、教学相长地互动与合作，使师、生两方面主动性都能得到发挥，在教学互动的过程中达到动态的平衡和相得益彰。

2. 根据教育对社会的发展作用，论述孔子"庶、富、教"的思想。

【答案要点】

（1）根据教育对社会的作用，教育具有经济功能，主要表现在：

①教育是使可能的劳动力转变为现实的劳动力的基本途径。劳动力是生产力中能动的要素。个体的生命的成长只构成了可能的劳动力，一个人只有经过教育和训练，掌握一定生产部门的劳动知识和技能，并能生产某种使用价值，他才能成为现实的生产力。

②现代教育是使知识形态的生产力转化为直接的生产力的重要途径。科学技术是一种知识形态的生产力，要使其转化为现实的生产力，除了要通过科学研究、发明创造或革新实践外，其技术成果的推广、经验的总结与提升都需要教育与教学的紧密配合。

③现代教育是提高劳动生产率的重要因素。现代生产有其显著特点，它的生产率提高依靠科学技术在生产中的应用、推广和不断革新，依靠提高劳动者受教育的程度与质量，依靠劳动者的素质、扩大脑力劳动者的比重、发挥劳动者在生产和改革中的创造性。

（2）孔子认为教育对社会发展有重要作用，是立国治国的三大要素之一。教育事业的发展要建立在经济发展的基础上。治国的三个重要条件，首先是"庶"，要有较多的劳动力；其次是"富"，要使人民群众有丰足的物质生活；再次是"教"，要使人民受到政治伦理教育，知道如何安分守己。"庶"与"富"是实施教育的先决条件，只有在"庶"与"富"的基础上开展教育才会取得成效。

孔子是中国历史上最先论述教育与经济发展关系的教育家，他认为先要抓好经济建设以建立物质基础，随之而来就应当抓教育建设，国家才会走上富强康乐之路。

2012年 苏州大学333教育综合·真题解析

一、名词解释

教育

教育是人的发展与社会发展的中介活动，其主旨在于以人为本、育人成人，培养人成为他所生存的那个时代的社会实践主体，引导人和社会的持续发展。

教学

教学是在一定教育目的规范下，在教师有计划的引导下，学生能动地学习、掌握系统的课程预设的科学文化基础知识，发展自身的智能与体力，养成良好的品行与美感，逐步形成全面发展的个体素质的活动。简言之，教学是在教师引导下学生能动地学习知识以获得素质发展的活动。

学制

学制即学校教育制度，它是现代教育制度的核心部分，指的是一个国家各级各类学校的系统及其管理规则，它规定着各级各类学校的性质、任务、入学年限、修业年限以及它们之间的关系。

太学

元朔五年（前124年），汉武帝采纳董仲舒的建议，为博士置弟子，标志着太学的正式设立。同时也意味着以经学教育为基本内容的中国封建教育制度的正式确立。

恩物

恩物是福禄培尔创制的一套供儿童使用的教学用品，其教育价值就在于它是帮助儿童认识自然及其内在规律的重要工具。恩物作为自然的象征，能帮助儿童由易到难、由简及繁、循序渐进地认识自然，发展儿童的想象力和创造力。

学习策略

学习策略是指学习者为了提高学习的效果和效率，有目的、有意识地制定的有关学习过程的复杂的方案，具有主动性、有效性、过程性和程序性四个特征。

二、简答题

1. 教育目的和教育方针的主要区别。

【答案要点】

教育目的是对教育活动所要培养的人的个体素质的总的预期与设想，是对社会历史活动的主体的个体素质的规定。它体现一定社会对受教育者质量规格的界定和要求，也体现人自身发展所应该达到的水准和高度。

教育方针是国家在一定历史时期，根据社会政治经济发展需要和国家的现实状况与发展趋势，通过一定的法定程序，为教育事业确立的总的工作方向和奋斗目标，是教育政策的总概括。教育方针的基本内容包括：第一，教育发展的指导思想；第二，教育目的；第三，实施的途径。

2. 学校管理校本化的基本含义和意义。

【答案要点】

校本管理是指学校在教育方针与法规的指引下，可以根据自己的实际情况和需要自主确定发展的目标与任务，进行管理工作。简言之，校本管理即以学校为本位的自主管理。

实施校本管理应注意做好以下工作：

（1）教育行政部门要简政放权。教育行政主管部门要把学校本身应有的教育决策权、财政预算权、人事聘任权、课程与教学研究及实施权逐步下放给学校，学校要实现由执行机构到决策机构的职能转变，把政府下放的权利管好、用好。

（2）倡导集体参与、共同决策。政府下放权利是交给整个学校而不是校长个人。学校必须从集权管理变为民主管理，想法吸引教职员工和学生及家长参与学校管理。

（3）开展校本研究，提高学校管理者决策能力。提高管理者决策能力的最有效的方式就是开展校本研究，实施校本培训。只有对学校自身实际情况研究清楚了，自主决策才有针对性和可行性。

3.《学记》中"道而弗牵，强而弗抑，开而弗达"的基本含义。

【答案要点】

《学记》中的"善喻"即启发诱导原则。"君子之教，喻也"，教学要注重启发。一味让学生死记硬背，或者频繁发问，只顾赶进度而不顾学生的兴趣、接受能力和学习效果，学生就会以学习为苦差事，甚至怨恨老师，并很快把所学的东西丢弃得一干二净。

因此，教学要重启发诱导，注意"道而弗牵"，引导，但又不牵着学生走；"强而弗抑"，督促勉励，又不勉强、压抑；"开而弗达"，打开思路，但不提供现成答案。《学记》以为，懂得启发的教师，才算是懂得教学的教师。

三、分析论述题

1. 评述孔子"有教无类"的思想。

【答案要点】

孔子，名丘，字仲尼，鲁国人，中国古代伟大的思想家、教育家，儒家学派的创始者，儒学教育理论的奠基人。

"有教无类"的本意是不分贵贱贫富和种族，人人都可以入学接受教育。孔子的教学实践切实地贯彻了这一办学方针，他的弟子来自各个诸侯国，分布地区广泛；弟子成分复杂，出身于不同的阶级和阶层，大多数出身于平民。

"有教无类"作为私学的办学方针与官学的办学方针相对立，打破贵贱、贫富和种族的界限，把受教育的范围扩大到平民，这是历史的进步。

2. 试述永恒主义教育思想的基本内容及其对现代教育的启示。

【答案要点】

永恒主义教育亦称"新古典主义教育"，产生于20世纪30年代，是现代欧美国家一种强调理性训练以及人的理性和教育基本原则的永恒性的教育思潮，代表人物有美国的赫钦斯、艾德勒，英国的利文斯通和法国的阿兰等。其主要观点包括以下几个方面：

（1）发展人的理性是教育永恒不变的原则。

（2）教育的主要目的是培养永恒的理性。

（3）永恒的古典学科应该在学校课程中占有中心地位。

（4）学生通过教师的教学进行学习。

永恒主义教育对进步教育的批判比要素主义更加激烈，但从整体上来看，它并未提出新的价值判断标准。永恒主义教育在教育理论上有一定影响，但在教育实践中的影响范围不大，主要限于大学和上层知识界中的少数人。

3. 试述教师专业发展的内涵、意义及主要途径。

【答案要点】

教师专业发展，又称教师专业成长，是指教师在整个专业生涯中，依托专业组织、专门的培养制度和管理制度，通过持续的专业教育，习得教育教学专业技能，形成专业理想、专业道德和专业能力，从而实现专业自主的过程。它包括教师群体的专业发展和教师个体的专业发展。

（1）教师群体的专业发展是指教师职业不断成熟，逐渐达到专业标准，并获得相应的专业地位的过程。它既是教师个体专业化的条件与保障，同时也最终代表着教师职业的专业化。主要包括：

①教育知识技能的体系化，形成学科专业和教育专业，国家对教师任职既有规定的学历标准，也有必要的教育知识、教育能力和职业道德的要求。

②国家有教师教育的专门机构、专门教育内容和措施，教师教育专业化。

③国家有对教师资格和教师教育机构的认定制度和管理制度。

④形成社会公认的教师专业团体。

（2）教师个体的专业发展是指教师作为专业人员，从专业理想到专业知识、专业能力、专业心理品质等方面由不成熟到比较成熟的发展过程，即由一个专业新手发展成为专家型教师或教育家型教师的过程。教师个体专业发展途径包括师范教育、新教师的入职辅导、教师的在职培训、教师专业发展学校、同伴互助和教师的自我教育。

①师范教育。师范教育是教师个体专业发展的起点和基础，它是建立在教师的专业特性之上，为培养教师专业人才服务的。

②新教师的入职辅导。新教师的入职辅导有一个安排有序的计划，主要是由有经验的导师进行现场指导。

③教师的在职培训。教师的在职培训主要是为了适应教育改革与发展的需要，为在职教师提供适应于教师专业发展不同阶段需要的继续教育，主要采取"理论学习、尝试实践、反省探究"相结合的方式。

④教师专业发展学校。这种教育模式力图在大学的教育学院与中小学之间建立协作关系，以此实现教师职前培养与在职教师专业发展的一体化。

⑤同伴互助。同伴互助是指在两个或两个以上教师之间发生的、以专业发展为指向、通过多种手段开展的，旨在实现教师持续主动地自我提升、相互合作并共同进步的教学研究活动，以达到改善教学之目的。

⑥教师的自我教育。教师的自我教育就是专业化的自我建构，它是教师个体专业化发展的最直接、最普遍的途径。教师自我教育的方式主要有经常性的系统的自我反思、主动收集教改信息、研究教育教学中的各种关键事件、自学现代教育教学理论、积极感受教学的成功与失败等。

4. 举例说明你是如何激发学习动机的。

【答案要点】

培养学生学习动机的措施有：

（1）创设问题情境，实施启发式教学。想要实施启发式教学，关键在于创设问题情境。所谓问题情境，指的是一种适度的疑难情境。在学习过程中，仅仅让学生简单地重复已经学过或者过难的东西，学生都不会感兴趣。只有在学习那些"似懂非懂""似会非会"的东西时，学生才感兴趣而且迫切希望掌握它。

（2）根据作业难度，恰当控制动机水平。教师在教学时，要根据学习任务的不同难度，恰当控制学生学习的动机水平。在学习较简单的课题时，应尽量使学生集中注意力；在学习较复杂的课题时，则应尽量创造轻松自由的课堂气氛。在学生遇到困难或出现问题时，要尽量心平气和地耐心引导，以免学生过度紧张和焦虑。

（3）充分利用反馈信息，给予恰当的评定。心理学研究表明，来自学习结果的种种反馈信息，对学习效果有明显影响。一方面学习者可以根据反馈信息调整学习活动，改进学习策略；另一方面学习者为了取得更好的成绩或避免再犯错误而增加了学习动机，从而保持了学习的主动性和积极性。

（4）妥善进行奖惩，维护内部学习动机。在对学生进行评价时，奖励和惩罚对于学习动机的激发具有不同的作用。一般而言，表扬与奖励比批评与指责能更有效地激发学生的学习动机，因为前者能使学生获得成就感，增强自信心。但过多使用表扬和奖励，或者使用不当，也会产生消极作用。

（5）合理设置课堂环境，妥善处理竞争和合作。学生的学习主要是在课堂上进行的，课堂的合作与竞争环境无疑是影响学习动机的一个重要的外部因素。在教学活动中，合作与竞争都是必要的，应该强调竞争与合作的相互补充和合理运用。极端的竞争会对学生的学习行为和集体团结产生消极影响。适量与适度的竞争与合作的恰当结合，会有效激励学生的学习动机。

（6）适当进行归因训练，促使学生继续努力。在学生完成某一学习任务后，教师应指导学生进行成败归因。一方面，要引导学生找出成功或失败的真正原因，即进行正确归因；另一方面，教师也应根据每个学生过去一贯的成绩的优劣差异，从有利于今后学习的角度进行积极归因。

（7）培养自我效能感，增强学生成功的自信心。自我效能感影响学生的自我评价和自信心，进而影响学习成绩。尤其是学业不良的学生，由于对自己的学习能力持怀疑态度，表现出很低的自我效能感。因此，教师在教学中要通过一定的方法提高他们的自我效能感。

（8）维护学生自我价值，警惕自我妨碍策略。自我价值理论指出，学生有保护和表现自我价值的需要，这是个人追求成功的内在动力。教师要理解和尊重学生的这种需要，引导他们把自我价值的实现方式与正向、积极的学习行为相联系，避免学生不断从环境中体验到对自我价值的威胁感，从而采取各种自我妨碍的逃避策略。

（9）维护内在需要，促进外部动机内化。兴趣、好奇心、探索欲，是人类学习的最早动力。源于内部需要的学习动机具有更多的坚持性和抗干扰性。然而，不是每个孩子都对教育中涉及的所有内容充满好奇和兴趣。因此，教师要帮助学生将外部调控的学习动机不断内化，形成相对自主调控的学习动机。

2011年

苏州大学333教育综合·真题解析

一、名词解释

狭义的课程

课程是由一定的育人目标、特定的知识经验和预期的学习活动方式构成的一种蕴含着丰富、基本而又有创造性与潜质的一套计划与设定。狭义的课程指一门学科。

终身教育

终身教育是人一生各阶段当中所受各种教育的总和，也是人所受的不同类型教育的综合。前者从纵向上讲，说明终身教育不仅仅是青少年的教育，而且涵盖了人的一生；后者从横向上讲，说明终身教育既包括正规教育，也包括非正规教育和非正式教育。

鸿都门学

鸿都门学创办于东汉灵帝时期，因校址位于洛阳的鸿都门而得名。鸿都门学在性质上属于一种研究文学艺术的专门学校，规模曾发展到千人以上。鸿都门学的创办是统治集团内部各派政治力量的较量在教育上的反映，同时也与汉灵帝的个人爱好有密切关系。

元认知

元认知就是对认知的认知，具体地说，是关于个人自己认知过程的知识和调节这些过程的能力，是对思维和学习活动的认知和控制。

白板说

白板说由洛克提出，洛克反对"天赋观念"论，认为人出生后心灵如同一块白板，一切知识是建立在由外部而来的感官经验之上的。

教育的社会流动功能

教育的社会流动功能是指社会成员通过教育的培养、筛选和提高，能够在不同的社会区域、社会层次、职业岗位、科层组织之间转换、调整和变动，以充分发挥其个人的智慧才能，实现其人生价值。它包括横向流动功能和纵向流动功能。

二、简答题

1. 教师个体专业性发展的内涵包括哪些方面？

【答案要点】

教师个体的专业发展是指教师作为专业人员，从专业理想到专业知识、专业能力、专业心理品质等方面由不成熟到比较成熟的发展过程，即由一个专业新手发展成为专家型教师或教育家型教师的过程。

教师个体专业发展途径包括师范教育、新教师的入职辅导、教师的在职培训、教师专业发展学校、同伴互助和教师的自我教育。

2. 简述梁启超"新民"的教育目的观。

【答案要点】

梁启超提出教育宗旨应建立在对民族文化的优点和缺点有所分析抉择，并广泛汲取世界各国文明的优秀成果的基础上；应包括德育、智育、体育，即"品行智识体力"三种基本要素；务使受教育者能"备有资格，享有人权"，具有自动、自主、自治、自立的品质，融民族性、现代性、开放性于一体。在同时期写成的《新民说》中，他将这种受教育者称为"新民"。

"新民"必须具有新道德、新思想、新精神、新的特性和品质，诸如国家思想、权利思想、政治能力、冒险精神，以及公德、私德、自由、自治、自尊、尚武、合群、生利、民气、毅力等。这种"新民"具有资产阶级政治信仰、思想观念、道德修养和适应资本主义社会生活的知识技能的新国民。

3. 简述杜威的道德教育思想。

【答案要点】

杜威认为道德教育的主要任务是协调个人与社会的关系。他认为个人的充分发展是社会进步的必要条件，社会的进步又可以为个人的发展提供更好的基础。他反对过分强调个人自由和竞争的旧个人主义，而提倡强调人与人之间的合作，强调社会责任和理智作用的新个人主义。

道德教育的途径和方法有：

（1）教育的道德性和教育的社会性是相通的，道德教育应在社会性的情境中进行而不能只停留于口头说教。

（2）要求学校生活、教材、教法皆应渗透社会精神，视学校生活、教材、教法为"学校道德三位一体"，这三者都是道德教育的重要途径。

此外，杜威将道德教育的原理分为社会方面和心理方面。社会方面是关于道德教育的"目的和内容"，指道德教育应有社会性的情境、社会性的内容和社会性的目的。心理方面是关于道德教育的"方法和精神"，指道德教育若要取得成效，就必须建立在学生本能冲动和道德认识、道德情感的基础上。

4. 简述建构主义的学习观。

【答案要点】

建构主义认为，学习是学习者主动地赋予信息以意义，建构自己的知识经验的过程，具有三个重要特征。

（1）主动建构性。面对新信息、新概念、新现象或新问题，学习者需要主动激活头脑中的先前知识经验，通过高层次思维活动，对各种信息和观念进行加工转换，对新旧知识进行综合和概括，解释有关现象，形成新的假设和推论。

（2）社会互动性。学习是通过对某种社会文化的参与，内化相关知识和技能，掌握有关工具的过程，这一过程常常需要通过一个学习共同体的合作互动来完成。

（3）情境性。建构主义者提出，知识存在于具体的、情境性的、可感知的活动中，它不是一套独立于情境的知识符号，不可能脱离活动情境而抽象地存在，它只有通过实际情境中的应用活动才能真正被人理解。

三、分析论述题

1. 结合现实分析全面发展教育各个组成部分的相互关系。

【答案要点】

受教育者的全面发展，教育界通行的说法是德、智、体、美、劳的发展。从人要处理的现实生活的关系分析，人的全面发展主要包括处理人与自然关系的能力、人与社会关系的能力和人与自我关系的能力的发展。如果一个人的发展在这三个方面都形成了健全的能力，那么这个人的发展就是全面发展。

（1）体育：授予学生健身知识、技能，发展学生体力、增强学生体质的教育。普通中学在体育方面的要求主要是：向学生传授基本的运动知识、技能，培养他们锻炼身体和讲究卫生的良好习惯，促进他们身体的正常发育和机能的成熟，增强他们的活动能力和身体素质。

（2）智育：授予学生系统的科学文化知识、技能和发展他们智力的教育。普通中学在智育方面的要求主要是：帮助学生在小学教育的基础上进一步系统地学习科学文化基础知识，掌握相应的基本技能和技巧，拓宽文化视野，发展思维能力、想象力和创造力，养成良好的自学能力、兴趣和习惯。

（3）德育：引导学生领悟社会主义思想和道德规范，组织和指导学生的道德实践，培养学生的社会主义品德的教育。普通中学在德育方面的要求主要是：教育学生初步了解马克思主义，热爱中国共产党和社会主义祖国，热爱劳动、学习等；帮助学生提高主体意识、心理承受力、应变力等。

（4）美育：培养学生正确的审美观，发展他们鉴赏美、创造美的能力，培养其高尚情操和文明素质的教育。普通中学在美育方面的要求主要是：通过音乐、美术、文学教育等审美活动，充实学生的精神生活，培养他们感受美、欣赏美和创造美的能力，养成审美情趣和高尚情操。

（5）劳动技术教育：传授基本的生产技术知识和生产技能，培养劳动观点和劳动习惯的教育。劳动技术教育包括劳动教育和技术教育两个方面，有利于促进学生的全面发展。劳动技术教育方面的要求主要是：通过科学技术知识的教学和劳动实践，使学生了解物质生产的基本技术知识，掌握一定的职业技术知识和技能，提高动脑和动手能力，养成良好的劳动态度和劳动习惯。

总而言之，对于普通中小学学生的全面发展来说，上述五个组成部分，既相对独立、各有特点、规律和功能，缺一不可；同时，又相互制约、相互促进，组成统一的教育过程。因此，我们必须考虑到人的发展的全面性和整体性，坚持"五育"并举，处理好它们之间的关系，使其相辅相成，发挥其整体功能。

2. 论述陶行知"生活教育"的思想内涵，并联系实际分析其现实意义。

【答案要点】

陶行知的生活教育理论：

（1）"生活即教育"。

"生活即教育"是陶行知生活教育理论的核心。其内涵包括：生活含有教育的意义；实际生活是教育的中心；生活决定教育，教育改造生活。

"生活即教育"所强调的是教育以生活为中心，所反对的是传统教育脱离生活而以书本为中心。尽管它在生活与教育的区别和系统的知识传授方面有所忽视，但在破除传统教育脱离民众、脱离社会生活的弊端方面，有十分重要的意义。

（2）"社会即学校"。

"社会即学校"是生活教育理论另一重要主张，是"生活即教育"思想在学校与社会关系问题上的具体化。"社会即学校"，是指"社会含有学校的意味"，或者说"以社会为学校"。由于到处是生活，到处都是教育，"整个的社会是生活的场所，亦即教育之场所"。

"社会即学校"，也指"学校含有社会的意味"。也就是说，学校通过与社会生活相结合，一方面运用社会的力量使学校进步，另一方面动员学校的力量帮助社会进步，使学校真正成为社会生活必不可少的组成部分。

"社会即学校"扩大了学校教育的内涵和作用，对于传统的学校观、教育观有所改变。传统学校与社会生活脱节，学生孤陋寡闻，而以社会为学校，使得教育的材料、教育的方法、教育的工具、教育的环境可以大大地增加，有利于拓展学生的知识，增强学生的能力。"社会即学校"，还可以使被传统学校拒之门外的劳苦大众能够受到起码的教育，贯穿了普及民众教育的苦心，同样也值得肯定。

（3）"教学做合一"。

"教学做合一"是生活教育理论的又一重要主张，是"生活即教育"在教学方法问题上的具体化。其含义为：教的方法根据学的方法，学的方法根据做的方法。事怎样做便怎样学，怎样学便怎样教。教与学都以做为中心。

（4）启示。

陶行知的生活教育理论是一种大众的、为人民大众服务的教育理论，且还是一种不断进取创造，旨在探索具有中国民族特色的教育道路的理论。生活教育理论还在教育观念的改变方面颇有建树，无论是强调学校教育与社会生活、生产劳动相结合，还是要求手脑并用、在劳力上劳心，都是对学校与社会割裂、书本与生活脱节、劳心与劳力分离的传统教育的反动，显示出强烈的时代气息，至今都富于启示。陶行知的生活教育理论是我国民族教育理论宝库中十分可贵的遗产，值得我们珍惜并认真研究借鉴。

3. 在外国近代教育史上，你喜欢哪一位教育家？并就此阐释喜欢的原因。

【答案要点】

外国近代教育史上，我最喜欢的教育家是福禄培尔。福禄培尔是19世纪德国著名的教育家、幼儿园的创立者、近代学前教育理论的奠基人。他对世界幼儿教育的发展有着深刻的影响，被誉为"幼儿教育之父"。主要著作有《人的教育》。

（1）幼儿园工作的意义和任务。

①意义：福禄培尔重视家庭尤其是母亲在早期教育中的作用。他把幼儿园作为家庭教育的补充而非替代，强调幼儿园是家庭生活的继续和扩展。两者的一致性，是完善教育的首要条件。

②任务：通过各种游戏和活动，培养儿童的社会态度和民族美德，使他们认识自然与人类，发展他们的智力与体力以及做事或生产的技能，尤其是运用知识与实践的能力，从而为下一阶段的发展做好准备。此外，幼儿园还应负担起训练幼儿园教师、推广幼儿教育经验的任务。

（2）幼儿园的教育方法。

①基本原理：自我活动或自动性。福禄培尔认为，自我活动是一切生命最基本的特征，也是人类生长的基本法则。自我活动帮助个体认识自然、认识人类，最终认识上帝的统一。

②游戏。福禄培尔高度评价了游戏的教育价值，把游戏看作儿童内在本质向外的自发表现。游戏不等于儿童的外部活动，而更多地指向儿童的心理态度。他主张为儿童建立公共游戏场所，以培养儿童的社会的民族的美德。

③社会参与。福禄培尔也把社会参与作为重要的幼儿园教育方法，要求教育儿童使之充分适应小组生活，并重视家庭和邻里生活之复演。

（3）幼儿园课程。依据感性直观、自我活动与社会参与的思想，福禄培尔建立起一个以活动与游戏为主要特征的幼儿园课程体系，包括游戏与歌谣、恩物游戏、手工作业、运动游戏、自然研究，以及唱歌、表演和讲故事等，其中最重要的是恩物与作业。

（4）恩物和作业。

恩物是福禄培尔创制的一套供儿童使用的教学用品，其教育价值就在于它是帮助儿童认识自然及其内在规律的重要工具。恩物作为自然的象征，能帮助儿童由易到难、由简及繁、循序渐进地认识自然，发展儿童的想象力和创造力。

①恩物应满足的条件：能使儿童理解周围世界，又能表达他对于这个客观世界的认识；每种恩物应包含一切前面的恩物，并应预示后继的恩物；每种恩物本身应表现为完整的有秩序的统一观念，即整体由部分构成，部分可形成有秩序的整体。

②作业与恩物的关系十分密切，它主要体现福禄培尔关于创造的原则。实际上，作业是要求将恩物的知识运用于实践。福禄培尔认为积极有益的作业应该贯穿教育过程的始终。作业具有道德、精神和宗教等多种价值。

（5）福禄培尔做出的贡献。

①幼儿教育领域。他首创了"没有书本的学校"，即幼儿园，并在长期的幼儿教育实践中摸索、总结出一套教育幼儿的新方法，建立起近代学前教育的理论体系。他的幼儿教育方法深刻地影响了其他各国的幼儿教育，福禄培尔因此被誉为"幼儿园之父"。

②小学至中学教育领域。福禄培尔对于儿童积极主动活动的重视，对游戏教育意义的强调，对手工教育的推崇以及对家庭、社区和儿童集体在儿童教育中的重要作用的评价，逐渐影响到小学乃至中学课程的设置。

4. 联系当前实际，阐述学生品德不良的成因及其教育策略。

【答案要点】

品德不良是指个体具有的不符合社会道德要求的道德品质与道德行为，表现为个体经常违反道德准则或犯有较严重的道德过错，有的甚至处在犯罪的边缘或已有轻微的犯罪行为。

品德不良的成因分为客观原因和主观原因两个方面：

（1）客观原因。

①家庭方面。主要有五种：家庭成员的溺爱、迁就；家庭对孩子要求过高、过严，又缺乏正确的教育方法；家庭成员教育的不一致性；家长缺乏表率作用；家庭结构的剧变。

②学校方面。某些教育工作者存在某些错误观念或方法上的偏颇，如：片面追求升学率，忽视学生的品德教育；不了解学生真实的内心世界，不能自发地进行教育；教育方法不当，使得学生厌烦；对矫正品行不良学生缺乏信心、恒心和毅力。此外，学校教育和家庭教育不一致，相互脱节，也会削弱了教育的力量。

③社会方面。影响个体的品德行为的有：长期封建社会遗留下来的某些腐朽思想；现实生活中的某些不正之风；思想不健康甚至低级趣味的文艺作品；朋友、邻居、社区，以及影响个体的各种社会活动。

（2）主观原因。

①不正确的道德认识。儿童和青少年处于品德形成的过程中，他们的道德认识还不明确、不稳定，一些学生不理解或不能正确理解有关的道德要求和道德准则，缺乏独立的道德评价能力，常常不能明辨是非、分清善恶。

②异常的情感表现。品行不良的学生由于长期处于错误观念的支配下，常常造成情感上的异常状态，往往对真正关心他们的老师、家长怀有戒心，或处于对立情绪中。

③明显的意志薄弱。有些品行不良的学生并非在道德认识方面无知，而是因为意志薄弱导致正确的认知不能战胜不合理的欲望。"明知故犯"的学生常是意志薄弱者。

④不良习惯的支配。偶然的不良行为经过多次重复就会变成不良习惯，不良习惯又支配不良行为，如此恶性循环必然导致学生的品行不良。

⑤某些性格缺陷。学生某些性格上的缺陷会直接导致品德不良。比如执拗、任性、骄傲、自私等消极性格特点，很容易让个体表现出无视他人和集体的利益，为私利我行我素，甚至做出破坏集体纪律和违反社会公德的行为。

⑥某些需要未得到满足。当学生的需要没有通过正常途径得到满足，他们就可能会通过一些不正当的方法去满足自己的需要，从而沾染上不良行为。

通过借鉴西方现代三大学习理论的精髓思想，矫正学生品行不良的方法主要有以下几种：

（1）运用行为主义学习理论培养个体的良好行为方式。在教育中适当运用渐进强化的原理，可以有效地塑造学生的良好行为方式或矫正学生的偏差行为方式。

（2）直接从自我观察学习入手培养人的自律行为。自律是个人根据自己的价值标准评判自己的行为，从而规范自己去做自己认为应该做的事情，或避免自己认为不应该做的事。

（3）提高道德认识法。"美德即知识"的命题启示人们，在很多时候丰富人的道德认识的确可以使人少犯错误，尤其是一些低级错误。这样，妥善采取常用的说理法、故事启发法、小组讨论法或价值澄清法等方法以提高人们的道德认知水平，往往是防治品行不端的有效之举。

（4）改过迁善法。指要求犯错者纠正自己的不良品德，以使自己朝着善的方向发展的方法。该方法由两部分组成：一是消除一个或几个错误的地方；二是通过一定的练习，使自己的行为朝着与原来不良行为相反的或不相容的方向发展。

（5）防范协约法。指以书面形式在教育者与被教育者之间建立和实施一种监督关系的矫正不良行为的方法。

2010年 苏州大学333教育综合·真题解析

一、名词解释

人的发展

人的发展有两种含义：一种是将它看成是人类的发展或进化的过程；另一种则将它看成是人类个体的成长变化过程，即个体发展。

教育的社会流动功能

教育的社会流动功能是指社会成员通过教育的培养、筛选和提高，能够在不同的社会区域、社会层次、职业岗位、科层组织之间转换、调整和变动，以充分发挥其个人的智慧才能，实现其人生价值。它包括横向流动功能和纵向流动功能。

终身教育

终身教育是人一生各阶段当中所受各种教育的总和，也是人所受的不同类型教育的综合。前者从纵向上讲，说明终身教育不仅仅是青少年的教育，而且涵盖了人的一生；后者从横向上讲，说明终身教育既包括正规教育，也包括非正规教育和非正式教育。

元认知

元认知就是对认知的认知，具体地说，是关于个人自己认知过程的知识和调节这些过程的能力，是对思维和学习活动的认知和控制。

骑士教育

骑士教育是中世纪世俗教育的一种主要形式，以培养当时封建制度中骑士阶层的成员为目的。它是一种特殊形式的家庭教育，并无专设的教育机构，也没有专职的教育人员。它在骑士生活和社交活动中进行。训练骑士的标准是剽悍勇猛、虔敬上帝、忠君爱国、宠媚贵妇。

有教无类

孔子率先提出有教无类。"有教无类"的本意是不分贵贱贫富和种族，人人都可以入学接受教育。孔子的教学实践切实地贯彻了这一办学方针，他的弟子来自各个诸侯国，分布地区广泛；弟子成分复杂，出身于不同的阶级和阶层，大多数出身于平民。

二、简答题

1. 教师角色的冲突有哪些？如何解决？

【答案要点】

（1）教师角色的常见冲突。由于个人在社会不同群体中所处的地位不同，往往需要同时扮演若干个角色。当这些角色与个人的期待发生矛盾、难以取得一致时，就会出现角色冲突。教师职业常见的角色冲突主要有以下几种：

①社会"楷模"与"普通人"的角色冲突。社会期望教师为人师表，成为学生的表率、社会的楷模。但许多教师并不想当这样的角色，他们认为教师也是普通人，也可以穿着时髦、随意嬉笑，这种心理冲突在青年教师身上比较突出。

②"令人羡慕"的职业与教师地位低下的实况冲突。教师头上有许多令人羡慕的桂冠，但实际的社会地位仍然很卑微；教师被誉为人类灵魂的工程师，但工资待遇却又极低。这使得许多教师的心理及生活处于矛盾冲突之中。

③教育者与研究者的角色冲突。教师角色要求教师与儿童维持一种密切持久的关系，在时间与精力上大量投入，许多教师有被耗干的感觉，形成教师在教书育人与自身发展、教育研究、创新上的矛盾。

④教师角色与家庭角色的冲突。教师在学校工作辛苦，下班之后可能还需要继续做工作上的事，使得其难以兼顾家庭，从而引发家庭矛盾。

（2）调适教师角色冲突的解决方式。

①主观上，首先要树立自尊、自信、自律、自强的自我意识；其次要根据实际情况的需要，善于处理多种角色的矛盾冲突，做到有主有辅，有急有缓，统筹兼顾；最后要善于控制自己的思想情绪，意志坚定地完成所承担的任务。

②客观上，首先要进一步提高教师的社会地位与经济待遇，改善教师的生活和工作条件，解决教师的实际困难；其次要努力创造条件，给教师提供选修、培训与发展、提高的机会；最后要提高教师的思想修养，增强其责任感与使命感等。

2. 比较孟子与荀子的人性观及他们对教育作用的认识。

【答案要点】

不同点：

（1）孟子主张"性善论"，他认为，人性是人类所独有的、区别于动物的本质属性，是一个类的范畴。人性的善，是人类缓慢进化的结果，"我固有之"的仁、义、礼、智是人类学习的结果。

（2）荀子提出"性恶论"，他认为人之所以能为善，全靠后天的努力，"人之性善，其善者伪也"。

相同点：二者都重视教育对个人和社会的作用。

（1）孟子看来，教育对个人的作用就是在于引导人保存、找回和扩充其固有的善端；教育对社会的作用是"得民心"。"得民心"是"仁政"的关键，而教育是"得民心"的最有效的措施。

（2）荀子认为教育对个人的作用在于"化性为伪"，即人的成就是环境、教育和个体努力共同作用的结果；教育对社会的作用是教育能够统一思想，统一行动，使兵劲城固、国富民强。这也反映了战国末期要求集权统一的历史发展趋势。

3. 学生认知的差异有哪些表现？为此，教学应该注意哪些方面？

【答案要点】

认知差异包括认知水平的差异和认知类型的差异。认知水平的差异主要表现为智力水平的差异，而智力水平的差异又表现为智力发展水平的差异和智力发展速度的差异。

（1）智力发展水平的差异。

①智力发展水平的高低是通过智力测验所得到的智商来体现的。智商是智力年龄与实足年龄之间的比值。智商的计算公式为：智商＝智力年龄/实足年龄×100。

②智力按发展水平的高低，可以分为超常、正常和低常三种类型。一般认为，智商在130以上为超常，智商在70以下为低常，智商在100左右的为正常。

③一般来说，智力的发展是呈正态分布的，即智力超常和智力低常的人数极少，智力偏高和智

力偏低的人次之，智力中等的人数最多。

（2）智力发展速度的差异。智力的发展有早晚的差异：有的人天生聪慧，在很小的时候就表现出较高的智力水平；有的则是大器晚成，在很大年龄才表现出较高的智力水平。

认知类型又叫认知风格，是人在信息加工的过程中所偏好的相对稳定的态度和方式。认知类型差异就是人们在感知、理解、记忆、思维等过程中采用的与众不同的方式。依据不同的划分方式可分为分析型和综合型、场依存型和分析－综合型；场依存型和场独立型；视觉型、听觉型、动觉型和混合型；艺术型、思维型和中间型；整体型、序列型；冲动型和慎思型。

针对认知方式差异，教学应注意的方面有：

（1）教师必须帮助学生识别自己的认知类型。教师对学生认知方式的识别不仅仅在于调整自己的教学方法，还应帮助学生分析和认识自己的认知方式。

（2）教师要明确适应认知类型的两类教学策略，即匹配策略与失配策略。前者指与学习者认知风格一致的教学策略，后者指采取对学习者缺乏的认知风格进行弥补的教学策略。

（3）教师要调整自己的教学风格，提供多模式教学。学生认知方式的多样性要求教师必须改变自己单一的教学风格，采用各种教学方法，组织多样化的教学活动来满足和弥补不同学习者不同层次的需要。

（4）教师要针对学生在智力上的个别差异进行因材施教，采用按能力分组。对智力不同水平的学生设置不一样的教育目标，选择不同的教育方式。

4. 简述卢梭的自然教育思想。

【答案要点】

卢梭自然主义教育的核心是"回归自然"。一方面，善良的人性存在于纯洁的自然状态之中。只有"回归自然"、远离喧嚣社会的教育，才有利于保持人的善良天性。因此15岁之前的教育必须在远离城市的农村进行。另一方面，每个人都是由自然的教育、事物的教育、人为的教育三者培养起来，只有三种教育圆满地结合才能达到预期的目的。三者之中，应以自然的教育为基准，才能使教育回归自然达到应有的成效。

自然教育最终目的是培养"自然人"，即身心调和发达、体脑两健、能力强盛的新人，也就是摆脱封建羁绊的资产阶级新人。具有以下特征：第一，自然人是能独立自主的人，他能独自体现出自己的价值；第二，在自然的秩序中，所有的人都是平等的；第三，自然人又是自由的人，他是无所不宜、无所不能的；第四，自然人还是自食其力的人，可无须仰赖他人为生，这是独立自主的可靠保证。

卢梭根据自然教育的原则，根据人的自然发展的进程和不同年龄时期身心的特点，把自然教育分为婴儿期、儿童期、少年期和青春期。

卢梭提出的自然主义教育思想是教育思想史上由教育适应自然向教育心理学化过渡的一个重要环节。在封建社会压制人性的情况下，提倡性善论、尊重儿童天性具有历史进步意义。他呼吁培养身心调和发展的自然人和自由人也反映了对人的发展的合理要求。

三、分析论述题

1. 教育的相对独立性表现在哪些方面？并就此谈谈你对教育与社会发展的关系的认识。

【答案要点】

（1）教育的相对独立性是指作为社会一个子系统的教育，它对社会的能动作用具有自身的特点和规律性，它的历史发展也有其独特连续性和继承性。主要表现为以下几方面：

①教育是培养人的活动，通过所培养的人作用于社会。教育尤其是学校教育，是有意识地影响

人、培育人、塑造人的社会活动。它主要通过引导和促进年轻一代社会化、个性化，成为社会活动的参与者和继承者，以保证并促进社会的生存、延续与发展。

②教育具有自身的活动特点、规律及原理。教育是培养人的活动，而人具有特殊的身心发展和成熟的规律。教育教学及其相关活动必须认识、遵循和创造性地运用这些基本特点与规律，才能有效地培育人才。此外，还应重视和遵循前人的宝贵经验，并在此基础上继续发展、前进。

③教育具有自身发展的传统与连续性。由于教育有自身的规律和特有的社会功能，它一经产生、发展便将形成和强化其相对独立性，具有发展的连续性、继承性和惯性。因此，无论是办学校发展教育事业，或进行教育改革，都要重视与借鉴教育的历史经验，都应在原有的基础上积极改进、稳步前行。

（2）教育与社会发展的关系可分为教育的社会制约性和教育的社会功能。

教育的社会制约性表现为以下方面：

①生产力对教育的制约。生产力的发展制约教育事业发展的规模和速度；生产力的发展水平制约人才的培养规格和教育结构；生产力的发展制约教学内容、教学方法和教学组织形式的发展和改革。

②社会经济政治制度对教育的制约。社会经济政治制度制约教育的性质；社会经济政治制度制约教育的宗旨和目的；社会经济政治制度制约教育的领导权；社会经济政治制度制约受教育权；社会经济政治制度制约教育内容、教育结构和教育管理体制。

③文化对教育的制约。文化知识制约教育的内容与水平；文化模式制约教育的背景与模式；文化传统制约教育传统的特性。

教育的社会功能包括教育的社会变迁功能和教育的社会流动功能。

教育的社会变迁功能：

①教育的经济功能，即教育是使可能的劳动力转变为现实的劳动力的基本途径；现代教育是使知识形态的生产力转化为直接的生产力的重要途径；现代教育是提高劳动生产率的重要因素。

②教育的政治功能，即教育通过传播一定的社会的政治意识，完成年轻一代的政治社会化；教育通过造就政治管理人才，促进政治体制的变革与完善；教育通过提高全民文化素质，推动国家的民主政治建设；教育是形成社会舆论、影响政治时局的重要力量。

③教育的文化功能，即传递文化、选择文化和发展文化。

④教育的生态功能，即树立建设生态文明的理念；普及生态文明知识，提高民族素质；引导建设生态文明的社会活动。

教育的社会流动功能，指社会成员通过教育的培养、筛选和提高，能够在不同的社会区域、社会层次、职业岗位、科层组织之间转换、调整和变动，以充分发挥其个人的智慧才能，实现其人生价值。它包括横向流动功能和纵向流动功能。前者指改变其环境而不提升其社会层级地位；后者指改变其社会层级地位及作用。

2. 试论述隋唐科举制度与学校教育的关系，并分析其在历史上的影响。

【答案要点】

科举制度即个人自愿报考，县州逐级考试筛选，全国举子定时集中到京都，按科命题，同场竞试，以文艺才能为标准，评定成绩，限量选优录取，是一种选官制度，以这种方式选拔国家官员。

（1）科举制度与学校的关系在于：

①学校教育制度是培养人才的制度，成为国家社会人才的重要来源，学校不断输送人才供科举考试选拔，是科举赖以发展的基础；科举考试是国家选拔人才的重要渠道，也为学校培养的人才开辟了政治出路。

②科举考试受重视，居于主导地位，学校教育受轻视，居于次要地位。学校教育要适应科举考试的需要，成为科举的附庸，学校作为考试的预备场所，一切都受到科举考试的直接支配。科举考试对学校教育发挥着导向调控的作用，直接影响着学校教育。

（2）科举制度的历史影响有积极影响和消极影响两个方面。

积极影响：

①扩大了统治基础，有利于加强中央集权。通过科举考试，平民及中小地主阶层获得了参政的机会，打破了门阀士族地主垄断统治权力的局面，扩大了封建统治的统治基础。同时，通过科举考试，朝廷将选士大权收归于中央政府，强化了中央集权的统治。

②使选士与育士紧密结合。促进人们的思想统一于儒学，成为实施儒家"学而优则仕"原则的途径。刺激学校教育的发展，有利于教育的普及。

③使选拔人才较为客观公正。隋唐科举考试在发展的过程中逐步建立了较为完备的考试制度，同时逐步建立了一系列的考试防范措施，加强考试管理。

消极影响：

①国家只重科举取士，而忽略了学校教育。学校成为科举考试的预备机构，一切教学活动都围绕着科举考试来进行，学校失去了相对独立的地位和作用。

②束缚思想，败坏学风。学校教学安排围绕科举进行，导致学校教育中重文辞少实学，重记诵而不求义理，形成了教条主义、形式主义的学习风气。在科举制的影响下，读书的目的不是求知求真，而是为了功名利禄，具有强烈的功利色彩。

③科举考试内容的狭隘也阻碍了中国文化的和谐发展，特别是科技文化的发展。

3. 试述皮亚杰的道德认知发展理论，并联系实际加以评价。

【答案要点】

皮亚杰认为，道德是由种种规则体系构成的，道德的实质包括两方面的内容：一是对社会规则的理解和认识；二是对人类关系中平等、互惠的关心。他认为儿童道德认知发展要经历三个阶段：

（1）前道德阶段。皮亚杰认为，5岁幼儿以自我为中心来考虑问题，对引起事情的结果只有朦胧的了解，其行为直接受行为结果支配。该阶段儿童既不是道德的，也不是非道德的。

（2）他律道德阶段。5~8岁的儿童处于他律道德阶段，这一阶段的道德认知一般是服从外部规则，接受权威指定的规范，他们只根据行为后果来判断对错。

（3）自律道德阶段。9~11岁的儿童处于自律的道德阶段，此时的儿童不再无条件服从权威，儿童已经能从主观动机出发，用平等或不平等、公平或不公平等新的标准来进行道德判断，但此时儿童的判断还是不成熟的，他们需要等到十一二岁后才能独立判断。

皮亚杰在儿童认知发展领域做出了巨大的贡献，同时他是第一个系统地追踪研究儿童道德认知发展的心理学家。皮亚杰通过独创的临床研究法，对儿童讲包含道德价值内容的对偶故事，在观察和实验过程中解释了儿童道德认识发展的阶段及其影响因素。该理论也为科尔伯格的道德认知发展理论奠定了基础。

4. 论述文艺复兴时期人文主义教育的主要特征、影响及其贡献。

【答案要点】

人文主义教育的特征有：

（1）人本主义。人文主义教育在培养目标上注重个性发展，在教育教学方法上反对禁欲主义，尊重儿童天性，坚信通过教育这种后天的力量可以重塑个人、改造社会和自然，这些都表现出人本主义内涵，人的力量、人的价值被充分肯定。

（2）古典主义。人文主义教育思想吸收了许多古人的见解，人文主义教育实践尤其是课程设置亦具有古典性质，但这种古典主义绝非纯粹的"复古"，实则含有古为今用、托古改制的内涵，这在当时是进步的。

（3）世俗性。不论从教育目的还是从课程设置等方面看，人文主义教育洋溢着浓厚的世俗精神，教育更关注今生而非来世，这是人文主义教育与中世纪教育的根本区别。

（4）宗教性。人文主义教育仍具有宗教性，几乎所有的人文主义教育家都信仰上帝，他们虽然抨击天主教会的弊端，但不反对宗教更不打算消灭宗教，他们希冀以世俗和人文精神改造中世纪陈腐专横的宗教性，以造就一种更富世俗色彩和人性色彩的宗教性。

（5）贵族性。这是由文艺复兴运动的性质所决定的。人文主义教育的对象主要是上层子弟，教育的形式多为宫廷教育和家庭教育而非大众教育，教育的目的主要是培养上层人物如君主、侍臣、绅士等。

综上可见，人文主义教育具有两重性，进步性与落后性并存，尽管它有不足之处，但它涤荡了中世纪教育的阴霾，展露出新时代教育的灿烂曙光，开了欧洲近代教育之先河。

人文主义教育的历史影响有：

（1）教育内容发生变化。对古希腊、罗马的热情使其知识和学科成为教学主要内容，导致美育和体育复兴并关注自然知识的学习。

（2）教育职能发生变化。从训练、束缚自己服从上帝到使人更好地欣赏、创造和履行地位所赋予人的职责。

（3）教育价值观发生变化。重新发现人，重新确立了人的地位，强调人性的高贵，复兴了古希腊的个人主义价值观。

（4）复兴了古典的教育理想。形成了全面和谐发展的完人的教育观念，从中世纪培养教士的目标转向文艺复兴时期培养绅士的目标。

（5）复兴了自由教育的传统。教育推崇理性，复兴古希腊的自由教育。

（6）自然主义教育思想兴起。用自然来取代《圣经》作为引证，按照人的天性来生活，按照人的需求和本性来设置课程，尊重受教育者的兴趣、爱好、欲望和天性，出现了直观、游戏、野外活动等教育新方法。

（7）出现了新道德教育观。以原罪论为中心的道德教育已开始解体。人道主义、乐观、积极向上、热爱自由、追求平等和合理的享乐等新的道德观在人文主义的学校中开始取代天主教会的道德观。尊重儿童、反对体罚，已成为某些教育家的强烈要求。

（8）教育与劳动相结合及共产主义的教育思想。在某些空想社会主义教育思想中，首次提出教育与生产劳动相结合的思想以及成人教育的思想。人文主义者莫尔和康帕内拉还提出共产主义的理论以及所实行的教育制度。

（9）建立了新型的人文主义教育机构。

（10）促进了大学的改造和发展。

（11）教育理论不断丰富。

（12）推动了教育世俗化的历史进程。

2022年 上海师范大学 333 教育综合·真题真练

一、名词解释
教科书　广义的教育　道尔顿制　高原现象　朱子读书法　稷下学宫

二、简答题
1. 社会本位的教育目的观。
2. 杨贤江全人生指导思想。
3. 永恒主义教育。
4. 简述问题解决的几个阶段。

三、分析论述题
1. 举例论述长善救失的德育原则。
2. 举例论述谈话法的含义、具体方法、基本要求。
3. 论述洛克的绅士教育思想。
4. 论述发现学习、有意义的接受学习以及它们的优势和缺点。

2021年 上海师范大学 333 教育综合·真题真练

一、名词解释
"六艺""七艺"　课程设计　学习动机　学校教育制度　苏格拉底法

二、简答题
1. 简要评述个人本位论的教育目的观。
2. 简答朱子读书法的主要内容。
3. 简答夸美纽斯教育适应自然原则的主张及其意义。
4. 简述当代教师在教学中的主要角色。

三、分析论述题
1. 结合现实举例说明德育中奖惩的含义、具体方法与运用要求。
2. 请举例说明教学巩固性原则的含义与运用要求。
3. 阐述张之洞《劝学篇》中"中体西用"教育思想的历史作用和局限性。
4. 在论述教学与发展的关系时，维果茨基提出了"最近发展区"的概念。（1）举例说明什么是最近发展区；（2）举例说明教学与最近发展区的关系是什么。

2020年 上海师范大学 333 教育综合·真题真练

一、名词解释
课程标准　社会流动功能　元认知　绅士教育　苏格拉底法

二、简答题
1. 简述教师劳动的特点。
2. 简述学生学习的特点。
3. 简述陈鹤琴活教育思想。
4. 简述裴斯泰洛齐要素教育。

三、分析论述题
1. 结合实际论述榜样法。
2. 结合实际论述直观教学原则。
3. 论述教师如何促进学生正迁移。
4. 论述蔡元培"五育"并举方针。

2019年 上海师范大学 333 教育综合·真题真练

一、名词解释
教育制度　学校管理　学习策略　京师同文馆　骑士教育　爱弥儿

二、简答题
1. 简述环境对人的发展起到的作用。
2. 简述社会规范学习的心理过程。
3. 蔡元培的"五育"并举方针。
4. 简述卢梭的自然教育的主要内容。

三、分析论述题
1. 结合实例，分析教师主导和学生主动性之间的关系。
2. 结合实例，分析如何建立一个良好的班集体。
3. 分析上位学习、下位学习和并列学习。
4. 评述赫尔巴特的教学思想，并说说他的历史贡献和局限之处。

2018年 上海师范大学 333 教育综合·真题真练

一、名词解释
教育制度　德育过程　教学过程　苏格拉底教学法　京师同文馆　最近发展区

二、简答题
1. 简述学校心理健康教育的途径。
2. 简述班级授课制的优缺点。
3. 简述遗传素质在人的发展中的作用。
4. 简述卢梭的自然教育理论。

三、分析论述题
1. 评述蔡元培"五育"并举的教育思想。
2. 结合实例说明和评价班主任工作的内容和方法。
3. 结合实例说明学习动机的实质及其在学生学习中的重要作用。
4. 评述赫尔巴特的教学理论。

2017年 上海师范大学 333 教育综合·真题真练

一、名词解释
课程标准　教学方法　稷下学宫　课程设计　苏格拉底法　教育制度

二、简答题
1. 教师的主导作用与学生的主动性。
2. 教师的基本素养。
3. 德育的影响一致性和连贯性原则的内涵及基本要求。
4. 列举中国最有名的五大书院。

三、分析论述题
1. 赫尔巴特教学思想。
2. 建构主义学习观。
3. 先行组织者及其在学习中的运用。
4. 张之洞中体西用及其历史局限性。

2016年 上海师范大学 333 教育综合·真题真练

一、名词解释
负强化　学校教育制度　稷下学宫　课程设计　苏格拉底法　德育过程

二、简答题
1. 简述卢梭的主要教育思想。
2. 教师的劳动有哪些价值?
3. 简述教育的生态功能。
4. 简述"最近发展区"的教育意义。

三、分析论述题
1. 评述杜威实用主义教育的主要思想。
2. 评述蔡元培的"五育"并举教育思想。
3. 结合实例论述传授–接受学习的主要过程。
4. 建构主义评述。

2015年 上海师范大学 333 教育综合·真题真练

一、名词解释
学校管理目标　教学评价　课程方案　德育　稷下学宫　三艺

二、简答题
1. 掌握知识与发展智力的关系。
2. 教育如何体现其文化的功能。
3. 卢梭自然教育思想理论。
4. 简述维果茨基的"最近发展区"的概念。

三、分析论述题
1. 结合实际,分析教师角色冲突及其解决办法。
2. 张之洞"中体西用"教学思想的历史作用与局限性。
3. 赫尔巴特教学思想的教育贡献及其局限性。
4. 分析比较流体智力和晶体智力及其对教育的启示。

2014年 上海师范大学 333 教育综合·真题真练

一、名词解释
课程标准　教育目的　学校管理　多元智力理论　骑士教育　京师同文馆

二、简答题
1. 简述科尔伯格道德发展阶段理论。
2. 教育的社会流动功能。
3. 简述教师的专业素养。
4. "百日维新"中的教育政策。

三、分析论述题
1. 卢梭自然教育理论及其影响。
2. 科举制度的意义及影响。
3. 比较分析陈述性知识和程序性知识的异同。
4. 结合实例论述教学中理论与实际相联系的观点。

2013年 上海师范大学 333 教育综合·真题真练

一、名词解释
苏格拉底法　元认知　教育制度　德育过程　教育性教学

二、简答题
1. 问题的种类和举例。
2. 教师劳动特点。
3. 卢梭的自然主义教育理论。
4. 简要阐述《学记》的原则。

三、分析论述题
1. 试论述蔡元培的"五育"并举的教育方针。
2. 论述赫尔巴特的教学思想。
3. 比较分析陈述性知识和程序性知识的异同。

2012年 上海师范大学 333 教育综合·真题真练

一、名词解释
教育目的　苏格拉底法　教学　京师同文馆　德育过程　"五育"并举

二、简答题
1. 简述教学评价的原则。
2. 简述董仲舒的三大文教政策。
3. 简述洛克的绅士教育思想的主要观点。
4. 问题的性质是什么？问题可以分为哪几种？

三、分析论述题
1. 论述赫尔巴特的教育思想，分析其优点和局限性。
2. 论述陶行知的"生活教育"思想体系。
3. 论述教师的素养。
4. 结合韦纳的三个维度，对考试成功和考试失败进行归因分析。

2011年 上海师范大学 333 教育综合·真题真练

一、名词解释
稷下学宫　最近发展区　苏格拉底法　教育目的　智力多元理论

二、简答题
1. 人文主义教育特征和历史影响。
2. 影响个体发展的因素有哪些？
3. 简述教学过程中直接经验与间接经验的关系。
4. 教师专业发展的内涵。
5. 斯巴达教育的特点。

三、分析论述题
1. 论述成败归因理论。
2. 论述杜威的教育思想。

2022年 上海师范大学 333 教育综合·真题解析

一、名词解释

教科书

教科书也称课本，是依据课程标准编制的教学规范用书。它以准确的语言和鲜明的图表，明晰而系统地按教学科目分别编写的教学规范知识，是学生在学校循序渐进地学习以获得系统的基础知识的主要资源和工具，也是教师进行教学的主要依据。

广义的教育

广义的教育是指凡是有目的地增进人的知识技能、影响人的思想品德、增强人的体质的活动都是教育，包括人们在家庭中、学校里、亲友间、社会上所受到的各种有目的的影响。

道尔顿制

道尔顿制是美国进步主义教育家帕克赫斯特针对班级授课制的弊端在道尔顿中学实施的一种个别教学制度，也称"道尔顿计划"，主要内容包括在学校废除课堂教学、课程表和年级制，代之以"公约"或"合同式"的学习；将教室改为作业室或实验室，用表格法来了解学生的学习进度等。

高原现象

练习中的高原现象，即练习到一定阶段时，进步会暂时停顿的现象。它表现为练习曲线保持在一定的水平而不再上升，甚至有所下降。但是在高原期后，练习曲线又会上升，即表示练习成绩又可以有所进步。

朱子读书法

朱熹一生酷爱读书，对于如何读书有深切的体会，并提出了许多精辟的见解。他的弟子将其概括为"朱子读书法"六条，包括循序渐进、熟读精思、虚心涵泳、切己体察、着紧用力、居敬持志。

稷下学宫

稷下学宫是战国时代齐国一所著名的高等学府，因其建立于齐国都城临淄的稷门附近而得名。它既是百家争鸣的中心与缩影，也是当时教育上的重要创造，稷下学宫对中国古代学术、文化和教育的发展产生过重大的历史影响。

二、简答题

1. 社会本位的教育目的观。

【答案要点】

社会本位论的代表人物有德国哲学家那托尔普、法国思想家涂尔干、德国教育家凯兴斯泰纳等。其主要观点有：

（1）个人的一切发展都有赖于社会，都受社会的制约，人的一切发展也是为了满足社会的需要。

（2）教育除了满足社会需要以外并无其他目的。

（3）教育结果的好坏是以其社会功能发挥的程度来衡量的，离开了社会，就无法对教育的结果做出衡量。

社会本位论者从社会需要出发来选择教育目的的价值取向，无疑是看到了教育的社会作用，在今天这样生产高度社会化的时代，也具有一定的借鉴价值；但只是站在社会的立场看教育而抹杀了个人在选择教育目的过程中的作用，并以此来排斥教育满足个人发展的需要，则是片面的、不正确的。

2. 杨贤江全人生指导思想。

【答案要点】

"全人生指导"就是对青年进行全面关心、教育和引导，即不仅关心他们的文化知识学习，同时对他们生活中各种实际问题给以正确的指点和疏导，使之在德、智、体诸方面都得以健康成长，成为一个"完成的人"，以适社会改进之所用。具体体现在：

第一，指导青年树立正确的人生观，这是杨贤江青年教育思想的核心；

第二，旗帜鲜明地主张青年要干预政治，投身革命；

第三，强调青年必须学习，这是青年的权利与义务；

第四，对青年的生活也提出了指导性意见。

3. 永恒主义教育。

【答案要点】

永恒主义教育亦称"新古典主义教育"，产生于20世纪30年代，是现代欧美国家一种强调理性训练以及人的理性和教育基本原则的永恒性的教育思潮，代表人物有美国的赫钦斯、艾德勒，英国的利文斯通和法国的阿兰等。其主要观点包括以下几个方面：

（1）发展人的理性是教育永恒不变的原则。

（2）教育的主要目的是培养永恒的理性。

（3）永恒的古典学科应该在学校课程中占有中心地位。

（4）学生通过教师的教学进行学习。

永恒主义教育对进步教育的批判比要素主义更加激烈，但从整体上来看，它并未提出新的价值判断标准。永恒主义教育在教育理论上有一定影响，但在教育实践中的影响范围不大，主要限于大学和上层知识界中的少数人。

4. 简述问题解决的几个阶段。

【答案要点】

（1）理解和表征问题阶段。

①识别有效信息：确定问题到底是什么，找出相关信息并忽略无关的细节。

②理解信息含义：除了能够识别问题的相关信息外，学生还必须准确地表征问题，这要求学生有某一领域特定的知识。成功地表征问题有两个任务，第一个是语言理解，需要理解问题中每一个句子的含义。

③整体表征：第二个任务是将问题的所有句子综合在一起，达成对整个问题的准确理解。

④问题归类：将要解决的问题归入某一类中，一个特定的图式就会被激活，这个图式将引导对有关信息的注意，并预期正确答案应该会是什么样的。

（2）寻求解答阶段。

①算法式。将达到目标的各种可能的方法都列出来，具体化，逐一加以尝试。

②启发式。根据目标的指引，试图不断地将问题状态转换成与目标状态相近的状态，只试探那些对成功趋向目标状态有价值的操作，也就是使用一般的策略试图解决问题。具体有手段－目的分析法、逆向反推法、爬山法、类比思维法。

（3）执行计划或尝试某种解答阶段。当表征某个问题并选好某种解决方案后，下一步就是执行计划、尝试解答。

（4）评价阶段。当选定并执行某个解决方案之后，学习者还需要对结果进行评价。评价结果的方法之一，就是寻找能够证实或证伪这种解答的证据，对解答进行核查。

三、分析论述题

1. 举例论述长善救失的德育原则。

【答案要点】

长善救失的德育原则是指进行德育要调动学生自我教育的积极性，依靠和发扬他们自身的积极因素去克服他们品德上的消极因素，促进学生的道德成长。

贯彻长善救失原则的基本要求如下：

（1）"一分为二"地看待学生。对学生既要看到他积极的一面，也要看到他消极的一面；既要看他过去的表现，也要看他后来的变化和现时的表现；要看到优秀学生的不足之处，懂得"响鼓也要重锤敲"，还要善于发现后进生身上的闪光点，以便长善救失，促进他们的转变。

（2）发扬积极因素，克服消极因素。全面而深入地了解学生，为教育学生打下了良好的基础，但要促进他们的品德发展，根本的一点在于调动其积极性，引导他们自觉地巩固发扬自身的优点来抑制和克服自身的缺点，才能养成良好的品德，获得长足的进步。

（3）引导学生自觉评价自己，勇于自我教育。要帮助学生善于虚心听取父母、教师、同学等各方面的意见，勇于解剖和正确评价自己，能够对自己的思想与行为自觉地进行反省与反思，为自己的优点而自豪，为自己的缺点而自责、内疚，自觉地进行道德修养。

2. 举例论述谈话法的含义、具体方法、基本要求。

【答案要点】

（1）含义。谈话法是通过师生问答、对话的形式来引导学生思考、探究，以获取或巩固知识，促进学生智能发展的方法。也称问答法。谈话法特别有助于激发学生的思维，调动学生的积极性，培养他们的独立思考、与人交往及语言表达的能力。初中，尤其是小学教学，常用谈话法。

谈话法可分为复习谈话和启发谈话。复习谈话是根据学生已学教材，向学生提出一系列问题，通过师生问答以帮助学生复习、深化、系统化已学的知识。启发谈话则是通过向学生提出未解决的问题，一步一步引导他们去思考和探取新知识。

（2）谈话法的基本要求如下：

①要准备好谈话计划。善于引导学生从一个问题过渡到另一个问题，以实现教学目的。

②要善问。向学生提出的问题要明确、有趣味、有挑战性，能激活与深化学生的思考。

③善于启发诱导。让学生探究问题或矛盾之所在，循循善诱，一步一步去获取新知。

④要做好小结。注意纠正一些不正确的认识，帮助学生掌握正确的知识，力求简明科学。

3. 论述洛克的绅士教育思想。

【答案要点】

洛克是英国17世纪著名的实科教育和绅士教育的倡导者。他重视教育对个人幸福、事业和前途的影响，其教育思想具有世俗化、功利主义和个人主义的色彩。主要著作有《教育漫话》《工作学校计划》等。

洛克认为教育的最高目的在于培养绅士。所谓绅士教育，就是培养既具有封建贵族遗风，又具有新兴资产阶级特点的新式人才的教育。他主张把社会中上层家庭的子弟培养成为身体强健、举止优雅、有德行、智慧和实际才干的事业家。

对于绅士教育，洛克更重视性格训练而非知识学习。在《教育漫话》中，洛克从体育、德育、智育三方面对其进行了论述。

（1）体育。"健康之精神寓于健康之身体"。洛克把健康的身体看作绅士事业成功、生活幸福的首要条件。他注重年轻绅士的身体保健和健康教育，并把游泳、骑马、击剑当作绅士教育的重要内容之一。洛克希望每个绅士的身体必须适应可能遇到的艰苦环境。他认为身体强健的主要标准是能忍耐劳苦，而学会忍耐劳苦则须从小逐渐养成习惯，不要间断。

（2）德育。洛克把德行放在比知识更重要的地位，他认为绅士应该具备三种品德：有远虑，富有同情心或仁爱之心，有良好的教养或礼仪。其德育目标就是要造就能按这些道德规范行事的、有绅士风度的人。

（3）智育。洛克尤其强调品德重于学问；学问的内容必须是实际有用的广泛知识。洛克认为，教育必须使人适合于生活、适合于世界，而非只是适合于学校；教育在本质上是一种性格的训练，知识只能起到辅助品德的作用。因此，导师的主要任务在于年轻绅士的品德培养，有了这一点，学问则极容易用适当的方法去获得。

4. 论述发现学习、有意义的接受学习以及它们的优势和缺点。

【答案要点】

布鲁纳是美国著名的认知教育心理学家，提倡发现学习，主张学习的目的在于采用发现学习的方式，使学科的基本结构转变为学生头脑中的认知结构。因此他的理论被称为发现学习论。

（1）发现学习是指学生在学习情境中，经过自己探索寻找，从而获得问题答案的一种学习方式。布鲁纳所说的发现不只限于寻求人类尚未知晓的事物的行为，也包括用自己的头脑亲自获取知识的一切形式。

发现学习的教学阶段为：

①提出问题。教师创设问题情境，使学生在这种情境中发现其中的矛盾，提出问题。

②做出假设。教师促使学生利用提供的某些材料，针对所提出的问题提出解答的假设。

③验证假设。学生用理论或者通过实验数据检查自己的假设。

④形成结论。学生根据实验获得的一些材料或结果，在仔细评价的基础上引出结论。

发现学习的优点在于：

①有利于提高智力的潜力。学习者自己提出解决问题的探索模型，学习如何对信息进行转换和组织，使他能超越这一信息。

②有利于使外部奖赏向内部动机转移。通过发现例子之间的关系而学习一个概念或原则，比起给予学习者这一概念或原则的分析性描述来更能让学生从学习过程中得到较大的满足。

③学会将来进行发现的最优方法和策略。如果某人具有有效发现过程的实践，他就能最好地学到如何去发现新信息。

④帮助信息的保持和检索。布鲁纳认为，按照一个人自己的兴趣和认知结构组织起来的材料就是最有希望在记忆中"自由出入"的材料。

发现学习的缺点在于：

①完全放弃知识的系统讲授，而以发现法教学来替代，夸大了学生的学习能力，忽视了知识学习活动的特殊性。

②布鲁纳认为"任何科目都可以按某种适当的方式教给任何年龄的任何人"，这是无法实现的。

③发现法运用范围有限。从学习主体来看，真正能够用发现法学习的只是极少数学生；从学科领域来看，发现法只适合自然科学某些知识的教学，对于文学、艺术等以情感为基础的学科不是完全适用；从执教人员来看，发现法教学没有现成方案，过于灵活，对教师知识素养和教学机智等要求很高；从效率来看，发现法耗时过多，不经济，不适合于在短时间内向学生传授一定数量的知识

和技能的集体教学活动。

（2）奥苏伯尔是和布鲁纳同时代的美国著名教育心理学家，他在教育心理学中最重要的一个贡献是他对意义学习的描述。有意义学习就是符号所代表的新知识与学习者认知结构中已有的适当观念建立非任意的和实质性的联系。包括表征学习、概念学习和命题学习。

接受学习，又叫讲授教学，是指在教师的指导下，学习者接受事物意义的学习。在接受学习中，所要学习的内容大多是现成的、已有定论的、科学的基础知识，通过教科书或教师的讲述，用定义的方式直接向学习者呈现，使学习者接受这些已有的知识，掌握它们的意义。

其特点为：第一，师生之间要有大量的互动；第二，大量利用例证，包括图解或图画；第三，它是演绎的，最一般蕴涵的概念最初呈现，然后从中引出特殊的概念；第四，它是有序列的，材料的呈现有一定步子，这些步子首先是先行组织者。

优点：接受学习是学习者掌握人类文化遗产及先进的科学技术知识的主要途径，在教师合理指导下，学习者可以尽快在较短时间内掌握大量的间接知识，所获得的知识是系统的、完整的、精确的，而且便于存储和巩固。

局限性：过于强调接受而忽视了学生的主动创造和发现，不利于学生创造性的培养。

2021年 上海师范大学333教育综合·真题解析

一、名词解释

"六艺"

西周的教育内容总称为"六艺"教育，它是西周教育的特征和标志。"六艺"即礼、乐、射、御、书、数。礼包括政治、伦理、道德、礼仪各个领域；乐包括诗歌、音乐和舞蹈；射指射箭的技术训练；御指驾驭马拉战车的技术训练；书指文字书写；数指算法。其中，"礼、乐、射、御"为"大艺"，是大学的课程；"书、数"为"小艺"，是小学的课程。

"七艺"

"七艺"是西方教育史上对七种教学科目的总称，包含文法、修辞、辩证法、音乐、算术、几何、天文。西方教育史上沿用长达千年之久的"七艺"中的前"三艺"是由智者学派首先确定下来的。后来柏拉图将"四艺"作为教学科目详加论述，并认为"三艺"是高级课程，"四艺"是初级课程。"三艺"和"四艺"合称为"七艺"。

课程设计

课程设计是以一定的课程观为指导制定课程标准、选择和组织课程内容、预设学习活动方式的活动，是对课程目标、教育经验和预设学习活动方式的具体化过程。

学习动机

学习动机是动机在学习活动中的表现，是引起和维持个体进行学习活动，并使活动朝向一定的学习目标，以满足某种学习需要的一种内部心理状态。它的主要内容包括知识价值观、学习兴趣、学习效能感和成败归因。

学校教育制度

学校教育制度即学制，它是现代教育制度的核心部分，指的是一个国家各级各类学校的系统及其管理规则，它规定着各级各类学校的性质、任务、入学年限、修业年限以及它们之间的关系。

苏格拉底法

苏格拉底法也称"问答法""产婆术"，是由讥讽、助产术、归纳和定义四个步骤组成的独特的方法。这是苏格拉底探讨伦理哲学的研究方法，也是他的教学方法。

二、简答题

1. 简要评述个人本位论的教育目的观。

【答案要点】

个人本位论的代表人物有卢梭、裴斯泰洛齐、福禄培尔等，其观点的主要内容如下：

（1）教育目的是根据个人发展的需要制定的，而不是根据社会的需要制定的。

（2）个人价值高于社会价值。社会价值只有在有助于个人发展时才有价值，应由个人来决定社会，个人价值恒久高于社会价值。

（3）人生来就有健全的潜在本能，教育的基本职能就在于使这种潜能得到发展。

个人本位论把个人的自身的需要作为制定教育目的的依据，在一定的历史条件下具有一定的进步意义；但如果只强调个人的需求与个性的发展，而一味贬低和反对满足社会发展的需要，则是片面的、错误的。

2. 简答朱子读书法的主要内容。

【答案要点】

朱熹一生酷爱读书，对于如何读书有深切的体会，并提出了许多精辟的见解。他的弟子将其概括为"朱子读书法"六条。

（1）循序渐进。朱熹主张读书要"循序渐进"，意思是读书要按一定的次序，不要颠倒；应根据自己的实际情况和能力，安排读书计划，并切实遵守它；读书要扎扎实实打好基础，不可囫囵吞枣，急于求成。

（2）熟读精思。朱熹认为，读书既要熟读成诵，又要精于思考。熟读有利于理解，熟读的目的是为了精思。精思就是发现问题和解决问题的过程。

（3）虚心涵泳。所谓"虚心"是指读书时要虚怀若谷，静心思虑，仔细体会书中的意思，不要先入为主，牵强附会；所谓"涵泳"是指读书时要反复咀嚼，细心玩味。

（4）切己体察。强调读书不能仅仅停留在书本上和口头上，而必须要见之于自己的实际行动，要身体力行。

（5）着紧用力。包含两方面意思：其一，必须抓紧时间，发愤忘食，反对悠悠然；其二，必须抖擞精神，勇猛奋发，反对松松垮垮。

（6）居敬持志。既是朱熹道德修养的重要方法，也是他最重要的读书法。"居敬"是读书时精神专一，注意力集中；"持志"是要树立远大的志向和高尚的目标，并要以顽强的毅力坚持下去。

3. 简答夸美纽斯教育适应自然原则的主张及其意义。

【答案要点】

教育适应自然的原则是贯穿夸美纽斯整个教育理论体系的一条根本的指导性原则，他的"自然"包括两个方面的含义：

（1）自然界及其普遍法则。夸美纽斯认为在宇宙万物和人的活动中存在着一种"规则"，它保证了宇宙万物的和谐发展。所以人的各种活动包括教育活动也都应该遵循这些自然的、普遍的规则。在此基础上，夸美纽斯提出要改革学校，要使学校教育符合自然的规则和秩序。

（2）人的与生俱来的天性。夸美纽斯认为，人是自然界的一部分，人的发展也有其本身的规则。据此，夸美纽斯提出要依据人的自然本性和儿童年龄特征进行教育，使每个人的智力都得到充分的发展。

夸美纽斯是真正提出并系统地论述自然主义教育思想的人。他在《大教学论》中，提出了"自然适应性原则"。他以适应自然、合乎自然秩序为基础，来论证自己教育改革主张的合理性，提出了一个比较完整的教育学体系，使自然主义教育理论初具形态。

4. 简述当代教师在教学中的主要角色。

【答案要点】

教师角色丛是指与教师特定的社会职业和地位相关的所有角色的集合。仅就教师与学生的关系而言，教师就要扮演多重角色。

（1）"家长代理人"和"朋友、知己者"的角色。

（2）"传道、授业、解惑者"的角色。

（3）"管理者"的角色。

（4）"心理调节者"的角色。

（5）"研究者"的角色。

三、分析论述题

1. 结合现实举例说明德育中奖惩的含义、具体方法与运用要求。

【答案要点】

德育的奖惩法是指对学生的思想和行为做出评价，包括表扬、奖励和批评、处分两个方面。

表扬、奖励是对学生的良好思想、行为做出的肯定评价，以引导和促进其品德发展的方法。批评、处分是对学生不良思想、行为做出否定的评价，以帮助他们改正缺点与错误的方法。公正、严明的惩罚，可以帮助学生分清是非、善恶、美丑，认识自己的优点、好处和缺点、错误，明确努力的方向；可以培养学生的荣誉感、羞耻感、道义感，激励他们认真进行自我修养，长善救失，提高个人道德水平和自觉维护社会的道德规范。

（1）表扬与批评是德育常用的方法。一般以表扬为主、批评为辅；二者相辅相成，缺一不可。表扬不可滥，批评不可无。

（2）奖励与处分。奖励是对学生突出的优秀品行做出较高的评价。一般包括颁发奖状、发给奖品、授予称号。处分是对学生所犯错误的处理，一般包括警告、记过、留校察看和开除学籍。运用奖励与处分要注意以下几点要求：第一，要公平公正、正确适度、合情合理；第二，要发扬民主，获得群众支持；第三，要注重宣传与教育。

2. 请举例说明教学巩固性原则的含义与运用要求。

【答案要点】

巩固性原则是指教学要引导学生在理解的基础上牢固地掌握知识和技能，长久地保持在记忆中，能够根据需要迅速再现，有效地运用。

巩固掌握知识是学生有效地接受新知识的基础，是学生熟练地运用知识并进行改进与创新的条件，是教学质量的表现。要提高学生的学习能力和创造性，必须要求学生牢固而熟练地掌握知识。

贯彻巩固性原则的基本要求如下：

（1）在理解的基础上巩固。理解知识是巩固知识的基础。要使学生牢固地掌握知识，教师在教学中首先要使学生深刻理解知识，并通过剖析、理解、重构来记忆概念、原理。

（2）把握巩固的度。一是厘清哪些知识是需要牢记的，哪些知识知道了或可搜寻到就可以了。二是区分知识的精确度，教材中主要的定义必须记准确，有些知识则允许甚至鼓励学生用自己的语言表达。三是作业量要适度，与技能、技巧形成的要求相适应。

（3）重视组织各种复习。复习就是重温已学过的知识。它可以使知识在记忆中强化、熟练，加深学生对知识的理解，提高学生的再造与创造能力。

（4）在扩充、改组和运用知识中积极巩固。在教学中，许多教师非常重视引导学生通过努力学习新知识，扩大、加深、改组原有知识，积极运用所学知识于实际来巩固知识。这种巩固与复习相比，是一种积极的动态巩固。它不是要求学生反复静态温习，而是引导学生在学习新知识的动态过程中，不断联系、运用已有知识而达到的更深刻、更熟练的巩固。

3. 阐述张之洞《劝学篇》中"中体西用"教育思想的历史作用和局限性。

【答案要点】

（1）"中学为体，西学为用"是洋务派关于中西文化关系的核心命题，也是洋务教育的指导思想。洋务运动的过程实质上是一场对近代西方文明成果的移植过程，其核心问题是引入的西学与中国固有文化之间的关系。对此，洋务派提出的典型方案就是"中体西用"，认为在突出"中学"主导地位的前提下，应该肯定"西学"的辅助作用和器用价值。从19世纪60年代初开始，关于"中学"和"西学"主从关系的讨论就一直不停，直到1898年初，张之洞发表《劝学篇》，围绕"旧学为体，新学为用"的主旨集中阐述，形成了一个比较完整的思想体系。

（2）张之洞的《劝学篇》是对洋务运动的理论总结，并试图为以后的中国改革提供理论模式。《劝学篇》分为内篇和外篇，内、外篇主旨分别为："内篇务本，以正人心；外篇务通，以开风气。"通篇主旨归为"中学为体，西学为用"。

（3）"中学"包括四书五经、中国史事、政书、地图等。张之洞认为对"中学"的各方面都要通其大概，尤其是纲常名教。"西学"包括西政、西艺、西史，在这其中，张之洞着重强调西政和西艺。西政是指西方有关文教制度、工商财政、军事建制和法律行政等管理层面的文化；西艺即近代西方科技。在办理教育和个人学习时，应该根据具体情况分出西政与西艺的轻重缓急，张之洞认为西艺难学，适合年少者，着眼于长远；西政相对易学，适合年长者，着眼于当前急需。对于中、西学的关系，可以概括为"旧学为体、新学为用，不使偏废"。

（4）"中体西用"的历史作用在于：第一，洋务派提出"中体西用"，在不危及"中体"的前提下侧重强调采纳西学，既体现了洋务派的文化教育观，也是洋务派应对守旧派的策略。第二，在"中体西用"形式下，"西学"教育的规模不断扩大。两次鸦片战争中，"中体西用"的内涵被不断调整，"西用"的范围不断延伸，逐渐纳入新的成分。第三，洋务运动时期，"中体西用"理论为"西学"教育的合理性进行了有效论证，促进了资本主义文化在中国的传播。在此原则下实施的留学教育和举办的新式学堂给僵化的封建教育体制打开了缺口，改变了单一的传统教育结构。

（5）"中体西用"的局限性在于：第一，"中体西用"思想本质上还是为了维护封建专制统治，阻碍了后来维新思想的广泛传播，不利于近代刚刚开始的思想启蒙运动；第二，"中体西用"作为一种文化整合方案和教育宗旨来说是粗糙的。它是在没有克服中西文化固有矛盾情况下的直接嫁接，必然会引起两者之间的排异反应。

4. 在论述教学与发展的关系时，维果茨基提出了"最近发展区"的概念。

（1）举例说明什么是最近发展区；（2）举例说明教学与最近发展区的关系是什么。

【答案要点】

（1）维果茨基认为，在进行教学时，必须注意到儿童有两种发展水平：一种是儿童现有的发展水平，另一种是即将达到的发展水平，维果茨基把这两种水平之间的差异称为"最近发展区"，即独立解决问题的真实发展水平和在成人指导下或与其他儿童合作情况下解决问题的潜在发展水平之间的差距。

（2）教学与最近发展区的关系：维果茨基主张教学应当走在儿童现有发展水平的前面，一方面，教学决定着儿童发展的内容、水平和速度等；另一方面教学也创造着最近发展区。教学需要注重学生的最近发展区，把儿童潜在的发展水平变成实际的发展水平，同时不断创造新的最近发展区。

此外，维果茨基认为，儿童在学习任何内容时都有一个最佳年龄。教师在开始教学时要处于儿童的最佳期内，教学最佳期是由最近发展区决定的，随着最近发展区的动态发展而不断变化，并且教学最佳期也是因人而异的，因此教师要把握教学的适当时机。

2020年 上海师范大学333教育综合·真题解析

一、名词解释

课程标准

课程标准是指在一定课程理论指导下，依据培养目标和课程方案以纲要形式编制的关于课程的性质与价值、目标与内容、教学实施建议以及课程资源开发等方面的指导性文件，一般由说明、课程目标、课程内容标准和课程实施建议等部分组成。

社会流动功能

教育的社会流动功能是指社会成员通过教育的培养、筛选和提高，能够在不同的社会区域、社会层次、职业岗位、科层组织之间转换、调整和变动，以充分发挥其个人的智慧才能，实现其人生价值。它包括横向流动功能和纵向流动功能。

元认知

元认知就是对认知的认知，具体地说，是关于个人自己认知过程的知识和调节这些过程的能力，是对思维和学习活动的认知和控制。

绅士教育

绅士教育由洛克提出。洛克认为教育的最高目的在于培养绅士。所谓绅士教育，就是培养既具有封建贵族遗风，又具有新兴资产阶级特点的新式人才的教育。他主张把社会中上层家庭的子弟培养成为身体强健、举止优雅、有德行、智慧和实际才干的事业家。

苏格拉底法

苏格拉底法也称"问答法""产婆术"，是由讥讽、助产术、归纳和定义四个步骤组成的独特的方法。这是苏格拉底探讨伦理哲学的研究方法，也是他的教学方法。

二、简答题

1. 简述教师劳动的特点。

【答案要点】

（1）教师劳动的复杂性。教师劳动的复杂性主要受以下三方面的影响：第一，学生状况的复杂性决定着教师劳动的复杂性；第二，教师任务的多样性制约着教师劳动的复杂性；第三，影响学生发展因素的广泛性制约着教师劳动的复杂性。

（2）教师劳动的示范性。教育是教师引导、培养学生的活动，它要求教师以身作则，具有示范性。教师的劳动对象是处在发展过程中的青少年学生，他们具有尊敬教师、乐于接受教师的教导、以教师为表率的所谓"向师性"的特点。因此，教师必须严格要求自己，以身作则，通过示范的方式去影响学生，以便取得最佳教育效果。

（3）教师劳动的创造性。教师劳动创造性的最重要特征之一是他的工作对象，即儿童经常在发生变化，永远是新的，今天同昨天就不一样。此外，教师劳动的创造性还表现在因材施教上；表现在对教育、教学的原则、方法、内容的运用、选择和处理上；表现在教育教学过程中，教师对各种突发情况做出及时反应、妥善处理的应变能力上。

（4）教师劳动的专业性。教师劳动的专业性突出表现在教师对育人的崇高敬业精神和道德修养上，对教育教学专门化知识和技能的掌握与教育活动的自主权上。

2. 简述学生学习的特点。

【答案要点】

（1）接受学习是学习的主要形式。学生的学习是在教师的指导下有目的、有计划、有组织、有系统进行的，是在较短时间内接受前人所积累的文化科学知识，并以此促进自己发展和完善的过程。

（2）学习过程是主动构建过程。学生的学习必须通过一系列的主动构建活动来接受信息，形成经验结构或心理结构，这意味着学习是主动构建意义的自主活动，而不是被动地接受刺激。

（3）学习内容的间接性。在经验传递系统中，学生主要是接受前人的经验，而不是亲自去发现经验，因此，所获得的经验具有间接性。

（4）学习的连续性。学生的学习是一个连续的过程，这表现在前后学习相互关联。当前的学习与过去的学习有关，同时也将影响以后的学习。

（5）学习目标的全面性。学生的学习不但要掌握知识经验和技能，还要发展智能，以及形成行为习惯、培养道德品质、促进人格发展。

（6）学习过程的互动性。学生的学习是相互作用的过程。师与生、生与生之间的互动质量对学习质量有十分明显的影响。

3. 简述陈鹤琴活教育思想。

【答案要点】

（1）"活教育"的目的论：陈鹤琴提出"活教育"的目的是"做人，做中国人，做现代中国人"。"做人"是"活教育"最为一般意义的目的；"做中国人"体现了"活教育"目的的民族特征，指要懂得爱护这块生养自己的土地，爱自己国家长期延续的光荣历史，爱与自己共命运的同胞。"做现代中国人"体现了时代精神，有五个具体方面的要求：要有健全的身体；要有建设的能力；要有创造的能力；要能够合作；要服务。

（2）"活教育"的课程论："大自然、大社会都是活教材"，是陈鹤琴对"活教育"课程论的概括表述。"活教材"是指取自大自然、大社会的"直接的书"，即让儿童在与自然、社会的直接接触中，在亲身观察中获取经验和知识。

（3）"活教育"的教学论："做中教，做中学，做中求进步"是活教育教学方法的基本原则。陈鹤琴认为，"做"是学生学习的基础，因此也是"活教育"教学论的出发点。它强调儿童在学习过程中的主体地位和在活动中直接经验的获取。

4. 简述裴斯泰洛齐要素教育。

【答案要点】

要素教育论的基本思想是：初等学校的各种教育都应该从最简单的要素开始，然后逐渐转到日益复杂的要素，循序渐进地促进人的和谐发展。要素教育既要求初等学校为每个人在德、智、体几方面都能受到基本的教育而得到和谐的发展，又要求在德育、智育、体育的每一个方面都通过"要素方法"获得均衡的发展。

（1）德育。道德教育最基本的要素是儿童对母亲的爱。随着孩子的成长，便由爱母亲发展到爱双亲，爱兄弟姐妹，爱周围的人。进入学校后，又把爱逐步扩大到爱所有人，爱全人类。

（2）智育。智育的基本要素是数目、形状和语言。教育就是在这些要素的基础上来进行教学和设计课程，从而促进儿童的心理发展。所对应的科目分别是算数、几何和语文。

（3）体育。体育的基本要素是关节活动。儿童的体育训练就是要从各种关节活动的训练开始，并随着年龄的增长逐渐进行较复杂的动作训练，以发展他们身体的力量和各种技能。

三、分析论述题

1. 结合实际论述榜样法。

【答案要点】

榜样法指以他人的高尚品德、模范行为和卓越成就来影响学生品德的方法。教师应向学生提供好榜样，主要有四类：历史伟人，现实的英雄模范，优秀教师、家长的风范，优秀学生。

运用榜样法要注意的要求有：

（1）榜样必须是真实可信的。选好榜样是学习的前提。从古到今，人们都习惯拔高榜样，甚至编造一些美德故事来美化榜样，这是不可取的。尤其当学生有了自己的判断能力之后，这样做只会令人反感、适得其反。

（2）激起学生对榜样的积极情感。学生是通过模仿榜样的言行举止来习得其中的道德价值和行为方式的，这种模仿的情绪有赖于学生对榜样的积极情感，没有这种积极情感，模仿的行为是不会产生的。

（3）给不同年龄段的学生树立不同的榜样。中小学时期长达12年，跨度大，学生的道德发展也经过了多个不同阶段，就要为学生树立不同的榜样。比如，小学低年级的学生，处于道德发展的他律阶段，模仿性较强，应该多树立师长一类的榜样；到了少年期，他们崇拜英雄人物、文艺体育明星，应该多树立正面、积极的偶像性榜样；高中学生志向高远，可为他们树立历史伟人与当代名人的榜样。

（4）要注重教师自身的示范作用。德育的教育效果，在很大程度上取决于教师本人的以身作则。尤其是低年级学生，视教师为说一不二的权威，这就更需要教师加强自身的修养，要求学生做到的，自己一定要先做到。

2. 结合实际论述直观教学原则。

【答案要点】

直观性原则是指要在教学中通过引导学生观察所学事物或图像、聆听教师用语言对所学对象的形象描绘，使他们形成有关事物具体而清晰的表象，以便理解所学知识。

贯彻直观性教学原则的要求有：

（1）正确选择直观教具和现代化教学手段。直观教具一般分为实物直观、模象直观和多媒体教学三类。不论选用哪种直观方式，都要注意其典型性、代表性、科学性和思想性，以适合儿童发展的特点，符合教学的要求，使学生能形成所学事物的清晰表象，掌握抽象的文字概念；或让他们看到事物内部的结构、各部分的联系及变化过程，深刻理解其特性、结构、规律与功能，以提高教学的质量。因此，直观教具或多媒体课件的制作和运用，要注意使它与教学的需要相契合；要放大所学部分，用色彩显示所要观察的部分；要动态地揭示、呈现所学事物的运动、变化和发展。

（2）直观要与讲解相结合。教学中的直观不是让学生自发地看，而是要在教师的指导下有目的地观察，或配合讲解边听边看。教师要通过提出问题，引导学生去把握事物的特征，发现事物之间的联系；应鼓励学生提问，解答学生在观察中的疑惑，以便更深刻地掌握理性知识。

（3）防止直观的不当与滥用。一节课是否运用直观，以什么方式、怎样进行直观，都应当根据教学的需要来决定。不能把直观当作目的，不能为直观而直观，不是直观得越多越好。总之，不能为了直观而直观，盲目地追求形象与形式。

（4）重视运用语言直观。教师用语言做生动的讲解、形象的描述、通俗的比喻，都能够起直观的作用。

直观性原则反映了学生的认识规律。它给学生以感性、形象而具体的知识，提高学生学习的兴趣和积极性，减少学习抽象概念的困难；它可以展示事物的内部结构、相互关系和变化状况以及动态发展的过程，有助于学生理解事物的本质、规律与功能。随着教学手段的现代化、多媒体的采用，直观原则的运用将更为广泛和重要。

3. 论述教师如何促进学生正迁移。

【答案要点】

知识迁移即学习迁移，是指已获得的知识、技能、态度或理解对新知识、新技能或态度的形成的影响。教师促进知识应用与迁移的措施有：

（1）整合学科内容。教师要注意把各个独立的教学内容整合起来，鼓励学生把在某一门学科中学到的知识运用到其他学科中去。

（2）加强知识联系。教师要重视简单的知识技能与复杂的知识技能、新旧知识技能之间的联系。教师要促使学生把已学过的内容迁移到新的学习内容中去。

（3）强调概括总结。教师在教学中要注意启发学生对所学内容进行概括总结。一方面在教学中，教师要引导学生自己对原理进行概括，培养和提高其概括总结的能力，充分利用原理的迁移；另一方面，在讲解原理时，教师要在最大范围内列举各种变式，使学生正确把握其内涵和外延。

（4）重视学习策略。教师应有意识地教学生学会如何学习，帮他们掌握概括化的认知策略和元认知策略，从而促进学习的迁移。

（5）培养迁移意识。教师可以通过反馈和归因控制等方式使学生形成关于学习和学校的积极态度。教师要注意对学生的反馈，当学生用其他学科的知识来解决某一学科的问题时应给予鼓励。

4. 论述蔡元培"五育"并举方针。

【答案要点】

蔡元培是中国近代著名的资产阶级革命家和民主主义教育家。1912年初，蔡元培发表《对教育方针之意见》一文，从"养成共和国民健全之人格"的观点出发，提出军国民教育、实利主义教育、公民道德教育、世界观教育和美感教育的"五育"并举教育思想，成为制定民国元年教育方针的理论基础。

（1）军国民教育。指将军事教育引入到学校和社会教育之中，让学生和民众受到一定的军事教育和训练。在学校教育中，强调学生生活的军事化，特别是体育的军事化。蔡元培认为，军国民教育并不是理想社会的教育，但在中国仍有提倡的必要。当时的中国不论是在国际形势还是国内形势上都处于不利地位，蔡元培提倡的军国民教育，有寓兵于民、对抗军阀拥兵自雄、捍卫民主共和的良苦用心。

（2）实利主义教育。即密切教育与国民经济生活的关系，加强职业技能的培训，使教育能发挥提高国家经济能力和改善人民生活水平的作用。蔡元培指出，世界各国的竞争不仅在军事，更在经济，武力需要财力的支持。而中国丰富的自然资源并未得到有效利用，人民失业，国家贫穷，因此需要发展实利主义教育。

（3）公民道德教育。蔡元培认为，公民道德的基本内容不外乎法国资产阶级革命所标榜的自由、平等、博爱，虽然与封建道德的专制等级性不相容，但他明确指出中国传统伦理特别是儒家伦理中的一些基本范畴，其内涵是与自由、平等、博爱的精神相通的。蔡元培尊重文化的继承性和发展性的统一。因此他在摒弃封建道德专制性和等级性的同时，汲取其中有利于资产阶级道德建设的养分。

（4）世界观教育。是蔡元培独创并被作为教育的最高境界。世界观教育就是要培养人们立足于现象世界但又超脱现象世界而贴近实体世界的观念和精神境界。现象世界中的人，由于存在人我差别的意识、追求幸福的意识，而纠缠于由此产生的种种矛盾。在实体世界中，人们摆脱了现象世界的种种矛盾，实现意志的完全自由和人性的最大发展，思想和言论也不受某一门哲学或宗教教义的束缚。

（5）美感教育。美感教育与世界观教育紧密联系。蔡元培认为，美感介于现象世界和实体世界之间，是两者之间的桥梁。世界观教育是引导人们具有实体世界的观念，但不是靠简单的说教可以实现的，其有效的方式是通过美感教育，利用美感这种超越利害关系、人我之分界的特性去破除现象世界的意识，陶冶、净化人的心灵。所以，美感教育是世界观教育的主要途径。大力提倡美感教育是蔡元培教育思想和实践的一个重要特点。

蔡元培认为，"五育"不可偏废，其中军国民教育、实利主义教育、公民道德教育偏于现象世界，隶属于政治教育；世界观教育和美感教育以追求实体世界之观念为目的，为超越政治的教育。根据当时流行的德、智、体三育的说法，蔡元培认为，军国民教育为体育，实利主义教育为智育，公民道德教育为德育，美育教育可以辅助德育，世界观教育将德、智、体三育合而为一，是教育的最高境界。学校中每种教学科目虽于"五育"中各有侧重，但又同时兼通数育。

2019年 上海师范大学 333 教育综合·真题解析

一、名词解释

教育制度

教育制度是指一个国家各级各类实施教育的机构体系及其组织运行的规则。它包括相互联系的两个方面：一是各级各类教育机构与组织；二是教育机构与组织赖以存在和运行的规则，如各种相关的教育法律、规则、条例等。

学校管理

学校管理是学校管理者在一定的社会历史条件下，通过一定的组织机构和制度，采用一定的方法和手段，带领师生员工，充分发挥学校人、财、物、时、空和信息等资源的最佳整体功能，实现学校工作目标的组织活动。简言之，学校管理是管理者通过一定的组织形式以实现学校教育目标的活动。

学习策略

学习策略是指学习者为了提高学习的效果和效率，有目的、有意识地制定的有关学习过程的复杂的方案，具有主动性、有效性、过程性和程序性四个特征。

京师同文馆

京师同文馆最初是作为外语学校设立的，是近代中国被动开放的产物，1902年，京师同文馆并入京师大学堂。在教学内容的设置上，重视外语学习以及科学技术的学习。就其历史地位而言，它是洋务学堂的开端，也是中国近代新教育的开端。

骑士教育

骑士教育是中世纪世俗教育的一种主要形式，以培养当时封建制度中骑士阶层的成员为目的。它是一种特殊形式的家庭教育，并无专设的教育机构，也没有专职的教育人员。它在骑士生活和社交活动中进行。训练骑士的标准是剽悍勇猛、虔敬上帝、忠君爱国、宠媚贵妇。

爱弥儿

《爱弥儿》是卢梭的教育哲理小说，通过论述主人公爱弥儿及其未婚妻苏菲的教育过程，批判了经院主义教育，提倡自然主义教育；认为人生来具有自由、理性和良心的秉赋，顺乎天性发展可以成为善良的人并达致善良社会，故教育应受天性指引，以培养"自然人"为目的；论述了儿童身心发展的四个时期的特点、教育内容和方法；论述了女子教育。

二、简答题

1. 简述环境对人的发展起到的作用。

【答案要点】

（1）环境是人的发展的外部条件。环境是人的发展的外部实现根基与资源，泛指个体生存于其中并影响个体发展的外部世界。人的生存与发展环境十分复杂，根据其性质可以分为自然环境和社会环境。社会环境是儿童得以发展的现实条件和现实源泉，对人的发展起着不可替代的作用。

（2）环境的给定性与主体的选择性。环境的给定性指的是由自然与社会、历史遗产与他人为儿童个体所创设的环境，它对于儿童来说是客观的、先在的、给定的。儿童无法抗拒或摆脱环境的影响与限制，只有适应环境，以获得自身的生存与发展。主体的选择性指的是人是具有能动性的主体，他对环境变化的刺激做出的回应是可以由主体内在的意愿来选择和决定的。环境对人的发展的制约作用离不开人对环境的能动活动，环境的给定性不会限制人的选择性，反而能激发人的能动性、创造性。

2. 简述社会规范学习的心理过程。

【答案要点】

（1）社会规范的依从。依从，即表面上接受规范，按照规范的要求来行动，但对规范的必要性或根据缺乏认识，甚至有抵触情绪。依从具有一定的盲目性和被动性，个体对规范所要求的行为缺乏足够的了解，只是迫于权威或环境的压力才遵从了规范。因此，依从水平上的规范是最不稳定的，一旦外部监控和压力消失了，相应的规范行为就可能会动摇和改变。依从是规范内化的初级阶段，也是进一步内化的基础。可分为从众和服从两种类型，具有盲目性、被动性、工具性和情境性的特点。

（2）社会规范的认同。认同比依从深入了一层，简单地说，它是对自己所认可、仰慕的榜样的遵从、模仿。认同具有自觉性和主动性，虽然学习者对规范必要性的认识还有不足，但他已有明确的行为意图，团体的规范对学习者具有一定的吸引力和感染力。相应地，认同水平的规范已经具有一定的稳定性，是规范内化的深入阶段。可分为偶像认同和价值认同，具有自觉性、主动性和稳定性的特点。

（3）社会规范的内化。社会规范的内化是社会规范接受的高级水平，是品德形成的最高阶段，指主体随着对规范认识的概括化与系统化，以及对规范体验的逐步累积与深化，最终形成一种价值信念作为个体规范行为的驱动力，具有高度自觉性、高度主动性和坚定性的特点。

3. 蔡元培的"五育"并举方针。

【答案要点】

（1）军国民教育。指将军事教育引入到学校和社会教育之中，让学生和民众受到一定的军事教育和训练。在学校教育中强调学生生活的军事化，特别是体育的军事化。

（2）实利主义教育。即密切教育与国民经济生活的联系，加强职业技能的培训，使教育能发挥提高国家经济能力和改善人民生活水平的作用。

（3）公民道德教育。蔡元培认为公民道德的基本内容不外乎法国资产阶级革命所标榜的自由、平等、博爱，虽然与封建道德的专制等级性不相容，但他明确指出中国传统伦理特别是儒家伦理中的一些基本范畴，其内涵是与自由、平等、博爱的精神相通的。

（4）世界观教育。是蔡元培独创并被作为教育的最高境界。世界观教育就是要培养人们立足于现象世界但又超脱现象世界而贴近实体世界的观念和精神境界。

（5）美感教育。美感教育与世界观教育紧密联系，美感介于现象世界和实体世界之间，是两者之间的桥梁。利用美感这种超越利害关系、人我之分界的特性去破除现象世界的意识，陶冶、净化人的心灵。美感教育是世界观教育的主要途径。

4. 简述卢梭的自然教育的主要内容。

【答案要点】

卢梭自然主义教育的核心是"回归自然"。一方面，善良的人性存在于纯洁的自然状态之中。只有"回归自然"、远离喧嚣社会的教育，才有利于保持人的善良天性。因此15岁之前的教育必须在远离城市的农村进行。另一方面，每个人都是由自然的教育、事物的教育、人为的教育三者培养起来，只有三种教育圆满地结合才能达到预期的目的。三者之中，应以自然的教育为基准，才能使教育回归自然达到应有的成效。

自然教育最终目的是培养"自然人"，即身心调和发达、体脑两健、能力强盛的新人，也就是摆脱封建羁绊的资产阶级新人。具有以下特征：第一，自然人是能独立自主的人，他能独自体现出自己的价值；第二，在自然的秩序中，所有的人都是平等的；第三，自然人又是自由的人，他是无所不宜、无所不能的；第四，自然人还是自食其力的人，可无须仰赖他人为生，这是独立自主的可靠保证。

卢梭根据自然教育的原则，根据人的自然发展的进程和不同年龄时期身心的特点，把自然教育分为婴儿期、儿童期、少年期和青春期。

卢梭提出的自然主义教育思想是教育思想史上由教育适应自然向教育心理学化过渡的一个重要环节。在封建社会压制人性的情况下，提倡性善论、尊重儿童天性具有历史进步意义。他呼吁培养身心调和发展的自然人和自由人也反映了对人的发展的合理要求。

三、分析论述题

1. 结合实例，分析教师主导和学生主动性之间的关系。

【答案要点】

要处理好教师主导作用与学生主动性之间的关系必须做好以下几点：

（1）发挥教师的主导作用是学生简捷有效地学习知识、发展身心的必要条件。在教学过程中，教师的教一般是矛盾的主导方面。教师主导作用是针对能否引导学生积极学习与上进而言的。因而学生的主动性、反思性、创造性发挥得怎样，学习的效果怎样，又是衡量教师主导作用发挥得好坏的根本标志。教学中一切不民主的强迫灌输和独断专横的做法，都有悖于教师的主导作用。

（2）尊重学生、调动学生的学习主动性是教师有效地教学的一个主要因素。学生是有能动性的人，他们不只是教学的对象，而且是学习主体与发展主体。学生的学习主动性、积极性发挥得怎么样，直接影响并最终决定着学生个人的学习质量、成效和身心发展的方向与水平。

（3）防止忽视学生积极性和忽视教师主导作用的偏向。过于突出教师或者过于强调学生在教学中的主体地位与作用都是片面的。

总之，教学中的师生关系，受诸多因素影响，极其复杂多变，不可能有一劳永逸的解决办法。所以，最可靠的措施是普遍提高教师的修养和水平，加强对学生的了解、沟通，提高教师的责任感与创造性，这样才能实现师生之间的民主平等、尊师爱生、教学相长地互动与合作，使师、生两方面的主动性都能得到发挥，在教学互动的过程中达到动态的平衡和相得益彰。

2. 结合实例，分析如何建立一个良好的班集体。

【答案要点】

班集体是一个有一定人数规模的学生集体，是学校行政根据一定的任务、按照一定的规章制度组织起来的有目标、有计划地执行管理、教育职能的正式小群体。班集体不仅是学生在校生活的基本组织单位，而且也是促进学生成长的正式组织之一。

培养班集体的方法有：

（1）确定集体的目标。目标是集体的发展方向和动机。建构集体首先要使集体明确奋斗的目标。集体的目标应当由班主任同全班同学一道讨论确定，以便统一认识，调动大家的积极性。集体的目标一般包括近期的、中期的和远期的。目标的提出应当由易到难，不断推动集体向前发展。

（2）健全组织、培养干部以形成集体核心。要注重健全班的组织与功能，关键是要做好班干部的选拔与培养，以形成集体核心，使班组织能正常开展工作。班主任应放手让班干部大胆工作，在实践中锻炼、培养、提高；要教育班干部谦虚谨慎、以身作则、严于律己，对他们不可偏爱和护短，以免导致干群对立和班的不团结。

（3）有计划地开展集体活动。班集体是通过开展集体活动逐步形成起来的，只有在为实现集体的共同目标而进行的系列活动中，全班学生才能充分交往、沟通、协作，紧密团结，形成集体的核心，调动全班同学的积极性；才能激发出学生的工作责任感和集体主义精神，使他们学会正确处理人与人、个人与集体、班级与学校及社会之间的关系，形成正确的舆论和班风。班主任应重视全面开展各种活动，让每个学生都能在活动中得到锻炼与提高，以推动班集体的蓬勃发展。

（4）培养正确的舆论和良好的班风。班主任应经常注意组织学生学习政治理论、道德规范，以提高他们的认识；并注重表扬好人好事，批评不良思想行为，为形成正确舆论打下思想基础。特别是班主任要善于抓住重大偶发事件的处理，组织学生讨论，以分清是非，推动正确舆论的形成。

（5）做好个别教育工作。个别教育十分重要，只有教育好每个学生，使每个学生都积极参与班级的各种活动，都关心班级、热爱班级，在参与班组的活动中发挥作用、获得提高，确保没有一个人掉队，才能真正带好一个班，把班级建设成为真正的集体。个别教育工作包括：第一，促进每个学生个性的全面发展；第二，做好后进生的思想转变工作；第三，做好偶发事件中的个别教育。

3. 分析上位学习，下位学习和并列学习。

【答案要点】

奥苏伯尔的认知同化理论认为，有意义学习是通过新信息与学生认知结构中已有的有关观念相互作用而发生的，这种相互作用导致了新旧知识有意义的同化。根据新旧观念的概括水平及其联系方式的不同，奥苏伯尔提出了三种认知同化过程，即上位学习、下位学习和并列学习。

（1）上位学习又称总括学习，指学习者在已形成若干观念的基础上学习包摄程度更高的知识。如学生熟悉了胡萝卜、菠菜这些概念之后再学习蔬菜这一概念。

（2）下位学习又称类属学习，指学习者认知结构中原有的观念在包摄和概括的水平上高于新知识，在新旧知识之间构成一种类属关系。可以分为两种类型：其一，派生类属学习，即新知识是学习者认知结构中原有观念的特例。如学生先掌握水果的概念，再学习新的概念荔枝。其二，相关类属学习，即新知识的纳入使得原有的观念得到扩展、深化、精致或限制。如学生已经形成了自然数的概念，当心的概念负数纳入后，原有的自然数的概念扩展为有理数。

（3）并列学习又称组合学习，指新概念或新命题与认知结构中的观念不产生下位关系又不产生上位关系时，它们之间可能存在组合关系。这种只能凭借组合关系来理解意义的学习就是组合学习。如质量与能量、热与体积、遗传与变异等都属于组合学习。

4. 评述赫尔巴特的教学思想，并说说他的历史贡献和局限之处。

【答案要点】

赫尔巴特是19世纪德国著名的哲学家、心理学家、教育家。他明确提出把教育学建立成为一门独立学科的设想，被视为"科学教育学之父"、"教育性教学"的倡导者以及教学形式阶段的发明者。主要著作有《普通教育学》《教育学讲授纲要》等。

在教学思想方面，赫尔巴特提出教学进程理论和教学形式阶段理论。

（1）教学进程理论。统觉过程的完成大体上具有三个环节：感官的刺激、新旧观念的分析和联合、统觉团的形成。与此相应，赫尔巴特提出了三种不同的教学方法：单纯提示的教学、分析教学和综合教学。这三种教学方法的联系，就产生了所谓的"教学进程"。

①单纯提示的教学，即直观教学。目的在于通过感官的运用，得到一些与儿童以及观察过的事物相类似，并与之有关联的感觉表象，从而为观念的联合做准备。

②分析教学。对不同的观念和表象进行区分，有助于形成观念的复合或融合，为观念的联合做好准备。

③综合教学，即新旧观念的联合。通过综合教学，形成了观念的联合，即获得了新的知识和概念。

（2）教学形式阶段理论。赫尔巴特的教学形式阶段，实际上就是课堂教学的完整过程，是一个包括教学方法、教学形式等在内的规范化的教学程序。

他认为，兴趣活动可以划分为四个阶段：注意、期待、要求和行动。儿童在学习活动中的思维方式有两种：专心与审思。在此基础上，他提出了教学形式阶段理论，即"赫尔巴特四段教学法"。

①明了或清晰：当一个表象由自身的力量突出在感官前，兴趣活动对它产生注意；这时，学生处于静止的专心活动；教师通过运用直观教具和讲解的方法，进行明确的提示，使学生获得清晰的表象，以做好观念联合，即学习新知识的准备。

②联合或联想：由于新表象的产生并进入意识，激起原有观念的活动，因而产生新旧观念的联合，但又尚未出现最后的结果；这时，兴趣活动处于获得新观念前的期待阶段；教师的主要任务是与学生进行无拘无束的谈话，运用分析的教学方法。

③系统：新旧观念最初形成的联系并不是十分有序的，因而需要对前一阶段由专心活动得到的结果进行审思；兴趣活动处于要求阶段；这时，需要采用综合的教学方法，使新旧观念间的联合系统化，从而获得新的概念。

④方法：新旧观念间的联合形成后需要进一步巩固和强化，这就要求学生自己进行活动，通过练习巩固新习得的知识。

赫尔巴特的阶段教学论，在一定程度上揭示了教学过程方面的某些规律，反映了人类对教学过程和教学活动本质认识的发展，具有广泛的实践意义是值得充分肯定的；但是，该理论认为任何一堂课都必须遵循这样一个阶段，既限制了学生学习的积极主动性和创造精神，也束缚了教师教学的主动性和灵活性。

2018年 上海师范大学333教育综合·真题解析

一、名词解释

教育制度

教育制度是指一个国家各级各类实施教育的机构体系及其组织运行的规则。它包括相互联系的两个方面：一是各级各类教育机构与组织；二是教育机构与组织赖以存在和运行的规则，如各种相关的教育法律、规则、条例等。

德育过程

德育过程是学生在教师的引导下，主动积极地进行道德认识和道德实践，逐步提高自我修养能力，形成个人品德的过程。

教学过程

教学过程是一种特殊的认识过程；教学过程是以认识过程为基础的学生全面发展的过程；教学过程是以交往为背景和手段的活动过程；教学过程也是一种促进学生身心发展、追寻与实现价值目标的过程。

苏格拉底教学法

苏格拉底法也称"问答法""产婆术"，是由讥讽、助产术、归纳和定义四个步骤组成的独特的方法。这是苏格拉底探讨伦理哲学的研究方法，也是他的教学方法。

京师同文馆

京师同文馆最初是作为外语学校设立的，是近代中国被动开放的产物，1902年，京师同文馆并入京师大学堂。在教学内容的设置上，重视外语学习以及科学技术的学习。就其历史地位而言，它是洋务学堂的开端，也是中国近代新教育的开端。

最近发展区

维果茨基认为，在进行教学时必须注意到儿童的两种水平，一种是儿童现有的发展水平，另一种是即将达到的发展水平，维果茨基把这两种水平之间的差距称为最近发展区，即独立解决问题的真实发展水平和在成人指导下或与其他儿童合作情况下解决问题的潜在发展水平之间的差距。

二、简答题

1.简述学校心理健康教育的途径。

【答案要点】

（1）专题训练。心理素质专题训练过程一般由"判断鉴别—训练策略—反思体验"三个彼此衔接的环节构成。

①判断鉴别。通过心理检测和评估，让学生了解自己某方面心理素质发展现状，以此引起学生体会和反思该种心理素质对自己的意义，从而激发接受训练的积极动机。

②训练策略。针对该课主题和在判断鉴别中发现的问题，提出若干个解决该问题的具体有效的方法和技巧，通过组织学生参与讨论和操作活动来感受、理解，进而选择。

③反思体验。对训练中的心理感受、情感体验、行为变化、活动过程及效果等进行反思、强化、内化，强化训练效果，促进自我认知与评价。反思环节一定强调自觉、自发、自控。

（2）心理辅导。心理辅导是一种心理上的助人活动，是指在一种新型的、建设性的人际关系中，辅导教师运用其专业知识和技能，给学生以合乎需要的心理上的协助与服务以便他们在学习、工作与人际关系各个方面做出良好适应。心理辅导的最简单的定义是助人自助。建立有效辅导关系的基本条件主要有以下三种：

①同感。教师进入受辅学生的内心世界，通过他的视角看事物，体察他的思想与感受，了解他观察自己与周围世界的方式。同感主要有三个要点，分别是设身处地、保持客观和传达感受。

②真诚。教师在辅导过程中诚实、自然、自由、开放，去掉保卫式的伪装或戒备心理，做到表里如一、言行如一、前后如一。

③尊重。教师要尊重受辅学生的人格、价值、自我选择的权利。

（3）学科渗透。教师在进行常规的学科教学时，自觉地、有意识地运用心理学的理论、方法和技术，让学生在掌握知识、形成能力的同时，完成各种心理品质，特别是诸如情感、意志、个性品质等方面。在学科教学、各项教育活动、班主任工作中，都应注重对学生心理健康的教育，这是心理健康教育的主要途径。

2. 简述班级授课制的优缺点。

【答案要点】

班级授课制是一种集体教学形式。它把一定数量的学生按年龄与知识程度编成固定的班级，根据周课表和作息时间表，安排教师有计划地给全班学生上课，分别学习所设置的各门课程。

（1）其优点在于：第一，形成了严格的教学制度；第二，以课为单位科学地组织教学；第三，能充分发挥教师的主导作用；第四，能促进学生的社会化与个性化；第五，便于传授系统的科学知识。

（2）其缺点在于：第一，不利于照顾学生的个别差异；第二，不利于培养学生的兴趣、特长和发展个性；第三，不利于理论联系实际；第四，不利于实现教学的灵活性。

3. 简述遗传素质在人的发展中的作用。

【答案要点】

（1）遗传素质是人的发展的生理前提。遗传是指人从上代继承下来的生命机体及其解剖上的特点，这些遗传的生理特点，也叫遗传素质，是人的发展的自然的或生理的前提条件，为人的发展提供了可能。

（2）遗传素质的成熟程度制约着人的发展过程及年龄特征。遗传素质的成熟过程，表现为人身体的各种器官的形态、结构和机能的发展变化与完善，为一定年龄阶段的身心特点的出现提供了可能，制约着人的发展的年龄阶段。

（3）遗传素质的差异性对人的发展有一定的影响。遗传素质的差异不仅表现在体态和感觉器官的功能上，也表现在神经活动的类型上。人们对外界事物反应的快慢、情感表现的强弱和是否容易转移等方面，也存在着差异。

（4）遗传素质具有可塑性。随着环境、教育和实践活动的作用，人的遗传素质会逐渐地发生变化，这就说明了遗传素质具有可塑性。但是人成长为什么样的人，并不决定于人的遗传素质。

4. 简述卢梭的自然教育理论。

【答案要点】

卢梭自然主义教育的核心是"回归自然"。一方面，善良的人性存在于纯洁的自然状态之中。只有"回归自然"、远离喧嚣社会的教育，才有利于保持人的善良天性。因此15岁之前的教育必须在远离城市的农村进行。另一方面，每个人都是由自然的教育、事物的教育、人为的教育三者培养起来，只有三种教育圆满地结合才能达到预期的目的。三者之中，应以自然的教育为基准，才能使教育回归自然达到应有的成效。

自然教育最终目的是培养"自然人"，即身心调和发达、体脑两健、能力强盛的新人，也就是摆脱封建羁绊的资产阶级新人。具有以下特征：第一，自然人是能独立自主的人，他能独自体现出自己的价值；第二，在自然的秩序中，所有的人都是平等的；第三，自然人又是自由的人，他是无所不宜、无所不能的；第四，自然人还是自食其力的人，可无须仰赖他人为生，这是独立自主的可靠保证。

卢梭根据自然教育的原则，根据人的自然发展的进程和不同年龄时期身心的特点，把自然教育分为婴儿期、儿童期、少年期和青春期。

卢梭提出的自然主义教育思想是教育思想史上由教育适应自然向教育心理学化过渡的一个重要环节。在封建社会压制人性的情况下，提倡性善论，尊重儿童天性具有历史进步意义。他呼吁培养身心调和发展的自然人和自由人也反映了对人的发展的合理要求。

三、分析论述题

1. 评述蔡元培"五育"并举的教育思想。

【答案要点】

蔡元培是中国近代著名的资产阶级革命家和民主主义教育家。1912年初，蔡元培发表《对教育方针之意见》一文，从"养成共和国民健全之人格"的观点出发，提出军国民教育、实利主义教育、公民道德教育、世界观教育和美感教育的"五育"并举教育思想，成为制定民国元年教育方针的理论基础。

（1）军国民教育。指将军事教育引入到学校和社会教育之中，让学生和民众受到一定的军事教育和训练。在学校教育中，强调学生生活的军事化，特别是体育的军事化。蔡元培认为，军国民教育并不是理想社会的教育，但在中国仍有提倡的必要。当时的中国不论是在国际形势还是国内形势上都处于不利地位，蔡元培提倡的军国民教育，有寓兵于民、对抗军阀拥兵自雄、捍卫民主共和的良苦用心。

（2）实利主义教育。即密切教育与国民经济生活的关系，加强职业技能的培训，使教育能发挥提高国家经济能力和改善人民生活水平的作用。蔡元培指出，世界各国的竞争不仅在军事，更在经济，武力需要财力的支持。而中国丰富的自然资源并未得到有效利用，人民失业，国家贫穷，因此需要发展实利主义教育。

（3）公民道德教育。蔡元培认为，公民道德的基本内容不外乎法国资产阶级革命所标榜的自由、平等、博爱，虽然与封建道德的专制等级性不相容，但他明确指出中国传统伦理特别是儒家伦理中的一些基本范畴，其内涵是与自由、平等、博爱的精神相通的。蔡元培尊重文化的继承性和发展性的统一。因此他在摒弃封建道德专制性和等级性的同时，汲取其中有利于资产阶级道德建设的养分。

（4）世界观教育。是蔡元培独创并被作为教育的最高境界。世界观教育就是要培养人们立足于现象世界但又超脱现象世界而贴近实体世界的观念和精神境界。现象世界中的人，由于存在人我差别的意识、追求幸福的意识，而纠缠于由此产生的种种矛盾。在实体世界中，人们摆脱了现象世界的种种矛盾，实现意志的完全自由和人性的最大发展，思想和言论也不受某一门哲学或宗教教义的束缚。

（5）美感教育。美感教育与世界观教育紧密联系。蔡元培认为，美感介于现象世界和实体世界之间，是两者之间的桥梁。世界观教育是引导人们具有实体世界的观念，但不是靠简单的说教可以实现的，其有效的方式是通过美感教育，利用美感这种超越利害关系、人我之分界的特性去破除现象世界的意识，陶冶、净化人的心灵。所以，美感教育是世界观教育的主要途径。大力提倡美感教育是蔡元培教育思想和实践的一个重要特点。

蔡元培认为，"五育"不可偏废，其中军国民教育、实利主义教育、公民道德教育偏于现象世界，隶属于政治教育；世界观教育和美感教育以追求实体世界之观念为目的，为超越政治的教育。根据当时流行的德、智、体三育的说法，蔡元培认为，军国民教育为体育，实利主义教育为智育，公民道德教育为德育，美育教育可以辅助德育，世界观教育将德、智、体三育合而为一，是教育的最高境界。学校中每种教学科目虽于"五育"中各有侧重，但又同时兼通数育。

2. 结合实例说明和评价班主任工作的内容和方法。

【答案要点】

班主任是班的教育者和组织者，是学校进行教导工作的得力助手。班主任对一个班的学生工作全面负责，组织学生的活动，协调各方面对学生的要求，对一个班集体的发展起主导作用。

班主任工作的内容和方法如下：

（1）了解和研究学生。了解学生，包括个人和集体两方面。了解学生个人情况，包括个人德、智、体的发展，他的情趣、特长、习性、诉求，家庭状况和交往情况。了解学生集体情况，是在了解学生个人情况的基础上汇集而成，包括全班学生的年龄、性别、家庭等一般情况；学生德、智、体发展的一般水平和有特殊才能的学生情况，班风与传统等。了解和研究学生的主要方法有观察、谈话、分析书面材料和调查研究等。

（2）教导学生学好功课。学好功课是学生的主要任务也是班主任的一项经常性的重要任务。有成效地完成这一任务，主要靠各科教师，但班主任的作用不可忽视。班主任应做到：第一，注意学习目的与态度的教育；第二，加强学习纪律的教育；第三，指导学生改进学习的方法和习惯。

（3）组织班会活动。班会是向学生进行思想教育的一个重要阵地。有计划地组织班会活动是班主任的一项重要任务。组织班会活动应注意：第一，班会的内容与形式应当多样化；第二，组织班会活动要有计划。

（4）组织课外活动、校外活动和指导课余生活。课外活动与校外活动对培养学生的志趣、才能，丰富和活跃他们的生活，促进他们德、智、体全面发展有重要意义。在开展课外与校外活动方面，班主任主要负责动员和组织工作。对课余活动，班主任的责任是经常关心、了解、给予必要的指导。要尊重学生个性与兴趣爱好，不要干预太多，同时严格要求他们遵守学校规章制度和纪律，自觉抵制不良思想风气的侵蚀。

（5）组织学生劳动。学生的劳动内容很广，主要有生产劳动、建校劳动和各种公益劳动。每学期开学之初，学校应当根据情况对各班学生的劳动做出统一的计划和安排。班主任则应按学校的安排与要求，有目的有计划地组织好本班学生的劳动。

（6）协调各方面对学生的要求。调节和统一校内外各方面对学生的要求，这是有成效地教育学生的重要条件，也是班主任工作的一项重要内容。这项工作包括统一校内教育者对学生的要求以及统一学校与家庭对学生的要求。

（7）评定学生操行。操行是指学生的思想品德表现。操行评定是对学生一学期或一学年以来的思想品德发展变化情况的评价。操行评定，一般采用评语，有的还要评定等级。

（8）做好班主任工作的计划与总结。为了能够较自觉地做好班主任工作，一要加强计划性，使工作有条不紊地进行；二要注意总结工作经验，以便不断改进和提高。二者是互为基础、相互促进的。

3. 结合实例说明学习动机的实质及其在学生学习中的重要作用。

【答案要点】

学习动机是动机在学习活动中的表现，是引起和维持个体进行学习活动，并使活动朝向一定的学习目标，以满足某种学习需要的一种内部心理状态。它的主要内容包括知识价值观、学习兴趣、学习效能感和成败归因。

学习动机的作用有：

（1）引发作用。当学生对某些知识或技能产生迫切的学习需要时，就会引发学习内驱力，唤起内部的激动状态，产生焦急、渴求等心理体验，并最终激起一定的学习行为。

（2）定向作用。学习动机以学习需要和学习期待为出发点，使学生的学习行为在初始状态时就指向一定的学习目标，并推动学生为达到这一目标而努力学习。

（3）维持作用。学习动机的维持作用表现为学生在某项学习上的坚持时间、出现频次以及投入状态。

（4）调节作用。学习动机调节学习行为的强度、时间和方向。如果行为活动未达到既定目标，动机还将驱使学生转换行为活动方向以达到既定目标。

4. 评述赫尔巴特的教学理论。

【答案要点】

赫尔巴特是19世纪德国著名的哲学家、心理学家、教育家。他明确提出把教育学建立成为一门独立学科的设想，被视为"科学教育学之父"、"教育性教学"的倡导者以及教学形式阶段的发明者。主要著作有《普通教育学》《教育学讲授纲要》等。

赫尔巴特提出教学进程理论和教学形式阶段理论。

（1）教学进程理论。统觉过程的完成大体上具有三个环节：感官的刺激、新旧观念的分析和联合、统觉团的形成。与此相应，赫尔巴特提出了三种不同的教学方法：单纯提示的教学、分析教学和综合教学。这三种教学方法的联系，就产生了所谓的"教学进程"。

①单纯提示的教学，即直观教学。目的在于通过感官的运用，得到一些与儿童以及观察过的事物相类似，并与之有关联的感觉表象，从而为观念的联合做准备。

②分析教学。对不同的观念和表象进行区分，有助于形成观念的复合或融合，为观念的联合做好准备。

③综合教学，即新旧观念的联合。通过综合教学，形成了观念的联合，即获得了新的知识和概念。

（2）教学形式阶段理论。赫尔巴特的教学形式阶段，实际上就是课堂教学的完整过程，是一个包括教学方法、教学形式等内在的规范化的教学程序。

他认为，兴趣活动可以划分为四个阶段：注意、期待、要求和行动。儿童在学习活动中的思维方式有两种：专心与审思。在此基础上，他提出了教学形式阶段理论，即"赫尔巴特四段教学法"。

①明了或清晰：当一个表象由自身的力量突出在感官前，兴趣活动对它产生注意；这时，学生处于静止的专心活动；教师通过运用直观教具和讲解的方法，进行明确的提示，使学生获得清晰的表象，以做好观念联合，即学习新知识的准备。

②联合或联想：由于新表象的产生并进入意识，激起原有观念的活动，因而产生新旧观念的联

合，但又尚未出现最后的结果；这时，兴趣活动处于获得新观念前的期待阶段；教师的主要任务是与学生进行无拘无束的谈话，运用分析的教学方法。

③系统：新旧观念最初形成的联系并不是十分有序的，因而需要对前一阶段由专心活动得到的结果进行审思；兴趣活动处于要求阶段；这时，需要采用综合的教学方法，使新旧观念间的联合系统化，从而获得新的概念。

④方法：新旧观念间的联合形成后需要进一步巩固和强化，这就要求学生自己进行活动，通过练习巩固新习得的知识。

赫尔巴特的阶段教学论，在一定程度上揭示了教学过程方面的某些规律，反映了人类对教学过程和教学活动本质认识的发展，具有广泛的实践意义，是值得充分肯定的；但是，该理论认为任何一堂课都必须遵循这样一个阶段，既限制了学生学习的积极主动性和创造精神，也束缚了教师教学的主动性和灵活性。

2017年 上海师范大学333教育综合·真题解析

一、名词解释

课程标准

课程标准是指在一定课程理论指导下，依据培养目标和课程方案以纲要形式编制的关于课程的性质与价值、目标与内容、教学实施建议以及课程资源开发等方面的指导性文件，一般由说明（或前言）、课程目标、课程内容标准和课程实施建议等部分组成。

教学方法

教学方法是指为完成教学任务而采用的方法，包括教师教的方法和学生学的方法，是教师引导学生探讨与掌握知识技能、获得身心发展而共同活动的方法。

稷下学宫

稷下学宫是战国时代齐国一所著名的高等学府，因其建立于齐国都城临淄的稷门附近而得名。它既是百家争鸣的中心与缩影，也是当时教育上的重要创造，稷下学宫对中国古代学术、文化和教育的发展产生过重大的历史影响。

课程设计

课程设计是以一定的课程观为指导制定课程标准、选择和组织课程内容、预设学习活动方式的活动，是对课程目标、教育经验和预设学习活动方式的具体化过程。

苏格拉底法

苏格拉底法也称"问答法""产婆术"，是由讥讽、助产术、归纳和定义四个步骤组成的独特的方法。这是苏格拉底探讨伦理哲学的研究方法，也是他的教学方法。

教育制度

教育制度是指一个国家各级各类实施教育的机构体系及其组织运行的规则。它包括相互联系的两个方面：一是各级各类教育机构与组织；二是教育机构与组织赖以存在和运行的规则，如各种相关的教育法律、规则、条例等。

二、简答题

1. 教师的主导作用与学生的主动性。

【答案要点】

要处理好教师主导作用与学生主动性之间的关系必须做好以下几点：

（1）发挥教师的主导作用是学生简捷有效地学习知识、发展身心的必要条件。在教学过程中，教师的教一般是矛盾的主导方面。教师主导作用是针对能否引导学生积极学习与上进而言的。因而学生的主动性、反思性、创造性发挥得怎样，学习的效果怎样，又是衡量教师主导作用发挥得好坏的根本标志。教学中一切不民主的强迫灌输和独断专横的做法，都有悖于教师的主导作用。

（2）尊重学生、调动学生的学习主动性是教师有效地教学的一个主要因素。学生是有能动性的人，他们不只是教学的对象，而且是学习主体与发展主体。学生的学习主动性、积极性发挥得怎么样，直接影响并最终决定着学生个人的学习质量、成效和身心发展的方向与水平。

（3）防止忽视学生积极性和忽视教师主导作用的偏向。过于突出教师或者过于强调学生在教学中的主体地位与作用都是片面的。

2. 教师的基本素养。

【答案要点】

教师的素养有以下内容：

（1）高尚的师德。第一，热爱教育事业，富有献身精神和人文精神；第二，热爱学生，诲人不倦；第三，热爱集体，团结协作；第四，严于律己，为人师表。

（2）先进、科学的教育理念。教育理念是教师在对教育工作本质理解的基础上形成的关于教育的观念和理性信念，它是以观念或信念的形式存在于教师头脑中的对教育现象和教育问题的看法。先进、科学的教育理念体现在教师的所有努力都要有利于学生精神世界的丰富、人格尊严的维护和美好人性的成长。

（3）宽厚的文化素养。教师的主要任务是通过向学生传授科学文化知识，培养其能力，促进其个性生动活泼地发展。一个好教师的基本条件之一，就是要有比较渊博的知识和多方面的才能。因此，教师对自己所教学科知识应科学、深入地把握，能对自己所教专业融会贯通、深入浅出、高瞻远瞩，达到运用自如的境界，在教学过程中不出知识性的错误。同时，教师还应有比较广博的文化修养。

（4）专门的教育素养。教师的专门教育素养水平及其合理结构是教育教学任务得以完成的重要保证，主要包括教育理论素养、教育能力素养和教育研究素养三个方面的内容。

（5）健康的心理素质。教师的心理健康不仅会直接影响教育工作的优劣成败，而且会影响学生的心理健康水平。因此，教师应该注重提高自己的心理素质。健康的心理素质体现在心理活动的方方面面，概括起来主要指：教师要有轻松愉快的心境、昂扬振奋的精神、乐观幽默的情绪以及坚韧不拔的毅力等。

（6）强健的身体素质。教师的身体素质是指教师在教学活动中的自然力，是教师的身体健康状态和身体素质状态在教学中的表现。它主要通过健康的体魄、旺盛的精力、蓬勃的活力、有节律的生活方式和锻炼习惯等体现。

3. 德育的影响一致性和连贯性原则的内涵及基本要求。

【答案要点】

教育影响一致性和连贯性原则是指德育应当有目的、有计划地把来自各方面对学生的影响加以组织，使其优化为教育的合力前后连贯地进行，以获得最大的成效。

贯彻教育影响一致性和连贯性原则的基本要求有：

（1）组建教师集体，使校内对学生的教育影响一致。为了组建教师集体以便对学生的影响一致，首先，全校教职员工应当明确对学生进行德育的目的、任务和学生应遵循的行为准则及要求，使对学生的德育工作步调一致地开展起来。其次，应当分工协作、互通情况，定期研究、协同一致地解决学生思想品德发展中存在的主要问题，以便切实有效、自觉主动地推进德育工作。

（2）做好衔接工作，使对学生的教育前后连贯和一致。德育应做好衔接工作，包括做好小学与初中、初中与高中以及学期之间的思想教育衔接工作；做好班主任和教师因工作调换而产生的衔接工作；这不仅要求后来的教育者应当了解前一阶段学生的教育情况，使学生的思想教育紧密衔接、前后一贯，并有所增强；而且每个教师都要防止德育中出现前紧后松、一曝十寒的现象，这会给学生品德的成长带来不良的后果。

（3）发挥学校教育的引领作用，使学校、家庭和社会对学生的教育得到整合、优化。学校德育绝不能无所作为，绝不能放弃引领学生道德发展的责任，应该审时度势，有所作为。首先，学校应与家庭和社会的有关机构建立和保持联系，形成一定的教育协作制度。其次，要及时或定期地交流情况，制定互相配合的举措。再次，要分工负责，控制和消除环境中对学生不良的自发影响。最后，最重要的是，要引导学生在多种多样甚至相互冲突的影响中，学会独立思考、明辨是非，以锻炼和提升学生自我修养的能力。

4. 列举中国最有名的五大书院。

【答案要点】

（1）白鹿洞书院。白鹿洞书院位于江西，唐代洛阳人李渤与其兄李涉隐居庐山读书，"谓其所居曰白鹿洞"，白鹿洞遂盛闻于世。朱熹曾为该书院亲自制定《白鹿洞书院揭示》是中国书院发展史上一个纲领性学规，不仅对于当时及以后的书院教育，而且对于官学教育都产生过重大影响。

（2）岳麓书院。岳麓书院位于湖南长沙，原为智璇等僧人所建佛寺，后潭州太守朱洞在此基础上创建了书院。岳麓书院获得了朝廷的赐书后还曾被真宗亲书"岳麓书院"匾额以示褒奖。

（3）应天府书院。应天府书院位于河南，又名睢阳书院，为应天府民曹诚在名儒戚同文旧居旁所建，其后曹诚将所建学舍捐赠入官，书院改为应天府学，给学田十顷。

（4）嵩阳书院。嵩阳书院位于河南，北魏时为嵩阳寺，唐代为嵩阳观，五代后周时改为太室书院。仁宗时赐学田一顷，更名为嵩阳书院，名闻天下。

（5）东林书院。东林书院位于江苏，原为北宋理学家杨时讲学之所，后在该地建书院。东林书院有两个重要的特点：第一，它是当时一个重要的文化学术中心，形成了一套完备的讲会制度；第二，密切关注社会政治，将讲学活动与政治斗争紧密结合起来。

三、分析论述题

1. 赫尔巴特教学思想。

【答案要点】

赫尔巴特是19世纪德国著名的哲学家、心理学家、教育家。他明确提出把教育学建立成为一门独立学科的设想，被视为"科学教育学之父"、"教育性教学"的倡导者以及教学形式阶段的发明者。主要著作有《普通教育学》《教育学讲授纲要》等。

在教学思想方面，赫尔巴特提出教学进程理论和教学形式阶段理论。

（1）教学进程理论。统觉过程的完成大体上具有三个环节：感官的刺激、新旧观念的分析和联合、统觉团的形成。与此相应，赫尔巴特提出了三种不同的教学方法：单纯提示的教学、分析教学和综合教学。这三种教学方法的联系，就产生了所谓的"教学进程"。

①单纯提示的教学，即直观教学。目的在于通过感官的运用，得到一些与儿童以及观察过的事物相类似，并与之有关联的感觉表象，从而为观念的联合做准备。

②分析教学。对不同的观念和表象进行区分，有助于形成观念的复合或融合，为观念的联合做好准备。

③综合教学，即新旧观念的联合。通过综合教学，形成了观念的联合，即获得了新的知识和概念。

（2）教学形式阶段理论。赫尔巴特的教学形式阶段，实际上就是课堂教学的完整过程，是一个包括教学方法、教学形式等内在的规范化的教学程序。

他认为，兴趣活动可以划分为四个阶段：注意、期待、要求和行动。儿童在学习活动中的思维方式有两种：专心与审思。在此基础上，他提出了教学形式阶段理论，即"赫尔巴特四段教学法"。

①明了或清晰：当一个表象由自身的力量突出在感官前，兴趣活动对它产生注意；这时，学生处于静止的专心活动；教师通过运用直观教具和讲解的方法，进行明确的提示，使学生获得清晰的表象，以做好观念联合，即学习新知识的准备。

②联合或联想：由于新表象的产生并进入意识，激起原有观念的活动，因而产生新旧观念的联合，但又尚未出现最后的结果；这时，兴趣活动处于获得新观念前的期待阶段；教师的主要任务是与学生进行无拘无束的谈话，运用分析的教学方法。

③系统：新旧观念最初形成的联系并不是十分有序的，因而需要对前一阶段由专心活动得到的结果进行审思；兴趣活动处于要求阶段；这时，需要采用综合的教学方法，使新旧观念间的联合系统化，从而获得新的概念。

④方法：新旧观念间的联合形成后需要进一步巩固和强化，这就要求学生自己进行活动，通过练习巩固新习得的知识。

赫尔巴特的阶段教学论，在一定程度上揭示了教学过程方面的某些规律，反映了人类对教学过程和教学活动本质认识的发展，具有广泛的实践意义，是值得充分肯定的；但是，该理论认为任何一堂课都必须遵循这样一个阶段，既限制了学生学习的积极主动性和创造精神，也束缚了教师教学的主动性和灵活性。

2. 建构主义学习观。

【答案要点】

建构主义认为，学习是学习者主动地赋予信息以意义，建构自己的知识经验的过程，具有三个重要特征。

（1）主动建构性。面对新信息、新概念、新现象或新问题，学习者需要主动激活头脑中的先前知识经验，通过高层次思维活动，对各种信息和观念进行加工转换，对新旧知识进行综合和概括，解释有关现象，形成新的假设和推论。

（2）社会互动性。学习是通过对某种社会文化的参与，内化相关知识和技能，掌握有关工具的过程，这一过程常常需要通过一个学习共同体的合作互动来完成。

（3）情境性。建构主义者提出，知识存在于具体的、情境性的、可感知的活动中，它不是一套独立于情境的知识符号，不可能脱离活动情境而抽象地存在，它只有通过实际情境中的应用活动才能真正被人理解。

3. 先行组织者及其在学习中的运用。

【答案要点】

为了促进有意义学习的产生，奥苏伯尔提出了先行组织者策略。先行组织者是指先于学习任务本身呈现的一种引导性材料，它要比学习任务本身具有更高的抽象、概括和综合水平，并且能清晰地与认知结构中原有的观念和新的学习任务关联。

先行组织者策略的目的在于为新的学习任务提供观念上的固着点，增加新旧知识之间的可辨别性，以促进类属性的学习。通过呈现组织者，为学习者已知的知识与新知识之间架设一道桥梁，以便更好地学习新材料。

先行组织者的分类有陈述性组织者和比较性组织者。陈述性组织者，旨在为新知识提供最适当的类属者，与新知识产生一种上位关系。如教师在教授"钢铁"之前，先提出"合金"的概念。比较性组织者，用于比较熟悉的学习材料，旨在比较新材料与已有认知结构中相类似的材料，从而增强新旧知识之间的可辨别性。如学生学习了"动作技能"有关材料后再学习"智力技能"的新材料。

4. 张之洞中体西用及其历史局限性。

【答案要点】

（1）"中学为体，西学为用"是洋务派关于中西文化关系的核心命题，也是洋务教育的指导思想。洋务运动的过程实质上是一场对近代西方文明成果的移植过程，其核心问题是引入的西学与中国固有文化之间的关系。对此，洋务派提出的典型方案就是"中体西用"，认为在突出"中学"主导地位的前提下，应该肯定"西学"的辅助作用和器用价值。从19世纪60年代初开始，关于"中学"和"西学"主从关系的讨论就一直不停，直到1898年初，张之洞发表《劝学篇》，围绕"旧学为体，新学为用"的主旨集中阐述，形成了一个比较完整的思想体系。

（2）张之洞的《劝学篇》是对洋务运动的理论总结，并试图为以后的中国改革提供理论模式。《劝学篇》分为内篇和外篇，内、外篇主旨分别为："内篇务本，以正人心；外篇务通，以开风气。"通篇主旨归为"中学为体，西学为用"。

（3）"中学"包括四书五经、中国史事、政书、地图等。张之洞认为对"中学"的各方面都要通其大概，尤其是纲常名教。"西学"包括西政、西艺、西史，在这其中，张之洞着重强调西政和西艺。西政是指西方有关文教制度、工商财政、军事建制和法律行政等管理层面的文化；西艺即近代西方科技。在办理教育和个人学习时，应该根据具体情况分出西政与西艺的轻重缓急，张之洞认为西艺难学，适合年少者，着眼于长远；西政相对易学，适合年长者，着眼于当前急需。对于中、西学的关系，可以概括为"旧学为体、新学为用，不使偏废"。

（4）"中体西用"的历史作用在于：第一，洋务派提出"中体西用"，在不危及"中体"的前提下侧重强调采纳西学，既体现了洋务派的文化教育观，也是洋务派应对守旧派的策略。第二，在"中体西用"形式下，"西学"教育的规模不断扩大。两次鸦片战争中，"中体西用"的内涵被不断调整，"西用"的范围不断延伸，逐渐纳入新的成分。第三，洋务运动时期，"中体西用"理论为"西学"教育的合理性进行了有效论证，促进了资本主义文化在中国的传播。在此原则下实施的留学教育和举办的新式学堂给僵化的封建教育体制打开了缺口，改变了单一的传统教育结构。

（5）"中体西用"的局限性在于：第一，"中体西用"思想本质上还是为了维护封建专制统治，阻碍了后来维新思想的广泛传播，不利于近代刚刚开始的思想启蒙运动。第二，"中体西用"作为一种文化整合方案和教育宗旨来说是粗糙的。它是在没有克服中西文化固有矛盾情况下的直接嫁接，必然会引起两者之间的排异反应。

上海师范大学 333 教育综合·真题解析

一、名词解释

负强化

凡是能增强反应概率的刺激和事件都叫强化,可分为正强化和负强化。负强化是指通过消除厌恶刺激来增强反应概率。

学校教育制度

学校教育制度是现代教育制度的核心部分,指的是一个国家各级各类学校的系统及其管理规则,它规定着各级各类学校的性质、任务、入学年限、修业年限以及它们之间的关系。

稷下学宫

稷下学宫是战国时代齐国一所著名的高等学府,因其建立于齐国都城临淄的稷门附近而得名。它既是百家争鸣的中心与缩影,也是当时教育上的重要创造,稷下学宫对中国古代学术、文化和教育的发展产生过重大的历史影响。

课程设计

课程设计是以一定的课程观为指导制定课程标准、选择和组织课程内容、预设学习活动方式的活动,是对课程目标、教育经验和预设学习活动方式的具体化过程。

苏格拉底法

苏格拉底法也称"问答法""产婆术",是由讥讽、助产术、归纳和定义四个步骤组成的独特的方法。这是苏格拉底探讨伦理哲学的研究方法,也是他的教学方法。

德育过程

德育过程是学生在教师的引导下,主动积极地进行道德认识和道德实践,逐步提高自我修养能力,形成个人品德的过程。

二、简答题

1. 简述卢梭的主要教育思想。

【答案要点】

(1)自然教育理论。

卢梭自然主义教育的核心是"回归自然"。一方面,善良的人性存在于纯洁的自然状态之中。只有"回归自然"、远离喧嚣社会的教育,才有利于保持人的善良天性。因此15岁之前的教育必须在远离城市的农村进行。另一方面,每个人都是由自然的教育、事物的教育、人为的教育三者培养起来,只有三种教育圆满地结合才能达到预期的目的。三者之中,应以自然的教育为基准,才能使教育回归自然达到应有的成效。

自然教育最终目的是培养"自然人",即身心调和发达、体脑两健、能力强盛的新人,也就是摆脱封建羁绊的资产阶级新人。

卢梭根据自然教育的原则,根据人的自然发展的进程和不同年龄时期身心的特点,把自然教育分为婴儿期、儿童期、少年期和青春期。

卢梭提出的自然主义教育思想是教育思想史上由教育适应自然向教育心理学化过渡的一个重要环节。在封建社会压制人性的情况下，提倡性善论，尊重儿童天性具有历史进步意义。他呼吁培养身心调和发展的自然人和自由人也反映了对人的发展的合理要求。

（2）公民教育理论。

公民教育的具体目标是培养忠诚的爱国者，也是适应当时社会发展的资产阶级创业者。这种教育是建立在对旧有的制度和教育进行改革的基础上的，是新的社会制度的教育目的。

2. 教师的劳动有哪些价值？

【答案要点】

教师劳动的价值，是指教师的劳动对社会和个人所产生的直接和间接的积极作用。

（1）教师劳动的社会价值。教师劳动的社会价值可以从宏观和微观两个角度进行分析：

①从宏观上看，突出地表现在教师劳动对延续和发展人类社会的巨大贡献上。教师的工作，联系着人类的过去、现在和未来。

②从微观上看，教师的劳动关系到年轻一代每个人的发展和幸福。在现代社会，一个人的发展状况如何，在很大程度上取决于他所受的教育，取决于教师的劳动。

（2）教师劳动的个人价值。教师劳动的个人价值体现在以下三个方面：

①教师劳动的个人价值首先在于这种劳动能够创造巨大的社会价值。因为，个人价值的大小主要取决于他对社会的贡献。

②教师劳动比一般劳动更具有自我实现的价值。教师的劳动是培养人，具有特殊的复杂性和创造性。教师在自己的劳动中能够充分发挥个人的才智，促进个人自身的完善和发展，满足个人较高层次的需要。

③教师劳动还能享受到一般劳动所享受不到的乐趣。这种乐趣来自学生平日的点滴进步，来自桃李满天下，来自学生毕业后对社会的贡献。

3. 简述教育的生态功能。

【答案要点】

（1）树立建设生态文明的理念。通过在学校里和社会上加强生态文明的教育与宣传，让学生从小养成爱护自然、节约资源、保护生态环境的思想情感，从而逐步在全社会牢固树立建设生态文明的观念。

（2）普及生态文明知识，提高民族素质。造成生态灾害与失衡的原因很多，大多都与人的素质不高相关。因此，我们应当有计划地向学生普及生态文明知识，并注意指导与督促他们将知识运用于生活实践。只要从小普及生态文明知识，养成保护生态环境的行为习惯，最终就能提高民族的生态文明素质。

（3）引导建设生态文明的社会活动。生态文明建设关涉社会的移风易俗，因此，学校的生态文明教育不应局限在校内，要组织学生参加到社区的生态文明建设中去。

4. 简述"最近发展区"的教育意义。

【答案要点】

最近发展区是维果茨基在论述教学与发展的关系时提出的。他认为，在进行教学时，必须注意到儿童有两种发展水平：一种是儿童现有的发展水平，另一种是即将达到的发展水平，维果茨基把这两种水平之间的差异称为"最近发展区"，即独立解决问题的真实发展水平和在成人指导下或与其他儿童合作情况下解决问题的潜在发展水平之间的差距。

教学与最近发展区的关系：维果茨基主张教学应当走在儿童现有发展水平的前面，一方面，教学决定着儿童发展的内容、水平和速度等;另一方面教学也创造着最近发展区。教学需要注重学生的最近发展区,把儿童潜在的发展水平变成实际的发展水平,同时不断创造新的最近发展区。

此外,维果茨基认为,儿童在学习任何内容时都有一个最佳年龄。教师在开始教学时要处于儿童的最佳期内,教学最佳期是由最近发展区决定的,随着最近发展区的动态发展而不断变化,并且教学最佳期也是因人而异的,因此教师要把握教学的适当时机。

三、分析论述题

1. 评述杜威实用主义教育的主要思想。

【答案要点】

杜威是20世纪美国著名的哲学家和教育家,他以实用主义哲学、民主主义政治理想和机能心理学为基础,通过批判地继承前人的思想,构建起庞大的教育哲学体系,成为现代教育的代表人物。主要著作有《民主主义与教育》《我的教育信条》等。

(1)论教育的本质。杜威对于"什么是教育"的问题,给出的回答是:教育即生活、学校即社会、教育即生长、教育即经验的持续不断的改造。

(2)论教育的目的。

教育无目的论。从教育本质论出发,杜威反对外在的、固定的、终极的教育目的,认为教育无目的。杜威所希求的是过程内的目的,这个目的就是"生长"。

教育的社会目的。杜威强调过程内的目的不等于否定社会性的目的。杜威要求教育为社会进步服务,为民主制度的完善服务。他认为教育是社会进步及社会改革的基本方法,学校是社会进步和改革的最基本和最有效的工具。在民主社会中,个人发展与社会进步是统一的。

(3)论课程与教材。

从做中学。杜威以其经验论为基础,要求从做中学、从经验中学,要求以活动性、经验性的主动作业来取代传统书本式教材的统治地位。在杜威看来,这种活动性、经验性课程既能满足儿童的心理需要,又能满足社会性的需要,还能使儿童对事物的认识具有统一性和完整性。

教材心理学化。杜威主张以"教材心理学化"来解决怎样使儿童最终获得较系统的知识而同时又能在学习过程中顾及儿童的心理水平。"教材心理学化"是指把各门学科的教材或知识各部分恢复到它所被抽象出来之前的原来的经验。这种心理化就是把间接经验转化为直接经验,即直接经验化。之后再将已经经验到的那些东西累进地发展为更充实、更丰富也更有组织的形式,即逐渐地接近提供给有技能的、成熟的人的那种教材形式。

(4)论思维与教学方法。

反省思维。杜威所力倡的反省思维是指对某个经验情境中的问题进行反复的、严肃的、持续不断的思考,其功能在于求得一个新情境,把困难解决、疑虑排除、问题解答。

五步教学法。杜威根据科学的实验主义探究方法和反省思维方式,提出了五步教学法,即创设疑难的情境、确定疑难所在、提出问题的种种假设、推断哪种假设能解决这个困难、验证这种假设。

(5)论道德教育。

杜威认为道德教育的主要任务是协调个人与社会的关系。他认为个人的充分发展是社会进步的必要条件,社会的进步又可以为个人的发展提供更好的基础。他反对过分强调个人自由和竞争的旧个人主义,而提倡强调人与人之间的合作,强调社会责任和理智作用的新个人主义。

教育的道德性和教育的社会性是相通的,道德教育应在社会性的情境中进行而不能只停留于口头说教;要求学校生活、教材、教法皆应渗透社会精神,视学校生活、教材、教法为"学校道德三位一体",这三者都是道德教育的重要途径。

(6) 杜威教育思想的影响。

①杜威是西方现代教育派的理论代表。他对传统教育的整个理论体系发起挑战，奠定了现代教育的理论大厦的基石。

②杜威是新教育的思想旗手，他的教育理论突破以往建立在主客体两分之上的传统教育的弊端，将知行合一，使教学中死的知识变为活的知识，突破了内发论和外铄论，将教育看作人与环境的交互过程中经验的观点具有很高的创造性。

③杜威奠定了儿童中心论，解决教育与儿童相脱离的问题，并通过学校与社会的统一、思维与经验的统一，解决教育与实践、学校与社会脱离的问题。

④杜威提出了做中学这一建立在新哲学和心理学基础上的新方法，拓宽了教学形式和方法，提高了教学专业化水平。

⑤杜威的教育理论对世界教育进程发挥巨大作用，对日本、中国、苏联等国具有直接的影响。

⑥杜威的理论偏重儿童、活动、经验三中心而使得教育实践忽视了系统知识的传授以致引发了自由与纪律、教师与学生关系等诸多矛盾。另外，根据经验和教材心理化原则编写新型教材的设想过于理想化，难以实现。

2. 评述蔡元培的"五育"并举教育思想。

【答案要点】

蔡元培是中国近代著名的资产阶级革命家和民主主义教育家。1912年初，蔡元培发表《对教育方针之意见》一文，从"养成共和国民健全之人格"的观点出发，提出军国民教育、实利主义教育、公民道德教育、世界观教育和美感教育的"五育"并举教育思想，成为制定民国元年教育方针的理论基础。

（1）军国民教育。指将军事教育引入到学校和社会教育之中，让学生和民众受到一定的军事教育和训练。在学校教育中，强调学生生活的军事化，特别是体育的军事化。蔡元培认为，军国民教育并不是理想社会的教育，但在中国仍有提倡的必要。当时的中国不论是在国际形势还是国内形势上都处于不利地位，蔡元培提倡的军国民教育，有寓兵于民、对抗军阀拥兵自雄、捍卫民主共和的良苦用心。

（2）实利主义教育。即密切教育与国民经济生活的关系，加强职业技能的培训，使教育能发挥提高国家经济能力和改善人民生活水平的作用。蔡元培指出，世界各国的竞争不仅在军事，更在经济，武力需要财力的支持。而中国丰富的自然资源并未得到有效利用，人民失业，国家贫穷，因此需要发展实利主义教育。

（3）公民道德教育。蔡元培认为，公民道德的基本内容不外乎法国资产阶级革命所标榜的自由、平等、博爱，虽然与封建道德的专制等级性不相容，但他明确指出中国传统伦理特别是儒家伦理中的一些基本范畴，其内涵是与自由、平等、博爱的精神相通的。蔡元培尊重文化的继承性和发展性的统一。因此他在摒弃封建道德专制性和等级性的同时，汲取其中有利于资产阶级道德建设的养分。

（4）世界观教育。是蔡元培独创并被作为教育的最高境界。世界观教育就是要培养人们立足于现象世界但又超脱现象世界而贴近实体世界的观念和精神境界。现象世界中的人，由于存在人我差别的意识、追求幸福的意识，而纠缠于由此产生的种种矛盾。在实体世界中，人们摆脱了现象世界的种种矛盾，实现意志的完全自由和人性的最大发展，思想和言论也不受某一门哲学或宗教教义的束缚。

（5）美感教育。美感教育与世界观教育紧密联系。蔡元培认为，美感介于现象世界和实体世界之间，是两者之间的桥梁。世界观教育是引导人们具有实体世界的观念，但不是靠简单的说教可以实现的，其有效的方式是通过美感教育，利用美感这种超越利害关系、人我之分界的特性去破除现象世界的意识，陶冶、净化人的心灵。所以，美感教育是世界观教育的主要途径。大力提倡美感教育是蔡元培教育思想和实践的一个重要特点。

蔡元培认为，"五育"不可偏废，其中军国民教育、实利主义教育、公民道德教育偏于现象世界，隶属于政治教育；世界观教育和美感教育以追求实体世界之观念为目的，为超越政治的教育。根据当时流行的德、智、体三育的说法，蔡元培认为，军国民教育为体育，实利主义教育为智育，公民道德教育为德育，美育教育可以辅助德育，世界观教育将德、智、体三育合而为一，是教育的最高境界。学校中每种教学科目虽于"五育"中各有侧重，但又同时兼通数育。

3. 结合实例论述传授 – 接受学习的主要过程。

【答案要点】

传授 – 接受教学又称接受学习，是指教师主要通过语言传授、演示与示范使学生掌握基础知识、基本技能，并对他们进行思想情趣熏陶的教学。

（1）基本阶段：第一，引起学习动机；第二，感知教材；第三，理解教材；第四，巩固知识；第五，运用知识；第六，检查知识、技能和技巧。

（2）具体要求：第一，要根据具体情况有创意地设计教学过程阶段；第二，完成预计的教学阶段任务也不可机械死板，要根据情况变化，灵活机智地进行。

（3）优点：注重书本知识的授受，能充分发挥教师的主导作用，按学科的逻辑系统，循序渐进地教学，也能较好地调动学生个人的学习积极性，使他们掌握系统的科学知识与技能，获得自身智慧、品德、审美的发展。

（4）缺点：由于以书本知识学习为主，易脱离社会生活实际，使学生感到抽象、死板、难以理解；常常是教师讲得多，学生活动得少，容易出现注入式教学；注重面向集体，忽视个别指导，不易使每个学生都能理解，都能得到较好的发展；特易忽视教学民主，忽视学生主动性、创造性和独立思考能力的培育与发展。

4. 建构主义评述。

【答案要点】

建构主义的思想渊源有皮亚杰的建构主义、杜威的经验性学习理论和维果茨基的文化历史论等。其理论取向分为个人建构主义和社会建构主义。

（1）建构主义的知识观。建构主义者质疑知识的客观性和确定性，强调知识的动态性。具体体现在以下几方面：

①知识的动态性。知识不是对现实的准确表征，只是一种解释、一种假设，不是问题的最终答案。它会随着人类的进步而不断地被"革命"，并随之出现新的假设。

②知识的情境性。知识并不能精确地概括世界的法则，不能拿来便用，而是需要针对具体情境进行再创造。

③知识学习的主动建构性。知识不可能以实体的形式存在于具体个体之外，学习者对于命题的理解只能由个体基于自己的经验背景而建构起来，取决于特定情境下的学习历程。

（2）建构主义的学生观。建构主义认为，学生并不是被动接受教师传授的知识，而总是以自己的经验背景或自己的经验来建构对事物的理解。具体表现在以下几方面：

①建构主义者完全否定心灵白板说，强调学生经验世界的丰富性和差异性。

②学生并不是空着脑袋走进教室的，当问题呈现时，他们基于相关的经验，依靠推理和判断能力，形成对问题的某种解释。

③教学不能无视学生的先前经验，要把儿童现有的知识经验作为新知识的生长点，引导儿童从

原有的知识经验中"生长"出新的知识经验。

④教学要增进学生之间的合作，使他看到那些与他不同的观点，促进学习的进行。

（3）建构主义的学习观。建构主义认为，学习是学习者主动地赋予信息以意义，建构自己的知识经验的过程，具有三个重要特征：

①主动建构性。面对新信息、新概念、新现象或新问题，学习者需要主动激活头脑中的先前知识经验，通过高层次思维活动，对各种信息和观念进行加工转换，对新旧知识进行综合和概括，解释有关现象，形成新的假设和推论。

②社会互动性。学习是通过对某种社会文化的参与，内化相关知识和技能，掌握有关工具的过程，这一过程常常需要通过一个学习共同体的合作互动来完成。

③情境性。建构主义者提出，知识存在于具体的、情境性的、可感知的活动中，它不是一套独立于情境的知识符号，不可能脱离活动情境而抽象地存在，它只有通过实际情境中的应用活动才能真正被人理解。

（4）建构主义的教学观。教学不再是传递客观而确定的现成知识，而是激活学生原有的相关知识经验，促进知识经验的"生长"；促进学生的知识建构活动，以实现知识经验的重新组织、转换和改造，以此来培养学生的求知欲和探究能力。教学要为学生创设理想的学习情境，激发学生的推理、分析、鉴别等高级的思维活动，同时给学生提供丰富的信息资源、处理信息的工具以及适当的帮助和支持，促进他们自身建构意义以及解决问题的活动。

2015年 上海师范大学 333 教育综合·真题解析

一、名词解释

学校管理目标

学校管理目标是指学校管理主体对管理活动的要求和期望，也就是通过管理活动所要达到的状态、标准和结果。它在学校管理活动中占据重要地位，既是学校管理活动的指南，也是衡量学校管理工作好坏的标尺。

教学评价

教学评价是对教学工作质量所做的测量、分析和评定。它以参与教学活动的教师、学生、教学目标、内容、方法、教学设备、场地和时间等因素的优化组合的过程和效果为评价对象，是对教学活动的整体功能所做的评价。

课程方案

课程方案是指教育机构或学校为了实现教育目的而制定的有关课程设置的文件。我国普通中小学的课程方案是指在国家的教育目的与方针的指导下，为实现各级基础教育的目标，由国家教育主管部门制定的有关课程设置、顺序、学时分配以及课程管理等方面的政策性文件。

德育

德育即道德教育。一般来说，学校德育是指学生在教师的引导下，以学习活动、社会实践、日常生活、人际交往为基础，同经过选择的人类文化，特别是一定的道德观念、政治意识、处世准则、行为规范相互作用，经过自己的观察、感受、判断、践行和改善，以形成行为习惯、道德品质、人生价值和社会理想的教育。简言之，德育是培养学生思想品德的教育。

稷下学宫

稷下学宫是战国时代齐国一所著名的高等学府，因其建立于齐国都城临淄的稷门附近而得名。它既是百家争鸣的中心与缩影，也是当时教育上的重要创造，稷下学宫对中国古代学术、文化和教育的发展产生过重大的历史影响。

三艺

"三艺"是指文法、修辞和辩证法三科目。西方教育史上沿用长达千年之久的"七艺"中的前"三艺"是由智者学派首先确定下来的。后来柏拉图将"四艺"，即算术、几何、天文和音乐，作为教学科目详加论述，并认为"三艺"是高级课程，"四艺"是初级课程。"三艺"和"四艺"合称为"七艺"。

二、简答题

1. 掌握知识与发展智力的关系。

【答案要点】

（1）智力的发展与知识的掌握二者相互依存，相互促进。在教学过程中，学生智力的发展依赖于他们知识的掌握，对学生来说，掌握、运用知识及其反思、改进的过程，也就是他们运用和发展智力的过程；同时，学生对知识的掌握又依赖于他们的智力发展，只有那些智力发展好的学生，他们的接受能力才强、学习效率才高，而智力发展较差的学生在学习中则有较多的困难。

（2）生动活泼地理解和创造性地运用知识才能有效地发展智力。通过传授知识发展学生智力是教学的一个重要任务，然而知识不等于智力，一个学生知识的多少并不一定能标志他的智力发展的高低。因此，在教学中不仅要教给学生知识，而且要引导学生通过生动活泼的教学活动，透彻地理解知识原理，了解获取知识的过程与方法，学会独立思考、推理与论证，创造性地解决实际问题，这样才能使学生的智力获得高水平的发展。

（3）防止单纯抓知识教学或只重能力发展的片面性。在教学实践中，有的认为"双基"教学抓好了，学生的智力就自然地发展了，却忽视引导学生通过探究、反思有意识地锻炼学生的智力；有的则只注重学生自主探究、反思，却忽视通过系统知识和原理的学习与运用来发展智力。这两者都不利于提高教学质量。

2. 教育如何体现其文化的功能。

【答案要点】

（1）传递文化。文化教化的前提是人类对文化的创造与传递。教育起着传递文化的作用。尤其是学校教育因其具有明确的目的性、计划性等特点，一直承担着传承文化的重任。

（2）选择文化。为了有效地传承文化，必须发挥教育对文化的选择功能。教育的选择功能十分重要，体现了教育对文化发展的积极引导和自觉规范。

（3）发展文化。文化的生命不仅在于它的保存和积累，更在于它的更新与创造。随着社会的日益开放化，学校在加强国际文化交流中的作用也日益明显。教育通过广泛的文化交流，不断地吸收其他民族的文化精华，补充、更新和发展本民族的文化，也是文化发展的一种重要方式。

3. 卢梭自然教育思想理论。

【答案要点】

卢梭自然主义教育的核心是"回归自然"。一方面，善良的人性存在于纯洁的自然状态之中。

只有"回归自然"、远离喧嚣社会的教育，才有利于保持人的善良天性。因此15岁之前的教育必须在远离城市的农村进行。另一方面，每个人都是由自然的教育、事物的教育、人为的教育三者培养起来，只有三种教育圆满地结合才能达到预期的目的。三者之中，应以自然的教育为基准，才能使教育回归自然达到应有的成效。

自然教育最终目的是培养"自然人"，即身心调和发达、体脑两健、能力强盛的新人，也就是摆脱封建羁绊的资产阶级新人。具有以下特征：第一，自然人是能独立自主的人，他能独自体现出自己的价值；第二，在自然的秩序中，所有的人都是平等的；第三，自然人又是自由的人，他是无所不宜、无所不能的；第四，自然人还是自食其力的人，可无须仰赖他人为生，这是独立自主的可靠保证。

卢梭根据自然教育的原则，根据人的自然发展的进程和不同年龄时期身心的特点，把自然教育分为婴儿期、儿童期、少年期和青春期。

卢梭提出的自然主义教育思想是教育思想史上由教育适应自然向教育心理学化过渡的一个重要环节。在封建社会压制人性的情况下，提倡性善论，尊重儿童天性具有历史进步意义。他呼吁培养身心调和发展的自然人和自由人也反映了对人的发展的合理要求。

4. 简述维果茨基的"最近发展区"的概念。

【答案要点】

最近发展区是维果茨基在论述教学与发展的关系时提出的。他认为，在进行教学时，必须注意到儿童有两种发展水平：一种是儿童现有的发展水平，另一种是即将达到的发展水平，维果茨基把这两种水平之间的差异称为"最近发展区"，即独立解决问题的真实发展水平和在成人指导下或与其他儿童合作情况下解决问题的潜在发展水平之间的差距。

教学与最近发展区的关系：维果茨基主张教学应当走在儿童现有发展水平的前面，一方面，教学决定着儿童发展的内容、水平和速度等；另一方面教学也创造着最近发展区。教学需要注重学生的最近发展区，把儿童潜在的发展水平变成实际的发展水平，同时不断创造新的最近发展区。

此外，维果茨基认为，儿童在学习任何内容时都有一个最佳年龄。教师在开始教学时要处于儿童的最佳期内，教学最佳期是由最近发展区决定的，随着最近发展区的动态发展而不断变化，并且教学最佳期也是因人而异的，因此教师要把握教学的适当时机。

三、分析论述题

1. 结合实际，分析教师角色冲突及其解决办法。

【答案要点】

（1）教师角色的常见冲突。由于个人在社会不同群体中所处的地位不同，往往需要同时扮演若干个角色。当这些角色与个人的期待发生矛盾、难以取得一致时，就会出现角色冲突。教师职业常见的角色冲突主要有以下几种：

①社会"楷模"与"普通人"的角色冲突。社会期望教师为人师表，成为学生的表率、社会的楷模。但许多教师并不想当这样的角色，他们认为教师也是普通人，也可以穿着时髦、随意嬉笑，这种心理冲突在青年教师身上比较突出。

②"令人羡慕"的职业与教师地位低下的实况冲突。教师头上有许多令人羡慕的桂冠，但实际的社会地位仍然很卑微；教师被誉为人类灵魂的工程师，但工资待遇却又极低。这使得许多教师的心理及生活处于矛盾冲突之中。

③教育者与研究者的角色冲突。教师角色要求教师与儿童维持一种密切持久的关系，在时间与精力上大量投入，许多教师有被耗干的感觉，形成教师在教书育人与自身发展、教育研究、创新上

的矛盾。

④教师角色与家庭角色的冲突。教师在学校工作辛苦，下班之后可能还需要继续做工作上的事，使得其难以兼顾家庭，从而引发家庭矛盾。

（2）调适教师角色冲突的解决方式。

①主观上，首先要树立自尊、自信、自律、自强的自我意识；其次要根据实际情况的需要，善于处理多种角色的矛盾冲突，做到有主有辅，有急有缓，统筹兼顾；最后要善于控制自己的思想情绪，意志坚定地完成所承担的任务。

②客观上，首先要进一步提高教师的社会地位与经济待遇，改善教师的生活和工作条件，解决教师的实际困难；其次要努力创造条件，给教师提供选修、培训与发展、提高的机会；最后要提高教师的思想修养，增强其责任感与使命感等。

2. 张之洞"中体西用"教学思想的历史作用与局限性。

【答案要点】

（1）"中学为体，西学为用"是洋务派关于中西文化关系的核心命题，也是洋务教育的指导思想。洋务运动的过程实质上是一场对近代西方文明成果的移植过程，其核心问题是引入的西学与中国固有文化之间的关系。对此，洋务派提出的典型方案就是"中体西用"，认为在突出"中学"主导地位的前提下，应该肯定"西学"的辅助作用和器用价值。从19世纪60年代初开始，关于"中学"和"西学"主从关系的讨论就一直不停，直到1898年初，张之洞发表《劝学篇》，围绕"旧学为体，新学为用"的主旨集中阐述，形成了一个比较完整的思想体系。

（2）张之洞的《劝学篇》是对洋务运动的理论总结，并试图为以后的中国改革提供理论模式。《劝学篇》分为内篇和外篇，内、外篇主旨分别为："内篇务本，以正人心；外篇务通，以开风气。"通篇主旨归为"中学为体，西学为用"。

（3）"中学"包括四书五经、中国史事、政书、地图等。张之洞认为对"中学"的各方面都要通其大概，尤其是纲常名教。"西学"包括西政、西艺、西史，在这其中，张之洞着重强调西政和西艺。西政是指西方有关文教制度、工商财政、军事建制和法律行政等管理层面的文化；西艺即近代西方科技。在办理教育和个人学习时，应该根据具体情况分出西政与西艺的轻重缓急，张之洞认为西艺难学，适合年少者，着眼于长远；西政相对易学，适合年长者，着眼于当前急需。对于中、西学的关系，可以概括为"旧学为体、新学为用，不使偏废"。

（4）"中体西用"的历史作用在于：第一，洋务派提出"中体西用"，在不危及"中体"的前提下侧重强调采纳西学，既体现了洋务派的文化教育观，也是洋务派应对守旧派的策略。第二，在"中体西用"形式下，"西学"教育的规模不断扩大。两次鸦片战争中，"中体西用"的内涵被不断调整，"西用"的范围不断延伸，逐渐纳入新的成分。第三，洋务运动时期，"中体西用"理论为"西学"教育的合理性进行了有效论证，促进了资本主义文化在中国的传播。在此原则下实施的留学教育和举办的新式学堂给僵化的封建教育体制打开了缺口，改变了单一的传统教育结构。

（5）"中体西用"的局限性在于：第一，"中体西用"思想本质上还是为了维护封建专制统治，阻碍了后来维新思想的广泛传播，不利于近代刚刚开始的思想启蒙运动。第二，"中体西用"作为一种文化整合方案和教育宗旨来说是粗糙的。它是在没有克服中西文化固有矛盾情况下的直接嫁接，必然会引起两者之间的排异反应。

3. 赫尔巴特教学思想的教育贡献及其局限性。

【答案要点】

赫尔巴特是19世纪德国著名的哲学家、心理学家、教育家。他明确提出把教育学建立成为一门独立学科的设想，被视为"科学教育学之父"、"教育性教学"的倡导者以及教学形式阶段的发明者。主要著作有《普通教育学》《教育学讲授纲要》等。

在教学思想方面，赫尔巴特提出教学进程理论和教学形式阶段理论。

（1）教学进程理论。统觉过程的完成大体上具有三个环节：感官的刺激、新旧观念的分析和联合、统觉团的形成。与此相应，赫尔巴特提出了三种不同的教学方法：单纯提示的教学、分析教学和综合教学。这三种教学方法的联系，就产生了所谓的"教学进程"。

①单纯提示的教学，即直观教学。目的在于通过感官的运用，得到一些与儿童以及观察过的事物相类似，并与之有关联的感觉表象，从而为观念的联合做准备。

②分析教学。对不同的观念和表象进行区分，有助于形成观念的复合或融合，为观念的联合做好准备。

③综合教学，即新旧观念的联合。通过综合教学，形成了观念的联合，即获得了新的知识和概念。

（2）教学形式阶段理论。赫尔巴特的教学形式阶段，实际上就是课堂教学的完整过程，是一个包括教学方法、教学形式等内在的规范化的教学程序。

他认为，兴趣活动可以划分为四个阶段：注意、期待、要求和行动。儿童在学习活动中的思维方式有两种：专心与审思。在此基础上，他提出了教学形式阶段理论，即"赫尔巴特四段教学法"。

①明了或清晰：当一个表象由自身的力量突出在感官前，兴趣活动对它产生注意；这时，学生处于静止的专心活动；教师通过运用直观教具和讲解的方法，进行明确的提示，使学生获得清晰的表象，以做好观念联合，即学习新知识的准备。

②联合或联想：由于新表象的产生并进入意识，激起原有观念的活动，因而产生新旧观念的联合，但又尚未出现最后的结果；这时，兴趣活动处于获得新观念前的期待阶段；教师的主要任务是与学生进行无拘无束的谈话，运用分析的教学方法。

③系统：新旧观念最初形成的联系并不是十分有序的，因而需要对前一阶段由专心活动得到的结果进行审思；兴趣活动处于要求阶段；这时，需要采用综合的教学方法，使新旧观念间的联合系统化，从而获得新的概念。

④方法：新旧观念间的联合形成后需要进一步巩固和强化，这就要求学生自己进行活动，通过练习巩固新习得的知识。

赫尔巴特的阶段教学论，在一定程度上揭示了教学过程方面的某些规律，反映了人类对教学过程和教学活动本质认识的发展，具有广泛的实践意义，是值得充分肯定的；但是，该理论认为任何一堂课都必须遵循这样一个阶段，既限制了学生学习的积极主动性和创造精神，也束缚了教师教学的主动性和灵活性。

4. 分析比较流体智力和晶体智力及其对教育的启示。

【答案要点】

美国心理测量学家卡特尔以及后来的霍恩根据对智力测验结果的分析，将人的智力分为两类：

（1）流体智力指基本与文化无关的、非言语的心智能力，如空间关系认知、反应速度、记忆及计算能力等。流体智力在青少年期之前一直增长，30岁左右达到顶峰，然后随着年龄增长逐渐衰退。

（2）晶体智力指应用从社会文化中习得的解决问题的方法的能力，是在实践中形成的能力。晶体智力在人的整个一生中都在增长。

人通过解决问题时投入流体智力而发展晶体智力，但生活中的许多任务同时需要流体智力和晶体智力。这一理论把人与生俱来的素质与后天通过学习而获得的东西区分开来，不仅在智力研究中给了人们很大的启发，对适应学生的个体差异也具有一定的指导作用。有的学生流体智力高，具备良好的学习基础，所以学习成绩好；而有些学生虽然流体智力不高，但经过努力地学习和经验的积累，获得较高的晶体智力，也能获得较好的学习成绩。

上海师范大学 333 教育综合·真题解析

一、名词解释

课程标准

课程标准是指在一定课程理论指导下，依据培养目标和课程方案以纲要形式编制的关于课程的性质与价值、目标与内容、教学实施建议以及课程资源开发等方面的指导性文件，一般由说明、课程目标、课程内容标准和课程实施建议等部分组成。

教育目的

教育目的是对教育活动所要培养的人的个体素质的总的预期与设想，是对社会历史活动的主体的个体素质的规定。它体现一定社会对受教育者质量规格的界定和要求，也体现人自身发展所应该达到的水准和高度。

学校管理

学校管理是学校管理者在一定的社会历史条件下，通过一定的组织机构和制度，采用一定的方法和手段，带领师生员工，充分发挥学校人、财、物、时、空和信息等资源的最佳整体功能，实现学校工作目标的组织活动。简言之，学校管理是管理者通过一定的组织形式以实现学校教育目标的活动。

多元智力理论

多元智力理论由加德纳提出，该理论认为，不存在单纯的某种智力和达到目标的唯一方法，每个人都会用自己的方式来发掘各自的大脑资源，这种为达到目的所发挥的各种个人才智才是真正的智力，造就了人与人之间的不同。人的智力可以分为八种，即逻辑数学智力、语言智力、音乐智力、空间智力、身体运动智力、人际关系智力、内省智力和自然智力。

骑士教育

骑士教育是中世纪世俗教育的一种主要形式，以培养当时封建制度中骑士阶层的成员为目的。它是一种特殊形式的家庭教育，并无专设的教育机构，也没有专职的教育人员。它在骑士生活和社交活动中进行。训练骑士的标准是剽悍勇猛、虔敬上帝、忠君爱国、宠媚贵妇。

京师同文馆

京师同文馆最初是作为外语学校设立的，是近代中国被动开放的产物，1902 年，京师同文馆并入京师大学堂。在教学内容的设置上，重视外语学习以及科学技术的学习。就其历史地位而言，它是洋务学堂的开端，也是中国近代新教育的开端。

二、简答题

1. 简述科尔伯格道德发展阶段理论。

【答案要点】

美国心理学家科尔伯格认为儿童道德的发展是分阶段的，他在研究中发现道德发展不是只有两个水平，而应该有多个水平，提出了著名的"三水平六阶段"的道德发展阶段论。

（1）前习俗水平。大约出现在幼儿园及小学低中年级阶段。该时期的特征是儿童遵守规范，但尚未形成自己的主见，着眼于人物行为的具体结果，关心自身的利害。包括惩罚和服从的定向阶段和工具性的相对主义定向阶段。

（2）习俗水平。在小学中年级以上出现，一直到青年、成年。该时期的特征是个人逐渐认识到团体的行为规范，进而接受并付诸实践。包括人际协调的定向阶段和维护权威或秩序的定向阶段。

（3）后习俗水平。该阶段已经发展到超越现实道德规范的约束，达到完全自律的境界，这个水平是理想的境界，成人也只有少数人才能达到。包括社会契约的定向阶段和普遍道德原则的定向阶段。

2. 教育的社会流动功能。

【答案要点】

教育的社会流动功能是指社会成员通过教育的培养、筛选和提高，能够在不同的社会区域、社会层次、职业岗位、科层组织之间转换、调整和变动，以充分发挥其个人的智慧才能，实现其人生价值。它包括横向流动功能和纵向流动功能。前者指改变其环境而不提升其社会层级地位，后者指改变其社会层级地位及作用。

教育的社会流动功能在当代的重要意义有：

（1）教育是个人社会流动的基础。如今，不管从事什么行业，要在社会上生存与流动，就要有一定的文化知识和能力，必须接受一定的教育。它使享受这一教育的人能够选择自己将要从事的职业，参与建设集体的未来和继续学习。

（2）教育是现代社会流动的主要通道。今天，我国农村的年轻一代要成功地进行社会流动，尤其是向上流动，必须经过教育，甚至只有经过优质的高等教育才能实现。

（3）教育深刻影响社会公平。教育的社会流动，实质上涉及教育机会均等与社会公平问题。到近代，人们才逐步提出普及教育与入学机会人人均等的要求。如今，各国纷纷实行普及义务教育制度，注重教育公平，这是教育发展的趋势。

3. 简述教师的专业素养。

【答案要点】

（1）高尚的师德。包括热爱教育事业，富有献身精神和人文精神；热爱学生，诲人不倦；热爱集体，团结协作；严于律己，为人师表。

（2）先进、科学的教育理念。教育理念是教师在对教育工作本质理解的基础上形成的关于教育的观念和理性信念，它是以观念或信念的形式存在于教师头脑中的对教育现象和教育问题的看法。先进、科学的教育理念体现在教师的所有努力都要有利于学生精神世界的丰富、人格尊严的维护和美好人性的成长。如学生主体观、教学交往观、发展性教学评价观等。

（3）宽厚的文化素养。教师的主要任务是通过向学生传授科学文化知识，培养其能力，促进其个性生动活泼地发展。一个好教师的基本条件之一，就是要有比较渊博的知识和多方面的才能。因此，教师对自己所教学科知识应科学、深入地把握，能对自己所教专业融会贯通、深入浅出、高瞻远瞩，达到运用自如的境界，在教学过程中不出知识性的错误。同时，教师还应有比较广博的文化修养。

（4）专门的教育素养。教师的专门教育素养水平及其合理结构是教育教学任务得以完成的重要保证，它主要包括教育理论素养、教育能力素养和教育研究素养。

（5）健康的心理素质。教师的心理健康不仅会直接影响教育工作的优劣成败，而且会影响学生的心理健康水平。因此，教师应该注重提高自己的心理素质。健康的心理素质体现在心理活动的方方面面，概括起来主要指：教师要有轻松愉快的心境、昂扬振奋的精神、乐观幽默的情绪以及坚韧不拔的毅力等。

（6）强健的身体素质。教师的身体素质是指教师在教学活动中的自然力，是教师的身体健康状态和身体素质状态在教学中的表现。它主要通过健康的体魄、旺盛的精力、蓬勃的活力、有节律的生活方式和锻炼习惯等体现。教师的身体素质在教育教学中具有重要的教育意义。

4. "百日维新"中的教育政策。

【答案要点】

（1）创办京师大学堂。《京师大学堂章程》对于大学堂的性质、办学宗旨、课程、入学条件、学成出身、教习聘用、机构设置、经费筹措及使用都做了详细规定。其中，《总则》中将京师大学堂定为全国最高学府和最高教育行政机关。办学宗旨为"中学为体，西学为用"。

（2）书院改办学堂。光绪帝在《明定国是诏》中宣示，从王公大臣到庶民百姓都要学习中、西学问。随后，光绪帝又命令官员将各省府厅州县的大小书院全部改为兼习中学、西学的新式学堂。省会的大书院改为高等学堂，郡城的书院改为中等学堂，州县的书院改为小学堂，地方自行筹办的社学、义学等一律中西学兼习。同时，民间祠庙不在祀典者也一律改为学堂，并鼓励绅民捐资兴学。中小学所用课本由官设书局统一编译印行，形成了"人无不学，学无不实"的局面。

（3）废除八股考试，开设经济特科。1898年，光绪帝下诏废除八股文。八股废除后，人们不得不寻求新的学问，促进了西学的传播。同年七月，光绪帝又下诏催立经济特科，用来选拔维新人才。经济特科区别于明清的进士科，分为内政、外交、理财、经武、格物、考工六项，并强调科举考试要以实学实政为主。

三、分析论述题

1. 卢梭自然教育理论及其影响。

【答案要点】

卢梭是18世纪法国著名启蒙思想家和教育家，其教育思想的基本特征是高度尊重儿童的天性，倡导自然教育和儿童本位的教育观。主要著作有《爱弥儿》《社会契约论》等。

（1）自然教育的基本含义。

卢梭自然主义教育的核心是"回归自然"。一方面，善良的人性存在于纯洁的自然状态之中。只有"回归自然"、远离喧嚣社会的教育，才有利于保持人的善良天性。因此15岁之前的教育必须在远离城市的农村进行。另一方面，每个人都是由自然的教育、事物的教育、人为的教育三者培养起来的，只有三种教育圆满地结合才能达到预期的目的。三者之中，应以自然的教育为基准，才能使教育回归自然达到应有的成效。

（2）自然教育的培养目标。

自然教育最终目的是培养"自然人"，即身心调和发达、体脑两健、能力强盛的新人，也就是摆脱封建羁绊的资产阶级新人。具有以下特征：第一，自然人是能独立自主的人，他能独自体现出自己的价值；第二，在自然的秩序中，所有的人都是平等的；第三，自然人又是自由的人，他是无所不宜、无所不能的；第四，自然人还是自食其力的人，可无须仰赖他人为生，这是独立自主的可靠保证。

（3）自然教育的方法原则。

卢梭猛烈抨击了当时向儿童强迫灌输旧的道德和知识、摧残儿童天性的做法，他提出以下几点原则和方法：

①树立正确的儿童观。自然教育的必要前提是要改变对儿童的看法。在人生的秩序中，儿童有他的地位，应当把成人看作成人，把孩子看作孩子。

②消极教育。教育要遵循自然天性，也就是要求儿童在自身的教育和成长中取得主动地位，无须成人的灌输、压制、强迫，教师只需创造学习的环境，防范不良的影响。它的作用是消极的，是

对儿童的发展不横加干涉的教育。

③自然后果律。当儿童犯了错误和过失后，不必直接去制止或处罚他们，而让他们在同自然的接触中，体会到自己所犯的错误和过失带来的自然后果，使儿童服从于自然法则，结合具体事例让他们从自己的直接经验中受到教育。

④根据儿童天性的个体差异，因材施教。卢梭要求教育者在进行教学之前必须先了解自己的学生。

（4）自然主义教育的实施。

卢梭根据自然教育的原则，根据人的自然发展的进程和不同年龄时期身心的特点，把自然教育分为婴儿期、儿童期、少年期和青春期。

①婴儿期（0~2岁）：主要进行体育，其任务在于通过身体的养护和锻炼，促进儿童身体的健康发展，增强儿童的体质。婴儿期的体育应该顺应自然，通过合理的饮食、衣着、睡眠和游戏，实施正确的教育。

②儿童期（2~12岁）：又称儿童的"理性睡眠期"，主要进行感官训练和身体发育，使他们通过感觉器官的运用获得丰富的感性经验，并要掌握一些道德观念。这个时期的儿童不宜进行理性教育，不应强迫儿童读书。

③少年期（12~15岁）：主要进行智育和劳动教育。智育的任务在于发展他们的智力，培养他们的学习兴趣和掌握学习研究的方法。卢梭重视劳动教育，认为儿童必须学会劳动，学会从事一种职业。劳动不仅可以谋生，还能促进理性的成长，并直接影响人的道德品质和人格发展。

④青春期（15~20岁）：主要接受道德教育，包括宗教教育、爱情教育和性教育，激发青年自然涌现的善良情感，发展他们的理性，使其在行为中接受道德的磨炼。

卢梭提出的自然主义教育思想是教育思想史上由教育适应自然向教育心理学化过渡的一个重要环节。在封建社会压制人性的情况下，提倡性善论、尊重儿童天性具有历史进步意义。他呼吁培养身心调和发展的自然人和自由人也反映了对人的发展的合理要求。

2. 科举制度的意义及影响。

【答案要点】

科举制度即个人自愿报考，县州逐级考试筛选，全国举子定时集中到京都，按科命题，同场竞试，以文艺才能为标准，评定成绩，限量选优录取，是一种选官制度，以这种方式选拔国家官员。

（1）科举制度考试的程序为：

①考生来源。一是生徒，二是乡贡。每年冬天，学校都要将经过考试合格的学生送到尚书省参加考试，这些考生称为"生徒"。不在学校学习而学有所成的人提出书面申请后经本县考试、州重试合格，由州送至尚书省参加考试。由于他们随各州进贡的物品发送，故称为乡贡。

②考试程序。乡试—省试—吏部试。

（2）科举制度考试的科目为：

科举考试大体有两种类型：一种是常科，每年定期举行；一种是制科，由皇帝根据需要下诏举行。常设科目有以下六种：

①秀才科。注重选拔博识高才、出类拔萃的人物，录取标准非常高。

②进士科。注重诗赋，参加考试的人比较多，但录取人数极少。

③明经科。即考试儒家经典，考试比较容易，只要熟读经文注疏就行。

④明法科。主要考律令，考生主要来自律学和州县的乡贡。

⑤明字科。主要考文字、训诂知识和书法，反映了唐代重视书法的风尚。

⑥明算科。主要考算术和术理，考生主要来自算学。

（3）科举制度的考试方法：

①口试。让考生当场口头回答问题，主要是问以经义。

②帖经。将所试经书任揭一页，把左右两边遮住，中间只开一行，再用纸贴盖住三字，令试者填出来。类似今天的填空法。

③墨义。简单的问答题，不需考生发挥自己的思想，只需熟记经文和注释就能答出。

④策问。要求考生针对政治、经济、教化等现实问题发表自己的看法或提出建议。

⑤诗赋。要求考生写一诗一赋，主要考察考生的文学修养和文字能力。

（4）科举制度的积极影响有：

①扩大了统治基础，有利于加强中央集权。通过科举考试，平民及中小地主阶层获得了参政的机会，打破了门阀士族地主垄断统治权力的局面，扩大了封建统治的统治基础。同时，通过科举考试，朝廷将选士大权收归于中央政府，强化了中央集权的统治。

②使选士与育士紧密结合。促进人们的思想统一于儒学，成为实施儒家"学而优则仕"原则的途径。刺激学校教育的发展，有利于教育的普及。

③使选拔人才较为客观公正。隋唐科举考试在发展的过程中逐步建立了较为完备的考试制度，同时逐步建立了一系列的考试防范措施，加强考试管理。

科举制度的消极影响有：

①国家只重科举取士，而忽略了学校教育。学校成为科举考试的预备机构，一切教学活动都围绕着科举考试来进行，学校失去了相对独立的地位和作用。

②束缚思想，败坏学风。学校教学安排围绕科举进行，导致学校教育中重文辞少实学，重记诵而不求义理，形成了教条主义、形式主义的学习风气。在科举制的影响下，读书的目的不是求知求真，而是为了功名利禄，具有强烈的功利色彩。

③科举考试内容的狭隘也阻碍了中国文化的和谐发展，特别是科技文化的发展。

3. 比较分析陈述性知识和程序性知识的异同。

【答案要点】

从信息加工的角度，分为陈述性知识和程序性知识。陈述性知识，是关于"是什么"的知识，是对事实、定义、规则和原理等的描述。容易被人意识到，并且人能够明确地用词汇或者其他符号将其系统地表述出来。程序性知识，是关于"怎么做"的知识，如怎样进行推理、决策或者解决某类问题等。

两者的比较：

（1）不同点：

①定义。陈述性知识是关于"是什么"的知识，是对事实、定义、规则和原理等的描述。容易被人意识到，并且人能够明确地用词汇或者其他符号将其系统地表述出来。程序性知识是关于"怎么做"的知识，如怎样进行推理、决策或者解决某类问题等。

②表征方式。陈述性知识的表征方式有概念、命题和命题网络、表象等，程序性知识主要以产生式为表征。

③获得机制。陈述性知识的获得机制是同化。程序性知识的获得机制是产生式。

④学习过程。陈述性知识的学习要经历理解符号代表的意义，建立符号与事物之间的等值关系，对事实进行归类，掌握同类事物的关键特征，理解概念、事实之间的关系等一系列步骤。需要的是理解和记忆。程序性知识的学习在此基础上还包括两个相互联系的地方：模式识别和动作序列。

（2）相同点：

陈述性知识和程序性知识在实际的学习与问题解决活动中是相互联系的。在实际活动中，陈述性知识常常可以为执行某个实际操作程序提供必要的信息。在学习中，陈述性知识常常是学习程序性知识的基础。反过来，程序性知识的掌握也会促进陈述性知识的深化。

4. 结合实例论述教学中理论与实际相联系的观点。

【答案要点】

理论联系实际原则是指教学要以学习基础知识为主导，将理论运用于解释和解决实际问题，学以致用，发展动脑、动手能力，并理解知识的含义，领悟知识的价值。

贯彻这一教学原则的基本要求：

（1）注重联系实际学好理论。为了引导学生掌握教科书上的学科知识与原理，教师首先必须注重联系实际学好理论。教师要善于通过演示、举出具体事例、回忆生活体验，想方设法联系有关学生的生活实际，唤醒与激活他们已有的经验、情趣与思考力，进行观察与思考、分析、领悟，这样才能让他们生动活泼、主动地理解和掌握抽象难懂的学科概念与原理。

（2）重视引导学生运用知识。首先，要重视教学中知识的运用，如解决实际问题的讨论、作业、实验等教学性实践。这是教学中运用知识的主要方式，让学生多动手解决具体问题，必定要求他们多动脑筋，不仅有利于提高他们的动手能力，还对学生养成学以致用的情趣起着关键作用。其次，要在教学课文的过程中，组织学生开展一些实际的学习活动。

（3）逐步培养与形成学生综合运用知识的能力。它要求把按学科知识的概念系统进行学习的方式，转换为按"问题－解决"建构知识的系统进行学习的方式，而且还要见诸行动，做实验、做事情、做文章、搞艺术、搞交往、搞生产。

（4）面向生活现实，培养学生的对策思维。问题来源于生活。在教导学生向书本学习时，还需把学生的目光引向现实，其中包括学生生活的现实、校园生活的现实、社会生活的现实、国际生活的现实等，对照书本，以发现和提出问题，谋划和讨论问题的解决，并采取与问题相称的可能的行动，以培养学生的对策思维与解决问题的实践能力。

2013年 上海师范大学333教育综合·真题解析

一、名词解释

苏格拉底法

苏格拉底法也称"问答法""产婆术"，是由讥讽、助产术、归纳和定义四个步骤组成的独特的方法。这是苏格拉底探讨伦理哲学的研究方法，也是他的教学方法。

元认知

元认知就是对认知的认知，具体地说，是关于个人自己认知过程的知识和调节这些过程的能力，是对思维和学习活动的认知和控制。

教育制度

教育制度是指一个国家各级各类实施教育的机构体系及其组织运行的规则。它包括相互联系的两个方面：一是各级各类教育机构与组织；二是教育机构与组织赖以存在和运行的规则，如各种相关的教育法律、规则、条例等。

德育过程

德育过程是学生在教师的引导下，主动积极地进行道德认识和道德实践，逐步提高自我修养能力，形成个人品德的过程。

教育性教学

教育性教学原则是指以教学来进行教育的原则。赫尔巴特指出，不存在"无教学的教育"，也不存在"无教育的教学"。即教育是通过教学，而且只有通过教学才能真正产生实际作用，教学是道德教育的基本途径。

二、简答题

1. 问题的种类和举例。

【答案要点】

问题是指个体想做某件事，但不能马上知道完成这件事所需采取的一系列行动。每一个问题都必然包含三种成分：第一，给定信息，指有关问题初始状态的一系列描述；第二，目标，指有关问题结果状态的描述；第三，障碍，指在解决问题的过程中必然会遇到的种种需解决的因素。

（1）依据问题结构的完整性，可分为结构良好问题和结构不良问题。结构良好问题是指问题的给定状态、目标状态以及用于转换状态的方法均已清楚规定，如1+1=2。结构不良问题是指问题的给定状态、目标状态以及用于转换状态的方法中的一项或几项缺乏明确的界定，如全球水资源短缺。

（2）依据解决者对问题的熟悉程度，可分为常规问题和非常规问题。常规问题是指与问题解决者已经解决的问题相同或非常相似的问题，如代数题。非常规问题是指不同于问题解决者已经解决过的问题，需要给出一个新的解决方案，如编写一段计算机程序。

（3）依据解决问题所需的算子质量，可分为一般领域的问题和专门领域的问题。一般领域的问题是指解决问题所需要的特定领域的专业知识相对较少，又称为知识贫乏领域的问题，如传教士和野人过河问题、河内塔问题。专门领域的问题是指包含了大量特定学科领域的专业知识，又称作知识丰富领域的问题，如心理咨询。

2. 教师劳动特点。

【答案要点】

（1）教师劳动的复杂性。教师劳动的复杂性主要受以下三方面的影响：第一，学生状况的复杂性决定着教师劳动的复杂性；第二，教师任务的多样性制约着教师劳动的复杂性；第三，影响学生发展因素的广泛性制约着教师劳动的复杂性。

（2）教师劳动的示范性。教育是教师引导、培养学生的活动，它要求教师以身作则，具有示范性。教师的劳动对象是处在发展过程中的青少年学生，他们具有尊敬教师、乐于接受教师的教导、以教师为表率的所谓"向师性"的特点。因此，教师必须严格要求自己，以身作则，通过示范的方式去影响学生，以便取得最佳教育效果。

（3）教师劳动的创造性。教师劳动创造性的最重要特征之一是他的工作对象，即儿童经常在发生变化，永远是新的，今天同昨天就不一样。此外，教师劳动的创造性还表现在因材施教上，表现在对教育、教学的原则、方法、内容的运用、选择和处理上，表现在教育教学过程中，教师对各种突发情况做出及时反应、妥善处理的应变能力上。

（4）教师劳动的专业性。教师劳动的专业性突出表现在教师对育人的崇高敬业精神和道德修养上，对教育教学专门化知识和技能的掌握与教育活动的自主权上。

3. 卢梭的自然主义教育理论。

【答案要点】

卢梭自然主义教育的核心是"回归自然"。一方面，善良的人性存在于纯洁的自然状态之中。只有"回归自然"、远离喧嚣社会的教育，才有利于保持人的善良天性。因此15岁之前的教育必须在远离城市的农村进行。另一方面，每个人都是由自然的教育、事物的教育、人为的教育三者培养起来，只有三种教育圆满地结合才能达到预期的目的。三者之中，应以自然的教育为基准，才能使教育回归自然达到应有的成效。

自然教育最终目的是培养"自然人"，即身心调和发达、体脑两健、能力强盛的新人，也就是摆脱封建羁绊的资产阶级新人。具有以下特征：第一，自然人是能独立自主的人，他能独自体现出自己的价值；第二，在自然的秩序中，所有的人都是平等的；第三，自然人又是自由的人，他是无所不宜、无所不能的；第四，自然人还是自食其力的人，可无须仰赖他人为生，这是独立自主的可靠保证。

卢梭根据自然教育的原则，根据人的自然发展的进程和不同年龄时期身心的特点，把自然教育分为婴儿期、儿童期、少年期和青春期。

卢梭提出的自然主义教育思想是教育思想史上由教育适应自然向教育心理学化过渡的一个重要环节。在封建社会压制人性的情况下，提倡性善论，尊重儿童天性具有历史进步意义。他呼吁培养身心调和发展的自然人和自由人也反映了对人的发展的合理要求。

4. 简要阐述《学记》的原则。

【答案要点】

（1）豫时孙摩。

①预防性原则：要求事先估计学生可能会产生的种种不良倾向，预先采取预防措施。

②及时施教原则：要求掌握学习的最佳时机，适时而学，适时而教。

③循序渐进原则：教学必须遵循一定的顺序，包括内容的顺序和年龄的顺序。

④学习观摩原则：学习要相互观摩，取长补短。同时，借助集体的力量进行学习。

（2）长善救失。长善救失原则要求教师懂得并掌握教育的辩证法，坚持正面教育，善于因势利导，利用积极因素，克服消极因素，将缺点转化为优点。

（3）启发诱导。君子的教育在于诱导学生，靠的是引导而不是强迫服从，是启发而不是全部讲解。只有这样，才能调动学生学习和思考的积极性、主动性，使学生的思维能力得到锻炼和发展。

（4）藏息相辅。既有有计划的正课学习，又有课外活动和自习，有张有弛，让学生感受到学习的乐趣，感受到老师、同学的可亲可爱，使学习成为学生的一种内在需要。

三、分析论述题

1. 试论述蔡元培的"五育"并举的教育方针。

【答案要点】

蔡元培是中国近代著名的资产阶级革命家和民主主义教育家。1912年初，蔡元培发表《对教育方针之意见》一文，从"养成共和国民健全之人格"的观点出发，提出军国民教育、实利主义教育、公民道德教育、世界观教育和美感教育的"五育"并举教育思想，成为制定民国元年教育方针的理论基础。

（1）军国民教育。指将军事教育引入到学校和社会教育之中，让学生和民众受到一定的军事教育和训练。在学校教育中，强调学生生活的军事化，特别是体育的军事化。蔡元培认为，军国民教育并不是理想社会的教育，但在中国仍有提倡的必要。当时的中国不论是在国际形势还是国内形势上都处于不利地位，蔡元培提倡的军国民教育，有寓兵于民、对抗军阀拥兵自雄、捍卫民主共和的良苦用心。

（2）实利主义教育。即密切教育与国民经济生活的关系，加强职业技能的培训，使教育能发挥提高国家经济能力和改善人民生活水平的作用。蔡元培指出，世界各国的竞争不仅在军事，更在经济，武力需要财力的支持。而中国丰富的自然资源并未得到有效利用，人民失业，国家贫穷，因此需要发展实利主义教育。

（3）公民道德教育。蔡元培认为，公民道德的基本内容不外乎法国资产阶级革命所标榜的自由、平等、博爱，虽然与封建道德的专制等级性不相容，但他明确指出中国传统伦理特别是儒家伦理中的一些基本范畴，其内涵是与自由、平等、博爱的精神相通的。蔡元培尊重文化的继承性和发展性的统一。因此他在摒弃封建道德专制性和等级性的同时，汲取其中有利于资产阶级道德建设的养分。

（4）世界观教育。是蔡元培独创并被作为教育的最高境界。世界观教育就是要培养人们立足于现象世界但又超脱现象世界而贴近实体世界的观念和精神境界。现象世界中的人，由于存在人我差别的意识、追求幸福的意识，而纠缠于由此产生的种种矛盾。在实体世界中，人们摆脱了现象世界的种种矛盾，实现意志的完全自由和人性的最大发展，思想和言论也不受某一门哲学或宗教教义的束缚。

（5）美感教育。美感教育与世界观教育紧密联系。蔡元培认为，美感介于现象世界和实体世界之间，是两者之间的桥梁。世界观教育是引导人们具有实体世界的观念，但不是靠简单的说教可以实现的，其有效的方式是通过美感教育，利用美感这种超越利害关系、人我之分界的特性去破除现象世界的意识，陶冶、净化人的心灵。所以，美感教育是世界观教育的主要途径。大力提倡美感教育是蔡元培教育思想和实践的一个重要特点。

蔡元培认为，"五育"不可偏废，其中军国民教育、实利主义教育、公民道德教育偏于现象世界，隶属于政治教育；世界观教育和美感教育以追求实体世界之观念为目的，为超越政治的教育。根据当时流行的德、智、体三育的说法，蔡元培认为，军国民教育为体育，实利主义教育为智育，公民道德教育为德育，美感教育可以辅助德育，世界观教育将德、智、体三育合而为一，是教育的最高境界。学校中每种教学科目虽于"五育"中各有侧重，但又同时兼通数育。

2. 论述赫尔巴特的教学思想。

【答案要点】

赫尔巴特是19世纪德国著名的哲学家、心理学家、教育家。他明确提出把教育学建立成为一门独立学科的设想，被视为"科学教育学之父"、"教育性教学"的倡导者以及教学形式阶段的发明者。主要著作有《普通教育学》《教育学讲授纲要》等。

在教学思想方面，赫尔巴特提出教学进程理论和教学形式阶段理论。

（1）教学进程理论。统觉过程的完成大体上具有三个环节：感官的刺激、新旧观念的分析和联合、统觉团的形成。与此相应，赫尔巴特提出了三种不同的教学方法：单纯提示的教学、分析教学和综合教学。这三种教学方法的联系，就产生了所谓的"教学进程"。

①单纯提示的教学，即直观教学。目的在于通过感官的运用，得到一些与儿童以及观察过的事物相类似，并与之有关联的感觉表象，从而为观念的联合做准备。

②分析教学。对不同的观念和表象进行区分，有助于形成观念的复合或融合，为观念的联合做好准备。

③综合教学，即新旧观念的联合。通过综合教学，形成了观念的联合，即获得了新的知识和概念。

（2）教学形式阶段理论。赫尔巴特的教学形式阶段，实际上就是课堂教学的完整过程，是一个包括教学方法、教学形式等内在的规范化的教学程序。

他认为，兴趣活动可以划分为四个阶段：注意、期待、要求和行动。儿童在学习活动中的思维方式有两种：专心与审思。在此基础上，他提出了教学形式阶段理论，即"赫尔巴特四段教学法"。

①明了或清晰：当一个表象由自身的力量突出在感官前，兴趣活动对它产生注意；这时，学生处于静止的专心活动；教师通过运用直观教具和讲解的方法，进行明确的提示，使学生获得清晰的表象，以做好观念联合，即学习新知识的准备。

②联合或联想：由于新表象的产生并进入意识，激起原有观念的活动，因而产生新旧观念的联合，但又尚未出现最后的结果；这时，兴趣活动处于获得新观念前的期待阶段；教师的主要任务是与学生进行无拘无束的谈话，运用分析的教学方法。

③系统：新旧观念最初形成的联系并不是十分有序的，因而需要对前一阶段由专心活动得到的结果进行审思；兴趣活动处于要求阶段；这时，需要采用综合的教学方法，使新旧观念间的联合系统化，从而获得新的概念。

④方法：新旧观念间的联合形成后需要进一步巩固和强化，这就要求学生自己进行活动，通过练习巩固新习得的知识。

赫尔巴特的阶段教学论，在一定程度上揭示了教学过程方面的某些规律，反映了人类对教学过程和教学活动本质认识的发展，具有广泛的实践意义是值得充分肯定的；但是，该理论认为任何一堂课都必须遵循这样一个阶段，既限制了学生学习的积极主动性和创造精神，也束缚了教师教学的主动性和灵活性。

3. 比较分析陈述性知识和程序性知识的异同。

【答案要点】

从信息加工的角度，分为陈述性知识和程序性知识。陈述性知识，是关于"是什么"的知识，是对事实、定义、规则和原理等的描述。容易被人意识到，并且人能够明确地用词汇或者其他符号将其系统地表述出来。程序性知识，是关于"怎么做"的知识，如怎样进行推理、决策或者解决某类问题等。

两者的比较：

（1）不同点：

①定义。陈述性知识是关于"是什么"的知识，是对事实、定义、规则和原理等的描述。容易被人意识到，并且人能够明确地用词汇或者其他符号将其系统地表述出来。程序性知识是关于"怎么做"的知识，如怎样进行推理、决策或者解决某类问题等。

②表征方式。陈述性知识的表征方式有概念、命题和命题网络、表象等，程序性知识主要以产生式为表征。

③获得机制。陈述性知识的获得机制是同化。程序性知识的获得机制是产生式。

④学习过程。陈述性知识的学习要经历理解符号代表的意义，建立符号与事物之间的等值关系，对事实进行归类，掌握同类事物的关键特征，理解概念、事实之间的关系等一系列步骤。需要的是理解和记忆。程序性知识的学习在此基础上还包括两个相互联系的地方：模式识别和动作序列。

（2）相同点：

陈述性知识和程序性知识在实际的学习与问题解决活动中是相互联系的。在实际活动中，陈述性知识常常可以为执行某个实际操作程序提供必要的信息。在学习中，陈述性知识常常是学习程序性知识的基础。反过来，程序性知识的掌握也会促进陈述性知识的深化。

上海师范大学 333 教育综合·真题解析

一、名词解释

教育目的

教育目的是对教育活动所要培养的人的个体素质的总的预期与设想，是对社会历史活动的主体的个体素质的规定。它体现一定社会对受教育者质量规格的界定和要求，也体现人自身发展所应该达到的水准和高度。

苏格拉底法

苏格拉底法也称"问答法""产婆术"，是由讥讽、助产术、归纳和定义四个步骤组成的独特的方法。这是苏格拉底探讨伦理哲学的研究方法，也是他的教学方法。

教学

教学是在一定教育目的规范下，在教师有计划的引导下，学生能动地学习、掌握系统的课程预设的科学文化基础知识，发展自身的智能与体力，养成良好的品行与美感，逐步形成全面发展的个体素质的活动。简言之，教学是在教师引导下学生能动地学习知识以获得素质发展的活动。

京师同文馆

京师同文馆最初是作为外语学校设立的，是近代中国被动开放的产物，1902年，京师同文馆并入京师大学堂。在教学内容的设置上，重视外语学习以及科学技术的学习。就其历史地位而言，它是洋务学堂的开端，也是中国近代新教育的开端。

德育过程

德育过程是学生在教师的引导下，主动积极地进行道德认识和道德实践，逐步提高自我修养能力，形成个人品德的过程。

"五育"并举

1912年初，蔡元培发表《对于教育方针之意见》一文，提出了军国民教育、实利主义教育、公民道德教育、世界观教育和美感教育"五育"并举的教育思想，成为制定民国教育方针的理论基础。

二、简答题

1. 简述教学评价的原则。

【答案要点】

（1）客观性原则。教学评价要客观公正、科学合理，切实反映教师的教学质量和学生的学业水平，不能掺杂个人情感，不能主观臆断，这样才能使人信服。

（2）发展性原则。教学评价应着眼于学生的学习成绩的进步与能力的发展，其目的在于激励学生的积极性和创造性，而不是压抑和扭曲学生的发展。

（3）指导性原则。教学评价应在指出师生的长处与不足的基础上提出建设性意见，以便他们扬长避短，不断前进。

（4）计划性原则。教学评价应当全面规划，使每门学科都能依据制度与教学进程的要求，有计划、规范地进行教学评价，以确保其效果和质量。

2. 董仲舒的三大文教政策。

【答案要点】

（1）三大文教政策的内容。

①"推明孔氏，抑黜百家"。这是文教政策的总纲领，董仲舒论证了儒学在封建政治中应居独一无二的统治地位。

②兴太学以养士。为了保证封建国家在统治思想上的高度统一，也为了改变统治人才短缺的局面，董仲舒提出了"兴太学以养士"的建议，即由国家设立学校，培养贤士。实际上，兴办太学，政府直接掌握教育大权，决定人才的培养目标，也是整齐学术、促进儒学独尊的重要手段之一。

③重视选举，任贤使能。针对汉初人才选拔和使用中的弊端，董仲舒提出了加强选举、合理任用人才的主张。董仲舒提出了一套严格的选士方案，同时强调"量材而授官，录德而定位"的用人思想。这里的"材""德"是以儒家的经术和道德观念为标准的。这些主张，对促进儒学取得独尊地位有重要的作用。

（2）采取的措施为：第一，专立五经博士；第二，开设太学；第三，确立察举制。

3. 简述绅士教育思想的主要观点。

【答案要点】

洛克认为教育的最高目的在于培养绅士。所谓绅士教育，就是培养既具有封建贵族遗风，又具有新兴资产阶级特点的新式人才的教育。他主张把社会中上层家庭的子弟培养成为身体强健、举止优雅、有德行、智慧和实际才干的事业家。

对于绅士教育，洛克更重视性格训练而非知识学习。在《教育漫话》中，洛克从体育、德育、智育三方面对其进行了论述。

（1）体育。"健康之精神寓于健康之身体"。洛克把健康的身体看作绅士事业成功、生活幸福的首要条件。他注重年轻绅士的身体保健和健康教育，并把游泳、骑马、击剑当作绅士教育的重要内容之一。洛克希望每个绅士的身体必须适应可能遇到的艰苦环境。他认为身体强健的主要标准是能忍耐劳苦，而学会忍耐劳苦则须从小逐渐养成习惯，不要间断。

（2）德育。洛克把德行放在比知识更重要的地位，他认为绅士应该具备三种品德：有远虑，富有同情心或仁爱之心，有良好的教养或礼仪。其德育目标就是要造就能按这些道德规范行事的、有绅士风度的人。

（3）智育。洛克尤其强调品德重于学问；学问的内容必须是实际有用的广泛知识。洛克认为，教育必须使人适合于生活、适合于世界，而非只是适合于学校；教育在本质上是一种性格的训练，知识只能起到辅助品德的作用。因此，导师的主要任务在于年轻绅士的品德培养，有了这一点，学问则极容易用适当的方法去获得。

4. 问题的性质是什么？问题可以分为哪几种？

【答案要点】

问题是指个体想做某件事，但不能马上知道完成这件事所需采取的一系列行动。每一个问题都必然包含三种成分：第一，给定信息，指有关问题初始状态的一系列描述；第二，目标，指有关问题结果状态的描述；第三，障碍，指在解决问题的过程中必然会遇到的种种需解决的因素。

（1）依据问题结构的完整性，可分为结构良好问题和结构不良问题。结构良好问题是指问题的给定状态、目标状态以及用于转换状态的方法均已清楚规定。结构不良问题是指问题的给定状态、目标状态以及用于转换状态的方法中的一项或几项缺乏明确的界定。

（2）依据解决者对问题的熟悉程度，可分为常规问题和非常规问题。常规问题是指与问题解决者已经解决的问题相同或非常相似的问题。非常规问题是指不同于问题解决者已经解决过的问题，需要给出一个新的解决方案。

（3）依据解决问题所需的算子质量，可分为一般领域的问题和专门领域的问题。一般领域的问题是指解决问题所需要的特定领域的专业知识相对较少，又称为知识贫乏领域的问题。专门领域的问题是指包含了大量特定学科领域的专业知识，又称作知识丰富领域的问题。

三、分析论述题

1. 论述赫尔巴特的教育思想，分析其优点和局限性。

【答案要点】

（1）教育思想的理论基础。赫尔巴特教育思想具有伦理学和心理学双重理论基础。他认为伦理学为教育指明目的，而心理学则指出教育的途径、手段和障碍。

（2）道德教育理论。

①教育目的论。赫尔巴特认为，教育的基本目的可以区分为两种，即"可能的目的"和"必要的目的"。可能的目的：指与儿童未来所从事的职业有关的目的。这种目的是多方面的，教育的目的就是要发展这种多方面的兴趣，使人的各种能力得到和谐发展，即兴趣的多方面性。必要的目的：指教育所要达到的最高和最为基本的目的。即要养成内心自由、完善、仁慈、正义和公平五种道德观念。

②教育性教学原则。教育性教学原则是指以教学来进行教育的原则。赫尔巴特指出，不存在"无教学的教育"，也不存在"无教育的教学"。即教育是通过教学，而且只有通过教学才能真正产生实际作用，教学是道德教育的基本途径。

③儿童的管理与训育。赫尔巴特认为，"儿童管理"是一种道德教育，主要目的在于创造秩序，预防某些恶行，为随后进行的教学创造必要的条件。训育是指有目的地进行培养，其目的在于形成性格的道德力量，是为了美德的形成。四个阶段：道德判断、道德热情、道德决定和道德自制。具体措施：维持的训育；起决定作用的训育；调节的训育；抑制的训育；道德的训育；提醒的训育。

（3）课程理论。

赫尔巴特以其心理学说为依据，提出了较为完整的课程理论。主要观点如下：课程必须与儿童的经验和兴趣相适应；课程要与统觉过程相适应；课程必须要与儿童发展阶段相适应。

（4）教学理论。

①教学进程理论。统觉过程的完成大体上具有三个环节：感官的刺激、新旧观念的分析和联合、统觉团的形成。与此相应，赫尔巴特提出了三种不同的教学方法：单纯提示的教学、分析教学和综合教学。这三种教学方法的联系，就产生了所谓的"教学进程"。

②教学形式阶段理论。赫尔巴特的教学形式阶段，实际上就是课堂教学的完整过程，是一个包括教学方法、教学形式等内在的规范化的教学程序。他认为，兴趣活动可以划分为四个阶段：注意、期待、要求和行动。儿童在学习活动中的思维方式有两种：专心与审思。在此基础上，他提出了教学形式阶段理论，即"赫尔巴特四段教学法"。

（5）赫尔巴特教育思想的评价。

①贡献：赫尔巴特是近代教育家中试图使教育学成为一门科学的开山之祖，在历史上首次提出了心理学是一门科学并将其作为教学论的基础，在当时具有非常积极的意义。他最重要的贡献是教育性教学的理论与实践。其思想深刻影响了近代教育科学的形成与各国教育事业的发展。

②局限性：赫尔巴特教育理论受到其社会政治观点的影响，带有明显的保守色彩。他的哲学观点使其教育思想带有思辨特征。他主要关注文科中学的教育和教学，把性格形成作为教育目的，带

有旧时代贵族教育色彩。其儿童管理思想主要反映了普鲁士集权教育压制儿童的特征。他的心理学仍属于科学心理学诞生前的哲学心理学范畴，建立在这种心理学基础上的教育理论的合理性与先进性还有待商榷。

2. 论述陶行知的"生活教育"思想体系。

【答案要点】

（1）"生活即教育"。"生活即教育"是陶行知生活教育理论的核心。其内涵包括：生活含有教育的意义；实际生活是教育的中心；生活决定教育，教育改造生活。

"生活即教育"所强调的是教育以生活为中心，所反对的是传统教育脱离生活而以书本为中心。尽管它在生活与教育的区别和系统的知识传授方面有所忽视，但在破除传统教育脱离民众、脱离社会生活的弊端方面，有十分重要的意义。

（2）"社会即学校"。"社会即学校"是生活教育理论另一重要主张，是"生活即教育"思想在学校与社会关系问题上的具体化。"社会即学校"，是指"社会含有学校的意味"，或者说"以社会为学校"。由于到处是生活，到处都是教育，"整个的社会是生活的场所，亦即教育之场所"。

"社会即学校"，也指"学校含有社会的意味"。也就是说，学校通过与社会生活相结合，一方面运用社会的力量使学校进步，另一方面动员学校的力量帮助社会进步，使学校真正成为社会生活必不可少的组成部分。

"社会即学校"扩大了学校教育的内涵和作用，对于传统的学校观、教育观有所改变。传统学校与社会生活脱节，学生孤陋寡闻，而以社会为学校，使得教育的材料、教育的方法、教育的工具、教育的环境可以大大地增加，有利于拓展学生的知识，增强学生的能力。"社会即学校"，还可以使被传统学校拒之门外的劳苦大众能够受到起码的教育，贯穿了普及民众教育的苦心，同样也值得肯定。

（3）"教学做合一"。"教学做合一"是生活教育理论的又一重要主张，是"生活即教育"在教学方法问题上的具体化。其含义为：教的方法根据学的方法；学的方法根据做的方法。事怎样做便怎样学，怎样学便怎样教。教与学都以做为中心。

（4）启示。陶行知的生活教育理论是一种大众的、为人民大众服务的教育理论，且还是一种不断进取创造，旨在探索具有中国民族特色的教育道路的理论。生活教育理论还在教育观念的改变方面颇有建树，无论是强调学校教育与社会生活、生产劳动相结合，还是要求手脑并用、在劳力上劳心，都是对学校与社会割裂、书本与生活脱节、劳心与劳力分离的传统教育的反动，显示出强烈的时代气息，至今都富于启示。陶行知的生活教育理论是我国民族教育理论宝库中十分可贵的遗产，值得我们珍惜并认真研究借鉴。

3. 论述教师的素养。

【答案要点】

教师的素养有以下内容：

（1）高尚的师德。第一，热爱教育事业，富有献身精神和人文精神；第二，热爱学生，诲人不倦；第三，热爱集体，团结协作；第四，严于律己，为人师表。

（2）先进、科学的教育理念。教育理念是教师在对教育工作本质理解的基础上形成的关于教育的观念和理性信念，它是以观念或信念的形式存在于教师头脑中的对教育现象和教育问题的看法。先进、科学的教育理念体现在教师的所有努力都要有利于学生精神世界的丰富、人格尊严的维护和美好人性的成长。

（3）宽厚的文化素养。教师的主要任务是通过向学生传授科学文化知识，培养其能力，促进其个性生动活泼地发展。一个好教师的基本条件之一，就是要有比较渊博的知识和多方面的才能。因此，教师对自己所教学科知识应科学、深入地把握，能对自己所教专业融会贯通、深入浅出、高瞻远瞩，达到运用自如的境界，在教学过程中不出知识性的错误。同时，教师还应有比较广博的文化修养。

（4）专门的教育素养。教师的专门教育素养水平及其合理结构是教育教学任务得以完成的重要保证，它主要包括教育理论素养、教育能力素养和教育研究素养三个方面的内容。

（5）健康的心理素质。教师的心理健康不仅会直接影响教育工作的优劣成败，而且会影响学生的心理健康水平。因此，教师应该注重提高自己的心理素质。健康的心理素质体现在心理活动的方方面面，概括起来主要指：教师要有轻松愉快的心境、昂扬振奋的精神、乐观幽默的情绪以及坚韧不拔的毅力等。

（6）强健的身体素质。教师的身体素质是指教师在教学活动中的自然力，是教师的身体健康状态和身体素质状态在教学中的表现。它主要通过健康的体魄、旺盛的精力、蓬勃的活力、有节律的生活方式和锻炼习惯等体现。

4. 结合韦纳的三个维度，对考试成功和考试失败进行归因分析。

【答案要点】

归因理论的基本假设为寻求理解是行为的基本动因。海德最早提出归因理论，认为人们具有理解世界和控制环境两种需要，使这两种需要得到满足的根本手段就是了解人们行为的原因，他把行为的原因分为外部环境和个人原因。

罗特对归因理论进行了发展，提出控制点的概念，并依据控制点把个体分为内控型和外控型。内控型的人认为自己可以控制周围的环境，无论成功还是失败都是由于自己的能力或努力等内部因素造成的；外控型的人则感到自己无法控制周围的环境，无论成败都归因于他人的影响或运气的好坏等外在因素。

韦纳对行为结果的归因进行了系统探讨，发现人们倾向于将活动成败的原因归结为六个因素：即能力高低、努力程度、任务难易、运气好坏、身心状态、外界环境等。这六个因素可归为三个维度，即内部归因和外部归因、稳定性归因和非稳定性归因、可控归因和不可控归因。

（1）对于考试成败不同归因的影响有：

①当个体将考试成功归因于能力和努力等内部因素时，会产生骄傲、自豪感，增强自信心和动机水平。

②将考试成功归因于任务容易、运气好、别人帮助等外部原因时，则满意感较少。当个体将失败归因于能力弱、不努力等内部原因时，会产生愧疚感；将失败归因于任务太难、运气不好或教师评分不公正等外部原因时，则较少产生愧疚感。

③归因于努力相比于归因于能力，无论成败都会引发更强烈的情绪体验。努力而成功体验到愉快，不努力而失败体验到羞愧，努力而失败也应受到鼓励。

（2）考试成败归因的影响因素有：

①他人操作的有关信息。即个体根据别人的行为结果的有关信息来解释自己的行为结果的原因。如班级大部分人拿到高分，则易产生外部归因，如测试容易；班级少部分人拿到高分，则易产生内部归因，如有能力，学习刻苦等。

②先前的观念或因果图式。即个体以往的经验或行为结果的历史。如结果与之前的结果一致，则易归于稳定因素；否则归因于不稳定因素。过去因努力而成功者，更易将成功归因于努力等内部因素；若经努力而失败，则易归于不可控因素，如运气等。

③自我知觉。即个体对自己能力的看法。自认为有能力者，易将成功归因于能力，将失败归因

于教师的偏见、测验不公正等。

（3）教学应用：该理论的教育意义在于它能从学生的观点显示出学习成败的原因。了解学生的自我归因可预测其今后的学习动机。学生的自我归因未必正确却十分重要，教师应注意了解和辅导。

（4）归因理论的评价：

①优点。阐明了认知对成就动机的重要作用，韦纳对成败原因进行分类，具有高度概括性，其研究结论既有科学性也有实践价值，为教育实践提供了可行的方法和途径。

②不足。首先人对行为结果的归因是复杂多样的，六因素三维度归因是否能完全解释人类的归因尚待验证；其次按照哪些维度对归因进行分类也值得进一步研究；最后，在可控性上，对各种原因的稳定性和可控性都应持辩证的观点去看待，且不同原因的稳定性和可控性并非截然分为相对的两级。

2011年 上海师范大学 333 教育综合·真题解析

一、名词解释

稷下学宫

稷下学宫是战国时代齐国一所著名的高等学府，因其建立于齐国都城临淄的稷门附近而得名。它既是百家争鸣的中心与缩影，也是当时教育上的重要创造，稷下学宫对中国古代学术、文化和教育的发展产生过重大的历史影响。

最近发展区

维果茨基认为，在进行教学时必须注意到儿童的两种水平，一种是儿童现有的发展水平，另一种是即将达到的发展水平，维果茨基把这两种水平之间的差距称为最近发展区，即独立解决问题的真实发展水平和在成人指导下或与其他儿童合作情况下解决问题的潜在发展水平之间的差距。

苏格拉底法

苏格拉底法也称"问答法""产婆术"，是由讥讽、助产术、归纳和定义四个步骤组成的独特的方法。这是苏格拉底探讨伦理哲学的研究方法，也是他的教学方法。

教育目的

教育目的是对教育活动所要培养的人的个体素质的总的预期与设想，是对社会历史活动的主体的个体素质的规定。它体现一定社会对受教育者质量规格的界定和要求，也体现人自身发展所应该达到的水准和高度。

智力多元理论

智力多元理论由加德纳提出，该理论认为，不存在单纯的某种智力和达到目标的唯一方法，每个人都会用自己的方式来发掘各自的大脑资源，这种为达到目的所发挥的各种个人才智才是真正的智力，造就了人与人之间的不同。人的智力可以分为八种，即逻辑数学智力、语言智力、音乐智力、空间智力、身体运动智力、人际关系智力、内省智力和自然智力。

二、简答题

1. 人文主义教育特征和历史影响。

【答案要点】

人文主义教育的特征有：

（1）人本主义。人文主义教育在培养目标上注重个性发展，在教育教学方法上反对禁欲主义，尊重儿童天性，坚信通过教育这种后天的力量可以重塑个人、改造社会和自然，这些都表现出人本主义内涵，人的力量、人的价值被充分肯定。

（2）古典主义。人文主义教育思想吸收了许多古人的见解，人文主义教育实践尤其是课程设置亦具有古典性质，但这种古典主义绝非纯粹的"复古"，实则含有古为今用、托古改制的内涵，这在当时是进步的。

（3）世俗性。不论从教育目的还是从课程设置等方面看，人文主义教育洋溢着浓厚的世俗精神，教育更关注今生而非来世，这是人文主义教育与中世纪教育的根本区别。

（4）宗教性。人文主义教育仍具有宗教性，几乎所有的人文主义教育家都信仰上帝，他们虽然抨击天主教会的弊端，但不反对宗教更不打算消灭宗教，他们希冀以世俗和人文精神改造中世纪陈腐专横的宗教性，以造就一种更富世俗色彩和人性色彩的宗教性。

（5）贵族性。这是由文艺复兴运动的性质所决定的。人文主义教育的对象主要是上层子弟，教育的形式多为宫廷教育和家庭教育而非大众教育，教育的目的主要是培养上层人物如君主、侍臣、绅士等。

综上可见，人文主义教育具有两重性，进步性与落后性并存，尽管它有不足之处，但它涤荡了中世纪教育的阴霾，展露出新时代教育的灿烂曙光，开了欧洲近代教育之先河。

人文主义教育的历史影响有：

（1）教育内容发生变化。对古希腊、罗马的热情使其知识和学科成为教学主要内容，导致美育和体育复兴并关注自然知识的学习。

（2）教育职能发生变化。从训练、束缚自己服从上帝到使人更好地欣赏、创造和履行地位所赋予人的职责。

（3）教育价值观发生变化。重新发现人，重新确立了人的地位，强调人性的高贵，复兴了古希腊的个人主义价值观。

（4）复兴了古典的教育理想。形成了全面和谐发展的完人的教育观念，从中世纪培养教士的目标转向文艺复兴时期培养绅士的目标。

（5）复兴了自由教育的传统。教育推崇理性，复兴古希腊的自由教育。

（6）自然主义教育思想兴起。用自然来取代《圣经》作为引证，按照人的天性来生活，按照人的需求和本性来设置课程，尊重受教育者的兴趣、爱好、欲望和天性，出现了直观、游戏、野外活动等教育新方法。

（7）出现了新道德教育观。以原罪论为中心的道德教育已开始解体。人道主义、乐观、积极向上、热爱自由、追求平等和合理的享乐等新的道德观在人文主义的学校中开始取代天主教会的道德观。尊重儿童、反对体罚，已成为某些教育家的强烈要求。

（8）教育与劳动相结合及共产主义的教育思想。在某些空想社会主义教育思想中，首次提出教育与生产劳动相结合的思想以及成人教育的思想。人文主义者莫尔和康帕内拉还提出共产主义的理论以及所实行的教育制度。

（9）建立了新型的人文主义教育机构。

（10）促进了大学的改造和发展。

（11）教育理论不断丰富。

（12）推动了教育世俗化的历史进程。

2. 影响个体发展的因素有哪些？

【答案要点】

（1）遗传在人发展中的作用。第一，遗传素质是人的发展的生理前提，为人的发展提供可能；第二，遗传素质的成熟程度制约着人的发展过程及年龄特征；第三，遗传素质的差异性对人的发展有一定的影响；第四，遗传素质具有可塑性。

（2）环境在人的发展中的作用。第一，环境是人的发展的外部条件；第二，环境的给定性与主体的选择性。

（3）个体活动在人的发展中的作用。第一，个体活动是人的发展的决定因素；第二，个体活动制约着环境影响的内化与主体的自我建构；第三，个体通过能动的活动选择、构建着自我的发展。

（4）教育在人的发展的作用。第一，教育在人的发展中起引领作用；第二，学校教育主要通过传承文化科学知识来培养人；第三，学校教育对提高人的现代性有显著的作用。

3. 简述教学过程中直接经验与间接经验的关系。

【答案要点】

直接经验和间接经验的关系是教学过程中应当处理好的关系之一，其主要内容有：

（1）学生认识的主要任务是学习间接经验。儿童认识始于直接经验，并通过直接经验，不断扩大对世界的认识。但个人的活动范围是狭小的，无论个人如何努力，仅仅依靠直接经验来认识世界越来越不可能。学生要适应高度发展的文明社会，便必须以学习间接经验为主，便捷地掌握人类积累起来的基本科学文化知识。

（2）学习间接经验必须以学生个人的直接经验为基础。学生要把书本知识转化为自己能理解的知识，就必须依靠个人已有的或现时获得的感性经验为基础。教学中要注重联系生活与实际，利用学生已有经验，并补充学生学习新知识所必须有的感性认识，以便学生能顺利地理解书本知识并运用所学知识于实际，获得比较完全的知识。

（3）防止只重书本知识传授或直接经验积累的偏向。只重书本知识的传授或只重直接经验的积累都违反了教学的规律，割裂了间接经验与直接经验的内在联系，影响了教学质量的提高。

4. 教师专业发展的内涵。

【答案要点】

教师专业发展，又称教师专业成长，是指教师在整个专业生涯中，依托专业组织、专门的培养制度和管理制度，通过持续的专业教育，习得教育教学专业技能，形成专业理想、专业道德和专业能力，从而实现专业自主的过程。它包括教师群体的专业发展和教师个体的专业发展。

（1）教师群体的专业发展是指教师职业不断成熟，逐渐达到专业标准，并获得相应的专业地位的过程。它既是教师个体专业化的条件与保障，同时也最终代表着教师职业的专业化。主要包括：

①教育知识技能的体系化，形成学科专业和教育专业，国家对教师任职既有规定的学历标准，也有必要的教育知识、教育能力和职业道德的要求。

②国家有教师教育的专门机构、专门教育内容和措施，教师教育专业化。

③国家有对教师资格和教师教育机构的认定制度和管理制度。

④形成社会公认的教师专业团体。

（2）教师个体的专业发展是指教师作为专业人员，从专业理想到专业知识、专业能力、专业心理品质等方面由不成熟到比较成熟的发展过程，即由一个专业新手发展成为专家型教师或教育家型教师的过程。

教师个体专业发展途径包括师范教育、新教师的入职辅导、教师的在职培训、教师专业发展学校、同伴互助和教师的自我教育。

5. 斯巴达教育的特点。

【答案要点】

（1）教育目的与教育任务。

斯巴达的教育完全由国家控制。在斯巴达的教育体制中，培养英勇果敢的战士是教育的唯一目的。教育的任务是要使每一个斯巴达人在经过长期而严肃的训练后，成为一个坚韧不拔的战士和绝对服从的公民。

（2）教育过程和内容。

①斯巴达人为保证种族在体质上的"优越性"，为培养体格强壮的战士打下基础，实行严格的体检制度。公民子女出生后，由长老代表国家检查新生儿的体质情况，只抚养健康的新生儿。

②在7岁以前，公民子女在家中接受母亲的养育。

③从7岁至18岁，儿童进入国家的教育机构，开始军营生活。此阶段教育的主要任务是通过严格的军事体育训练和道德训练，使儿童养成健康的体魄、顽强的意志以及勇敢、坚忍、顺从、爱国等品质。教育的主要内容是"五项竞技"、神话和传说。此外，儿童也参加祭神、竞技和各种仪式。

④从18岁起，公民子弟进入高一级的教育机构——青年军事训练团，接受直接由军事首领组织的为期两年的强化军事训练。

⑤年满20岁的青年开始服兵役，同时承担着对少年儿童的训练任务，到30岁时正式取得公民资格，此后至60岁一直在军队中服役。

（3）女子教育。

斯巴达人非常重视女子教育。女子通常和男子接受同样的军事、体育训练，其目的是造就体格强壮的母亲，以生育健康的子女；当男子出征时，妇女能担任防守本土的职责。

三、分析论述题

1. 论述成败归因理论。

【答案要点】

归因理论的基本假设为寻求理解是行为的基本动因。海德最早提出归因理论，认为人们具有理解世界和控制环境两种需要，使这两种需要得到满足的根本手段就是了解人们行为的原因，他把行为的原因分为外部环境和个人原因。

罗特对归因理论进行了发展，提出控制点的概念，并依据控制点把个体分为内控型和外控型。内控型的人认为自己可以控制周围的环境，无论成功还是失败都是由于自己的能力或努力等内部因素造成的；外控型的人则感到自己无法控制周围的环境，无论成败都归因于他人的影响或运气的好坏等外在因素。

韦纳对行为结果的归因进行了系统探讨，发现人们倾向于将活动成败的原因归结为六个因素：即能力高低、努力程度、任务难易、运气好坏、身心状态、外界环境等。这六个因素可归为三个维度，即内部归因和外部归因、稳定性归因和非稳定性归因、可控制归因和不可控归因。

（1）不同归因的影响有：

①当个体将成功归因于能力和努力等内部因素时，会产生骄傲、自豪感，增强自信心和动机水平。

②将成功归因于任务容易、运气好、别人帮助等外部原因时，则满意感较少。当个体将失败归

因于能力弱、不努力等内部原因时，会产生愧疚感；将失败归因于任务太难、运气不好或教师评分不公正等外部原因时，则较少产生愧疚感。

③归因于努力相比于归因于能力，无论成败都会引发更强烈的情绪体验。努力而成功体验到愉快，不努力而失败体验到羞愧，努力而失败也应受到鼓励。

（2）成败归因的影响因素有：

①他人操作的有关信息。即个体根据别人的行为结果的有关信息来解释自己的行为结果的原因。如班级大部分人拿到高分，则易产生外部归因，如测试容易；班级少部分人拿到高分，则易产生内部归因，如有能力，学习刻苦等。

②先前的观念或因果图式。即个体以往的经验或行为结果的历史。如结果与之前的结果一致，则易归于稳定因素；否则归因于不稳定因素。过去因努力而成功者，更易将成功归因于努力等内部因素；若经努力而失败，则易归因于不可控因素，如运气等。

③自我知觉。即个体对自己能力的看法。自认为有能力者，易将成功归因于能力，将失败归因于教师的偏见、测验不公正等。

（3）教学应用：该理论的教育意义在于它能从学生的观点显示出学习成败的原因。了解学生的自我归因可预测其今后的学习动机。学生的自我归因未必正确却十分重要，教师应注意了解和辅导。

（4）归因理论的评价：

①优点。阐明了认知对成就动机的重要作用，韦纳对成败原因进行分类，具有高度概括性，其研究结论既有科学性也有实践价值，为教育实践提供了可行的方法和途径。

②不足。首先人对行为结果的归因是复杂多样的，六因素三维度归因是否能完全解释人类的归因尚待验证；其次按照哪些维度对归因进行分类也值得进一步研究；最后，在可控性上，对各种原因的稳定性和可控性都应持辩证的观点去看待，且不同原因的稳定性和可控性并非截然分为相对的两级。

2. 论述杜威的教育思想。

【答案要点】

杜威是20世纪美国著名的哲学家和教育家，他以实用主义哲学、民主主义政治理想和机能心理学为基础，通过批判地继承前人的思想，构建起庞大的教育哲学体系，成为现代教育的代表人物。主要著作有《民主主义与教育》《我的教育信条》等。

（1）论教育的本质。杜威对于"什么是教育"的问题，给出的回答是：教育即生活、学校即社会、教育即生长、教育即经验的持续不断的改造。

（2）论教育的目的。

教育无目的论。从教育本质论出发，杜威反对外在的、固定的、终极的教育目的，认为教育无目的。杜威所希求的是过程内的目的，这个目的就是"生长"。

教育的社会目的。杜威强调过程内的目的不等于否定社会性的目的。杜威要求教育为社会进步服务，为民主制度的完善服务。他认为教育是社会进步及社会改革的基本方法，学校是社会进步和改革的最基本和最有效的工具。在民主社会中，个人发展与社会进步是统一的。

（3）论课程与教材。

从做中学。杜威以其经验论为基础，要求从做中学、从经验中学，要求以活动性、经验性的主动作业来取代传统书本式教材的统治地位。在杜威看来，这种活动性、经验性课程既能满足儿童的心理需要，又能满足社会性的需要，还能使儿童对事物的认识具有统一性和完整性。

教材心理学化。杜威主张以"教材心理学化"来解决怎样使儿童最终获得较系统的知识而同时又能在学习过程中顾及儿童的心理水平。"教材心理学化"是指把各门学科的教材或知识各部分恢复到它所被抽象出来之前的原来的经验。这种心理化就是把间接经验转化为直接经验，即直接经验化。之后再将已经经验到的那些东西累进地发展为更充实、更丰富也更有组织的形式，即逐渐地接近提供给有技能的、成熟的人的那种教材形式。

（4）论思维与教学方法。

反省思维。杜威所力倡的反省思维是指对某个经验情境中的问题进行反复的、严肃的、持续不断的思考，其功能在于求得一个新情境，把困难解决、疑虑排除、问题解答。

五步教学法。杜威根据科学的实验主义探究方法和反省思维方式，提出了五步教学法，即创设疑难的情境、确定疑难所在、提出问题的种种假设、推断哪种假设能解决这个困难、验证这种假设。

（5）论道德教育。

杜威认为道德教育的主要任务是协调个人与社会的关系。他认为个人的充分发展是社会进步的必要条件，社会的进步又可以为个人的发展提供更好的基础。他反对过分强调个人自由和竞争的旧个人主义，而提倡强调人与人之间的合作，强调社会责任和理智作用的新个人主义。

教育的道德性和教育的社会性是相通的，道德教育应在社会性的情境中进行而不能只停留于口头说教；要求学校生活、教材、教法皆应渗透社会精神，视学校生活、教材、教法为"学校道德三位一体"，这三者都是道德教育的重要途径。

（6）杜威教育思想的影响。

①杜威是西方现代教育派的理论代表。他对传统教育的整个理论体系发起挑战，奠定了现代教育的理论大厦的基石。

②杜威是新教育的思想旗手，他的教育理论突破以往建立在主客体两分之上的传统教育的弊端，将知行合一，使教学中死的知识变为活的知识，突破了内发论和外铄论，将教育看作人与环境的交互过程中经验的观点具有很高的创造性。

③杜威奠定了儿童中心论，解决教育与儿童相脱离的问题，并通过学校与社会的统一、思维与经验的统一，解决教育与实践、学校与社会脱离的问题。

④杜威提出了做中学这一建立在新哲学和心理学基础上的新方法，拓宽了教学形式和方法，提高了教学专业化水平。

⑤杜威的教育理论对世界教育进程发挥巨大作用，对日本、中国、苏联等国具有直接的影响。

⑥杜威的理论偏重儿童、活动、经验三中心而使得教育实践忽视了系统知识的传授以致引发了自由与纪律、教师与学生关系等诸多矛盾。另外根据经验和教材心理化原则编写新型教材的设想过于理想化，难以实现。

2022年 江苏师范大学 333 教育综合·真题真练

一、名词解释
长善救失　教育的相对独立性　山海工学团　学问思辨行　发现学习　亲社会行为

二、简答题
1. 简述体育、智育、德育、美育和劳动教育这五育之间的关系。
2. 简述颜元"义利合一"的教育价值观。
3. 简述晏阳初的"四大教育"和"三大方式"的主要内容。
4. 简述赫尔巴特的教育性教学思想。

三、分析论述题
材料：某家庭教育研究专家在接受《中国教育报》采访时曾谈过："有一些家长，孩子上了大学，上了清华、北大、哈佛、牛津，就把功劳记录在自己的功劳薄上，这不是实事求是的态度。单靠哪一个家长就能把孩子送入大学？别听他们说得头头是道的，哪个孩子考上大学，主要还不是靠各级学校，各位老师的辛苦和智慧！这种贪天功为己有的做法，真不知道让人说什么好。我就不信哪个孩子不靠学校，只靠家长就能考上大学！"

问题：
1. 使用相关理论分析上述材料所反映出来的问题。
2. 随着"双减"政策落地，教培行业掀起了一大场地震。论述"双减"政策背景下，如何通过课堂教学变革促进教学过程公平。

2021年 江苏师范大学 333 教育综合·真题真练

一、名词解释
积分法　元认知　品德不良　教学做合一　螺旋式课程　生计教育

二、简答题
1. 教育的社会流动性。
2. 布鲁纳结构教学观。
3. 杜威的思维与教学方法。
4. 创造性心理。

三、分析论述题
1. 基础教育中新课改对教师提出新的要求，结合你的感受谈谈。

2. 中小学教育中，自我教育在德育中的地位和作用。
3. 试比较梁漱溟与晏阳初的教育思想。
4. 论述期望－价值理论。

2020年 江苏师范大学 333 教育综合·真题真练

一、名词解释
教育的社会流动功能　读书指导法　小先生制　致良知　自我效能感　社会规范学习

二、简答题
1. 简述个体能动性对个体发展的作用。
2. 简述书院教育特点。
3. 简述陈鹤琴"活教育"目的论。
4. 简述杜威教育本质论。

三、分析论述题
1. 简述分科课程和综合课程的关系以及对基础教育课程改革的启示。
2. 有人说"教学有法，教无定法"，谈谈你的理解。
3. 简述清朝洋务运动和日本明治维新实践指导思想和具体实施的差别。
4. 材料：张老师是个新来的老师，这个学期担任初中班级的老师，她的班级有个让他很头疼学生叫张海，张海幼年父母离异，跟着奶奶生活，学习习惯不好，经常上课开小差，或者睡觉。并且好高骛远，老师让他做作业，他不做基础题，非去做附加题，张老师多次催促他多做练习，他以"自己笨，学不会"为借口不做。
（1）请用学习动机的理论分析材料。
（2）结合材料说明影响学习动机的因素。

2019年 江苏师范大学 333 教育综合·真题真练

一、名词解释
鸿都门学　壬戌学制　课程方案　文纳特卡制　自然主义教育思想　顿悟说

二、简答题
1. 德育疏导原则及其基本要求。
2. 陶行知的生活教育理论。

3. 劳作学校的主要任务。
4. 科尔伯格的道德认知发展阶段理论。

三、分析论述题

1. 论述新时期教育的生态功能。
2. 论述课程与教学的辩证关系。
3. 评述杜威的教育无目的论。
4. 我国古代思想家墨子认为，人的发展犹如白布放进染缸，染于苍则苍，染于黄则黄。所入者变，其色亦变。请指出其中蕴含的教育理论，并加以评析。

2018年 江苏师范大学333教育综合·真题真练

一、名词解释

探究教学　陶冶　有意义学习　学习动机　六步黜陟法　绅士教育

二、简答题

1. 简述上好一堂课的要求。
2. 简述孔子"有教无类"的思想。
3. 简述杜威的教育目的理论。
4. 简述"朱子读书法"的主要内容。

三、分析论述题

1. 自古以来，对教师的角色有许多隐喻，如"教师是蜡烛，燃烧自己照亮别人""教师是人类灵魂的工程师，塑造着学生的精神世界"等。
请从"蜡烛论"和"工程师论"中任选一种教师角色的隐喻分析其蕴涵的意义。
2. 我国新基础教育课程改革中"六大目标"是什么？如何在课堂中落实？
3. 联系教学实际，谈谈如何理解赫尔巴特的"教育性教学"。
4. 联系实际谈谈如何提高学生的问题解决能力。

2017年 江苏师范大学333教育综合（A）·真题真练

一、名词解释

教师劳动的复杂性　教育目的的层次结构　美德即知识　自然后果法　心理过程　观察学习

二、简答题

1. 教育的政治功能。
2. 与儒家比较墨家教育方法的特点。
3. 终身教育思想。
4. 需要层次理论。

三、分析论述题

1. 结合事例，论述严格要求与尊重学生相结合的原则。
2. 多元智力理论以及对当代教育的启示。
3. 孔子提出的教师素质及其当代意义。
4. 我国基础教育课程改革及对教学过程的启示。

2017年 江苏师范大学 333 教育综合（B）·真题真练

一、名词解释

个性倾向性　美育　苏格拉底方法　白板说　自我效能感　学制

二、简答题

1. 教育的文化功能。
2. 书院教育的特点。
3. 斯宾塞的课程论思想。
4. 建构主义学习理论的基本观点。

三、分析论述题

1. 论述德育过程是培养学生知情信意行的过程。
2. 论述陶行知的生活教育理论及其对杜威教育思想的创新。
3. 论述科尔伯格的道德发展阶段理论及其对我国德育的启示。
4. 分析当前我国基础教育课程改革对教学过程的要求。

2016年 江苏师范大学 333 教育综合·真题真练

一、名词解释

课程计划　学校教育　最近发展区　元认知　学校制度　学习动机

二、简答题

1. 布鲁纳发现学习的步骤。
2. 简述遗传素质的含义及其在个体身心发展中的作用。
3. 简述人文主义教育的特征。
4. 简述科举制度的影响。

三、分析论述题

1. 试述私学产生的原因及其对教育发展的贡献。
2. 试述杜威对于教育本质的认识,并解析其儿童观。
3. 论述启发性原则及其在教学中运用的基本要求。
4. 论述教学过程的特点。

2015年 江苏师范大学 333 教育综合·真题真练

一、名词解释

启发性原则　人的发展的整体性　素丝说　实验教育学　夸美纽斯　同化

二、简答题

1. 简述洋务学堂。
2. 简述朱子读书法的内涵。
3. 简述泰勒理论。
4. 试述皮亚杰认知发展阶段论及对教育的启示。

三、分析论述题

1. 试述我国中小学课业负担过重的表现及原因。
2. 试述教师劳动的特点和教师的素质。
3. 试述杜威的教育本质和教育目的以及对我国教育的启示。
4. 试述韦纳的成败归因理论以及教师如何对获得成功的学生进行归因。

2014年 江苏师范大学 333 教育综合·真题真练

一、名词解释

疏导原则　相对性评价　有教无类　陶行知的"教学做合一"　最近发展区　流体智力

二、简答题

1. 简述苏格拉底的教育作用观。
2. 简述文艺复兴时期人文主义的"全人"理想。
3. 简述杜威的"五步探究教学法"。
4. 简析直接经验与间接经验的关系。

三、分析论述题

1. 个人本位论。
2. 《国家中长期教育改革与发展规划纲要（2010—2020）》提出"倡导教育家办学"。请运用教育学原理，阐述你对该政策的理解。
3. 试述问题解决的基本过程。
4. 试论科举考试制度对学校教育的影响。

2013年 江苏师范大学333教育综合·真题真练

一、名词解释

德育原则　学校管理　性相近，习相远　陶行知的"教学做合一"　认知策略　社会建构主义

二、简答题

1. 简析综合实践活动课程的基本特征。
2. 简析王守仁的道德教育观。
3. 简析蔡元培的教育独立思想。
4. 简述斯宾塞的教育科学化思想。

三、分析论述题

1. 试论知识的价值
2. 试述怎样才能有效地发挥学校教育在个体发展中的作用。
3. 试述1957年"人造卫星事件"与西方教育改革之间的关系。
4. 导致中小学学生品德不良的原因分析及其矫正策略。

2012年 江苏师范大学333教育综合·真题真练

一、名词解释

教育目的　教学原则　稷下学宫　学而优则仕　夸美纽斯　美国的《国防教育法》

二、简答题

1. 简析教师劳动的特点。
2. 简析荀子的"闻见知行"的学习观。
3. 简述陶行知的生活教育思想。
4. 简述加涅的信息加工学习理论。

三、分析论述题

1. 试论教育与人的发展的关系。
2. 推进教育公平是《国家中长期教育改革与发展规划纲要》提出的重大任务之一,谈谈你对教育公平的理解和实施策略构想。
3. 试论卢梭的自然主义教育思想。
4. 试论影响问题解决的因素与问题解决能力的培养。

2011年 江苏师范大学333教育综合·真题真练

一、名词解释

教育制度　教学策略　学记　中学为体,西学为用　苏格拉底教学法　洛克的"绅士教育"

二、简答题

1. 简析教育是一种社会现象。
2. 简析荀况的教师观。
3. 简述科举考试制度对学校教育的影响。
4. 简述人本主义学习理论的基本观点。

三、分析论述题

1. 试论教学过程的性质。
2. 联系实际,分析教育影响的一致性和连贯性原则的意义及实施要求。
3. 试论终身教育思想及其对当今学习型社会建设的意义。
4. 影响创造力发展的主要因素分析与开发培养策略设计。

2010年 江苏师范大学333教育综合·真题真练

一、名词解释

教育学　教学评价　有教无类　学在官府　骑士教育　加德纳的多元智能理论

二、简答题

1. 简析班级授课制的优势与局限。
2. 简析《学记》中的"道而弗牵、强而弗抑、开而弗达"的思想。
3. 简述孔子"学思结合"的教育思想。
4. 简述建构主义学习理论的基本观点。

三、分析论述题

1. 怎样认识义务教育的先导性、全局性、基础性地位？
2. 分析间接经验与直接经验的关系。
3. 试论杜威的教育本质观。
4. 学生品德不良的成因分析及其矫正策略。

2022年 江苏师范大学 333 教育综合·真题解析

一、名词解释

长善救失

长善救失的德育原则是指进行德育要调动学生自我教育的积极性，依靠和发扬他们自身的积极因素去克服他们品德上的消极因素，促进学生的道德成长。

教育的相对独立性

教育的相对独立性是指作为社会一个子系统的教育，它对社会的能动作用具有自身的特点和规律性，它的历史发展也有其独特连续性和继承性。主要表现在教育是培养人的活动，通过所培养的人作用于社会；教育具有自身的活动特点、规律及原理；教育具有自身发展的传统与连续性。

山海工学团

陶行知于1931年回国，从事科学普及教育，开展"科学下嫁"活动，编辑了许多科普读物。1932年，在上海郊区大场创办山海工学团，提出"工以养生，学以明生，团以保生"，力图将工厂、学校、社会打成一片，以达到普及教育的目的。

学问思辨行

《中庸》把学习过程具体概括为学、问、思、辨、行五个先后相继的步骤，即"博学之，审问之，慎思之，明辨之，笃行之"。这一表述概括了知识获得过程的基本环节和顺序，是对从孔子到荀子先秦儒家学习过程思想——学、思、行的发挥和完整表述。

发现学习

发现学习是指学生在学习情境中，经过自己探索寻找，从而获得问题答案的一种学习方式。布鲁纳所说的发现不只限于寻求人类尚未知晓的事物的行为，也包括用自己的头脑亲自获取知识的一切形式。

亲社会行为

亲社会行为是指有益于他人和社会的行为，包括助人行为、安慰、分享、合作等。个体亲社会行为发展的过程就是他们道德认识水平提高、道德情感丰富的过程。

二、简答题

1. 简述体育、智育、德育、美育和劳动教育这五育之间的关系。

【答案要点】

（1）体育：授予学生健身知识、技能，发展学生体力、增强学生体质的教育。普通中学在体育方面的要求主要是：向学生传授基本的运动知识、技能，培养他们锻炼身体和讲究卫生的良好习惯，促进他们身体的正常发育和机能的成熟，增强他们的活动能力和身体素质。

（2）智育：授予学生系统的科学文化知识、技能和发展他们智力的教育。普通中学在智育方面的要求主要是：帮助学生在小学教育的基础上进一步系统地学习科学文化基础知识，掌握相应的基本技能和技巧，拓宽文化视野，发展思维能力、想象力和创造力，养成良好的自学能力、兴趣和习惯。

（3）德育：引导学生领悟社会主义思想和道德规范，组织和指导学生的道德实践，培养学生的社会主义品德的教育。普通中学在德育方面的要求主要是：教育学生初步了解马克思主义，热爱中国共产党和社会主义祖国，热爱劳动、学习等；帮助学生提高主体意识、心理承受力、应变力等。

（4）美育：培养学生正确的审美观，发展他们鉴赏美、创造美的能力，培养其高尚情操和文明素质的教育。普通中学在美育方面的要求主要是：通过音乐、美术、文学教育等审美活动，充实学生的精神生活，培养他们感受美、欣赏美和创造美的能力，养成审美情趣和高尚情操。

（5）劳动技术教育：传授基本的生产技术知识和生产技能，培养劳动观点和劳动习惯的教育。劳动技术教育包括劳动教育和技术教育两个方面，有利于促进学生的全面发展。劳动技术教育方面的要求主要是：通过科学技术知识的教学和劳动实践，使学生了解物质生产的基本技术知识，掌握一定的职业技术知识和技能，提高动脑和动手能力，养成良好的劳动态度和劳动习惯。

总而言之，对于普通中小学学生的全面发展来说，上述五个组成部分，既相对独立、各有特点、规律和功能，缺一不可；同时，又相互制约、相互促进，组成统一的教育过程。因此，我们必须考虑到人的发展的全面性和整体性，坚持"五育"并举，处理好它们之间的关系，使其相辅相成，发挥其整体功能。

2. 简述颜元"义利合一"的教育价值观。

【答案要点】

颜元针对传统教育中"义"和"利"对立的观点提出"正其谊以谋其利，明其道而计其功"的思想，在他看来，"义"和"利"两者并非截然对立，而是能够统一起来的。

其中，"利"是"义"的基础，"正谊""明道"的目的就是为了"谋利"和"计功"。"利"不能离开"义"，而且"利"必须符合"义"。

颜元的这种思想冲破了传统的禁锢，使中国古代对于义、利关系问题的认识近乎科学。

3. 简述晏阳初的"四大教育"和"三大方式"的主要内容。

【答案要点】

晏阳初把中国农村的问题归结为"愚""穷""弱""私"四个方面，他认为，要解决这四点，就必须通过"四大教育"来进行。

（1）以文艺教育攻愚，培养知识力。具体做法是从文字及艺术教育着手，使人民认识基本文字，得到求知识的工具，以为接受一切建设事务的准备。其首要工作就是除净青年文盲，将农村优秀青年组成同学会，使他们成为农村建设的中坚分子。

（2）以生计教育攻穷，培养生产力。它从农业生产、农村经济、农村工业各方面着手，以达到农村建设的目标。

（3）以卫生教育攻弱，培养强健力。注重大众卫生和健康及科学医药的设施，使农民在他们现有经济状况下，能得到科学治疗的机会，以保证他们最低限度的健康。

（4）以公民教育攻私，培养团结力。通过激起人民的道德观念，施加良好的公民训练，使他们有公共心，团结力，有最低限度的公民常识、政治道德，以立地方自治的基础。晏阳初认为，四大教育中，公民教育是最根本的。

在定县乡村平民教育实验中，针对过去教育与社会相脱节、与生活实际相背离的弊端，在强调发挥教育的整体功能作用时，晏阳初提出了在农村推行"四大教育"的"三大方式"。

（1）学校式教育。学校式教育以青少年为主要教育对象。包括初级平民学校、高级平民学校、生计巡回学校。

（2）家庭式教育。家庭式教育的目的在于：第一，解决家校矛盾，帮助年长的家庭妇女减少对青年妇女和儿童教育的阻挠或反对，增强学校教育的效益；第二，把学校课程的某一部分交由家庭承担,使家庭关心社区的利益,乐于承担社会责任。

(3)社会式教育。社会式教育是由平民学校毕业生从各个方面发挥示范作用,积极引导和帮助全村农民按照计划接受四大教育。

4.简述赫尔巴特的教育性教学思想。

【答案要点】

教育性教学原则是指以教学来进行教育的原则。赫尔巴特指出,不存在"无教学的教育",也不存在"无教育的教学"。即教育是通过,而且只有通过教学才能真正产生实际作用,教学是道德教育的基本途径。

赫尔巴特认为教育性教学的措施为:首先要求教学的目的与整个教育的目的保持一致。因此教学工作的最高目的在于养成德行。为了实现这个最终目的,教学还必须为自己设立一个近期的、较为直接的目的,即"多方面的兴趣"。

赫尔巴特的突出贡献在于,运用其心理学的研究成果,具体阐明了教育与教学之间存在的内在的本质联系,使道德教育获得了坚实的基础;但他把教学完全从属于教育,把教育和教学完全等同起来,也是一种机械论的倾向。

三、分析论述题

1.使用相关理论分析上述材料所反映出来的问题。

【答案要点】

材料中这一现象反映的问题在于其没有全面认识到影响人的发展因素。家庭对于人的影响只是片面的,影响人的身心发展因素有遗传素质、环境、个体活动和教育等。每一个因素都在人的身心发展中起到了重要的作用,具体如下:

(1)遗传在人发展中的作用。第一,遗传素质是人的发展的生理前提,为人的发展提供可能;第二,遗传素质的成熟程度制约着人的发展过程及年龄特征;第三,遗传素质的差异性对人的发展有一定的影响;第四,遗传素质具有可塑性。

(2)环境在人的发展中的作用。第一,环境是人的发展的外部条件;第二,环境的给定性与主体的选择性。

(3)个体活动在人的发展中的作用。第一,个体活动是人的发展的决定因素;第二,个体活动制约着环境影响的内化与主体的自我建构;第三,个体通过能动的活动选择、构建着自我的发展。

(4)教育在人的发展的作用。第一,教育在人的发展中起引领作用;第二,学校教育主要通过传承文化科学知识来培养人;第三,学校教育对提高人的现代性有显著的作用。

由此可见,家庭教育并不是孩子学习成长的唯一助力,要培养人、发展人,必须把握各方面的影响因素,发挥好各方面的促进作用。教育需要学校和家庭共同助力。

2.随着"双减"政策落地,教培行业掀起了一大场地震。论述"双减"政策背景下,如何通过课堂教学变革促进教学过程公平。

【答案要点】

2021年7月,中共中央办公厅、国务院办公厅印发《关于进一步减轻义务教育阶段学生作业负担和校外培训负担的意见》,其主要目的是为了强化学校教育主阵地作用,深化校外培训机构治理,缓解家长焦虑情绪,促进学生全面发展、健康成长等。

为此,我们可以通过从课堂教学变革的以下几个方面着手,来促进教学过程的公平:

(1)遵循课程改革的六大具体目标。

①转变课程功能。改变课程过于注重知识传授的倾向,强调让学生形成积极主动的学习态度,

使学生获得基础知识与基本技能的过程同时成为学会学习和形成正确价值观的过程。

②优化课程结构。改变课程结构过于强调学科本位、科目过多和缺乏整合的现状，整体设置九年一贯的课程门类和课时比例，体现课程结构的均衡性、综合性和选择性。

③更新课程内容。改变课程内容"繁、难、偏、旧"和过于注重书本知识的现状，加强课程内容与学生生活以及现代社会和科技发展的联系，关注学生的学习兴趣和经验，精选终身学习必备的基础知识和技能。

④转变学习方式。改变课程实施过于强调接受学习、死记硬背、机械训练的现状，倡导学生主动参与、乐于探究、勤于动手，培养学生搜集处理信息的能力、获取新知识的能力、分析和解决问题的能力以及交流与合作的能力。

⑤改革课程评价。改变课程评价过分强调甄别与选拔的功能，发挥评价促进学生发展、教师提高和改进教学实践的功能。

⑥深化课程管理体系改革。改变课程管理过于集中的状况，实行国家、地方、学校三级课程管理，增强课程对地方、学校及学生的适应性。

（2）采用新型教学方式，以自主学习、合作学习和探究学习作为主要的教学方式。

①自主学习。包括学习者参与确定对自己有意义的学习目标的提出，自己制定学习进度，参与设计评价指标；学习者积极发展各种思考策略和学习策略，在解决问题中学习；学习者在学习过程中有情感的投入，有内在动力的支持，能够从学习中获得积极的情感体验；学习者在学习过程中对认知活动能够进行自我监控，并做出相应的调适。

②合作学习。指学生在小组或团队中为了完成共同任务，有明确的责任分工的互助性学习。包括积极的相互支持、配合，特别是面对面的促进性的互动；积极承担在完成共同任务中个人的责任；期望所有学生能进行有效的沟通，建立并维护小组成员之间的相互信任，有效地解决组内冲突；对于各人完成的任务进行小组加工；对共同活动的成效进行评估，寻求提高其有效性的途径。

③探究学习。是从学科领域或现实社会生活中选择和确定研究主题，在教学中创设一种类似于学术研究的情境，通过学生自主、独立地发现问题、实验、操作等探索活动，获得知识、技能、情感与态度的发展，特别是探索精神和创新能力的发展的学习方式和学习过程。

（3）从对教师的要求着手，教师应做到以下几点：

①树立平等、民主的教育观。教师应当树立平等、民主的教育观，对自身角色进行重新定位，关注学生的需求，走进学生的内心。新课改要求教师从传统的教育观中跳出来，不仅仅关注学生的考试分数的多少，而更应该面向全体学生，做到"一切为了学生，为了学生一切，为了一切学生"，使学生的能力得到全面发展。

②改变传统的教学模式。教师应当在新课改理念的指导下，转变传统教学模式，增强师生之间的互动，形成教师引导，学生主动探索的教学方法，让学生合作探究、独立思考、增强学生的主动性、创造性。

③不断提高自身素养。教师在教育教学战线上的作用不可替代，教师对学生的影响力之大使得教师必须不断提高自身内在素质。教师一方面要积极补充知识、保证自己知识储备的广泛性；另一方面应当积极反思，通过自我反思不断改善教学，从而更好地完成新课改提出的要求。

④具有良好的心理素质。由于教师职业的特殊性，在面对来自各方面的压力下，不少教师处于心理亚健康状态。这种不健康的心理不仅会给教师的个人生活带来困扰，也会给学生带来不适，不利于教师教学工作的开展和学生身心健康的发展。因此，教师要积极观察自己的身心健康状态，及时地调整自己、提高自己的心理适应能力。

2021年 江苏师范大学333教育综合·真题解析

一、名词解释

积分法

积分法是元朝国子学的重要特点之一，是累积计算学生全年学业成绩的方法。它始于宋朝太学，至元朝国子学趋于完善，明清继承和发展了该方法。其基本内容为根据学生月考成绩，优等者加一分，中等者加半分，下等者不加分，年终积至八分以上则升上一等级，不能升级者来年积分归零。

元认知

元认知就是对认知的认知，具体地说，是关于个人自己认知过程的知识和调节这些过程的能力，是对思维和学习活动的认知和控制。

品德不良

品德不良是指个体具有的不符合社会道德要求的道德品质与道德行为，表现为个体经常违反道德准则或犯有较严重的道德过错，有的甚至处在犯罪的边缘或已有轻微的犯罪行为。

教学做合一

"教学做合一"是陶行知生活教育理论的重要主张，是"生活即教育"在教学方法问题上的具体化。其含义为教的方法根据学的方法，学的方法根据做的方法。事怎样做便怎样学，怎样学便怎样教。教与学都以做为中心。

螺旋式课程

螺旋式课程组织是指在不同单元或阶段，乃至同课程门类中，使课程内容重复出现，螺旋上升、逐渐扩大知识面，加深知识难度，即前面的内容是后面内容的基础，后面内容是对前面内容的不断扩展和加深，且层层递进。

生计教育

生计教育是美国教育总署署长马兰于1971年倡导的一种教育。他提出，生计教育的实质在于以职业教育和劳动教育为核心，引导帮助人们学会许多新的知识和技能，以在适应瞬息万变的社会的过程中，实现个人生存与社会发展的双重目的。这种教育要求以职业教育为中心重新建立教育制度。

二、简答题

1. 教育的社会流动性。

【答案要点】

教育的社会流动功能是指社会成员通过教育的培养、筛选和提高，能够在不同的社会区域、社会层次、职业岗位、科层组织之间转换、调整和变动，以充分发挥其个人的智慧才能，实现其人生价值。它包括横向流动功能和纵向流动功能。前者指改变其环境而不提升其社会层级地位，后者指改变其社会层级地位及作用。

教育的社会流动功能在当代的重要意义有：

（1）教育是个人社会流动的基础。如今，不管从事什么行业，要在社会上生存与流动，就要有一定的文化知识和能力，必须接受一定的教育。它使享受这一教育的人能够选择自己将要从事的职业，参与建设集体的未来和继续学习。

（2）教育是现代社会流动的主要通道。今天，我国农村的年轻一代要成功地进行社会流动，尤其是向上流动，必须经过教育，甚至只有经过优质的高等教育才能实现。

（3）教育深刻影响社会公平。教育的社会流动，实质上涉及教育机会均等与社会公平问题。到近代，人们才逐步提出普及教育与入学机会人人均等的要求。如今，各国纷纷实行普及义务教育制度，注重教育公平，这是教育发展的趋势。

2. 布鲁纳结构教学观。

【答案要点】

（1）教学的目的在于理解学科的基本结构。

学科知识结构就是某一学术领域的基本观念，不仅包括一般原理，还包括学习的态度和方法，掌握某一知识结构就是理解它与许多其他事物之间有意义的联系。学习学科的基本结构的必要性有促进理解、利于记忆、增强迁移、引导知识体系形成。

（2）发现学习的准备性。

布鲁纳认为任何一门学科最基本的观念都是既简单又强有力的，他提出任何学科的基础都可以用某种适当的形式教给任何年龄的任何人，主张向儿童提供具有挑战性但又合适的机会使其发展步步向前，引导儿童智慧发展。

（3）培养直觉思维。

布鲁纳认为直觉思维、预感的训练是正式的学术学科和日常生活中创造性思维的重要特征，他指出鼓励猜想在培养直觉思维中的重要性。

（4）激发内在动机。

布鲁纳强调学习是一个主动的过程，主张教师要使学生主动地参加到学习中去，并且体验到有能力掌控他的外部世界，以此来激发学生的内在学习动机。

（5）学科基本结构的教学原则。

①动机原则。布鲁纳认为，内部动机是维持学习的基本动力。学生具有三种最基本的内在动机，即好奇内驱力、胜任内驱力和互惠内驱力。

②结构原则。为了使学习者容易理解教材的一般结构，教师必须采取最佳的知识结构进行传授。布鲁纳认为任何知识结构都可以用动作、图像和符号三种表征方式来呈现。

③程序原则。布鲁纳认为，教学就是引导学习者有条不紊地陈述一个问题或大量知识的结构，以提高他们对所学知识的掌握、转化和迁移的能力。

④强化原则。为了提高学习效率，学习者还必须获得反馈，知道结果如何。教学规定适当的强化时间和步调是学习成功重要的一环。

3. 杜威的思维与教学方法。

【答案要点】

杜威反对以教师、教科书、教室为中心的传统教学方法而提出"从做中学"，这是一种通过主动作业、在经验的情境中思维的方法，从而达到经验与思维的统一、思维与教学的统一、课程与作业的统一、教材与教法的统一。

杜威所力倡的反省思维是指对某个经验情境中的问题进行反复的、严肃的、持续不断的思考，其功能在于求得一个新情境，把困难解决、疑虑排除、问题解答。

杜威根据科学的实验主义探究方法和反省思维方式，提出了五步教学法，五个阶段的顺序并不固定，实际思维中，有时两个阶段可以合二为一。

（1）创设疑难的情境。学生要有一个真实的经验的情境，要有一个对活动本身感兴趣的连续的活动。

（2）确定疑难所在。在这个情境内部产生一个真实的问题，作为思维的刺激物。

（3）提出问题的种种假设。他要占有知识资料，从事必要的观察，对付这个问题。

（4）推断哪种假设能解决这个困难。他必须有条不紊地展开他所想出的解决问题的方法。

（5）验证这种假设。他要有机会和需要通过应用检验他的观念，使这个观念意义明确，并且让他自己发现它们是否有效。

4. 简述创造性心理。

【答案要点】

创造性是由多种心理因素构成的复合体，其心理结构具有多维性。张大均等认为创造性是由多种心理品质有机结合构成的心理结构系统，主要包括创造性认知品质、创造性人格品质和创造性适应品质三个子系统。

（1）创造性认知品质。创造性认知品质是指创造性心理结构中与认知加工有关的部分，它是创造性心理活动的核心。创造性认知品质主要包括创造性想象、创造性思维、创造性认知策略三个方面。

（2）创造性人格品质。创造性人格品质是有创造性的人所具有的个性特点。创造性人格品质包括创造性动力特征、创造性情意特征、创造性人格特质等。

（3）创造性适应品质。创造性适应品质是指个体在其创造性认知品质和创造性人格品质的基础上，在自己特定年龄阶段所规定的社会生活背景中，通过与社会生活环境的相互作用，所表现出来的对外在社会环境进行创造性的操作应对，对内在创造过程进行调适所表现出来的创造性行为倾向，具体表现为创造行为习惯、创造策略和创造技法的掌握运用等。

三、分析论述题

1. 基础教育中新课改对教师提出新的要求，结合你的感受谈谈。

【答案要点】

（1）树立平等、民主的教育观。教师应当树立平等、民主的教育观，对自身角色进行重新定位，关注学生的需求，走进学生的内心。新课改要求教师从传统的教育观中跳出来，不仅仅关注学生考试分数的多少，而更应该面向全体学生，做到"一切为了学生，为了学生一切，为了一切学生"，使学生的能力得到全面发展。

（2）改变传统的教学模式。教师应当在新课改理念的指导下，转变传统教学模式，增强师生之间的互动，形成教师引导、学生主动探索的教学方法，让学生合作探究、独立思考，增强学生的主动性、创造性。

（3）不断提高自身素养。教师在教育教学战线上的作用不可替代，教师对学生的影响力之大使得教师必须不断提高自身内在素质。教师一方面要积极补充知识、保证自己知识储备的广泛性；另一方面应当积极反思，通过自我反思不断改善教学，从而更好地完成新课改提出的要求。

（4）具有良好的心理素质。由于教师职业的特殊性，在面对来自各方面的压力下，不少教师处于心理亚健康状态。这种不健康的心理不仅会给教师的个人生活带来困扰，也会给学生带来不适，不利于教师教学工作的开展和学生身心健康的发展。因此，教师要积极观察自己的身心健康状态，及时地调整自己、提高自己的心理适应能力。

2. 中小学教育中，自我教育在德育中的地位和作用。

【答案要点】

在德育过程中，要引导学生积极参与社会学习、生活交往和道德践行，培养和提升他们的思想品德素质，均有赖于发挥学生个人的能动性和自我教育能力。

自我教育能力的培养的意义：一方面，自我教育能力是德育的一个重要条件，只有注意培养与提高学生的这种能力，德育才能进行得更顺利、更有效；另一方面，学生的自我教育能力的形成又是学生思想道德发展过程的一个重要标志。

自我教育能力主要由自我期望能力、自我评价能力、自我调控能力所构成。

（1）自我期望能力，是个体设定自我发展愿景的能力。它是自我教育的内在目的和动力。儿童自幼就有做"好孩子""好学生"的热切期望，这是学生自我期望能力发展的心理基础。

（2）自我评价能力，是个体对自我发展现状和趋势的评判能力。它是进行自我教育的认识基础。

（3）自我调控能力，是在自我评价的基础上建立起来的自觉调节、控制自己思想与行为的能力。它是进行自我教育的重要机制。

儿童自我意识与自我教育能力的发展是有规律的，大致是从"自我中心"发展到"他律"，又从"他律"发展到"自律"。教师应该依据这一规律，从实际出发，因势利导，有目的地培养学生的自我意识，提高学生的自我期望、自我评价和自我调控能力，形成和发展他们的自我教育能力，充分发挥他们在自身品德建构中的主体作用。

3. 试比较梁漱溟与晏阳初的教育思想。

【答案要点】

晏阳初把中国农村的问题归结为"愚""穷""弱""私"四个方面，他认为，要解决这四点，就必须通过"四大教育"来进行。"四大教育"是指以文艺教育攻愚，培养知识力；以生计教育攻穷，培养生产力；以卫生教育攻弱，培养强健力；以公民教育攻私，培养团结力。在定县乡村平民教育实验中，针对过去教育与社会相脱节、与生活实际相背离的弊端，在强调发挥教育的整体功能作用时，晏阳初提出了在农村推行"四大教育"的"三大方式"。"三大方式"为学校式教育、家庭式教育和社会式教育。

梁漱溟提出乡村建设和乡村教育理论。乡村建设和乡村教育是一个问题的两个方面，乡村建设应以乡村教育为方法，而乡村教育需以乡村建设为目标，建设和教育二者不可分离。乡村教育的实施为乡农学校的设立，乡农学校分村学和乡学两级。从教育程度上分，文盲和半文盲入村学，识字的成年农民入乡学；从行政功能上分，村学是乡学的基础组织，乡学是村学的上层机构。乡农教育的课程分为两大类：第一类是各校共有的课程，包括识字、唱歌等普通课程和精神讲话，尤重后者。第二类是各校根据自身生活环境需要而设置的课程，如匪患严重的乡村，可成立农民自卫武装组织，进行自卫训练等。

其教育思想的对比如下：

相同点：

（1）都认为解决中国的问题要从农村出发。晏阳初认为中国所有的问题都是人的问题，中国85%以上的人在农村，要普及平民教育，就要去到农村。梁漱溟认为中国绝大多数的人在农村，中华文化的根在农村，而农村也是最急需建设的地方，所以中国建设要从农村开始。

（2）都重视乡村教育在乡村建设中的作用。

（3）都把乡村教育与地方实业技术相结合。晏阳初的"四大教育"和梁漱溟的"两类课程"中均涉及地方农业经济、农业科学技术等的学习。

不同点：

（1）对中国问题的分析不同。晏阳初认为中国的问题是"愚""贫""弱""私"，梁漱溟认为是严重的文化失调。

（2）实施乡村教育的形式不同。晏阳初是"三大方式"，梁漱溟是设立乡农学校。

（3）乡村教育的具体内容不同。晏阳初是"四大教育"，梁漱溟是"两类课程"。

4. 论述期望-价值理论。

【答案要点】

将期望和诱因看作动机的决定因素，这种观点的发展引出了期望-价值理论。该理论的基本假设是：行为的发生依赖于个体认识到的行为导致目标实现的可能性以及目标的主观价值。

成就动机是指一种努力克服障碍、施展才能、力求又快又好地解决某一问题的愿望或趋势。它是在人的成就需要的基础上产生的，是激励个体从事自己认为重要或有价值的工作，并力求获得成功的一种内在驱动力。

其理论内容为：

（1）阿特金森在前人的基础上提出了期望-价值理论，他认为人们在追求成就时存在两种倾向：一种是力求成功的倾向，另一种是避免失败的倾向。一个人的成就行为体现了这两种倾向的冲突。

（2）根据两类倾向在个体的动机系统中所占的强度，可以将个体分为力求成功者和避免失败者。力求成功者的目的是获取成功，因而倾向于选择难度适中的任务，通过完成具有挑战性的任务提高其自尊心和获得心理上的满足；而避免失败者倾向于选择最易或最难的任务，即便失败也能找到借口以减少失败感。

在实际教学过程中应注意的是，虽然成就动机对学习具有重要影响，但也不能片面地只讲个人的成就和个人的自我提高。教师必须引导学生认识学习的社会价值，把追求个人成就和追求社会进步结合起来，并使个人成就服从与整个社会进步的需要。

成就动机理论把人的动机的情感方面与认知方面统一起来，揭示出了影响成就动机的一些变量和规律，并用大量的实证研究证实和检验了其理论假设的合理性和客观性，在动机理论研究上取得了突破性进展。但其理论模型还不够完善，有缺陷，如过分重视内部因素的作用而忽视了外部因素的作用，成就动机与整个人格特征的关系尚缺乏充分的研究。

2020年 江苏师范大学333教育综合·真题解析

一、名词解释

教育的社会流动功能

教育的社会流动功能是指社会成员通过教育的培养、筛选和提高，能够在不同的社会区域、社会层次、职业岗位、科层组织之间转换、调整和变动，以充分发挥其个人的智慧才能，实现其人生价值。它包括横向流动功能和纵向流动功能。

读书指导法

读书指导法是指教师指导学生通过阅读教科书、参考书以及获取或巩固知识的方法。包括指导学生预习、复习、阅读参考书、自学教材等。

小先生制

"小先生制"是指人人都要将自己认识的字和学到的文化随时随地教给别人，而儿童是这一传授过程的主要承担者。尤其重要的是"小先生"的责任不止在教人识字学文化，而是在"教自己的学生做小先生"，由此将文化知识不断推广。

致良知

"致良知"是王守仁的重要观点，"良知"不仅是宇宙的造化者，而且也是伦理道德观念。王守仁认为良知具有三个特点：它与生俱来，不学自能，不教自会；它为人人所具有，不分圣愚；良知不会泯灭。但是"良知"也有致命的弱点，即在与外物接触中，由于受物欲的引诱，会受昏蔽。

自我效能感

自我效能感由班杜拉提出，是指个体对自己能否成功进行某一成就行为的主观判断。它影响着个体对行为的选择，付出多大努力以及坚持多久。

社会规范学习

社会规范学习是指个体接受社会规范，内化社会价值，将外在的行为要求内化为自己的行为需要，从而建构主体内部的社会行为调节机制的过程，即社会规范的内化过程。其目的在于使个体适应社会生活。

二、简答题

1. 简述个体能动性对个体发展的作用。

【答案要点】

（1）个体活动是人的发展的决定因素。

个体的活动、个体的社会实践是个体与环境互动的中介，是个体发展的基础，是个体发展的决定性因素。学生的主体活动既是学生存在和发展的方式，又是教育的重要基础。教育必须通过引领和组织学生的主体活动来促进学生的身心与个性的发展。

（2）个体活动制约着环境影响的内化与主体的自我建构。

人在同环境的相互作用的过程中，既改造着环境，也在改造环境的活动中发展和提升了个人的素质，从人的发展的视域看，实质上是一个自我建构的过程。学生的能动性主要表现为：在教育者的影响下，在积极参与社会生活和交往活动的基础上能动地进行自我认识、自我发展和自我建构。

（3）个体通过能动的活动选择、构建着自我的发展。

个人通过能动的活动不仅能把握自己与外部世界的关系，而且能把自身的发展当作自己认识的对象和自觉实践的对象，选择与建构自己的发展。人的发展的过程就是通过能动的活动不断自我超越的过程。

2. 简述书院教育特点。

【答案要点】

书院最初属于私学性质，尽管在发展的过程中有官学化倾向，但在培养目标、管理形式、课程设置、教学方法以及师生关系等方面都表现出与官学不同的特点。

（1）书院精神。书院以自由讲学为主，注重讨论，学术风气浓厚，开辟了新的学风，推动了教育和学术的发展。

（2）书院功能。育才、研究和藏书。

（3）培养目标。注重人格修养，强调道德与学问并进，培养学生的学术志趣。

（4）管理形式。较为简单，管理人员少，强调学生遵照院规自我约束、自我管理为主。

（5）课程设置。灵活具有弹性，教学以学生自学、独立研究为主，师生、学生之间注重质疑问难与讨论。

（6）教学组织。教学与研究相结合，教学形式多样，注重讲明义理，躬亲实践。

（7）规章制度。书院作为一种教育制度得以确立，在教育目标、教学方法、教学顺序等方面用学规的形式加以阐明，最著名的是《白鹿洞书院揭示》，它说明南宋后书院已经制度化。

（8）师生关系。较之官学更为平等、学术切磋多于教训，学生来去自由，关系融洽、感情深厚。

（9）学术氛围。教学与学术研究并重，学术氛围自由宽松，人格教育与知识教育并重。

总之，书院既是集藏书、教育和学术活动于一体的机构，又是学者以文会友的场所，具有较广泛的社会文化教育功能。

3. 简述陈鹤琴"活教育"目的论。

【答案要点】

陈鹤琴提出"活教育"的目的是："做人，做中国人，做现代中国人"。

（1）"做人"是"活教育"最为一般意义的目的。"活教育"提倡学习如何做人，如何求社会进步、人类发展。学会"做人"，是个体参与社会生活，增进人类全体，同时也是个体幸福的基础。

（2）"做中国人"体现了"活教育"目的的民族特征，指要懂得爱护这块生养自己的土地，爱自己国家长期延续的光荣历史，爱与自己共命运的同胞。并且，应该与其他中国人团结起来共同谋国家发展。

（3）"做现代中国人"体现了时代精神，有五个具体方面的要求：要有健全的身体；要有建设的能力；要有创造的能力；要能够合作；要服务。

"活教育"目的论从普遍而抽象的人类情感和认识理性出发，逐层赋予教育以民族意识、国家观念、时代精神和现实需求等含义，使教育目标逐渐具体，表达了陈鹤琴对人的发展、教育与社会变革的追求。

4. 简述杜威教育本质论。

【答案要点】

杜威对于"什么是教育"的问题，给出的回答是：教育即生活、学校即社会、教育即生长、教育即经验的持续不断的改造。其关于教育的本质的观点如下：

（1）教育即生活。杜威认为教育是生活的过程，学校是社会生活的一种形式，那么学校生活也是生活的一种形式。

①学校生活应与儿童自己的生活相契合，满足儿童的需要和兴趣，使校园成为儿童的乐园，使儿童在现实的学校生活中得到乐趣。

②学校生活应与学校以外的社会生活相契合，适应现代社会变化的趋势并成为推动社会发展的重要力量，校园不应是世外桃源而应积极参与社会生活。

（2）学校即社会。杜威"学校即社会"意在使学校生活成为一种经过选择的、净化的、理想的社会生活，使学校成为一个合乎儿童发展的雏形的社会。而要将此落于实处，就必须改革学校课程，从分科课程转变为活动课程。

（3）教育即生长。杜威针对当时教育无视儿童天性，消极对待儿童，不考虑儿童的需要和兴趣的现象，提出了"教育即生长"的观念。

（4）教育即经验的持续不断的改造。教育即经验的持续不断的改造是指构成人的身心的各种因素在外部环境和人的主动经验过程中统一的全面改造、发展、生长的连续过程。

三、分析论述题

1. 简述分科课程和综合课程的关系以及对基础教育课程改革的启示。

【答案要点】

（1）分科课程。

分科课程也称学科课程，是指根据学校培养目标和科学发展，分门别类地从各门科学中选择适合学生年龄特征与发展水平的知识所组成的教学科目。

其特点包括：第一，重视成人生活的分析及对儿童为适应未来社会生活需要所做准备的要求，有明确的目的与目标；第二，能够按照人类整理的科学文化知识的逻辑系统，结合学生身心发展的特点进行教学；第三，强调课程与教材内在的伦理精神价值和智能训练价值。

其优点在于符合学生认识特点，便于在短时间内掌握人类长期积累起来的科学文化知识与基本技能；缺点为往往忽视儿童现实的兴趣与欲求，易与学生的生活和经验脱节，使学生被动、消极，造成死记硬背等弊端。

（2）综合课程。

综合课程又称"广域课程""统合课程"或"合成课程"。它采取合并相关学科的办法，减少教学科目，把几门学科的教学内容组织在一门综合学科之中，根本目的是克服学科课程分科过细的缺点。

其优点在于比较容易贴近社会现实和实际生活，通过把多种学科的相关内容融合在一起，构成新的课程。其缺点包括：第一，教材的编写：通晓各门学科的人才较少，聘请教师来编写综合课程的教材会有一定的难度；第二，师资问题：过去培养的师资专业划分过细，那些只受过单一学科训练的教师难以胜任综合课程的教学。

（3）对于基础教育课程改革的启示在于，我们应增强课程内容的生活化、综合化。首先，加强课程与学生生活和现实社会的联系；其次，设置许多综合型学科，推进课程的综合化，对已有的课程结构进行改造；再次，各分科课程都在尝试综合化的改革，强调科学知识同生活世界的交汇，理性认识同感性经验的融合。

2. 有人说"教学有法，教无定法"，谈谈你的理解。

【答案要点】

"教学有法"强调的是教学活动可以根据一定的方法进行。教学方法指为完成教学任务而采用的方法，包括教师教的方法和学生学的方法，是教师引导学生探讨与掌握知识技能、获得身心发展而共同活动的方法。我国中小学常用的教学方法有讲授法、谈话法、练习法、演示法、实验法、实习作业法、讨论法、研究法、问题教学法和读书指导法等。

教学方法是将知识的教育价值转化为学生精神财富的手段。教学方法的选择与设计取决于面临的教学任务、学科知识的特点与学生的经验基础。现代教学提倡以系统的观点为指导来选用教学方法，优化教学。主要的依据如下：

（1）学科的任务、内容和教学法特点，课题与课时的教学目的和任务。

（2）教学过程、教学原则和班级上课的特点。

（3）学生的情趣、水平、智能的发展与个别差异、独立思考能力、学习态度、学风与习惯。

（4）教师的思想与业务水平、实际经验与能力、教学的习惯与特长。

（5）学生参与教学过程中的答问、讨论、作业、评析的积极性与水平。

（6）师与生双边活动的配合、互动的状况与质量。

（7）班、组活动与个人活动结合的状况，课堂教学、课外作业与课外活动结合的状况与质量。

(8)学校与地方可能提供的物质与仪器设备、社会条件、自然环境等。

(9)学科、单元、课题乃至每节课所规定的课时,其他可利用的时间,如早、晚自习等。

(10)对可能取得的成效的缜密预计与意外状况出现时的应变措施。

"教无定法"是指教学方法不是一成不变的,可以结合使用,也应该针对不同的学生选择适用的教学方法,强调因材施教。

3. 简述清朝洋务运动和日本明治维新实践指导思想和具体实施的差别。

【答案要点】

(1)指导思想的异同:洋务教育的指导思想是"中学为体,西学为用";明治维新教育改革的指导思想是"文明开化"与"和魂洋才"。

相同点:都重视引进和兴办西式近代教育,又希望不丢掉本国文化传统的根本。

不同点:洋务教育旨在保留封建教育的同时,兴办西式近代教育;明治维新教育改革以否定封建教育为前提,兴办西式近代教育。

(2)改革措施的异同:

相同点:第一,都采用了向海外派遣留学生的措施;第二,都聘请洋教员执教、办理西式近代学校。

不同点:

①洋务教育未能使教育改革与社会改革同步进行;明治维新则使教育改革与社会改革同步进行。

②洋务教育只是当时中国教育体系中的一小部分,且主要集中于专门教育;明治维新则对教育进行了全面而系统的改革,涉及各级各类教育。

③兴办洋务教育的主体是部分具有危机和开放意识的官员,未能获得全国统一教育领导机构的有力支持,力量薄弱;明治维新教育改革确立了以文部省为首的中央集权式的教育管理体制,是通过政府动员全国力量进行的,力量强大。

4. 问1:请用学习动机的理论分析材料。

问2:结合材料说明影响学习动机的因素?

【答案要点】

问1:成就动机是指一种努力克服障碍、施展才能、力求又快又好地解决某一问题的愿望或趋势。它在人的成就需要的基础上产生的,是激励个体从事自己认为重要或有价值的工作,并力求获得成功的一种内在驱动力。

该理论的内容为:

(1)阿特金森在前人的基础上提出了期望-价值理论,他认为人们在追求成就时存在两种倾向:一种是力求成功的倾向,另一种是避免失败的倾向。一个人的成就行为体现了这两种倾向的冲突。

(2)根据两类倾向在个体的动机系统中所占的强度,可以将个体分为力求成功者和避免失败者。力求成功者的目的是获取成功,因而倾向于选择难度适中的任务,通过完成具有挑战性的任务提高其自尊心和获得心理上的满足;而避免失败者倾向于选择最易或最难的任务,即便失败也能找到借口以减少失败感。

材料中的张海同学就是典型的避免失败者,因为害怕失败所以选择做最难的附加题,却不愿意好好打好基础进行学习。

问2:影响学生学习动机的因素有:

(1)需要与目标结构。每个学生认知需要的强度不同,反映在学习动机上也有强度差异。学生的学习目标可分为两类,即掌握目标和成绩目标。掌握目标定向者倾向于把学习的成败归因于内部原因，成绩目标定向者倾向于把学习的成败归因于运气、能力和任务难度等外部原因。

（2）成熟与年龄特点。年幼儿童的动机主要是生理性动机，随着年龄的增长，社会性动机及其作用也日益增长。年幼儿童对生理安全过分关注，而中学生对社会影响比较关注。

（3）性格特征与个别差异。学生的兴趣爱好、好奇心、意志品质都影响着学习动机的形成。

（4）志向水平与价值观。学生的人生观、世界观、价值观所直接反映的理想情况或志向水平影响其学习动机和目标结构的形成。

（5）焦虑程度。焦虑程度会影响学习动机和学业成绩。大量研究表明，中等程度的焦虑对学习是有益的，焦虑程度过低或过高都会对学习产生不良影响。

（6）家庭环境与社会舆论。社会要求通过家庭对学生的动机起影响作用；在学生动机形成过程中，家庭文化背景、精神面貌也起着极其重要的作用。

（7）教师的榜样作用。教师是学生学习动机的榜样；教师的期望也会对学生的动机和行为产生不同的影响；教师还是沟通社会、学校的要求与学生的成长，形成正确动机的纽带，要善于把各种外部因素与学生的内部因素结合起来。

2019年 江苏师范大学 333 教育综合·真题解析

一、名词解释

鸿都门学

鸿都门学创办于东汉灵帝时期，因校址位于洛阳的鸿都门而得名。鸿都门学在性质上属于一种研究文学艺术的专门学校，规模曾发展到千人以上。鸿都门学的创办是统治集团内部各派政治力量的较量在教育上的反映，同时也与汉灵帝的个人爱好有密切关系。

壬戌学制

1922年，教育部在北京专门召开了学制会议，同年11月公布了《学校系统改革案》。该学制又被称为"新学制"或"壬戌学制"，由于采用的是美国式的六三三分段法，又称"六三三学制"。壬戌学制最显著的特点是根据儿童身心发展规律划分教育阶段。

课程方案

课程方案是指教育机构或学校为了实现教育目的而制定的有关课程设置的文件。我国普通中小学的课程方案是指在国家的教育目的与方针的指导下，为实现各级基础教育的目标，由国家教育主管部门制定的有关课程设置、顺序、学时分配以及课程管理等方面的政策性文件。

文纳特卡制

文纳特卡制是美国进步主义教育家华虚朋在芝加哥的文纳特卡镇所实施的个别教学实验，也称"文纳特卡计划"。主要内容包括：重视使学校的功课适应儿童的个别差异；将个别学习和小组学习结合起来，个性发展与社会意识的培养相联系；将课程分为两个部分：共同知识或技能和创造性的、社会性的作业。

自然主义教育思想

卢梭自然主义教育的核心是"回归自然"。一方面,善良的人性存在于纯洁的自然状态之中。只有"回归自然"、远离喧嚣社会的教育,才有利于保持人的善良天性。另一方面,每个人都是由自然的教育、事物的教育、人为的教育三者培养起来,只有三种教育圆满地结合才能达到预期的目的。三者之中,应以自然的教育为基准,才能使教育回归自然达到应有的成效。

顿悟说

顿悟说是由格式塔学派提出的早期认知学习理论,在格式塔心理学家看来,学习就是知觉的重新组织。人在认知活动中需要把感知到的信息组织成有机的整体,在头脑中构造和组织一种格式塔,对事物、情境的各个部分及其相互关系形成整体理解,而不是对各种经验要素进行简单的集合。这一过程不是渐进的试误的过程,而是顿悟。也就是通过对问题情境的观察,理解它的各个部分的构成及其相互关系,分析出制约问题解决的各种条件,从而发现通向目标的途径。

二、简答题

1. 德育疏导原则及其基本要求。

【答案要点】

德育的疏导原则是指进行德育要循循善诱、以理服人,从提高学生认识入手,调动学生的主动性,使他们积极向上。也称循循善诱原则。

贯彻疏导原则的基本要求有:

(1)讲明道理、疏通思想。对青少年进行教育,要注重摆事实、讲道理,做深入细致的思想工作,启发他们自觉认识问题,自觉履行道德规范。即使学生有了缺点、毛病,行为上出现了过失、错误,也要注重疏通思想,提高认识,启发自觉。

(2)因势利导、循循善诱。青少年学生活泼爱动、精力旺盛。他们在课余生活中,唱唱跳跳、奔跑喊叫,积极参加自己喜爱的活动。这是学生身体和心理健康的表现,是很自然的事。不可一味要求他们安安静静、循规蹈矩,像小大人一样。重要的问题在于,善于把学生的积极性和志趣引导到正确方向上来。

(3)以表扬、激励为主,坚持正面教育。青少年学生积极向上,有自尊心、荣誉感;但往往有孩子气,不能正确认识社会和人生问题。教师要给以启示、指点,使他们放眼社会、懂事明理,从幼稚中醒悟,关心他人、祖国和世界,树立自己的理想。在他们的成长过程中,要坚持正面教育,对他们表现的积极性和微小的进步,都要注意肯定,多加赞许、表扬和激励,引导他们步步向前,以培养他们的优良品德。批评与处分只能作为辅助的方法。

2. 陶行知的生活教育理论。

【答案要点】

"生活即教育"是陶行知教育思想的核心,集中反映了他在教育目的、内容和方法等方面的主张,反映了陶行知探索适合中国国情和时代需要的教育理论的努力。

(1)生活即教育。"生活即教育"是陶行知生活教育理论的核心,其内涵十分丰富。第一,生活含有教育的意义;第二,实际生活是教育的中心;第三,生活决定教育,教育改造生活。

(2)社会即学校。"社会即学校"是生活教育理论另一重要主张,是"生活即教育"思想在学校与社会关系问题上的具体化。社会即学校是指社会含有学校的意味,或者说以社会为学校;社会即学校也指学校含有社会的意味,也就是说,学校通过与社会生活相结合,一方面运用社会的力量使学校进步，另一方面动员学校的力量帮助社会进步，使学校真正成为社会生活必不可少的组成部分。

（3）教学做合一。"教学做合一"是生活教育理论的又一重要主张，是"生活即教育"在教学方法问题上的具体化。"教学做合一"要求在"劳力上劳心"，认为"行是知之始"，要求"有教先学"和"有学有教"，是对注入式教学法的否定。

3. 劳作学校的主要任务。

【答案要点】

凯兴斯泰纳认为，劳作学校是一种最理想的学校组织形式，是为国家培养有用公民的重要教育机构。"劳作"在教育学上的定义是：首先，"劳作"不只是体力上的，而且是一种身心并用的活动；其次，"劳作"与游戏、运动和活动不同，"劳作"既有客观目的，又须经受艰辛，所以富有教育意义；再次，"劳作"应能唤起个人客观兴趣，使学生有内心要求，照自己的计划想方设法去完成，并检验自己的劳动成果。

（1）基本精神：让学生在自动的创造性的劳动活动中，得到性格的陶冶。

（2）三项任务。

①职业陶冶的预备。即帮助学生将来能在国家的组织团体中担任一种工作或一种职务。

②职业陶冶的伦理化。要求把所任的职务看作郑重的公事，要把个人的工作与社会的进步联系在一起，把职业陶冶与性格陶冶结合起来。

③团体的伦理化。要求在学生个人伦理化的基础上，把学生组成工作团体，培养其互助互爱、团结工作的精神。

（3）教学内容和方法以及教育教学的管理。

①必须把"劳作学校"列为独立科目，并聘请专门的技术教员。

②改革传统科目的教学，着重培养和训练学生逻辑思考的本领和自主自动的能力。

③发展学生的公民和社会技能，以团体工作为基本原则，发展利他主义，强调社会利益。

4. 科尔伯格的道德认知发展阶段理论。

【答案要点】

美国心理学家科尔伯格认为儿童道德的发展是分阶段的，他在研究中发现道德发展不是只有两个水平，而应该有多个水平，提出了著名的"三水平六阶段"的道德发展阶段论。

（1）前习俗水平。大约出现在幼儿园及小学低中年级阶段。该时期的特征是儿童遵守规范，但尚未形成自己的主见，着眼于人物行为的具体结果，关心自身的利害。包括惩罚和服从的定向阶段和工具性的相对主义定向阶段。

（2）习俗水平。在小学中年级以上出现，一直到青年、成年。该时期的特征是个人逐渐认识到团体的行为规范，进而接受并付诸实践。包括人际协调的定向阶段和维护权威或秩序的定向阶段。

（3）后习俗水平。该阶段已经发展到超越现实道德规范的约束，达到完全自律的境界，这个水平是理想的境界，成人也只有少数人才能达到。包括社会契约的定向阶段和普遍道德原则的定向阶段。

三、分析论述题

1. 论述新时期教育的生态功能

【答案要点】

（1）树立建设生态文明的理念。

通过在学校里和社会上加强生态文明的教育与宣传，让学生从小养成爱护自然、节约资源、保护生态环境的思想情感，从而逐步在全社会牢固树立建设生态文明的观念。

（2）普及生态文明知识，提高民族素质。

造成生态灾害与失衡的原因很多，大多都与人的素质不高相关。因此，我们应当有计划地向学生普及生态文明知识，并注意指导与督促他们将知识运用于生活实践。只要从小普及生态文明知识，养成保护生态环境的行为习惯，最终就能提高民族的生态文明素质。

（3）引导建设生态文明的社会活动。

生态文明建设关涉社会的移风易俗，因此，学校的生态文明教育不应局限在校内，要组织学生参加到社区的生态文明建设中去。

2. 论述课程与教学的辩证关系。

【答案要点】

（1）大教学小课程。认为教学是上位概念，课程是包含于其中的，只是教学的一个部分，从而教学理论包含课程理论。典型的代表是苏联教育家和我国一些学者，他们认为课程是教学内容的代名词，属于教学的一部分；课程也往往被具体化为教学计划、教学大纲和教科书三部分，课程理论主要研究教学内容的设计、编制和改革。

（2）大课程小教学。认为课程涵盖的范围要宽于教学，教学只不过是课程的一个组成部分。认为教学只是课程的实施与设计，教学理论只是课程理论的一个组成部分。

（3）目的与手段的关系。在一定程度上两者还可以被认为是内容与形式的关系，正是因为这种"胎连式"关系，"课程-教学"一词已被人们接受且被广泛采用。

3. 评述杜威的教育无目的论。

【答案要点】

杜威是20世纪美国著名的哲学家和教育家，他以实用主义哲学、民主主义政治理想和机能心理学为基础，通过批判地继承前人的思想，构建起庞大的教育哲学体系，成为现代教育的代表人物。主要著作有《民主主义与教育》《我的教育信条》等。

"教育无目的"是杜威关于教育目的的观点。杜威从教育本质论出发，杜威反对外在的、固定的、终极的教育目的，认为教育无目的。杜威所希求的是过程内的目的，这个目的就是"生长"。

杜威认为在非民主的社会里，教育目的是外在于并强加于教育过程的，包含权威与专制色彩。而在民主的社会里，教育目的应该内在于教育的过程之中，杜威主张以生长为教育的目的，其主要意图在于反对外在因素对儿童发展的压制，在于要求教育尊重儿童愿望和要求，使儿童从教育本身中、从生长过程中得到乐趣。

4. 我国古代思想家墨子认为，人的发展犹如白布放进染缸，染于苍则苍，染于黄则黄。所入者变，其色亦变。请指出其中蕴含的教育理论，并加以评析。

【答案要点】

材料中蕴含的教育理论为墨子提出的"素丝说"。

墨子在人的教育方面提出"素丝说"，他以素丝和染丝为喻来说明人性及其在教育下的改变和形成。他认为人性不是先天所成，生来的人性如同待染的素丝，下什么色的染缸，就成什么样颜色的丝，即有什么样的环境与教育就造就什么样的人。从而引申出教育的社会作用在于主张通过教育建立一个民众平等、互助的"兼爱"社会。

这一思想从人性平等的立场出发认识和阐述教育作用，较之孔子的人性论，在社会意义方面有所进步。（可结合生活实际，展开阐述）

2018年 江苏师范大学 333 教育综合·真题解析

一、名词解释

探究教学

探究教学是指在教师引导下，学生主要通过积极参与对问题的分析、探索，主动地发现或建构新知，获得学习与探究的方法、能力与科学人文精神的教学。

陶冶

情境陶冶法指通过创设良好的教育情境，潜移默化地培养学生品德的方法。它利用暗示原理，让学生通过无意识的心理活动来接受某种影响。包括人格感化、环境陶冶和艺术陶冶等。

有意义学习

有意义学习由奥苏伯尔提出，有意义学习就是符号所代表的新知识与学习者认知结构中已有的适当观念建立非任意的和实质性的联系。有意义学习的类型包括表征学习、概念学习和命题学习。

学习动机

学习动机是动机在学习活动中的表现，是引起和维持个体进行学习活动，并使活动朝向一定的学习目标，以满足某种学习需要的一种内部心理状态。它的主要内容包括知识价值观、学习兴趣、学习效能感和成败归因。

六步黜陟法

六步黜陟法又称六等黜陟法，是清朝地方官学生员资格等级的升降条例。地方官学生员分为三等：廪膳生、增广生、附学生，学生按岁、科考试成绩被分为六等，决定升降惩罚。岁试得一等成绩者递补廪膳生；二等成绩者递补增广生；三等成绩者不升不降；四等成绩者挞责；五等成绩者降级；六等成绩者黜革。

绅士教育

绅士教育由洛克提出。洛克认为教育的最高目的在于培养绅士。所谓绅士教育，就是培养既具有封建贵族遗风，又具有新兴资产阶级特点的新式人才的教育。他主张把社会中上层家庭的子弟培养成为身体强健、举止优雅、有德行、智慧和实际才干的事业家。

二、简答题

1. 简述上好一堂课的要求。

【答案要点】

上好课，是提高教学质量的关键。应以现代教学理念为指导，遵循教学规律与原则，创造性地运用教学方法，并注重做到以下几点：

（1）明确教学目的。这是上好一堂课的前提。

（2）保证教学的科学性与思想性。这是上好一堂课的基本质量要求。

（3）调动学生的学习积极性。这是上好一堂课的内在动力。

（4）注重解惑纠错。这是上好一堂课的关键。

（5）组织好教学活动。这是上好一堂课的保障。

（6）布置好课外作业。

2. 简述孔子"有教无类"的思想。

【答案要点】

"有教无类"的本意是不分贵贱贫富和种族，人人都可以入学接受教育。孔子的教学实践切实地贯彻了这一办学方针，他的弟子来自各个诸侯国，分布地区广泛；弟子成分复杂，出身于不同的阶级和阶层，大多数出身于平民。

"有教无类"作为私学的办学方针与官学的办学方针相对立，打破贵贱、贫富和种族的界限，把受教育的范围扩大到平民，这是历史的进步。

3. 简述杜威的教育目的理论。

【答案要点】

（1）教育无目的论。从教育本质论出发，杜威反对外在的、固定的、终极的教育目的，认为教育无目的。杜威所希求的是过程内的目的，这个目的就是"生长"。

杜威认为在非民主的社会里，教育目的是外在于并强加于教育过程的，包含权威与专制色彩。而在民主的社会里，教育目的应该内在于教育的过程之中，杜威主张以生长为教育的目的，其主要意图在于反对外在因素对儿童发展的压制，在于要求教育尊重儿童愿望和要求，使儿童从教育本身中、从生长过程中得到乐趣。

（2）教育的社会目的。杜威强调过程内的目的不等于否定社会性的目的。杜威要求教育为社会进步服务，为民主制度的完善服务。他认为，教育是社会进步及社会改革的基本方法，学校是社会进步和改革的最基本和最有效的工具。在民主社会中，个人发展与社会进步是统一的。

教育要培养具有良好公民素质、民主思想和生活能力的人，要培养具有科学思想和精神，能解决实践问题的人，要培养具有道德品质和社会意识的人，要培养具有一定职业素养的人。

4. 简述"朱子读书法"的主要内容。

【答案要点】

朱熹一生酷爱读书，对于如何读书有深切的体会，并提出了许多精辟的见解。他的弟子将其概括为"朱子读书法"六条。

（1）循序渐进。朱熹主张读书要"循序渐进"，意思是读书要按一定的次序，不要颠倒；应根据自己的实际情况和能力，安排读书计划，并切实遵守它；读书要扎扎实实打好基础，不可囫囵吞枣，急于求成。

（2）熟读精思。朱熹认为，读书既要熟读成诵，又要精于思考。熟读有利于理解，熟读的目的是为了精思。精思就是发现问题和解决问题的过程。

（3）虚心涵泳。所谓"虚心"是指读书时要虚怀若谷，静心思虑，仔细体会书中的意思，不要先入为主，牵强附会；所谓"涵泳"是指读书时要反复咀嚼，细心玩味。

（4）切己体察。强调读书不能仅仅停留在书本上和口头上，而必须要见之于自己的实际行动，要身体力行。

（5）着紧用力。包含两方面意思，其一，必须抓紧时间，发愤忘食，反对悠悠然；其二，必须抖擞精神，勇猛奋发，反对松松垮垮。

（6）居敬持志。既是朱熹道德修养的重要方法，也是他最重要的读书法。"居敬"是读书时精神专一，注意力集中；"持志"是要树立远大的志向和高尚的目标，并要以顽强的毅力坚持下去。

三、分析论述题

1. 自古以来，对教师的角色有许多隐喻，如"教师是蜡烛，燃烧自己照亮别人""教师是人类灵魂的工程师，塑造着学生的精神世界"等。请从"蜡烛论"和"工程师论"中任选一种教师角色的隐喻分析其蕴涵的意义。

【答案要点】

教师历来有"人类灵魂工程师"的美称，要成为名副其实的灵魂工程师，首先必须有美好的心灵。在今天，拥有丰富的知识已不再是为师者的决定性条件或主要素养，高尚、健全的人格才是为师者的灵魂。要塑造美好的心灵，必须以教师的健全人格、美的心灵、活的灵魂为前提。

此题属于开放性问题，考生只需要围绕该题目进行正确的阐述即可，可从不同的视角进行分析论述。若考生缺乏思路，可参考教师的劳动特点或教师的专业发展做出解答，没有标准答案，言之有理即可。

2. 我国新基础教育课程改革中"六大目标"是什么？如何在课堂中落实？

【答案要点】

新一轮基础教育课程改革的"六大目标"为：

（1）转变课程功能。改变课程过于注重知识传授的倾向，强调形成积极主动的学习态度，使学生获得基础知识与基本技能的过程同时成为学会学习和形成正确价值观的过程。

（2）优化课程结构。改变课程结构过于强调学科本位、科目过多和缺乏整合的现状，整体设置九年一贯的课程门类和课时比例，体现课程结构的均衡性、综合性和选择性。

（3）更新课程内容。改变课程内容"繁、难、偏、旧"和过于注重书本知识的现状，加强课程内容与学生生活以及现代社会和科技发展的联系，关注学生的学习兴趣和经验，精选终身学习必备的基础知识和技能。

（4）转变学习方式。改变课程实施过于强调接受学习、死记硬背、机械训练的现状，倡导学生主动参与、乐于探究、勤于动手，培养学生搜集处理信息的能力、获取新知识的能力、分析和解决问题的能力以及交流与合作的能力。

（5）改革课程评价。改变课程评价过分强调甄别与选拔的功能，发挥评价促进学生发展、教师提高和改进教学实践的功能。

（6）深化课程管理体系改革。改变课程管理过于集中的状况，实行国家、地方、学校三级课程管理，增强课程对地方、学校及学生的适应性。

要落实新一轮的课程改革可以通过对教学过程的要求着手。对教学过程的要求有以下几点：

（1）转变教学观念。新的教学观强调教学的开放性和灵活性，要求教师紧密联系学生的生活实际，创设生动有趣的情境，加强实际运用的训练等。

（2）更新教学方式。以自主学习、合作学习和探究学习作为主要的教学方式。

（3）转变师生关系。学校应当是教师和学生这两类主体"交互作用"形成的"学习共同体"。"学习共同体"的中心使命是使所有儿童都有接受优质教育的权利。

3. 联系教学实际，谈谈如何理解赫尔巴特的"教育性教学"。

【答案要点】

教育性教学原则是指以教学来进行教育的原则。赫尔巴特指出，不存在"无教学的教育"，也不存在"无教育的教学"。即教育是通过，而且只有通过教学才能真正产生实际作用，教学是道德教育的基本途径。

赫尔巴特认为教育性教学的措施为：首先要求教学的目的与整个教育的目的保持一致。因此教学工作的最高目的在于养成德行。为了实现这个最终目的，教学还必须为自己设立一个近期的、较为直接的目的，即"多方面的兴趣"。

赫尔巴特的突出贡献在于，运用其心理学的研究成果，具体阐明了教育与教学之间存在的内在的本质联系，使道德教育获得了坚实的基础；但他把教学完全从属于教育，把教育和教学完全等同起来，也是一种机械论的倾向。

4.联系实际谈谈如何提高学生的问题解决能力。

【答案要点】

（1）问题解决是指个体在面临问题情境而没有现成方法可以利用时，将已知情境转化为目标情境的认知过程。当常规或自动化的反应不适用于当前的情境时，问题解决者需要超越对过去所学规则的简单应用，对所学规则进行一定的组合，产生一个解答，达到问题解决的目的。它涉及认知、情感和行为活动成分。

（2）影响问题解决的因素。

环境因素：

①问题情境：个体面临的刺激模式与其已有的知识结构所形成的差异。

②原型启发：通过从待解决的问题具有相似性的其他事物上发现问题解决的途径和方法，如鲁班由丝茅草得到启发发明锯子。

③人际关系：良好的人际关系有助于其解决面临的各类问题，如"一个好汉三个帮"。

个体因素：

①知识经验：任何问题解决都离不开一定的知识、策略和技能，知识经验不足常常是不能有效解决问题的重要原因。

②定势与功能固着：定势是指人在解决一些相似的问题之后会出现一种易以惯用的方式解决问题的倾向。功能固着是指一个人看到某个制品有一种惯常的用途后，就很难看出它的其他新用途。

③酝酿效应：在反复探索一个问题的解决而毫无结果时，如果把问题暂时搁置几个小时、几天或几周，然后再回过头来解决，这时常常就可以很快找到解决方法。

④情绪状态：情绪状态影响问题解决的效果。就情绪强度而言，在一定限度内，情绪强度与问题解决的效率成正比，但情绪过高或过低都会降低问题解决的效率，相对平和的心态有利于问题解决。同时，情绪的性质也影响到问题解决，一般来说，积极的情绪有利于问题解决，消极的情绪不利于问题解决。

（3）培养学生的问题解决能力措施有：

①鼓励质疑。教师要尽量从自己提出问题过渡到让学生质疑，从而培养学生主动质疑的内在动机，鼓励学生主动提问，形成一种自由探究的气氛。

②设置难度适当的问题。教师给学生的问题要可解，但也要有一定的难度。

③帮助学生正确表征问题。学生运用所学知识解释问题，或者画草图、列表、写方程式等，这对回忆相关信息都有很好的作用。

④帮助学生养成分析问题的习惯。教师要帮助学生发展系统考虑问题的方式和系统分析的习惯，既不能让学生盲目尝试错误练习，也不能过分热心，先把答案告诉学生。

⑤辅导学生从记忆中提取信息。教师需要帮助学生从记忆中迅速提取与解决问题有关的信息，并能很快找出可利用的信息，明确问题解决情境与想要达到的目的，迅速做出判断。

⑥训练学生陈述自己的假设及其步骤。教师要培养学生由跟从别人的言语指导转变到自行指导思考，然后再要求他们自己用言语把指导步骤表达出来。

⑦提供结构不良问题，培养实际解决问题的能力。通过对这些问题的解决，能让学生将解决问题的能力迁移到实际领域中去。

2017年 江苏师范大学 333 教育综合（A）·真题解析

一、名词解释

教师劳动的复杂性

教师劳动的复杂性是教师劳动的特点之一，其主要受三方面的影响：学生状况的复杂性决定着教师劳动的复杂性；教师任务的多样性制约着教师劳动的复杂性；影响学生发展因素的广泛性制约着教师劳动的复杂性。

教育目的的层次结构

教育目的作为教育的总体目标，它的实现需要不断具体化，构成一个层级体系，这一层级体系从抽象到具体依次为教育目的、培养目标、课程目标和教学目标。

美德即知识

美德即知识是苏格拉底的观点之一。苏格拉底认为道德不是天生的，正确的行为基于正确的判断，做坏事的人按照错误的判断行事，没有人会明知故犯，所以教人道德就是教人智慧，教人辨别是非、善恶，正确地行事，智慧就是道德。正确行为基于正确认识，对人进行道德教育就是可能的，道德是可教的。

自然后果法

自然后果法是指当儿童犯了错误和过失后，不必直接去制止或处罚他们，而让他们在同自然的接触中，体会到自己所犯的错误和过失带来的自然后果，使儿童服从于自然法则，结合具体事例让他们从自己的直接经验中受到教育。

心理过程

心理过程是指人的心理活动发生、发展的过程。具体来说，它是指在客观事物作用下，在一定时间内大脑反映客观现实的过程。心理过程包括认知过程、情绪过程和意志过程。

观察学习

观察学习是一种间接学习的形式，人类的大多数行为是通过观察而习得的，人们通过观察他人的行为及其后果，可获得榜样行为的符号表征和经验教训，并可引导观察者今后的行为。

二、简答题

1. 教育的政治功能。

【答案要点】

（1）教育通过传播一定的社会的政治意识，完成年轻一代的政治社会化。人的社会化是人的发展的重要方面，而政治社会化又是人的社会化的重要方面。教育作为传递知识、训练思维与培养情感的活动，能向年轻一代传播一定的社会政治意识，促进他们的政治社会化，从而为一定社会政治秩序的稳定创造重要条件。

（2）教育通过造就政治管理人才，促进政治体制的变革与完善。现代社会强调法治，使得教育更重视培养政治管理人才。由于科技向管理部门的全面渗透，社会越发展，国家对政治管理人才的素质要求越高，通过教育选拔、培养政治管理人才显得越重要。

（3）教育通过提高全民文化素质，推动国家的民主政治建设。一个国家的政治是否民主，取决于政体和国民素质。普及教育的程度越高，国民的文化素质越高，其国民就越能认识到民主的价值，在政治生活和社会生活中就越能履行民主的权利。

（4）教育是形成社会舆论、影响政治时局的重要力量。学校是知识分子和青少年集中的地方，他们有见解，勇于发表意见，通过教育者和受教育者的言论、演讲和社会活动等，来宣传思想，造就舆论，借以影响群众，为一定的政治、经济服务。

2. 与儒家比较墨家教育方法的特点。

【答案要点】

（1）主动说教。墨子不赞成儒家等待学生上门求学消极被动施教的态度，提倡送教上门积极主动施教。这种方法强调教育者的主动主导作用，具有合理的内核，但片面强调主动施教而忽视学习者的内在兴趣和主观能动作用的发挥，容易使教学陷入强行灌输的注入模式。

（2）善述善作。墨子批评儒家的"述而不作"，主张"古之善者则述之，今之善者则作之，欲善之益多也"。对古代的好东西应当继承，而在今天则进一步创造出新的东西，希望好东西能更多一些。"述"与"作"是有机联系的，"作"是"述"的前提。这既反映了墨子对待文化遗产的态度，也表现了他在学习与教育方法上重创造。

（3）实践。"行"是中国古代教育方法论中的重要范畴。儒家所强调的行主要是指道德实践，而且十分强调思想动机的问题。墨子则提出"合其志功而观焉"，志就是动机，功就是效果，主张以动机与效果的统一去评价人的行为。实际上，墨家更着眼于"功"或效果，讲效果也就是讲实践。墨家的实践除了道德的和社会政治的之外，还有生产的、军事的和科技的。

（4）量力。墨子在中国教育史上首先明确提出"量力"这一教育方法，他十分注意在施教时考虑学生的力之所能及。量力要求具有两个方面的含义：一是就学生的精力而言，人不能同时进行几方面的学习；其二就学生的知识水平而言，应当量其力而教。量力方法的提出，表现出墨子对教学规律的把握。

3. 终身教育思想。

【答案要点】

终身教育是人一生各阶段当中所受各种教育的总和，也是人所受的不同类型教育的综合。前者从纵向上讲，说明终身教育不仅仅是青少年的教育，而且涵盖了人的一生；后者从横向上讲，说明终身教育既包括正规教育，也包括非正规教育和非正式教育。

终身教育的特点在于：

（1）终身教育思想是对教育全新的理解，教育不局限于学校，也包括家庭、社会对人的影响。

（2）终身教育使教育与生产、生活重新结合，打破教育长期与劳动世界相隔绝的局面。

（3）终身教育的对象更广泛，学习形式更多样。

终身教育的理念符合"人即目的""机会均等""差别性对待"的原则。终身教育是实现教育平等制度的基础，是现代教育制度的创新，是未来学制发展的趋势。

4. 需要层次理论。

【答案要点】

需要层次理论由人本主义心理学家马斯洛提出。马斯洛认为，个体的任何行为动机都是在需要发生的基础上被激发起来的。他认为人有7种基本需要，分别为：

（1）生理需要：维持生存和延续种族的需要。

（2）安全需要：受保护与免遭威胁、获得安全感的需要。

（3）归属与爱的需要：被人接纳、爱护、关注、鼓励、支持的需要。

（4）尊重的需要：希望被人认可、关爱、赞许等维护个人自尊心的需要。

（5）求知与理解的需要：个体对不理解的东西寻求理解的需要，学习动机来源于这种需要。

（6）审美的需要：欣赏、享受美好事物的需要。

（7）自我实现的需要：在精神上臻于真、善、美合一的至高人生境界的需要，即个人理想全部实现的需要。

马斯洛认为各种需要之间不但有高低之分，而且有先后顺序，低一层次需要获得满足或部分满足之后，高一层次需要才会产生。他将七种需要分为两类：前四种为缺失需要和后三种为成长需要。二者相互制约、相互影响。一方面，缺失需要是成长需要的基础，缺失需要若未能得到满足，成长需要就不会产生。另一方面，成长需要对缺失需要起引导作用，尤其是自我实现的需要对其他各层需要都有潜在影响力。

三、分析论述题

1. 结合事例，论述严格要求与尊重学生相结合的原则。

【答案要点】

严格要求与尊重学生相结合原则是指进行德育要把对学生的思想品行的严格要求与对他们个人的尊重信赖结合起来，使教育者的严格要求易于转化为学生主动的道德自律。

贯彻严格要求与尊重学生相结合原则的基本要求如下：

（1）尊重和信赖学生。青少年学生是祖国的花朵、人类的未来。每个青少年学生都有一颗自尊自爱、向善求善、希望得到社会理解和肯定的心。尊重、呵护与信赖学生是一个优秀教师必须具备的基本品德。爱护、尊重与信赖孩子又是教好孩子、获得良好德育效果的一个重要条件。

（2）严格要求学生。教师向学生提出的教育要求应当是正确的、简明的、有计划的、积极的和严格的。在一定意义上说，德育就是对学生品德发展的引导和规范，主要表现为对学生的严格要求。

2. 多元智力理论以及对当代教育的启示。

【答案要点】

多元智力理论认为，不存在单纯的某种智力和达到目标的唯一方法，每个人都会用自己的方式来发掘各自的大脑资源，这种为达到目的所发挥的各种个人才智才是真正的智力，造就了人与人之间的不同。人的智力可以分为八种：

（1）逻辑数学智力：运算和推理等科学或数学的一般能力，以及处理较长推理、识别秩序、发现模型和建立因果模型的能力。

（2）语言智力：运用语言达到各种目的的能力以及对声音、韵律、语意、语序和灵活操纵语言的敏感能力，包括听、说、读和写的能力。

（3）音乐智力：感受、辨别、记忆、理解、评价、改变和表达音乐的能力。

（4）空间智力：准确感受视觉 – 空间世界的能力，包括感受、辨别、记忆、再造、转换以及修改物体的空间关系，并借此表达思想和情感的能力。

（5）身体运动智力：控制自己身体运动和技术性地处理目标的能力。

（6）人际关系智力：与人相处和交往的能力，表现为觉察他人情绪、情感、气质、意图和需求的能力并据此做出适当反应的能力。

（7）内省智力：认识、洞察和反省自身的能力，并在正确的自我意识和自我评价的基础上形成自尊、自律和自制的能力。

（8）自然智力：认识物质世界的相似和相异性及动物、植物和自然环境其他事物的能力。

对教育工作的启示：

（1）加德纳认为用学校的标准化考试来区分儿童智力高低和考察学校教育的效果，是片面的，这种做法过分强调语言智力和逻辑数学智力，否认了学生的其他潜能。

（2）他提出了"以个人为中心的教育"。强调每个学生都具备这八种智能，但所擅长的智能各不相同，教育要以学生的智能为基础，同时要培养学生的特长智能。

（3）多元智能理论还指导教师从多种智能途径增进学生对学科内容的理解。

3.孔子提出的教师素质及其当代意义。

【答案要点】

孔子提出教师应具有的品格包括以下内容：

（1）学而不厌。教师要尽自己的社会职责，应重视自身的学习修养，掌握广博的知识，具有高尚的品德，这是教人的前提条件。

（2）温故知新。"故"是古，指的是过去的政治历史知识；"新"是今，指的是现在的社会实际问题。教师既要了解掌握过去政治历史知识，又要借鉴有益的历史经验认识当代的社会问题，知道解决问题的办法。教师负有传递和发展文化知识的使命，既要注意继承，又要探索创新。

（3）诲人不倦。教师以教为业，也以教为乐，要树立"诲人不倦"的精神。诲人不倦不仅表现在毕生从事教育，还表现在以耐心说服的态度教育学生。

（4）以身作则。教师对学生进行教育的方式不仅有言教，还有身教。言教在说理，以提高道德认识；身教在示范，实际指导行为方法。教师身教的示范对学生有重大的感化作用，因此身教比言教更为重要。

（5）爱护学生。孔子爱护关怀学生表现在要学生们努力进德修业，成为具有从政才能的君子，为实现天下有道的政治目标而共同奋斗。对学生充满信心，对他们的发展抱有比较乐观的态度。

（6）教学相长。孔子认为，在教学过程中，教师对学生不是单方面的知识传授，而是可以教学相长的。学生学习有疑难而请教，教师就答疑做说明，学生得到启发，思考问题更加有深度；教师于此反受启发，向学生学习而获益。

4.我国基础教育课程改革及对教学过程的启示。

【答案要点】

我国基础教育课程改革的具体目标为：

（1）转变课程功能。改变课程过于注重知识传授的倾向，强调让学生形成积极主动的学习态度，使学生获得基础知识与基本技能的过程同时成为学会学习和形成正确价值观的过程。

（2）优化课程结构。改变课程结构过于强调学科本位、科目过多和缺乏整合的现状，整体设置九年一贯的课程门类和课时比例，体现课程结构的均衡性、综合性和选择性。

（3）更新课程内容。改变课程内容"繁、难、偏、旧"和过于注重书本知识的现状，加强课程内容与学生生活以及现代社会和科技发展的联系，关注学生的学习兴趣和经验，精选终身学习必备的基础知识和技能。

（4）转变学习方式。改变课程实施过于强调接受学习、死记硬背、机械训练的现状，倡导学生主动参与、乐于探究、勤于动手，培养学生搜集处理信息的能力、获取新知识的能力、分析和解决问题的能力以及交流与合作的能力。

（5）改革课程评价。改变课程评价过分强调甄别与选拔的功能，发挥评价促进学生发展、教师提高和改进教学实践的功能。

（6）深化课程管理体系改革。改变课程管理过于集中的状况，实行国家、地方、学校三级课程管理，增强课程对地方、学校及学生的适应性。

根据基础教育课程改革的目标，教学过程应做出以下调整：

（1）转变教学观念。新的教学观强调教学的开放性和灵活性，要求教师紧密联系学生的生活实际，创设生动有趣的情境，加强实际运用的训练等。

（2）更新教学方式。以自主学习、合作学习和探究学习作为主要的教学方式。

①自主学习。包括学习者参与确定对自己有意义的学习目标的提出，自己制定学习进度，参与设计评价指标；学习者积极发展各种思考策略和学习策略，在解决问题中学习；学习者在学习过程中有情感的投入，有内在动力的支持，能够从学习中获得积极的情感体验；学习者在学习过程中对认知活动能够进行自我监控，并做出相应的调适。

②合作学习。指学生在小组或团队中为了完成共同任务，有明确的责任分工的互助性学习。包括积极的相互支持、配合，特别是面对面的促进性的互动；积极承担在完成共同任务中个人的责任；期望所有学生能进行有效的沟通，建立并维护小组成员之间的相互信任，有效地解决组内冲突；对于各人完成的任务进行小组加工；对共同活动的成效进行评估，寻求提高其有效性的途径。

③探究学习。是从学科领域或现实社会生活中选择和确定研究主题，在教学中创设一种类似于学术研究的情境，通过学生自主、独立地发现问题、实验、操作等探索活动，获得知识、技能、情感与态度的发展，特别是探索精神和创新能力的发展的学习方式和学习过程。

（3）转变师生关系。学校应当是教师和学生这两类主体"交互作用"形成的"学习共同体"。"学习共同体"的中心使命是使所有儿童都有接受优质教育的权利。

2017年 江苏师范大学333教育综合（B）·真题解析

一、名词解释

个性倾向性

个性倾向性也称个人倾向性，是指人对客观事物的态度及对活动对象的选择与倾向。个人倾向性是人从事活动的基本动力，主要包括需要、动机、兴趣、理想、价值观、人生观和世界观等，它随着个人的成熟与发展阶段的变化而有所不同。

美育

美育是指培养学生正确的审美观，发展他们鉴赏美、创造美的能力，培养其高尚情操和文明素质的教育。普通中学在美育方面的要求主要是：通过音乐、美术、文学教育等审美活动，充实学生的精神生活，培养他们感受美、欣赏美和创造美的能力，养成审美情趣和高尚情操。

苏格拉底方法

苏格拉底法也称"问答法""产婆术"，是由讥讽、助产术、归纳和定义四个步骤组成的独特的方法。这是苏格拉底探讨伦理哲学的研究方法，也是他的教学方法。

白板说

白板说由洛克提出，洛克反对"天赋观念"论，认为人出生后心灵如同一块白板，一切知识是建立在由外部而来的感官经验之上的。

5. 自我效能感

自我效能感由班杜拉提出，是指个体对自己能否成功进行某一成就行为的主观判断。它影响着个体对行为的选择、付出多大努力以及坚持多久。

6. 学制

学制即学校教育制度，它是现代教育制度的核心部分，指的是一个国家各级各类学校的系统及其管理规则，它规定着各级各类学校的性质、任务、入学年限、修业年限以及它们之间的关系。

二、简答题

1. 教育的文化功能。

【答案要点】

（1）传递文化。文化教化的前提是人类对文化的创造与传递。教育起着传递文化的作用。尤其是学校教育因其具有明确的目的性、计划性等特点，一直承担着传承文化的重任。

（2）选择文化。为了有效地传承文化，必须发挥教育对文化的选择功能。教育的选择功能十分重要，体现了教育对文化发展的积极引导和自觉规范。

（3）发展文化。文化的生命不仅在于它的保存和积累，更在于它的更新与创造。随着社会的日益开放化，学校在加强国际文化交流中的作用也日益明显。教育通过广泛的文化交流，不断地吸收其他民族的文化精华，补充、更新和发展本民族的文化，也是文化发展的一种重要方式。

2. 书院教育的特点。

【答案要点】

书院最初属于私学性质，尽管在发展的过程中有官学化倾向，但在培养目标、管理形式、课程设置、教学方法以及师生关系等方面都表现出与官学不同的特点。

（1）书院精神。书院以自由讲学为主，注重讨论，学术风气浓厚，开辟了新的学风，推动了教育和学术的发展。

（2）书院功能。育才、研究和藏书。

（3）培养目标。注重人格修养，强调道德与学问并进，培养学生的学术志趣。

（4）管理形式。较为简单，管理人员少，强调学生遵照院规自我约束、自我管理为主。

（5）课程设置。灵活具有弹性，教学以学生自学、独立研究为主，师生、学生之间注重质疑问难与讨论。

（6）教学组织。教学与研究相结合，教学形式多样，注重讲明义理，躬亲实践。

（7）规章制度。书院作为一种教育制度得以确立，在教育目标、教学方法、教学顺序等方面用学规的形式加以阐明，最著名的是《白鹿洞书院揭示》，它说明南宋后书院已经制度化。

（8）师生关系。较之官学更为平等、学术切磋多于教训，学生来去自由，关系融洽、感情深厚。

（9）学术氛围。教学与学术研究并重，学术氛围自由宽松，人格教育与知识教育并重。

3. 斯宾塞的课程论思想。

【答案要点】

斯宾塞按照重要程度把人类活动分为五个部分：第一，直接有助于自我保全的活动；第二，获得生活必需品而间接有助于自我保全的活动；第三，目的在于抚养和教育子女的活动；第四，与维持正常的社会和政治关系有关的活动；第五，在生活中的闲暇时间用于满足爱好和情感的各种活动。

为促使个人有能力从事上述五类活动，斯宾塞提出学校应开设以下五种类型的课程：

（1）生理学与解剖学。此类知识属于直接保全自己的知识，应成为合理教育中最为重要的部分。

（2）逻辑学、数学、力学、化学、天文学、地质学、生物学和社会科学，属于间接保全自己的知识，是文明生活得以维持的基础知识。

（3）生理学、心理学与教育学。此类知识能够保证父母们成功履行自己的责任，进而促使家庭稳定和睦，社会文明进步。

（4）历史学。历史知识有利于人们自己调节自己的行为，成功履行公民的职责。

（5）文学、艺术等。这类知识能够满足人们闲暇时休息与娱乐的需要。

4. 建构主义学习理论的基本观点。

【答案要点】

（1）知识观。建构主义者质疑知识的客观性和确定性，强调知识的动态性。具体体现在以下几方面：知识的动态性、知识的情境性、知识学习的主动建构性。

（2）学生观。建构主义认为，学生并不是被动接受教师传授的知识，而总是以自己的经验背景或自己的经验来建构对事物的理解。具体表现在以下几方面：

①完全否定心灵白板说，强调学生经验世界的丰富性和差异性。

②当问题呈现时，学生基于相关的经验，依靠推理和判断能力，形成对问题的某种解释。

③教学要把儿童现有的知识经验作为新知识的生长点，引导儿童从原有的知识经验中"生长"出新的知识经验。

④教学要增进学生之间的合作，使他看到那些与他不同的观点，促进学习的进行。

（3）学习观。建构主义认为，学习是学习者主动地赋予信息以意义，建构自己的知识经验的过程，具有三个重要特征：主动建构性、社会互动性、情境性。

（4）教学观。

①教学是激活学生原有的相关知识经验，促进知识经验的"生长"，促进学生的知识建构活动，以实现知识经验的重新组织、转换和改造，以此来培养学生的求知欲和探究能力。

②教学要为学生创设理想的学习情境，激发学生的推理、分析、鉴别等高级的思维活动，同时给学生提供丰富的信息资源、处理信息的工具以及适当的帮助和支持，促进他们自身建构意义以及解决问题的活动。

三、分析论述题

1. 论述德育过程是培养学生知情意行的过程。

【答案要点】

学生的品德包含知、情、意、行四个要素。所以德育过程也是培养学生思想品德的知、情、意、行整体和谐的发展过程。

（1）思想道德发展的整体性。个体思想品德的发展是品德各要素协调统一的发展。依据这一品德形成规律，开展德育活动时，就应该注意全面性，兼顾知、情、意、行各要素。个体品德结构中的知、情、意、行等要素，是相互制约、相互促进的，共同推动着个体思想品德的发展；应该晓之以理、动之以情、导之以行、持之以恒，全面关心学生品德中知、情、意、行的培养，使它们全面而和谐地发展。

（2）德育过程有多种开端。开展德育可以有多种开端，既可以从知或情的培养入手，也可以从行的锻炼开始。在思想品德的发展过程中，知、情、意、行诸因素的发展往往是不平衡的，而且每个学生的品德发展也有显著差异。这就要求我们进行德育时，必须针对不同情况加以灵活处理，有的放矢，因材施教。

（3）德育实践的针对性。道德品质的知、情、意、行的培养不能一概而论，简单对待，用一种方法进行，应该根据知、情、意、行每一要素的特点，开展具有针对性的教育活动。

①学生的道德认识，既可以通过学习间接经验的方式，如听讲、看书、背诵等方式习得，也可以通过直接经验的方式，如亲历道德实践和社会活动等方式获取。

②要注重学生的道德情感培育。

③德育的最终目标是要促进学生实现道德认知、道德情感向行为的转化。

2. 论述陶行知的生活教育理论及其对杜威教育思想的创新。

【答案要点】

陶行知的生活教育理论：

（1）"生活即教育"。

"生活即教育"是陶行知生活教育理论的核心。其内涵包括：生活含有教育的意义；实际生活是教育的中心；生活决定教育，教育改造生活。

"生活即教育"所强调的是教育以生活为中心，所反对的是传统教育脱离生活而以书本为中心。尽管它在生活与教育的区别和系统的知识传授方面有所忽视，但在破除传统教育脱离民众、脱离社会生活的弊端方面，有十分重要的意义。

（2）"社会即学校"。

"社会即学校"是生活教育理论另一重要主张，是"生活即教育"思想在学校与社会关系问题上的具体化。"社会即学校"，是指"社会含有学校的意味"，或者说"以社会为学校"。由于到处是生活，到处都是教育，"整个的社会是生活的场所，亦即教育之场所"。

"社会即学校"，也指"学校含有社会的意味"。也就是说，学校通过与社会生活相结合，一方面运用社会的力量使学校进步，另一方面动员学校的力量帮助社会进步，使学校真正成为社会生活必不可少的组成部分。

"社会即学校"扩大了学校教育的内涵和作用，对于传统的学校观、教育观有所改变。传统学校与社会生活脱节，学生孤陋寡闻，而以社会为学校，使得教育的材料、教育的方法、教育的工具、教育的环境可以大大地增加，有利于拓展学生的知识，增强学生的能力。"社会即学校"，还可以使被传统学校拒之门外的劳苦大众能够受到起码的教育，贯穿了普及民众教育的苦心，同样也值得肯定。

（3）"教学做合一"。

"教学做合一"是生活教育理论的又一重要主张，是"生活即教育"在教学方法问题上的具体化。其含义为：教的方法根据学的方法，学的方法根据做的方法。事怎样做便怎样学，怎样学便怎样教。教与学都以做为中心。

（4）陶行知对杜威教育思想的创新如下：

陶行知的生活教育理论是一种大众的、为人民大众服务的教育理论，且还是一种不断进取创造，旨在探索具有中国民族特色的教育道路的理论。生活教育理论还在教育观念的改变方面颇有建树，无论是强调学校教育与社会生活、生产劳动相结合，还是要求手脑并用、在劳力上劳心，都是对学校与社会割裂、书本与生活脱节、劳心与劳力分离的传统教育的反动，显示出强烈的时代气息，至今都富于启示。陶行知的生活教育理论是我国民族教育理论宝库中十分可贵的遗产，值得我们珍惜并认真研究汲取。

3. 论述科尔伯格的道德发展阶段理论及其对我国德育的启示。

【答案要点】

美国心理学家科尔伯格认为儿童道德的发展是分阶段的，他在研究中发现道德发展不是只有两个水平，而应该有多个水平，提出了著名的"三水平六阶段"的道德发展阶段论。

理论内容：

（1）前习俗水平。大约出现在幼儿园及小学低中年级阶段。该时期的特征是儿童遵守规范，但尚未形成自己的主见，着眼于人物行为的具体结果，关心自身的利害。包括惩罚和服从的定向阶段和工具性的相对主义定向阶段。

（2）习俗水平。在小学中年级以上出现，一直到青年、成年。该时期的特征是个人逐渐认识到团体的行为规范，进而接受并付诸实践。包括人际协调的定向阶段和维护权威或秩序的定向阶段。

（3）后习俗水平。该阶段已经发展到超越现实道德规范的约束，达到完全自律的境界，这个水平是理想的境界，成人也只有少数人才能达到。包括社会契约的定向阶段和普遍道德原则的定向阶段。

教育启示：

（1）形成了一个研究个体品德发展阶段的重要模式，有助于将品德发展的理论运用到学校道德教育中去，实施道德教育。

（2）道德教育的首要任务是提高儿童的道德判断能力，培养他们明辨是非的能力。教育者的主要任务就是帮助被教育者注意到真正的道德冲突，思考用于解决这种冲突的理由是否恰当，发现解决这种冲突的新的思想方法。

（3）儿童的道德发展是有阶段性的、渐进的，因此，在对儿童进行道德教育时，应随时了解儿童所达到的发展阶段，根据儿童道德发展阶段的特点，循循善诱地促进他们的发展。

（4）社会环境对人们道德发展有着巨大作用，因此在学校中要树立良好公正的群体气氛，这是道德教育必要的条件。科尔伯格是现代道德认知发展理论的创立者。这一革命性的发现，从根本上改变了道德仅仅是社会道德灌输教育结果的传统观点。

4. 分析当前我国基础教育课程改革对教学过程的要求。

【答案要点】

我国基础教育课程改革对教学过程的要求如下：

（1）转变教学观念。新的教学观强调教学的开放性和灵活性，要求教师紧密联系学生的生活实际，创设生动有趣的情境，加强实际运用的训练等。

（2）更新教学方式。以自主学习、合作学习和探究学习作为主要的教学方式。

①自主学习。包括学习者参与确定对自己有意义的学习目标的提出，自己制定学习进度，参与设计评价指标；学习者积极发展各种思考策略和学习策略，在解决问题中学习；学习者在学习过程中有情感的投入，有内在动力的支持，能够从学习中获得积极的情感体验；学习者在学习过程中对认知活动能够进行自我监控，并做出相应的调适。

②合作学习。指学生在小组或团队中为了完成共同任务，有明确的责任分工的互助性学习。包括积极的相互支持、配合，特别是面对面的促进性的互动；积极承担在完成共同任务中个人的责任；期望所有学生能进行有效的沟通，建立并维护小组成员之间的相互信任，有效地解决组内冲突；对于各人完成的任务进行小组加工；对共同活动的成效进行评估，寻求提高其有效性的途径。

③探究学习。是从学科领域或现实社会生活中选择和确定研究主题，在教学中创设一种类似于学术研究的情境，通过学生自主、独立地发现问题、实验、操作等探索活动，获得知识、技能、情感与态度的发展，特别是探索精神和创新能力的发展的学习方式和学习过程。

（3）转变师生关系。学校应当是教师和学生这两类主体"交互作用"形成的"学习共同体"。"学习共同体"的中心使命是使所有儿童都有接受优质教育的权利。

2016年 江苏师范大学333教育综合·真题解析

一、名词解释

课程计划

课程计划是国家教育行政部门颁发的，用以指导教育教学工作的重要文件，它体现了国家对教育的基本要求，是编订各科教学大纲和编写教材的基本依据，是课程实施、评价和管理的基本准则。

学校教育

学校教育指一种专门组织的不断趋向规范化、制度化、体系化的教育。它是根据一定的社会现实和未来需要，遵循受教育者身心发展的规律，有目的、有计划、有组织地对受教育者身心施加影响，把他们培养成为一定社会或阶级所需要的人的活动。

最近发展区

维果茨基认为，在进行教学时必须注意到儿童的两种水平，一种是儿童现有的发展水平，另一种是即将达到的发展水平，维果茨基把这两种水平之间的差距称为最近发展区，即独立解决问题的真实发展水平和在成人指导下或与其他儿童合作情况下解决问题的潜在发展水平之间的差距。

元认知

元认知就是对认知的认知，具体地说，是关于个人自己认知过程的知识和调节这些过程的能力，是对思维和学习活动的认知和控制。

学校制度

学校制度是指能够适应向知识社会转轨及知识社会形成以后的社会发展需要，以完善的学校法人制度和新型的政校关系为基础，以教育观为指导，学校依法民主、自主管理，能够促进学生、教职工、学校、学校所在社区的协调和可持续发展的一套完整的制度体系。

学习动机

学习动机是动机在学习活动中的表现，是引起和维持个体进行学习活动，并使活动朝向一定的学习目标，以满足某种学习需要的一种内部心理状态。它的主要内容包括知识价值观、学习兴趣、学习效能感和成败归因。

二、简答题

1. 布鲁纳发现学习的步骤。

【答案要点】

发现学习是指学生在学习情境中，经过自己探索寻找，从而获得问题答案的一种学习方式。布鲁纳所说的发现不只限于寻求人类尚未知晓的事物的行为，也包括用自己的头脑亲自获取知识的一切形式。其教学阶段包括：

（1）提出问题。教师创设问题情境，使学生在这种情境中发现其中的矛盾，提出问题。

（2）做出假设。教师促使学生利用提供的某些材料，针对所提出的问题提出解答的假设。

（3）验证假设。学生用理论或者通过实验数据检查自己的假设。

（4）形成结论。学生根据实验获得的一些材料或结果，在仔细评价的基础上引出结论。

发现学习的优点在于有利于提高智力的潜力、有利于使外部奖赏向内部动机转移、学会将来进行发现的最优方法和策略、帮助信息的保持和检索。但发现学习完全放弃了知识的系统讲授，而以发现法教学来替代，夸大了学生的学习能力，忽视了知识学习活动的特殊性，且发现法运用范围有限，更无法像布鲁纳所说的那样"任何科目都可以按某种适当的方式教给任何年龄的任何人"。

2. 简述遗传素质的含义及其在个体身心发展中的作用。

【答案要点】

（1）遗传素质是人的发展的生理前提。遗传是指人从上代继承下来的生命机体及其解剖上的特点，这些遗传的生理特点，也叫遗传素质，是人的发展的自然的或生理的前提条件，为人的发展提供了可能。

（2）遗传素质的成熟程度制约着人的发展过程及年龄特征。遗传素质的成熟过程，表现为人身体的各种器官的形态、结构和机能的发展变化与完善，为一定年龄阶段的身心特点的出现提供了可能，制约着人的发展的年龄阶段。

（3）遗传素质的差异性对人的发展有一定的影响。遗传素质的差异不仅表现在体态和感觉器官的功能上，也表现在神经活动的类型上。人们对外界事物反应的快慢、情感表现的强弱和是否容易转移等方面，也存在着差异。

（4）遗传素质具有可塑性。随着环境、教育和实践活动的作用，人的遗传素质会逐渐地发生变化，这就说明了遗传素质具有可塑性。但是人成长为什么样的人，并不决定于人的遗传素质。

3. 简述人文主义教育的特征。

【答案要点】

人文主义教育的特征有：

（1）人本主义。人文主义教育在培养目标上注重个性发展，在教育教学方法上反对禁欲主义，尊重儿童天性，坚信通过教育这种后天的力量可以重塑个人、改造社会和自然，这些都表现出人本主义内涵，人的力量、人的价值被充分肯定。

（2）古典主义。人文主义教育思想吸收了许多古人的见解，人文主义教育实践尤其是课程设置亦具有古典性质，但这种古典主义绝非纯粹的"复古"，实则含有古为今用、托古改制的内涵，这在当时是进步的。

（3）世俗性。不论从教育目的还是从课程设置等方面看，人文主义教育洋溢着浓厚的世俗精神，教育更关注今生而非来世，这是人文主义教育与中世纪教育的根本区别。

（4）宗教性。人文主义教育仍具有宗教性，几乎所有的人文主义教育家都信仰上帝，他们虽然抨击天主教会的弊端，但不反对宗教更不打算消灭宗教，他们希冀以世俗和人文精神改造中世纪陈腐专横的宗教性，以造就一种更富世俗色彩和人性色彩的宗教性。

（5）贵族性。这是由文艺复兴运动的性质所决定的。人文主义教育的对象主要是上层子弟，教育的形式多为宫廷教育和家庭教育而非大众教育，教育的目的主要是培养上层人物如君主、侍臣、绅士等。

综上可见，人文主义教育具有两重性，进步性与落后性并存，尽管它有不足之处，但它涤荡了中世纪教育的阴霾，展露出新时代教育的灿烂曙光，开了欧洲近代教育之先河。

4. 简述科举制度的影响。

【答案要点】

科举制度即个人自愿报考，县州逐级考试筛选，全国举子定时集中到京都，按科命题，同场竞试，以文艺才能为标准，评定成绩，限量选优录取，是一种选官制度，以这种方式选拔国家官员。

科举制度的积极影响有：

（1）扩大了统治基础，有利于加强中央集权。通过科举考试，平民及中小地主阶层获得了参政的机会，打破了门阀士族地主垄断统治权力的局面，扩大了封建统治的统治基础。同时，通过科举考试，朝廷将选士大权收归于中央政府，强化了中央集权的统治。

（2）使选士与育士紧密结合。促进人们的思想统一于儒学，成为实施儒家"学而优则仕"原则的途径。刺激学校教育的发展，有利于教育的普及。

（3）使选拔人才较为客观公正。隋唐科举考试在发展的过程中逐步建立了较为完备的考试制度，同时逐步建立了一系列的考试防范措施，加强考试管理。

科举制度的消极影响有：

（1）国家只重科举取士，而忽略了学校教育。学校成为科举考试的预备机构，一切教学活动都围绕着科举考试来进行，学校失去了相对独立的地位和作用。

（2）束缚思想，败坏学风。学校教学安排围绕科举进行，导致学校教育中重文辞少实学，重记诵而不求义理，形成了教条主义、形式主义的学习风气。在科举制的影响下，读书的目的不是求知求真，而是为了功名利禄，具有强烈的功利色彩。

（3）科举考试内容的狭隘也阻碍了中国文化的和谐发展，特别是科技文化的发展。

三、分析论述题

1. 试述私学产生的原因及其对教育发展的贡献。

【答案要点】

私人讲学兴起的原因有：

（1）经济上：生产力的发展。春秋时期，铁器牛耕的使用大大提高了农业生产力，土地私有制代替了土地国有制，促进了奴隶制的瓦解，为私学产生提供了物质基础。

（2）政治上：官学衰废。世袭制度导致贵族不重视教育，王权衰落导致学校荒废，这些都反映了"官学"教育已经不适应新的要求，客观上酝酿着教育上要有新的变革和发展。

（3）文化上：文化下移。"天子失官，学在四夷"导致打破了"学在官府"的局面，使原来由贵族垄断的文化学术向社会下层扩散，这种历史现象称为"文化下移"。

（4）士阶层的出现。春秋时期的士是自由民，位居四民之首。在社会激烈变动时期，新兴地主阶级需要士来扩大自己的经济利益和政治势力，养士之风开始形成。而想要成为士，首先要学习文化，从师受教。这种情况，推动了私学的兴起。

私人讲学兴起的意义，即私学对教育发展的贡献有：

（1）打破了"学在官府"的传统，使文化知识传播于民间。教育过程与政治活动有所分离，培养了不少有贡献的学者和治术人才。

（2）私学扩大了教育对象。教育对象由少数贵族扩大到平民，使学校教育和人才成长的社会基础更为广阔了，也为学术的广泛传播拓宽了道路。

（3）私学使教育内容和教育方式得到了新发展。在教育内容上，突破了"六艺"教育范围；在教育方式上，以教师为中心，以学生主动求学为基础，办学具有相当大的灵活性。

（4）私学在教育理念和教育经验方面有光辉的成就，不仅在中国教育史上有重要贡献，而且在世界教育史上也有很高的地位。

（5）在特定的历史条件下，私学依靠自由办学、自由就学、自由讲学、自由竞争发展教育事业，不仅符合历史潮流，也开辟了中国教育史的新纪元。

2. 试述杜威对于教育本质的认识，并解析其儿童观。

【答案要点】

杜威关于教育的本质观点如下：

杜威对于"什么是教育"的问题，给出的回答是：教育即生活、学校即社会、教育即生长、教育即经验的持续不断的改造。

（1）教育即生活。

杜威认为教育是生活的过程，学校是社会生活的一种形式，那么学校生活也是生活的一种形式。

①学校生活应与儿童自己的生活相契合，满足儿童的需要和兴趣，使校园成为儿童的乐园，使儿童在现实的学校生活中得到乐趣。

②学校生活应与学校以外的社会生活相契合，适应现代社会变化的趋势并成为推动社会发展的重要力量，校园不应是世外桃源而应积极参与社会生活。

杜威要做的就是改造不合时宜的学校教育和学校生活，使之更富活力，更有乐趣，更具实效，更有益于儿童发展和社会改造。

（2）学校即社会。

杜威"学校即社会"意在使学校生活成为一种经过选择的、净化的、理想的社会生活，使学校成为一个合乎儿童发展的雏形的社会。而要将此落于实处，就必须改革学校课程，从分科课程转变为活动课程。

"学校即社会"是对"教育即生活"这一命题的进一步引申，代表社会生活的活动性课程的引入是使学校与社会生活相联系的基本保证。杜威坚信教育是社会进步及社会改革的基本方法，通过教育改造社会生活，使之更完善、更美好。

（3）教育即生长。

杜威针对当时教育无视儿童天性，消极对待儿童，不考虑儿童的需要和兴趣的现象，提出了"教育即生长"的观念。

杜威要求摒除压抑、阻碍儿童自由发展之物，使教育和教学适应儿童的心理发展水平和兴趣、需要的要求。他所理解的生长是机体与外部环境、内在条件与外部条件交互作用的结果，是一个持续不断的社会化的过程。杜威要求尊重儿童但不同意放纵儿童，这也是杜威与进步主义教育实践的一个重要区别。

（4）教育即经验的改造。

教育即经验的持续不断的改造是指构成人的身心的各种因素在外部环境和人的主动经验过程中统一的全面改造、发展、生长的连续过程，包含四个方面：

①经验是一种行为，涵盖认识的、情感的、意志的等理性、非理性因素，成为儿童各方面发展和生长的载体。在经验过程中，儿童不仅获得知识，而且形成能力、养成品德。

②经验是有机体与环境相互作用的过程，机体不仅受环境的塑造，同时也对环境加以改变。经验的过程就是一个实验探究的过程、运用智慧的过程、理性的过程。

③经验的过程是一个主动的过程，有机体既接受着环境塑造，也主动改造着环境。

④经验是一个连续发展的过程，不存在终极目的的发展过程，因此教育就是个人经验的不断生长。

杜威关于的儿童观点如下：

杜威在批判传统教育的基础上提出了儿童中心论，他在《学校与社会》中分析、批判了旧教育忽视儿童本能的弊病，并明确提出以儿童为教育中心的主张。他认为传统学校的重心在教师、教科书或其他地方上，不在儿童，教育的变革是重心的转移，儿童将变成教育的重心，教育的一切措施要围绕儿童。杜威提出要重视儿童本身的能力和主动精神在教育过程中的地位，把他们看成教育的素材和出发点。

杜威的儿童中心原则虽在批判传统教育上有一定积极意义，但总的来说，它是不科学的，是有悖于教育活动的客观规律的。

3. 论述启发性原则及其在教学中运用的基本要求。

【答案要点】

启发性教学原则是指在教学中教师要激发学生的学习主体性，引导他们经过积极思考与探究自觉地掌握科学知识，学会分析问题和解决问题，树立求真意识和人文情怀。也称探究性原则或启发与探究相结合原则。

贯彻启发性教学原则的要求有：

（1）调动学生学习的主动性。在激发学生的学习主动性上，教师要发挥个人的创造性，善于运用发人深思的提问、令人心动的讲述，充分显示教学内容的吸引力，展现它的情趣、奥妙、意境、价值，以便激起学生的求知欲和积极性，全神贯注地投入学习。

（2）善于提问激疑，引导教学步步深入。在启发过程中，教师要有耐心，给学生以思考时间；要有重点，问题也不能多，也不能蜻蜓点水、启而不发；要善于与学生探讨，引导学生一步一步去获取新知和领悟人生的价值。

（3）注重通过解决实际问题启发学生获取知识。通过组织和引导学生观察、操作、动手解决实际问题，是启发教学的一个重要的途径。接触实际问题，对学生更具诱惑力、挑战性，会使他们更积极主动地进行学习和完成任务。在学生的操作过程中，教师只要根据学生的情况，加以有针对性的指点、启发，组织一些交流或讨论，学生就不仅能够深刻领悟所学概念与原理、掌握解决问题的方法与步骤，而且能够增进学习的兴趣、能力和养成认真、负责与相互协作的品行。

（4）引导学生反思学习过程。教学要引导学生反思学习过程，了解学习过程的程序和方法，分析学习过程中的顺利与障碍、长处与缺点，寻找形成障碍与缺点的原因，克服学习过程中的弯路与失误，使学习程序和方法简捷、有效，注重积淀适合于自己的良好的学习方式，从学习中学会学习。

（5）发扬教学民主。要创造宽松、和谐、民主、平等、坦率、活跃的课堂教学氛围，这是启发教学的重要条件。只有这样，学生的心情才会感到宽松，他们的聪明才智才能充分发挥出来。教师切不可唯我独尊、搞一言堂，要鼓励学生发表自己的见解，包括与教师不同的见解。

4. 论述教学过程的特点。

【答案要点】

（1）教学过程是一种特殊的认识过程。

教学过程作为特殊的认识过程，其特殊性在于它是学生个体的认识过程，具有不同于人类总体认识的显著特点：第一，间接性，主要以掌握人类长期积累起来科学文化知识为中介，间接地认识现实世界；第二，引导性，需要在富有知识的教师引导下进行认识，而不能独立完成；第三，简捷性，走的是一条认识的捷径，是一种科学文化知识的再生产。

（2）教学过程是以认识过程为基础的学生全面发展的过程。

教学过程不只是要学生完成认识世界的任务，更重要的是在这个过程中促进学生的全面发展。学生的发展是教学过程的核心，教学过程的本质与社会发展需要相联系，要从生理和心理两个方面来看待学生的发展。

（3）教学过程是以交往为背景和手段的活动过程。

教学活动不是孤立的个体认识活动，它离不开师与生、生与生之间的交往、互动，离不开人们的共同生活。个体最初的学习与认识就是在共同生活与交往中发生与发展的。在教学过程中，教师不仅运用交往引导学生进行认知，而且通过交往对学生达致情感的沟通、同情与共鸣。

（4）教学过程也是一种促进学生身心发展、追寻与实现价值目标的过程。

在教学活动中，教师引导学生学习知识、开展交往、认识与作用世界，进行多方面的演练与实践，其实都是为了促进学生的身心发展，以追寻与实现使他们成人、成才的价值增值目标。从这方面看，教学过程又是一个促进学生身心发展及实现教育目标的过程。

2015年 江苏师范大学333教育综合·真题解析

一、名词解释

启发性原则

启发性原则是指在教学中教师要激发学生的学习主体性，引导他们经过积极思考与探究自觉地掌握科学知识，学会分析问题和解决问题，树立求真意识和人文情怀。也称探究性原则或启发与探究相结合原则。

人的发展的整体性

人的发展的整体性是指人的生理、心理和社会性等方面的发展是密切联系在一起的，并在发展过程中相互作用，使人的发展表现出明显的整体性。

素丝说

墨子在人的教育方面提出"素丝说"，他以素丝和染丝为喻来说明人性及其在教育下的改变和形成。他认为人性不是先天所成，生来的人性如同待染的素丝，下什么色的染缸，就成什么样颜色的丝，即有什么样的环境与教育就造就什么样的人。

实验教育学

实验教育学是19世纪末20世纪初兴起的一种具有重要影响的新教育思潮，代表人物是德国心理学家、教育家梅伊曼和德国教育家拉伊。该思潮反对以赫尔巴特为代表的强调概念思辨的教育学，提倡把实验心理学的研究成果和方法运用于教育研究，从而使教育研究真正"科学化"。

夸美纽斯

夸美纽斯是17世纪捷克伟大的爱国者、教育改革家和教育理论家，他继承了文艺复兴以来人文主义教育思想的成果，总结了自己丰富的教育实践经验，系统地论述了教育的理论和实际问题，代表作有《大教学论》《世界图解》《母育学校》等。

同化

同化由皮亚杰提出，是指儿童把新的刺激物纳入已有图式中的认知过程。同化是图式发生量变的过程，它不能引起图式的质变，但影响图式的生长。

二、简答题

1. 简述洋务学堂。

【答案要点】

兴办学堂是洋务运动的重要组成部分。其目的在于培养洋务活动所需要的翻译、外交、工程技术、水陆军事等多方面的专门人才,其教学内容以所谓"西文"与"西艺"为主。洋务学堂大致上分为三类:

(1)外国语学堂,如京师同文馆、上海广方言馆、广州同文馆等。

(2)军事学堂,如福建船政学堂、上海江南制造局操炮学堂等。

(3)技术实业学堂,如福州电报学堂、上海电报学堂、天津西医学堂等。

洋务学堂以西方近代科技文化作为主要课程,在形式上引入了资本主义因素,初步具备了近代教育的特征。它产生之后,逐渐动摇和瓦解了旧的教育体制,实际启动了近代中国教育改革的进程。

2. 简述朱子读书法的内涵。

【答案要点】

朱熹一生酷爱读书,对于如何读书有深切的体会,并提出了许多精辟的见解。他的弟子将其概括为"朱子读书法"六条。

(1)循序渐进。朱熹主张读书要"循序渐进",意思是读书要按一定的次序,不要颠倒;应根据自己的实际情况和能力,安排读书计划,并切实遵守它;读书要扎扎实实打好基础,不可囫囵吞枣,急于求成。

(2)熟读精思。朱熹认为,读书既要熟读成诵,又要精于思考。熟读有利于理解,熟读的目的是为了精思。精思就是发现问题和解决问题的过程。

(3)虚心涵泳。所谓"虚心"是指读书时要虚怀若谷,静心思虑,仔细体会书中的意思,不要先入为主,牵强附会;所谓"涵泳"是指读书时要反复咀嚼,细心玩味。

(4)切己体察。强调读书不能仅仅停留在书本上和口头上,而必须要见之于自己的实际行动,要身体力行。

(5)着紧用力。包含两方面意思,其一,必须抓紧时间,发愤忘食,反对悠悠然;其二,必须抖擞精神,勇猛奋发,反对松松垮垮。

(6)居敬持志。既是朱熹道德修养的重要方法,也是他最重要的读书法。"居敬"是读书时精神专一,注意力集中;"持志"是要树立远大的志向和高尚的目标,并要以顽强的毅力坚持下去。

3. 简述泰勒理论。

【答案要点】

人们把泰勒的课程理论称为"泰勒原理",泰勒于1949年出版的《课程与教学的基本原理》,被视为现代课程理论的奠基石。

其理论内容为:第一,课程设计与开发的四个基本问题:学校应达到哪些教育目标?提供哪些教育经验才能实现这些目标?怎样才能有效地组织这些教育经验?怎样才能确定这些目标正在得到实现?第二,课程编制的四个步骤:确定目标、选择经验、组织实施、评价结果。

其课程开发模式称为"目标模式",对课程理论的发展有很大影响,至今仍在西方课程领域中占有主要的地位。

4. 试述皮亚杰认知发展阶段论及对教育的启示。

【答案要点】

皮亚杰是瑞士著名的发展心理学家,终身致力于个体认知发展的研究,提出了认知发展的阶段理论。

（1）感知运动阶段（0~2岁）。这一时期为儿童思维的萌芽期。在这一阶段，儿童主要通过探索感知觉与运动之间的关系来获得动作经验，其中，手的抓取、嘴的吸吮是他们探索世界的主要手段。这个阶段的显著标志是儿童渐渐获得了客体永久性。

（2）前运算阶段（2~7岁）。这一时期是儿童表象思维阶段。在这一阶段，儿童能运用语言或较为抽象的符号来代表他们经历过的事物，凭借表象思维，他们可以进行各种象征性活动或游戏、延缓性模仿以及绘画活动等。这一时期儿童在认知方面具有具体形象性、泛灵论、自我中心主义、集体的独白、集中化等特点。

（3）具体运算阶段（7~11岁）。这一阶段相当于小学阶段。此阶段儿童的认知结构已经发生了重组和改善，思维具有一定的弹性，可以逆转，已经获得长度、体积、质量和面积等的守恒，能凭借具体事物或从具体事物中获得的表象进行逻辑思维和群集运算。这一时期儿童在认知方面具有去集中化、去自我中心等特点。

（4）形式运算阶段（11岁至成年）。此阶段儿童的思维已经超越了对具体的可感知的事物的依赖，能以命题的形式进行，并能发现命题之间的关系，能理解符号的意义，能进行一定的概括。思维已经接近成人的水平。这一阶段的儿童在认知方面具有抽象思维获得发展、青春期自我中心的特点。

根据皮亚杰的认知发展理论，教育教学应注意以下几点：

（1）提供活动。教师既应为学生创设大量的物理活动，也应为他们提供相应的心理活动机会。在形式运算阶段前，教师应为学生提供从现实物体和事件中学习的机会。

（2）创设最佳的难度。皮亚杰认为认知发展是通过不平衡来促进的。因而，教师要通过提问来引起学生认知的不平衡，并提供有关的学习材料或活动材料，促使学生的认知发展。

（3）关注儿童的思维过程。在教学中，教师必须认识到儿童思考问题的方式与成人不同，并根据儿童当前的认知水平提供适宜的学习活动，这样才能真正促进儿童的认知发展。

（4）认识儿童认知发展水平的有限性。教师需要认识各年龄阶段儿童认知发展所达到的水平，遵循儿童认知发展顺序来设计课程，这样在教学中就会更加主动。

（5）让儿童多参与社会活动。儿童在参与社会活动的过程中，能够逐渐认识到他人的观点与自己的不同，引发认知发展。

三、分析论述题

1. 试述我国中小学课业负担过重的表现及原因。

【答案要点】

我国中小学生课业负担过重的表现有：中小学生作业任务重且耗费时间长；中小学考试频率高，导致学生压力大；校外培训多，学生休息时间少等。

造成我国中小学课业负担过重的原因有：

（1）社会唯学历意识浓厚，"学而优则仕"的理念至深。中小学生课业负担过重，其背后有着浓重的历史和文化根源。我国从古至今都有"学而优则仕"的观点，悬梁刺股、铁棒磨针的典故影响着一代又一代读书人，其意蕴就是鼓励学生好好学习，唯有如此才能取得成功。所以教师和家长的期望使得学生想要获得赞扬，满足家长和教师的期待，就得承受更多的学习任务，完成更多的课业。这不仅与当下基础教育改革倡导的素质教育理念背道而驰，而且很容易引发学生的焦虑、抑郁等各种心理疾病和极端行为。

（2）社会资源分配不均，家庭普遍期望值高。家长们为了能使自己的孩子进入名校，获得好的学习资源，得到优质的教育，不惜给孩子报各类补习班、竞赛班和家教班，额外给孩子增加作业和练习。

（3）教育评价机制不合理，教师作业布置过量。传统的应试教育使教育的功能发生了错位，学生成了"造分机器"，教师的作业布置失控，忽略了学生的主体性和全面发展，已不能满足社会经济和人的全面发展。

2. 试述教师劳动的特点和教师的素质。

【答案要点】

教师劳动的特点在于：

（1）教师劳动的复杂性。教师劳动的复杂性主要受以下三方面的影响：第一，学生状况的复杂性决定着教师劳动的复杂性；第二，教师任务的多样性制约着教师劳动的复杂性；第三，影响学生发展因素的广泛性制约着教师劳动的复杂性。

（2）教师劳动的示范性。教育是教师引导、培养学生的活动，它要求教师以身作则，具有示范性。教师的劳动对象是处在发展过程中的青少年学生，他们具有尊敬教师、乐于接受教师的教导、以教师为表率的所谓"向师性"的特点。因此，教师必须严格要求自己，以身作则，通过示范的方式去影响学生，以便取得最佳教育效果。

（3）教师劳动的创造性。教师劳动创造性的最重要特征之一是他的工作对象，即儿童经常在发生变化，永远是新的，今天同昨天就不一样。此外，教师劳动的创造性还表现在因材施教上；表现在对教育、教学的原则、方法、内容的运用、选择和处理上；表现在教育教学过程中，教师对各种突发情况做出及时反应、妥善处理的应变能力上。

（4）教师劳动的专业性。教师劳动的专业性突出表现在教师对育人的崇高敬业精神和道德修养上，对教育教学专门化知识和技能的掌握与教育活动的自主权上。

教师的素养有以下内容：

（1）高尚的师德。第一，热爱教育事业，富有献身精神和人文精神；第二，热爱学生，诲人不倦；第三，热爱集体，团结协作；第四，严于律己，为人师表。

（2）先进、科学的教育理念。教育理念是教师在对教育工作本质理解的基础上形成的关于教育的观念和理性信念，它是以观念或信念的形式存在于教师头脑中的对教育现象和教育问题的看法。先进、科学的教育理念体现在教师的所有努力都要有利于学生精神世界的丰富、人格尊严的维护和美好人性的成长。

（3）宽厚的文化素养。教师的主要任务是通过向学生传授科学文化知识，培养其能力，促进其个性生动活泼地发展。一个好教师的基本条件之一，就是要有比较渊博的知识和多方面的才能。因此，教师对自己所教学科知识应科学、深入地把握，能对自己所教专业融会贯通、深入浅出、高瞻远瞩，达到运用自如的境界，在教学过程中不出知识性的错误。同时，教师还应有比较广博的文化修养。

（4）专门的教育素养。教师的专门教育素养水平及其合理结构是教育教学任务得以完成的重要保证，它主要包括教育理论素养、教育能力素养和教育研究素养三个方面的内容。

（5）健康的心理素质。教师的心理健康不仅会直接影响教育工作的优劣成败，而且会影响学生的心理健康水平。因此，教师应该注重提高自己的心理素质。健康的心理素质体现在心理活动的方方面面，概括起来主要指：教师要有轻松愉快的心境、昂扬振奋的精神、乐观幽默的情绪以及坚韧不拔的毅力等。

（6）强健的身体素质。教师的身体素质是指教师在教学活动中的自然力，是教师的身体健康状态和身体素质状态在教学中的表现。它主要通过健康的体魄、旺盛的精力、蓬勃的活力、有节律的生活方式和锻炼习惯等体现。

3. 试述杜威的教育本质及教育目的以及对我国教育的启示。

【答案要点】

杜威是 20 世纪美国著名的哲学家和教育家，他以实用主义哲学、民主主义政治理想和机能心理学为基础，通过批判地继承前人的思想，构建起庞大的教育哲学体系，成为现代教育的代表人物。主要著作有《民主主义与教育》《我的教育信条》等。

杜威对于"什么是教育"的问题，给出的回答是：教育即生活、学校即社会、教育即生长、教育即经验的持续不断的改造。其关于教育的本质的观点如下：

（1）教育即生活。杜威认为教育是生活的过程，学校是社会生活的一种形式，那么学校生活也是生活的一种形式。

①学校生活应与儿童自己的生活相契合，满足儿童的需要和兴趣，使校园成为儿童的乐园，使儿童在现实的学校生活中得到乐趣。

②学校生活应与学校以外的社会生活相契合，适应现代社会变化的趋势并成为推动社会发展的重要力量，校园不应是世外桃源而应积极参与社会生活。

杜威要做的就是改造不合时宜的学校教育和学校生活，使之更富活力，更有乐趣，更具实效，更有益于儿童发展和社会改造。

（2）学校即社会。杜威"学校即社会"意在使学校生活成为一种经过选择的、净化的、理想的社会生活，使学校成为一个合乎儿童发展的雏形的社会。而要将此落于实处，就必须改革学校课程，从分科课程转变为活动课程。

"学校即社会"是对"教育即生活"这一命题的进一步引申，代表社会生活的活动性课程的引入是使学校与社会生活相联系的基本保证。杜威坚信教育是社会进步及社会改革的基本方法，通过教育改造社会生活，使之更完善、更美好。

（3）教育即生长。杜威针对当时教育无视儿童天性，消极对待儿童，不考虑儿童的需要和兴趣的现象，提出了"教育即生长"的观念。

杜威要求摒除压抑、阻碍儿童自由发展之物，使教育和教学适应儿童的心理发展水平和兴趣、需要的要求。他所理解的生长是机体与外部环境、内在条件与外部条件交互作用的结果，是一个持续不断的社会化的过程。杜威要求尊重儿童但不同意放纵儿童，这也是杜威与进步主义教育实践的一个重要区别。

（4）教育即经验的改造。教育即经验的改造是指构成人的身心的各种因素在外部环境和人的主动经验过程中统一的全面改造、发展、生长的连续过程，包含四个方面：

①经验是一种行为，涵盖认识的、情感的、意志的等理性、非理性因素，成为儿童各方面发展和生长的载体。在经验过程中，儿童不仅获得知识，而且形成能力、养成品德。

②经验是有机体与环境相互作用的过程，机体不仅受环境的塑造，同时也对环境加以改变。经验的过程就是一个实验探究的过程、运用智慧的过程、理性的过程。

③经验的过程是一个主动的过程，有机体既接受着环境塑造，也主动改造着环境。

④经验是一个连续发展的过程，不存在终极目的的发展过程，因此教育就是个人经验的不断生长。

关于教育的目的观点如下：

（1）教育无目的论。从教育本质论出发，杜威反对外在的、固定的、终极的教育目的，认为教育无目的。杜威所希求的是过程内的目的，这个目的就是"生长"。

杜威认为在非民主的社会里，教育目的是外在于并强加于教育过程的，包含权威与专制色彩。

而在民主的社会里，教育目的应该内在于教育的过程之中，杜威主张以生长为教育的目的，其主要意图在于反对外在因素对儿童发展的压制，在于要求教育尊重儿童愿望和要求，使儿童从教育本身中、从生长过程中得到乐趣。

（2）教育的社会目的。杜威强调过程内的目的不等于否定社会性的目的。杜威要求教育为社会进步服务，为民主制度的完善服务。他认为，教育是社会进步及社会改革的基本方法，学校是社会进步和改革的最基本和最有效的工具。在民主社会中，个人发展与社会进步是统一的。

教育要培养具有良好公民素质、民主思想和生活能力的人，要培养具有科学思想和精神，能解决实践问题的人，要培养具有道德品质和社会意识的人，要培养具有一定职业素养的人。

4. 试述韦纳的成败归因理论以及教师如何对获得成功的学生进行归因。

【答案要点】

（1）归因理论的基本假设为寻求理解是行为的基本动因。海德最早提出归因理论，认为人们具有理解世界和控制环境两种需要，使这两种需要得到满足的根本手段就是了解人们行为的原因，他把行为的原因分为外部环境和个人原因。

（2）罗特对归因理论进行了发展，提出控制点的概念，并依据控制点把个体分为内控型和外控型。内控型的人认为自己可以控制周围的环境，无论成功还是失败都是由于自己的能力或努力等内部因素造成的；外控型的人则感到自己无法控制周围的环境，无论成败都归因于他人的影响或运气的好坏等外在因素。

（3）韦纳对行为结果的归因进行了系统探讨，发现人们倾向于将活动成败的原因归结为六个因素：即能力高低、努力程度、任务难易、运气好坏、身心状态、外界环境等。这六个因素可归为三个维度，即内部归因和外部归因、稳定性归因和非稳定性归因、可控归因和不可控归因。

（4）不同归因的影响有：

①当个体将成功归因于能力和努力等内部因素时，会产生骄傲、自豪感，增强自信心和动机水平。

②将成功归因于任务容易、运气好、别人帮助等外部原因时，则满意感较少。当个体将失败归因于能力弱、不努力等内部原因时，会产生愧疚感；将失败归因于任务太难、运气不好或教师评分不公正等外部原因时，则较少产生愧疚感。

③归因于努力相比于归因于能力，无论成败都会引发更强烈的情绪体验。努力而成功体验到愉快，不努力而失败体验到羞愧，努力而失败也应受到鼓励。

（5）成败归因的影响因素有：

①他人操作的有关信息。即个体根据别人的行为结果的有关信息来解释自己的行为结果的原因。如班级大部分人拿到高分，则易产生外部归因，如测试容易；班级少部分人拿到高分，则易产生内部归因，如有能力，学习刻苦等。

②先前的观念或因果图式。即个体以往的经验或行为结果的历史。如结果与之前的结果一致，则易归于稳定因素；否则易归于不稳定因素。过去因努力而成功者，更易将成功归因于努力等内部因素；若经努力而失败，则易归因于不可控因素，如运气等。

③自我知觉。即个体对自己能力的看法。自认为有能力者，易将成功归因于能力，将失败归因于教师的偏见、测验不公正等。

（6）归因理论的评价：

①优点。阐明了认知对成就动机的重要作用，韦纳对成败原因进行分类，具有高度概括性，其研究结论既有科学性也有实践价值。为教育实践提供了可行的方法和途径。

②不足。首先人对行为结果的归因是复杂多样的，六因素三维度归因是否能完全解释人类的归

因尚待验证；其次按照哪些维度对归因进行分类也值得进一步研究；最后，在可控性上，对各种原因的稳定性和可控性都应持辩证的观点去看待，且不同原因的稳定性和可控性并非截然分为相对的两级。

（7）教学应用：该理论的教育意义在于它能从学生的观点显示出学习成败的原因。了解学生的自我归因可预测其今后的学习动机。学生的自我归因未必正确却十分重要，教师应注意了解和辅导。

2014年 江苏师范大学333教育综合·真题解析

一、名词解释

疏导原则

疏导原则是指进行德育要循循善诱、以理服人，从提高学生认识入手，调动学生的主动性，使他们积极向上。也称循循善诱原则。

相对性评价

相对性评价是指用常模参照性测验对学生成绩进行的评定，依据学生个人的成绩在该班学生成绩序列中或常模所处的位置来评价和决定他的成绩优劣，而不考虑他是否达到教学目标的要求。也称常模参照性评价。它宜于选拔人才用，但不能表明他在学业上是否达到了特定的标准。

有教无类

孔子率先提出有教无类。"有教无类"的本意是不分贵贱贫富和种族，人人都可以入学接受教育。孔子的教学实践切实地贯彻了这一办学方针，他的弟子来自各个诸侯国，分布地区广泛；弟子成分复杂，出身于不同的阶级和阶层，大多数出身于平民。

陶行知的"教学做合一"

"教学做合一"是生活教育理论的重要主张之一，是"生活即教育"在教学方法问题上的具体化。其含义为：教的方法根据学的方法，学的方法根据做的方法。事怎样做便怎样学，怎样学便怎样教。教与学都以做为中心。

最近发展区

维果茨基认为，在进行教学时必须注意到儿童的两种水平，一种是儿童现有的发展水平，另一种是即将达到的发展水平，维果茨基把这两种水平之间的差距称为最近发展区，即独立解决问题的真实发展水平和在成人指导下或与其他儿童合作情况下解决问题的潜在发展水平之间的差距。

流体智力

流体智力是指基本与文化无关的、非言语的心智能力，如空间关系认知、反应速度、记忆及计算能力等。流体智力在青少年期之前一直增长，30岁左右达到顶峰，然后随着年龄增长逐渐衰退。

二、简答题

1. 简述苏格拉底的教育作用观。

【答案要点】

苏格拉底是古希腊著名的哲学家、教育家。在希腊哲学史上，苏格拉底是最早将对人的关注引入哲学领域的思想家之一，从而实现了从自然哲学向伦理哲学领域的转变。

（1）教育的意义与目的。苏格拉底认为，人天生是有区别的。但不管这种区别有多大，教育能使人得到改进。不论是天资比较聪明的人还是天资比较鲁钝的人，都必须勤学苦练。苏格拉底认为教育的目的是培养治国人才，治国者必须有德有才，深明事理，具有各种实际知识。

（2）美德即知识。苏格拉底认为道德不是天生的，正确的行为基于正确的判断，做坏事的人按照错误的判断行事，没有人会明知故犯，所以教人道德就是教人智慧，教人辨别是非、善恶，正确地行事，智慧就是道德。正确行为基于正确认识，对人进行道德教育就是可能的，道德是可教的。

（3）苏格拉底方法。苏格拉底法也称"问答法""产婆术"，是由讥讽、助产术、归纳和定义四个步骤组成的独特的方法。这是苏格拉底探讨伦理哲学的研究方法，也是他的教学方法。

其中讥讽是指就对方的发言不断提出追问，迫使对方自陷矛盾，最终承认自己的无知；助产术是指帮助对方自己得到问题的答案；归纳是指从各种具体事物中找到事物的共性或本质，通过对具体事物的比较寻求"一般"；定义是指把个别事物归入一般概念，得到关于事物的普遍概念。

2. 简述文艺复兴时期人文主义的"全人"理想。

【答案要点】

文艺复兴时期人文主义思潮的核心是关于人的理论。许多人文主义者在对基督教神学和封建专制制度的批判中，提出了种种崭新的关于"人"的看法。

（1）反对禁欲主义，肯定人的自然本性和现实生活。人文主义者认为，人天生具有追求现世幸福的权利，他们从人的现实生活中出发，关怀人的现实生活和未来生活。

（2）追求人的个性解放，实现个人理想。人文主义者强调个性解放、突出个人性格、挖掘个人潜能、依靠个人奋斗、实现个人理想、体现个人价值。

（3）主张人生而平等，批判等级制度。文艺复兴时期的人文主义者虽然没有从根本上冲破中世纪神学世界观框架的束缚，但许多人文主义思想家却在不断地修正着这个框架并改变了它的重心。

文艺复兴的人文主义是一个以人文学科的研究与学术为基础而与基督教神学的人生观相对立，以人和人的现实生活为中心，以培养多才多艺、全面发展的人为理想，以促进和实现人类幸福的现实生活为目的的文化运动。人文主义者最根本的目的，是追求文化和智力的统一，即塑造拥有最高智慧的全才。这种人应该是受传统陶冶而变得文明，受文学训练而能明晰地表达，是社会的充分参与者，充当政治和领袖的角色。

3. 简述杜威的"五步探究教学法"。

【答案要点】

杜威根据科学的实验主义探究方法和反省思维方式，提出了五步教学法，五个阶段的顺序并不固定，实际思维中，有时两个阶段可以合二为一。

（1）创设疑难的情境。学生要有一个真实的经验的情境，要有一个对活动本身感兴趣的连续的活动。

（2）确定疑难所在。在这个情境内部产生一个真实的问题，作为思维的刺激物。

（3）提出问题的种种假设。他要占有知识资料，从事必要的观察，对付这个问题。

（4）推断哪种假设能解决这个困难。他必须有条不紊地展开他所想出的解决问题的方法。

（5）验证这种假设。他要有机会和需要通过应用检验他的观念，使这个观念意义明确，并且让他自己发现它们是否有效。

4. 简析直接经验与间接经验的关系。

【答案要点】

（1）学生认识的主要任务是学习间接经验。

儿童认识始于直接经验，并通过直接经验，不断扩大对世界的认识。但个人的活动范围是狭小的，无论个人如何努力，仅仅依靠直接经验来认识世界越来越不可能。学生要适应高度发展的文明社会，便必须以学习间接经验为主，便捷地掌握人类积累起来的基本科学文化知识。

（2）学习间接经验必须以学生个人的直接经验为基础。

学生要把书本知识转化为自己能理解的知识，就必须依靠个人已有的或现时获得的感性经验为基础。教学中要注重联系生活与实际，利用学生已有经验，并补充学生学习新知识所必须有的感性认识，以便学生能顺利地理解书本知识并运用所学知识于实际，获得比较完全的知识。

（3）防止只重书本知识传授或直接经验积累的偏向。

只重书本知识的传授或只重直接经验的积累都违反了教学的规律，割裂了间接经验与直接经验的内在联系，影响了教学质量的提高。

三、分析论述题

1. 个人本位论。

【答案要点】

个人本位论的代表人物有卢梭、裴斯泰洛齐、福禄培尔等，其观点的主要内容如下：

（1）教育目的是根据个人发展的需要制定的，而不是根据社会的需要制定的。

（2）个人价值高于社会价值。社会价值只有在有助于个人发展时才有价值，应由个人来决定社会，个人价值恒久高于社会价值。

（3）人生来就有健全的潜在本能，教育的基本职能就在于使这种潜能得到发展。

个人本位论把个人的自身的需要作为制定教育目的的依据，在一定的历史条件下具有一定的进步意义；但如果只强调个人的需求与个性的发展，而一味贬低和反对满足社会发展的需要，则是片面的、错误的。

2.《国家中长期教育改革与发展规划纲要（2010--2020）》提出"倡导教育家办学"。请运用教育学原理，阐述你对该政策的理解。

【答案要点】

教育家是具备系统的、尊重教育规律的教育思想，具备专业知识和技能以及修养，具备实践经验，且取得卓越教育成就、对教育有较大影响的人。教育家办学就是由教育家主导办学、把教育还给教育家，让懂教育、善于研究教育、最会教育的专家学者来办教育。

《国家中长期教育改革和发展规划纲要（2010—2020）》倡导教育家办学，教育家办学的实践意义在于：

（1）有助于推动教育改革的发展。教育家办学对于我国当前极具现实意义，是我国从教育大国转向教育强国改变的大势所趋。我国教育事业目前已经步入了一个新台阶，这对于教育引领者提出了更高的要求，必须用教育家办学的理念来指引办学实践，要努力朝着教育家的方向不断迈进，这也表明我国教育正逐步走进教育家主导的时代。

（2）有助于提高办学质量。通过营造良好的环境，可以培养更多的教育家来办学、治学，使得更多的教育家型校长投身于学校建设中，他们能够遵循教育规律，能够不断提高办学质量，对于学校的良性发展有不可或缺的推动作用。同时，也有利于教育行政管理部门工作的改善，使其工作能够按照教育规律主导，从而提高教育行政管理部门的工作科学化、民主化。

3. 试述问题解决的基本过程。

【答案要点】

问题解决是指个体在面临问题情境而没有现成方法可以利用时，将已知情境转化为目标情境的认知过程。当常规或自动化的反应不适用于当前的情境时，问题解决者需要超越对过去所学规则的简单应用，对所学规则进行一定的组合，产生一个解答，达到问题解决的目的。它涉及认知、情感和行为活动成分。

（1）一般问题的解决过程包括以下阶段：

①理解和表征问题阶段。

识别有效信息：确定问题到底是什么，找出相关信息并忽略无关的细节。

理解信息含义：除了能够识别问题的相关信息外，学生还必须准确地表征问题，这要求学生有某一领域特定的知识。成功地表征问题有两个任务，其中的第一个是语言理解，需要理解问题中每一个句子的含义。

整体表征：成功地表征问题的第二个任务是将问题的所有句子综合在一起，达成对整个问题的准确理解。

问题归类：将要解决的问题归入某一类中，一个特定的图式就会被激活，这个图式将引导对有关信息的注意，并预期正确答案应该会是什么样的。

②寻求解答阶段。

算法式。将达到目标的各种可能的方法都列出来，具体化，逐一加以尝试。

启发式。根据目标的指引，试图不断地将问题状态转换成与目标状态相近的状态，只试探那些对成功趋向目标状态有价值的操作，也就是使用一般的策略试图解决问题。具体有手段-目的分析法、逆向反推法、爬山法、类比思维法。

③执行计划或尝试某种解答阶段。当表征某个问题并选好某种解决方案后，下一步就是执行计划、尝试解答。

④评价阶段。当选定并执行某个解决方案之后，学习者还需要对结果进行评价。评价结果的方法之一，就是寻找能够证实或证伪这种解答的证据，对解答进行核查。

（2）结构不良问题是指问题的给定状态、目标状态以及用于转换状态的方法中的一项或几项缺乏明确的界定，如全球水资源短缺。结构不良问题的解决过程如下：

①厘清问题及其情境限制。问题解决者首先需要确定问题是否真的存在，然后厘清问题的实质。需要分析问题的背景信息，弄明白问题的目标到底是什么，障碍是什么，权衡各种可能的理解角度，建立有利于问题解决的问题表征。

②澄清、明确各种可能的角度。问题解决者需要从多个角度、立场综合考虑问题中的多种可能性，权衡各方面的利害关系。

③提出可能的解决方法。从问题的条件和原因出发，设计问题的解决方案。

④评价各种方法的有效性。结构不良的问题通常没有唯一的标准答案，问题解决者需要评价各种可选方案的有效性，选择自己最能接纳的解决方案。

⑤对问题表征和解法的反思监控。问题解决者需要监控对解决过程的规划，看看自己对问题解决过程的规划是否合理、周全；需要监察自己的理解状况。该环节贯穿于问题解决的整个过程。

⑥实施、监察解决方案。实际实施解决方案，在实施过程中监察问题解决的进度和效果。

⑦调整解决方案。针对问题解决结果的反馈信息，问题解决者需要调整解决方案，或者改变理

解问题的方式和思路。

4.试论科举考试制度对学校教育的影响。

【答案要点】

科举制度即个人自愿报考，县州逐级考试筛选，全国举子定时集中到京都，按科命题，同场竞试，以文艺才能为标准，评定成绩，限量选优录取，是一种选官制度，以这种方式选拔国家官员。

科举制度与学校的关系在于：

（1）学校教育制度是培养人才的制度，成为国家社会人才的重要来源，学校不断输送人才供科举考试选拔，是科举赖以发展的基础；科举考试是国家选拔人才的重要渠道，也为学校培养的人才开辟了政治出路。

（2）科举考试受重视，居于主导地位，学校教育受轻视，居于次要地位。学校教育要适应科举考试的需要，成为科举的附庸，学校作为考试的预备场所，一切都受到科举考试的直接支配。科举考试对学校教育发挥着导向调控的作用，直接影响着学校教育。

科举制度的积极影响有：

（1）扩大了统治基础，有利于加强中央集权。通过科举考试，平民及中小地主阶层获得了参政的机会，打破了门阀士族地主垄断统治权力的局面，扩大了封建统治的统治基础。同时，通过科举考试，朝廷将选士大权收归于中央政府，强化了中央集权的统治。

（2）使选士与育士紧密结合。促进人们的思想统一于儒学，成为实施儒家"学而优则仕"原则的途径。刺激学校教育的发展，有利于教育的普及。

（3）使选拔人才较为客观公正。隋唐科举考试在发展的过程中逐步建立了较为完备的考试制度，同时逐步建立了一系列的考试防范措施，加强考试管理。

科举制度的消极影响有：

（1）国家只重科举取士，而忽略了学校教育。学校成为科举考试的预备机构，一切教学活动都围绕着科举考试来进行，学校失去了相对独立的地位和作用。

（2）束缚思想，败坏学风。学校教学安排围绕科举进行，导致学校教育中重文辞少实学，重记诵而不求义理，形成了教条主义、形式主义的学习风气。在科举制的影响下，读书的目的不是求知求真，而是为了功名利禄，具有强烈的功利色彩。

（3）科举考试内容的狭隘也阻碍了中国文化的和谐发展，特别是科技文化的发展。

江苏师范大学333教育综合·真题解析

一、名词解释

德育原则

德育原则是教师对学生进行德育应该遵循的基本要求。它以个体品德发展规律和社会发展要求为依据，概括了德育实践的宝贵经验，反映了德育过程的规律性。

学校管理

学校管理是学校管理者在一定的社会历史条件下，通过一定的组织机构和制度，采用一定的方法和手段，带领师生员工，充分发挥学校人、财、物、时、空和信息等资源的最佳整体功能，实现学校工作目标的组织活动。简言之，学校管理是管理者通过一定的组织形式以实现学校教育目标的活动。

性相近，习相远

孔子在中国历史上首次提出"性相近也，习相远也"。"性"指的是先天素质，"习"指的是后天习染，包括教育与社会环境的影响。孔子认为人的先天素质没有多大差别，只是由于后天教育和社会环境的影响作用，才造成人的发展有重大的差别。

陶行知的"教学做合一"

"教学做合一"是生活教育理论的重要主张之一，是"生活即教育"在教学方法问题上的具体化。其含义为：教的方法根据学的方法，学的方法根据做的方法。事怎样做便怎样学，怎样学便怎样教。教与学都以做为中心。

认知策略

认知策略是加工信息的一些方法和技术，能使信息有效地从记忆中提取出来。认知策略可以分为注意策略、精细加工策略、复述策略、编码与组织策略。

社会建构主义

社会建构主义关注学习和知识建构背后的社会文化机制，其基本观点是：学习是一个文化参与过程，学习者通过借助一定的文化支持参与某个学习共同体的实践活动来内化有关知识，掌握有关的工具。知识的建构不仅仅需要个体与物理环境的相互作用，还需要通过学习共同体的合作互动来完成。

二、简答题

1. 简析综合实践活动课程的基本特征。

【答案要点】

（1）活动课程又称经验课程、儿童中心课程，与学科课程相对立，它打破学科逻辑的界线，是以学生的兴趣、需要、经验和能力为基础，通过引导学生自己组织的有目的的活动系列而编制的课程。

（2）特点：第一，重视儿童的兴趣、需要、能力和阅历，以及儿童在学习中的自我指导作用与内在动力；第二，注重引导儿童从做中学，通过探究、交往、合作等活动使学生的经验得到改组与改造；第三，强调解决问题的动态活动的过程；第四，把课程资源作为解决问题的工具，反对预先确定目标的观念。

（3）优点：能调动学生的积极性、自主性，发挥他们个人的潜力、个性和创造性，提高学生处理各种实际问题和适应社会生活的能力与品德修养。

（4）缺点：第一，不重视系统的科学文化知识的教学；第二，缺乏规范性，其教学过程不易理性地引导，存在较大难度；第三，对教师要求过高，不易实施与落实，学生也往往学不到预期的系统的科学基础知识。

2. 简析王守仁的道德教育观。

【答案要点】

在道德教育和修养的方法上，王守仁以"知行合一"思想为指导，针对程朱理学知而不行，知行脱节的"空疏谬妄"，强调道德践履和实际行动对于道德教育和修养的重要性。具体而言，他提出下列四个基本主张：

（1）静处体悟。这是王守仁早年提倡的道德修养方法。他认为道德修养的根本任务是"去蔽明心"。因而，道德修养无须"外求"，而只要做静处体悟的功夫。

（2）事上磨炼。这是王守仁晚年提出的道德修养方法。他认识到一味强调静坐澄心，会产生各种弊病。因此，他改而提倡道德修养必须在"事上磨炼"。他所说的"事上磨炼"，即使结合具体事物，"体究践履，实地用功"。

（3）省察克治。王守仁主张要不断地进行自我反省和检察，自觉克制各种私欲。这是对儒家传统的"内省""克己"修养方法的继承和发展，其中所包含的强调道德修养的自觉性和主观能动性的合理因素，是可以批判地吸取的。

（4）贵于改过。王守仁认为，人在社会生活中总会发生这样或那样一些违反伦理道德规范的过错，即是大贤人，也难以避免。故不贵于无过而贵于能改过。要能改过，首先必须对过错要有认识，表示悔悟，但悔悟并不就是改过。这种"贵于改过"的主张，体现了求实精神和向前看的态度，是可取的。

3. 简析蔡元培的教育独立思想。

【答案要点】

1922年，蔡元培发表《教育独立议案》，阐明教育独立的基本观点和方法，成为教育独立思潮中的重要篇章。教育独立的基本要求可以大致归结为：

（1）教育经费独立。政府指定固定的款项，专作教育经费，不能移作他用。建立独立的教育会计制度等。

（2）教育行政独立。设立专管教育的行政机构，不附设于政府部门，由懂教育的专业人士主持。教育总长不得因政局的变动而频繁变动。

（3）教育学术和内容独立。教育方针应保持稳定，不受政治的干扰。能自由编辑、出版、选用教科书。

（4）教育脱离宗教而独立。

教育独立思想在推进收回教育权运动、抵制殖民教育方面起到了积极作用。蔡元培关于教育脱离政治、脱离政党的主张，是一种历史唯心主义的观点，但反映了他反对军阀分子控制教育，希望按照教育规律办好教育事业的美好愿望；教育脱离宗教的主张更含有反对帝国主义文化侵略的革命意义。

4. 简述斯宾塞的教育科学化思想。

【答案要点】

（1）斯宾塞主张教育的目的是为完满生活做准备。为实现此目的，教育应从当时古典主义的传统束缚中解放出来，应该切实适应社会生活与生产的需要。此外，斯宾塞提出了"什么知识最有价值"这一问题，并将评价知识价值的标准定义为对生活、生产和个人发展的作用，知识对生活的作用越大则价值越大。

（2）斯宾塞按照重要程度把人类活动分为五个部分：第一，直接有助于自我保全的活动；第二，从获得生活必需品而间接有助于自我保全的活动；第三，目的在于抚养和教育子女的活动；第四，与维持正常的社会和政治关系有关的活动；第五，在生活中的闲暇时间用于满足爱好和情感的各种活动。

（3）为促使个人有能力从事上述五类活动，斯宾塞提出学校应开设以下五种类型的课程：
①生理学与解剖学。此类知识属于直接保全自己的知识，应成为合理教育中最为重要的部分。
②逻辑学、数学、力学、化学、天文学、地质学、生物学和社会科学，属于间接保全自己的知识，是文明生活得以维持的基础知识。
③生理学、心理学与教育学。此类知识能够保证父母们成功履行自己的责任，进而促使家庭稳

定和睦，社会文明进步。

④历史学。历史知识有利于人们自己调节自己的行为，成功履行公民的职责。

⑤文学、艺术等。这类知识能够满足人们闲暇时休息与娱乐的需要。

斯宾塞的教育理论主张以科学知识为中心，兼顾个人和社会生活的双重需要，是教育思想上的一次变革。斯宾塞及其他提倡科学教育的思想家们不仅对英国中学和大学冲破古典教育传统的禁锢产生了深刻的影响，而且影响到欧美其他国家，极大地推动了科学教育的发展。但是，他的教育观也带有明显的时代局限性，他的课程论反映了资产阶级利益，带有个人主义、功利主义的色彩。

三、分析论述题

1. 试论知识的价值。

【答案要点】

文化知识蕴含着有利于人的发展的多方面价值：

（1）促进人的认识的发展，即认识价值。

知识是人类长期认识与实践的成果，是前人遗留下来的精神财富。学生掌握和运用前人的知识，就等于继承和掌握了前人认识的资源和工具，以此来认识世界。如今，借助于网络与数字化信息，能更快捷有效地获取知识，使人类的认识实现了又一次新的飞跃。

（2）促进人的精神的发展，即陶冶价值。

知识蕴含着科学精神和人文精神。科学精神引导人实事求是、独立思考、追求真理；人文精神则引导人追求人生的意义与尊严，坚持自由、平等与公正，争取人的合理存在，向往人的解放。二者不单是一个知识问题、认识问题，而是引导学生从知识、认识层面上升到人格层面，让学生在这个过程中接受科学精神和人文精神的陶冶。

（3）促进人的能力的发展，即能力价值。

知识及其运用能力是前人在认识事物、解决具体问题的过程中提炼形成的结晶。因此，要有效地发展学生认识问题和处理问题的能力，不仅要引导他们学习、理解知识，还要引导他们运用知识去解决各种实际存在的问题。

（4）促进人的实践的发展，即实践价值。

主要指促进人运用知识去指导、推进社会实践的发展。当学生通过学习获取了知识，认识了某种事物特性，就能获得改造某种事物的可能性，推动这一领域的社会实践的发展。

总的来说，鉴于知识的多方面的价值，要有效地促进学生的发展，教育必须引导学生尊重、热爱知识，追求真知，创造性地理解、运用知识，并在这个过程中使儿童的智能、品德、审美等方面获得自由而全面的发展，成为社会实践的主体。但切记不可搞"唯知识教育论"。

2. 试述怎样才能有效地发挥学校教育在个体发展中的作用。

【答案要点】

学校教育对人的发展的作用在于：

（1）教育在人的发展中起引领作用。教育在年轻一代的发展中起着引领作用主要体现在：有意识地为年轻一代的成长选择、建构、调控良好的环境，对他们的生活、交往、学习与实践等活动进行正确的教导、示范和辅助，并注重尊重他们的主体地位和激发、引导他们内在的学习动力与自我发展的能动性和自主性，从各方面引领、关怀、维护他们的发展。

（2）学校教育主要通过传承文化科学知识来培养人。学校教育是教育者有意识地为儿童的身心发展精心设置的一种环境，它把经过选择的、重新组编的、人类长期积累起来的文化知识作为精神客体与儿童互动，以促进儿童的发展，使他们成人成才。

（3）学校教育对提高人的现代性有显著的作用。教育在人的现代化过程中起着重要作用，因为学生在学校里不仅学会了读、写、算等各个方面的基础知识与技巧，而且学到了与他们个人的发展和国家的未来有关的态度、价值和行为方式。人的现代化是社会现代化的重要基础和前提条件，我们应该自觉地优先发展教育，高度重视并充分发挥教育对人的现代化的促进作用。

学校教育发挥作用的条件有：

（1）科学的学校教育。教育目的影响着教育的效果；教育物质条件影响着教育的速度和规模；教育活动影响着教育影响的深度；教师素质影响着教育的水平；教育管理水平影响着教育的功能。

（2）优化的家庭教育。学校教育在人的身心发展中的主导作用的发挥，还受学生家庭的经济状况、家长的文化水平、家庭的人际关系等家庭条件的影响。

（3）良好的社会状况。教育活动是在一定社会的条件和背景下进行的，并受到社会条件的制约。这些社会条件包括：社会生产力发展水平、社会政治经济制度、文化传统等。

（4）受教育者自身的主观能动性。人的主观能动性是人的一种内在需要和动力。当受教育者具备了积极的求教动机时，环境和教育的外因才能发挥相应的作用。学习者的积极性越高，教育的作用就越大。

总之，教育的主导作用不是无条件产生的，它受到多方面因素的制约。教育如果能得到社会各方面条件的积极配合，就能充分发挥出教育的主导作用。

3. 试述1957年"人造卫星事件"与西方教育改革之间的关系。

【答案要点】

1957年，苏联卫星上天后，美国朝野震惊，开始反思自身的教育问题，并将教育提高到保卫国家国防的高度，要求对教育进行改革。在此背景下，1958年美国总统批准颁布了《国防教育法》。

该法案的主要内容为：

（1）加强普通学校的自然科学、数学和现代外语，即"新三艺"的教学。

（2）加强职业技术教育。要求各地区设立职业技术教育领导机构，有计划地开展职业技术训练。

（3）强调"天才教育"。鼓励有才能的学生完成中等教育，攻读考入高等教育机构所必需的课程并升入该类机构，以便培养拔尖人才。

（4）增拨大量教育经费。作为对各级学校的财政援助。

《国防教育法》是作为改革美国教育、加快人才培养的紧急措施推出的，其颁布与实施，为第二次世界大战后美国教育改革提供了坚实的法律保障，促进了美国教育事业的发展，有利于美国教育质量的提高和科技人才的培养。

4. 导致中小学学生品德不良的原因分析及其矫正策略。

【答案要点】

品德不良是指个体具有的不符合社会道德要求的道德品质与道德行为，表现为个体经常违反道德准则或犯有较严重的道德过错，有的甚至处在犯罪的边缘或已有轻微的犯罪行为。

品德不良的成因分为客观原因和主观原因两个方面：

（1）客观原因。

①家庭方面。主要有五种：家庭成员的溺爱、迁就；家庭对孩子要求过高、过严，又缺乏正确的教育方法；家庭成员教育的不一致性；家长缺乏表率作用；家庭结构的剧变。

②学校方面。某些教育工作者存在某些错误观念或方法上的偏颇，如：片面追求升学率，忽视学生的品德教育；不了解学生真实的内心世界，不能自发地进行教育；教育方法不当，使得学生厌烦；对矫正品行不良学生缺乏信心、恒心和毅力。此外，学校教育和家庭教育不一致，相互脱节，也会削弱教育的力量。

③社会方面。影响个体的品德行为的有：长期封建社会遗留下来的某些腐朽思想；现实生活中的某些不正之风；思想不健康甚至低级趣味的文艺作品；朋友、邻居、社区，以及影响个体的各种社会活动。

（2）主观原因。

①不正确的道德认识。儿童和青少年处于品德形成的过程中，他们的道德认识还不明确、不稳定，一些学生不理解或不能正确理解有关的道德要求和道德准则，缺乏独立的道德评价能力，常常不能明辨是非、分清善恶。

②异常的情感表现。品行不良的学生由于长期处于错误观念的支配下，常常造成情感上的异常状态，往往对真正关心他们的老师、家长怀有戒心，或处于对立情绪中。

③明显的意志薄弱。有些品行不良的学生并非在道德认识方面无知，而是因为意志薄弱导致正确的认知不能战胜不合理的欲望。"明知故犯"的学生常是意志薄弱者。

④不良习惯的支配。偶然的不良行为经过多次重复就会变成不良习惯，不良习惯又支配不良行为，如此恶性循环必然导致学生的品行不良。

⑤某些性格缺陷。学生某些性格上的缺陷会直接导致品德不良。比如执拗、任性、骄傲、自私等消极性格特点，很容易让个体表现出无视他人和集体的利益，为私利我行我素，甚至做出破坏集体纪律和违反社会公德的行为。

⑥某些需要未得到满足。当学生的需要没有通过正常途径得到满足，他们就可能会通过一些不正当的方法去满足自己的需要，从而沾染上不良行为。

通过借鉴西方现代三大学习理论的精髓思想，矫正学生品行不良的方法主要有以下几种：

（1）运用行为主义学习理论培养个体的良好行为方式。在教育中适当运用渐进强化的原理，可以有效地塑造学生的良好行为方式或矫正学生的偏差行为方式。

（2）直接从自我观察学习入手培养人的自律行为。自律是个人根据自己的价值标准评判自己的行为，从而规范自己去做自己认为应该做的事情，或避免做自己认为不应该做的事。

（3）提高道德认识法。"美德即知识"的命题启示人们，在很多时候丰富人的道德认识的确可以使人少犯错误，尤其是一些低级错误。这样，妥善采取常用的说理法、故事启发法、小组讨论法或价值澄清法等方法以提高人们的道德认知水平，往往是防治品行不端的有效之举。

（4）改过迁善法。指要求犯错者纠正自己的不良品德，以使自己朝着善的方向发展的方法。该方法由两部分组成：一是消除一个或几个错误的地方；二是通过一定的练习，使自己的行为朝着与原来不良行为相反的或不相容的方向发展。

（5）防范协约法。指以书面形式在教育者与被教育者之间建立和实施一种监督关系的矫正不良行为的方法。

2012年 江苏师范大学333教育综合·真题解析

一、名词解释

教育目的

教育目的是对教育活动所要培养的人的个体素质的总的预期与设想，是对社会历史活动的主体的个体素质的规定。它体现一定社会对受教育者质量规格的界定和要求，也体现人自身发展所应该达到的水准和高度。

教学原则

教学原则是有效进行教学必须遵循的基本要求。它既指导教师的教，也指导学生的学，应贯彻于教学过程的各个方面和始终。

稷下学宫

稷下学宫是战国时代齐国一所著名的高等学府，因其建立于齐国都城临淄的稷门附近而得名。它既是百家争鸣的中心与缩影，也是当时教育上的重要创造，稷下学宫对中国古代学术、文化和教育的发展产生过重大的历史影响。

学而优则仕

孔子提出由平民中培养德才兼备的从政君子，这条培育人才的路线可简括称之为"学而优则仕"。"学而优则仕"包含多方面的意思：学习是通往做官的途径，培养官员是教育最主要的政治目的，而学习成绩优良是做官的重要条件；如果不学习或虽经学习而成绩不优良，也就没有做官的资格。

夸美纽斯

夸美纽斯是17世纪捷克伟大的爱国者、教育改革家和教育理论家，他继承了文艺复兴以来人文主义教育思想的成果，总结了自己丰富的教育实践经验，系统地论述了教育的理论和实际问题，代表作有《大教学论》《世界图解》《母育学校》等。

美国的《国防教育法》

1958年美国总统批准颁布了《国防教育法》，内容包括加强普通学校的自然科学、数学和现代外语的教学；加强职业技术教育；强调天才教育和增拨大量教育经费。

二、简答题

1. 简析教师劳动的特点。

【答案要点】

（1）教师劳动的复杂性。教师劳动的复杂性主要受以下三方面的影响：第一，学生状况的复杂性决定着教师劳动的复杂性；第二，教师任务的多样性制约着教师劳动的复杂性；第三，影响学生发展因素的广泛性制约着教师劳动的复杂性。

（2）教师劳动的示范性。教育是教师引导、培养学生的活动，它要求教师以身作则，具有示范性。教师的劳动对象是处在发展过程中的青少年学生，他们具有尊敬教师、乐于接受教师的教导、以教师为表率的所谓"向师性"的特点。因此，教师必须严格要求自己，以身作则，通过示范的方式去影响学生，以便取得最佳教育效果。

（3）教师劳动的创造性。教师劳动创造性的最重要特征之一是他的工作对象，即儿童经常在发生变化，永远是新的，今天同昨天就不一样。此外，教师劳动的创造性还表现在因材施教上；表现在对教育、教学的原则、方法、内容的运用、选择和处理上；表现在教育教学过程中，教师对各种突发情况做出及时反应、妥善处理的应变能力上。

（4）教师劳动的专业性。教师劳动的专业性突出表现在教师对育人的崇高敬业精神和道德修养上，对教育教学专门化知识和技能的掌握与教育活动的自主权上。

2. 简析荀子的"闻见知行"的学习观。

【答案要点】

荀子对于学习过程的分析相当完整而系统,把学习过程具体化为闻、见、知、行四个基本环节。

(1)闻见。荀子认为闻见是学习的起点、基础和知识的来源,人的学习开始于感官对外物的接触,不同的感官与不同种类的事物或事物的不同属性相接触后就形成了不同的感觉,又使进一步的学习活动成为可能。

(2)知。学习并善于运用思维的功能去把握事物的本质与规律,就能自如地应对前所未遇的事变,措施对于事变的合宜一如符节相吻合,这就是知-思维这一阶段的意义。

荀子重视思维的作用,还具体提出了发挥"心"的功能的方法:第一,对事物做全面、广泛的比较、分析、综合,如实地把握事物及其关系;第二,"虚壹而静",即"心"是藏与虚、两与一、动与静的统一。

(3)行。荀子认为行是学习必不可少的也是最高的阶段。在他看来,由学、思而得的知识还带有假设的性质,它的最终是否切实可靠,唯有通过行方能得到验证。荀子所谓的行也指人的社会实践,如个人的品德修养、教人、从政治国等。

3. 简述陶行知的生活教育思想。

【答案要点】

"生活即教育"是陶行知教育思想的核心,集中反映了他在教育目的、内容和方法等方面的主张,反映了陶行知探索适合中国国情和时代需要的教育理论的努力。

(1)生活即教育。"生活即教育"是陶行知生活教育理论的核心,其内涵十分丰富。第一,生活含有教育的意义;第二,实际生活是教育的中心;第三,生活决定教育,教育改造生活。

(2)社会即学校。"社会即学校"是生活教育理论另一重要主张,是"生活即教育"思想在学校与社会关系问题上的具体化。社会即学校是指社会含有学校的意味,或者说以社会为学校;社会即学校也指学校含有社会的意味,也就是说,学校通过与社会生活相结合,一方面运用社会的力量使学校进步,另一方面动员学校的力量帮助社会进步,使学校真正成为社会生活必不可少的组成部分。

(3)教学做合一。"教学做合一"是生活教育理论的又一重要主张,是"生活即教育"在教学方法问题上的具体化。"教学做合一"要求在"劳力上劳心",认为"行是知之始",要求"有教先学"和"有学有教",是对注入式教学法的否定。

4. 简述加涅的信息加工学习理论。

【答案要点】

加涅是美国著名的教育心理学家,他根据现代信息加工理论对学习的实质、过程、条件以及教学做出了系统的论述,致力于将行为主义的刺激-反应学习模式和认知心理学的学习分类模式相结合,形成了自己的学习理论。

(1)学习的信息加工模式。

学习者的环境中的刺激作用于感受器,并通过感觉登记器进入神经系统。信息最初在感觉登记器中进行编码,最初的刺激以映像的形式保持在感觉登记器中,保留0.25~2秒,一部分信息就遗忘了,一部分信息通过注意或选择性知觉机制进入短时记忆。经过复述和组块化策略对信息进行编码,经过编码的信息归类进入长时记忆。当需要使用信息时要经过检索提取信息,被提取的信息既可以直接通向反应发生器产生反应,也可以再回到短时记忆进行编码后再到反应发生器。

(2)学习阶段及教学设计。

从学习的信息加工模式中可以看到,学习是学生与环境之间相互作用的结果。学习过程是由一系列事件构成的。加涅将学习过程分解成八个阶段：

①动机阶段：学习者被告知学习目标，形成对学习结果的期望，激起学习兴趣。

②领会阶段：依据其动机和预期对信息进行选择，只注意那些与学习目标有关的刺激。

③习得阶段：对信息进行编码和储存。

④保持阶段：将已编码的信息存入长时记忆。

⑤回忆阶段：根据线索对信息进行检索和回忆。

⑥概括阶段：利用所学知识对知识进行概括，将知识迁移到新的情境中。

⑦操作阶段：利用所学知识，对各种形式的作业进行反应。

⑧反馈阶段：通过操作活动的结果认识到学习是否达到了预定目标，从而在内心得到强化，使学习活动告一段落。

总之，加涅认为教师是教学活动的设计者和管理者，也是学生学习效果的评定者。一个完整的学习过程是由上述八个阶段组成的。有效的教学要求教师根据学生的内部学习条件，创设或安排适当的外部条件，促进学生有效地学习，以实现预期的教学目标。

三、分析论述题

1. 试论教育与人的发展的关系。

【答案要点】

（1）教育在人的发展中起引领作用。教育在年轻一代的发展中起着引领作用主要体现在：有意识地为年轻一代的成长选择、建构、调控良好的环境，对他们的生活、交往、学习与实践等活动进行正确的教导、示范和辅助，并注重尊重他们的主体地位和激发、引导他们内在的学习动力与自我发展的能动性和自主性，从各方面引领、关怀、维护他们的发展。

（2）学校教育主要通过传承文化科学知识来培养人。学校教育是教育者有意识地为儿童的身心发展精心设置的一种环境，它把经过选择的、重新组编的、人类长期积累起来的文化知识作为精神客体与儿童互动，以促进儿童的发展，使他们成人成才。文化知识蕴含着有利于人的发展的多方面价值：

①促进人的认识的发展。知识是人类长期认识与实践的成果，是前人遗留下来的精神财富。学生掌握和运用前人的知识，就等于继承和掌握了前人认识的资源和工具，以此来认识世界。如今，借助于网络与数字化信息，能更快捷有效地获取知识，使人类的认识实现了又一次新的飞跃。

②促进人的精神的发展。知识蕴含着科学精神和人文精神。科学精神引导人实事求是、独立思考、追求真理；人文精神则引导人追求人生的意义与尊严，坚持自由、平等与公正，争取人的合理存在，向往人的解放。二者不单是一个知识问题、认识问题，而是引导学生从知识、认识层面上升到人格层面，让学生在这个过程中接受科学精神和人文精神的陶冶。

③促进人的能力的发展。知识及其运用能力是前人在认识事物、解决具体问题的过程中提炼形成的结晶。因此，要有效地发展学生的认识问题和处理问题的能力，不仅要引导他们学习、理解知识，还要引导他们运用知识去解决各种实际存在的问题。

④促进人的实践的发展。主要指促进人运用知识去指导、推进社会实践的发展。当学生通过学习获取了知识，认识了某种事物特性，就能获得改造某种事物的可能性，推动这一领域的社会实践的发展。

总的来说，鉴于知识的多方面的价值，要有效地促进学生的发展，教育必须引导学生尊重、热爱知识，追求真知，创造性地理解、运用知识，并在这个过程中使儿童的智能、品德、审美等方面获得自由而全面的发展，成为社会实践的主体。但切记不可搞"唯知识教育论"。

（3）学校教育对提高人的现代性有显著的作用。教育在人的现代化过程中起着重要作用，因为学生在学校里不仅学会了读、写、算等各个方面的基础知识与技巧，而且学到了与他们个人的发展和国家的未来有关的态度、价值和行为方式。人的现代化是社会现代化的重要基础和前提条件，我们应该自觉地优先发展教育，高度重视并充分发挥教育对人的现代化的促进作用。

2. 推进教育公平是《国家中长期教育改革与发展规划纲要》提出的重大任务之一，谈谈你对教育公平的理解和实施策略构想。

【答案要点】

目前我国面对许许多多的教育公平的问题，如城乡公平缺失、地区公平缺失、阶层公平缺失、决策机制的问题等。

公平的教育是指国家对教育资源进行配置时所依据的合理性的规范或原则，它有三层含义：人人都有平等的受教育的权利和义务；相对平等的受教育机会和条件；教育成功机会和教育效果相对均等。

教育公平的实施策略构想有以下几点：

（1）加大教育经费的投入。

（2）加强教育基础设施建设，树立新型教育基础设施建设理念，借助教育信息化的力量，缩小教育差距，促进教育公平。

（3）调整教育结构，大力发展职业教育和继续教育。

（4）优化教育投入结构，向义务教育、学前教育倾斜。

（5）大力推动和促进当前的新课程改革，提高教育质量。

3. 试论卢梭的自然主义教育思想。

【答案要点】

卢梭是18世纪法国著名启蒙思想家和教育家，其教育思想的基本特征是高度尊重儿童的天性，倡导自然教育和儿童本位的教育观。主要著作有《爱弥儿》《社会契约论》等。

（1）自然教育的基本含义。

卢梭自然主义教育的核心是"回归自然"。一方面，善良的人性存在于纯洁的自然状态之中。只有"回归自然"、远离喧嚣社会的教育，才有利于保持人的善良天性。因此15岁之前的教育必须在远离城市的农村进行。另一方面，每个人都是由自然的教育、事物的教育、人为的教育三者培养起来，只有三种教育圆满地结合才能达到预期的目的。三者之中，应以自然的教育为基准，才能使教育回归自然达到应有的成效。

（2）自然教育的培养目标。

自然教育最终目的是培养"自然人"，即身心调和发达、体脑两健、能力强盛的新人，也就是摆脱封建羁绊的资产阶级新人。具有以下特征：第一，自然人是能独立自主的人，他能独自体现出自己的价值；第二，在自然的秩序中，所有的人都是平等的；第三，自然人又是自由的人，他是无所不宜、无所不能的；第四，自然人还是自食其力的人，可无须仰赖他人为生，这是独立自主的可靠保证。

（3）自然教育的方法原则。

卢梭猛烈抨击了当时向儿童强迫灌输旧的道德和知识、摧残儿童天性的做法，他提出以下几点原则和方法：

①树立正确的儿童观。自然教育的必要前提是要改变对儿童的看法。在人生的秩序中，儿童有他的地位，应当把成人看作成人，把孩子看作孩子。

②消极教育。教育要遵循自然天性，也就是要求儿童在自身的教育和成长中取得主动地位，无须成人的灌输、压制、强迫，教师只需创造学习的环境，防范不良的影响。它的作用是消极的，是对儿童的发展不横加干涉的教育。

③自然后果律。当儿童犯了错误和过失后，不必直接去制止或处罚他们，而让他们在同自然的接触中，体会到自己所犯的错误和过失带来的自然后果，使儿童服从于自然法则，结合具体事例让他们从自己的直接经验中受到教育。

④根据儿童天性的个体差异，因材施教。卢梭要求教育者在进行教学之前必须先了解自己的学生。

（4）自然主义教育的实施。

卢梭根据自然教育的原则，根据人的自然发展的进程和不同年龄时期身心的特点，把自然教育分为婴儿期、儿童期、少年期和青春期。

①婴儿期（0~2岁）：主要进行体育，其任务在于通过身体的养护和锻炼，促进儿童身体的健康发展，增强儿童的体质。婴儿期的体育应该顺应自然，通过合理的饮食、衣着、睡眠和游戏，实施正确的教育。

②儿童期（2~12岁）：又称儿童的"理性睡眠期"，主要进行感官训练和身体发育，使他们通过感觉器官的运用获得丰富的感性经验，并要掌握一些道德观念。这个时期的儿童不宜进行理性教育，不应强迫儿童读书。

③少年期（12~15岁）：主要进行智育和劳动教育。智育的任务在于发展他们的智力，培养他们的学习兴趣和掌握学习研究的方法。卢梭重视劳动教育，认为儿童必须学会劳动，学会从事一种职业。劳动不仅可以谋生，还能促进理性的成长，并直接影响人的道德品质和人格发展。

④青春期（15~20岁）：主要接受道德教育，包括宗教教育、爱情教育和性教育，激发青年自然涌现的善良情感，发展他们的理性，使其在行为中接受道德的磨炼。

卢梭提出的自然主义教育思想是教育思想史上由教育适应自然向教育心理学化过渡的一个重要环节。在封建社会压制人性的情况下，提倡性善论，尊重儿童天性具有历史进步意义。他呼吁培养身心调和发展的自然人和自由人，也反映了对人的发展的合理要求。

4. 试论影响问题解决的因素与问题解决能力的培养。

【答案要点】

（1）影响问题解决的因素有：

①问题情境。个体面临的刺激模式与其已有的知识结构所形成的差异。

②原型启发。通过从待解决的问题具有相似性的其他事物上发现问题解决的途径和方法。

③人际关系。良好的人际关系有助于其解决面临的各类问题。

④知识经验。任何问题解决都离不开一定的知识、策略和技能，知识经验不足常常是不能有效解决问题的重要原因。

⑤定势与功能固着。定势是指人在解决一些相似的问题之后会出现一种惯用的方式解决问题的倾向。功能固着是指一个人看到某个物品有一种惯常的用途后，就很难看出它的其他新用途。

⑥酝酿效应。在反复探索一个问题的解决而毫无结果时，如果把问题暂时搁置几个小时、几天或几周，然后再回过头来解决，这时常常就可以很快找到解决方法。

⑦情绪状态。相对平和的心态有利于问题解决，同时，积极的情绪也有利于问题解决。

（2）培养学生的问题解决能力措施有：

①鼓励质疑。教师要尽量从自己提出问题过渡到学生质疑，从而培养学生主动质疑的内在动机，鼓励学生主动提问，形成一种自由探究的气氛。

②设置难度适当的问题。教师给学生的问题要可解，但也要有一定的难度。

③帮助学生正确表征问题。学生运用所学知识解释问题，或者画草图、列表、写方程式等，这对回忆相关信息都有很好的作用。

④帮助学生养成分析问题的习惯。教师要帮助学生发展系统考虑问题的方式和系统分析的习惯，既不能让学生盲目尝试错误练习，也不能过分热心，先把答案告诉学生。

⑤辅导学生从记忆中提取信息。教师需要帮助学生从记忆中迅速提取与解决问题有关的信息，并能很快找出可利用的信息，明确问题解决情境与想要达到的目的，迅速做出判断。

⑥训练学生陈述自己的假设及其步骤。教师要培养学生由跟从别人的言语指导转变到自行指导思考，然后再要求他们自己用言语把指导步骤表达出来。

⑦提供结构不良问题，培养实际解决问题的能力。通过对这些问题的解决，能让学生将解决问题的能力迁移到实际领域中去。

2011年 江苏师范大学 333 教育综合·真题解析

一、名词解释

教育制度

教育制度是指一个国家各级各类实施教育的机构体系及其组织运行的规则。它包括相互联系的两个方面：一是各级各类教育机构与组织；二是教育机构与组织赖以存在和运行的规则，如各种相关的教育法律、规则、条例等。具有客观性、规范性、历史性和强制性的特点。

教学策略

教学策略是为了达成教学目的、完成教学任务，在对教学活动清晰认识的基础上对教学活动进行调节和控制的一系列执行过程。教学策略具有指向性、操作性、综合性、调控性、灵活性和层次性的特征。

学记

《学记》是《礼记》的一篇，是中国古代最早的一篇专门论述教育、教学问题的论著，因此有人认为它是"教育学的雏形"。《学记》是先秦时期儒家教育和教学活动的理论总结，它主要论述教育的具体实施，偏重于说明教学过程的各种关系。

中学为体，西学为用

"中学为体，西学为用"是洋务派关于中西文化关系的核心命题，也是洋务教育的指导思想。洋务派认为在突出"中学"主导地位的前提下，应该肯定"西学"的辅助作用和器用价值。

苏格拉底教学法

苏格拉底教学法即苏格拉底法，也称"问答法""产婆术"，是由讥讽、助产术、归纳和定义四个步骤组成的独特的方法。这是苏格拉底探讨伦理哲学的研究方法，也是他的教学方法。

洛克的"绅士教育"

绅士教育由洛克提出。洛克认为教育的最高目的在于培养绅士。所谓绅士教育，就是培养既具有封建贵族遗风，又具有新兴资产阶级特点的新式人才的教育。他主张把社会中上层家庭的子弟培养成为身体强健、举止优雅、有德行、智慧和实际才干的事业家。

二、简答题

1. 简析教育是一种社会现象。

【答案要点】

教育是一种有目的地培养人的社会活动，是人类社会生活不可或缺的重要组成部分。教育有其相对稳定的质的特点，表现在以下三个方面：

（1）有目的地培养人的活动。教育是有目的地选择目标、组织内容及活动方式来培养人，促进人的发展。其首要任务是促进年轻一代体、智、德、美、行的全面发展，使他们从生物人逐步成长为社会人，进而成为适应与促进社会生活各个方面发展需要的人。

（2）教育者引导受教育者传承人类经验的互动活动。年轻一代按自己的意愿和经验来获得自我的身心发展，其效果是极其低下的，难以符合社会的期望与要求，因而需要由有经验的父母、年长一代，或学有专长的教师有目的地引导年轻一代以及其他的受教育者来学习、传承、践行人类经验，并在生活、交往与实践中领悟经验的社会意义，才能有效地发展他们的智能和品行，把他们培养成为既能适应又能促进社会发展需要的人和各种专门人才。

（3）激励与教导受教育者自觉学习和自我教育的活动。教育者与受教育者的教学互动是以激励学生学习为基础和动力的，旨在使青少年学生积极主动地成为自觉学习、自我教育的人。可以说，一切教育本质上都是自我教育。

总之，教育是有目的地引导受教育者能动地学习与自我教育以促进其身心发展的活动。

2. 简析荀况的教师观。

【答案要点】

在先秦儒家诸子中，荀子是最为提倡尊师的，表达了与孔孟颇为不同的见解。

（1）教师的地位。荀子将教师视为治国之本，将国家兴亡与教育联系在一起，进而把师提到与天地、祖宗并列的地位。

（2）教师的作用。教师与师法有着治理国家的作用，教师通过施教参与国家的治理。

（3）师生关系。在教师与学生之间，荀子片面强调学生对教师的服从，主张"人云亦云"，教师在教学中应处于绝对的主导地位。

（4）对教师的要求。有尊严而令人起敬，德高望重；讲课有条理而不违师法，见解精深而表述合理。

3. 简述科举考试制度对学校教育的影响。

【答案要点】

科举制度即个人自愿报考，县州逐级考试筛选，全国举子定时集中到京都，按科命题，同场竞试，以文艺才能为标准，评定成绩，限量选优录取，是一种选官制度，以这种方式选拔国家官员。

科举制度的积极影响有：

（1）扩大了统治基础，有利于加强中央集权。通过科举考试，平民及中小地主阶层获得了参政的机会，打破了门阀士族地主垄断统治权力的局面，扩大了封建统治的统治基础。同时，通过科举考试，朝廷将选士大权收归于中央政府，强化了中央集权的统治。

（2）使选士与育士紧密结合。促进人们的思想统一于儒学，成为实施儒家"学而优则仕"原则的途径。刺激学校教育的发展，有利于教育的普及。

（3）使选拔人才较为客观公正。隋唐科举考试在发展的过程中逐步建立了较为完备的考试制度，同时逐步建立了一系列的考试防范措施，加强了考试管理。

科举制度的消极影响有：

（1）国家只重科举取士，而忽略了学校教育。学校成为科举考试的预备机构，一切教学活动都围绕着科举考试来进行，学校失去了相对独立的地位和作用。

（2）束缚思想，败坏学风。学校教学安排围绕科举进行，导致学校教育中重文辞少实学，重记诵而不求义理，形成了教条主义、形式主义的学习风气。在科举制的影响下，读书的目的不是求知求真，而是为了功名利禄，具有强烈的功利色彩。

（3）科举考试内容的狭隘也阻碍了中国文化的和谐发展，特别是科技文化的发展。

4.简述人本主义学习理论的基本观点。

【答案要点】

人本主义强调把人作为一个整体来研究，而不是将人的心理分解为不能整合的几个部分；人本主义心理学的学习理论从全人教育的视角阐释了学习者整个人的成长历程，重视如何为学习者创造一个良好的环境，让其从自己的角度感知世界，发展出对世界的理解，达到自我实现的最高境界。

（1）罗杰斯的自由学习观。

罗杰斯认为，情感和认知是人类精神世界中两个不可分割的有机组成部分，两者融为一体。因此，教育应该要培养"躯体、心智、情感、精神、心力融汇一体"的人，即既用情感的方式也用认知的方式行事的情知合一的人，他称这种情知融为一体的人为"全人"或"功能完善者"。

有意义学习是一种与个人各部分经验都融合在一起，使个人的行为、态度、个性以及在未来选择行动方针时发生重大变化的学习。它不仅仅是增长知识，更是要引起整个人的变化，对个人的生存和发展有价值。有意义学习的四个要素为个人参与、自动自发、全面发展和自我评价。

罗杰斯所倡导的学习原则的核心就是让学生自由学习。自由学习就是教师要信任学生、信任学生的学习潜能，为学生提供各种学习的资源和一种促进学习的气氛，让学生自己决定如何学习，使其在交往中形成适应自己风格的、促进学习的最佳方法。

（2）学生中心的教学观。

罗杰斯对传统教育的师生关系进行了猛烈的批判，认为在传统教育中教师是知识的拥有者，而学生只是被动的接受者，主张废除教师这一角色，代之以"学习的促进者"。教师的任务不是教学生学习知识，也不是教学生如何学习，而是为学生提供各种学习资源和促进学习的气氛，让学生自己决定如何学习。

促进学习的心理气氛因素包括真诚一致、无条件积极关注和同理心。"以学生为中心"教学模式的基本特征包括：第一，教学过程无固定结构；第二，教学无固定的内容；第三，教师不做任何指导。这种模式又称为"非指导性教学"。

三、分析论述题

1.试论教学过程的性质。

【答案要点】

（1）教学过程是一种特殊的认识过程。教学过程作为特殊的认识过程，其特殊性在于它是学生个体的认识过程，具有不同于人类总体认识的显著特点：第一，间接性，主要以掌握人类长期积累起来科学文化知识为中介，间接地认识现实世界；第二，引导性，需要在富有知识的教师引导下进行认识，而不能独立完成；第三，简捷性，走的是一条认识的捷径，是一种科学文化知识的再生产。

（2）教学过程是以认识过程为基础的学生全面发展的过程。教学过程不只是要学生完成认识世界的任务，更重要的是在这个过程中促进学生的全面发展。学生的发展是教学过程的核心，教学过程的本质与社会发展需要相联系，要从生理和心理两个方面来看待学生的发展。

（3）教学过程是以交往为背景和手段的活动过程。教学活动不是孤立的个体认识活动，它离不开师与生、生与生之间的交往、互动，离不开人们的共同生活。个体最初的学习与认识就是在共同生活与交往中发生与发展的。在教学过程中，教师不仅运用交往引导学生进行认知，而且通过交往对学生达致情感的沟通、同情与共鸣。

（4）教学过程也是一种促进学生身心发展、追寻与实现价值目标的过程。在教学活动中，教师引导学生学习知识、开展交往、认识与作用世界，进行多方面的演练与实践，其实都是为了促进学生的身心发展，以追寻与实现使他们成人、成才的价值增值目标。从这方面看，教学过程又是一个促进学生身心发展及实现教育目标的过程。

2. 联系实际，分析教育影响的一致性和连贯性原则的意义及实施要求。

【答案要点】

教育影响一致性和连贯性原则是指德育应当有目的、有计划地把来自各方面对学生的影响加以组织，使其优化为教育的合力前后连贯地进行，以获得最大的成效。

贯彻教育影响一致性和连贯性原则的基本要求有：

（1）组建教师集体，使校内对学生的教育影响一致。为了组建教师集体以便对学生的影响一致，首先，全校教职员工应当明确对学生进行德育的目的、任务和学生应遵循的行为准则及要求，使对学生的德育工作步调一致地开展起来。其次，应当分工协作、互通情况，定期研究、协同一致地解决学生思想品德发展中存在的主要问题，以便切实有效、自觉主动地推进德育工作。

（2）做好衔接工作，使对学生的教育前后连贯和一致。德育应做好衔接工作，包括做好小学与初中、初中与高中以及学期之间的思想教育衔接工作；做好班主任和教师因工作调换而产生的衔接工作；这不仅要求后来的教育者应当了解前一阶段学生的教育情况，使学生的思想教育紧密衔接、前后一贯，并有所增强；而且每个教师都要防止德育中出现前紧后松、一曝十寒的现象，这会给学生品德的成长带来不良的后果。

（3）发挥学校教育的引领作用，使学校、家庭和社会对学生的教育得到整合、优化。学校德育绝不能无所作为，绝不能放弃引领学生道德发展的责任，应该审时度势，有所作为。首先，学校应与家庭和社会的有关机构建立和保持联系，形成一定的教育协作制度。其次，要及时或定期地交流情况，制定互相配合的举措。再次，要分工负责，控制和消除环境中对学生不良的自发影响。最后，最重要的是，要引导学生在多种多样甚至相互冲突的影响中，学会独立思考、明辨是非，以锻炼和提升学生自我修养的能力。

3. 试论终身教育思想及其对当今学习型社会建设的意义。

【答案要点】

终身教育是人一生各阶段当中所受各种教育的总和，也是人所受的不同类型教育的综合。前者从纵向上讲，说明终身教育不仅仅是青少年的教育，而且涵盖了人的一生；后者从横向上讲，说明终身教育既包括正规教育，也包括非正规教育和非正式教育。

终身教育的特点为：

（1）终身教育思想是对教育全新的理解，教育不局限于学校，也包括家庭、社会对人的影响。

（2）终身教育使教育与生产、生活重新结合，打破教育长期与劳动世界相隔绝的局面。

（3）终身教育的对象更广泛，学习形式更多样。

终身教育思想对教育制度改革有重要意义。首先，终身教育思想是对教育全新的理解，教育不局限于学校，也包括家庭、社会对人的影响。其次，终身教育使教育与生产、生活重新结合，打破教育长期与劳动世界相隔绝的局面，人们可以在学习—劳动—学习中循环往复，从而适应现代生产职业流动性要求。再次，终身教育的对象更广泛，学习形式更多样。

现代学制正在向终身教育的方向发展，并将成为完善的终身教育制度。终身教育的理念符合"人即目的"的原则，符合"机会均等"的原则，符合"差别性对待"的原则。终身教育是实现教育平等制度的基础，是现代教育制度的创新，是未来学制发展的趋势。

4. 影响创造力发展的主要因素分析与开发培养策略设计。

【答案要点】

影响创造力发展的因素有：

（1）生理基础。个体的神经系统，尤其是大脑所固有的结构和功能是创造性产生的物质基础。

（2）知识经验。丰富的知识是创造的必要条件，但只有那些具备了条件化、结构化、自动化和策略化表征的知识，才是高质量的知识，才能促进创造性的发挥。

（3）社会文化和教育观念。社会文化和教育对个体创造力有巨大影响，保守封闭、排斥新观念的社会文化和教育不利于个体创造力发展。

（4）个人心态、人格特征和认知习惯。个人消极的心态、人格特征和认知习惯对个体创造性发展起阻碍作用。

创造力的培养措施有：

（1）营造鼓励创造的环境。这是促进学生创造性发展的必要条件。首先，应倡导民主式的教育和管理。其次，应改革考试制度，为学生创造宽松的学习环境。再次，应增加自主选择课程的机会和有针对性的课程设计。最后，应为学生提供创造性人物的榜样。

（2）培养创造性的教师队伍。首先，要转变教师的教育教学观念，使教师形成理解并鼓励学生的创造；其次，要教给教师必要的创造技法和思维策略；再次，为教师提供明晰的、具有实用价值的有关创造性的知识及相应的教学策略和技能；最后，教师应不断学习关于创造性的心理学知识，用心理学的理论指导自己的实践。

（3）培育创造意识，激发创造动机。只有当个人具有自觉的创造意识、强烈的创造动机，才易产生新思想、新方法、新观点。需要做到：树立学生创新的自信心；激发创造热情；磨砺创造意志；培养创造勇气。

（4）发展和培养创造性思维。创造性思维是创造性的核心。创造性思维的培养应注意以下几个方面：加大思维的"前进跨度"，培养思维的跳跃能力；加大思维的"联想跨度"，使学生养成敢于把习惯上认为毫不相干的、表面上看来微不足道的问题联系起来或进行移植；加大"转换跨度"，引导学生敢于否定原来的设想，善于打破固有的思路；给学生大胆探索与推测的体会。

（5）开设创造课程，教给创造技法。教学是培养学生创造性的重要途径。因此，开设创造性课程已成为国内外开发创造性的有效途径。在创造性课程的教学中，注重教给学生基本的创造技巧与方法是培养创造性的有效措施。促进创造性发展的主要创造技法有：头脑风暴法、系统探求法、联想类比法、组合创新法、对立思考法、转换思考法。

（6）塑造创造性人格。创造性人格是创造性的重要组成部分，培养学生的创造性人格是培养创造性的重要内容。主要方法有：保护好奇心；解除对错误的恐惧心理；鼓励独创性与多样性。此外，自信与乐观、忍耐与有恒心、合作、严谨等也是创造性人格培养的重要方面。

江苏师范大学 333 教育综合·真题解析

一、名词解释

教育学

教育学是以教育活动为研究对象的学科,是通过研究教育现象和教育问题、探索教育规律、探讨教育价值、探寻教育艺术、指导教育实践的一门科学。它的核心是引导、培育和规范人的发展,解决培养什么人和怎样有效培养人的问题。

教学评价

教学评价是对教学工作质量所做的测量、分析和评定。它以参与教学活动的教师、学生、教学目标、内容、方法、教学设备、场地和时间等因素的优化组合的过程和效果为评价对象,是对教学活动的整体功能所做的评价。

有教无类

孔子率先提出有教无类。"有教无类"的本意是不分贵贱贫富和种族,人人都可以入学接受教育。孔子的教学实践切实地贯彻了这一办学方针,他的弟子来自各个诸侯国,分布地区广泛;弟子成分复杂,出身于不同的阶级和阶层,大多数出身于平民。

学在官府

西周在文化教育上的特征就是"学在官府"。为了国家管理的需要,西周奴隶主贵族制定法纪规章,并将其汇集成专书,由当官者来掌握。这种现象历史上称之为"学术官守",并由此造成"学在官府"。"政教合一,官学一体"是"学在官府"的重要标志。

骑士教育

骑士教育是中世纪世俗教育的一种主要形式,以培养当时封建制度中骑士阶层的成员为目的。它是一种特殊形式的家庭教育,并无专设的教育机构,也没有专职的教育人员。它在骑士生活和社交活动中进行。训练骑士的标准是剽悍勇猛、虔敬上帝、忠君爱国、宠媚贵妇。

加德纳的多元智能理论

加德纳的多元智能理论认为,不存在单纯的某种智力和达到目标的唯一方法,每个人都会用自己的方式来发掘各自的大脑资源,这种为达到目的所发挥的各种个人才智才是真正的智力,造就了人与人之间的不同。人的智力可以分为八种,即逻辑数学智力、语言智力、音乐智力、空间智力、身体运动智力、人际关系智力、内省智力和自然智力。

二、简答题

1. 简析班级授课制的优势与局限。

【答案要点】

班级授课制是一种集体教学形式。它把一定数量的学生按年龄与知识程度编成固定的班级,根据周课表和作息时间表,安排教师有计划地给全班学生上课,分别学习所设置的各门课程。

(1)其优势在于:第一,形成了严格的教学制度;第二,以课为单位科学地组织教学;第三,能充分发挥教师的主导作用;第四,能促进学生的社会化与个性化;第五,便于传授系统的科学知识。

（2）其局限在于：第一，不利于照顾学生的个别差异；第二，不利于培养学生的兴趣、特长和发展个性；第三，不利于理论联系实际；第四，不利于实现教学的灵活性。

2. 简析《学记》中的"道而弗牵、强而弗抑、开而弗达"的思想。

【答案要点】

《学记》中的"善喻"即启发诱导原则。"君子之教，喻也"，教学要注重启发。一味让学生死记硬背，或者频繁发问，只顾赶进度而不顾学生的兴趣、接受能力和学习效果，学生就会以学习为苦差事，甚至怨恨老师，并很快把所学的东西丢弃得一干二净。

因此，教学要重启发诱导，注意"道而弗牵"，引导，但又不牵着学生走；"强而弗抑"，督促勉励，又不勉强、压抑；"开而弗达"，打开思路，但不提供现成答案。《学记》以为，懂得启发的教师，才算是懂得教学的教师。

3. 简述孔子"学思结合"的教育思想。

学思行结合是孔子的教学方法之一。

（1）学。"学而知之"是孔子进行教学的主导思想，学是求知的途径，也是求知的唯一手段。他主张"学而时习之"，对学习过的知识要时常复习才能牢固掌握。

（2）思。孔子提倡学习知识面要广泛，在学习的基础上认真深入地进行思考，把学习与思考结合起来。在论述学与思的关系时，他说"学而不思则罔，思而不学则殆"。

（3）行。孔子强调学习知识还要"学以致用"。如果不能应用，学得再多也没有意义。学是为行服务的，从学与行的关系来看，学是手段，行是目的，行比学更重要。

由学而思进而行，这是孔子所探究和总结的学习过程，也就是教育过程，与人的一般认识过程基本符合。这一思想对后来的教学理论和实践产生了深远的影响。

4. 简述建构主义学习理论的基本观点。

【答案要点】

（1）知识观。建构主义者质疑知识的客观性和确定性，强调知识的动态性。具体体现在以下几方面：知识的动态性、知识的情境性、知识学习的主动建构性。

（2）学生观。建构主义认为，学生并不是被动接受教师传授的知识，而总是以自己的经验背景或自己的经验来建构对事物的理解。具体表现在以下几方面：

①完全否定心灵白板说，强调学生经验世界的丰富性和差异性。

②当问题呈现时，学生基于相关的经验，依靠推理和判断能力，形成对问题的某种解释。

③教学要把儿童现有的知识经验作为新知识的生长点，引导儿童从原有的知识经验中"生长"出新的知识经验。

④教学要增进学生之间的合作，使他看到那些与他不同的观点，促进学习的进行。

（3）学习观。建构主义认为，学习是学习者主动地赋予信息以意义，建构自己的知识经验的过程，具有三个重要特征：主动建构性、社会互动性、情境性。

（4）教学观。

①教学是激活学生原有的相关知识经验，促进知识经验的"生长"，促进学生的知识建构活动，以实现知识经验的重新组织、转换和改造，以此来培养学生的求知欲和探究能力。

②教学要为学生创设理想的学习情境，激发学生的推理、分析、鉴别等高级的思维活动，同时给学生提供丰富的信息资源、处理信息的工具以及适当的帮助和支持，促进他们自身建构意义以及解决问题的活动。

三、分析论述题

1. 怎样认识义务教育的先导性、全局性、基础性地位？

【答案要点】

义务教育是一切教育的基石，也是社会主义现代化建设的基础，关系到人民群众根本利益的保障和潜能的发挥，要居于教育事业"重中之重"的地位。认识义务教育的先导性、全局性和基础性，即是认识教育的先导性、全局性和基础性。

（1）教育具有先导性。

①教育具有先行性。教育的根本任务是培养人，造就创新人才，这决定了教育必须先于其他方面发展。因此，现在的教育就要"面向现代化，面向世界，面向未来"，培养出具有创新精神和创新能力，适应未来社会发展需要的人才，要先于其他方面发展。

②教育具有超前性。教育是建设未来的重要手段，是使社会持续发展的决定性因素，我们必须以长远的、历史的战略眼光来办好教育。只有教育投资超前增长，教育改革超前进行，才能迎接知识经济的严峻挑战。

③教育具有导向性。教育在经济建设中具有导向性。教育培养出的劳动者不仅作为生产力中的重要因素发挥作用，而且在制造生产工具、改善劳动手段和劳动对象上发挥着重大的作用，从而改变着整个社会的生产方式。

④教育在科学文化和思想政治教育中具有导向性。教育具有生产科学技术和文化产品的功能，教育的内容和形式直接影响受教育者的科学文化素养和水平，对人们的世界观、人生观和价值观等方面也有直接的影响和塑造作用。

（2）教育具有全局性。我国的人口资源众多，提高全民族的素质是非常紧迫而重大的任务，只有依靠教育才能把我国经济社会发展的负担变为优势。教育状况直接影响精神文明建设，加强社会主义的民主与法制建设，提高思想文化素质，也要依靠教育。

（3）教育具有基础性。只有掌握现代科学技术的劳动者才能把潜在的生产力转化为现实的生产力，进而推动整个社会的进步，只有教育才能不断提高劳动者的素质，不断提高劳动者的科学知识水平，不断增强劳动者的科技创新能力。

2. 分析间接经验与直接经验的关系。

【答案要点】

直接经验和间接经验的关系是教学过程中应当处理好的关系之一，其主要内容有：

（1）学生认识的主要任务是学习间接经验。儿童认识始于直接经验，并通过直接经验，不断扩大对世界的认识。但个人的活动范围是狭小的，无论个人如何努力，仅仅依靠直接经验来认识世界越来越不可能。学生要适应高度发展的文明社会，便必须以学习间接经验为主，便捷地掌握人类积累起来的基本科学文化知识。

（2）学习间接经验必须以学生个人的直接经验为基础。学生要把书本知识转化为自己能理解的知识，就必须依靠个人已有的或现时获得的感性经验为基础。教学中要注重联系生活与实际，利用学生已有经验，并补充学生学习新知识所必须有的感性认识，以便学生能顺利地理解书本知识并运用所学知识于实际，获得比较完全的知识。

（3）防止只重书本知识传授或直接经验积累的偏向。只重书本知识的传授或只重直接经验的积累都违反了教学的规律，割裂了间接经验与直接经验的内在联系，影响了教学质量的提高。

3. 试论杜威的教育本质观。

【答案要点】

杜威是20世纪美国著名的哲学家和教育家，他以实用主义哲学、民主主义政治理想和机能心理学为基础，通过批判地继承前人的思想，构建起庞大的教育哲学体系，成为现代教育的代表人物。主要著作有《民主主义与教育》《我的教育信条》等。

杜威对于"什么是教育"的问题，给出的回答是：教育即生活、学校即社会、教育即生长、教育即经验的持续不断的改造。

（1）教育即生活。

杜威认为教育是生活的过程，学校是社会生活的一种形式，那么学校生活也是生活的一种形式。

①学校生活应与儿童自己的生活相契合，满足儿童的需要和兴趣，使校园成为儿童的乐园，使儿童在现实的学校生活中得到乐趣。

②学校生活应与学校以外的社会生活相契合，适应现代社会变化的趋势并成为推动社会发展的重要力量，校园不应是世外桃源而应积极参与社会生活。

杜威要做的就是改造不合时宜的学校教育和学校生活，使之更富活力，更有乐趣，更具实效，更有益于儿童发展和社会改造。

（2）学校即社会。

杜威"学校即社会"意在使学校生活成为一种经过选择的、净化的、理想的社会生活，使学校成为一个合乎儿童发展的雏形的社会。而要将此落于实处，就必须改革学校课程，从分科课程转变为活动课程。

"学校即社会"是对"教育即生活"这一命题的进一步引申，代表社会生活的活动性课程的引入是使学校与社会生活相联系的基本保证。杜威坚信教育是社会进步及社会改革的基本方法，通过教育改造社会生活，使之更完善、更美好。

（3）教育即生长。

杜威针对当时教育无视儿童天性，消极对待儿童，不考虑儿童的需要和兴趣的现象，提出了"教育即生长"的观念。

杜威要求摒除压抑、阻碍儿童自由发展之物，使教育和教学适应儿童的心理发展水平和兴趣、需要的要求。他所理解的生长是机体与外部环境、内在条件与外部条件交互作用的结果，是一个持续不断的社会化的过程。杜威要求尊重儿童但不同意放纵儿童，这也是杜威与进步主义教育实践的一个重要区别。

（4）教育即经验的改造。

教育即经验的持续不断的改造是指构成人的身心的各种因素在外部环境和人的主动经验过程中统一的全面改造、发展、生长的连续过程，包含四个方面：

①经验是一种行为，涵盖认识的、情感的、意志的等理性、非理性因素，成为儿童各方面发展和生长的载体。在经验过程中，儿童不仅获得知识，而且形成能力、养成品德。

②经验是有机体与环境相互作用的过程，机体不仅受环境的塑造，同时也对环境加以改变。经验的过程就是一个实验探究的过程、运用智慧的过程、理性的过程。

③经验的过程是一个主动的过程，有机体既接受着环境塑造，也主动改造着环境。

④经验时一个连续发展的过程，不存在终极目的的发展过程，因此教育就是个人经验的不断生长。

（5）评价。

杜威关于教育本质的这三个论点具有重要的意义：

①这些观点是杜威改革旧教育的纲领，他的意图是要使教育为缓和社会矛盾、完善美国社会制度服务，对于推动当时的教育改革有积极意义；

②杜威关于教育本质的观点是他的教育哲学的四个主要命题，内涵丰富并具有启发意义；

③杜威力图把教育的社会功能与个体发展功能统一起来，并把社会活动视为使两者得以协调的重要手段或中介。

但杜威对于教育本质的表述不够科学。如"教育即生长"给人以重视个体的生物性而回避社会性的印象，并且生长有方向、方式之异，有好坏优劣之别，所以仅说"教育即生长"是不严谨的；又如"教育即生活"的口号表述过于简要，也易使人不得要领，从而在理解上产生歧义；"学校即社会"的提法也存在着片面性，它忽视社会与个体发展的各自的相对独立性，进而导致抹杀学校与社会的本质区别。

4. 学生品德不良的成因分析及其矫正策略。

【答案要点】

品德不良是指个体具有的不符合社会道德要求的道德品质与道德行为，表现为个体经常违反道德准则或犯有较严重的道德过错，有的甚至处在犯罪的边缘或已有轻微的犯罪行为。

品德不良的成因分为客观原因和主观原因两个方面：

（1）客观原因。

①家庭方面。主要有五种：家庭成员的溺爱、迁就；家庭对孩子要求过高、过严，又缺乏正确的教育方法；家庭成员教育的不一致性；家长缺乏表率作用；家庭结构的剧变。

②学校方面。某些教育工作者存在某些错误观念或方法上的偏颇，如：片面追求升学率，忽视学生的品德教育；不了解学生真实的内心世界，不能自发地进行教育；教育方法不当，使得学生厌烦；对矫正品行不良学生缺乏信心、恒心和毅力。此外，学校教育和家庭教育不一致，相互脱节，也会削弱了教育的力量。

③社会方面。影响个体的品德行为的有：长期封建社会遗留下来的某些腐朽思想；现实生活中的某些不正之风；思想不健康甚至低级趣味的文艺作品；朋友、邻居、社区，以及影响个体的各种社会活动。

（2）主观原因。

①不正确的道德认识。儿童和青少年处于品德形成的过程中，他们的道德认识还不明确、不稳定，一些学生不理解或不能正确理解有关的道德要求和道德准则，缺乏独立的道德评价能力，常常不能明辨是非、分清善恶。

②异常的情感表现。品行不良的学生由于长期处于错误观念的支配下，常常造成情感上的异常状态，往往对真正关心他们的老师家长怀有戒心，或处于对立情绪中。

③明显的意志薄弱。有些品行不良的学生并非在道德认识方面无知，而是因为意志薄弱导致正确的认知不能战胜不合理的欲望。"明知故犯"的学生常是意志薄弱者。

④不良习惯的支配。偶然的不良行为经过多次重复就会变成不良习惯，不良习惯又支配不良行为，如此恶性循环必然导致学生的品行不良。

⑤某些性格缺陷。学生某些性格上的缺陷会直接导致品德不良。比如执拗、任性、骄傲、自私等消极性格特点，很容易让个体表现出无视他人和集体的利益，为私利我行我素，甚至做出破坏集体纪律和违反社会公德的行为。

⑥某些需要未得到满足。当学生的需要没有通过正常途径得到满足，他们就可能会通过一些不正当的方法去满足自己的需要，从而沾染上不良行为。

通过借鉴西方现代三大学习理论的精髓思想，矫正学生品行不良的方法主要有以下几种：

（1）运用行为主义学习理论培养个体的良好行为方式。在教育中适当运用渐进强化的原理，可以有效地塑造学生的良好行为方式或矫正学生的偏差行为方式。

（2）直接从自我观察学习入手培养人的自律行为。自律是个人根据自己的价值标准评判自己的行为，从而规范自己去做自己认为应该做的事情，或避免自己认为不应该做的事。

（3）提高道德认识法。"美德即知识"的命题启示人们，在很多时候丰富人的道德认识的确可以使人少犯错误，尤其是一些低级错误。这样，妥善采取常用的说理法、故事启发法、小组讨论法或价值澄清法等方法以提高人们的道德认知水平，往往是防治品行不端的有效之举。

（4）改过迁善法。指要求犯错者纠正自己的不良品德，以使自己朝着善的方向发展的方法。该方法由两部分组成：一是消除一个或几个错误的地方；二是通过一定的练习，使自己的行为朝着与原来不良行为相反的或不相容的方向发展。

（5）防范协约法。指以书面形式在教育者与被教育者之间建立和实施一种监督关系的矫正不良行为的方法。

2022年 扬州大学 333 教育综合·真题真练

一、名词解释
课程标准　教育目的　学校管理　平民教育运动　苏格拉底法　编码与组织策略

二、简答题
1. 简述现代教育的特征。
2. 简述我国德育的主要原则。
3. 简述百日维新中的教育改革内容。
4. 简述学习动机的内部影响因素。

三、分析论述题
1. 论述高尚师德的内容及其养成方法。
2. 论述杜威的"教育无目的"思想，并谈谈对当代教育的启示。
3. 评述科尔伯格的道德认知发展启示。
4. 论述主要的课程类型及其含义。

2021年 扬州大学 333 教育综合·真题真练

一、名词解释
课程标准　教学　进步主义运动　预设生成性教学目标　"五育"并举

二、简答题
1. 心理健康标准。
2. 班级集体的培养方法。
3. 苏霍姆林斯基的个性全面和谐发展。
4. 人的发展规律。

三、分析论述题
1. 陶行知生活理论以及教育启示。
2. 如何理解学生必须要以直接经验为基础学习间接经验，并谈谈教学启示。
3. 班杜拉观察学习理论与教育启示。
4. 为什么教育要放在优先发展战略地位。

2020年 扬州大学 333 教育综合·真题真练

一、名词解释
教育内容　书院　学校管理校本化　循序渐进教学原则　课程　认知学习观

二、简答题
1. 促进认知策略迁移的措施。
2. 人的发展的规律性及启示。
3. 教师师德的主要内容。
4. 现代人文主义教育思潮的主要观点。

三、分析论述题
1. 以德国教育家赫尔巴特为代表的"教师中心论"认为"学生对教师必须保持一种被动的状态",强调教师权威;以美国教育家杜威为代表的"学生中心论"认为"教师只充任一名看守和助理,不要站在学生前面的讲台上,应站到学生的背后去……

请就上述观点运用现代教育观分析学生在教育过程中的地位及作用的发挥。

2. 如何理解教师劳动的创造性及其培养?
3. 论述奥苏伯尔的有意义接受说及其对教育的启示。
4. 请结合下列《爱弥儿》中的内容,对卢梭的自然教育思想进行评述,并谈谈该思想对当代教育的启示。

在自然秩序中,所有的人都是平等的,他们共同的天职,是取得人品;不管是谁,只要在这方面受了很好的教育,就不至于欠缺同他相称的品格。……在从事他父母的职业前,大自然就已经叫他认识人生了。生活,这就是我要教他的技能。……

2019年 扬州大学 333 教育综合·真题真练

一、名词解释
教育的社会流动功能　课程标准　德育过程　结构主义教育　有教无类　发现学习

二、简答题
1. 教育的政治功能。
2. 简述读书指导法的基本要求。
3. 罗杰斯的学生中心教学观。
4. 西方文艺复兴时期人文主义教育的基本特征。

三、分析论述题

1. 如何理解教育是一种有目的地培养人的活动？
2. 分析教学中直接经验与间接经验的关系。
3. 分析影响解决问题的主要因素和启示。
4. 杜威教育本质思想及其历史影响。

2018年 扬州大学 333 教育综合·真题真练

一、名词解释

班级授课制　六艺　心理过程　教育目的　学校管理体制　迁移

二、简答题

1. 苏格拉底法。
2. 学生学习的特点。
3. 加德纳的多元智能理论。
4. 人的发展的规律。

三、分析论述题

1. 陶行知的生活教育理论及对当代教育的启示。
2. 心智技能的培养方法（措施）。
3. 教师的角色冲突和解决措施。
4. 韩愈的《师说》的主要内容及对当代教育的启示。

2017年 扬州大学 333 教育综合·真题真练

一、名词解释

启发式教学原则　学校教育制度　学校管理　书院　混合学习模式　自我强化　教育（狭义）

二、简答题

1. 简答人的发展规律。
2. 简答我国教师的基本权利。
3. 简答科举制度的历史影响。
4. 简答建构主义学习理论的要义及其教学指导原则。
5. 简答有意义学习的实质和条件。

三、分析论述题

1. 分析班主任素质的基本要求。
2. 论述教育对人发展的作用。
3. 论述蔡元培"五育"并举的教育方针及其对现代教育的启示。
4. 论述夸美纽斯的普及教育思想及其历史贡献。
5. 论述慕课（MOOC）对当前学校教育会产生哪些方面的影响。

2016年 扬州大学 333 教育综合·真题真练

一、名词解释

社会本位论　产婆术教学法　最近发展区　元认知　班级上课制　结构主义教育

二、简答题

1. 简述奥苏伯尔有意义接受学习理论。
2. 简述现代教育的主要特点。
3. 简述黄炎培职业教育思想的主要观点。
4. 简述影响解决问题的主要因素。

三、分析论述题

1. 教师专业素养包含哪些内容？结合教师专业素养，谈谈提高教师专业素养的主要途径。
2. 联系实际论述教学过程中应该处理的几种关系。
3. 论述夸美纽斯的主要教育思想及其意义。
4. 论述陶行知的"生活教育"思想及其对我国当前课程改革的启示。

2015年 扬州大学 333 教育综合·真题真练

一、名词解释

教学组织形式　课程方案　骑士教育　自我效能　有意义学习　动机

二、简答题

1. 简述文化知识对人的发展价值。
2. 简述教师劳动的主要特点。
3. 简述青少年心理健康教育目标。
4. 简述韩愈论述教师问题的主要观点。

三、分析论述题

1. 教学过程中直接经验和间接经验的关系是什么？在具体学科教学中应怎样联系学生的生活实际？
2. 终身教育理论的观点包含哪些内容？按照终身教育理论，学校教育应该进行哪些方面的改革？
3. 论述书院教育特点及其对当代教育的借鉴。
4. 创造性的认知品质包含哪些？培养学生创造性的措施有哪些？

2014年 扬州大学 333 教育综合·真题真练

一、名词解释

课程标准　循序渐进原则　生计教育　实验教育学　人格发展　品德不良

二、简答题

1. 简述教学评价的种类。
2. 简述学生学习的特点。
3. 简述结构主义教育的主要观点。
4. 简述个人本位论的主要观点。

三、分析论述题

1. 根据我国教育目的的基本精神，谈谈目前小学教育实践存在的主要问题、应如何改革。
2. 联系实际论述德育过程是教师引导下学生能动的道德活动过程。
3. 论述卢梭的自然教育论及其启示。
4. 联系实际论述为什么要重视青少年心理健康教育及如何实施。

2013年 扬州大学 333 教育综合·真题真练

一、名词解释

教育制度　骑士教育　最近发展区　自我效能感理论　活动课程　美德即知识

二、简答题

1. 简述奥苏伯尔有意义接受学习理论。
2. 简述教学过程中直接经验和间接经验的关系。
3. 简述黄炎培职业教育思想的主要观点。
4. 简述教学中促进知识迁移的策略。

三、分析论述题

1. 结合教师素养的主要内容，谈谈提高教师专业素养的主要途径。
2. 结合人的发展基本规律，谈谈相应的教育策略。
3. 论述夸美纽斯的主要教育思想及其意义。
4. 论述陈鹤琴"活教育"思想及其对我国当前教育改革的启示。

2012年 扬州大学 333 教育综合·真题真练

一、名词解释

教育制度　教学　德育方法　白板说　学习　元认知

二、简述题

1. 人的发展的含义。
2. 因材施教的教学原则。
3. "朱子读书法"的主要内容。
4. 影响品德形成的内部因素。

三、分析论述题

1. 联系教学实际论述教学过程的性质。
2. 论述孔丘的主要教育思想及其意义。
3. 论述苏霍姆林斯基的个性全面和谐发展思想及其对我国教育改革的启示。
4. 论述创造性心理结构和培养学生创造性的主要措施。

2011年 扬州大学 333 教育综合·真题真练

一、名词解释

教育学　教育　教育目的　设计教学法　学习　心理发展

二、简述题

1. 简述生产力对教育的制约。
2. 简述教师职业道德的内容。
3. 简述董仲舒道德教育思想。
4. 简述苏霍姆林斯基教育思想。

三、分析论述题

1. 联系教学实际论述教学中为什么要强调启发性？教学中如何贯彻启发性原则？
2. 评述"朱子读书法"，并谈谈对自己读书的启示。
3. 论述杜威关于教育的本质与目的的主要思想，并谈谈其对我国教育改革的借鉴作用。
4. 影响学生问题解决的因素有哪些？结合实际谈谈如何培养学生的问题解决能力。

2010年 扬州大学 333 教育综合·真题真练

一、名词解释

教育（广义） 教学评价 学校管理 道尔顿制 创造性 自我效能感

二、简答题

1. 简述教育的社会流动功能。
2. 简述严格要求与尊重学生相结合的德育原则。
3. 简述孟轲的教育思想。
4. 如何培养和提高学生的问题解决能力？

三、分析论述题

1. 联系实际论述教学过程中教师主导作用与学生主动性的关系。
2. 陶行知生活教育理论体系的主要内容是什么？对今天的教育改革有何借鉴意义？
3. 终身教育理论的主要观点有哪些？当今社会为什么要实行终身教育？
4. 影响学生学习动机的因素有哪些？联系实际谈谈如何培养学生的学习动机？

2022年 扬州大学 333 教育综合·真题解析

一、名词解释

课程标准

课程标准是指在一定课程理论指导下,依据培养目标和课程方案以纲要形式编制的关于课程的性质与价值、目标与内容、教学实施建议以及课程资源开发等方面的指导性文件,一般由说明、课程目标、课程内容标准和课程实施建议等部分组成。

教育目的

教育目的是对教育活动所要培养的人的个体素质的总的预期与设想,是对社会历史活动的主体的个体素质的规定。它体现一定社会对受教育者质量规格的界定和要求,也体现人自身发展所应该达到的水准和高度。

学校管理

学校管理是学校管理者在一定的社会历史条件下,通过一定的组织机构和制度,采用一定的方法和手段,带领师生员工,充分发挥学校人、财、物、时、空和信息等资源的最佳整体功能,实现学校工作目标的组织活动。简言之,学校管理是管理者通过一定的组织形式以实现学校教育目标的活动。

平民教育运动

平民教育运动是新文化运动影响下兴起的教育思潮和运动之一。平民教育思潮的共同点,在于批判传统的"贵族主义"的等级教育,破除千百年来封建统治者独占教育的局面,使普通平民百姓享有教育权利,获得文化知识,改变生存状况。

苏格拉底法

苏格拉底法也称"问答法""产婆术",是由讥讽、助产术、归纳和定义四个步骤组成的独特的方法。这是苏格拉底探讨伦理哲学的研究方法,也是他的教学方法。

编码与组织策略

编码与组织策略指整合所学新知识之间、新旧知识之间的内在联系,形成新的知识结构的策略。编码与组织策略的使用是为了发现学习材料的共同特征或性质,从而达到减轻记忆负担的目的。

二、简答题

1. 简述现代教育的特征。

【答案要点】

现代社会包括资本主义社会和社会主义社会。其主要特点是:生产力发展加速,科技日益发达,促进了各国工业化、信息化、国际化的发展,引发了对专门人才的大量需求,从而提高了教育在社会发展中的地位与作用,推动了学校教育事业的发展。具体表现如下:

(1)学校教育逐步普及。由于资本主义生产尤其是机器大工业生产在欧洲兴起,因而西欧的资本主义国家最先提出普及教育的要求。1619年,德意志魏玛邦在宗教改革的影响下颁布了学校法令,规定父母送6~12岁男女儿童入学,这是普及教育的开端。

（2）教育的公共性日益突出。随着大工业生产发展的需要，随着工人阶级和其他劳动人民对教育权的争取，对受教育权的阶级垄断越来越不合时宜，受到来自被统治阶级和统治阶级两方面的批判。在此情形下，大力发展学校教育逐渐成为社会的公共事业和共同话题。

（3）教育的生产性不断增强。在现代社会，随着工业生产的发展和科学技术的进步，科技与教育在生产中的作用增强。现代教育与生产劳动的逐步结合，对提高社会生产效率和增加社会财富起着重要作用，日益成为经济发展的有力保证。

（4）教育制度逐步完善。随着学校数量的增加，学校教育的层次、种类及其运行和管理的复杂化，需要一定的教育宗旨、制度、要求等，以推动学校教育系统有条不紊地运行。教育制度化的实现，使得教育系统中的各级各类学校、各种教育机构和教育行政部门的工作均有制度可循，能排除来自内外部的干扰，使教育活动有序有效地开展，取得了良好效果。

2. 简述我国德育的主要原则。

【答案要点】

（1）理论和生活相结合原则。指进行德育要注重引导学生把思想政治观念和社会道德规范的学习同参与生活实践结合起来，把提高道德认识与养成良好道德行为结合起来。

（2）疏导原则。指进行德育要循循善诱、以理服人，从提高学生认识入手，调动学生的主动性，使他们积极向上。

（3）长善救失原则。指进行德育要调动学生自我教育的积极性，依靠和发扬他们自身的积极因素去克服他们品德上的消极因素，促进学生的道德成长。

（4）严格要求与尊重学生相结合原则。指进行德育要把对学生的思想品行的严格要求与对他们个人的尊重信赖结合起来，使教育者的严格要求易于转化为学生主动的道德自律。

（5）因材施教原则。指进行德育要从学生品德发展的实际出发，根据他们的年龄特征和个性差异进行不同的教育，使每个学生的品德都能得到最优的发展。

（6）在集体中教育原则。指进行德育有赖于学生的社会交往、共同活动，注意依靠学生集体，通过集体活动进行教育，充分发挥学生集体在教育中的巨大作用。

（7）教育影响一致性和连贯性原则。指德育应当有目的、有计划地把来自各方面对学生的影响加以组织，使其优化为教育的合力前后连贯地进行，以获得最大的成效。

3. 简述百日维新中的教育改革内容。

【答案要点】

（1）创办京师大学堂。《京师大学堂章程》对于大学堂的性质、办学宗旨、课程、入学条件、学成出身、教习聘用、机构设置、经费筹措及使用都做了详细规定。其中，《总则》中将京师大学堂定为全国最高学府和最高教育行政机关。办学宗旨为"中学为体，西学为用"。

（2）书院改办学堂。光绪帝在《明定国是诏》中宣示，从王公大臣到庶民百姓都要学习中、西学问。随后，光绪帝又命令官员将各省府厅州县的大小书院全部改为兼习中学、西学的新式学堂。省会的大书院改为高等学堂，郡城的书院改为中等学堂，州县的书院改为小学堂，地方自行筹办的社学、义学等一律中西学兼习。同时，民间祠庙不在祀典者也一律改为学堂，并鼓励绅民捐资兴学。中小学所用课本由官设书局统一编译印行，形成了"人无不学，学无不实"的局面。

（3）废除八股考试，开设经济特科。1898年，光绪帝下诏废除八股文。八股废除后，人们不得不寻求新的学问，促进了西学的传播。同年七月，光绪帝又下诏催立经济特科，用来选拔维新人才。经济特科区别于明清的进士科，分为内政、外交、理财、经武、格物、考工六项，并强调科举考试要以实学实政为主。

4. 简述学习动机的内部影响因素。

【答案要点】

（1）需要与目标结构。每个学生认知需要的强度不同，反映在学习动机上也有强度差异。学生的学习目标可分为两类，即掌握目标和成绩目标。掌握目标定向者倾向于把学习的成败归因于内部原因，成绩目标定向者倾向于把学习的成败归因于运气、能力和任务难度等外部原因。

（2）成熟与年龄特点。年幼儿童的动机主要是生理性动机，随着年龄的增长，社会性动机及其作用也日益增长。年幼儿童对生理安全过分关注，而中学生对社会影响比较关注。

（3）性格特征与个别差异。学生的兴趣爱好、好奇心、意志品质都影响着学习动机的形成。

（4）志向水平与价值观。学生的人生观、世界观、价值观所直接反映的理想情况或志向水平影响其学习动机和目标结构的形成。

（5）焦虑程度。焦虑程度会影响学习动机和学业成绩。大量研究表明，中等程度的焦虑对学习是有益的，焦虑程度过低或过高都会对学习产生不良影响。

三、分析论述题

1. 论述高尚师德的内容及其养成方法。

【答案要点】

高尚的师德的内容及其养成方法如下：

（1）热爱教育事业，富有献身精神和人文精神。热爱教育事业，是搞好教育工作的基本前提。许多优秀教师之所以能在教育工作中做出卓越的成绩，首先是因为他们热爱教育事业，愿意为下一代的成长贡献出自己的毕生精力，甚至自己宝贵的生命。另外，教师还应具备人文精神，要关怀学生的学习和发展，关怀民族、人类的现实境遇和未来发展。

（2）热爱学生，诲人不倦。热爱教育事业具体体现在热爱学生上。爱学生是教师的天职，是教育好学生的重要条件。教师只有热爱学生，才能教育好学生，才能使教育发挥最大限度的作用。教师对学生的爱是一种巨大的教育力量，也是一种重要的教育手段。它往往能激发起学生对教师爱戴、感激和信任之情，使学生愿意接近教师，接受教师的教育。教师的爱还应该表现在对学生的学习、思想和身体的全面关心上，一视同仁地热爱全体学生，公正平等地对待每个学生。

（3）热爱集体，团结协作。教师的劳动既具有个体性，又具有集体性。一个学生的成才，绝非仅仅是哪一位教师的功劳，而是教师群体的智慧和共同劳动的结晶，是许多教育工作者团结协作、一致努力的结果。因此，教师之间，教职员工之间应该相互尊重、团结协作，步调一致地教育学生，最大限度地发挥集体的教育力量。

（4）严于律己，为人师表。教师为人师表，必须以身作则，严于律己。凡是要求学生做到的，教师首先要做到；凡是要求学生不能做的，教师首先要自律。教师只有以身作则，才能树立威信，受到学生的尊敬。

培养和提高教师素养的主要途径：

（1）加强和改革师范教育。要发展师范教育，切实提高教师队伍的质量，第一，必须采取有效的政策性措施，鼓励和吸引大批优秀学生报考师范院校。第二，努力提高教师的社会地位和物质待遇，增强师范教育的吸引力。第三，联系现时代对教师作用和职能的新要求，使未来教师能获得与之相应的专业训练，尤其要树立师范生先进的教育理念。第四，吸收除正规教师以外的各种可能参与教育过程的人，并为其从教提供必要的职业帮助。

（2）实施教师资格考察制度。实施教师资格考察制度，不仅有利于加强教师质量的管理与考核，而且为非师范专业毕业的大学生谋求教师职业开辟了道路，从而切实有效地充实了教师队伍。该制度包括三层含义：教师资格制度是国家实行的一种职业资格制度；教师资格制度是法律规定的，必须依法实施；教师资格是教师职业许可。

（3）加强教师在职提高。教师在职提高的主要途径包括教学反思、校本培训、校外支援与合作等形式。

2. 论述杜威的"教育无目的"思想，并谈谈对当代教育的启示。

【答案要点】

杜威是20世纪美国著名的哲学家和教育家，他以实用主义哲学、民主主义政治理想和机能心理学为基础，通过批判地继承前人的思想，构建起庞大的教育哲学体系，成为现代教育的代表人物。主要著作有《民主主义与教育》《我的教育信条》等。

"教育无目的"是杜威关于教育目的的观点。杜威从教育本质论出发，杜威反对外在的、固定的、终极的教育目的，认为教育无目的。杜威所希求的是过程内的目的，这个目的就是"生长"。

杜威认为在非民主的社会里，教育目的是外在于并强加于教育过程的，包含权威与专制色彩。而在民主的社会里，教育目的应该内在于教育的过程之中，杜威主张以生长为教育的目的，其主要意图在于反对外在因素对儿童发展的压制，在于要求教育尊重儿童的愿望和要求，使儿童从教育本身中、从生长过程中得到乐趣。

3. 评述科尔伯格的道德认知发展启示。

【答案要点】

美国心理学家科尔伯格认为儿童道德的发展是分阶段的，他在研究中发现道德发展不是只有两个水平，而应该有多个水平，提出了著名的"三水平六阶段"的道德发展阶段论。

理论内容：

（1）前习俗水平。大约出现在幼儿园及小学低中年级阶段。该时期的特征是儿童遵守规范，但尚未形成自己的主见，着眼于人物行为的具体结果，关心自身的利害。包括惩罚和服从的定向阶段和工具性的相对主义定向阶段。

（2）习俗水平。在小学中年级以上出现，一直到青年、成年。该时期的特征是个人逐渐认识到团体的行为规范，进而接受并付诸实践。包括人际协调的定向阶段和维护权威或秩序的定向阶段。

（3）后习俗水平。该阶段已经发展到超越现实道德规范的约束，达到完全自律的境界，这个水平是理想的境界，成人也只有少数人才能达到。包括社会契约的定向阶段和普遍道德原则的定向阶段。

教育启示：

（1）形成了一个研究个体品德发展阶段的重要模式，有助于将品德发展的理论运用到学校道德教育中去，实施道德教育。

（2）道德教育的首要任务是提高儿童的道德判断能力，培养他们明辨是非的能力。教育者的主要任务就是帮助被教育者注意到真正的道德冲突，思考用于解决这种冲突的理由是否恰当，发现解决这种冲突的新的思想方法。

（3）儿童的道德发展是有阶段性的、渐进的，因此，在对儿童进行道德教育时，应随时了解儿童所达到的发展阶段，根据儿童道德发展阶段的特点，循循善诱地促进他们的发展。

（4）社会环境对人们道德发展有着巨大作用，因此在学校中要树立良好公正的群体气氛，这是道德教育必要的条件。科尔伯格是现代道德认知发展理论的创立者。这一革命性的发现，从根本上改变了道德仅仅是社会道德灌输教育结果的传统观点。

4. 论述主要的课程类型及其含义。

【答案要点】

（1）学科课程与活动课程。

学科课程也称分科课程，是指根据学校培养目标和科学发展，分门别类地从各门科学中选择适合学生年龄特征与发展水平的知识所组成的教学科目。

其特点有：第一，重视成人生活的分析及对儿童为适应未来社会生活需要所做准备的要求，有明确的目的与目标；第二，能够按照人类整理的科学文化知识的逻辑系统，结合学生身心发展的特点进行教学；第三，强调课程与教材内在的伦理精神价值和智能训练价值。

活动课程又称经验课程、儿童中心课程，与学科课程相对立，它打破学科逻辑的界线，是以学生的兴趣、需要、经验和能力为基础，通过引导学生自己组织的有目的的活动系列而编制的课程。

其特点有：第一，重视儿童的兴趣、需要、能力和阅历，以及儿童在学习中的自我指导作用与内在动力；第二，注重引导儿童从做中学，通过探究、交往、合作等活动使学生的经验得到改组与改造；第三，强调解决问题的动态活动的过程；第四，把课程资源作为解决问题的工具，反对预先确定目标的观念。

（2）综合课程与核心课程。

综合课程，又称"广域课程""统合课程"或"合成课程"。它采取合并相关学科的办法，减少教学科目，把几门学科的教学内容组织在一门综合学科之中，根本目的是克服学科课程分科过细的缺点。

核心课程，既指所有学生都要学习的一部分学科或学科内容，也指对学生有直接意义的学习内容，主张以人类社会的基本活动为中心。

（3）国家课程、地方课程与校本课程。

国家课程，又称国家统一课程，它是自上而下由中央政府负责编制、实施和评价的课程，具有权威性、多样性和强制性的特点。

地方课程，在国家课程的基础上，为满足地方政治、经济、文化、民族等发展需要，由省、自治区一级的教育行政部门开发的课程。

校本课程，以学校为课程编制主体，自主开发与实施的一种课程，是相对于国家课程和地方课程的一种课程。

（4）显性课程与隐性课程。

显性课程，是教育系统内或教育机构中用正式文件颁布而提供给学生学习，学生通过考核后可以获取特定教育学历或资格证书的课程，表现为课程方案中明确列出和有专门要求的课程。

隐性课程，也称潜在课程、隐蔽课程，是以内隐的、间接的方式呈现的课程，是学生在显性课程以外所获得的所有学校教育的经验，不作为获得特定教育学历或资格证书的必备条件。

（5）基础型课程、拓展型课程与研究型课程。

基础型课程。这类课程注重学生对科学文化基础知识和基本技能的掌握，同时获得智力的发展和能力的培养，即培养学生作为一个公民所必需的、以"三基"为中心的基础素养，是中小学课程的主要组成部分。

拓展型课程。这类课程注重拓展学生的知识与能力，开阔学生的知识视野，发展学生各种不同的特殊能力并迁移到其他方面。常常以选修课的形式出现，比起基础型课程，它有较大的灵活性。

研究型课程。这类课程注重培养学生的探究态度与能力。这类课程可以提供一定的目标、一定的结论，但获得结论的过程和方法则由学生自己组织、自己探索、研究，以此来培养学生的研究能力和创新精神；也可以不提供目标和结论，由学生自己确立目标、得出结论。

2021年 扬州大学333教育综合·真题解析

一、名词解释

课程标准

课程标准是指在一定课程理论指导下，依据培养目标和课程方案以纲要形式编制的关于课程的性质与价值、目标与内容、教学实施建议以及课程资源开发等方面的指导性文件，一般由说明、课程目标、课程内容标准和课程实施建议等部分组成。

教学

教学是在一定教育目的规范下，在教师有计划的引导下，学生能动地学习、掌握系统的课程预设的科学文化基础知识，发展自身的智能与体力，养成良好的品行与美感，逐步形成全面发展的个体素质的活动。简言之，教学是在教师引导下学生能动地学习知识以获得素质发展的活动。

进步主义运动

进步主义教育运动是指19世纪80年代至20世纪50年代在美国出现的以杜威教育哲学为主要理论基础、以进步主义教育协会为组织中心、以改革美国学校教育为宗旨的教育革新思潮和实践活动。

预设生成性教学目标

预设生成性教学目标是指凭借教育者教育经验、智慧，遵循教育规律的基础上，假设或推测在教育情境中随着教育过程的展开而可能自然生成的活动目标的活动。生成性目标关注的不是由外部事先规定的目标，而是强调教师根据活动的实际进展提出相应的目标，强调儿童、教师与教育情境的交互作用。

"五育"并举

1912年初，蔡元培发表《对于教育方针之意见》一文，提出了军国民教育、实利主义教育、公民道德教育、世界观教育和美感教育"五育"并举的教育思想，成为制定民国教育方针的理论基础。

二、简答题

1. 心理健康标准。

【答案要点】

心理健康的标准为：

（1）充分自我实现的人就是心理健康的人。

（2）适应良好的人是心理健康的人。

（3）适应与发展和谐统一的人是心理健康的人。

在理解和把握心理健康标准时，应主要考虑以下几点：

第一，判断一个人心理健康状况应兼顾个体内部协调与对外良好适应两个方面；第二，心理健康具有相对性；第三，心理健康既是一种适应状态，也是一种发展状态；第四，心理健康作为一种整体的心理状态，反映出一个人健康的人生态度与生存方式。

总之，心理健康的人在生活中多持有一种积极的、开放的、现实的、发展的、辩证的、通达的人生态度。

2. 班级集体的培养方法。

【答案要点】

培养班集体的方法有：

（1）确定集体的目标。目标是集体的发展方向和动机。建构集体首先要使集体明确奋斗的目标。集体的目标应当由班主任同全班同学一道讨论确定，以便统一认识，调动大家的积极性。集体的目标一般包括近期的、中期的和远期的。目标的提出应当由易到难，不断推动集体向前发展。

（2）健全组织、培养干部以形成集体核心。要注重健全班级的组织与功能，关键是要做好班干部的选拔与培养，以形成集体核心，使班组织能正常开展工作。班主任应放手让班干部大胆工作，在实践中锻炼、培养、提高；要教育班干部谦虚谨慎，以身作则、严于律己，对他们不可偏爱和护短，以免导致干群对立和班的不团结。

（3）有计划地开展集体活动。班集体是通过开展集体活动逐步形成起来的，只有在为实现集体的共同目标而进行的系列活动中，全班学生才能充分交往、沟通、协作，紧密团结，形成集体的核心，调动全班同学的积极性；才能激发出学生的工作责任感和集体主义精神，使他们学会正确处理人与人、个人与集体、班与学校及社会之间的关系，形成正确的舆论和班风。班主任应重视全面开展各种活动，让每个学生都能在活动中得到锻炼与提高，以推动班集体的蓬勃发展。

（4）培养正确的舆论和良好的班风。班主任应经常注意组织学生学习政治理论、道德规范，以提高他们的认识；并注重表扬好人好事，批评不良思想行为，为形成正确舆论打下思想基础。特别是班主任要善于抓住重大偶发事件的处理，组织学生讨论，以分清是非，推动正确舆论的形成。

（5）做好个别教育工作。个别教育十分重要，只有教育好每个学生，使每个学生都积极参与班级的各种活动，都关心班级、热爱班级，在参与班组的活动中发挥作用、获得提高，确保没有一个人掉队，才能真正带好一个班，把班级建设成为真正的集体。个别教育工作包括：第一，促进每个学生个性的全面发展；第二，做好后进生的思想转变工作；第三，做好偶发事件中的个别教育。

3. 苏霍姆林斯基的个性全面和谐发展。

【答案要点】

苏霍姆林斯基认为，为了培养全面和谐发展的人，就必须深入地改善整个教育过程，实施和谐的教育。全面和谐的教育包含两层含义：第一，要把学生认识和改造世界的活动和谐地结合起来，要求学生的体力劳动与智力活动结合、课堂教学与课外活动结合、教育与自我教育结合；第二，要把德、智、体、美、劳诸育和谐地结合起来，强调的是诸育的相互渗透和交织，统一为一个完整的过程。

全面和谐发展教育的实施包括：

（1）德育，在全面和谐的教育中应占有主导的地位。德育贯穿于学校教学、教育工作的各个方面，德育任务的完成有赖于其他各育的实施，学校里所做的一切都应当包含深刻的道德意义。

（2）智育，是学校的主要任务。智育应当包括获得知识，形成科学世界观，发展认识和创造能力，养成脑力劳动文明等。

（3）体育，被视为一个人得以全面发展、和谐发展的最重要因素。苏霍姆林斯基认为体育工作首先要关注人的身体健康，其次要关注体育在培养道德、审美和智育等方面的重要作用，要保证人的身体发育、精神生活以及多方面活动的协调一致。

（4）美育，苏霍姆林斯基对美育的重视以他对情感在人的个性形成中的重要作用的认识为基础，认为"美是心灵的体操"，要通过各种活动潜移默化地培养学生的美感。

（5）劳动教育，苏霍姆林斯基认为脱离劳动就不可能有教育，应该尽早开始劳动教育。劳动既是学生认识和理解世界的手段，也是他们进行自我认识和自我教育的重要途径。劳动具有经济的价值；劳动能丰富学生的精神生活，提高他们的道德素养，完善审美情操；创造性劳动是道德修养的源泉和精神文明的基础。

全面和谐发展教育的原则：第一，全面与和谐不可分割；第二，多方面教育的相互配合；第三，个性发展与社会需要相适应；第四，学生自由；第五，尊重儿童，重视自我教育。

4. 人的发展规律

【答案要点】

（1）顺序性。在正常情况下，人的发展具有一定的方向性和顺序性，既不能逾越，也不能逆向发展。如个体动作的发展就遵循自上而下、由躯体中心向外围、从粗动作向细动作的发展规律性。就心理而言，儿童的发展总是从无意注意到有意注意，从机械记忆到意义记忆，从具体形象思维到抽象逻辑思维，从喜怒哀乐等一般情绪发展到道德感、理智感、美感等高级情感。

（2）不平衡性。人的发展不总是匀速直线前进的，不同系统的发展速度、起始时间、达到的成熟水平是不同的；同一机能系统在发展的不同时期也有不同的发展速率。从总体发展来看，幼儿期出现第一个加速发展期，青春发育期出现第二个加速发展期。

（3）阶段性。人的发展变化既体现出量的积累，又表现出质的飞跃。当某些代表新质要素的量积累到一定程度时，就会导致质的飞跃，从而表现出发展的阶段性。个体的身心发展的阶段性表现为不同年龄阶段的个体具有不同的年龄特征及主要矛盾，面临着不同的发展任务。

（4）个别差异性。人的发展的个体差异表现在身心发展的速度、水平、表现方式等方面。如在发展速度上，有的儿童早慧，有的儿童大器晚成。

（5）整体性。人的生理、心理和社会性等方面的发展是密切联系在一起的，并在发展过程中相互作用，使人的发展表现出明显的整体性。

三、分析论述题

1. 陶行知生活理论以及教育启示。

【答案要点】

陶行知的生活教育理论：

（1）"生活即教育"。

"生活即教育"是陶行知生活教育理论的核心。其内涵包括：生活含有教育的意义；实际生活是教育的中心；生活决定教育，教育改造生活。

"生活即教育"所强调的是教育以生活为中心，所反对的是传统教育脱离生活而以书本为中心。尽管它在生活与教育的区别和系统的知识传授方面有所忽视，但在破除传统教育脱离民众、脱离社会生活的弊端方面，有十分重要的意义。

（2）"社会即学校"。

"社会即学校"是生活教育理论另一重要主张，是"生活即教育"思想在学校与社会关系问题上的具体化。"社会即学校"，是指"社会含有学校的意味"，或者说"以社会为学校"。由于到处是生活，到处都是教育，"整个的社会是生活的场所，亦即教育之场所"。

"社会即学校"，也指"学校含有社会的意味"。也就是说，学校通过与社会生活相结合，一方面运用社会的力量使学校进步，另一方面动员学校的力量帮助社会进步，使学校真正成为社会生活必不可少的组成部分。

"社会即学校"扩大了学校教育的内涵和作用，对于传统的学校观、教育观有所改变。传统学校与社会生活脱节，学生孤陋寡闻，而以社会为学校，使得教育的材料、教育的方法、教育的工具、教育的环境可以大大地增加，有利于拓展学生的知识，增强学生的能力。"社会即学校"，还可以使被传统学校拒之门外的劳苦大众能够受到起码的教育，贯穿了普及民众教育的苦心，同样也值得肯定。

（3）"教学做合一"。

"教学做合一"是生活教育理论的又一重要主张，是"生活即教育"在教学方法问题上的具体化。其含义为：教的方法根据学的方法；学的方法根据做的方法。事怎样做便怎样学，怎样学便怎样教。教与学都以做为中心。

（4）启示。

陶行知的生活教育理论是一种大众的、为人民大众服务的教育理论，且还是一种不断进取创造，旨在探索具有中国民族特色的教育道路的理论。生活教育理论还在教育观念的改变方面颇有建树，无论是强调学校教育与社会生活、生产劳动相结合，还是要求手脑并用、在劳力上劳心，都是对学校与社会割裂、书本与生活脱节、劳心与劳力分离的传统教育的反动，显示出强烈的时代气息，至今都富于启示。陶行知的生活教育理论是我国民族教育理论宝库中十分可贵的遗产，值得我们珍惜并认真研究借鉴。

2. 如何理解学生必须要以直接经验为基础学习间接经验，并谈谈教学启示。

【答案要点】

直接经验与间接经验的关系是教学过程中应当处理好的关系之一。

（1）学生认识的主要任务是学习间接经验。

儿童认识始于直接经验，并通过直接经验，不断扩大对世界的认识。但个人的活动范围是狭小的，无论个人如何努力，仅仅依靠直接经验来认识世界越来越不可能。学生要适应高度发展的文明社会，便必须以学习间接经验为主，便捷地掌握人类积累起来的基本科学文化知识。

（2）学习间接经验必须以学生个人的直接经验为基础。

学生要把书本知识转化为自己能理解的知识，就必须依靠个人已有的或现时获得的感性经验为基础。教学中要注重联系生活与实际，利用学生已有经验，并补充学生学习新知识所必须有的感性认识，以便学生能顺利地理解书本知识并运用所学知识于实际，获得比较完全的知识。

（3）防止只重书本知识传授或直接经验积累的偏向。

只重书本知识的传授或只重直接经验的积累都违反了教学的规律，割裂了间接经验与直接经验的内在联系，影响了教学质量的提高。

3. 班杜拉观察学习理论与教育启示。

【答案要点】

班杜拉是社会学习理论、社会认知理论的奠基人，著名的实验是赏罚控制实验。

观察学习是一种间接学习的形式，人类的大多数行为是通过观察而习得的，人们通过观察他人的行为及其后果，可获得榜样行为的符号表征和经验教训，并可引导观察者今后的行为。其基本过程如下：

（1）注意过程。注意过程影响观察者对榜样行为的探索和知觉过程，决定观察者的观察内容。影响注意过程的因素有：榜样行为的特性、榜样的特征和观察者的特征。

（2）保持过程。保持过程使观察者将示范行为以某种形式储存在头脑中以便今后可以指导操作。示范信息的保持主要依赖两种符号系统——表象系统和言语系统。影响保持过程的因素有：注意过程的效果、榜样呈现的方式和次数以及观察者自身记忆能力、动机等。

（3）复制过程。观察者以内部表征为指导，将榜样行为再现出来。影响复制过程的因素有：观察的有效性、从属反应的有效性、反馈的及时性和准确性以及自我效能感。

（4）动机过程。动机过程决定个体复现榜样行为的具体内容，换言之，决定哪一种经由观察习得的行为得以表现。动机过程存在着三种强化：①直接强化，指在模仿行为之后直接给出的强化，为学习者提供信息和诱因；②替代性强化，指观察者因看到榜样受强化而受到的强化；③自我强化，指观察者依照自己的标准对行为做出判断后而进行的强化。

教育启示：

（1）教授新行为、技能、态度和情感。教师需要将所期望的行为、技能、态度和情感以明确外显的方式示范出来，并对学生的模仿予以强化。

（2）监控学生习得行为的表现。教师需要在创造榜样的同时，对良好的行为给予及时的表扬和鼓励，对错误的行为则给予批评和教育。

（3）对学生道德行为的养成具有现实指导意义。

4. 为什么教育要放在优先发展战略地位？

【答案要点】

"百年大计，教育为本。"教育在我国社会主义现代化建设中具有基础性、先导性、全局性意义。落实科学发展观，实现科教兴国战略和人才兴国战略，就必然要求把教育摆在优先发展的地位。

（1）教育的基础性，指人的素质在社会主义现代化建设中的基础性。教育对人的个体素质全面发展的促进，既是个人为人处世的基础，也是社会稳定发展的基础。

（2）教育的先导性，指教育的发展对社会主义现代化建设具有引领作用。要使经济社会可持续发展，关键在于知识创新，掌握核心技术，这要依靠教育传播最新知识技术，培养创新性人才。教育的先导性不仅表现在经济发展方面，还表现在对科学技术的引领与文化价值观念方面。

（3）教育的全局性，指教育的发展关乎社会主义现代化建设的方方面面，具有全局性的影响。我们应当全面发挥教育的功能，促进人的全面发展和社会的全面进步。

2020年 扬州大学 333 教育综合·真题解析

一、名词解释

教育内容

教育内容是指教育者引导受教育者在教育活动中学习的前人积累的经验，包括书本知识和实际经验。教育内容在教育活动过程中具有重要意义，它是师生教学互动共同操作的对象，是引导青少年学习与发展成人的精神资源。

书院

书院产生于唐，发展于五代，而繁荣和完善于宋代。唐朝书院主要由民间私家设立，既有藏书，又有教学活动，学习内容适应科举考试的需要，不同于以前以单科学习为主的私学，形成知识面较广的新型教育机构。

学校管理校本化

校本管理是指学校在教育方针与法规的指引下，可以根据自己的实际情况和需要自主确定发展的目标与任务，进行管理工作。简言之，校本管理即以学校为本位的自主管理。

循序渐进教学原则

循序渐进原则指教学要按照学科的逻辑系统和学生认识的顺序逐步进行，使学生系统地掌握基础知识、基本技能，形成严密的逻辑思维能力。也称系统性原则。

课程

课程是由一定的育人目标、特定的知识经验和预期的学习活动方式构成的一种蕴含着丰富、基本而又有创造性与潜质的一套计划与设定。从育人目标角度看，课程是一种培养人的蓝图；从课程内容角度看，课程是一种适合学生身心发展规律的、连接学生直接经验和间接经验的、引导学生个性全面发展的知识体系及其获取的路径。广义的课程指所有学科的总和；狭义的课程指一门学科。

认知学习观

认知学习观是布鲁纳认知-发现说中的观点，布鲁纳把智慧生长看作形成表征系统的过程，他认为人类的智慧生长经历了动作表征、映象表征和符号表征三种表征系统阶段。学习的实质是主动形成认知结构。

二、简答题

1. 促进认知策略迁移的措施。

【答案要点】

认知策略是加工信息的一些方法和技术，能使信息有效地从记忆中提取出来。认知策略可以分为注意策略、精细加工策略、复述策略、编码与组织策略。促进认知策略迁移的措施有：

（1）培养学生树立正确的学习动机。

（2）丰富学生的知识背景。

（3）根据学生的元认知水平进行策略训练。

（4）制定一套外显的可以操作的训练技术。

（5）变式与练习。

2. 人的发展的规律性及启示。

【答案要点】

（1）顺序性。在正常情况下，人的发展具有一定的方向性和顺序性，既不能逾越，也不能逆向发展。如个体动作的发展就遵循自上而下、由躯体中心向外围、从粗动作向细动作的发展规律性。就心理而言，儿童的发展总是从无意注意到有意注意，从机械记忆到意义记忆，从具体形象思维到抽象逻辑思维，从喜怒哀乐等一般情绪发展到道德感、理智感、美感等高级情感。

教学启示：个体身心发展的顺序性，决定了教育教学工作的顺序性，在不同的发展阶段展开不同的教育活动，同时更应该按照发展的序列来施教，做到循序渐进。

（2）不平衡性。人的发展不总是匀速直线前进的，不同系统的发展速度、起始时间、达到的成熟水平是不同的；同一机能系统在发展的不同时期也有不同的发展速率。从总体发展来看，幼儿期出现第一个加速发展期，青春发育期出现第二个加速发展期。

教学启示：人的发展的不平衡性要求教育要掌握和利用人的发展的成熟机制，抓住发展的关键期，促进学生健康地发展。

（3）阶段性。人的发展变化既体现出量的积累，又表现出质的飞跃。当某些代表新质要素的量积累到一定程度时，就会导致质的飞跃，从而表现出发展的阶段性。个体的身心发展的阶段性表现为不同年龄阶段的个体具有不同的年龄特征及主要矛盾，面临着不同的发展任务。

教学启示：人的发展的阶段性要求教育要从学生的实际出发，尊重不同年龄阶段学生的特点，并根据这些特点提出不同的发展任务，采用不同的教育内容和方法，进行有针对性的教育，以便有效地促进他们的个性发展。

（4）个别差异性。人的发展的个体差异表现在身心发展的速度、水平、表现方式等方面。如在发展速度上，有的儿童早慧，有的儿童大器晚成。

教学启示：人的发展的个别差异性要求教育要深入了解学生，针对学生不同的发展水平及不同的兴趣等因材施教，引导学生扬长避短、发展个性，促进学生自由发展。

（5）整体性。人的生理、心理和社会性等方面的发展是密切联系在一起的，并在发展过程中相互作用，使人的发展表现出明显的整体性。

教学启示：人的发展的整体性要求教育要把学生看作复杂的整体，促进学生在体、智、德、美、行等方面全面和谐地发展，把学生培养成完整和完善的人。

3. 教师师德的主要内容。

【答案要点】

（1）热爱教育事业，富有献身精神和人文精神。热爱教育事业，是搞好教育工作的基本前提。许多优秀教师之所以能在教育工作中做出卓越的成绩，首先是因为他们热爱教育事业，愿意为下一代的成长贡献出自己的毕生精力，甚至自己宝贵的生命。另外，教师还应具备人文精神，要关怀学生的学习和发展，关怀民族、人类的现实境遇和未来发展。

（2）热爱学生，诲人不倦。热爱教育事业具体体现在热爱学生上。爱学生是教师的天职，是教育好学生的重要条件。教师只有热爱学生，才能教育好学生，才能使教育发挥最大限度的作用。教师对学生的爱是一种巨大的教育力量，也是一种重要的教育手段。它往往能激发起学生对教师爱戴、感激和信任之情，使学生愿意接近教师，接受教师的教育。教师的爱还应该表现在对学生的学习、思想和身体的全面关心上，一视同仁地热爱全体学生，公正平等地对待每个学生。

（3）热爱集体，团结协作。教师的劳动既具有个体性，又具有集体性。一个学生的成才，绝非仅仅是哪一位教师的功劳，而是教师群体的智慧和共同劳动的结晶，是许多教育工作者团结协作、一致努力的结果。因此，教师之间，教职员工之间应该相互尊重、团结协作，步调一致地教育学生，最大限度地发挥集体的教育力量。

（4）严于律己，为人师表。教师为人师表，必须以身作则，严于律己。凡是要求学生做到的，教师首先要做到；凡是要求学生不能做的，教师首先要自律。教师只有以身作则，才能树立威信，受到学生的尊敬。

4. 现代人文主义教育思潮的主要观点。

【答案要点】

现代人文主义教育思潮于20世纪60—70年代盛行于美国，是现代欧美国家一种以人本主义心理学为基础、突出"以人为本"理念、以培养自我实现和完整的人为教育目的的教育思潮，代表人物有马斯洛、罗杰斯和弗洛姆等。其主要观点包括以下几个方面：

（1）教育的目的是培养自我实现的人。教育的目的就是人的自我实现、完美人生的形成以及人的潜能的充分发展。

（2）主张构建人本课程，即"课程人本化"。不仅要注意课程内容的人本主义，而且要注意强调情感在知识教育中的作用。

（3）强调学校应创设自由学习和发展的氛围。教育的作用就是为学习者创造最佳的学习条件，即创造一种积极的学习环境。

现代人文主义教育不仅对西方教育理论和实践产生了重要的影响，而且对发展方向具有牵引的作用；但它过分强调主体性及个人的价值观和个人的自我实现，简单地把个体的潜能实现与个体的社会价值画上等号，也受到了批评。

三、分析论述题

1. 请就上述观点运用现代教育观分析学生在教育过程中的地位及作用的发挥。

【答案要点】

赫尔巴特强调教师中心、教材中心和课堂中心，认为教师是课堂中的权威；杜威强调学生中心、经验中心和活动中心，认为学生才是课堂中的主体。

在实际的教育教学活动中，受教育者是指参与教育活动、与教育者在教学与教导上互动，以期自身获得发展的人，主要是学生。受教育者是既是教育的对象，也是学习的主体。

教育活动的实际效果必须落实到受教育者的自愿学习、自我建构和自我实现上。随着受教育者的学习自觉性和知识、能力的不断增长，他们的能动性在教育活动中起的作用将日益加大，逐步趋向自觉、自为、自律与自主。

2. 如何理解教师劳动的创造性及其培养？

【答案要点】

（1）教师劳动创造性的最重要特征之一是他的工作对象——儿童经常在发生变化，永远是新的，今天同昨天就不一样。

（2）教师劳动的创造性表现在因材施教上。教师不仅要针对学生集体的特点，而且还要针对学生个体的特点有的放矢地进行教育，创造性地开展工作，才能收到良好的效果。

（3）教师劳动的创造性，也表现在对教育、教学的原则、方法、内容的运用、选择和处理上。

（4）教师劳动的创造性，还表现在教育教学过程中，教师对各种突发情况做出及时反应、妥善处理的应变能力上，即教育机智。

（5）教师劳动的创造性，并不意味着它会自动产生。一位教师要创造性地开展教育工作，必须经历艰苦的劳动和长期的积累，善于反思与探究，机智地开展工作，才能涌现创造性。

教育对象的发展变化，决定了教师的劳动不可能重复进行，而必须根据变化了的学生和教育情境，一切从实际出发，创造性地灵活运用教学规律和原则。因此，教师劳动的创造性培养就在于不断提高其创造能力，增强其妥善处理应变的能力。

3. 论述奥苏伯尔的有意义接受说及其对教育的启示。

【答案要点】

奥苏伯尔是和布鲁纳同时代的美国著名教育心理学家，他在教育心理学中最重要的一个贡献是他对意义学习的描述。

（1）有意义学习的实质。有意义学习就是符号所代表的新知识与学习者认知结构中已有的适当观念建立非任意的和实质性的联系。有意义学习的类型包括表征学习、概念学习和命题学习。

①非任意的联系是指新知识与认知结构中有关观念存在某种合理的或逻辑上的联系。

②实质性的联系是指新的符号或观念与学习者认知结构中已有的表象、已经有意义的符号、概念或命题的联系，是一种非字面的联系。

（2）有意义学习的条件。

第一，有意义学习的材料必须具有逻辑意义，这种逻辑意义指的是材料本身在人的学习能力范围内而且与有关观念能够建立非任意的和实质性的联系。第二，学习者必须具有有意义学习的心向，也就是积极主动地把新知识与认知结构中原有的适当知识加以联系的倾向。第三，学习者认知结构中必须具有适当的知识，以便与新知识进行联系。第四，学习者必须积极主动地使这种具有潜在意义的新知识与他认知结构中有关的原有知识发生相互作用，导致原有知识得到改造，新知识获得实际意义，即心理意义。

4. 请结合下列《爱弥儿》中的内容，对卢梭的自然教育思想进行评述，并谈谈该思想对当代教育的启示。

【答案要点】

卢梭是18世纪法国著名启蒙思想家和教育家，其教育思想的基本特征是高度尊重儿童的天性，倡导自然教育和儿童本位的教育观。主要著作有《爱弥儿》《社会契约论》等。

（1）自然教育的基本含义。

卢梭自然主义教育的核心是"回归自然"。一方面，善良的人性存在于纯洁的自然状态之中。只有"回归自然"、远离喧嚣社会的教育，才有利于保持人的善良天性。因此15岁之前的教育必须在远离城市的农村进行。另一方面，每个人都是由自然的教育、事物的教育、人为的教育三者培养起来，只有三种教育圆满地结合才能达到预期的目的。三者之中，应以自然的教育为基准，才能使教育回归自然达到应有的成效。

（2）自然教育的培养目标。

自然教育最终目的是培养"自然人"，即身心调和发达、体脑两健、能力强盛的新人，也就是摆脱封建羁绊的资产阶级新人。具有以下特征：第一，自然人是能独立自主的人，他能独自体现出自己的价值；第二，在自然的秩序中，所有的人都是平等的；第三，自然人又是自由的人，他是无所不宜、无所不能的；第四，自然人还是自食其力的人，可无须仰赖他人为生，这是独立自主的可靠保证。

（3）自然教育的方法原则。

卢梭猛烈抨击了当时向儿童强迫灌输旧的道德和知识、摧残儿童天性的做法，他提出以下几点原则和方法：

①树立正确的儿童观。自然教育的必要前提是要改变对儿童的看法。在人生的秩序中，儿童有他的地位，应当把成人看作成人，把孩子看作孩子。

②消极教育。教育要遵循自然天性，也就是要求儿童在自身的教育和成长中取得主动地位，无须成人的灌输、压制、强迫，教师只需创造学习的环境，防范不良的影响。它的作用是消极的，是对儿童的发展不横加干涉的教育。

③自然后果律。当儿童犯了错误和过失后，不必直接去制止或处罚他们，而让他们在同自然的接触中，体会到自己所犯的错误和过失带来的自然后果，使儿童服从于自然法则，结合具体事例让他们从自己的直接经验中受到教育。

④根据儿童天性的个体差异，因材施教。卢梭要求教育者在进行教学之前必须先了解自己的学生。

（4）自然主义教育的实施。

卢梭根据自然教育的原则，根据人的自然发展的进程和不同年龄时期身心的特点，把自然教育分为婴儿期、儿童期、少年期和青春期。

①婴儿期（0~2岁）：主要进行体育，其任务在于通过身体的养护和锻炼，促进儿童身体的健康发展，增强儿童的体质。婴儿期的体育应该顺应自然，通过合理的饮食、衣着、睡眠和游戏，实施正确的教育。

②儿童期（2~12岁）：又称儿童的"理性睡眠期"，主要进行感官训练和身体发育，使他们通过感觉器官的运用获得丰富的感性经验，并要掌握一些道德观念。这个时期的儿童不宜进行理性教育，不应强迫儿童读书。

③少年期（12~15岁）：主要进行智育和劳动教育。智育的任务在于发展他们的智力，培养他们的学习兴趣和掌握学习研究的方法。卢梭重视劳动教育，认为儿童必须学会劳动，学会从事一种职业。劳动不仅可以谋生，还能促进理性的成长，并直接影响人的道德品质和人格发展。

④青春期（15~20岁）：主要接受道德教育，包括宗教教育、爱情教育和性教育，激发青年自然涌现的善良情感，发展他们的理性，使其在行为中接受道德的磨炼。

卢梭提出的自然主义教育思想是教育思想史上由教育适应自然向教育心理学化过渡的一个重要环节。在封建社会压制人性的情况下，提倡性善论、尊重儿童天性具有历史进步意义。他呼吁培养身心调和发展的自然人和自由人也反映了对人的发展的合理要求。

2019年 扬州大学333教育综合·真题解析

一、名词解释

教育的社会流动功能

教育的社会流动功能是指社会成员通过教育的培养、筛选和提高，能够在不同的社会区域、社会层次、职业岗位、科层组织之间转换、调整和变动，以充分发挥其个人的智慧才能，实现其人生价值。它包括横向流动功能和纵向流动功能。

课程标准

课程标准是指在一定课程理论指导下，依据培养目标和课程方案以纲要形式编制的关于课程的性质与价值、目标与内容、教学实施建议以及课程资源开发等方面的指导性文件，一般由说明、课程目标、课程内容标准和课程实施建议等部分组成。

德育过程

德育过程是学生在教师的引导下，主动积极地进行道德认识和道德实践，逐步提高自我修养能力，形成个人品德的过程。

结构主义教育

结构主义教育产生于20世纪50年代末，是现代欧美国家一种强调认知结构的研究和认知能力的发展的教育思潮。它以结构主义心理学为理论基础，侧重研究课程教学改革问题，代表人物有皮亚杰、布鲁纳等。

有教无类

孔子率先提出有教无类。"有教无类"的本意是不分贵贱贫富和种族，人人都可以入学接受教育。孔子的教学实践切实地贯彻了这一办学方针，他的弟子来自各个诸侯国，分布地区广泛；弟子成分复杂，出身于不同的阶级和阶层，大多数出身于平民。

发现学习

发现学习是指学生在学习情境中，经过自己探索寻找，从而获得问题答案的一种学习方式。布鲁纳所说的发现不只限于寻求人类尚未知晓的事物的行为，也包括用自己的头脑亲自获取知识的一切形式。

二、简答题

1. 教育的政治功能。

【答案要点】

（1）教育通过传播一定的社会的政治意识，完成年轻一代的政治社会化。人的社会化是人的发展的重要方面，而政治社会化又是人的社会化的重要方面。教育作为传递知识、训练思维与培养情感的活动，能向年轻一代传播一定的社会政治意识，促进他们的政治社会化，从而为一定社会政治秩序的稳定创造重要条件。

（2）教育通过造就政治管理人才，促进政治体制的变革与完善。现代社会强调法治，使得教育更重视培养政治管理人才。由于科技向管理部门的全面渗透，社会越发展，国家对政治管理人才的素质要求越高，通过教育选拔、培养政治管理人才显得越重要。

（3）教育通过提高全民文化素质，推动国家的民主政治建设。一个国家的政治是否民主，取决于政体和国民素质。普及教育的程度越高，国民的文化素质越高，其国民就越能认识到民主的价值，在政治生活和社会生活中就越能履行民主的权利。

（4）教育是形成社会舆论、影响政治时局的重要力量。学校是知识分子和青少年集中的地方，他们有见解，勇于发表意见，通过教育者和受教育者的言论、演讲和社会活动等，来宣传思想，造就舆论，借以影响群众，为一定的政治、经济服务。

2. 简述读书指导法的基本要求。

【答案要点】

读书指导法指教师指导学生通过阅读教科书、参考书以及获取或巩固知识的方法。包括指导学生预习、复习、阅读参考书、自学教材等。

读书指导法的基本要求如下：

（1）提出明确的目的、要求和思考题。让学生自主掌握学习的方向、要求，主动去实现。

（2）教给学生读书的方法。让他们学会朗读、默读；学会浏览与精读；学会查阅读物的序言、目录、注释、图表；学会做记号、提问题、做眉批、摘要和读书心得等。

（3）善于在读书中发现问题和解决问题。

（4）适当组织学生交流读书心得。在个人阅读基础上，适当组织学生开展讨论、办学习园地、交流心得，以增进读书的收获，培养读书的兴趣爱好。

3. 罗杰斯的学生中心教学观。

【答案要点】

罗杰斯对传统教育的师生关系进行了猛烈的批判，认为在传统教育中教师是知识的拥有者，而学生只是被动的接受者，主张废除教师这一角色，代之以"学习的促进者"。教师的任务不是教学生学习知识，也不是教学生如何学习，而是为学生提供各种学习资源和促进学习的气氛，让学生自己决定如何学习。

罗杰斯认为促进学习的心理气氛因素有：第一，真诚一致。学习的促进者是一个表里如一、真诚、完整而真实的人。第二，无条件积极关注。学习的促进者关心学习者的方方面面，尊重其情感和意见。第三，同理心。学习的促进者能了解学习者的内在反应，了解其学习过程。为其设身处地，使其感同身受。

"以学生为中心"教学模式的基本特征包括：第一，教学过程无固定结构；第二，教学无固定的内容；第三，教师不做任何指导。这种模式又称为"非指导性教学"。

4. 西方文艺复兴时期人文主义教育的基本特征。

【答案要点】

（1）人本主义。人文主义教育在培养目标上注重个性发展，在教育教学方法上反对禁欲主义，尊重儿童天性，坚信通过教育这种后天的力量可以重塑个人、改造社会和自然，这些都表现出人本主义内涵，人的力量、人的价值被充分肯定。

（2）古典主义。人文主义教育思想吸收了许多古人的见解，人文主义教育实践尤其是课程设置亦具有古典性质，但这种古典主义绝非纯粹的"复古"，实则含有古为今用、托古改制的内涵，这在当时是进步的。

（3）世俗性。不论从教育目的还是从课程设置等方面看，人文主义教育洋溢着浓厚的世俗精神，教育更关注今生而非来世，这是人文主义教育与中世纪教育的根本区别。

（4）宗教性。人文主义教育仍具有宗教性，几乎所有的人文主义教育家都信仰上帝，他们虽然抨击天主教会的弊端，但不反对宗教更不打算消灭宗教，他们希冀以世俗和人文精神改造中世纪陈腐专横的宗教性，以造就一种更富世俗色彩和人性色彩的宗教性。

（5）贵族性。这是由文艺复兴运动的性质所决定的。人文主义教育的对象主要是上层子弟，教育的形式多为宫廷教育和家庭教育而非大众教育，教育的目的主要是培养上层人物如君主、侍臣、绅士等。

综上可见，人文主义教育具有两重性，进步性与落后性并存，尽管它有不足之处，但它涤荡了中世纪教育的阴霾，展露出新时代教育的灿烂曙光，开了欧洲近代教育之先河。

三、论述题

1. 如何理解教育是一种有目的地培养人的活动。

【答案要点】

教育是一种有目的地培养人的社会活动，是人类社会生活不可或缺的重要组成部分。教育有其相对稳定的质的特点，表现在以下三个方面：

（1）有目的地培养人的活动。教育是有目的地选择目标、组织内容及活动方式来培养人，促进人的发展。其首要任务是促进年轻一代体、智、德、美、行的全面发展，使他们从生物人逐步成长为社会人，进而成为适应与促进社会生活各个方面发展需要的人。

（2）教育者引导受教育者传承人类经验的互动活动。年轻一代按自己的意愿和经验来获得自我的身心发展，其效果是极其低下的，难以符合社会的期望与要求，因而需要由有经验的父母、年长一代，或学有专长的教师有目的地引导年轻一代以及其他的受教育者来学习、传承、践行人类经验，并在生活、交往与实践中领悟经验的社会意义，才能有效地发展他们的智能和品行，把他们培养成为既能适应又能促进社会发展需要的人和各种专门人才。

（3）激励与教导受教育者自觉学习和自我教育的活动。教育者与受教育者的教学互动是以激励学生学习为基础和动力的，旨在使青少年学生积极主动地成为自觉学习、自我教育的人。可以说，一切教育本质上都是自我教育。

总之，教育是有目的地引导受教育者能动地学习与自我教育以促进其身心发展的活动。

2. 分析教学中直接经验与间接经验的关系。

【答案要点】

直接经验与间接经验的关系是教学过程中应当处理好的几种关系之一，其要点如下：

（1）学生认识的主要任务是学习间接经验。儿童认识始于直接经验，并通过直接经验，不断扩大对世界的认识。但个人的活动范围是狭小的，无论个人如何努力，仅仅依靠直接经验来认识世界越来越不可能。学生要适应高度发展的文明社会，便必须以学习间接经验为主，便捷地掌握人类积累起来的基本科学文化知识。

（2）学习间接经验必须以学生个人的直接经验为基础。学生要把书本知识转化为自己能理解的知识，就必须依靠个人已有的或现时获得的感性经验为基础。教学中要注重联系生活与实际，利用学生已有经验，并补充学生学习新知识所必须有的感性认识，以便学生能顺利地理解书本知识并运用所学知识于实际，获得比较完全的知识。

（3）防止只重书本知识传授或直接经验积累的偏向。只重书本知识的传授或只重直接经验的积累都违反了教学的规律，割裂了间接经验与直接经验的内在联系，影响了教学质量的提高。

3. 分析影响解决问题的主要因素和启示。

【答案要点】

问题解决是指个体在面临问题情境而没有现成方法可以利用时，将已知情境转化为目标情境的认知过程。当常规或自动化的反应不适用于当前的情境时，问题解决者需要超越对过去所学规则的简单应用，对所学规则进行一定的组合，产生一个解答，达到问题解决的目的。它涉及认知、情感和行为活动成分。影响问题解决的主要因素有：

（1）问题情境。个体面临的刺激模式与其已有的知识结构所形成的差异。

（2）原型启发。通过从待解决的问题具有相似性的其他事物上发现问题解决的途径和方法。

（3）人际关系。良好的人际关系有助于其解决面临的各类问题。

（4）知识经验。任何问题解决都离不开一定的知识、策略和技能，知识经验不足常常是不能有效解决问题的重要原因。

（5）定势与功能固着。定势是指人在解决一些相似的问题之后会出现一种惯用的方式解决问题的倾向。功能固着是指一个人看到某个物品有一种惯常的用途后，就很难看出它的其他新用途。

（6）酝酿效应。在反复探索一个问题的解决而毫无结果时，如果把问题暂时搁置几个小时、几天或几周，然后再回过头来解决，这时常常就可以很快找到解决方法。

（7）情绪状态。相对平和的心态有利于问题解决，同时，积极的情绪也有利于问题解决。

4. 杜威教育本质思想及其历史影响。

【答案要点】

杜威是 20 世纪美国著名的哲学家和教育家，他以实用主义哲学、民主主义政治理想和机能心理学为基础，通过批判地继承前人的思想，构建起庞大的教育哲学体系，成为现代教育的代表人物。主要著作有《民主主义与教育》《我的教育信条》等。

杜威对于"什么是教育"的问题，给出的回答是：教育即生活、学校即社会、教育即生长、教育即经验的持续不断的改造。

（1）教育即生活。

杜威认为教育是生活的过程，学校是社会生活的一种形式，那么学校生活也是生活的一种形式。

①学校生活应与儿童自己的生活相契合，满足儿童的需要和兴趣，使校园成为儿童的乐园，使儿童在现实的学校生活中得到乐趣。

②学校生活应与学校以外的社会生活相契合，适应现代社会变化的趋势并成为推动社会发展的重要力量，校园不应是世外桃源而应积极参与社会生活。

杜威要做的就是改造不合时宜的学校教育和学校生活，使之更富活力，更有乐趣，更具实效，更有益于儿童发展和社会改造。

（2）学校即社会。

杜威"学校即社会"意在使学校生活成为一种经过选择的、净化的、理想的社会生活，使学校成为一个合乎儿童发展的雏形的社会。而要将此落于实处，就必须改革学校课程，从分科课程转变为活动课程。

"学校即社会"是对"教育即生活"这一命题的进一步引申，代表社会生活的活动性课程的引入是使学校与社会生活相联系的基本保证。杜威坚信教育是社会进步及社会改革的基本方法，通过教育改造社会生活，使之更完善、更美好。

（3）教育即生长。

杜威针对当时教育无视儿童天性，消极对待儿童，不考虑儿童的需要和兴趣的现象，提出了"教育即生长"的观念。

杜威要求摒除压抑、阻碍儿童自由发展之物，使教育和教学适应儿童的心理发展水平和兴趣、需要的要求。他所理解的生长是机体与外部环境、内在条件与外部条件交互作用的结果，是一个持续不断的社会化的过程。杜威要求尊重儿童但不同意放纵儿童，这也是杜威与进步主义教育实践的一个重要区别。

（4）教育即经验的改造。

教育即经验的持续不断的改造是指构成人的身心的各种因素在外部环境和人的主动经验过程中统一的全面改造、发展、生长的连续过程，包含四个方面：

①经验是一种行为，涵盖认识的、情感的、意志的等理性、非理性因素，成为儿童各方面发展和生长的载体。在经验过程中，儿童不仅获得知识，而且形成能力、养成品德。

②经验是有机体与环境相互作用的过程，机体不仅受环境的塑造，同时也对环境加以改变。经验的过程就是一个实验探究的过程、运用智慧的过程、理性的过程。

③经验的过程是一个主动的过程，有机体既接受着环境塑造，也主动改造着环境。

④经验是一个连续发展的过程，不存在终极目的的发展过程，因此教育就是个人经验的不断生长。

（5）评价。

杜威关于教育本质的这四个论点具有重要的意义：第一，这些观点是杜威改革旧教育的纲领，他的意图是要使教育为缓和社会矛盾、完善美国社会制度服务，对于推动当时的教育改革有积极意义；第二，杜威关于教育本质的观点是他的教育哲学的四个主要命题，内涵丰富并具有启发意义；第三，杜威力图把教育的社会功能与个体发展功能统一起来，并把社会活动视为使两者得以协调的重要手段或中介。

但杜威对于教育本质的表述不够科学。如"教育即生长"给人以重视个体的生物性而回避社会性的印象，并且生长有方向、方式之异，有好坏优劣之别，所以仅说"教育即生长"是不严谨的；又如"教育即生活"的口号表述过于简要，也易使人不得要领，从而在理解上产生歧义；"学校即社会"的提法也存在着片面性，它忽视社会与个体发展的各自的相对独立性，进而导致抹杀学校与社会的本质区别。

2018年 扬州大学333教育综合·真题解析

一、名词解释

班级授课制

班级授课制是一种集体教学形式。它把一定数量的学生按年龄与知识程度编成固定的班级，根据周课表和作息时间表,安排教师有计划地给全班学生上课,分别学习所设置的各门课程。

六艺

西周的教育内容总称为"六艺"教育,它是西周教育的特征和标志。"六艺"即礼、乐、射、御、书、数。礼包括政治、伦理、道德、礼仪各个领域;乐包括诗歌、音乐和舞蹈;射指射箭的技术训练;御指驾驭马拉战车的技术训练;书指文字书写;数指算法。其中,"礼、乐、射、御"为"大艺",是大学的课程;"书、数"为"小艺",是小学的课程。

心理过程

心理过程是指人的心理活动发生、发展的过程。具体来说,它是指在客观事物作用下,在一定时间内大脑反映客观现实的过程。心理过程包括认知过程、情绪过程和意志过程。

教育目的

教育目的是对教育活动所要培养的人的个体素质的总的预期与设想,是对社会历史活动的主体的个体素质的规定。它体现一定社会对受教育者质量规格的界定和要求,也体现人自身发展所应该达到的水准和高度。

学校管理体制

学校管理体制是学校管理的枢纽,对学校管理功能的实现发挥着全局性、根本性的作用。它包括学校组织机构体制和学校领导体制两个方面,前者规定了学校管理机构的设置,各机构的职、责、权划分及相互关系,后者规定了学校由谁领导和负责。

迁移

知识迁移即学习迁移,是指已获得的知识、技能、态度或理解对新知识、新技能或态度的形成的影响。根据迁移发生的领域,可将迁移分为知识与技能的迁移、情感和态度的迁移;根据迁移的方向,可将迁移分为顺向迁移、逆向迁移。

二、简答题

1. 苏格拉底法。

【答案要点】

苏格拉底法也称"问答法""产婆术",是由讥讽、助产术、归纳和定义四个步骤组成的独特的方法。这是苏格拉底探讨伦理哲学的研究方法,也是他的教学方法。

(1)讥讽。指就对方的发言不断提出追问,迫使对方自陷矛盾,最终承认自己的无知。

(2)助产术。指帮助对方自己得到问题的答案。

(3)归纳。从各种具体事物中找到事物的共性或本质,通过对具体事物的比较寻求"一般"。

(4)定义。指把个别事物归入一般概念,得到关于事物的普遍概念。

这种教学方法不将现成的结论硬性灌输或强加于对方,而是与对方共同讨论,通过不断提问诱导对方认识并承认自己的错误,自然而然地得到正确的结论。这种方法遵循从具体到抽象、从个别到一般、从已知到未知的规则,为后世的教学法所吸取。但是这种原始的教学方法是在当时没有成熟的教材和没有正规课堂教学制度的特定历史条件下的产物,它不是万能的教学方法,只能在一定条件下和适度范围内作为参照。

2. 学生学习的特点。

【答案要点】

(1)接受学习是学习的主要形式。学生的学习是在教师的指导下有目的、有计划、有组织、有系统进行的，是在较短时间内接受前人所积累的文化科学知识，并以此促进自己发展和完善的过程。

（2）学习过程是主动构建过程。学生的学习必须通过一系列的主动构建活动来接受信息，形成经验结构或心理结构，这意味着学习是主动构建意义的自主活动，而不是被动地接受刺激。

（3）学习内容的间接性。在经验传递系统中，学生主要是接受前人的经验，而不是亲自去发现经验，因此，所获得的经验具有间接性。

（4）学习的连续性。学生的学习是一个连续的过程，这表现在前后学习相互关联。当前的学习与过去的学习有关，同时也将影响以后的学习。

（5）学习目标的全面性。学生的学习不但要掌握知识经验和技能，还要发展智能，以及形成行为习惯、培养道德品质、促进人格发展。

（6）学习过程的互动性。学生的学习是相互作用的过程。师与生、生与生之间的互动质量对学习质量有十分明显的影响。

3. 加德纳的多元智能理论。

【答案要点】

多元智力理论认为，不存在单纯的某种智力和达到目标的唯一方法，每个人都会用自己的方式来发掘各自的大脑资源，这种为达到目的所发挥的各种个人才智才是真正的智力，造就了人与人之间的不同。人的智力可以分为八种：

（1）逻辑数学智力：运算和推理等科学或数学的一般能力，以及处理较长推理、识别秩序、发现模型和建立因果模型的能力。

（2）语言智力：运用语言达到各种目的的能力以及对声音、韵律、语意、语序和灵活操纵语言的敏感能力，包括听、说、读和写的能力。

（3）音乐智力：感受、辨别、记忆、理解、评价、改变和表达音乐的能力。

（4）空间智力：准确感受视觉-空间世界的能力，包括感受、辨别、记忆、再造、转换以及修改物体的空间关系，并借此表达思想和情感的能力。

（5）身体运动智力：控制自己身体运动和技术性地处理目标的能力。

（6）人际关系智力：与人相处和交往的能力，表现为觉察他人情绪、情感、气质、意图和需求的能力并据此做出适当反应的能力。

（7）内省智力：认识、洞察和反省自身的能力，并在正确的自我意识和自我评价的基础上形成自尊、自律和自制的能力。

（8）自然智力：认识物质世界的相似和相异性及动物、植物和自然环境其他事物的能力。

4. 人的发展的规律。

【答案要点】

（1）顺序性。在正常情况下，人的发展具有一定的方向性和顺序性，既不能逾越，也不能逆向发展。如个体动作的发展就遵循自上而下、由躯体中心向外围、从粗动作向细动作的发展规律性。就心理而言，儿童的发展总是从无意注意到有意注意，从机械记忆到意义记忆，从具体形象思维到抽象逻辑思维，从喜怒哀乐等一般情绪发展到道德感、理智感、美感等高级情感。

（2）不平衡性。人的发展不总是匀速直线前进的，不同系统的发展速度、起始时间、达到的成熟水平是不同的；同一机能系统在发展的不同时期也有不同的发展速率。从总体发展来看，幼儿期出现第一个加速发展期，青春发育期出现第二个加速发展期。

（3）阶段性。人的发展变化既体现出量的积累，又表现出质的飞跃。当某些代表新质要素的量积累到一定程度时，就会导致质的飞跃，从而表现出发展的阶段性。个体的身心发展的阶段性表现为不同年龄阶段的个体具有不同的年龄特征及主要矛盾，面临着不同的发展任务。

（4）个别差异性。人的发展的个体差异表现在身心发展的速度、水平、表现方式等方面。如在发展速度上，有的儿童早慧，有的儿童大器晚成。

（5）整体性。人的生理、心理和社会性等方面的发展是密切联系在一起的，并在发展过程中相互作用，使人的发展表现出明显的整体性。

三、分析论述题

1. 陶行知的生活教育理论及对当代教育的启示。

【答案要点】

（1）"生活即教育"。"生活即教育"是陶行知生活教育理论的核心。其内涵包括：生活含有教育的意义；实际生活是教育的中心；生活决定教育，教育改造生活。

"生活即教育"所强调的是教育以生活为中心，所反对的是传统教育脱离生活而以书本为中心。尽管它在生活与教育的区别和系统的知识传授方面有所忽视，但在破除传统教育脱离民众、脱离社会生活的弊端方面，有十分重要的意义。

（2）"社会即学校"。"社会即学校"是生活教育理论另一重要主张，是"生活即教育"思想在学校与社会关系问题上的具体化。"社会即学校"，是指"社会含有学校的意味"，或者说"以社会为学校"。由于到处是生活，到处都是教育，"整个的社会是生活的场所，亦即教育之场所"。

"社会即学校"，也指"学校含有社会的意味"。也就是说，学校通过与社会生活相结合，一方面运用社会的力量使学校进步，另一方面动员学校的力量帮助社会进步，使学校真正成为社会生活必不可少的组成部分。

"社会即学校"扩大了学校教育的内涵和作用，对于传统的学校观、教育观有所改变。传统学校与社会生活脱节，学生孤陋寡闻，而以社会为学校，使得教育的材料、教育的方法、教育的工具、教育的环境可以大大地增加，有利于拓展学生的知识，增强学生的能力。"社会即学校"，还可以使被传统学校拒之门外的劳苦大众能够受到起码的教育，贯穿了普及民众教育的苦心，同样也值得肯定。

（3）"教学做合一"。"教学做合一"是生活教育理论的又一重要主张，是"生活即教育"在教学方法问题上的具体化。其含义为：教的方法根据学的方法，学的方法根据做的方法。事怎样做便怎样学，怎样学便怎样教。教与学都以做为中心。

（4）启示。陶行知的生活教育理论是一种大众的、为人民大众服务的教育理论，且还是一种不断进取创造，旨在探索具有中国民族特色的教育道路的理论。生活教育理论还在教育观念的改变方面颇有建树，无论是强调学校教育与社会生活、生产劳动相结合，还是要求手脑并用、在劳力上劳心，都是对学校与社会割裂、书本与生活脱节、劳心与劳力分离的传统教育的反动，显示出强烈的时代气息，至今都富于启示。陶行知的生活教育理论是我国民族教育理论宝库中十分可贵的遗产，值得我们珍惜并认真研究借鉴。

2. 心智技能的培养方法（措施）。

【答案要点】

心智技能是指一种借助于内部语言在人脑中进行的认知活动方式，如默读、心算、写作和分析等技能。心智技能的培养方法有：

（1）遵循智力活动按阶段形成的理论。心智技能按阶段形成的理论，充分体现了心智技能形成的一般规律。因此，在培养学生形成心智技能时应遵循这一理论，积极创造条件，帮助他们从外部的物质活动向内部的智力活动转化。

（2）根据心智技能的种类选择方法。心智技能与动作技能一样也有简单和复杂之分，要根据其不同的复杂程度而采取不同的途径。

（3）积极创造应用心智技能的机会。学生的实践活动是心智技能形成和发展的基础。要想促进学生心智技能的形成和发展，使之达到熟练掌握和灵活运用的水平，教师必须积极创设问题情境，让他们的心智技能在解决问题的练习中得到锻炼。

（4）注重思维训练。学生心智技能的核心心理成分是思维。为此，教师在教学过程中要重视学生的思维训练，培养他们思维的独立性与批判性、敏捷性与灵活性、流畅性与逻辑性以及敏感性等良好品质，养成认真思考的习惯。

3. 教师的角色冲突和解决措施。

【答案要点】

（1）教师角色的常见冲突。由于个人在社会不同群体中所处的地位不同，往往需要同时扮演若干个角色。当这些角色与个人的期待发生矛盾、难以取得一致时，就会出现角色冲突。教师职业常见的角色冲突主要有以下几种：

①社会"楷模"与"普通人"的角色冲突。社会期望教师为人师表，成为学生的表率、社会的楷模。但许多教师并不想当这样的角色，他们认为教师也是普通人，也可以穿着时髦、随意嬉笑，这种心理冲突在青年教师身上比较突出。

②"令人羡慕"的职业与教师地位低下的实况冲突。教师头上有许多令人羡慕的桂冠，但实际的社会地位仍然很卑微；教师被誉为人类灵魂的工程师，但工资待遇却又极低。这使得许多教师的心理及生活处于矛盾冲突之中。

③教育者与研究者的角色冲突。教师角色要求教师与儿童维持一种密切持久的关系，在时间与精力上大量投入，许多教师有被耗干的感觉，形成教师在教书育人与自身发展、教育研究、创新上的矛盾。

④教师角色与家庭角色的冲突。教师在学校工作辛苦，下班之后可能还需要继续做工作上的事，使得其难以兼顾家庭，从而引发家庭矛盾。

（2）调适教师角色冲突的解决方式。

①主观上，首先要树立自尊、自信、自律、自强的自我意识；其次要根据实际情况的需要，善于处理多种角色的矛盾冲突，做到有主有辅，有急有缓，统筹兼顾；最后要善于控制自己的思想情绪，意志坚定地完成所承担的任务。

②客观上，首先要进一步提高教师的社会地位与经济待遇，改善教师的生活和工作条件，解决教师的实际困难；其次要努力创造条件，给教师提供选修、培训与发展、提高的机会；最后要提高教师的思想修养，增强其责任感与使命感等。

4. 韩愈的《师说》的主要内容及对当代教育的启示。

【答案要点】

韩愈是唐代著名的文学家、思想家、教育家。他站在维护皇权的立场上，极力维护儒家的道统及其独尊地位，是"重振儒学的卫道者"。《师说》是韩愈论师道的重要教育论著，是中国古代第一篇集中论述教师问题的文章，提倡尊师重道，集中体现了他的教育思想。

（1）教师的地位。韩愈由"人非生而知之者"出发，肯定"学者必有师"。强调后天学习的重要性，认为学习一定要有教师的指导，教师是社会所必需。

（2）教师的任务。"传道、授业、解惑"是教师的基本任务。"传道"传的是儒家的仁义之道，"授业"授的是儒学的"六艺经传"与古文，"解惑"是解决学"道"与"业"过程中的疑问。三项最主要的是"传道"，"授业"和"解惑"都要贯穿"传道"，为"传道"服务。

（3）教师的标准。以"道"为求师的标准，主张"学无常师"。韩愈认为教师教学的主要任务在于"传道"，学生求学的任务主要在于学道，能否当教师也就以"道"为标准来衡量。社会上有道的人不少，皆可为师，求学的范围不应受到限制，应当学无常师。韩愈提出以道为师、学无常师的主张，在当时对打破士大夫们妄自尊大的心理，促进思想和文学上的交流，具有一定的积极意义。

（4）师生关系。提倡"相师"，确立民主性的师生关系。韩愈认为，士大夫应当矫正"耻学于师"的坏风气，形成相互学习的新风气，不限于同辈朋友之间，也要实行于教师学生之间。教师与学生年龄有差别，而闻道则不以年龄大小定先后，学术业务也可能各有专长。"弟子不必不如师，师不必贤于弟子"，教师与弟子相互学习，教学相长，是理所当然的事情。韩愈把师生的关系看为是可以相互转化的，这种具有辩证法因素的民主性的教育思想，在教育发展史上有重要意义。

韩愈既肯定了教师在传道、授业、解惑方面的主导作用，又强调了教师必须树立师生平等和教学民主的观念。这是对封建社会"师道尊严"传统的一大突破。在今天，韩愈关于师生关系的观点更具有现实意义。

2017年 扬州大学 333 教育综合·真题解析

一、名词解释

启发式教学原则

启发式教学原则指在教学中教师要激发学生的学习主体性，引导他们经过积极思考与探究自觉地掌握科学知识，学会分析问题和解决问题，树立求真意识和人文情怀。也称探究性原则或启发与探究相结合原则。

学校教育制度

学校教育制度是现代教育制度的核心部分，指的是一个国家各级各类学校的系统及其管理规则，它规定着各级各类学校的性质、任务、入学年限、修业年限以及它们之间的关系。

学校管理

学校管理是学校管理者在一定的社会历史条件下，通过一定的组织机构和制度，采用一定的方法和手段，带领师生员工，充分发挥学校人、财、物、时、空和信息等资源的最佳整体功能，实现学校工作目标的组织活动。简言之，学校管理是管理者通过一定的组织形式以实现学校教育目标的活动。

书院

书院产生于唐，发展于五代，而繁荣和完善于宋代。唐朝书院主要由民间私家设立，既有藏书，又有教学活动，学习内容适应科举考试的需要，不同于以前以单科学习为主的私学，形成知识面较广的新型教育机构。

混合学习模式

混合学习模式是指以教师为主导，以学习者为主体，基于一定的教学目标，把课堂教学与网络学习有机地融合，实现学习目标最优化的教学模式。

自我强化

自我强化指观察者依照自己的标准对行为做出判断后而进行的强化。如学生在达到自己制定的学习标准时进行自我奖赏,这是一种自我管理、自我监督的过程。

教育(狭义)

狭义教育主要指学校教育,指一种专门组织的不断趋向规范化、制度化、体系化的教育。它是根据一定的社会现实和未来需要,遵循受教育者身心发展的规律,有目的、有计划、有组织地对受教育者身心施加影响,把他们培养成为一定社会或阶级所需要的人的活动。

二、简答题

1. 简答人的发展规律。

【答案要点】

(1)顺序性。在正常情况下,人的发展具有一定的方向性和顺序性,既不能逾越,也不能逆向发展。如个体动作的发展就遵循自上而下、由躯体中心向外围、从粗动作向细动作的发展规律性。就心理而言,儿童的发展总是从无意注意到有意注意,从机械记忆到意义记忆,从具体形象思维到抽象逻辑思维,从喜怒哀乐等一般情绪发展到道德感、理智感、美感等高级情感。

(2)不平衡性。人的发展不总是匀速直线前进的,不同系统的发展速度、起始时间、达到的成熟水平是不同的;同一机能系统在发展的不同时期也有不同的发展速率。从总体发展来看,幼儿期出现第一个加速发展期,青春发育期出现第二个加速发展期。

(3)阶段性。人的发展变化既体现出量的积累,又表现出质的飞跃。当某些代表新质要素的量积累到一定程度时,就会导致质的飞跃,从而表现出发展的阶段性。个体的身心发展的阶段性表现为不同年龄阶段的个体具有不同的年龄特征及主要矛盾,面临着不同的发展任务。

(4)个别差异性。人的发展的个体差异表现在身心发展的速度、水平、表现方式等方面。如在发展速度上,有的儿童早慧,有的儿童大器晚成。

(5)整体性。人的生理、心理和社会性等方面的发展是密切联系在一起的,并在发展过程中相互作用,使人的发展表现出明显的整体性。

2. 简答我国教师的基本权利。

【答案要点】

教师除了享有国家宪法规定的公民的一般权利外,还应享有这一领域有关法律所赋予教师的各种特殊权利。主要有以下几个方面:

(1)独立工作的权利,即教师依法享有对学生实施教育、指导、评价的权利。

(2)自我发展的权利,即教师依法享有发展自己、提高专业文化水平的权利。

(3)参与管理的权利,即教师可以通过各种合法途径参与学校的管理。

(4)争取合理报酬、享受各种待遇的权利。法律明确规定:教师享有"按时获取工资报酬,享受国家规定的福利待遇以及寒暑假期的带薪休假"的权利。

3. 简答科举制度的历史影响。

【答案要点】

科举制度即个人自愿报考,县州逐级考试筛选,全国举子定时集中到京都,按科命题,同场竞试,以文艺才能为标准,评定成绩,限量选优录取,是一种选官制度,以这种方式选拔国家官员。

科举制度的积极影响有:

(1)扩大了统治基础,有利于加强中央集权。通过科举考试,平民及中小地主阶层获得了参政的机会，打破了门阀士族地主垄断统治权力的局面，扩大了封建统治的统治基础。同时，通过科举考试，朝廷将选士大权收归于中央政府，强化了中央集权的统治。

（2）使选士与育士紧密结合。促进人们的思想统一于儒学，成为实施儒家"学而优则仕"原则的途径。刺激学校教育的发展，有利于教育的普及。

（3）使选拔人才较为客观公正。隋唐科举考试在发展的过程中逐步建立了较为完备的考试制度，同时逐步建立了一系列的考试防范措施，加强了考试管理。

科举制度的消极影响有：

（1）国家只重科举取士，而忽略了学校教育。学校成为科举考试的预备机构，一切教学活动都围绕着科举考试来进行，学校失去了相对独立的地位和作用。

（2）束缚思想，败坏学风。学校教学安排围绕科举进行，导致学校教育中重文辞少实学，重记诵而不求义理，形成了教条主义、形式主义的学习风气。在科举制的影响下，读书的目的不是求知求真，而是为了功名利禄，具有强烈的功利色彩。

（3）科举考试内容的狭隘也阻碍了中国文化的和谐发展，特别是科技文化的发展。

4. 简答建构主义学习理论的要义及其教学指导原则。

【答案要点】

（1）知识观。建构主义者质疑知识的客观性和确定性，强调知识的动态性。具体体现在以下几方面：知识的动态性、知识的情境性、知识学习的主动建构性。

（2）学生观。建构主义认为，学生并不是被动接受教师传授的知识，而总是以自己的经验背景或自己的经验来建构对事物的理解。具体表现在以下几方面：

①完全否定心灵白板说，强调学生经验世界的丰富性和差异性。

②当问题呈现时，学生基于相关的经验，依靠推理和判断能力，形成对问题的某种解释。

③教学要把儿童现有的知识经验作为新知识的生长点，引导儿童从原有的知识经验中"生长"出新的知识经验。

④教学要增进学生之间的合作，使他看到那些与他不同的观点，促进学习的进行。

（3）学习观。建构主义认为，学习是学习者主动地赋予信息以意义，建构自己的知识经验的过程，具有三个重要特征：主动建构性、社会互动性、情境性。

（4）教学观。

①教学是激活学生原有的相关知识经验，促进知识经验的"生长"，促进学生的知识建构活动，以实现知识经验的重新组织、转换和改造，以此来培养学生的求知欲和探究能力。

②教学要为学生创设理想的学习情境，激发学生的推理、分析、鉴别等高级的思维活动，同时给学生提供丰富的信息资源、处理信息的工具以及适当的帮助和支持，促进他们自身建构意义以及解决问题的活动。

5. 简答有意义学习的实质和条件。

【答案要点】

奥苏伯尔是和布鲁纳同时代的美国著名教育心理学家，他在教育心理学中最重要的一个贡献是他对意义学习的描述。

（1）有意义学习的实质。有意义学习就是符号所代表的新知识与学习者认知结构中已有的适当观念建立非任意的和实质性的联系。有意义学习的类型包括表征学习、概念学习和命题学习。

①非任意的联系是指新知识与认知结构中有关观念存在某种合理的或逻辑上的联系。

②实质性的联系是指新的符号或观念与学习者认知结构中已有的表象、已经有意义的符号、概

念或命题的联系，是一种非字面的联系。

（2）有意义学习的条件。

①有意义学习的材料必须具有逻辑意义，这种逻辑意义指的是材料本身在人的学习能力范围内而且与有关观念能够建立非任意的和实质性的联系。

②学习者必须具有有意义学习的心向，也就是积极主动地把新知识与认知结构中原有的适当知识加以联系的倾向。

③学习者认知结构中必须具有适当的知识，以便与新知识进行联系。

④学习者必须积极主动地使这种具有潜在意义的新知识与他认知结构中有关的原有知识发生相互作用，导致原有知识得到改造，新知识获得实际意义，即心理意义。

三、分析论述题

1. 分析班主任素质的基本要求。

【答案要点】

班主任是班的教育者和组织者，是学校进行教导工作的得力助手。班主任对一个班的学生工作全面负责，组织学生的活动，协调各方面对学生的要求，对一个班集体的发展起主导作用。

班主任工作的状况与质量，在很大程度上决定着一个班的精神面貌和发展趋向，深刻地影响每个学生的全面发展。班主任的素质要求有以下内容：

（1）为人师表的风范。班主任是学生的教育者、引路人，是他们崇敬的老师，依靠的长者，学习的榜样。他应严于律己，他的为人处世、一言一行、性情作风等各方面均能为人师表，为学生示范。

（2）相信教育的力量。相信每个学生都有自己的特点、优势和潜能，只要经过教育，都有美好的发展与前途。即使有严重缺点和错误的学生，只要真情关怀，耐心教育，切实帮助，也能转变好。只有确信教育的力量的班主任，才能不畏困难曲折，把学生转变好。

（3）要有家长的情怀。班主任对待学生要像家长对待孩子一样，有深厚的情感，能无微不至地关怀，与学生彼此信赖。这样才能使学生更易亲近班主任，听班主任的话，才能使班主任工作顺利进行。

（4）较强的组织亲和力。班主任要善于与人打交道，善于亲近学生、与学生打成一片，这样才便于组织学生开展活动。他还要善于在工作中表现出魄力，能令行禁止，坚定地引导学生沿着正确的方向，不断前进。

（5）能歌善舞、多才多艺。每个学生都有自己的兴趣与爱好，因而需要展开各种各样、丰富多彩的活动。这就要求班主任也有广泛兴趣、多才多艺，易与学生打成一片，便于开展工作。

2. 论述教育对人发展的作用。

【答案要点】

（1）教育在人的发展中起引领作用。教育在年轻一代的发展中起着引领作用主要体现在：有意识地为年轻一代的成长选择、建构、调控良好的环境，对他们的生活、交往、学习与实践等活动进行正确的教导、示范和辅助，并注重尊重他们的主体地位和激发、引导他们内在的学习动力与自我发展的能动性和自主性，从各方面引领、关怀、维护他们的发展。

（2）学校教育主要通过传承文化科学知识来培养人。学校教育是教育者有意识地为儿童的身心发展精心设置的一种环境，它把经过选择的、重新组编的、人类长期积累起来的文化知识作为精神客体与儿童互动，以促进儿童的发展，使他们成人成才。文化知识蕴含着有利于人的发展的多方面价值：

①促进人的认识的发展。知识是人类长期认识与实践的成果，是前人遗留下来的精神财富。学

生掌握和运用前人的知识，就等于继承和掌握了前人认识的资源和工具，以此来认识世界。如今，借助于网络与数字化信息，能更快捷有效地获取知识，使人类的认识实现了又一次新的飞跃。

②促进人的精神的发展。知识蕴含着科学精神和人文精神。科学精神引导人实事求是、独立思考、追求真理；人文精神则引导人追求人生的意义与尊严，坚持自由、平等与公正，争取人的合理存在，向往人的解放。二者不单是一个知识问题、认识问题，而是引导学生从知识、认识层面上升到人格层面，让学生在这个过程中接受科学精神和人文精神的陶冶。

③促进人的能力的发展。知识及其运用能力是前人在认识事物、解决具体问题的过程中提炼形成的结晶。因此，要有效地发展学生的认识问题和处理问题的能力，不仅要引导他们学习、理解知识，还要引导他们运用知识去解决各种实际存在的问题。

④促进人的实践的发展。主要指促进人运用知识去指导、推进社会实践的发展。当学生通过学习获取了知识，认识了某种事物特性，就能获得改造某种事物的可能性，推动这一领域的社会实践的发展。

总的来说，鉴于知识的多方面的价值，要有效地促进学生的发展，教育必须引导学生尊重、热爱知识，追求真知，创造性地理解、运用知识，并在这个过程中使儿童的智能、品德、审美等方面获得自由而全面的发展，成为社会实践的主体。但切记不可搞"唯知识教育论"。

（3）学校教育对提高人的现代性有显著的作用。教育在人的现代化过程中起着重要作用，因为学生在学校里不仅学会了读、写、算等各个方面的基础知识与技巧，而且学到了与他们个人的发展和国家的未来有关的态度、价值和行为方式。人的现代化是社会现代化的重要基础和前提条件，我们应该自觉地优先发展教育，高度重视并充分发挥教育对人的现代化的促进作用。学校教育的特点有以下几个方面：

①学校教育具有较强的目的性。学校是专门培养人的机构，其一切活动几乎都是围绕有目的地培养人而展开的。

②学校教育具有较强的系统性。人的培养是一个复杂的系统工程，因此学校教育必须要有较强的系统性，在总体上要避免教育影响的自发性、偶然性、随意性、片面性。

③学校教育具有较强的选择性。影响人的发展的因素是复杂多样的，这就需要学校教育对复杂多样的教育影响进行选择、整理和加工，避害趋利，去伪存真，尽可能为年轻一代的发展营造一个良好和谐的环境。

④学校教育具有较强的专门性。在所有的社会机构中，学校是培养人的最专门的场所，因而学校教育在培养人上最具有专门性。

⑤学校教育具有较强的基础性。从终身教育的角度看，各级各类学校教育都是在不同层面上为人一生的发展打基础，包括为一生的"做人"打基础。

3. 论述蔡元培"五育"并举的教育方针及其对现代教育的启示。

【答案要点】

蔡元培是中国近代著名的资产阶级革命家和民主主义教育家。1912年初，蔡元培发表《对教育方针之意见》一文，从"养成共和国民健全之人格"的观点出发，提出军国民教育、实利主义教育、公民道德教育、世界观教育和美感教育的"五育"并举教育思想，成为制定民国元年教育方针的理论基础。

（1）军国民教育。指将军事教育引入到学校和社会教育之中，让学生和民众受到一定的军事教育和训练。在学校教育中，强调学生生活的军事化，特别是体育的军事化。蔡元培认为，军国民教育并不是理想社会的教育，但在中国仍有提倡的必要。当时的中国不论是在国际形势还是国内形势上都处于不利地位，蔡元培提倡的军国民教育，有寓兵于民、对抗军阀拥兵自雄、捍卫民主共和的良苦用心。

（2）实利主义教育。即密切教育与国民经济生活的关系，加强职业技能的培训，使教育能发挥提高国家经济能力和改善人民生活水平的作用。蔡元培指出，世界各国的竞争不仅在军事，更在经济，武力需要财力的支持。而中国丰富的自然资源并未得到有效利用，人民失业，国家贫穷，因此需要发展实利主义教育。

（3）公民道德教育。蔡元培认为，公民道德的基本内容不外乎法国资产阶级革命所标榜的自由、平等、博爱，虽然与封建道德的专制等级性不相容，但他明确指出中国传统伦理特别是儒家伦理中的一些基本范畴，其内涵是与自由、平等、博爱的精神相通的。蔡元培尊重文化的继承性和发展性的统一。因此他在摒弃封建道德专制性和等级性的同时，汲取其中有利于资产阶级道德建设的养分。

（4）世界观教育。是蔡元培独创并被作为教育的最高境界。世界观教育就是要培养人们立足于现象世界但又超脱现象世界而贴近实体世界的观念和精神境界。现象世界中的人，由于存在人我差别的意识、追求幸福的意识，而纠缠于由此产生的种种矛盾。在实体世界中，人们摆脱了现象世界的种种矛盾，实现意志的完全自由和人性的最大发展，思想和言论也不受某一门哲学或宗教教义的束缚。

（5）美感教育。美感教育与世界观教育紧密联系。蔡元培认为，美感介于现象世界和实体世界之间，是两者之间的桥梁。世界观教育是引导人们具有实体世界的观念，但不是靠简单的说教可以实现的，其有效的方式是通过美感教育，利用美感这种超越利害关系、人我之分界的特性去破除现象世界的意识，陶冶、净化人的心灵。所以，美感教育是世界观教育的主要途径。大力提倡美感教育是蔡元培教育思想和实践的一个重要特点。

蔡元培认为，"五育"不可偏废，其中军国民教育、实利主义教育、公民道德教育偏于现象世界，隶属于政治教育；世界观教育和美感教育以追求实体世界之观念为目的，为超越政治的教育。根据当时流行的德、智、体三育的说法，蔡元培认为，军国民教育为体育，实利主义教育为智育，公民道德教育为德育，美育教育可以辅助德育，世界观教育将德、智、体三育合而为一，是教育的最高境界。学校中每种教学科目虽于"五育"中各有侧重，但又同时兼通数育。

4. 论述夸美纽斯的普及教育思想及其历史贡献。

【答案要点】

夸美纽斯是17世纪捷克伟大的爱国者、教育改革家和教育理论家，他继承了文艺复兴以来人文主义教育思想的成果，总结了自己丰富的教育实践经验，系统地论述了教育的理论和实际问题，代表作有《大教学论》《世界图解》《母育学校》等。

夸美纽斯认为普及教育就是"人人都可接受教育"，其核心是泛智论。夸美纽斯大力主张普及教育于全体儿童和民众。实现普及教育的可能性一方面在于人自身具有接受教育的先天条件，另一方面在于教育可以改进社会和塑造人，社会和人的进步离不开教育。

（1）普及教育的意义在于：第一，具有比较完善的理论体系，为此后普及教育的发展奠定了坚实的理论基础；第二，普及教育思想建立在对儿童身心发展特点的认识基础上，从儿童身心发展特点来论述普及教育的必要性，并对儿童身心特点做了分析，这是史无前例的；第三，在民主主义、人文主义、爱国主义基础上论证普及教育问题，对贫民给予更多的关心和同情；第四，普及教育内容比较丰富，包括了一些以前没有的自然科学知识。与只讲读、写、算、宗教知识或古典学科等相比，更适应时代发展的需要。

（2）普及教育的局限在于：第一，由于受历史和本人认识上的局限，夸美纽斯认为不同人接受教育的目的和层次不同；第二，存在宗教思想与科学思想、形式上的平等与实质上的不平等等种种矛盾。

5. 论述慕课（MOOC）对当前学校教育会产生哪些方面的影响。

【答案要点】

（1）含义。MOOC即慕课，是大规模在线开放课程教育平台的简称。

（2）该课程的特点有：规模大；开放、无门槛、大部分免费，任何人都可以学习；自由；互动。

（3）该课程的缺点有：第一，无法实现老师与学生之间、老师与老师之间的交流、学习，无法有针对性地教授课程。第二，资源匮乏的高校学生学习自主性不强，单靠慕课无法从本质上提高教学质量。

（4）影响。

慕课的产生为教学组织形式的改革提供了新的形式，其开放、自由、可互动的特点，将在很大程度上弥补传统课堂教学的缺点，能够提高学习者的学习自主性，同时慕课的规模之大也有利于学习者对其进行选择。但因慕课存在无法实现老师与学生之间、老师与老师之间的交流、学习，且无法提供针对性的课程，所以需要在学校教育中需要根据实际情况灵活使用该教学方式，切不可舍本逐末，完全抛弃传统的授课形式。

2016年 扬州大学333教育综合·真题解析

一、名词解释

社会本位论

社会本位论认为个人的一切发展都有赖于社会，都受社会的制约，人的一切发展也是为了满足社会的需要；教育除了满足社会需要以外并无其他目的；教育结果的好坏是以其社会功能发挥的程度来衡量的，离开了社会，就无法对教育的结果做出衡量。代表人物有那托尔普、涂尔干和凯兴斯泰纳等。

产婆术教学法

产婆术也称"问答法"、苏格拉底法，是由讥讽、助产术、归纳和定义四个步骤组成的独特的方法。这是苏格拉底探讨伦理哲学的研究方法，也是他的教学方法。

最近发展区

维果茨基认为，在进行教学时必须注意到儿童的两种水平，一种是儿童现有的发展水平，另一种是即将达到的发展水平，维果茨基把这两种水平之间的差距称为最近发展区，即独立解决问题的真实发展水平和在成人指导下或与其他儿童合作情况下解决问题的潜在发展水平之间的差距。

元认知

元认知就是对认知的认知，具体地说，是关于个人自己认知过程的知识和调节这些过程的能力，是对思维和学习活动的认知和控制。

班级上课制

班级上课制即班级授课制，是一种集体教学形式。它把一定数量的学生按年龄与知识程度编成固定的班级，根据周课表和作息时间表，安排教师有计划地给全班学生上课，分别学习所设置的各门课程。

结构主义教育

结构主义教育产生于20世纪50年代末，是现代欧美国家一种强调认知结构的研究和认知能力的发展的教育思潮。它以结构主义心理学为理论基础，侧重研究课程教学改革问题，代表人物有皮亚杰、布鲁纳等。

二、简答题

1. 简述奥苏伯尔有意义接受学习理论。

【答案要点】

奥苏伯尔是和布鲁纳同时代的美国著名教育心理学家，他在教育心理学中最重要的一个贡献是他对意义学习的描述。

（1）有意义学习的实质。有意义学习就是符号所代表的新知识与学习者认知结构中已有的适当观念建立非任意的和实质性的联系。有意义学习的类型包括表征学习、概念学习和命题学习。

①非任意的联系是指新知识与认知结构中有关观念存在某种合理的或逻辑上的联系。

②实质性的联系是指新的符号或观念与学习者认知结构中已有的表象、已经有意义的符号、概念或命题的联系，是一种非字面的联系。

（2）有意义学习的条件。

①有意义学习的材料必须具有逻辑意义，这种逻辑意义指的是材料本身在人的学习能力范围内而且与有关观念能够建立非任意的和实质性的联系。

②学习者必须具有有意义学习的心向，也就是积极主动地把新知识与认知结构中原有的适当知识加以联系的倾向。

③学习者认知结构中必须具有适当的知识，以便与新知识进行联系。

④学习者必须积极主动地使这种具有潜在意义的新知识与他认知结构中有关的原有知识发生相互作用，导致原有知识得到改造，新知识获得实际意义，即心理意义。

2. 简述现代教育的主要特点。

【答案要点】

现代社会包括资本主义社会和社会主义社会。其主要特点是：生产力发展加速，科技日益发达，促进了各国工业化、信息化、国际化的发展，引发了对专门人才的大量需求，从而提高了教育在社会发展中的地位与作用，推动了学校教育事业的发展。具体表现如下：

（1）学校教育逐步普及。由于资本主义生产尤其是机器大工业生产在欧洲兴起，因而西欧的资本主义国家最先提出普及教育的要求。1619年，德意志魏玛邦在宗教改革的影响下颁布了学校法令，规定父母送6~12岁男女儿童入学，这是普及教育的开端。

（2）教育的公共性日益突出。随着大工业生产发展的需要，随着工人阶级和其他劳动人民对教育权的争取，对受教育权的阶级垄断越来越不合时宜，受到来自被统治阶级和统治阶级两方面的批判。在此情形下，大力发展学校教育逐渐成为社会的公共事业和共同话题。

（3）教育的生产性不断增强。在现代社会，随着工业生产的发展和科学技术的进步，科技与教育在生产中的作用增强。现代教育与生产劳动的逐步结合，对提高社会生产效率和增加社会财富起着重要作用，日益成为经济发展的有力保证。

（4）教育制度逐步完善。随着学校数量的增加，学校教育的层次、种类及其运行和管理的复杂化，需要一定的教育宗旨、制度、要求等，以推动学校教育系统有条不紊地运行。教育制度化的实现，使得教育系统中的各级各类学校、各种教育机构和教育行政部门的工作均有制度可循，能排除来自内外部的干扰，使教育活动有序有效地开展，取得了良好效果。

3. 简述黄炎培职业教育思想的主要观点。

【答案要点】

（1）职业教育的作用与地位。

①作用。职业教育的功能就其理论价值而言，在于"谋个性之发展"，"为个人谋生之准备"，"为个人服务社会之准备"，"为国家及世界增进生产力之准备"。就其教育和社会影响而言，在于通过提高国民的职业素养，确立社会国家的基础。就其对当时中国社会的作用而言，在于有助于解决中国最大、最重要、最急需解决的人民生计的问题，消灭贫困，并进而使国家每一个公民享受到基本的自由权利。

②地位。职业教育在学校教育制度上的地位是一贯的、整个的和正统的。

（2）职业教育的目的。黄炎培对职业教育目的的认识和表述因不同历史时期和社会场合而有所不同，但他将职业教育的最终目的概括为"使无业者有业，使有业者乐业"。

（3）职业教育的方针。黄炎培在数十年的实践中，形成了社会化、科学化的职业教育办学方针。

（4）职业教育的教学原则。黄炎培根据职业教育的特点总结出以往教育的经验，提出"手脑并用""做学合一""理论与实际并行""知识与技能并重"等主张，作为开展职业教育教学工作必须坚持的原则。

（5）黄炎培把职业道德教育的基本要求概括为"敬业乐群"。"敬业乐群"的职业道德教育思想，贯穿于黄炎培职业教育的实践，不仅在中华职业学校以之为校训，而且在教育和教学的每一个环节都努力体现。

4. 简述影响解决问题的主要因素。

【答案要点】

影响问题解决的主要因素有：

（1）问题情境。个体面临的刺激模式与其已有的知识结构所形成的差异。

（2）原型启发。通过从待解决的问题具有相似性的其他事物上发现问题解决的途径和方法。

（3）人际关系。良好的人际关系有助于其解决面临的各类问题。

（4）知识经验。任何问题解决都离不开一定的知识、策略和技能，知识经验不足常常是不能有效解决问题的重要原因。

（5）定势与功能固着。定势是指人在解决一些相似的问题之后会出现一种惯用的方式解决问题的倾向。功能固着是指一个人看到某个物品有一种惯常的用途后，就很难看出它的其他新用途。

（6）酝酿效应。在反复探索一个问题的解决而毫无结果时，如果把问题暂时搁置几个小时、几天或几周，然后再回过头来解决，这时常常就可以很快找到解决方法。

（7）情绪状态。相对平和的心态有利于问题解决，同时，积极的情绪也有利于问题解决。

三、分析论述题

1. 教师专业素养包含哪些内容？结合教师专业素养，谈谈提高教师专业素养的主要途径。

【答案要点】

教师专业素养的内容有：

（1）高尚的师德。包括热爱教育事业，富有献身精神和人文精神；热爱学生，诲人不倦；热爱集体，团结协作；严于律己，为人师表。

（2）先进、科学的教育理念。教育理念是教师在对教育工作本质理解的基础上形成的关于教育的观念和理性信念，它是以观念或信念的形式存在于教师头脑中的对教育现象和教育问题的看法。先进、科学的教育理念体现在教师的所有努力都要有利于学生精神世界的丰富、人格尊严的维护和美好人性的成长。如学生主体观、教学交往观、发展性教学评价观等。

（3）宽厚的文化素养。教师的主要任务是通过向学生传授科学文化知识，培养其能力，促进其个性生动活泼地发展。一个好教师的基本条件之一，就是要有比较渊博的知识和多方面的才能。因此，教师对自己所教学科知识应科学、深入地把握，能对自己所教专业融会贯通、深入浅出、高瞻远瞩，达到运用自如的境界，在教学过程中不出知识性的错误。同时，教师还应有比较广博的文化修养。

（4）专门的教育素养。教师的专门教育素养水平及其合理结构是教育教学任务得以完成的重要保证，它主要包括教育理论素养、教育能力素养和教育研究素养。

（5）健康的心理素质。教师的心理健康不仅会直接影响教育工作的优劣成败，而且会影响学生的心理健康水平。因此，教师应该注重提高自己的心理素质。健康的心理素质体现在心理活动的方方面面，概括起来主要指：教师要有轻松愉快的心境、昂扬振奋的精神、乐观幽默的情绪以及坚韧不拔的毅力等。

（6）强健的身体素质。教师的身体素质是指教师在教学活动中的自然力，是教师的身体健康状态和身体素质状态在教学中的表现。它主要通过健康的体魄、旺盛的精力、蓬勃的活力、有节律的生活方式和锻炼习惯等体现。教师的身体素质在教育教学中具有重要的教育意义。

培养和提高教师素养的主要途径有：

（1）加强和改革师范教育。要发展师范教育，切实提高教师队伍的质量，第一，必须采取有效的政策性措施，鼓励和吸引大批优秀学生报考师范院校。第二，努力提高教师的社会地位和物质待遇，增强师范教育的吸引力。第三，联系现时代对教师作用和职能的新要求，使未来教师能获得与之相应的专业训练，尤其要树立师范生先进的教育理念。第四，吸收除正规教师以外的各种可能参与教育过程的人，并为其从教提供必要的职业帮助。

（2）实施教师资格考察制度。实施教师资格考察制度，不仅有利于加强教师质量的管理与考核，而且为非师范专业毕业的大学生谋求教师职业开辟了道路，从而切实有效地充实了教师队伍。该制度包括三层含义：第一，教师资格制度是国家实行的一种职业资格制度；第二，教师资格制度是法律规定的，必须依法实施；第三，教师资格是教师职业许可。

（3）加强教师在职提高。教师在职提高的主要途径包括教学反思、校本培训、校外支援与合作等形式。

教学反思是指教师把自己放到研究者、反思者的位置，通过对教育、教学日常工作中出现的某些疑难问题的观察、分析、反思与解决，提升自己的专业理论水平和专业实践的智慧与能力。

校本培训是指以教师任职的学校为组织单位，以提高教师专业素质为主要目标，通过教育、教学实践和教育科研活动等形式，对全体教师进行的全员性在职培训。

校外专业支援与合作的主要形式有：第一，跨校合作，包括学校与学校、学校与大学或师范院校的合作；第二，专家指导，包括专家讲座、报告等；第三，政府教育部门和教研机构组织的各类专业培训，包括短期培训、脱产进修、业余进修等。

2.联系实际论述教学过程中应该处理的几种关系。

【答案要点】

（1）间接经验与直接经验的关系。

①学生认识的主要任务是学习间接经验。儿童认识始于直接经验，并通过直接经验，不断扩大对世界的认识。但个人的活动范围是狭小的，无论个人如何努力，仅仅依靠直接经验来认识世界越来越不可能。学生要适应高度发展的文明社会，便必须以学习间接经验为主，便捷地掌握人类积累起来的基本科学文化知识。

②学习间接经验必须以学生个人的直接经验为基础。学生要把书本知识转化为自己能理解的知识，就必须依靠个人已有的或现时获得的感性经验为基础。教学中要注重联系生活与实际，利用学生已有经验，并补充学生学习新知识所必须有的感性认识，以便学生能顺利地理解书本知识并运用所学知识于实际，获得比较完全的知识。

③防止只重书本知识传授或直接经验积累的偏向。只重书本知识的传授或只重直接经验的积累都违反了教学的规律，割裂了间接经验与直接经验的内在联系，影响了教学质量的提高。

（2）掌握知识与发展智力的关系。

①智力的发展与知识的掌握二者相互依存，相互促进。在教学过程中，学生智力的发展依赖于他们知识的掌握，对学生来说，掌握、运用知识及其反思、改进的过程，也就是他们运用和发展智力的过程；同时，学生对知识的掌握又依赖于他们的智力发展，只有那些智力发展好的学生，他们的接受能力才强、学习效率才高，而智力发展较差的学生在学习中则有较多的困难。

②生动活泼地理解和创造性地运用知识才能有效地发展智力。通过传授知识发展学生智力是教学的一个重要任务，然而知识不等于智力，一个学生知识的多少并不一定能标志他的智力发展的高低。因此，在教学中不仅要教给学生知识，而且要引导学生通过生动活泼的教学活动，透彻地理解知识原理，了解获取知识的过程与方法，学会独立思考、推理与论证，创造性地解决实际问题，这样才能使学生的智力获得高水平的发展。

③防止单纯抓知识教学或只重能力发展的片面性。在教学实践中，有的认为"双基"教学抓好了，学生的智力就自然地发展了，却忽视引导学生通过探究、反思有意识地锻炼学生的智力；有的则只注重学生自主探究、反思，却忽视通过系统知识和原理的学习与运用来发展智力。这两者都不利于提高教学质量。

（3）掌握知识与进行教育的关系。

①进行教育性教学是现代教学的重要特性。教育性教学主要通过引导学生掌握知识及其蕴含的丰富而深刻的社会意义来实现，包括：透彻地理解教学内容并感悟与认同其社会意义；受到教材中伟人、哲学家、科学家的坚定信仰、高尚情操等的熏陶；通过获取真知的艰难困苦过程的磨炼、反思、体悟与提高等，来培养学生的良好的思想品德修养与学风；通过各种规范、传统和教师的榜样与严格要求对学生进行教育；还要通过严格组织、有序运转的班级教学活动，对学生进行现代生活方式的训练及文明行为习惯的养成。

②只有使所学知识引发了学生情感、态度的积极变化，才能让他们的思想真正得到提高。要使教学中传授的知识能给学生以深刻的影响，不仅要使学生深刻领悟知识，而且要让他们感受到它的巨大意义或深远影响，引起他们思想情感深处的共鸣、惊讶、敬慕或愧疚、悔恨，形成强烈的爱憎感、荣辱感，在态度和价值追求上发生积极的变化，这样才能推动学生由开始是自我强迫的，然后逐渐转变为自觉的、坚持不懈的自我要求、自我教育与提高。

③防止单纯传授知识或脱离知识教学的思想教育的偏向。在教学中要防止两种偏向：一种是单纯传授知识、忽视思想教育的偏向；另一种是脱离知识教学，另搞一套思想教育的偏向。

（4）智力活动与非智力活动的关系。

①教学活动既要注重引导学生进行智力活动，也要重视调节学生的非智力活动。学生的智力活动，主要指为认知事物、掌握知识而进行的感知、观察、思维等心理因素的活动，它是进行学习、认识世界的工具。学生的非智力活动，主要指在认知事物、掌握知识过程中诱发的好奇、欲求、情趣等心理因素的活动，它是学生进行学习、研究与实践的内在动力。在教学过程中，学生的智力活动与非智力活动同在，各有特点与功能，二者相互依存，相互作用。只有正确地发挥其整体功能，才能提高学生的学习效能和教学的质量。

②按教学需要调节学生的非智力活动，才能有成效地进行智力活动。在教学中，调节非智力活动需要注重两个方面：一方面，要改进教学本身，使教学的内容和过程都富有知识性、趣味性、启发性、吸引力，以便激发、保持学生的求知欲和学习兴趣，使他们能够生气勃勃地主动学习；另一方面，要提高学生的自我教育能力，让他们能够逐步按教学要求自觉加强学习的注意力、毅力、责任感等，以提高学习效率。

（5）教师主导作用与学生主动性的关系。

①发挥教师的主导作用是学生简捷有效地学习知识、发展身心的必要条件。在教学过程中，教师的教一般是矛盾的主导方面。教师主导作用是针对能否引导学生积极学习与上进而言的。因而学生的主动性、反思性、创造性发挥得怎样，学习的效果怎样，又是衡量教师主导作用发挥得好坏的根本标志。教学中一切不民主的强迫灌输和独断专横的做法，都有悖于教师的主导作用。

②尊重学生、调动学生的学习主动性是教师有效地教学的一个主要因素。学生是有能动性的人，他们不只是教学的对象，而且是学习主体与发展主体。学生的学习主动性、积极性发挥得怎么样，直接影响并最终决定着学生个人的学习质量、成效和身心发展的方向与水平。

③防止忽视学生积极性和忽视教师主导作用的偏向。过于突出教师或者过于强调学生在教学中的主体地位与作用都是片面的。最可靠的措施是普遍提高教师的修养和水平，加强对学生的了解、沟通，提高教师的责任感与创造性，这样才能实现师生之间民主平等、尊师爱生、教学相长的互动与合作，使师、生两方面主动性都能得到弘扬，在教学互动的过程中达到动态的平衡和相得益彰。

3. 论述夸美纽斯的主要教育思想及其意义。

【答案要点】

夸美纽斯是17世纪捷克伟大的爱国者、教育改革家和教育理论家，他继承了文艺复兴以来人文主义教育思想的成果，总结了自己丰富的教育实践经验，系统地论述了教育的理论和实际问题，代表作有《大教学论》《世界图解》《母育学校》等。其教育思想有以下内容：

（1）教育的目的。包括两方面：第一，宗教性目的：认为人生的最终目的是为达到"永生"，教育的目的是使人为来世生活做好准备。第二，现实性目的：通过教育使人认识和研究世界上一切事物，培养和发展他们的各种能力、德行和信仰，以便享受现世的幸福，并为永生做好准备。

（2）教育的作用。夸美纽斯认为教育是改造社会、建设国家的手段。人都是有一定天赋的，而这些天赋发展得如何，关键在于教育。只要接受合理的教育，任何人的智力都能够得到发展。

（3）泛智主义教育观基于教育的崇高目的，夸美纽斯提出了"将一切事物教给一切人"的泛智主义教育观，并由此大力主张普及教育于全体儿童和民众。内容主要包括教育内容泛智化和教育对象普及化。

（4）普及教育。夸美纽斯认为普及教育就是"人人都可接受教育"，其核心是泛智论。夸美纽斯大力主张普及教育于全体儿童和民众。实现普及教育的可能性一方面在于人自身具有接受教育的先天条件，另一方面在于教育可以改进社会和塑造人，社会和人的进步离不开教育。

（5）统一学制。为了使国家便于管理全国的学校，使所有儿童都有上学的机会，夸美纽斯提出建立全国统一学制的主张。他把人的学习期划分为四个阶段，并按这种年龄分期设立相应的学校。各级学校均按照适应自然的原则，采取班级授课制和学年制开展工作，分别开设不同的课程来教育和培养儿童。

（6）管理实施。夸美纽斯强调国家对教育的管理职责，认为国家应该设立督学对全国的教育进行监督，以保证全国教育的统一发展。

（7）学年制。为改变当时学校教学活动缺乏统一安排的无序状况，夸美纽斯制定了学校教学活动的学年、学日制度。

（8）班级授课制。为实现普及教育、提高教学效率，改变教师只对学生进行个别教学和指导的状况，夸美纽斯总结新旧各教派学校中实行班级授课的经验，提出并全面系统地论述了班级授课制度。

（9）论教育和教学的基本原则。

①论教育适应自然的原则。教育适应自然的原则是贯穿夸美纽斯整个教育理论体系的一条根本的指导性原则，他的"自然"包括自然界及其普遍法则和人的与生俱来的天性。

②主要教学原则，包括直观性原则、激发学生求知欲望原则、巩固性原则、量力性原则、系统性和循序渐进性原则、因材施教原则。

（10）夸美纽斯教育思想的影响。

夸美纽斯是教育史上第一位系统地总结教学原则的教育家，他的教育理论包含了大量宝贵的教学经验，在一定程度上反映了教学工作的客观规律性，具有普遍的指导意义。夸美纽斯是一位杰出的教育革新家，他的教育思想具有明显的民主主义、人文主义色彩。在继承前人经验的基础上，夸美纽斯提出了系统的教育思想。他论述了教育的作用，呼吁开展普及教育，试图使所有人都能接受普及教育。并详细制定了学年制度和班级授课制度，提出了各级学校课程设置，编写了许多教科书，且系统地阐述了教育的基本原则和方法等。

4. 论述陶行知的"生活教育"思想及其对我国当前课程改革的启示。

【答案要点】

（1）"生活即教育"。"生活即教育"是陶行知生活教育理论的核心。其内涵包括：生活含有教育的意义；实际生活是教育的中心；生活决定教育，教育改造生活。

"生活即教育"所强调的是教育以生活为中心，所反对的是传统教育脱离生活而以书本为中心。尽管它在生活与教育的区别和系统的知识传授方面有所忽视，但在破除传统教育脱离民众、脱离社会生活的弊端方面，有十分重要的意义。

（2）"社会即学校"。"社会即学校"是生活教育理论另一重要主张，是"生活即教育"思想在学校与社会关系问题上的具体化。"社会即学校"，是指"社会含有学校的意味"，或者说"以社会为学校"。由于到处是生活，到处都是教育，"整个的社会是生活的场所，亦即教育之场所"。

"社会即学校"，也指"学校含有社会的意味"。也就是说，学校通过与社会生活相结合，一方面运用社会的力量使学校进步，另一方面动员学校的力量帮助社会进步，使学校真正成为社会生活必不可少的组成部分。

"社会即学校"扩大了学校教育的内涵和作用，对于传统的学校观、教育观有所改变。传统学校与社会生活脱节，学生孤陋寡闻，而以社会为学校，使得教育的材料、教育的方法、教育的工具、教育的环境可以大大地增加，有利于拓展学生的知识，增强学生的能力。"社会即学校"，还可以使被传统学校拒之门外的劳苦大众能够受到起码的教育，贯穿了普及民众教育的苦心，同样也值得肯定。

（3）"教学做合一"。"教学做合一"是生活教育理论的又一重要主张，是"生活即教育"在教学方法问题上的具体化。其含义为：教的方法根据学的方法；学的方法根据做的方法。事怎样做便怎样学，怎样学便怎样教。教与学都以做为中心。

（4）启示。陶行知的生活教育理论是一种大众的、为人民大众服务的教育理论，且还是一种不断进取创造，旨在探索具有中国民族特色的教育道路的理论。生活教育理论还在教育观念的改变方面颇有建树，无论是强调学校教育与社会生活、生产劳动相结合，还是要求手脑并用、在劳力上劳心，都是对学校与社会割裂、书本与生活脱节、劳心与劳力分离的传统教育的反动，显示出强烈的时代气息，至今都富于启示。陶行知的生活教育理论是我国民族教育理论宝库中十分可贵的遗产，值得我们珍惜并认真研究借鉴。陶行知的"生活教育"对我国课程改革的启示在于课程应该与学生的生活实际相结合，不仅要把握好系统知识的传授，同时也要注意课程和生活的联系。

2015年 扬州大学333教育综合·真题解析

一、名词解释

教学组织形式

教学组织形式是指为完成特定的教学任务，教师和学生按一定要求组合起来进行活动的结构。教学组织形式不是固定不变的，它随着社会政治经济和科学文化的发展，对所培养人才要求的提高也会不断改进。

课程方案

课程方案是指教育机构或学校为了实现教育目的而制定的有关课程设置的文件。我国普通中小学的课程方案是指在国家的教育目的与方针的指导下，为实现各级基础教育的目标，由国家教育主管部门制定的有关课程设置、顺序、学时分配以及课程管理等方面的政策性文件。

骑士教育

骑士教育是中世纪世俗教育的一种主要形式，以培养当时封建制度中骑士阶层的成员为目的。它是一种特殊形式的家庭教育，并无专设的教育机构，也没有专职的教育人员。它在骑士生活和社交活动中进行。训练骑士的标准是剽悍勇猛、虔敬上帝、忠君爱国、宠媚贵妇。

自我效能

自我效能感由班杜拉提出，是指个体对自己能否成功进行某一成就行为的主观判断。它影响着个体对行为的选择，付出多大努力以及坚持多久。

有意义学习

有意义学习由奥苏伯尔提出，有意义学习就是符号所代表的新知识与学习者认知结构中已有的适当观念建立非任意的和实质性的联系。有意义学习的类型包括表征学习、概念学习和命题学习。

动机

动机是指激发、引导、维持并使行为指向特定目的的一种力量，它可用来解释个体行为的原因。动机的产生依赖需要和诱因两大因素。个体的行为取决于需要和诱因的相互作用。需要和诱因相互结合才能成为实际活动的动机。

二、简答题

1. 简述文化知识对人的发展价值。

【答案要点】

文化知识蕴含着有利于人的发展的多方面价值：

（1）促进人的认识的发展。知识是人类长期认识与实践的成果，是前人遗留下来的精神财富。学生掌握和运用前人的知识，就等于继承和掌握了前人认识的资源和工具，以此来认识世界。如今，借助于网络与数字化信息，能更快捷有效地获取知识，使人类的认识实现了又一次新的飞跃。

（2）促进人的精神的发展。知识蕴含着科学精神和人文精神。科学精神引导人实事求是、独立思考、追求真理；人文精神则引导人追求人生的意义与尊严，坚持自由、平等与公正，争取人的合理存在，向往人的解放。二者不单是一个知识问题、认识问题，而是引导学生从知识、认识层面上升到人格层面，让学生在这个过程中接受科学精神和人文精神的陶冶。

（3）促进人的能力的发展。知识及其运用能力是前人在认识事物、解决具体问题的过程中提炼形成的结晶。因此，要有效地发展学生的认识问题和处理问题的能力，不仅要引导他们学习、理解知识，还要引导他们运用知识去解决各种实际存在的问题。

（4）促进人的实践的发展。主要指促进人运用知识去指导、推进社会实践的发展。当学生通过学习获取了知识，认识了某种事物特性，就能获得改造某种事物的可能性，推动这一领域的社会实践的发展。

总的来说，鉴于知识的多方面的价值，要有效地促进学生的发展，教育必须引导学生尊重、热爱知识，追求真知，创造性地理解、运用知识，并在这个过程中使儿童的智能、品德、审美等方面获得自由而全面的发展，成为社会实践的主体。但切记不可搞"唯知识教育论"。

2. 简述教师劳动的主要特点。

【答案要点】

（1）教师劳动的复杂性。教师劳动的复杂性主要受以下三方面的影响：第一，学生状况的复杂性决定着教师劳动的复杂性；第二，教师任务的多样性制约着教师劳动的复杂性；第三，影响学生发展因素的广泛性制约着教师劳动的复杂性。

（2）教师劳动的示范性。教育是教师引导、培养学生的活动，它要求教师以身作则，具有示范性。教师的劳动对象是处在发展过程中的青少年学生，他们具有尊敬教师、乐于接受教师的教导、以教师为表率的所谓"向师性"的特点。因此，教师必须严格要求自己，以身作则，通过示范的方式去影响学生，以便取得最佳教育效果。

（3）教师劳动的创造性。教师劳动创造性的最重要特征之一是他的工作对象，即儿童经常在发生变化，永远是新的，今天同昨天就不一样。此外，教师劳动的创造性还表现在因材施教上；表现在对教育、教学的原则、方法、内容的运用、选择和处理上；表现在教育教学过程中，教师对各种突发情况做出及时反应、妥善处理的应变能力上。

（4）教师劳动的专业性。教师劳动的专业性突出表现在教师对育人的崇高敬业精神和道德修养上，对教育教学专门化知识和技能的掌握与教育活动的自主权上。

3. 简述青少年心理健康教育目标。

【答案要点】

青少年心理健康教育的总目标是培养学生健全的心理素质，使学生心理素质的各成分都得到健康的发展，使其形成正常的智能、完善的人格和良好的适应能力，为促进学生整体素质的发展奠定良好的心理基础。

青少年心理健康教育的基本目标为：

（1）促进和维护学生心理健康。

（2）开发智力，促进能力发展。

（3）提高德性修养，培养良好品德。

（4）培养主体意识，形成完善人格。

（5）养成良好行为习惯，提高社会适应能力。

4. 简述韩愈论述教师问题的主要观点。

【答案要点】

《师说》是韩愈论师道的重要教育论著，是中国古代第一篇集中论述教师问题的文章，提倡尊师重道，集中体现了他的教育思想。

（1）教师的地位。韩愈由"人非生而知之者"出发，肯定"学者必有师"。强调后天学习的重要性，认为学习一定要有教师的指导，教师是社会所必需。

（2）教师的任务。"传道、授业、解惑"是教师的基本任务。"传道"传的是儒家的仁义之道，"授业"授的是儒学的"六艺经传"与古文，"解惑"是解决学"道"与"业"过程中的疑问。三项最主要的是"传道"，"授业"和"解惑"都要贯穿"传道"，为"传道"服务。

（3）教师的标准。以"道"为求师的标准，主张"学无常师"。韩愈认为教师教学的主要任务在于"传道"，学生求学的任务主要在于学道，能否当教师也就以"道"为标准来衡量。社会上有道的人不少，皆可为师，求学的范围不应受到限制，应当学无常师。韩愈提出以道为师、学无常师的主张，在当时对打破士大夫们妄自尊大的心理，促进思想和文学上的交流，具有一定的积极意义。

（4）师生关系。提倡"相师"，确立民主性的师生关系。韩愈认为，士大夫应当矫正"耻学于师"的坏风气，形成相互学习的新风气，不限于同辈朋友之间，也要实行于教师学生之间。教师与学生年龄有差别，而闻道则不以年龄大小定先后，学术业务也可能各有专长。"弟子不必不如师，师不必贤于弟子"，教师与弟子相互学习，教学相长，是理所当然的事情。韩愈把师生的关系看为是可以相互转化的，这种具有辩证法因素的民主性的教育思想，在教育发展史上有重要意义。

三、分析论述题

1. 教学过程中直接经验和间接经验的关系是什么？在具体学科教学中应怎样联系学生的生活实际？

【答案要点】

直接经验和间接经验的关系是教学过程中应当处理好的关系之一，其主要内容有：

（1）学生认识的主要任务是学习间接经验。儿童认识始于直接经验，并通过直接经验，不断扩大对世界的认识。但个人的活动范围是狭小的，无论个人如何努力，仅仅依靠直接经验来认识世界越来越不可能。学生要适应高度发展的文明社会，便必须以学习间接经验为主，便捷地掌握人类积累起来的基本科学文化知识。

（2）学习间接经验必须以学生个人的直接经验为基础。学生要把书本知识转化为自己能理解的知识，就必须依靠个人已有的或现时获得的感性经验为基础。教学中要注重联系生活与实际，利用学生已有经验，并补充学生学习新知识所必须有的感性认识，以便学生能顺利地理解书本知识并运用所学知识于实际，获得比较完全的知识。

（3）防止只重书本知识传授或直接经验积累的偏向。只重书本知识的传授或只重直接经验的积累都违反了教学的规律，割裂了间接经验与直接经验的内在联系，影响了教学质量的提高。

2. 终身教育理论的观点包含哪些内容？按照终身教育理论，学校教育应该进行哪些方面的改革？

【答案要点】

终身教育是人一生各阶段当中所受各种教育的总和，也是人所受的不同类型教育的综合。前者从纵向上讲，说明终身教育不仅仅是青少年的教育，而且涵盖了人的一生；后者从横向上讲，说明终身教育既包括正规教育，也包括非正规教育和非正式教育。

终身教育的特点为：

（1）终身教育思想是对教育全新的理解，教育不局限于学校，也包括家庭、社会对人的影响。

（2）终身教育使教育与生产、生活重新结合，打破教育长期与劳动世界相隔绝的局面。

（3）终身教育的对象更广泛，学习形式更多样。

终身教育思想对教育制度改革有重要意义。首先，终身教育思想是对教育全新的理解，教育不局限于学校，也包括家庭、社会对人的影响。其次，终身教育使教育与生产、生活重新结合，打破教育长期与劳动世界相隔绝的局面，人们可以在学习—劳动—学习中循环往复，从而适应现代生产职业流动性要求。再次，终身教育的对象更广泛，学习形式更多样。

现代学制正在向终身教育的方向发展，并将成为完善的终身教育制度。终身教育的理念符合"人即目的"的原则，符合"机会均等"的原则，符合"差别性对待"的原则。终身教育是实现教育平等制度的基础，是现代教育制度的创新，是未来学制发展的趋势。

3. 论述书院教育特点及其对当代教育的借鉴。

【答案要点】

书院最初属于私学性质，尽管在发展的过程中有官学化倾向，但在培养目标、管理形式、课程设置、教学方法以及师生关系等方面都表现出与官学不同的特点。

（1）书院精神。书院以自由讲学为主，注重讨论，学术风气浓厚，开辟了新的学风，推动了教育和学术的发展。

（2）书院功能。育才、研究和藏书。

（3）培养目标。注重人格修养，强调道德与学问并进，培养学生的学术志趣。

（4）管理形式。较为简单，管理人员少，强调学生遵照院规自我约束、自我管理为主。

（5）课程设置。灵活具有弹性，教学以学生自学、独立研究为主，师生、学生之间注重质疑问难与讨论。

（6）教学组织。教学与研究相结合，教学形式多样，注重讲明义理，躬亲实践。

（7）规章制度。书院作为一种教育制度得以确立，在教育目标、教学方法、教学顺序等方面用学规的形式加以阐明，最著名的是《白鹿洞书院揭示》，它说明南宋后书院已经制度化。

（8）师生关系。较之官学更为平等、学术切磋多于教训，学生来去自由，关系融洽、感情深厚。

（9）学术氛围。教学与学术研究并重，学术氛围自由宽松，人格教育与知识教育并重。

总之，书院既是集藏书、教育和学术活动于一体的机构，又是学者以文会友的场所，具有较广泛的社会文化教育功能。

4. 创造性的认知品质包含哪些？培养学生创造性的措施有哪些？

【答案要点】

创造性认知品质是指创造性心理结构中与认知加工有关的部分，它是创造性心理活动的核心。创造性认知品质主要包括创造性想象、创造性思维、创造性认知策略三个方面。

（1）创造性想象：指在人脑中对已有表象进行选择、加工和改组，形成独特的新形象的心理过程。

（2）创造性思维：指用超常规方法，重新组织已有知识经验，产生新方案和新成果的心理过程，是创造性认知品质的核心。主要特征有：

①流畅性，是指在给定时间内能产生、联想起更多的观念。它反映了思维的敏捷性。

②变通性，指能超越习惯的思考方式，在更广阔的视角下开创各种不同的思路，展示众多的思考方向。它体现了思维的广度。

③独特性，指善于对信息加以重新组织，产生不同寻常、与众不同的见解。

④综合性，指创造性思维是各种思维的综合，是抽象思维与形象思维、发散思维与聚合思维、逻辑思维与非逻辑思维相互作用而出现的整体思维功能。

⑤突发性，指创造性思维往往在时间上以一种豁然开朗标志着某一突破的获得，通常表现出一种非逻辑性的特征。

（3）创造性认知策略：指有效地进行创造性思维和创造性想象的方法和操作程序，其中包括元认知策略，元认知在创造性认知活动中的作用就是提供创造性活动的反馈信息，以利于随时纠正可能出现的错误，达到创造性地解决问题的目标。

创造性的培养措施有：

（1）营造鼓励创造的环境。这是促进学生创造性发展的必要条件。首先，应倡导民主式的教育和管理。其次，应改革考试制度，为学生创造宽松的学习环境。再次，应增加自主选择课程的机会和有针对性的课程设计。最后，应为学生提供创造性人物的榜样。

（2）培养创造性的教师队伍。首先，要转变教师的教育教学观念，使教师形成理解并鼓励学生的创造；其次，要教给教师必要的创造技法和思维策略；再次，为教师提供明晰的、具有实用价值的有关创造性的知识及相应的教学策略和技能；最后，教师应不断学习关于创造性的心理学知识，用心理学的理论指导自己的实践。

（3）培育创造意识，激发创造动机。只有当个人具有自觉的创造意识、强烈的创造动机，才易产生新思想、新方法、新观点。需要做到：树立学生创新的自信心；激发创造热情；磨砺创造意志；培养创造勇气。

（4）发展和培养创造性思维。创造性思维是创造性的核心。创造性思维的培养应注意以下几个方面：加大思维的"前进跨度"，培养思维的跳跃能力；加大思维的"联想跨度"，使学生养成敢于把习惯上认为毫不相干的、表面上看来微不足道的问题联系起来或进行移植；加大"转换跨度"，引导学生敢于否定原来的设想，善于打破固有的思路；给学生大胆探索与推测的体会。

（5）开设创造课程，教给创造技法。教学是培养学生创造性的重要途径。因此，开设创造性课程已成为国内外开发创造性的有效途径。在创造性课程的教学中，注重教给学生基本的创造技巧与方法是培养创造性的有效措施。促进创造性发展的主要创造技法有：头脑风暴法、系统探求法、联想类比法、组合创新法、对立思考法、转换思考法。

（6）塑造创造性人格。创造性人格是创造性的重要组成部分，培养学生的创造性人格是培养创造性的重要内容。主要方法有：保护好奇心；解除对错误的恐惧心理；鼓励独创性与多样性。此外，自信与乐观、忍耐与有恒心、合作、严谨等也是创造性人格培养的重要方面。

2014年 扬州大学333教育综合·真题解析

一、名词解释

课程标准

课程标准是指在一定课程理论指导下，依据培养目标和课程方案以纲要形式编制的关于课程的性质与价值、目标与内容、教学实施建议以及课程资源开发等方面的指导性文件，一般由说明、课程目标、课程内容标准和课程实施建议等部分组成。

循序渐进原则

循序渐进原则是指教学要按照学科的逻辑系统和学生认识的顺序逐步进行，使学生系统地掌握基础知识、基本技能，形成严密的逻辑思维能力。也称系统性原则。

生计教育

生计教育是美国教育总署署长马兰于1971年倡导的一种教育。他提出，生计教育的实质在于以职业教育和劳动教育为核心，引导帮助人们学会许多新的知识和技能，以在适应瞬息万变的社会过程中，实现个人生存与社会发展的双重目的。这种教育要求以职业教育为中心重新建立教育制度。

实验教育学

实验教育学是19世纪末20世纪初兴起的一种具有重要影响的新教育思潮，代表人物是德国心理学家、教育家梅伊曼和德国教育家拉伊。该思潮反对以赫尔巴特为代表的强调概念思辨的教育学，提倡把实验心理学的研究成果和方法运用于教育研究，从而使教育研究真正"科学化"。

人格发展

人格发展是指个体自出生经成年到老年的整个生命全程中人格特征或个性心理形成、发展和表现的过程，一般认为是遗传因素和环境因素相互作用的结果。

品德不良

品德不良是指个体具有的不符合社会道德要求的道德品质与道德行为，表现为个体经常违反道德准则或犯有较严重的道德过错，有的甚至处在犯罪的边缘或已有轻微的犯罪行为。

二、简答题

1. 简述教学评价的种类。

【答案要点】

（1）根据评价在教学中的作用不同，分为诊断性评价、形成性评价、总结性评价。

①诊断性评价：在学期教学或单元教学开始时，对学生现有的知识水平和能力发展的评价，如各种摸底考试。其目的是为了弄清学生现有知识和能力发展情况，优点与不足之处，以便更好地改进教学，因材施教，因势利导。

②形成性评价：在教学进程中，对学生的知识掌握和能力发展所做的比较经常而及时的测评，包括对学生的提问、书面测验、作业批改等。其目的不注重于成绩的评定，而是使师与生都能及时获得反馈信息，更好地改进教与学，以促进教师和学生的发展、提高。

③总结性评价：在一个大的学习阶段，对学生学习的成果进行制度化的正规考查、考试及其成绩评定，也称终结性评价。其目的是为学生评定一定阶段的学习成绩。

（2）根据评价所运用的方法和标准不同，分为相对性评价和绝对性评价。

①相对性评价：用常模参照性测验对学生成绩进行的评定，依据学生个人的成绩在该班学生成绩序列中或常模所处的位置来评价和决定他的成绩优劣，而不考虑他是否达到教学目标的要求。也称常模参照性评价。它宜于选拔人才用，但不能表明他在学业上是否达到了特定的标准。

②绝对性评价：用目标参照性测验对学生成绩进行评定，依据教学目标和教材编制试题来测量学生的学业成绩，判断学生是否达到了教学目标的要求，而不以评定学生之间的差别为目的。也称目标参照性评价。它宜用于升级考试、毕业考试、合格考试，不适用于甄选人才。

（3）根据评价主体的不同，分为教师评价和学生自我评价。

①教师评价：指任课教师与班主任对学生的学习状况与成果进行的各种评价。

②学生自我评价：指在教师的引导下学生对自己的作业、试卷、其他学习成果进行的自我评价。

2. 简述学生学习的特点。

【答案要点】

（1）接受学习是学习的主要形式。学生的学习是在教师的指导下有目的、有计划、有组织、有系统进行的，是在较短时间内接受前人所积累的文化科学知识，并以此促进自己发展和完善的过程。

（2）学习过程是主动构建过程。学生的学习必须通过一系列的主动构建活动来接受信息，形成经验结构或心理结构，这意味着学习是主动构建意义的自主活动，而不是被动地接受刺激。

（3）学习内容的间接性。在经验传递系统中，学生主要是接受前人的经验，而不是亲自去发现经验，因此，所获得的经验具有间接性。

（4）学习的连续性。学生的学习是一个连续的过程，这表现在前后学习相互关联。当前的学习与过去的学习有关，同时也将影响以后的学习。

（5）学习目标的全面性。学生的学习不但要掌握知识经验和技能，还要发展智能，以及形成行为习惯、培养道德品质、促进人格发展。

（6）学习过程的互动性。学生的学习是相互作用的过程。师与生、生与生之间的互动质量对学习质量有十分明显的影响。

3. 简述结构主义教育的主要观点。

【答案要点】

结构主义教育产生于20世纪50年代末，是现代欧美国家一种强调认知结构的研究和认知能力的发展的教育思潮。它以结构主义心理学为理论基础，侧重研究课程教学改革问题，代表人物有皮亚杰、布鲁纳等。其主要观点包括以下几个方面：

（1）教育和教学应重视学生的认知能力发展。教育是教育者引导学习者实现知识的转化，并使学习活动内化的构造过程。其主要任务就是促使学生的认知能力得到发展。

（2）注重掌握各门学科的基本结构。学科的基本结构是指一门学科的基本概念、定义、原理、原则和方法。掌握学科的基本结构有助于理解和把握整个学科的内容。

（3）主张学科基础的早期学习。任何一门学科的基础知识都能以一定的形式教给任何阶段的任何儿童，因此，尽早让儿童掌握学科的基本结构是有效和便捷地进行教学的主要途径。

（4）倡导发现法和发现学习。发现学习就是引导儿童从事物表面现象去探索具有规律性的潜在结构的一种学习途径。

（5）认为教师是结构教学中的主要辅导者。教师应从儿童的心理能力出发，考虑一门学科的基本结构在学习中的作用以及如何使学生理解和掌握该门学科的基本结构。

结构主义教育思想为心理学研究和教育研究的相互协作提供了一个范例，对现代西方课程论影响很大，并成为20世纪60年代美国课程改革的指导思想。但是结构主义教育有些观点过于天真和理想化，导致课程教材改革的难度偏大，引起了人们不同的评论和争议。

4. 简述个人本位论的主要观点。

【答案要点】

个人本位论的代表人物有卢梭、裴斯泰洛齐、福禄培尔等，其观点的主要内容如下：

（1）教育目的是根据个人发展的需要制定的，而不是根据社会的需要制定的。

（2）个人价值高于社会价值。社会价值只有在有助于个人发展时才有价值，应由个人来决定社会，个人价值恒久高于社会价值。

（3）人生来就有健全的潜在本能，教育的基本职能就在于使这种潜能得到发展。

个人本位论把个人的自身的需要作为制定教育目的的依据，在一定的历史条件下具有一定的进步意义；但如果只强调个人的需求与个性的发展，而一味贬低和反对满足社会发展的需要，则是片面的、错误的。

三、分析论述题

1. 根据我国教育目的的基本精神，谈谈目前小学教育实践存在的主要问题、应如何改革。

【答案要点】

（1）2015年新修订的《中华人民共和国教育法》规定："教育必须为社会主义现代化建设服务，必须与生产劳动和社会实践相结合，培养德、智、体、美等方面全面发展的社会主义事业的建设者和接班人"。这是目前教育目的最规范的表述。

我国教育目的表述虽几经变化，但其基本精神却是一致的，就是培养学生成为未来国家、社会发展的实践主体与主人。其基本点包括：第一，培养"劳动者"或"社会主义建设人才"；第二，坚持全面发展；第三，培养独立个性。

综上所述，我国教育目的的价值取向的出发点与归宿在于：培养德、智、体、美、劳全面发展，具有创新精神、实践能力和独立个性的社会主义现代化需要的各级各类人才。

（2）目前小学教育实践存在的主要问题表现在课程上，主要包括：课程目标的理想与现实产生严重的偏离；课程内容偏多偏难，要求偏高而且与课程目标有一定的偏离；学生的学习生活质量不容乐观；考核方式单一，结果处理不当。

（3）新一轮的基础教育改革对课程存在的问题提出以下改进措施：

①转变课程功能。改变课程过于注重知识传授的倾向，强调让学生形成积极主动的学习态度，使学生获得基础知识与基本技能的过程同时成为学会学习和形成正确价值观的过程。

②优化课程结构。改变课程结构过于强调学科本位、科目过多和缺乏整合的现状，整体设置九年一贯的课程门类和课时比例，体现课程结构的均衡性、综合性和选择性。

③更新课程内容。改变课程内容"繁、难、偏、旧"和过于注重书本知识的现状，加强课程内容与学生生活以及现代社会和科技发展的联系，关注学生的学习兴趣和经验，精选终身学习必备的基础知识和技能。

④转变学习方式。改变课程实施过于强调接受学习、死记硬背、机械训练的现状，倡导学生主动参与、乐于探究、勤于动手，培养学生搜集处理信息的能力、获取新知识的能力、分析和解决问题的能力以及交流与合作的能力。

⑤改革课程评价。改变课程评价过分强调甄别与选拔的功能，发挥评价促进学生发展、教师提高和改进教学实践的功能。

⑥深化课程管理体系改革。改变课程管理过于集中的状况，实行国家、地方、学校三级课程管理，增强课程对地方、学校及学生的适应性。

2. 联系实际论述德育过程是教师引导下学生能动的道德活动过程。

【答案要点】

德育过程是学生在教师教导下的个体品德的自主建构过程。学生的思想道德认识和行为习惯不是与生俱来的，是学生在与社会环境的相互作用过程中，尤其是在教师有目的有意识的教育引导下，逐步形成自己的思想认识，发展自己的道德素质的。包含以下三个方面：

（1）学生对环境影响的主动吸收。学生在吸取社会和教育影响的活动中，不完全是被动、受动的教育客体，也是能动地选择、吸收环境与教育影响的主体。外界的影响只有通过学生自己的理解、选择、吸取与践行，才能内化成为他们自己的观点、立场，成长为他们的品德习性。

（2）教师对学生的积极教导。教师的教导是学生品德健全发展的一个必不可少的指针与动力。

教师应该在正确的政治、教育、心理等学科理念的指导下，通过课程、活动、师生互动等途径积极开展对学生的教育引导。

（3）外部活动与内部活动相互促进。在德育过程中我们既要组织好学生的各种外显的实际活动，以启迪、激发和引导他们积极开展内部的心理活动，促进他们思想认识的提高、价值观念的明确、情感上的认同以及品德的发展；又要激发学生内部的思想、情感与意志活动，把他们的能动性引导到道德实践活动中去，进一步推动学生思想品德的发展与提升。

3. 论述卢梭的自然教育论及其启示。

【答案要点】

卢梭是18世纪法国著名启蒙思想家和教育家，其教育思想的基本特征是高度尊重儿童的天性，倡导自然教育和儿童本位的教育观。主要著作有《爱弥儿》《社会契约论》等。

（1）自然教育的基本含义。

卢梭自然主义教育的核心是"回归自然"。一方面，善良的人性存在于纯洁的自然状态之中。只有"回归自然"、远离喧嚣社会的教育，才有利于保持人的善良天性。因此15岁之前的教育必须在远离城市的农村进行。另一方面，每个人都是由自然的教育、事物的教育、人为的教育三者培养起来，只有三种教育圆满地结合才能达到预期的目的。三者之中，应以自然的教育为基准，才能使教育回归自然达到应有的成效。

（2）自然教育的培养目标。

自然教育最终目的是培养"自然人"，即身心调和发达、体脑两健、能力强盛的新人，也就是摆脱封建羁绊的资产阶级新人。具有以下特征：第一，自然人是能独立自主的人，他能独自体现出自己的价值；第二，在自然的秩序中，所有的人都是平等的；第三，自然人又是自由的人，他是无所不宜、无所不能的；第四，自然人还是自食其力的人，可无须仰赖他人为生，这是独立自主的可靠保证。

（3）自然教育的方法原则。

卢梭猛烈抨击了当时向儿童强迫灌输旧的道德和知识、摧残儿童天性的做法，他提出以下几点原则和方法：

①树立正确的儿童观。自然教育的必要前提是要改变对儿童的看法。在人生的秩序中，儿童有他的地位，应当把成人看作成人，把孩子看作孩子。

②消极教育。教育要遵循自然天性，也就是要求儿童在自身的教育和成长中取得主动地位，无须成人的灌输、压制、强迫，教师只需创造学习的环境，防范不良的影响。它的作用是消极的，是对儿童的发展不横加干涉的教育。

③自然后果律。当儿童犯了错误和过失后，不必直接去制止或处罚他们，而让他们在同自然的接触中，体会到自己所犯的错误和过失带来的自然后果，使儿童服从于自然法则，结合具体事例让他们从自己的直接经验中受到教育。

④根据儿童天性的个体差异，因材施教。卢梭要求教育者在进行教学之前必须先了解自己的学生。

（4）自然主义教育的实施。

卢梭根据自然教育的原则，根据人的自然发展的进程和不同年龄时期身心的特点，把自然教育分为婴儿期、儿童期、少年期和青春期。

①婴儿期（0~2岁）：主要进行体育，其任务在于通过身体的养护和锻炼，促进儿童身体的健康发展，增强儿童的体质。婴儿期的体育应该顺应自然，通过合理的饮食、衣着、睡眠和游戏，实施正确的教育。

②儿童期（2~12岁）：又称儿童的"理性睡眠期"，主要进行感官训练和身体发育，使他们通过感觉器官的运用获得丰富的感性经验，并要掌握一些道德观念。这个时期的儿童不宜进行理性教育，不应强迫儿童读书。

③少年期（12~15岁）：主要进行智育和劳动教育。智育的任务在于发展他们的智力，培养他们的学习兴趣和掌握学习研究的方法。卢梭重视劳动教育，认为儿童必须学会劳动，学会从事一种职业。劳动不仅可以谋生，还能促进理性的成长，并直接影响人的道德品质和人格发展。

④青春期（15~20岁）：主要接受道德教育，包括宗教教育、爱情教育和性教育，激发青年自然涌现的善良情感，发展他们的理性，使其在行为中接受道德的磨炼。

卢梭提出的自然主义教育思想是教育思想史上由教育适应自然向教育心理学化过渡的一个重要环节。在封建社会压制人性的情况下，提倡性善论、尊重儿童天性具有历史进步意义。他呼吁培养身心调和发展的自然人和自由人也反映了对人的发展的合理要求。

4. 联系实际论述为什么要重视青少年心理健康教育及如何实施。

【答案要点】

心理健康教育的主要内容包括普及心理健康基本知识、树立心理健康意识、了解心理调节方法、认识心理异常现象，以及初步掌握心理保健常识，其重点是学会学习、人际交往、升学择业以及生活和社会适应等方面的常识。

青少年心理健康教育的途径有：

（1）专题训练。心理素质专题训练过程一般由"判断鉴别—训练策略—反思体验"三个彼此衔接的环节构成。

①判断鉴别。通过心理检测和评估，让学生了解自己某方面心理素质发展现状，以此引起学生体会和反思该种心理素质对自己的意义，从而激发接受训练的积极动机。

②训练策略。针对该课主题和在判断鉴别中发现的问题，提出若干个解决该问题的具体有效的方法和技巧，通过组织学生参与讨论和操作活动来感受、理解，进而选择。

③反思体验。对训练中的心理感受、情感体验、行为变化、活动过程及效果等进行反思、强化、内化，强化训练效果，促进自我认知与评价。反思环节一定强调自觉、自发、自控。

（2）心理辅导。心理辅导是一种心理上的助人活动，是指在一种新型的、建设性的人际关系中，辅导教师运用其专业知识和技能，给学生以合乎需要的心理上的协助与服务以便在学习、工作与人际关系各个方面做出良好适应。心理辅导的最简单的定义是助人自助。建立有效辅导关系的基本条件主要有以下三种：

①同感。教师进入受辅学生的内心世界，通过他的视角看事物，体察他的思想与感受，了解他观察自己与周围世界的方式。同感主要有三个要点，分别是设身处地、保持客观和传达感受。

②真诚。教师在辅导过程中诚实、自然、自由、开放，去掉保卫式的伪装或戒备心理，做到表里如一、言行如一、前后如一。

③尊重。教师要尊重受辅学生的人格、价值、自我选择的权利。

（3）学科渗透。教师在进行常规的学科教学时，自觉地、有意识地运用心理学的理论、方法和技术，让学生在掌握知识、形成能力的同时，完成各种心理品质，特别是诸如情感、意志、个性品质等方面。在学科教学、各项教育活动、班主任工作中，都应注重对学生心理健康的教育，这是心理健康教育的主要途径。

青少年心理健康教育的方法有：

（1）认知法。通过调动学生的感知、记忆、想象、思维等心理过程来达到教学目标。它可以派生出阅读、听、讲故事，观看幻灯、图片、录像、电影，欣赏音乐、美术、舞蹈等艺术品，案例分析、判断和评价等形式。

（2）游戏法。竞赛性游戏能够调动学生参与活动的积极性，培养学生的竞争意识和团结合作精神；非竞赛性游戏可以缓解学生的紧张和焦虑程度，再现原有的生活体验，使学生获得新的体会与认识。

（3）测验法。通过智力、性格、态度、兴趣和适应性等各种问卷测验，帮助学生自我反省、自我分析，了解自己某方面心理素质的发展现状，形成正确的自我认识和自我评价。

（4）交流法。通过学生间的交流活动，各自介绍自己的心理优势或个体经验，促进其对训练策略的认同、领悟和掌握。

（5）讨论法。通过师生、生生间广泛、深入的思想交流，引导学生积极思考，步步深入，提高认识，转变思维方式和看问题的角度，掌握科学的行动步骤。讨论法可分为全班讨论、辩论、小组讨论、脑力激荡、配对交谈、行动方案研讨等多种形式。

（6）角色扮演法。教师提供一定的主体情境并讲明表演要求，让学生扮演某种人物角色，演绎某种行为方式、方法与态度，达到深化学生的认识、感受和评价"剧中人"的内心活动和情感的目的。

（7）行为改变法。通过奖惩等强化手段帮助学生建立某种良好的行为或矫正不良行为。此法有代币法、契约法、自我控制法等多种形式。

（8）实践操作法。让学生亲自动手，完成某种操作任务。常用于验证某种心理效应，达到加深学生的体验和增强认同感的目的。

2013年 扬州大学 333 教育综合·真题解析

一、名词解释

教育制度

教育制度是指一个国家各级各类实施教育的机构体系及其组织运行的规则。它包括相互联系的两个方面：一是各级各类教育机构与组织；二是教育机构与组织赖以存在和运行的规则，如各种相关的教育法律、规则、条例等。

骑士教育

骑士教育是中世纪世俗教育的一种主要形式，以培养当时封建制度中骑士阶层的成员为目的。它是一种特殊形式的家庭教育，并无专设的教育机构，也没有专职的教育人员。它在骑士生活和社交活动中进行。训练骑士的标准是剽悍勇猛、虔敬上帝、忠君爱国、宠媚贵妇。

最近发展区

维果茨基认为，在进行教学时必须注意到儿童的两种水平，一种是儿童现有的发展水平，另一种是即将达到的发展水平，维果茨基把这两种水平之间的差距称为最近发展区，即独立解决问题的真实发展水平和在成人指导下或与其他儿童合作情况下解决问题的潜在发展水平之间的差距。

自我效能感理论

自我效能感由班杜拉提出，是指个体对自己能否成功进行某一成就行为的主观判断。它影响着个体对行为的选择，付出多大努力以及坚持多久。

活动课程

活动课程又称经验课程、儿童中心课程，与学科课程相对立，它打破学科逻辑的界线，是以学生的兴趣、需要、经验和能力为基础，通过引导学生自己组织的有目的的活动系列而编制的课程。

美德即知识

美德即知识是苏格拉底的观点。苏格拉底认为道德不是天生的，正确的行为基于正确的判断，做坏事的人按照错误的判断行事，没有人会明知故犯，所以教人道德就是教人智慧，教人辨别是非、善恶，正确地行事，智慧就是道德。正确行为基于正确认识，对人进行道德教育就是可能的，道德是可教的。

二、简答题

1. 简述奥苏伯尔有意义接受学习理论。

【答案要点】

奥苏伯尔是和布鲁纳同时代的美国著名教育心理学家，他在教育心理学中最重要的一个贡献是他对意义学习的描述。

（1）有意义学习的实质。有意义学习就是符号所代表的新知识与学习者认知结构中已有的适当观念建立非任意的和实质性的联系。有意义学习的类型包括表征学习、概念学习和命题学习。

①非任意的联系是指新知识与认知结构中有关观念存在某种合理的或逻辑上的联系。

②实质性的联系是指新的符号或观念与学习者认知结构中已有的表象、已经有意义的符号、概念或命题的联系，是一种非字面的联系。

（2）有意义学习的条件。

①有意义学习的材料必须具有逻辑意义，这种逻辑意义指的是材料本身在人的学习能力范围内而且与有关观念能够建立非任意的和实质性的联系。

②学习者必须具有有意义学习的心向，也就是积极主动地把新知识与认知结构中原有的适当知识加以联系的倾向。

③学习者认知结构中必须具有适当的知识，以便与新知识进行联系。

④学习者必须积极主动地使这种具有潜在意义的新知识与他认知结构中有关的原有知识发生相互作用，导致原有知识得到改造，新知识获得实际意义，即心理意义。

2. 简述教学过程中直接经验和间接经验的关系。

【答案要点】

直接经验和间接经验的关系是教学过程中应当处理好的关系之一，其主要内容有：

（1）学生认识的主要任务是学习间接经验。儿童认识始于直接经验，并通过直接经验，不断扩大对世界的认识。但个人的活动范围是狭小的，无论个人如何努力，仅仅依靠直接经验来认识世界越来越不可能。学生要适应高度发展的文明社会，便必须以学习间接经验为主，便捷地掌握人类积累起来的基本科学文化知识。

（2）学习间接经验必须以学生个人的直接经验为基础。学生要把书本知识转化为自己能理解的知识，就必须依靠个人已有的或现时获得的感性经验为基础。教学中要注重联系生活与实际，利用学生已有经验，并补充学生学习新知识所必须有的感性认识，以便学生能顺利地理解书本知识并运用所学知识于实际，获得比较完全的知识。

（3）防止只重书本知识传授或直接经验积累的偏向。只重书本知识的传授或只重直接经验的积累都违反了教学的规律，割裂了间接经验与直接经验的内在联系，影响了教学质量的提高。

3.简述黄炎培职业教育思想的主要观点。

【答案要点】

（1）职业教育的作用与地位。

①作用。职业教育的功能就其理论价值而言，在于"谋个性之发展"，"为个人谋生之准备"，"为个人服务社会之准备"，"为国家及世界增进生产力之准备"。就其教育和社会影响而言，在于通过提高国民的职业素养，确立社会国家的基础。就其对当时中国社会的作用而言，在于有助于解决中国最大、最重要、最急需解决的人民生计的问题，消灭贫困，并进而使国家每一个公民享受到基本的自由权利。

②地位。职业教育在学校教育制度上的地位是一贯的、整个的和正统的。

（2）职业教育的目的。黄炎培对职业教育目的的认识和表述因不同历史时期和社会场合而有所不同，但他将职业教育的最终目的概括为"使无业者有业，使有业者乐业"。

（3）职业教育的方针。黄炎培在数十年的实践中，形成了社会化、科学化的职业教育办学方针。

（4）职业教育的教学原则。黄炎培根据职业教育的特点总结出以往教育的经验，提出"手脑并用""做学合一""理论与实际并行""知识与技能并重"等主张，作为开展职业教育教学工作必须坚持的原则。

（5）黄炎培把职业道德教育的基本要求概括为"敬业乐群"。"敬业乐群"的职业道德教育思想，贯穿于黄炎培职业教育的实践，不仅在中华职业学校以之为校训，而且在教育和教学的每一个环节都努力体现。

4.简述教学中促进知识迁移的策略。

【答案要点】

（1）整合学科内容。教师要注意把各个独立的教学内容整合起来，鼓励学生把在某一门学科中学到的知识运用到其他学科中去。

（2）加强知识联系。教师要重视简单的知识技能与复杂的知识技能、新旧知识技能之间的联系。教师要促使学生把已学过的内容迁移到新的学习内容中去。

（3）强调概括总结。教师在教学中要注意启发学生对所学内容进行概括总结。一方面在教学中，教师要引导学生自己对原理进行概括，培养和提高其概括总结的能力，充分利用原理的迁移；另一方面，在讲解原理时，教师要在最大范围内列举各种变式，使学生正确把握其内涵和外延。

（4）重视学习策略。教师应有意识地教学生学会如何学习，帮他们掌握概括化的认知策略和元认知策略，从而促进学习的迁移。

（5）培养迁移意识。教师可以通过反馈和归因控制等方式使学生形成关于学习和学校的积极态度。教师要注意对学生的反馈，当学生用其他学科的知识来解决某一学科的问题时应给予鼓励。

三、分析论述题

1.结合教师素养的主要内容，谈谈提高教师专业素养的主要途径。

【答案要点】

教师专业素养的内容有：

（1）高尚的师德。包括热爱教育事业，富有献身精神和人文精神；热爱学生，诲人不倦；热爱集体，团结协作；严于律己，为人师表。

（2）先进、科学的教育理念。教育理念是教师在对教育工作本质理解的基础上形成的关于教育的观念和理性信念，它是以观念或信念的形式存在于教师头脑中的对教育现象和教育问题的看法。先进、科学的教育理念体现在教师的所有努力都要有利于学生精神世界的丰富、人格尊严的维护和美好人性的成长。如学生主体观、教学交往观、发展性教学评价观等。

（3）宽厚的文化素养。教师的主要任务是通过向学生传授科学文化知识，培养其能力，促进其个性生动活泼地发展。一个好教师的基本条件之一，就是要有比较渊博的知识和多方面的才能。因此，教师对自己所教学科知识应科学、深入地把握，能对自己所教专业融会贯通、深入浅出、高瞻远瞩，达到运用自如的境界，在教学过程中不出知识性的错误。同时，教师还应有比较广博的文化修养。

（4）专门的教育素养。教师的专门教育素养水平及其合理结构是教育教学任务得以完成的重要保证，它主要包括教育理论素养、教育能力素养和教育研究素养。

（5）健康的心理素质。教师的心理健康不仅会直接影响教育工作的优劣成败，而且会影响学生的心理健康水平。因此，教师应该注重提高自己的心理素质。健康的心理素质体现在心理活动的方方面面，概括起来主要指：教师要有轻松愉快的心境、昂扬振奋的精神、乐观幽默的情绪以及坚韧不拔的毅力等。

（6）强健的身体素质。教师的身体素质是指教师在教学活动中的自然力，是教师的身体健康状态和身体素质状态在教学中的表现。它主要通过健康的体魄、旺盛的精力、蓬勃的活力、有节律的生活方式和锻炼习惯等体现。教师的身体素质在教育教学中具有重要的教育意义。

培养和提高教师素养的主要途径有：

（1）加强和改革师范教育。要发展师范教育，切实提高教师队伍的质量，第一，必须采取有效的政策性措施，鼓励和吸引大批优秀学生报考师范院校。第二，努力提高教师的社会地位和物质待遇，增强师范教育的吸引力。第三，联系现时代对教师作用和职能的新要求，使未来教师能获得与之相应的专业训练，尤其要树立师范生先进的教育理念。第四，吸收除正规教师以外的各种可能参与教育过程的人，并为其从教提供必要的职业帮助。

（2）实施教师资格考察制度。实施教师资格考察制度，不仅有利于加强教师质量的管理与考核，而且为非师范专业毕业的大学生谋求教师职业开辟了道路，从而切实有效地充实了教师队伍。该制度包括三层含义：第一，教师资格制度是国家实行的一种职业资格制度；第二，教师资格制度是法律规定的，必须依法实施；第三，教师资格是教师职业许可。

（3）加强教师在职提高。教师在职提高的主要途径包括教学反思、校本培训、校外支援与合作等形式。

教学反思是指教师把自己放到研究者、反思者的位置，通过对教育、教学日常工作中出现的某些疑难问题的观察、分析、反思与解决，提升自己的专业理论水平和专业实践的智慧与能力。

校本培训是指以教师任职的学校为组织单位，以提高教师专业素质为主要目标，通过教育、教学实践和教育科研活动等形式，对全体教师进行的全员性在职培训。

校外专业支援与合作的主要形式有：第一，跨校合作，包括学校与学校，学校与大学或师范院校的合作；第二，专家指导，包括专家讲座、报告等；第三，政府教育部门和教研机构组织的各类专业培训，包括短期培训、脱产进修、业余进修等。

2. 结合人的发展基本规律，谈谈相应的教育策略

【答案要点】

人的发展的基本规律及其对应的教育启示如下：

（1）顺序性。在正常情况下，人的发展具有一定的方向性和顺序性，既不能逾越，也不能逆向发展。如个体动作的发展就遵循自上而下、由躯体中心向外围、从粗动作向细动作的发展规律性。就心理而言，儿童的发展总是从无意注意到有意注意，从机械记忆到意义记忆，从具体形象思维到抽象逻辑思维，从喜怒哀乐等一般情绪发展到道德感、理智感、美感等高级情感。

教学启示：个体身心发展的顺序性，决定了教育教学工作的顺序性，在不同的发展阶段展开不同的教育活动，同时更应该按照发展的序列来施教，做到循序渐进。

（2）不平衡性。人的发展不总是匀速直线前进的，不同系统的发展速度、起始时间、达到的成熟水平是不同的；同一机能系统在发展的不同时期也有不同的发展速率。从总体发展来看，幼儿期出现第一个加速发展期，青春发育期出现第二个加速发展期。

教学启示：人的发展的不平衡性要求教育要掌握和利用人的发展的成熟机制，抓住发展的关键期，促进学生健康地发展。

（3）阶段性。人的发展变化既体现出量的积累，又表现出质的飞跃。当某些代表新质要素的量积累到一定程度时，就会导致质的飞跃，从而表现出发展的阶段性。个体的身心发展的阶段性表现为不同年龄阶段的个体具有不同的年龄特征及主要矛盾，面临着不同的发展任务。

教学启示：人的发展的阶段性要求教育要从学生的实际出发，尊重不同年龄阶段学生的特点，并根据这些特点提出不同的发展任务，采用不同的教育内容和方法，进行有针对性的教育，以便有效地促进他们的个性发展。

（4）个别差异性。人的发展的个体差异表现在身心发展的速度、水平、表现方式等方面。如在发展速度上，有的儿童早慧，有的儿童大器晚成。

教学启示：人的发展的个别差异性要求教育要深入了解学生，针对学生不同的发展水平及不同的兴趣等因材施教，引导学生扬长避短、发展个性，促进学生自由发展。

（5）整体性。人的生理、心理和社会性等方面的发展是密切联系在一起的，并在发展过程中相互作用，使人的发展表现出明显的整体性。

教学启示：人的发展的整体性要求教育要把学生看作复杂的整体，促进学生在体、智、德、美、行等方面全面和谐地发展，把学生培养成完整和完善的人。

3. 论述夸美纽斯的主要教育思想及其意义。

【答案要点】

夸美纽斯是17世纪捷克伟大的爱国者、教育改革家和教育理论家，他继承了文艺复兴以来人文主义教育思想的成果，总结了自己丰富的教育实践经验，系统地论述了教育的理论和实际问题，代表作有《大教学论》《世界图解》《母育学校》等。其教育思想有以下内容：

（1）教育的目的。包括两方面：第一，宗教性目的：认为人生的最终目的是为达到"永生"，教育的目的是使人为来世生活做好准备。第二，现实性目的：通过教育使人认识和研究世界上一切事物，培养和发展他们的各种能力、德行和信仰，以便享受现世的幸福，并为永生做好准备。

（2）教育的作用。夸美纽斯认为教育是改造社会、建设国家的手段。人都是有一定天赋的，而这些天赋发展得如何，关键在于教育。只要接受合理的教育，任何人的智力都能够得到发展。

（3）泛智主义教育观基于教育的崇高目的，夸美纽斯提出了"将一切事物教给一切人"的泛智主义教育观，并由此大力主张普及教育于全体儿童和民众。内容主要包括教育内容泛智化和教育对象普及化。

（4）普及教育。夸美纽斯认为普及教育就是"人人都可接受教育"，其核心是泛智论。夸美纽斯大力主张普及教育于全体儿童和民众。实现普及教育的可能性一方面在于人自身具有接受教育的先天条件，另一方面在于教育可以改进社会和塑造人，社会和人的进步离不开教育。

（5）统一学制。为了使国家便于管理全国的学校，使所有儿童都有上学的机会，夸美纽斯提出建立全国统一学制的主张。他把人的学习期划分为四个阶段，并按这种年龄分期设立相应的学校。各级学校均按照适应自然的原则，采取班级授课制和学年制开展工作，分别开设不同的课程来教育和培养儿童。

（6）管理实施。夸美纽斯强调国家对教育的管理职责，认为国家应该设立督学对全国的教育进行监督，以保证全国教育的统一发展。

（7）学年制。为改变当时学校教学活动缺乏统一安排的无序状况，夸美纽斯制定了学校教学活动的学年、学日制度。

（8）班级授课制。为实现普及教育、提高教学效率，改变教师只对学生进行个别教学和指导的状况，夸美纽斯总结新旧各教派学校中实行班级授课的经验，提出并全面系统地论述了班级授课制度。

（9）论教育和教学的基本原则。

①论教育适应自然的原则。教育适应自然的原则是贯穿夸美纽斯整个教育理论体系的一条根本的指导性原则，他的"自然"包括自然界及其普遍法则和人的与生俱来的天性。

②主要教学原则，包括直观性原则、激发学生求知欲望原则、巩固性原则、量力性原则、系统性和循序渐进性原则、因材施教原则。

（10）夸美纽斯教育思想的影响。

夸美纽斯是教育史上第一位系统地总结教学原则的教育家，他的教育理论包含了大量宝贵的教学经验，在一定程度上反映了教学工作的客观规律性，具有普遍的指导意义。夸美纽斯是一位杰出的教育革新家，他的教育思想具有明显的民主主义、人文主义色彩。在继承前人经验的基础上，夸美纽斯提出了系统的教育思想。他论述了教育的作用，呼吁开展普及教育，试图使所有人都能接受普及教育，并详细制定了学年制度和班级授课制度，提出了各级学校课程设置，编写了许多教科书，且系统地阐述了教育的基本原则和方法等。

4. 论述陈鹤琴"活教育"思想及其对我国当前教育改革的启示

【答案要点】

陈鹤琴是中国近代学前儿童教育理论和实践的开创者。其"活教育"思想体系包括以下内容：

（1）"活教育"的目的论。陈鹤琴提出"活教育"的目的是"做人，做中国人，做现代中国人。"

①"做人"是"活教育"最为一般意义的目的。"活教育"提倡学习如何做人，如何求社会进步、人类发展。学会"做人"，是个体参与社会生活，增进人类全体幸福，同时也是个体幸福的基础。

②"做中国人"体现了"活教育"目的的民族特征，指要懂得爱护这块生养自己的土地，爱自己国家长期延续的光荣历史，爱与自己共命运的同胞。并且，应该与其他中国人团结起来共同谋国家发展。

③"做现代中国人"体现了时代精神，有五个具体方面的要求：要有健全的身体；要有建设的能力；要有创造的能力；要能够合作；要服务。

"活教育"目的论从普遍而抽象的人类情感和认识理性出发，逐层赋予教育以民族意识、国家观念、时代精神和现实需求等含义，使教育目标逐渐具体，表达了陈鹤琴对人的发展、教育与社会变革的追求。

（2）"活教育"的课程论。"大自然、大社会都是活教材"，是陈鹤琴对"活教育"课程论的概括表述。"活教材"是指取自大自然、大社会的"直接的书"，即让儿童在与自然、社会的直接接触中，在亲身观察中获取经验和知识。既然"活教育"的课程内容应该来源于自然、社会和儿童的生活，其组织形式也必须符合儿童的活动和生活的方式，符合儿童与自然、社会环境的交往方式。

"活教育"的课程打破惯常按学科组织的体系，采取活动中心和活动单元的形式，即能体现儿童生活整体性和连贯性的"五指活动"形式。"五指活动"包括儿童健康活动、儿童社会活动、儿童科学活动、儿童艺术活动、儿童文学活动。

（3）"活教育"的教学论。"做中教，做中学，做中求进步"是活教育教学方法的基本原则。陈鹤琴认为，"做"是学生学习的基础，因此也是"活教育"教学论的出发点。它强调儿童在学习过程中的主体地位和在活动中直接经验的获取。陈鹤琴提出了"活教育"的17条教学原则，这些教学原则体现出的特点有：

①强调以"做"为基础，确立学生在教学活动中的主体性。陈鹤琴认为，"做"是学生学习的基础，因此，凡儿童自己能够做的，就应当让他自己做。在教学中鼓励儿童自己去做、去思想、去发现，是激发学生主体性的最有效的手段。

②鼓励学生在"做"的同时，教师要进行有效的指导。但指导不是替代，更不是直接告知结果，而是运用各种心理学、教育学规律予以启发、诱导。

陈鹤琴还归纳出"活教育"教学的四个步骤：实验观察、阅读思考、创作发表和批评研讨。这四个步骤体现了以"做"为基础的学生主动学习。

"活教育"思想明显地受到杜威实用主义教育思想的影响，陈鹤琴对此也毫不讳言。但"活教育"如同陶行知的"生活教育"理论一样，吸取了杜威实用主义教育的合理内核，即批判传统教育忽视儿童生活和主体性，力图去除以学校和课堂为中心而脱离社会生活、以书本知识为中心而脱离实际和实践、以教师为中心而漠视学生的存在等弊端，同时也充分考虑到中国的时代背景和国情。这是一种有吸收、有创造、有创新的教育思想。"活教育"是对中国现代教育产生过重要影响的教育思想，其精神至今都未过时，不少观点对当今的教育改革仍然富有启发。

2012年 扬州大学333教育综合·真题解析

一、名词解释

教育制度

教育制度是指一个国家各级各类实施教育的机构体系及其组织运行的规则。它包括相互联系的两个方面：一是各级各类教育机构与组织；二是教育机构与组织赖以存在和运行的规则，如各种相关的教育法律、规则、条例等。

教学

教学是在一定教育目的规范下，在教师有计划的引导下，学生能动地学习、掌握系统的课程预设的科学文化基础知识，发展自身的智能与体力，养成良好的品行与美感，逐步形成全面发展的个体素质的活动。

德育方法

德育方法是师生为完成德育任务而采取的活动方式的总和。它有两层含义：首先，它是师生共同活动的方法；其次，它是为实现德育的目标、要求服务的。

白板说

白板说由洛克提出，洛克反对"天赋观念"论，认为人出生后心灵如同一块白板，一切知识是建立在由外部而来的感官经验之上的。

学习

学习是个体在特定情境下由于练习或反复经验而产生的行为或行为潜能的比较持久的变化，行为的变化并不等同于学习的存在，学习所带来的行为变化往往要通过行为表现出来，但学习与表现不能等同。学习是一个广义概念，它不仅是人类普遍具有的，也是动物所具有的。

元认知

元认知就是对认知的认知，具体地说，是关于个人自己认知过程的知识和调节这些过程的能力，是对思维和学习活动的认知和控制。

二、简述题

1. 人的发展的含义。

【答案要点】

人的发展有两种含义，一种是将它看成是人类的发展或进化的过程；另一种则将它看成是人类个体的成长变化过程，即个体发展。个体发展有广义和狭义之分。广义的个体发展是指个人从胚胎到死亡的变化过程，其发展持续于人的一生。狭义的个体发展是指个人从出生到成人的变化过程，主要指儿童的发展。

人的发展是整体性的发展，大体可分为生理发展、心理发展、社会性发展三个层面。这三个方面，既有一定的相对独立性，又密切地联系在一起，相互制约、相辅相成，有机地促进人的体、智、德、美和实践能力的全面发展。

2. 因材施教的教学原则。

【答案要点】

因材施教的教学原则是指教师要从学生的实际情况与个性特点出发，有的放矢地进行有区别的教学，使每个学生都能扬长避短、长善救失，获得最佳发展。

贯彻因材施教原则的基本要求如下：

（1）针对学生的特点进行有区别的教学。了解学生的特点是搞好因材施教的基础。教师应当了解每个学生德、智、体、美和综合实践能力等各方面发展的特点，包括认知、情趣、擅长、价值取向与不足之处，以便有目的地因材施教。

（2）采取灵活多样的举措，使学生的才能得到充分的发展。现行的班级上课重面向全体，大家齐步走，而难于照顾学生的特点，使许多学生的特殊才能受到局限。因此，我们可以在有条件的学校试行按能力分班或分组教学；开设选修课以照顾学生的兴趣与爱好；允许成绩优异的学生跳级，使每个人的才能都得到充分的发展等。

3. "朱子读书法"的主要内容。

【答案要点】

朱熹一生酷爱读书，对于如何读书有深切的体会，并提出了许多精辟的见解。他的弟子将其概括为"朱子读书法"六条。

（1）循序渐进。朱熹主张读书要"循序渐进"，意思是读书要按一定的次序，不要颠倒；应根据自己的实际情况和能力，安排读书计划，并切实遵守它；读书要扎扎实实打好基础，不可囫囵吞枣，急于求成。

（2）熟读精思。朱熹认为，读书既要熟读成诵，又要精于思考。熟读有利于理解，熟读的目的是为了精思。精思就是发现问题和解决问题的过程。

（3）虚心涵泳。所谓"虚心"是指读书时要虚怀若谷，静心思虑，仔细体会书中的意思，不要先入为主，牵强附会；所谓"涵泳"是指读书时要反复咀嚼，细心玩味。

（4）切己体察。强调读书不能仅仅停留在书本上和口头上，而必须要见之于自己的实际行动，要身体力行。

（5）着紧用力。包含两方面意思，其一，必须抓紧时间，发愤忘食，反对悠悠然；其二，必须抖擞精神，勇猛奋发，反对松松垮垮。

（6）居敬持志。既是朱熹道德修养的重要方法，也是他最重要的读书法。"居敬"是读书时精神专一，注意力集中；"持志"是要树立远大的志向和高尚的目标，并要以顽强的毅力坚持下去。

4. 影响品德形成的内部因素。

【答案要点】

（1）道德认识。人的行为总是受认识的支配，人的道德行为也受到道德认识的制约。作为独特的个体，学生在同化外界信息时呈现出不同的特点，受其不同认知特性的制约，每个人的道德认识会呈现出不同的水平与程度。

（2）个性品质。个性对品德发展的作用，主要体现为个性倾向性和个性心理特征对品德发展的影响。其中，个性倾向性在思维发展上起动力作用。

（3）适应能力。在社会化过程中，个体通过角色的不断变化来掌握相应的社会规范和行为模式，然后形成稳定的道德品质。包括自我教育能力、社会生活和工作能力两个方面。

（4）自身的智力水平。智力水平与品德之间的关系十分复杂。一般而言，低智商的犯罪者较多，但一个智力较高的人，并不见得就有积极的道德取向，并且一旦他们形成了不良的品德，高智力反而会促进其恶性发作。

三、分析论述题

1. 联系教学实际论述教学过程的性质。

【答案要点】

（1）教学过程是一种特殊的认识过程。

教学过程作为特殊的认识过程，其特殊性在于它是学生个体的认识过程，具有不同于人类总体认识的显著特点：第一，间接性，主要以掌握人类长期积累起来科学文化知识为中介，间接地认识现实世界；第二，引导性，需要在富有知识的教师引导下进行认识，而不能独立完成；第三，简捷性，走的是一条认识的捷径，是一种科学文化知识的再生产。

（2）教学过程是以认识过程为基础的学生全面发展的过程。

教学过程不只是要学生完成认识世界的任务，更重要的是在这个过程中促进学生的全面发展。学生的发展是教学过程的核心，教学过程的本质与社会发展需要相联系，要从生理和心理两个方面来看待学生的发展。

（3）教学过程是以交往为背景和手段的活动过程。

教学活动不是孤立的个体认识活动，它离不开师与生、生与生之间的交往、互动，离不开人们的共同生活。个体最初的学习与认识就是在共同生活与交往中发生与发展的。在教学过程中，教师不仅运用交往引导学生进行认知，而且通过交往对学生达致情感的沟通、同情与共鸣。

（4）教学过程也是一种促进学生身心发展、追寻与实现价值目标的过程。

在教学活动中，教师引导学生学习知识、开展交往、认识与作用世界，进行多方面的演练与实践，其实都是为了促进学生的身心发展，以追寻与实现使他们成人、成才的价值增值目标。从这方面看，教学过程又是一个促进学生身心发展及实现教育目标的过程。

2. 论述孔丘的主要教育思想及其意义。

【答案要点】

孔子名丘，字仲尼，鲁国人，中国古代伟大的思想家、教育家，儒家学派的创始者，儒学教育理论的奠基人。

（1）创办私学与编订"六经"。孔子大约在他30岁正式招生办学，开始他的教育生涯。他创办的私学产生了广泛的社会影响，是春秋时期规模最大、持续时间最长、影响最深远的学校。

孔子于晚年完成了《诗》《书》《礼》《乐》《易》《春秋》的编纂和校订工作，整理和保存了我国古代文化典籍，奠定了儒家教育内容的基础。后世将其称为"六经"。

（2）"庶、富、教"：教育与社会发展。孔子认为教育对社会发展有重要作用，是立国治国的三大要素之一。教育事业的发展要建立在经济发展的基础上。治国的三个重要条件，首先是"庶"，要有较多的劳动力；其次是"富"，要使人民群众有丰足的物质生活；再次是"教"，要使人民受到政治伦理教育，知道如何安分守己。"庶"与"富"是实施教育的先决条件，只有在"庶"与"富"的基础上开展教育才会取得成效。

（3）"性相近也，习相远也"：教育与人的发展。孔子对教育在人的发展过程中起关键性作用持肯定态度。他在中国历史上首次提出"性相近也，习相远也"。"性"指的是先天素质，"习"指的是后天习染，包括教育与社会环境的影响。孔子认为人的先天素质没有多大差别，只是由于后天教育和社会环境的影响作用，才造成人的发展有重大的差别。从"习相远"的观点出发，孔子认为人要发展，教育条件是很重要的，认为人的生活环境应当受到重视，要争取积极因素的影响，排除消极因素的影响。

（4）"有教无类"与教育对象。"有教无类"的本意是不分贵贱贫富和种族，人人都可以入学接受教育。孔子的教学实践切实地贯彻了这一办学方针，他的弟子来自各个诸侯国，分布地区广泛；弟子成分复杂，出身于不同的阶级和阶层，大多数出身于平民。

（5）"学而优则仕"与教育目标。孔子提出由平民中培养德才兼备的从政君子，这条培育人才的路线可简括称之为"学而优则仕"。"学而优则仕"包含多方面的意思：学习是通往做官的途径，培养官员是教育最主要的政治目的，而学习成绩优良是做官的重要条件；如果不学习或虽经学习而成绩不优良，也就没有做官的资格。

（6）以"六艺"为教育内容。孔子继承西周贵族"六艺"教育传统，吸收采择了有用学科，又根据现实需要创设新学科，虽袭用"六艺"的名称，但对所传授的学科都做了调整，充实了内容。孔子教学的"六艺"即其编撰的"六经"。

（7）教学方法。主要有因材施教、启发诱导、学思行结合、好学求是的态度。

（8）论道德教育。孔子的教育目的是培养从政的君子，而成为君子的主要条件是具有道德品质修养，因此，道德教育居首要地位。孔子主张以"礼"为道德规范，以"仁"为最高道德准则。凡符合"礼"的道德行为都要以"仁"的精神为指导，因此，"礼"和"仁"成为道德教育的主要内容。道德修养的原则与方法：立志、克己、力行、中庸、内省和改过。

（9）论教师品格。教师要学而不厌、温故知新、诲人不倦、以身作则、爱护学生、教学相长。

意义：孔子是全世界公认伟大的思想家和教育家，他毕生从事教育活动，建树了丰功伟绩。他在实践基础上提出的一些首创的教育学说，为中国古代教育奠定了理论基础。

3. 论述苏霍姆林斯基的个性全面和谐发展思想及其对我国教育改革的启示。

【答案要点】

苏霍姆林斯基认为，为了培养全面和谐发展的人，就必须深入地改善整个教育过程，实施和谐的教育。全面和谐的教育包含两层含义：第一，要把学生认识和改造世界的活动和谐地结合起来，要求学生的体力劳动与智力活动结合、课堂教学与课外活动结合、教育与自我教育结合；第二，要把德、智、体、美、劳诸育和谐地结合起来，强调的是诸育的相互渗透和交织，统一为一个完整的过程。

全面和谐发展教育的实施包括：

（1）德育，在全面和谐的教育中应占有主导的地位。德育贯穿于学校教学、教育工作的各个方面，德育任务的完成有赖于其他各育的实施，学校里所做的一切都应当包含深刻的道德意义。

（2）智育，是学校的主要任务。智育应当包括获得知识，形成科学世界观，发展认识和创造能力，养成脑力劳动文明等。

（3）体育，被视为一个人得以全面发展、和谐发展的最重要因素。苏霍姆林斯基认为体育工作首先要关注人的身体健康，其次要关注体育在培养道德、审美和智育等方面的重要作用，要保证人的身体发育、精神生活以及多方面的活动的协调一致。

（4）美育，苏霍姆林斯基对美育的重视以他对情感在人的个性形成中的重要作用的认识为基础，认为"美是心灵的体操"，要通过各种活动潜移默化地培养学生的美感。

（5）劳动教育，苏霍姆林斯基认为脱离劳动就不可能有教育，应该尽早开始劳动教育。劳动既是学生认识和理解世界的手段，也是他们进行自我认识和自我教育的重要途径。劳动具有经济的价值；劳动能丰富学生的精神生活，提高他们的道德素养，完善审美情操；创造性劳动是道德修养的源泉和精神文明的基础。

全面和谐发展教育的原则：第一，全面与和谐不可分割；第二，多方面教育的相互配合；第三，个性发展与社会需要相适应；第四，学生自由；第五，尊重儿童，重视自我教育。

4. 论述创造性心理结构和培养学生创造性的主要措施。

【答案要点】

创造性是由多种心理因素构成的复合体，其心理结构具有多维性。张大均等认为创造性是由多种心理品质有机结合构成的心理结构系统，主要包括创造性认知品质、创造性人格品质和创造性适应品质三个子系统。

（1）创造性认知品质。创造性认知品质是指创造性心理结构中与认知加工有关的部分，它是创造性心理活动的核心。创造性认知品质主要包括创造性想象、创造性思维、创造性认知策略三个方面。

（2）创造性人格品质。创造性人格品质是有创造性的人所具有的个性特点。创造性人格品质包括创造性动力特征、创造性情意特征、创造性人格特质等。

（3）创造性适应品质。创造性适应品质是指个体在其创造性认知品质和创造性人格品质的基础上，在自己特定年龄阶段所规定的社会生活背景中，通过与社会生活环境的相互作用，所表现出来的对外在社会环境进行创造性的操作应对，对内在创造过程进行调适所表现出来的创造性行为倾向，具体表现为创造行为习惯、创造策略和创造技法的掌握运用等。

创造性的培养措施有：

（1）营造鼓励创造的环境。这是促进学生创造性发展的必要条件。首先，应倡导民主式的教育和管理。其次，应改革考试制度，为学生创造宽松的学习环境。再次，应增加自主选择课程的机会和有针对性的课程设计。最后，应为学生提供创造性人物的榜样。

（2）培养创造性的教师队伍。首先，要转变教师的教育教学观念，使教师形成理解并鼓励学生的创造；其次，要教给教师必要的创造技法和思维策略；再次，为教师提供明晰的、具有实用价值的有关创造性的知识及相应的教学策略和技能；最后，教师应不断学习关于创造性的心理学知识，用心理学的理论指导自己的实践。

（3）培育创造意识，激发创造动机。只有当个人具有自觉的创造意识、强烈的创造动机，才易产生新思想、新方法、新观点。需要做到：树立学生创新的自信心；激发创造热情；磨砺创造意志；培养创造勇气。

（4）发展和培养创造性思维。创造性思维是创造性的核心。创造性思维的培养应注意以下几个方面：加大思维的"前进跨度"，培养思维的跳跃能力；加大思维的"联想跨度"，使学生养成敢于把习惯上认为毫不相干的、表面上看来微不足道的问题联系起来或进行移植；加大"转换跨度"，引导学生敢于否定原来的设想，善于打破固有的思路；给学生大胆探索与推测的体会。

（5）开设创造课程，教给创造技法。教学是培养学生创造性的重要途径。因此，开设创造性课程已成为国内外开发创造性的有效途径。在创造性课程的教学中，注重教给学生基本的创造技巧与方法是培养创造性的有效措施。促进创造性发展的主要创造技法有：头脑风暴法、系统探求法、联想类比法、组合创新法、对立思考法、转换思考法。

（6）塑造创造性人格。创造性人格是创造性的重要组成部分，培养学生的创造性人格是培养创造性的重要内容。主要方法有：保护好奇心；解除对错误的恐惧心理；鼓励独创性与多样性。此外，自信与乐观、忍耐与有恒心、合作、严谨等也是创造性人格培养的重要方面。

扬州大学 333 教育综合·真题解析

一、名词解释

教育学

教育学是以教育活动为研究对象的学科，是通过研究教育现象和教育问题、探索教育规律、探讨教育价值、探寻教育艺术、指导教育实践的一门科学。它的核心是引导、培育和规范人的发展，解决培养什么人和怎样有效培养人的问题。

教育

教育是人的发展与社会发展的中介活动，其主旨在于以人为本、育人成人，培养人成为他所生存的那个时代的社会实践主体，引导人和社会的持续发展。

教育目的

教育目的是对教育活动所要培养的人的个体素质的总的预期与设想，是对社会历史活动的主体的个体素质的规定。它体现一定社会对受教育者质量规格的界定和要求，也体现人自身发展所应该达到的水准和高度。

设计教学法

设计教学法是美国进步主义教育家克伯屈提出的新的教育方法。他将设计教学法定义为在社会环境中进行有目的的活动，重视教学活动的社会的和道德的因素。强调有目的的活动是设计教学法的核心，儿童自动的、自发的、有目的的学习是设计教学法的本质。

学习

学习是个体在特定情境下由于练习或反复经验而产生的行为或行为潜能的比较持久的变化，行为的变化并不等同于学习的存在，学习所带来的行为变化往往要通过行为表现出来，但学习与表现不能等同。学习是一个广义概念，它不仅是人类普遍具有的，也是动物所具有的。

心理发展

心理发展是指个体从胚胎经由出生、成熟、衰老一直到死亡的整个生命过程中所发生的持续而稳定的内在心理变化过程，主要包括认知发展、人格发展和社会性发展三个方面。

二、简述题

1. 简述生产力对教育的制约。

【答案要点】

（1）生产力的发展制约教育事业发展的规模和速度。物质资料的生产是社会存在与发展的基础。教育事业发展的规模和速度，归根结底是由生产力发展的水平和状况决定的，一定的教育必须与一定的生产力发展相适应，这是学校教育发展必须遵循的规律。

（2）生产力的发展水平制约人才的培养规格和教育结构。不同的生产力发展水平，对教育所培养的人提出了不同层次的要求。生产力的发展与分工，也必然引起教育结构的变化。因此学校教育结构必须反映经济的技术结构和产业结构的发展变革。这样教育为生产培养的人才在总量、类型和质量上才能满足生产力发展的需求。

（3）生产力的发展制约教学内容、教学方法和教学组织形式的发展和改革。生产力的发展推动了科学技术的发展，也必然促进教学内容的发展与更新。教学方法和教学组织形式的变革也是一样，如班级教学组织形式的产生与改进、多媒体教学等现代方法的运用，都是与生产力的发展和科学技术的运用紧密相关的。

2. 简述教师职业道德的内容。

【答案要点】

教师职业道德是指教师在从事教育劳动时所遵循的行为规范和必备品德。它是调整教师与学生、教师与教师、教师与学校领导、教师与学生家长以及教师与社会其他方面关系时所必须遵循的基本道德规范和行为准则，是一般社会道德在教师职业中的特殊体现。

（1）爱国守法。热爱祖国，热爱人民，拥护中国共产党领导，拥护社会主义。全面贯彻国家教育方针，自觉遵守教育法律法规，依法履行教师职责权利。不得有违背党和国家方针政策的言行。

（2）爱岗敬业。忠诚于人民教育事业，志存高远，勤恳敬业，甘为人梯，乐于奉献。对工作高度负责，认真备课上课，认真批改作业，认真辅导学生，不得敷衍塞责。

（3）关爱学生。关心爱护全体学生，尊重学生人格，平等公正对待学生。对学生严慈相济，做学生良师益友。保护学生安全，关心学生健康，维护学生权益。不讽刺、挖苦、歧视学生，不体罚或变相体罚学生。

（4）教书育人。遵循教育规律，实施素质教育。循循善诱、诲人不倦、因材施教。培养学生良好品行，激发学生创新精神，促进学生全面发展。不以分数作为评价学生的唯一标准。

（5）为人师表。坚守高尚情操，知荣明耻，严于律己，以身作则。衣着得体，语言规范，举止文明。关心集体，团结协作，尊重同事，尊重家长。作风正派，廉洁奉公。自觉抵制有偿家教，不利用职务之便 谋取私利。

（6）终身学习。崇尚科学精神，树立终身学习理念，拓宽知识视野，更新知识结构。潜心钻研业务，勇于探索创新，不断提高专业素养和教育教学水平。

3. 简述董仲舒道德教育思想。

【答案要点】

（1）德教是立政之本。董仲舒强调以道德教化为本为主，刑罚为末为辅。以道德教化作为实现仁政德治手段是儒家学说的传统，董仲舒更从"道之大原出于天"的神学目的论出发对其进行论证。

（2）德育内容。"三纲五常"是董仲舒伦理思想体系的核心，也是其道德教育的中心内容。董仲舒从先秦儒家概括出的五种基本关系即"五伦"——君臣、父子、夫妇、兄弟、朋友中突出强调君臣、父子、夫妇三种主要关系，他提出"王道三纲"即"君为臣纲，父为子纲，夫为妻纲"，与"三纲"相配合的是"五常"，即仁、义、礼、智、信。

"三纲"是道德的基本准则，"五常"则是与个体的道德认知、情感、意志、实践等心理、行为能力相关的道德观念。"三纲"与"五常"结合的纲常体系成为中国封建社会道德教育的中心内容。

（3）道德修养的原则与方法。

①确立重义轻利的人生理想。董仲舒认为，对体现封建国家利益原则的道义的追求，应高于对个人利益的追求。只有这样，人生才能获得高度的和谐和最终的满足，也应是人生的基本取向。"正其义不谋其利，明其道不计其功"，正是对这一道德修养原则的总概括。

②"以仁安人，以义正我"。董仲舒认为个人修养中应该特别注意"以仁安人，以义正我"，他要求人们从尊重他人的价值与权利出发，以"仁者爱人"的情怀去爱护、关心他人，宽以容众，"躬自厚而薄责于外"。

③"必仁且智"。针对道德修养中情感与认知两种不同心理因素之间的关系，董仲舒提出"必仁且智"的命题，认为在道德修养中必须做到"仁"与"智"的统一，突出强调了道德修养中情感与认知的统一。

4. 简述苏霍姆林斯基教育思想。

【答案要点】

苏霍姆林斯基认为，为了培养全面和谐发展的人，就必须深入地改善整个教育过程，实施和谐的教育。全面和谐的教育包含两层含义：第一，要把学生认识和改造世界的活动和谐地结合起来，要求学生的体力劳动与智力活动结合、课堂教学与课外活动结合、教育与自我教育结合；第二，要把德、智、体、美、劳诸育和谐地结合起来，强调的是诸育的相互渗透和交织，统一为一个完整的过程。

全面和谐发展教育的实施包括：

（1）德育，在全面和谐的教育中应占有主导的地位。德育贯穿于学校教学、教育工作的各个方面，德育任务的完成有赖于其他各育的实施，学校里所做的一切都应当包含深刻的道德意义。

（2）智育，是学校的主要任务。智育应当包括获得知识，形成科学世界观，发展认识和创造能力，养成脑力劳动文明等。

（3）体育，被视为一个人得以全面发展、和谐发展的最重要因素。苏霍姆林斯基认为体育工作首先要关注人的身体健康，其次要关注体育在培养道德、审美和智育等方面的重要作用，要保证人的身体发育、精神生活以及多方面的活动的协调一致。

（4）美育，苏霍姆林斯基对美育的重视以他对情感在人的个性形成中的重要作用的认识为基础，认为"美是心灵的体操"，要通过各种活动潜移默化地培养学生的美感。

（5）劳动教育，苏霍姆林斯基认为脱离劳动就不可能有教育，应该尽早开始劳动教育。劳动既是学生认识和理解世界的手段，也是他们进行自我认识和自我教育的重要途径。劳动具有经济的价值；劳动能丰富学生的精神生活，提高他们的道德素养，完善审美情操；创造性劳动是道德修养的源泉和精神文明的基础。

全面和谐发展教育的原则：第一，全面与和谐不可分割；第二，多方面教育的相互配合；第三，个性发展与社会需要相适应；第四，学生自由；第五，尊重儿童，重视自我教育。

三、分析论述题

1. 联系教学实际论述教学中为什么要强调启发性？教学中如何贯彻启发性原则？

【答案要点】

启发性教学原则是指在教学中教师要激发学生的学习主体性，引导他们经过积极思考与探究自觉地掌握科学知识，学会分析问题和解决问题，树立求真意识和人文情怀。也称探究性原则或启发与探究相结合原则。

贯彻启发性教学原则的要求有：

（1）调动学生学习的主动性。在激发学生的学习主动性上，教师要发挥个人的创造性，善于运用发人深思的提问、令人心动的讲述，充分显示教学内容的吸引力，展现它的情趣、奥妙、意境、价值，以便激起学生的求知欲和积极性，全神贯注地投入学习。

（2）善于提问激疑，引导教学步步深入。在启发过程中，教师要有耐心，给学生以思考时间；要有重点，问题也不能多，也不能蜻蜓点水、启而不发；要善于与学生探讨，引导学生一步一步去获取新知和领悟人生的价值。

（3）注重通过解决实际问题启发学生获取知识。通过组织和引导学生观察、操作、动手解决实际问题，是启发教学的一个重要的途径。接触实际问题，对学生更具诱惑力、挑战性，会使他们更积极主动地进行学习和完成任务。在学生的操作过程中，教师只要根据学生的情况，加以有针对性的指点、启发，组织一些交流或讨论，学生就不仅能够深刻领悟所学概念与原理，掌握解决问题的方法与步骤，而且能够增进学习的兴趣、能力和养成认真、负责与相互协作的品行。

（4）引导学生反思学习过程。教学要引导学生反思学习过程，了解学习过程的程序和方法，分析学习过程中的顺利与障碍、长处与缺点，寻找形成障碍与缺点的原因，克服学习过程中的弯路与失误，使学习程序和方法简捷、有效，注重积淀适合于自己的良好的学习方式，从学习中学会学习。

（5）发扬教学民主。要创造宽松、和谐、民主、平等、坦率、活跃的课堂教学氛围，这是启发教学的重要条件。只有这样，学生的心情才会感到宽松，他们的聪明才智才能充分发挥出来。教师切不可唯我独尊、搞一言堂，要鼓励学生发表自己的见解，包括与教师不同的见解。

2. 评述"朱子读书法"，并谈谈对自己读书的启示。

【答案要点】

朱熹一生酷爱读书，对于如何读书有深切的体会，并提出了许多精辟的见解。他的弟子将其概括为"朱子读书法"六条。

（1）循序渐进。朱熹主张读书要"循序渐进"，意思是读书要按一定的次序，不要颠倒；应根据自己的实际情况和能力，安排读书计划，并切实遵守它；读书要扎扎实实打好基础，不可囫囵吞枣，急于求成。

（2）熟读精思。朱熹认为，读书既要熟读成诵，又要精于思考。熟读有利于理解，熟读的目的是为了精思。精思就是发现问题和解决问题的过程。

（3）虚心涵泳。所谓"虚心"是指读书时要虚怀若谷，静心思虑，仔细体会书中的意思，不要先入为主，牵强附会；所谓"涵泳"是指读书时要反复咀嚼，细心玩味。

（4）切己体察。强调读书不能仅仅停留在书本上和口头上，而必须要见之于自己的实际行动，要身体力行。

（5）着紧用力。包含两方面意思，其一，必须抓紧时间，发愤忘食，反对悠悠然；其二，必须抖擞精神，勇猛奋发，反对松松垮垮。

（6）居敬持志。既是朱熹道德修养的重要方法，也是他最重要的读书法。"居敬"是读书时精神专一，注意力集中；"持志"是要树立远大的志向和高尚的目标，并要以顽强的毅力坚持下去。

朱熹的读书法是他自己和前人长期的读书经验的概括和总结，比较集中地反映了我国古代对于读书方法研究的成果，朱子读书法反映了读书学习的基本规律和要求，在今天仍具有一定的参考价值和借鉴作用。朱子读书法对于自己读书的启示考生可结合自己实际情况，言之有理即可。

3. 论述杜威关于教育的本质与目的的主要思想，并谈谈其对我国教育改革的借鉴作用。

【答案要点】

杜威是20世纪美国著名的哲学家和教育家，他以实用主义哲学、民主主义政治理想和机能心理学为基础，通过批判地继承前人的思想，构建起庞大的教育哲学体系，成为现代教育的代表人物。主要著作有《民主主义与教育》《我的教育信条》等。

杜威对于"什么是教育"的问题，给出的回答是：教育即生活、学校即社会、教育即生长、教育即经验的持续不断的改造。其关于教育的本质的观点如下：

（1）教育即生活。杜威认为教育是生活的过程，学校是社会生活的一种形式，那么学校生活也是生活的一种形式。

①学校生活应与儿童自己的生活相契合，满足儿童的需要和兴趣，使校园成为儿童的乐园，使儿童在现实的学校生活中得到乐趣。

②学校生活应与学校以外的社会生活相契合，适应现代社会变化的趋势并成为推动社会发展的重要力量，校园不应是世外桃源而应积极参与社会生活。

杜威要做的就是改造不合时宜的学校教育和学校生活，使之更富活力，更有乐趣，更具实效，更有益于儿童发展和社会改造。

（2）学校即社会。杜威"学校即社会"意在使学校生活成为一种经过选择的、净化的、理想的社会生活，使学校成为一个合乎儿童发展的雏形的社会。而要将此落于实处，就必须改革学校课程，从分科课程转变为活动课程。

"学校即社会"是对"教育即生活"这一命题的进一步引申，代表社会生活的活动性课程的引入是使学校与社会生活相联系的基本保证。杜威坚信教育是社会进步及社会改革的基本方法，通过教育改造社会生活，使之更完善、更美好。

（3）教育即生长。杜威针对当时教育无视儿童天性，消极对待儿童，不考虑儿童的需要和兴趣的现象，提出了"教育即生长"的观念。

杜威要求摒除压抑、阻碍儿童自由发展之物，使教育和教学适应儿童的心理发展水平和兴趣、需要的要求。他所理解的生长是机体与外部环境、内在条件与外部条件交互作用的结果，是一个持续不断的社会化的过程。杜威要求尊重儿童但不同意放纵儿童，这也是杜威与进步主义教育实践的一个重要区别。

（4）教育即经验的持续不断的改造。教育即经验的持续不断的改造是指构成人的身心的各种因素在外部环境和人的主动经验过程中统一的全面改造、发展、生长的连续过程，包含四个方面：

①经验是一种行为，涵盖认识的、情感的、意志的等理性、非理性因素，成为儿童各方面发展和生长的载体。在经验过程中，儿童不仅获得知识，而且形成能力、养成品德。

②经验是有机体与环境相互作用的过程，机体不仅受环境的塑造，同时也对环境加以改变。经验的过程就是一个实验探究的过程、运用智慧的过程、理性的过程。

③经验的过程是一个主动的过程，有机体既接受着环境塑造，也主动改造着环境。

④经验是一个连续发展的过程，不存在终极目的的发展过程，因此教育就是个人经验的不断

生长。

关于教育的目的观点如下：

（1）教育无目的论。从教育本质论出发，杜威反对外在的、固定的、终极的教育目的，认为教育无目的。杜威所希求的是过程内的目的，这个目的就是"生长"。

杜威认为在非民主的社会里，教育目的是外在于并强加于教育过程的，包含权威与专制色彩。而在民主的社会里，教育目的应该内在于教育的过程之中，杜威主张以生长为教育的目的，其主要意图在于反对外在因素对儿童发展的压制，在于要求教育尊重儿童愿望和要求，使儿童从教育本身中、从生长过程中得到乐趣。

（2）教育的社会目的。杜威强调过程内的目的不等于否定社会性的目的。杜威要求教育为社会进步服务，为民主制度的完善服务。他认为，教育是社会进步及社会改革的基本方法，学校是社会进步和改革的最基本和最有效的工具。在民主社会中，个人发展与社会进步是统一的。

教育要培养具有良好公民素质、民主思想和生活能力的人，要培养具有科学思想和精神、能解决实践问题的人，要培养具有道德品质和社会意识的人，要培养具有一定职业素养的人。

4. 影响学生问题解决的因素有哪些？结合实际谈谈如何培养学生的问题解决能力。

【答案要点】

（1）影响问题解决的因素有：

①问题情境。个体面临的刺激模式与其已有的知识结构所形成的差异。

②原型启发。通过从待解决的问题具有相似性的其他事物上发现问题解决的途径和方法。

③人际关系。良好的人际关系有助于其解决面临的各类问题。

④知识经验。任何问题解决都离不开一定的知识、策略和技能，知识经验不足常常是不能有效解决问题的重要原因。

⑤定势与功能固着。定势是指人在解决一些相似的问题之后会出现一种惯用的方式解决问题的倾向。功能固着是指一个人看到某个物品有一种惯常的用途后，就很难看出它的其他新用途。

⑥酝酿效应。在反复探索一个问题的解决而毫无结果时，如果把问题暂时搁置几个小时、几天或几周，然后再回过头来解决，这时常常就可以很快找到解决方法。

⑦情绪状态。相对平和的心态有利于问题解决，同时，积极的情绪也有利于问题解决。

（2）培养学生的问题解决能力措施有：

①鼓励质疑。教师要尽量从自己提出问题过渡到让学生质疑，从而培养学生主动质疑的内在动机，鼓励学生主动提问，形成一种自由探究的气氛。

②设置难度适当的问题。教师给学生的问题要可解，但也要有一定的难度。

③帮助学生正确表征问题。学生运用所学知识解释问题，或者画草图、列表、写方程式等，这对回忆相关信息都有很好的作用。

④帮助学生养成分析问题的习惯。教师要帮助学生发展系统考虑问题的方式和系统分析的习惯，既不能让学生盲目尝试错误练习，也不能过分热心，先把答案告诉学生。

⑤辅导学生从记忆中提取信息。教师需要帮助学生从记忆中迅速提取与解决问题有关的信息，并能很快找出可利用的信息，明确问题解决情境与想要达到的目的，迅速做出判断。

⑥训练学生陈述自己的假设及其步骤。教师要培养学生由跟从别人的言语指导转变到自行指导思考，然后再要求他们自己用言语把指导步骤表达出来。

⑦提供结构不良问题，培养实际解决问题的能力。通过对这些问题的解决，能让学生将解决问题的能力迁移到实际领域中去。

2010年 扬州大学 333 教育综合·真题解析

一、名词解释

教育（广义）

广义教育是指凡是有目的地增进人的知识技能、影响人的思想品德、增强人的体质的活动都是教育，包括人们在家庭中、学校里、亲友间、社会上所受到的各种有目的的影响。

教学评价

教学评价是对教学工作质量所做的测量、分析和评定。它以参与教学活动的教师、学生、教学目标、内容、方法、教学设备、场地和时间等因素的优化组合的过程和效果为评价对象，是对教学活动的整体功能所做的评价。

学校管理

学校管理是学校管理者在一定的社会历史条件下，通过一定的组织机构和制度，采用一定的方法和手段，带领师生员工，充分发挥学校人、财、物、时、空和信息等资源的最佳整体功能，实现学校工作目标的组织活动。简言之，学校管理是管理者通过一定的组织形式以实现学校教育目标的活动。

道尔顿制

道尔顿制是美国进步主义教育家帕克赫斯特针对班级授课制的弊端在道尔顿中学实施的一种个别教学制度，也称"道尔顿计划"，主要内容包括在学校废除课堂教学、课程表和年级制，代之以"公约"或"合同式"的学习；将教室改为作业室或实验室，用表格法来了解学生的学习进度等。

创造性

创造性是个体利用一定内外条件，产生新颖、独特、有社会和个人价值产品的心理特性。这种心理品质是综合的、多维的，它包括与创造活动密切联系的认知品质、人格品质和适应性品质。创造性表现于创造活动之中，其结果以"产品"为标志，其水平以产品的"价值"为标准。

自我效能感

自我效能感由班杜拉提出，是指个体对自己能否成功进行某一成就行为的主观判断。它影响着个体对行为的选择，付出多大努力以及坚持多久。

二、简答题

1. 简述教育的社会流动功能。

【答案要点】

教育的社会流动功能是指社会成员通过教育的培养、筛选和提高，能够在不同的社会区域、社会层次、职业岗位、科层组织之间转换、调整和变动，以充分发挥其个人的智慧才能，实现其人生价值。它包括横向流动功能和纵向流动功能。前者指改变其环境而不提升其社会层级地位，后者指改变其社会层级地位及作用。

教育的社会流动功能在当代的重要意义有：

（1）教育是个人社会流动的基础。如今，不管从事什么行业，要在社会上生存与流动，就要有一定的文化知识和能力，必须接受一定的教育。它使享受这一教育的人能够选择自己将要从事的职业，参与建设集体的未来和继续学习。

（2）教育是现代社会流动的主要通道。今天，我国农村的年轻一代要成功地进行社会流动，尤其是向上流动，必须经过教育，甚至只有经过优质的高等教育才能实现。

（3）教育深刻影响社会公平。教育的社会流动，实质上涉及教育机会均等与社会公平问题。到近代，人们才逐步提出普及教育与入学机会人人均等的要求。如今，各国纷纷实行普及义务教育制度，注重教育公平，这是教育发展的趋势。

2. 简述严格要求与尊重学生相结合的德育原则。

【答案要点】

严格要求与尊重学生相结合原则是指进行德育要把对学生的思想品行的严格要求与对他们个人的尊重信赖结合起来，使教育者的严格要求易于转化为学生主动的道德自律。

贯彻严格要求与尊重学生相结合原则的基本要求如下：

（1）尊重和信赖学生。青少年学生是祖国的花朵、人类的未来。每个青少年学生都有一颗自尊自爱、向善求善、希望得到社会理解和肯定的心。尊重、呵护与信赖学生是一个优秀教师必须具备的基本品德。爱护、尊重与信赖孩子又是教好孩子、获得良好德育效果的一个重要条件。

（2）严格要求学生。教师向学生提出的教育要求应当是正确的、简明的、有计划的、积极的和严格的。在一定意义上说，德育就是对学生品德发展的引导和规范，主要表现为对学生的严格要求。

3. 简述孟轲的教育思想。

【答案要点】

（1）"性善论"与教育作用。"性善论"说明了人性是人类所独有的、区别于动物的本质属性。人之需要社会伦理与政治，这是为人的内在本质所决定了的。所以人性是一个类范畴，人相对于其他的类绝不相同，而同类之中却相似。"性善论"揭示了人之"故"。人性之"故"就是"人性之善也"。人性表现为"四心"，即恻隐之心、羞恶之心、恭敬之心、是非之心，也叫"四端"，分别是仁、义、礼、智的基础。孟子肯定人性本善。教育对人的作用在于扩充"善性"；教育对社会的作用在于"得民心"。

（2）"明人伦"与教育目的。孟子第一次明确地概括出中国古代学校教育的目的就是"明人伦"。"人伦"就是"人道"，具体来说就是五对关系："父子有亲，君臣有义，夫妇有别，长幼有序，朋友有信。"在"五伦"中，孟子尤重父子—孝、长幼—悌这两种关系，并以此为中心建立了一个道德规范体系——五常，即仁、义、礼、智、信。

（3）人格理想与修养学说。孟子提出"大丈夫"的理想人格，丰富了中国人的精神世界。他对"大丈夫"的理想人格做了"富贵不能淫，贫贱不能移，威武不能屈"的描绘。"大丈夫"的修养方法包括持志养气、动心忍性、存心养性和反求诸己。

（4）教学思想。孟子提出因材施教、深造自得、盈科而进和专心致志等教学思想。

4. 如何培养和提高学生的问题解决能力。

【答案要点】

培养学生的问题解决能力措施有：

（1）鼓励质疑。教师要尽量从自己提出问题过渡到让学生质疑，从而培养学生主动质疑的内在动机，鼓励学生主动提问，形成一种自由探究的气氛。

（2）设置难度适当的问题。教师给学生的问题要可解，但也要有一定的难度。

（3）帮助学生正确表征问题。学生运用所学知识解释问题，或者画草图、列表、写方程式等，这对回忆相关信息都有很好的作用。

（4）帮助学生养成分析问题的习惯。教师要帮助学生发展系统考虑问题的方式和系统分析的习惯，既不能让学生盲目尝试错误练习，也不能过分热心，先把答案告诉学生。

（5）辅导学生从记忆中提取信息。教师需要帮助学生从记忆中迅速提取与解决问题有关的信息，并能很快找出可利用的信息，明确问题解决情境与想要达到的目的，迅速做出判断。

（6）训练学生陈述自己的假设及其步骤。教师要培养学生由跟从别人的言语指导转变到自行指导思考，然后再要求他们自己用言语把指导步骤表达出来。

（7）提供结构不良问题，培养实际解决问题的能力。通过对这些问题的解决，能让学生将解决问题的能力迁移到实际领域中去。

三、分析论述题

1. 联系实际论述教学过程中教师主导作用与学生主动性的关系。

【答案要点】

要处理好教师主导作用与学生主动性之间的关系必须做好以下几点：

（1）发挥教师的主导作用是学生简捷有效地学习知识、发展身心的必要条件。在教学过程中，教师的教一般是矛盾的主导方面。教师主导作用是针对能否引导学生积极学习与上进而言的。因而学生的主动性、反思性、创造性发挥得怎样，学习的效果怎样，又是衡量教师主导作用发挥得好坏的根本标志。教学中一切不民主的强迫灌输和独断专横的做法，都有悖于教师的主导作用。

（2）尊重学生、调动学生的学习主动性是教师有效地教学的一个主要因素。学生是有能动性的人，他们不只是教学的对象，而且是学习主体与发展主体。学生的学习主动性、积极性发挥得怎么样，直接影响并最终决定着学生个人的学习质量、成效和身心发展的方向与水平。

（3）防止忽视学生积极性和忽视教师主导作用的偏向。过于突出教师或者过于强调学生在教学中的主体地位与作用都是片面的。

总之，教学中的师生关系，受诸多因素影响，极其复杂多变，不可能有一劳永逸的解决办法。所以，最可靠的措施是普遍提高教师的修养和水平，加强对学生的了解、沟通，提高教师的责任感与创造性，这样才能实现师生之间的民主平等、尊师爱生、教学相长地互动与合作，使师、生两方面主动性都能得到弘扬，在教学互动的过程中达到动态的平衡和相得益彰。

2. 陶行知生活教育理论体系的主要内容是什么？对今天的教育改革有何借鉴意义？

【答案要点】

（1）"生活即教育"。"生活即教育"是陶行知生活教育理论的核心。其内涵包括：生活含有教育的意义；实际生活是教育的中心；生活决定教育，教育改造生活。

"生活即教育"所强调的是教育以生活为中心，所反对的是传统教育脱离生活而以书本为中心。尽管它在生活与教育的区别和系统的知识传授方面有所忽视，但在破除传统教育脱离民众、脱离社会生活的弊端方面，有十分重要的意义。

（2）"社会即学校"。"社会即学校"是生活教育理论另一重要主张，是"生活即教育"思想在学校与社会关系问题上的具体化。"社会即学校"，是指"社会含有学校的意味"，或者说"以社会为学校"。由于到处是生活，到处都是教育，"整个的社会是生活的场所，亦即教育之场所"。

"社会即学校"，也指"学校含有社会的意味"。也就是说，学校通过与社会生活相结合，一方面运用社会的力量使学校进步,另一方面动员学校的力量帮助社会进步,使学校真正成为社会生活必不可少的组成部分。

"社会即学校"扩大了学校教育的内涵和作用,对于传统的学校观、教育观有所改变。传统学校与社会生活脱节,学生孤陋寡闻,而以社会为学校,使得教育的材料、教育的方法、教育的工具、教育的环境可以大大地增加,有利于拓展学生的知识,增强学生的能力。"社会即学校",还可以使被传统学校拒之门外的劳苦大众能够受到起码的教育,贯穿了普及民众教育的苦心,同样也值得肯定。

(3)"教学做合一"。"教学做合一"是生活教育理论的又一重要主张,是"生活即教育"在教学方法问题上的具体化。其含义为:教的方法根据学的方法;学的方法根据做的方法。事怎样做便怎样学,怎样学便怎样教。教与学都以做为中心。

(4)启示。陶行知的生活教育理论是一种大众的、为人民大众服务的教育理论,且还是一种不断进取创造,旨在探索具有中国民族特色的教育道路的理论。生活教育理论还在教育观念的改变方面颇有建树,无论是强调学校教育与社会生活、生产劳动相结合,还是要求手脑并用、在劳力上劳心,都是对学校与社会割裂、书本与生活脱节、劳心与劳力分离的传统教育的反动,显示出强烈的时代气息,至今都富于启示。陶行知的生活教育理论是我国民族教育理论宝库中十分可贵的遗产,值得我们珍惜并认真研究借鉴。

3. 终身教育理论的主要观点有哪些?当今社会为什么要实行终身教育?

【答案要点】

终身教育是人一生各阶段当中所受各种教育的总和,也是人所受的不同类型教育的综合。前者从纵向上讲,说明终身教育不仅仅是青少年的教育,而且涵盖了人的一生;后者从横向上讲,说明终身教育既包括正规教育,也包括非正规教育和非正式教育。

终身教育的特点为:

(1)终身教育思想是对教育全新的理解,教育不局限于学校,也包括家庭、社会对人的影响。

(2)终身教育使教育与生产、生活重新结合,打破教育长期与劳动世界相隔绝的局面。

(3)终身教育的对象更广泛,学习形式更多样。

终身教育思想对教育制度改革有重要意义。首先,终身教育思想是对教育全新的理解,教育不局限于学校,也包括家庭、社会对人的影响。其次,终身教育使教育与生产、生活重新结合,打破教育长期与劳动世界相隔绝的局面,人们可以在学习—劳动—学习中循环往复,从而适应现代生产职业流动性要求。再次,终身教育的对象更广泛,学习形式更多样。

现代学制正在向终身教育的方向发展,并将成为完善的终身教育制度。终身教育的理念符合"人即目的"的原则,符合"机会均等"的原则,符合"差别性对待"的原则。终身教育是实现教育平等制度的基础,是现代教育制度的创新,是未来学制发展的趋势。

4. 影响学生学习动机的因素有哪些?联系实际谈谈如何培养学生的学习动机?

【答案要点】

影响学生学习动机的因素有:

(1)需要与目标结构。每个学生认知需要的强度不同,反映在学习动机上也有强度差异。学生的学习目标可分为两类,即掌握目标和成绩目标。掌握目标定向者倾向于把学习的成败归因于内部原因,成绩目标定向者倾向于把学习的成败归因于运气、能力和任务难度等外部原因。

(2)成熟与年龄特点。年幼儿童的动机主要是生理性动机,随着年龄的增长,社会性动机及其作用也日益增长。年幼儿童对生理安全过分关注，而中学生对社会影响比较关注。

（3）性格特征与个别差异。学生的兴趣爱好、好奇心、意志品质都影响着学习动机的形成。

（4）志向水平与价值观。学生的人生观、世界观、价值观所直接反映的理想情况或志向水平影响其学习动机和目标结构的形成。

（5）焦虑程度。焦虑程度会影响学习动机和学业成绩。大量研究表明，中等程度的焦虑对学习是有益的，焦虑程度过低或过高都会对学习产生不良影响。

（6）家庭环境与社会舆论。第一，社会要求通过家庭对学生的动机起影响作用；第二，在学生动机形成过程中，家庭文化背景、精神面貌也起着极其重要的作用。

（7）教师的榜样作用。第一，教师是学生学习动机的榜样；第二，教师的期望也会对学生的动机和行为产生不同的影响；第三，教师还是沟通社会、学校的要求与学生的成长，形成正确动机的纽带，要善于把各种外部因素与学生的内部因素结合起来。

培养学生学习动机的措施有：

（1）创设问题情境，实施启发式教学。想要实施启发式教学，关键在于创设问题情境。所谓问题情境，指的是一种适度的疑难情境。在学习过程中，仅仅让学生简单地重复已经学过或者过难的东西，学生都不会感兴趣。只有在学习那些"似懂非懂""似会非会"的东西时，学生才感兴趣而且迫切希望掌握它。

（2）根据作业难度，恰当控制动机水平。教师在教学时，要根据学习任务的不同难度，恰当控制学生学习的动机水平。在学习较简单的课题时，应尽量使学生集中注意力；在学习较复杂的课题时，则应尽量创造轻松自由的课堂气氛。在学生遇到困难或出现问题，要尽量心平气和地耐心引导，以免学生过度紧张和焦虑。

（3）充分利用反馈信息，给予恰当的评定。心理学研究表明，来自学习结果的种种反馈信息，对学习效果有明显影响。一方面学习者可以根据反馈信息调整学习活动，改进学习策略；另一方面学习者为了取得更好的成绩或避免再犯错误而增加了学习动机，从而保持了学习的主动性和积极性。

（4）妥善进行奖惩，维护内部学习动机。在对学生进行评价时，奖励和惩罚对于学习动机的激发具有不同的作用。一般而言，表扬与奖励比批评与指责能更有效地激发学生的学习动机，因为前者能使学生获得成就感，增强自信心。但过多使用表扬和奖励，或者使用不当，也会产生消极作用。

（5）合理设置课堂环境，妥善处理竞争和合作。学生的学习主要是在课堂上进行的，课堂的合作与竞争环境无疑是影响学习动机的一个重要的外部因素。在教学活动中，合作与竞争都是必要的，应该强调竞争与合作的相互补充和合理运用。极端的竞争会对学生的学习行为和集体团结产生消极影响。适量与适度的竞争与合作的恰当结合，会有效激励学生的学习动机。

（6）适当进行归因训练，促使学生继续努力。在学生完成某一学习任务后，教师应指导学生进行成败归因。一方面，要引导学生找出成功或失败的真正原因，即进行正确归因；另一方面，教师也应根据每个学生过去一贯的成绩的优劣差异，从有利于今后学习的角度进行积极归因。

（7）培养自我效能感，增强学生成功的自信心。自我效能感影响学生的自我评价和自信心，进而影响学习成绩。尤其是学业不良的学生，由于对自己的学习能力持怀疑态度，表现出很低的自我效能感。因此，教师在教学中要通过一定的方法提高他们的自我效能感。

（8）维护学生自我价值，警惕自我妨碍策略。自我价值理论指出，学生有保护和表现自我价值的需要，这是个人追求成功的内在动力。教师要理解和尊重学生的这种需要，引导他们把自我价值的实现方式与正向、积极的学习行为相联系，避免学生不断从环境中体验到对自我价值的威胁感，从而采取各种自我妨碍的逃避策略。

（9）维护内在需要，促进外部动机内化。兴趣、好奇心、探索欲，是人类学习的最早动力。源于内部需要的学习动机具有更多的坚持性和抗干扰性。然而，不是每个孩子都对教育中涉及的所有内容充满好奇和兴趣。因此，教师要帮助学生将外部调控的学习动机不断内化，形成相对自主调控的学习动机。